中国文库
哲学社会科学类

中国经济体制改革的模式研究

刘国光 主编

中国社会科学出版社

图书在版编目(CIP)数据

中国经济体制改革的模式研究/刘国光主编. —北京:中国社会科学出版社, 2009.9

(中国文库)

ISBN 978-7-5004-8322-9

Ⅰ. 中… Ⅱ. 刘… Ⅲ. 经济体制改革—研究—中国 Ⅳ. F121

中国版本图书馆 CIP 数据核字(2009)第　　号

责任编辑: 喻培丹

责任校对: 韩天炜

整体设计: 翁　涌　李　梅

责任印制: 王铁生　单浩生

中国经济体制改革的模式研究

Zhongguo Jingji Tizhi Gaige De Moshi Yanjiu

刘国光　主编

中国社会科学出版社 出版

http://www.csspw.cn

北京市鼓楼西大街甲 158 号　　邮编: 100720

北京瑞古冠中印刷厂印刷　　新华书店经销

2009 年 9 月第 1 版　　2009 年 9 月第 1 次印刷

开本: 880 毫米 × 1230 毫米　1/32　印张: 18.375

字数: 560 千字　　印数: 1—4500

ISBN 978-7-5004-8322-9

定价: 37.00 元

刘国光

“中国文库”出版前言

“中国文库”主要收选20世纪以来我国出版的哲学社会科学研究、文学艺术创作、科学文化普及等方面的优秀著作。这些著作，对我国百余年来的政治、经济、文化和社会的发展产生过重大积极的影响，至今仍具有重要价值，是中国读者必读、必备的经典性、工具性名著。

大凡名著，均是每一时代震撼智慧的学论、启迪民智的典籍、打动心灵的作品，是时代和民族文化的瑰宝，均应功在当时、利在千秋、传之久远。“中国文库”收集百余年来的名著分类出版，便是以新世纪的历史视野和现实视角，对20世纪出版业绩的宏观回顾，对未来出版事业的积极开拓，为中国先进文化的建设，为实现中华民族的伟大复兴做出贡献。

大凡名著，总是生命不老，且历久弥新、常温常新的好书。中国人有“万卷藏书宜子弟”的优良传统，更有当前建设学习型社会的时代要求，中华大地读书热潮空前高涨。“中国文库”选辑名著奉献广大读者，便是以新世纪出版人的社会责任心和历史使命感，帮助更多读者坐拥百城，与睿智的专家学者对话，以此获得丰富学养，实现人的全面发展。

为此，我们坚持以邓小平理论和“三个代表”重要思想为指导，深入贯彻落实科学发展观，坚持贯彻“百花齐放、百家争鸣”的方针，坚持按照“贴近实际、贴近生活、贴近群众”的要求，以登高望远、海纳百川的广阔视野，披沙拣金、露抄雪纂的刻苦精神，精益求精、探赜索隐的严谨态度，投入到这项规模宏大的出版工程中来。

“中国文库”所收书籍分列于6个类别，即：(1)哲学社会科学类(哲学社会科学各门类学术著作)；(2)史学类(通史及专史)；(3)文学类(文学作品及文学理论著作)；(4)艺术类(艺术作品及艺术理论著作)；(5)科学文化类(科技史、科技人物传记、科普读物等)；(6)综合·普及类(教育、大众文化、少儿读物和工具书等)。计划出版约1000种，分辑出版。自2004年以来，已先后出版三辑，每辑约100种，分精平装两类。2009年时值新中国成立60周年，特将"中国文库"第四辑作为"新中国60年"特辑推出，主要收选新中国成立60年来祖国大陆原创性人文社科类名著。

"中国文库"所收书籍，有少量品种因技术原因需要重新排版，版式有所调整，大多数品种则保留了原有版式。一套文库，千种书籍，庄谐雅俗有异，版式整齐划一未必合适。况且，版式设计也是书籍形态的审美对象之一，读者在摄取知识、欣赏作品的同时，还能看到各个出版机构不同时期版式设计的风格特色，也是留给读者们的一点乐趣。

"中国文库"由中国出版集团发起并组织实施。收选书目以中国出版集团所属出版机构出版的书籍为主要基础，逐步邀约其他出版机构参与，共襄盛举。书目由"中国文库"编辑委员会审定，中国出版集团与各有关出版机构按照集约化的原则集中出版经营。编辑委员会特别邀请了我国出版界德高望重的老专家、领导同志担任顾问，以确保我们的事业继往开来，高质量地进行下去。

"中国文库"，顾名思义，所收书籍应当是能够代表中国出版业水平的精品。我们希望将所有可以代表中国出版业水平的精品尽收其中，但这需要全国出版业同行们的鼎力支持和编辑委员会自身的努力。这是中国出版人的一项共同事业。我们相信，只要我们志存高远且持之以恒，这项事业就一定能持续地进行下去，并将不断地发展壮大。

"中国文库"编辑委员会

中 国 文 库

(第四辑)

【哲学社会科学类】

中国伦理思想研究　张岱年 …………………… 江苏教育出版社
中国古代哲学的逻辑发展　冯契 …………………… 东方出版中心
魏晋玄学论稿(增订版)　汤用彤 …… 生活·读书·新知三联书店
易学哲学史　朱伯崑 …………………………………… 昆仑出版社
儒家辩证法研究　庞　朴 ……………………………… 中华书局
唯物辩证法大纲　李　达 ……………………………… 人民出版社
郭象与魏晋哲学(增订本)　汤一介 ……………… 北京大学出版社
逻辑经验主义的认识论　当代西方科学哲学
　江天骥 ………………………………………………… 武汉大学出版社
中国古代思想史论　中国近代思想史论　中国现代思想史论
　李泽厚 ………………………………… 生活·读书·新知三联书店
思·史·诗——现象学和存在哲学研究　叶秀山 …… 人民出版社
中国思想史　葛兆光 ………………………………… 复旦大学出版社
有无之境　陈　来 …………………… 生活·读书·新知三联书店
中国社会主义经济问题研究　薛暮桥 ……………… 人民出版社
社会主义经济论稿　孙冶方 ……………… 中国大百科全书出版社
中国经济体制改革的模式研究　刘国光 …… 中国社会科学出版社
农业与工业化　张培刚 …………………… 华中科技大学出版社
财政信贷综合平衡导论　黄　达 ………… 中国人民大学出版社
非均衡的中国经济　厉以宁 ……………… 中国大百科全书出版社
论竞争性市场体制　吴敬琏　刘吉瑞 …… 中国大百科全书出版社
中国奇迹:回顾与展望　林毅夫 ………………… 北京大学出版社
版权法(修订本)　郑成思 ………………… 中国人民大学出版社
国际法　周鲠生 ……………………………………… 武汉大学出版社
国际私法新论　韩德培 ……………………………… 武汉大学出版社
刑法哲学　陈兴良 ………………………………… 中国政法大学出版社
法理学(第二版)　沈宗灵　张文显 ……………… 高等教育出版社

民法解释学　梁慧星 …………………………………… 法律出版社
民俗学概论　钟敬文 ………………………………… 上海文艺出版社
中国心理学史　高觉敷 ……………………………… 人民教育出版社
心理学简札　潘　菽 ………………………………… 人民教育出版社
冷眼向洋　资中筠等 ……………………… 生活·读书·新知三联书店

【史学类】
中国文明的起源　夏　鼐 …………………………………… 中华书局
中国古代文明研究　李学勤 ………………… 华东师范大学出版社
甲骨文字释林　于省吾 ……………………………………… 中华书局
西欧封建经济形态研究　马克垚 ……………………… 人民出版社
魏晋南北朝论丛　唐长孺 …………………………………… 中华书局
东晋门阀政治　田余庆 ……………………………… 北京大学出版社
宋代经济史　漆　侠 ………………………………………… 中华书局
西夏史稿　吴天墀 ……………………………… 广西师范大学出版社
明代的军屯　王毓铨 ………………………………………… 中华书局
太平天国史　罗尔纲 ………………………………………… 中华书局
第二次鸦片战争　蒋孟引 ………………… 生活·读书·新知三联书店
辛亥革命史　章开沅 …………………………………… 人民出版社
转折年代——中国的1947年　金冲及 … 生活·读书·新知三联书店
现代化新论——世界与中国的现代化进程(增订本)
　罗荣渠 ……………………………………………… 商务印书馆
糖史　季羡林 ……………………………………… 江西教育出版社
长水集　谭其骧 ………………………………………… 人民出版社
走出中世纪(增订本)　朱维铮 ……………………… 复旦大学出版社

【文学类】
马烽小说选　马　烽 …………………………………… 作家出版社
周立波小说选　周立波 ……………………………… 湖南文艺出版社
玛拉沁夫小说选　玛拉沁夫 …………………………… 作家出版社
王愿坚小说选　王愿坚 ……………………………… 中国青年出版社
李準小说选　李　準 ………………………………… 人民文学出版社
王蒙小说选　王　蒙 ………………………………… 人民文学出版社

1949～2009 文论选 …………………………………… 人民文学出版社

【艺术类】

欧洲绘画史　　邵大箴 …………………………… 上海人民美术出版社

中国绘画美学史　　陈传席 …………………………… 人民美术出版社

中国工艺美术史　　田自秉 ……………………………… 东方出版中心

中国书画鉴定　　谢稚柳 ………………………………… 东方出版中心

琴史初编　　许　健 …………………………………… 人民音乐出版社

宗白华美学与艺术文选　　宗白华 …………………… 河南文艺出版社

王光祈音乐论著选集

　王光祈著　冯文慈等选注 ………………………… 人民音乐出版社

【科技文化类】

北京城的生命印记　　侯仁之 ………… 生活·读书·新知三联书店

说园　　陈从周 ………………………………………… 同济大学出版社

古海荒漠　　许靖华 ……………………… 生活·读书·新知三联书店

科学发现纵横谈　　王梓坤 ………………………… 北京师范大学出版社

中国科学思想史　　席泽宗 …………………………………… 科学出版社

系统论——系统科学哲学　　魏宏森　曾国屏 …… 世界图书出版公司

科学的历程(第二版)　　吴国盛 …………………… 北京大学出版社

【综合·普及类】

傅雷书信集　　傅　雷 …………………… 生活·读书·新知三联书店

诗词格律概要 诗歌格律十讲　　王　力 ………… 世界图书出版公司

一氓书缘　　李一氓 …………………… 生活·读书·新知三联书店

上学记(修订版)　　何兆武 ………… 生活·读书·新知三联书店

本书编撰人员名单

主　　编　刘国光

编审组成员　刘国光　于祖尧　沈立人
戴园晨　何家成　边勇壮

写作组成员　(以姓氏笔画为序)
于祖尧　边勇壮　田江海
杜海燕　沈立人　何家成
林青松　赵人伟　戴园晨

责任编辑：华　飞

目　录

下篇 双重体制的转换论

代序：关于我国经济体制改革的目标模式及模式转换的若干问题①

刘 国 光

改革是当代世界的巨大潮流，也是我国社会主义初级阶段中的一个重要任务。我国的经济体制改革已经过八九年实践，以经济发展为中心的全面改革正在逐步展开，经济体制改革也将不断深化。在此时刻，进一步研究经济体制改革的目标模式以及由旧体制向新体制转换的途径，既是为推进改革提供必要的理论准备，又是为保证改革顺利进行而采取的实际步骤。1984 年，国务院体制改革委员会委托我们"组织力量，在前一阶段研究的基础上，提出一个中国经济体制改革的设想"。作为当时可供参考的方案之一，我们拟出了《建设具有中国特色的经济体制的总体设想》②。现在奉献给读者的这本书，则是同一课题继续探索的又一阶段性成果。

研究目标模式的意义和依据

改革经济体制要不要择定一个目标模式，曾经历过一番有益的争论。最早的分歧来自对模式概念的不同理解。起初有的同志把模式当做固定不变的定式和依样描画的模特，这样理解的模式当然是不可取的。后来大家认识到，模式无非是"类型"、"形态"、"形式"的意

① 这篇"代序"是全书的提要，在全书定稿后，经与沈立人研讨，由他起草一个初稿，再由我修改补充，成为此篇。——刘国光

② 原稿完成于 1984 年 8 月，初次公开发表于《中国社会主义经济的改革、开放和发展》（研究报告集），经济管理出版社 1987 年 1 月出版。

思，只是研究和分析的工具，是从具体的经济体制中排除了细节而得到的理论抽象，是对某一种经济体制的基本规定性的概括，是指这种经济体制的基本框架和主要运行原则的总和，于是有了共同语言。

但是这几年来，在实际工作和人们的议论中，仍旧出现过对择定目标模式的怀疑和否定。

一种意见是：改革无从进行总体设计，无法形成统一部署，也无须择定目标模式；不如“边设计、边施工”，先干起来再说，碰到什么问题就解决什么问题，在实践中总结经验、摸索前进；或者叫做“单项突进，撞击反射”。诚然，我们在开始起步时，由于准备不足，经验不多，不可能考虑得很仔细，也不应当要求一切方面都有了具体规划才着手改革，那会耽误时间，踌躇不前。但是，与任何工作一样，如果只有行动而没有明确的目标，或者仅靠经验办事，就难以提高自觉性，防止和克服盲目性。这几年的改革，成绩很大，同时碰到不少问题，有时是走走停停、进进退退，原因之一是改革的目标还不够清晰，各个单项改革之间缺乏配套，导致某种程度的机制紊乱、时序颠倒和措施冲突。因此，在改革重点转入城市，多点试验已有几年之后，择定改革的目标模式正是当务之急。

一种意见是：为改革拟定任何具体目标都是徒劳的，从来没有按照方案进行改革的成功事例，农村的“包产到户”就不是实现什么既定规划的结果；中国的经济改革虽然作出了决定，将来不一定甚至不可能就这样做，只可能是一种“无确定止境的改革”（open-ended reform）；所以，按照设想进行改革，带有“天真”的性质。这是把改革的确定性和不确定性混淆起来了。改革的目标模式，为改革择定一个总的方向和基本框架，尽可能划清一些大的范围和界限，决不是对所有细节的具体规定。在这方面，目标模式有它的确定性，区别于不要目标的改革。另一方面，任何设想和规划都只是一种基于当前认识程度的预期，必须接受实践的检验，并在不断实践中得到校正、充实和提高。这又是它的不确定性，为目标的择定及其实现留下了进一步完善的余地。社会主义各国的改革，尽管还没有一个取得完全的成功，但都有了不同评价的进展，证明按方案改革有它的积极意义。我国的“包产到户”来自群众首创，而其普遍推广则是作为一种模式得到肯定之后。因此，及时地择定方向性、总体性、轮廓性的目标模式决不是“天真”，而是一种渐进的“成熟”。

一种意见是：改革的目标模式就是“有计划的商品经济”，无须他求。这是过于简单化的看法和想法。有计划的商品经济是一种高度概括，不能作为一种体制模式的表述，而且对这种概括也有不同的解释，例如有人强调“有计划的商品经济”提法中的“有计划”一面，有人则强调“商品经济”一面；有的还把其具体化为计划调节与市场调节的结合，而且对这种结合的运行机制的认识上有相当大的差异。在此前提下，可以也应当有各种体制模式的分类和选择。同样，例如“小的放开、放活，大的管住、管好”或“集权与分权相结合”等，都只是择定体制模式的基本原则，不能成为具体的目标模式。

总之，体制模式体现的是经济运行的主要机制和规则，改革就是体制模式的重建和转换。当前，择定改革的目标模式是重要的战略决策，它有利于坚定改革的信念，明确改革的方向，抓住改革的根本，避免和抵制由于细节的纠缠或暂时的困难可能发生的各种干扰，进而坚持不懈地把经济体制改革进行到底。

经济体制改革要有一个目标模式，在肯定这点后，就有一个如何具体择定目标模式，其依据或原则是什么的问题。

我们择定的目标模式，服从于建设有中国特色的社会主义这个大前提。具体地说，就是坚持马克思主义与中国实际相结合，坚持四项基本原则与改革开放相结合，坚持经济发展与经济改革相结合，坚持经济改革与政治、文化、教育、科技改革相结合。所谓中国特色的社会主义，就经济领域来说，主要表现在两方面：一是中国特色的经济发展模式，二是中国特色的经济体制模式。发展有赖于改革，改革是为了发展。择定经济体制改革的目标模式，这是建设中国特色的社会主义经济的重要组成部分。

因此，我们择定改革的目标模式，首先应当是社会主义的，不能离开这个基本的方向和道路。社会主义经济的基本特征是生产资料公有制和按劳分配，在改革的目标模式中必须坚持。但是，我们目前处于社会主义的初级阶段，也就是说，既是社会主义的，又是经济不发达的，于是带来某些具体情况。我们坚持公有制，不是只承认全民和集体两种所有制而排斥其他所有制形式或片面追求公有制的比重，也不是主张越公越好或片面追求公有化的程度，而是根据社会生产力的发展水平，在保持公有制为主体的前提下，允许和适当发展包括诸如私营经济等若干非社会主义所有制因素在内的多种经济成分，形成多元化的所有制结构，并对公有制尤其是全民所有制采取多种经营方式。我们坚持按劳分配，不是只承认一种分配原则和分配形式，而是在保持按劳分配为主要原则的前提下，允许一定范围的非按劳分配，并正确处理公平和效率的关系，鼓励一部分人先富起来，又防止出现不合理的差距过大，争取实现共同富裕。

坚持社会主义的方向和道路，必须在公有制为主体的所有制结构上和按劳分配为主要原则的分配制度上划清改革的目标模式同资本主义的界限，但同时必须看到，作为社会化生产的商品经济，目标模式又要吸收与资本主义相似的东西。例如经济的运行要通过市场来进行，要充分利用和健全市场机制；企业作为市场的主体，要成为独立的商品生产经营者，才有其内在活力；市场的客体不仅是一般物质商品，还包括各种生产要素，要有完善的市场体系；要通过各种经济杠杆，进行以间接控制为主的宏观协调；等等。当然，由于商品经济发育程度的差别，我国目前处于由不发达的商品经济向发达的商品经济过渡的阶段，不能与已经充分发达的资本主义经济作机械的对比，又不能停留于原始的粗陋的商品经济门槛上。

我们择定的目标模式，同时应当是中国式的，不能离开自己的基本国情。国情是指历史、地理、自然、社会、文化、道德等多种因素的综合，与经济体制不是简单的、外在的挂钩，而是深入其内在肌体，起着潜移默化的决定作用。拿我国传统的经济体制来说，过去一般认为基本上属于苏联模式，我们认为同中有异（例如遗留较多的供给制痕迹等），但那仅是外观或表象。进一步考虑，就能发现在本质上存在很大不同。例如我们也企图实行高度集中的计划经济，以无所不包的指令性计划一统天下，而实际上的计划度并不高，指令性计划的覆盖面并不广，计划的指令性力度并不强，计划工作的现实却是行政性的一事一议、讨价还价和放权收权的反复循环；另一方面，计划管不到的那一大块，即所谓“大计划、小自由”的自由领域，范围并不小，特别是数以十万、百万计的工、商、建、运等小企业，产供销没有多少计划安排，基本上处于计划外空间，本来应当和可能让市场机制来进行调节，结果也不然，而同样难以摆脱不同级次的行政权力的羁绊。这就使得在传统体制中，计划机制和市场机制都未能发挥其应有的调节作用。这不是体制本身的缺陷，根本上是由于我国来自半封建、半殖民地社会和未经工业化的农业社会，自然经济和半自然经济是主体，原来不具备典型的生产社会化和商品化、货币化的条件，并且封建性的宗法关系及其相应的意识形态根深蒂固，束缚了企业的活力和整个经济的运行。经过三十多年的经济建设，工业化有了基础，商品经济有所发育，思想意识也有所变化，但是没有突破发展中国家二元经济的格局。应当看到，我们进行经济改革，起点很低、跨度很大，任重而道远，实现目标模式决不是三年、五年或八年、十年内指日可待的事。

符合基本国情，还有其他一些因素不能忽略。例如我国是一个人口众多、幅员广阔的大国，地区之间、部门之间的发展很不平衡。这与一些经济发达或比较发达的小国就不一样，必然给经济决策体系的设置和经济利益体系的处理带来很多复杂性。例如一个有二三千万人口和几十个大型企业的国家，国家与企业的关系比较直接和简单；而在我国，不仅其间不能不有不止一级的中间层次起着联系和组织的功能，并且在发达和不发达地区也有各自的特点。在那些国家，只要拆除行政藩篱，统一市场不难形成；而在我国，在相当时期内，可能会继续存在以大中城市为中心的某些商品的区域市场。不少同志指出，我国的改革，当前和今后的条件会变化，不同地区的环境也不同，不可能是一律的，大同中会有小异。这都告诉我们，择定目标模式既要参照一般原则，包括内涵上的所有制关系重建与运行机制改造相结合、微观搞活与宏观管理相结合、计划与市场相结合、刺激与约束相结合、物品市场与要素市场相结合以及方法上的紧迫性与长期性相结合、单项与整体配套相结合、先行与后续改革相结合等。还要特别注意时空上的有序化和地区化。例如在农村和城市、沿海和内地、发达地区和欠发达地区，就不尽相同。

择定中国特色的社会主义经济体制模式，应当是理论与实际相结合、总结自己经验与借鉴别人范例相结合。也就是说，研究这个问题有着多种历史的和逻辑的思维线索：（1）以马克思主义的基本原理为指导，特别是尊重关于生产关系适合生产力性质的规律以及商品生产和商品交换的规律，运用马克思主义的立场、观点、方法来解决我国的实际问题；（2）总结自己的经验，包括建国以来体制演变和这八年来多点试验正反两方面的经验，从中摸出规律，提高认识，继续前进；（3）有分析地吸收其他社会主义国家先后进行多次改革的理论和经验，其中有比较成功的和不尽成功的，有基本适合我国的和不一定适合我国的；（4）借鉴资本主义发达国家和发展中国家进行宏观经济和微观经济管理的某些理论和具体做法（例如美国的财政金融调节、法国的计划指导、联邦德国的社会市场调节等），去其糟粕，取其精华，特别是其中属于社会化生产和商品经济的一般规律，并非资本主义所专有，可以为我所用。从这些方面看，几年来经济体制的理论研究和实践探索，以及对外国理论和外国情况的考察、介绍和比较，是有成绩的，使我们打开了眼界，增长了知识。同时表明，现在择定经济体制改革的目标模式不仅有其紧迫感，也具备了基本条件。在此过程中，出现各种不同的观点、评价和建议是完全自然的，有助于我们的认识更加深化、更加全面、更加系统。总之，择定改革的目标模式并不是一次就能完成的决策行动，而是一个不断探索和逐渐接近真理的过程。所以，我们应当在已经达到的进展的基础上，进一步研究有关经济体制改革的种种理论，更多更好地开展实证调查，把目标模式的论证工作提高到新的水平。

目标模式的择定

经济体制的模式，根据对其构成要素的不同分析，有着多种多样的分类标准。这几年来介绍的经济学文献，大家已经熟悉的有好几类。例如1976年纽伯格和达菲在《比较经济体制》中就认为，任何经济体制都包括三个相互联系的组成部分：决策结构、信息结构和动力结构。林德贝克提出一个“多面体”：在决策上，是集中还是分散，在信息传递、资源配置和协调机制上，是通过市场还是通过行政；在财产关系上，是私有还是公有；在动力机制上，个人和公司是通过经济刺激还是通过命令来推动自己的行为；在个人之间和公司之间的关系上，是竞争性的还是非竞争性的；在整个经济体制与外部的关系上，是开放的和国际化的还是封闭的和自给自足的。对社会主义的经济体制，有的经济学家往往突出一个主要标准。例如，布鲁斯从经济决策的角度，分为基本的或主要的宏观经济决策、一般的或日常的微观经济决策、个人或家庭在劳动力分配和消费选择方面的决策三个层次；列出四种模式：“军事共产主义”模式，集权模式，分权模式即含有受控制的市场机制的中央计划经济模式，“市场社会主义”模式。科尔奈则从经济协调的角度，分为行政协调和市场协调两类；前者又分为直接的行政协调（ⅠA）和间接的行政协调（ⅠB）两种，后者又分为没有宏观控制的市场协调（ⅡA）和有宏观控制的市场协调（ⅡB）两种。这些分类各有特色，相互之间也有沟通，例如集中决策往往与行政协调相配比，分散决策往往与市场协调相配比。

参考各家理论，我们把经济体制模式的构成要素分为五项，就是：(1) 所有制结构；(2) 经济决策结构或经济决策体系；(3) 经济利益或经济动力体系；(4) 经济调节体系；(5) 经济组织体系。这就是所谓“五分法”。通用的“两分法”，分为微观经济基础和宏观经济运行机制，大体上前者是指所有制结构（包括公有制的内涵及其实现形式），后者包括了以调节体系为中心的其他一些方面。有些同志根据我国“七五”计划的改革设想，认为构成经济体制的主要是企业、市场和国家对经济的调控这三个基本点。这些提法并不矛盾，“三位一体”可以作为一种实施模式，其中企业属于微观经济基础，国家对经济的调控属于宏观层次，而市场则横贯于微观、宏观之间并为二者之沟通，市场机制加国家调控大体上构成经济运行机制。根据上述五个层次，我们曾经把经济体制模式分为五类。本书中稍予调整，可以分为六类，就是：(1)“军事共产主义”的供给制模式；(2) 传统的集中计划经济模式；(3) 改良的集中计划经济模式；(4) 间接行政控制模式（即ⅠB）；(5) 计划和市场有机结合的模式；(6)“市场社会主义”模式。这一系列模式，有如阳光通过三棱镜析出的光谱，一端是完全排斥市场机制的“军事共产主义”，另一端是接近完全市场调节的“市场社会主义”，中间则是计划度和市场度不同形式的联系或结合。

在上述六类经济体制模式中，我们应当择定哪一种？我们认为，“军事共产主义”是某些社会主义国家在革命战争环境下出现过的经济管理体制，我国过去的经济体制中也有过相当浓厚的军事共产主义供给制因素，这是改革要克服的东西，当然不能作为改革的目标。市场社会主义模式在有的社会主义国家试行过，结果微观经济比较活跃，但宏观经济往往失控，也不适合中国改革的需要。传统的集中计划经济模式，以苏联为代表的一些社会主义各国奉行多年，在当时背景下发挥过一定的积极作用；但是后来弊病日益显露，先后成为改革的对象。第三、四两种，基本上是第二种的“改良”、“改进”或“改善”，只能作为一种过渡模式，不是目标模式。与社会主义经济是有计划的商品经济相适应，看来可以把上述第五种模式作为我国经济体制改革的目标模式。对这种目标模式的具体表述，过去先后提过“含有市场机制的计划经济模式”或“计划（调节）与市场（调节）有机结合的模式”。我们考虑，不如改称“在计划指导下有宏观控制的市场协调模式”或许更加确切。这种模式，不同于我国过去的传统模式，不同于其他社会主义国家在改革中已经择定的模式，与资本主义国家的经济制度更有本质上的区别。这种目标模式的基本框架，从它的构成要素及其子模式来看，可以作如下的概述：

一　所有制结构

所有制关系是经济运行机制赖以形成的前提和基础。两者之间相互联系、相互制约。有什么样的所有制结构，有什么样的公有制内涵，就会要求和形成什么样的经济运行机制；同样，有什么样的运行机制，也会对所有制关系要求与之相适应。长期以来，我们从固定的公有制尤其是全民所有制的传统观念出发，仅看到所有制对运行机制的基础作用，得出“公有制→指令性计划调节→计划经济”的单向结论；现在有必要同时循着另一向逻辑来进行反思，即：“有计划的商品经济→计划调节与市场调节相结合→相应的公有制的实现方式。”其他国家的改革经验也表明，只改革运行机制而不改革所有制结构和公有制的实现方式，总不免是跛行的。

传统的理论把包括社会主义在内的共产主义社会看作是一个以共同占有生产资料即财产公有为基础的社会。长期以来一些社会主义国家只承认全民所有制和以全民所有制为最后归宿的集体所有制两种公有制形式。这种传统的所有制模式，导致所有制结构的单一化和两种公有制之间关系的封闭化，特别是全民所有制的国有、国营化（国家直接经营企业、政企职责不分、所有权和经营权不分），进而把国家当作一个大工厂，企业当作这个大工厂的各个车间。传统经济体制的种种弊病，大多来自传统的所有制模式，集中表现为企业的微观效率低下，宏观控制也往往失效。针对这个症结，南斯拉夫在所有制上进行改革，实行企业自治使微观效率有所提高，而宏观管理容易失控。有的国家开始把国有企业的所有权和经营权适当分开，所有制结构也出现了多元化进程，但是问题还没有完全解决。

我国原来的所有制模式，基本上沿袭苏联一套，农村实行政社合一，城市的所有制结构越来越朝单一化的国有经济方向发展，而国有企业则两权不分。这几年进行初步改革，农村变化很大，城市有所进展，出现了多种经济成分并存，国有企业正在多点试验改革。在此基础上，对所有制改革的目标模式的择定，着重在两个方面：

（一）在所有制结构上，建立以社会主义公有制为主体、国有制占主导地位、多种经济成分并存、相互之间开放的多元化模式。这有几层意思：（1）公有制是主体，体现了坚持社会主义方向。因为只有公有制的生产关系与不断发展的社会生产力相适应，否则实行私有制或“公有财产私有化”，都不能克服与社会化大生产的根本矛盾。（2）国有制为主导，是由于那些生产高度社会化的部门如铁路、邮电、银行、外贸等适合于这种形式，并且国家直接掌握某些关系国计民生的非竞争性部门和大型企业，有利于增强整个国民经济宏观运行的可控性。（3）多种经济成分并存，除了各种形式的集体所有制经济外，还有个体经济、私营经济和外资企业，作为公有制的必要补充。这与社会主义初级阶段的社会生产力发展水平及其不平衡状态相适应，与有计划的商品经济的发展要求相适应，有利于发展生产、搞活流通、扩大就业、便利生活和对外开放。（4）相互之间开放，打破封闭，主要是允许和提倡不同的外部组织形式如各种合营企业和经济联合体，达到各种所有制的互相渗透和各种生产要素的灵活组装。至于多种经济成分的具体形式有哪些，在整个国民经济和不同部门、不同地区的比重各占多少，有待于在实践中进一步探索，不宜过早地划出框框。

（二）在公有制特别是全民所有制内部，本着所有权和经营权分开以及责、权、利统一的原则，建立多种形式的经营责任制模式。这是全民所有制经济的重新构造，目的在于增强作为经济细胞的企业活力，使它成为相对独立的商品生产经营者，自主经营、自负盈亏，具有自我改造和自我发展的功能。这在不同行业和不同规模的企业，应当有多种形式，不宜搞一律化。目前试行的租赁制、承包制（其中又有个人承包、集团承包和全体职工承包）和其他经营责任制以及各种股份制，有待于进一步开拓和总结、比较、提高。其中重要的问题是明确财产关系，形成企业的自我调控机制，克服企业的短期行为，培养企业家并调动广大职工的积极性。

二　经济决策体系

经济决策是经济主体根据对经济过程规律性的认识，对解决经济问题的不同方案加以理性分析和经验比较，然后对自己的经济行为作出选择的程序化过程。这对经济活动的成败和效益至关重要。决策主体有三个层次：国家（包括地方）、企业和个人（或家庭）。由谁进行决策，怎样分配决策权，各经济主体相互之间是什么样的权力关系，形成经济体制中的决策体系。决策权与所有权有联系又有区别，不能等同起来。决策的动机和目的取决于经济利益，决策方式和决策过程又与调节体系相呼应。

社会主义国家传统的经济决策体系，其特征一般是：高度集中，以纵向的行政手段为依托，以指令性的强制为实现决策的主要方式。高度集中，就是集中于国家机构，国家机构的权力过大，企业和个人的权力太小。这种高度集中的决策权力在社会生产力和商品经济不发达、产业结构和经济联系较简单而经济发展的战略目标是实现在以重工业为中心的工业化和增强经济实力和国防实力的条件下，可以动员经济资源，推动经济发展。但是，随着经济发展，其弊病日益暴露，表现为经济运行不畅，企业和个人的积极性受到抑制。当前的趋势是：经济发展的内外联系越来越复杂，经济运行有很大可塑性，资源的有效利用和优化配置存在不断扩大的选择空间；经济发展由单纯追求总量扩张逐步走向更高层次的结构和质态变化，加强了决策选择的意义、作用和影响；于是，决策主体的主观能动性相应提高，其行为目标和行为方式直接制约和改变着经济过程的结果；特别是经济运行中的市场因素越来越呈显性，企业的利润动机增强，参与决策和自主决策的意识也增强。对照之下，排斥市场机制的、高度集中的决策体系存在着功能性和结构性的双重障碍，与商品经济发展的客观要求越来越相悖。社会主义各国改革的思路大体上是把决策权的集权转向分权或集权与分权相结合的不同模式。

我国原来的经济决策体系也基本上属于高度集中的模式。过去的几次“改革”，主要是在中央政府和地方政府之间的放权和收权，完全是行政性的，很少触及国家和企业的关系，没有改变企业作为国家行政机构附属物的无权状况。最近几年来，开始注意扩大企业的决策权力。作为一个目标模式，不能停留于民主集中制一类界限模糊的概念上，而要进一步明确为在国家集中必要权力前提下的企业、个人多层次、多元化的决策体系。

（一）国家集中必要的决策权，这不仅是一个大国实行宏观经济管理和调控的需要，同时体现了以公有制为基础的社会主义本质。但是，国家决策要明确区分为两个方面：一是基于作为公有制的所有者权力的决策，二是基于政府机构权力的决策，不能混为一谈。前者的决策权包括：在两权分开后的选择经营者，从资产利益最大化的角度强化对经营者的约束和监督；保证资产收益，在税制改革后实行利税分流；支配资产收益，进一步转化为投资；最终处理国有资产，实现产业结构和资源配置的优化。后者的决策权主要是在全社会的规模上成为特殊的经济管理中心，以协调国民经济的运行和发展，在总体规划基础上运用各种经济政策和经济杠杆，自觉地、经常地保持宏观经济的大体均衡。这也就是政府机构的经济职能，其手段要以经济为主、法律和行政为辅，其方式要由传统的微观控制、直接控制转为宏观控制、间接控制。由于我国是一个地区之间发展很不平衡的大国，还必须重视中观层次的作用，国家决策权要在中央和地方各级（特别是省、自治区、直辖市一级）之间有适当分工，具体界限还待进一步探索。

（二）企业决策权的建立是改革的中心环节。国有企业前一阶段从放权让利入手，至多只是一个突破。作为目标模式，必须在实行两权分开的前提下，使企业经营者自主决策本企业的日常经营活动，并承担决策的后果，包括利益和风险。在与国家的决策关系上，主要包括五个方面：领导人的产生，短期的投入产出，长期的投入产出，企业内部的分配，产品和生产要素的定价。在企业领导人即经营者产生的方式（如任命、招聘、选举等）上，国家作为所有者自应过问，其他各个方面的决策权宜放给企业自理，并与外部环境结合起来，使企业真正成为市场的主体。

（三）个人的决策权，包括四个方面：一是作为生产过程参与主体的劳动者，应有流动择业的决策权；二是作为公共财产所有权的分享者，应有参与管理、分享决策之权；三是作为消费者，应有完全自主选择消费品的决策权；四是作为商品货币关系的承担者，应有自主处理个人所有商品货币财产的决策权。扩大个人决策的自由度，将使原来缺乏个性的归属型的个人，逐步成为马克思所预期的联合体中的“自由人”。

三 经济利益体系

任何社会生产都是为了实现一定的经济利益，这是一切经济活动的起点和终点。经济体制中的各种经济关系，归根到底，也不外是直接的经济利益关系或间接地与经济利益相联。因此，经济利益体系，就是经济体制中的动力体系。只有建立合理的经济利益体系，整个经济才能富有活力和生机。决策体系和调节体系，很多方面以利益体系为基础。社会主义经济利益体系的特征是在公有制基础上奠定了全体人民在根本利益上的一致性。但是，只看到这一点是不够的，必须同时承认存在着多元利益主体。过去，我们根据利益主体在经济生活中的地位，划分为国家、集体（企业）、个人三个层次，这是分析经济利益体系的基本线索。但是，只看到这一点是不够的，还必须作深入一步的分析。例如国家的利益，按其职、权，分散在各部门和各地区，这些部门和地区享有各不相同的利益；集体的利益，分别不同所有制，形成不同的经济利益群体，内部通行不同的利益原则；个人的利益，由于职业、能力和环境的差异，同样在利益关系上有差别。此外，还有工农、城乡和地区之间的利益差别。这些利益主体或群体之间，有矛盾，有冲突。处理好这些利益关系，正是改革经济利益体系的任务。

我国传统的经济利益体系强调根本利益的一致性，但对差别利益分析不够，承认不够，其弊病是缺乏利益刺激，片面依赖政治动员和思想动力，于是扭曲利益结构，重视国家利益而轻视企业和个人利益；并且缺乏利益约束，并由此带来“数量驱动”、投资饥饿、企业亏损和职工的“铁饭碗”；因此，利益界限也模糊，即所谓两个“大锅饭”和几个“一样”（干多干少一个样，干好干坏一个样，干与不干一个样），严重挫伤了人们的积极性。初步改革以来，促进了多元利益主体的独立化，如中央对地方实行“分灶吃饭”，国家对企业着手解决财产关系和分配关系；形成了双轨制的利益体系，也就是利益来源和利益形式的多样化，利益分配渠道除计划外更多地通过市场；于是，开始出现利益结构的新格局，企业和个人可以支配的收入在国民收入中所占比重不断提高。但是，还存在许多障碍和偏差，表现为利益刚性或利益攀比影响利益调整；利益刺激加强而利益约束仍然乏力；追求近期利益而忽视长期利益，重视个别利益而丢掉公共利益；在一部分人、一部分企业和一部分地区先富起来时，如何保证收入差距拉开的合理化，消除不合理的收入差距及其带来的社会不安等问题也没有解决好。

择定经济利益体系的目标模式，是要建立一个具有多层次经济利益的主体，既有合理的利益刺激，能够调动各个经济行为主体的积极性；又有必要的利益约束和利益协调，使国家、集体和个人三者以及其中不同层次、不同群体的利益能够得到完整的实现，从而促进国民经济有活力地稳定运行。这样的经济利益体系，以发展有计划的商品经济为出发点，以按劳分配为主要原则，在一定范围允许非按劳分配形式和机制的存在，以处理好公平和效率的关系。

（一）利益主体的多元化。从纵向看，由各级政府代表一定范围的、超越集体和个人利益以上的国家利益，并在根本利益一致的前提下承认企业和个人的差别利益；从横向看，由于社会分工、脑体分工和工农差别、城乡差别的存在，形成更细密的利益主体和利益群体。对这些利益主体，要有明确界定，并得到法律保护，建立相互尊重经济利益的社会通则。

（二）利益来源的多样化，这是实现经济利益体系均衡运行的条件，也是保证利益刺激强劲有力、利益约束严格紧密的需要。构成利益来源的主渠道有两个：一是劳动，二是资产。以公有制为基础，劳动是谋生和取得利益的基本手段，要切实贯彻按劳分配原则，鼓励多劳多得。同时，也要允许国家、集体和个人凭借自己拥有的资产和资金而获得一定的收益，以促进社会资产的积累和充分使用。此外，经营者的收入一部分是经营管理复杂劳动的收入，属于按劳分配范畴，另一部分是风险收入、机会收入，虽不属按劳分配范畴，也应允许存在，以鼓励造成企业家人才队伍。对按劳分配收入特别是对非按劳分配收入带来的收入差距，要通过税收等经济手段进行适当调节。

（三）利益形式的货币化，这有利于准确界定不同利益主体之间的利益关系，并保证其可测性，也有利于经济利益的存量调整和增量分配。传统体制中以实物形式表现的经济利益，如住房、公共服务、特需供应等，应当逐步取消。此外，人们的利益和动力不限于物质刺激，还有精神鼓励，应当加强这方面的工作并予改进。

四　经济调节体系

所谓经济调节，是指这样一种经济运行的过程，即按照社会需要的构成及其变化，通过一定的方式和手段，将社会资源（人、财、物等生产要素）按比例地配置在各种产品和劳务的生产、流通和消费上，实现国民经济长期、持续、协调地稳定发展和人民物质、文化生活的逐步改善。这也是通过对人们经济利益的调整来实现社会资源的合理配置。把经济调节看作只是由国家来决定资源分配是不完整的，它还包括各个经济主体的行为在内。所谓经济调节体系，一般是指由经济计划、调节机制、经济杠杆和经济政策、经济法规、经济信息等组成的完整体系。它决定经济运行的基本规则，是整个经济体制的核心，往往代表经济体制的特征和模式。调节机制，主要是计划机制和市场机制，反映计划和市场的各自运行规律。经济调节属于宏观经济活动，又与微观经济活动密切相关（后者也可以叫做微观调节）。经济调节模式决定于所有制关系及其结构，生产和交换的社会形式，以及生产社会化的程度和经济发展战略模式。

社会主义国家的传统调节模式是以指令性计划为主的高度集中的计划经济模式，基本上排斥市场机制的作用。后来的改良或改革，都是不同程度地引入市场机制，开始向市场倾斜。我国原来的经济调节体系也是这样，资源分配的权力集中于国家，企业和劳动者只是被调节的对象；调节方式主要是行政性的指令性计划，特别是直接安排产值产量、物资调拨和固定价格；作为调节主体的各级政府，其职责、权力和利益相互脱节；信息也按纵向系统传递，集中到中央一级处理，难免失真。这种体制模式，适合于传统外延型数量型的经济发展战略，并随着经济发展，越来越显示其弊病，表现为社会供求总量的周期性失衡，产业结构的畸形化，特别是社会资源的产出率低。改革以来，在原来基本上一统的计划调节的旁边逐渐生出并扩大了市场调节的一块，目前处于双重体制即两种调节机制并存并开始向两者有机结合过渡的阶段，整个经济运行比过去活了一些，但是企业内在活力不大，并产生不少摩擦。

经济调节体系的目标模式是经济运行机制从而是整个经济体制目标模式的代表，也可以叫做有计划指导和宏观控制的市场调节（协调）体系。其特征是：国家的宏观总体调节和分层次调节相结合，外部调节和经济实体的自我调节相结合，自上而下的纵向调节和横向调节相结合，以经济杠杆为主并辅以必要的行政手段。

（一）指导性计划是经济调节的主要依据。有人主张实行完全自由放任的市场调节，这不符合社会主义经济的基本特征和宏观经济管理的实际需要。但是，坚持经济调节的计划性决不是保持指令性计划为主或仅予修修补补，而是实行以指导性计划为主的计划体制。指导性计划是宏观管理的主要依据，是对经济发展和经济活动的战略性规划；它的任务是通过间接控制，形成一个稳定发展的经济环境，为企业活动创造有利的客观条件；它以企业的相对独立商品生产经营者的地位为前提，对企业没有强制的约束力，但要起到积极的引导作用；它以市场的需求和变化为准则，而不是依靠上级领导人的拍板；它的实施主要靠运用各种经济杠杆，并辅以必要的法律、行政手段。

（二）市场机制是商品经济运行的内在要求。以发展有计划的商品经济为总目标，必须在计划指导下充分发挥市场机制的作用。也可以说，在商品经济条件下，经济运行的内在机制主要是市场机制。因为在商品经济条件下，生产是商品生产，交换是商品交换；不仅物质产品是商品，生产要素也是商品或具有不同程度的商品属性。社会必要劳动时间只有通过市场机制的调节、社会总劳动的分配才能形成。随着市场体系的发育，市场机制的调节在广度、深度上都将进一步开拓。但这不是完全自发的市场调节，而是在计划指导下有宏观控制的市场调节，从而区别于资本主义的“市场经济”。

（三）指令性计划将逐步缩小而只在必要的场合予以保留。把指导性计划作为计划体制改革的目标模式，并在调节机制的运用中充分发挥市场机制的调节作用，不等于在可以预见的未来能够完全取消指令性计划。这不仅是由于市场发育的程度所制约，更是由于在生产社会化的较高层次和某些长期资源配置环节，采取有限的指令性计划，与市场机制相配合，有利于解决整个利益和差别利益、长期利益和短期利益的矛盾，节约及合理地分配稀缺资源，防止过度竞争，并降低全社会的交易费用。现在的设想，国家仍旧要掌握部分财力，直接投资于基础设施、基础工业和新兴产业以及非营利性事业；必要时仍要掌握少数重要物资，或通过强制性的合同订货，以保证重点生产建设的需要。

（四）运用各种经济杠杆进行间接控制。调节体系的改革，总的方向是由对企业的直接控制转向以间接控制为主，也就是靠运用各种经济杠杆和经济政策来进行宏观经济管理和调节。（1）价格杠杆，这是最重要的调节机制，拟以有控制的市场价格为主要形式，而不是以计划固定价、完全自由价为目标；（2）税收杠杆，要改单一税制为复合税制，拟实行以经过改革的流转税类和逐步开征的所得税类并重的新模式，并实行税利分流，考虑国有企业资产收益的上缴不纳入经常性财政预算；（3）信贷杠杆，其作用将越来越重要，特别是运用利率来调节资金供需和货币供应量，并在投资体制上坚持以银行贷款替代财政拨款（新建在外），达到控制投资需求和提高投资效果的目的；（4）汇率杠杆，要改变目前汇率僵化的状况，逐步实行有管理的浮动汇率，而不是与自由兑换外汇相配合的自由浮动汇率；（5）工资杠杆，直接关系到亿万劳动者的经济利益和调动其积极性，要真正做到按劳分配，建立有控制的市场竞争差别性工资，并与改革劳动体制、开辟劳动力市场相结合。这些经济杠杆要相互协调，注意综合运用。

五　经济组织体系

经济组织体系是经济体制的骨架，是经济运行的组织形式和组织保证。国民经济是一个多层次、多要素、多单元的大系统，由千万个生产、流通、服务等企业所组成，分为不同的部门和行业，分布于不同的地区，相互之间发生千丝万缕的关系。随着生产社会化和经济商品化、货币化的发展，分工越来越细，单位越来越多，联系越来越频繁。这些单位形成什么样的组织体系，既有它的技术、经济尤其是商品关系的内容，在社会主义制度下，又有政府机构管理和服务于经济的职能的要求。经济体制的各方面都要有相应的组织形式，以规范单位之间的相互行为，进而组织经济运行。合理的组织体系，在微观上保证企业的活力及其行为的合理化，在宏观上保证各行业、各地区和整个经济协调、高效地运行。

我国传统的经济组织体系，反映国家管理经济的双重职能混一，特征是政企职责不分，其广度、深度和可控度都非资本主义经济所能比拟。这实际上是把国家作为至高无上的、唯一的经济主体，使企业的主体特征消失。其结果，不仅束缚了企业的活力，并且造成条条块块分割，导致企业的组织极其松散，国家和企业之间的中间组织很不发达，部门和地区之间的横向联系发生障碍，也是经济运行效率低下的一个重要原因。过去的几次“改革”，只在原有的政府组织体系内对权力进行调整，始终没有解决政企职责不分的问题，也始终难以形成符合商品经济发展要求的新框架。

经济组织体系的改革，目标模式是彻底分清政企之间的职责，彻底打破条块之间的割裂，发展以企业为主体的专业化协作组织，并以此为基础，建立国家和企业之间的各种中间组织，建立行业组织和以城市为中心的经济区组织，进而明确国家的经济职能，形成一个合纵连横、以横向联系为主的有机网络，以适应社会化大生产和商品经济逐步发展的要求。实行这个转换，关键在于调整国家的经济职能，把一部分不该管的事交给企业、交给社会，并防止企业组织的行政化和出现新的行政性条块。

（一）企业组织的专业化、联合化、群体化。原来的企业附属于条块，组织极其松散，各自为战，搞“小而全”、“大而全”。在打破横向联系的障碍后，就能逐步走向专业化、联合化、群体化即集团化，从松散到紧密，形成多种多样的形式。这样做的好处，不仅取得规模经济效益，并且使商品关系由外部转向内部化，可以节省交易费用。

（二）中间组织的重建和更新。在国家和企业之间需要系统的中间组织，主要是商业、金融业等商品和货币的流通组织，信息、保险等为生产、流通服务的组织，以及科技、教育、文化、卫生和其他社会组织。在排斥商品货币关系的传统体制下，这些组织很不发达，特别是流通组织单一化、服务组织残缺化，迫使企业办社会。随着市场机制的发育，要求重建和更新中间组织，促使其大量成长，走向社会化、专业化和规范化。这是社会分工深层化的必然趋势。

（三）改进部门管理，加强行业管理。原来的行政性部门管理，各成系统，缺乏对全行业的统筹兼顾，不能组织部门之间的相互协作，纠缠于一事一议和讨价还价等琐碎事务。改革之道在于打破部门封锁，废除隶属关系，变管企业为管行业，着重于全行业的统筹、协调、服务、监督和政策控制。同时，需要有行业协会一类自下而上的、实行民主管理的社会性经济组织，管理各行业的公共事务，并作为企业和政府之间的桥梁。

（四）建立以城市为中心的区域性组织。城市本来是以流通为主的经济中心，在条块分割后，其功能日益萎缩。市场机制的发展促进了城市的新生，要在调整地方政府职能的基础上，更充分地发挥中心城市的作用。当前的困难是习惯于按照传统的行政观念来组织城市经济，不少地方热衷于计划单列和行政升级，形成新的块块或“省中之省”。突破这个障碍，将促进整个经济组织体系的改观。

（五）政府机构的经济职能和组织形式。推动以上改革进程，必须同步实行政府机构经济职能的转换，即以宏观为主、战略为主、协调为主、服务为主。与此相应，要大力精简专业主管部门，充实综合、调节和监督部门，建立国有资产管理组织，并提高工作效率，提高服务质量，大量节省行政开支，真正成为一个精干、高效、廉洁的人民政府。

上面提出构成经济体制五个要素的改革目标不是彼此孤立的，而是相互联系的，结合为一个有机的运行机体。其中，经济决策体系和调节体系决定经济运行中的资源配置，也就是人力、物力、财力都通过分层次的决策，依靠计划和市场机制进行配置；经济利益体系决定经济运行中的动力，每个层次的决策主体的行为都受其谋求的利益所支配，各种调节机制都要靠利益为动力而运行；经济组织体系既反映决策体系的结构形式，又是经济调节机制赖以发挥作用的载体。这是一个方面。另一个方面则以所有制结构为微观基础。经济体制的改革就是沿着微观基础的再造和运行机制的转换两条线索并行地推进。企业、市场和国家调控的“三位一体”，或者表述为“国家调节市场、市场引导企业”的模式，同样包括了宏观运行和微观基础两个方面，其特色是把市场作为两者的联结部，把有计划的商品经济的基本轮廓描绘出来了，使人印象深刻、容易理解。

双重体制的由来及其向目标模式的转换

经济体制改革，就是从旧体制模式向新体制模式的转换。在目标模式择定后，如何转换，有一个具体的道路和方式问题。我国在改革中，出现了新旧体制并存的双重体制。开始是不自觉的，后来逐步认识到这是改革进程中不能避免的，并且这种过渡模式也具有中国的特色。研究双重体制的由来，其矛盾、摩擦以及向目标模式转换的条件和步骤，成为我国经济体制改革中具有重大理论意义和实际意义的课题。

一　双重体制的由来和表现

体制模式的转换，要不要经过双重体制阶段，过去外国的经济学家多数持否定态度。主要理由是新旧体制并存必然同时存在两种互相抵触的运行机制，有如同时存在两种不同的交通规则，让一部分汽车靠左行驶，另一部分汽车靠右行驶，势将造成混乱。其实，双重体制的出现与否，取决于改革实行一步走还是分步走，即采取“一揽子”方式还是渐进方式。采取“一揽子”的改革方式，旧体制向新体制转换的过程短暂，旦夕之间除旧布新，无所谓双重体制。采取渐进的改革方式，新旧交替有个较长过程；在此期间，新的方生，旧的未灭，两种体制同时存在。但从世界各国的改革实践看，两种方式的选择并不自由：一方面，过去一些国家在着手进行改革时，倾向于一揽子解决，而实际上并不能一步到位，往往旷日持久，花去十几年或更多时间，还未实现新旧体制的完全替换；另一方面，也缺乏有意识地通过双重体制去逐步实现转换的成功事例，有的国家一度碰到新旧体制并存的矛盾，往往见难而退，又回到旧体制的轨道上去。这有不少经验可以总结。

与这些国家比，我国在改革之初就提出“摸着石头过河”，即走一步、看一步的渐进方式，也就是选择通过双重体制的道路，不能不说是开创了一个先例。这种双重体制，几乎表现在整个体制的一切方面，从企业体制、市场体制直至国家管理体制，无一幸免。企业有了逐步扩大的一部分经营自主权，但是仍未摆脱条条块块的各种行政干预，因此不得不一只眼睛盯住市场，另一只眼睛盯住上级。国家开始打破原来靠无所不包的指令性计划直接控制企业活动的做法，但又不能真正做到以间接控制为主，因此不得不时而用行政手段，时而搞市场协调。在商品和生产要素的运动上也是如此，特别是生产资料，一部分继续由国家以计划进行调拨，另一部分则在企业、地区之间自行协作进而通过生产资料市场交换。农副产品的购销渠道和价格形成也相类似。由于渠道不同，价格也不相同：一种是固定的计划价，一种是浮动的市场价，于是，双重价格的并存成为双重体制的一个突出标志。此外，在投资上，同样是一部分继续由国家财政无偿拨给，另一部分由地方、企业自筹，还有银行贷款和通过金融市场筹集。这种双重体制，从生产、流通到投资，范围越来越广泛，形式越来越多样，造成企业行为的双重化和国家宏观控制行为的双重化。这已经不限于原来所说的双重体制主要是指一部分企业实行新体制、另一部分企业实行旧体制，而是深入到各个企业的内部，同一企业有一部分产供销活动按新体制原则运行，另有一部分活动按旧体制原则运行，并且相互交织，有时不能明确地划分了。

我国的经济改革为什么会出现双重体制的格局，这既有客观的必然性，又有主观的决策因素。我国体制模式的转换不可能采取“一揽子”的方式，必须逐步推进，是基于下述原因：（1）原有的生产力水平较低，商品货币关系不发达，经济上存在二元结构，科学文化也较落后，改革的障碍多、难度大，不可能一蹴而就；（2）原来的经济体制不仅是高度集中的计划经济，并且带有较多自然经济的供给制因素，起点很低，而改革的目标较高、跨度很大，同样需要一个较长的过程；（3）作为一个大国，地区发展很不平衡，城乡差别也大，认识的统一、人才的培养和经验的积累都比一般小国需要更久的准备，很难从旧模式一步地、同步地转换到新模式；（4）总结自己和别人的经验，改革是一项大工程，关系到经济发展战略的转换、经济环境的治理、经济结构的改造和企业机制、国家职能的重建，采取渐进方式是有利的、可行的。西方有些观察家还认为，中国在政治上的承受能力比较大，不同于其他国家，能够容忍双重体制的摩擦。至于有人把双重体制的出现视为主观失策的结果，起码是一种误解。

二 双重体制在改革中的积极作用

采取渐进方式，允许在改革过程中存在双重体制，这对改革不是消极的，而有它多方面的积极作用：

（一）有利于使改革及时起步。万事开头难，如果采取“一揽子”方式，必须经过充分准备，包括拟定改革的总体设想和全面规划，根据我国的复杂情况和人们把握问题的局限性，这是不容易做到的。勉强去做，往往要花很多时间，或者仓促上阵、考虑不周，都会推迟改革的起步或走上弯路、影响进度。现在分步走，在继续保持原有体制的同时，首先找准几个突破口，使新体制由点到面地逐步展开，就能使改革很快启动，打开局面。最早农村开始改革，接着城市进行试点，虽然双重体制并存，终于顺利地破了题。

（二）有利于缓和改革的震荡。改革必然涉及人们之间经济利益关系的变动，采取一步走的办法，利益关系的变动过于剧烈，会引起社会的震荡，增加改革的阻力。采取渐进方式，就是在基本维持原有利益结构的基础上进行分步骤的调整，可以化大震为小震，积小胜为大胜，并取得绝大多数人的拥护。例如价格改革，如果不分步骤，必然超过国家和群众的承受能力；改变国家和企业的关系，在利改税等措施上分两步或三步走，既使财政收入有可靠来源，又使企业留利有不断增长。

（三）有利于持续稳定地发展生产，增加供给。涉及生产关系和上层建筑很多方面的经济改革，历来是一场深刻的革命，搞得不好，对当前生产会有不利影响，这在各国不乏先例。采取分步走的办法，能够做到建设、改革两不误。我们看到，尽管双重体制将带来一些摩擦，但是通过渐进方式，可以把摩擦控制在一定范围内。例如逐步缩小指令性计划和固定价格的范围，实际上是把计划调节的一大块稳住；同时，逐步扩大计划外空间，使市场机制逐步发育，逐步扩大其作用范围。这几年煤的增产很快，目前非统配煤矿的产量已经占很大比重，证明了改革对供给的促进是很明显的。

（四）有利于不断积累经验，造就改革人才。在我们这样发展中的大国进行改革，缺乏现成经验，特别是缺乏人才，难度是不小的。要求一步到位，即使作了缜密安排，仍旧要冒较大风险。采取渐进方式，可以在实践中不断总结经验，对新旧体制及其运行规则进行比较，从而摸索两者之间的衔接和转换途径，把风险减少到最低限度。在此过程中，干部和群众可以理解和熟悉改革，特别是新老干部可以更新观念，掌握规律，涌现包括大批企业家在内的改革人才，保证改革的善始善终。

渐进方式的上述好处，表明双重体制是有其积极作用的。对巨大变革采取逐步前进的方式，适应经济主体利益格局的有效调整，适应宏观管理机制体系的有效运行。这是我们择定目标模式及其实施道路的战略依据。有时人们议论较多的似乎仅是双重体制的弊病或它的消极方面，这是不完整、不公平的。

三 双重体制的摩擦及其进一步转换的必要性

当然，我们也必须同时看到，双重体制的并存导致微观决策行为双重化和宏观控制行为的双重化，给经济生活带来一系列的摩擦。正如“七五计划报告”中指出的：“改革必然是一个渐进的过程。在这个过程中，两种体制同时并存，交互发生作用，新体制的因素在经济运行中日益增多，但还不能立即全部代替旧体制，旧体制的相当部分还不能不在一定的时间内继续存在和运用。这就决定了改革中不可避免地会出现种种问题和矛盾复杂纷呈的局面。”① 这种摩擦，主要有：

（一）新旧体制交替过程中，常会在两种运行机制之间出现某些真空或漏洞。旧体制的破除和新体制的建立，纵横关系极其复杂，容易由于衔接不够如未立先破或破多立少、破快立慢而形成脱节，特别表现在宏观管理和微观活动之间的若干矛盾和混乱。1984 年第 4 季度出现的几个“失控”，相当程度上是由于在微观活力有所增强而还未真正搞活并且自我调控机制还未形成的情况下，国家对企业的直接控制弱化了，间接控制系统还未成型，以致投资膨胀和消费膨胀变本加厉，造成了又一次比例失调，不得不重新加强行政性的干预。又如生产要素市场初步出现，而各种生产资料、资金和劳动力等市场发育不齐，互不对称，各项经济参数尚不健全，也妨碍其进一步成长。又如某些单项改革的试验似乎可行，综合而观则难奏效，往往来自具体步骤的欠协调。

（二）市场信号的多元化，导致机会不均和不合理竞争。一物多价，虽有特定的对象和渠道，但是很难建立相互隔绝的屏障，造成信号混乱，带来不良后果。不少企业在投入上追求低价的计划调拨，在产出上热衷高价的自由销售，于是自觉或不自觉地冲击着国家计划。企业之间经营效果的比较，不仅取决于经营效率，更取决于不同价格，使产值、利润等考核失真，有时则是“鞭打快牛”。与此相应，某些个人、企业甚至地方就钻双重体制和双重价格的空子，使集体的或个别的投机倒把、贪污盗窃和行贿诈骗、走私贩私等犯罪活动和不正之风尤为滋长。这些不仅严重地妨碍着市场机制的健康成长和计划机制的正常实施，并且形成不合理的收益悬殊，造成社会生活中的某些不满和不安。

---

①《关于第七个五年计划的报告》，人民出版社，第 41 页。

（三）运行规则不稳定，使企业行为进而各级宏观控制行为无法杜绝短期化倾向。双重体制是一种不稳定的暂行体制，在摸索前进中不免有反复和改进。这种时序上的信号多变，使企业的发展战略难以明确，不得不着眼当前，企业行为不免趋于短期化。从另一方面看，为了保持原来的利益格局，在远景目标不透明的情况下，地方政府甚至国家的宏观控制行为也出现短期化的决策倾向。实行对职工的奖金刺激和对企业的定期承包，都含有类似的痕迹。作为其结果，则是影响产业结构和资源配置的合理化，刺激了一些小规模、低效率企业的盲目发展、高成本生产和社会性浪费。

此外，由于双重体制的摩擦，还带来一些观念冲突。改革是一场广泛、深刻的革命，是对传统思想、习惯势力和既得利益的冲击，本来要有一个逐步理解和适应的过程。在双重体制并存的情况下，部分人士对其复杂性认识不足，面对种种摩擦，有的会产生怀疑、惊惶甚至直觉地滋长抵触情绪。

面对双重体制并存的现状，怎么办？现在大体上有四种主张可供选择：一是回到原有体制，待创造条件，再进行“一揽子”的改革；二是维持现状，甚至把双重体制当作目标模式，采取某些措施来缓解其中的矛盾和摩擦；三是尽快从双重体制中跳出来，迅速向以间接控制为主的新体制过渡；四是明确双重体制是向目标模式转换的必由之路，努力创造条件，争取早日转入新体制的轨道。看来，走回头路是不行的，满足于现状是不彻底的，立即达到目标模式是不现实的。唯一的对策是在明确双重体制只是过渡模式的前提下，认清当前的摩擦根源主要来自旧体制的惯性、黏性和新体制缺乏配套等不成熟性，于是树立一个信念：改革中出现的矛盾，必须通过进一步的改革给以解决，千万不能见难而退或因噎废食。“每向狂澜观不足，正如有本出无穷。”改革是历史潮流，车轮既已发轫，一定要把它推向前进！

四　对现阶段转换进程的估量

我国经济体制的改革，从农村算起，已有八年多了。这八年多的初步改革是从单一的传统体制向双重体制转换、逐步进入双重体制对峙的过程。对于八年多来改革取得的成绩和存在的问题，各方面的估量不尽一致，有的对改革的进展比较乐观，有的则把改革中遇到的困难问题看得比较严重。我们认为，成绩必须充分肯定，问题也应给予正视。

改革的成绩表现在，我国改革起步虽比一些东欧国家晚了许多年，但是进展不慢，在某些方面赶上了他们一二十年的历程。经过八年多的改革，中国经济体制的格局发生了以下显著变化：(1) 随着所有制结构的调整和国家对企业放权让利，企业的地位在改变，活力在增强。企业有了程度不等的经营自主权，其经营意识、竞争观念和开拓精神都比过去大大增强了。(2) 随着国家指令性计划和统一分配物资、统一制定价格范围的缩小，市场机制开始发挥重要作用，国家对经济的管理开始从直接控制为主逐渐向间接控制为主过渡。(3) 在收入分配领域，随着各项搞活企业和调动职工积极性的改革措施的出台，国家、企业、职工三者的分配关系和经济建设资金渠道发生了新的变化。国民收入中国家财政收入所占份额下降，企业与职工所得份额上升；在投向生产和流通的资金总额中由国家财政无偿供给渠道解决的部分所占比重下降，而由银行信贷有偿供给渠道解决的部分所占比重上升。(4) 随着对内对外开放政策的实施，我国过去的封闭型经济开始向开放型经济转变。横向联系的发展有力地冲击着国内经济中的部门分割和地方分割。以沿海为前沿的开放地带的形成为吸收外资和引进先进技术提供越来越适宜的环境。改革中取得的这些进展对中国经济的发展已经产生了积极影响并将产生越来越大的影响。

在回顾中国经济体制改革几年来取得的成就的同时，不能不看到，以城市为重点的全面体制改革，现在仍然处在初始阶段，新的经济机制还远远没有完整地建立起来，旧的经济机制的作用也远远没有退出历史舞台。虽然农村经济和非国有成分的改革，在决策权力的分散化、调节机制的市场化，以及在破除平均主义的分配制度等方面，有了比较大的进展，但是，城市经济和国有经济成分的改革，仍然是初步的，探索性的，旧的模式还不能说已经发生根本性的变化。总地说来，几年来改革中存在的问题主要体现在以下两个方面：（1）传统模式中经济效益普遍低下的症结还没有解开。这当然有传统的经济发展战略尚未根本转换的原因，但是传统体制模式尚未转换过来也是一个重要原因。在农村，农户内部的经营体制是基本上理顺了，而外部环境并不稳定，特别是农副产品的价格不断变动，比价不尽合理，近年来“剪刀差”又有所扩大，影响农民投入的积极性，影响农业规模经济效益的形成和提高。在城市，企业体制改革也不平衡，在国民经济中举足轻重的全民所有制大中型企业的责、权、利关系不统一，自负盈亏未实现，企业内部关系也没有理顺，使企业和职工的积极性不能充分发挥，各个经济主体的行为仍然短期化，走上与提高经济效益相悖的歧路。（2）搞活企业和改善经济运行机制之间的关系问题也没有解决好。企业比过去活了一些，但是没有真正活起来。经济运行机制有所改善，但是价格体系仍有扭曲，利率、税率、汇率等仍然固定化，市场体系仍旧很不完备。这就带来三种后果：一是企业还缺乏自我发展的意识和自我调控的能力，难以对市场信号和间接的宏观调控作出正确的反应；二是企业赖以施展其活力的市场化环境还没有形成，市场信号还难以及时正确地提供；三是宏观经济管理还难以主要用间接调控手段取代直接行政手段，因而当宏观经济失控时，往往还要较多地采用甚至强化直接的行政控制手段，这很容易发生“一刀切”的毛病，影响经济的正常运转。

以上所述改革中的进程和问题，反映了体制模式转换的进度。能否认为，模式转换已经跨出了一大步，例如在计划和市场的关系上，已从改革前大一统的计划调节渐次发展到计划调节与市场调节板块结合，又从板块结合渐次发展到有所渗透，开始离开传统模式；但同计划与市场有机结合的目标模式相比，还有很大差距。从改革的长河看，现在还只是开了头，决不是过了头。进一步推动模式转换，始终是改革的基本方向和基本线索。

至于双重体制向目标模式转换的途径，有过各种意见。其中之一是“突破论”，即以某一单项改革为重点，推动全面改革的深化。这个单项，有人认为是价格，有人认为是所有制，有人认为是计划体制，有人认为是横向联系，众说不同。我们认为，从长远看，不仅要抓住重点，还要注意配套，主要是处理好企业、市场和宏观管理这个“三位一体”的关系。具体地说，也就是微观构造和宏观调控、产权规范和市场发育、参数变革和组织理顺的关系。

五 模式转换的中心环节：增强企业活力

增强企业活力始终是整个改革的中心环节，这是由企业作为经济细胞即基本的生产、流通单元的客观地位所决定的。整个经济的运行，以企业为微观基础；在市场体系结构中，企业是市场的主体。改革的目标是为了建立一个充满生机和活力的新体制，而搞活经济和搞活市场，都必须以搞活企业为前提。当前改革的难点，正在于虽然集体企业、个体企业和小型企业比过去活了一些，但是占产值、利税和财政收入绝大比重的大中型全民所有制企业还没有明显地活起来。随着经济运行机制的转轨，企业对宏观调节信号（包括价格信号和非价格信号）不能及时作出正常反应；相反，企业行为的不合理还有进一步恶化的趋势。其实，农村也出现了类似情况，表现为农户的投资意识不旺、生产后劲不足。这个问题不解决，即使市场体系逐步发育、宏观管理逐步改善，企业内藏的巨大潜力仍旧不能释放，整个经济仍旧不能高效运行。因此，进一步改革企业体制即重新构造微观基础的任务被摆上深化改革的重要议事日程。

微观基础的改革和企业活力的增强，有两条主线：一条是所有制结构的调整；另一条是公有制尤其是全民所有制企业所有权内涵或其具体实现形式的变革。所有制结构调整的方向比较清楚，全民所有制企业机制改革的问题似乎复杂得多。

我国的全民经济长期处于集中化、实物化、封闭化的大环境里，现在要逐步把它推向市场，困难很多。这几年的改革，先后经历若干阶段，首先是扩大企业自主权，实行利润留成制度；其次是推行盈亏包干责任制；然后是进行第一步和第二步的利改税。总地说来，这几步改革没有越出扩权让利的框框，也没有真正唤醒企业内在的活力，而只是适当调整国家和企业之间的权和利的关系，因为它未能有效地建立企业的自我调控机制。在总结经验后，人们逐渐认识到，改革企业体制和增强企业活力的方向应当是实行所有权和经营权的适当分离，在责、权、利统一的基础上，首先解决企业的经营机制问题。对此问题，又有两种不同思路：一是着眼于解决经济利益或收益分配关系，一是着重于解决财产关系问题。看来两者不可偏废，而要结合起来。利益是动力之源、活力之本。但是，如果解决利益关系限于减税让利，而利益的分配又缺乏内在的经济准则和规范，那就会只有利益，没有约束，不能根治投资膨胀的痼疾和消费膨胀的新病。以解决利益关系为起点，进而沿着产权关系明确化和财产约束或预算约束硬化的方向前进，或许可望在实行多种形式的两权分离的试验中探索出一条新路。我们相信，全民企业的“猜想”是可解的，它的优越性将充分发挥出来，任何把全民财产无偿地转为集体所有或者实行私有化的主张都是不符合中国改革的社会主义性质的，因而也是不能接受的。

六　模式转换的枢纽：完善市场体系

微观上放开、放活，宏观上管住、管好，这个概念在改革开始不久就提出来了，当时的困惑在于没有找到两者之间的联系点或结合部。在确认社会主义经济是有计划的商品经济后，人们逐渐认识到，这个结合部就是市场。以后，又出现了“国家调节市场，市场引导企业”的提法，也反映了市场是宏微结合的枢纽。离开市场，微观经济活不起来，宏观经济也管不起来。企业作为相对独立的商品生产经营者，它与市场的关系是鱼和水、演员和舞台的关系。宏观管理作为乐队的指挥，同样要面对这个大舞台和成群的演员。

把商品从只限于消费品而扩大到各种生产要素，把市场从只限于消费品和农业生产资料而扩大到一切生产资料以及资金、劳动力和技术、信息、房地产等，是我国这次体制改革的很大突破。于是而有市场体系的目标模式，就是不仅要使商品市场或物品市场渐趋完善，并且要使其他生产要素市场从被禁锢到开放、从不发达到逐步发达起来。当然，在公有制基础上，各种生产要素市场有它的特殊性，例如劳动力的商品属性和市场形成是否要有一定限制，土地、自然资源的商品化究竟达到什么程度，都有待进一步的理论研讨。

由于主客观的原因，我国原来的市场很不发达，完善市场体系要有一个长过程。这几年市场的开拓和孕育、发展，并不平衡。消费品市场大体放开，少数基本生活资料和供不应求商品还有限量或凭证券购买，地区之间也还有或明或暗的封锁。生产资料市场有了扩大，某些重要物资的市场交易部分对计划调拨部分的比例不断提高。拆借、贴现等短期资金市场已经出现，长期资金市场即直接的投资市场或债券、股票市场略有雏形。劳动力的自由流动在农村、城乡之间和少数行业、地区之间稍有松动，但成为合法的市场还有不少问题。技术市场初呈星火之势，未达燎原之盛。住宅商品化，还在试点和起始阶段。与此相应，有关的市场机制也很不健全。这都说明，完善市场体系和健全市场机制还要付出极大努力。大家已经看到，这项枢纽关系到微宏两头，在双重体制向目标模式转换中的位置越来越上升。只有市场体系完善之日，才是目标模式实现之时。

七　模式转换的归宿：国家的经济管理由以直接控制为主转向以间接控制为主

在模式转换中，强调增强企业活力和完善市场体系的重要性，决不意味着可以忽视宏观管理的地位和作用。宏观管理成为国家经济职能的集中表现，也是增强企业活力和完善市场体制的必要条件。企业活力的增强要求伴之以宏观管理的更加有效，才能达到活而不乱。否则，宏观经济一旦乱了，企业就活不起来。同时，市场体系的完善也要求宏观管理的相应改革。舍此，或者是管得过死，或者是根本不管，都不利于市场的发育及其协调地运行。另一方面，实行宏观管理的改革又必须以增强企业活力为基础，以完善市场体系为前提。企业缺乏活力，对宏观管理的市场信号或政策信号不能作出灵敏反应；或者市场体系残缺、市场机制迟钝，都会影响宏观管理的有效实现。

宏观管理，与传统体制下的综合平衡，目的性是一致的。区别在于手段和方式。传统的综合平衡通过指令性计划，对企业进行直接控制。在传统的综合平衡中，实物生产和分配的平衡占了主要地位。现在所说的加强宏观管理，是转向以间接控制为主，主要是通过社会需求和供给总量和结构，从价值量上进行调控，达到经济运行的协调和均衡。宏观管理的这种转换，把控制对象由直接对企业转向通过市场这个中介体，这也是整个体制模式转换的主要内容。目前，正处于两种控制方式并存并要求将重点逐步由前者转向后者的时刻。“六五”时期出现两次总需求过度膨胀的局面：一次在 1981 年，那时宏观经济管理主要还是实行直接控制，因此那次宏观失衡主要靠行政手段来压缩投资而得到解决。另一次在 1984 年末，已经开始转向部分的间接控制，照理应该较多地靠财政、货币政策来压缩投资需求、消费需求而求得解决；但实际上由于企业机制不灵活和市场发育不足，仍不得不依靠指标、额度等行政手段，使改革的进程发生了一点曲折。由此可见，改革进程中宏观控制的转换十分重要，也十分艰巨。因此，整个模式转换的成功，有赖于间接控制体系的健全；不妨认为，它是实现改革的一个归宿或终点。

建立和健全间接控制体系，主要表现为经济杠杆和经济参数的逐步完善化。这里，有两个问题必须讲清楚。有一种看法，认为我国宏观经济管理改革的目标模式可以照搬西方国家实行的那一套以财政货币政策为核心的宏观管理系统。诚然，对于商品经济高度发达国家的宏观管理经验，我们可以借鉴。但是，宏观控制或宏观调节以经济利益为依托，社会主义以公有制为基础的经济利益结构中存在着与各别利益相联系的共同利益层次，要求国家掌握更充分的宏观经济计划决策权，以协调整个经济的有效运行。我国商品经济还不很发达，又有公有制和有计划的特殊属性，不能完全照搬西方那一套经验。还有一种看法，把计划作为行政手段，有它就是直接控制，间接控制就不能有它。其实，指令性计划才具有行政手段的性质。指导性计划作为宏观管理的战略依据，本身不具有行政性，对企业没有强制力，它的实现还要通过各项经济手段。所以，改革计划体制，搞好计划工作，仍是加强和改善宏观管理不可缺少的方面。

在宏观管理上，由直接控制通过双重体制向间接控制为主转换，主要线索是：逐步缩小指令性计划，逐步扩大指导性计划；宏观管理的内容从直接控制资源分配，逐步转向控制供需总量及其构成；宏观管理的对象也从企业逐步转向市场（不仅是产品市场，并且包括各种生产要素市场）；控制的手段和方式，越来越转向抓经济政策、经济杠杆和经济参数（市场参数和政策参数）；经济政策本身则从确定性较差的非法令性文件转向规范化的法律和规章制度。随着企业活力的增强，对市场的依赖度越来越大，随着市场体系的完善和市场机制的健全，市场的可控性或可调性也越来越大；在企业改革与市场改革的基础上，以间接控制为主的宏观管理体系终将实现，从而实现整个经济体制的改革目标模式。

体制模式转换的若干有关问题

经济体制改革是一项系统工程，其内涵和外延都很丰富。从双重体制向目标模式转换，有几个相关的问题，这里需要略加讨论。

一 体制模式转换与发展模式转换

经济改革和经济发展是我国当前经济工作的两件密切联系的大事。这几年来经济生活的深刻变化，可以归纳为两种模式的转换：一是经济体制模式的转换，一是经济发展模式的转换。经济发展模式，是从经济发展客观形成的格局来说的；如果从主观指导思想来说，那就是经济发展战略。一般地说，经济体制服从和服务于经济发展，择定什么样的经济发展战略，就要求有什么样的经济体制与之适应。同时，实行不同的经济体制，也会对经济发展产生不同的影响。两者之间相互制约，互为条件。以高速增长为主要目标、以外延发展为主要途径的经济发展模式，必然要求实行高度集中的、行政指令直接调节的经济体制模式；以提高效益为主要目标、以内涵发展为主要途径的经济发展模式，则要求有较多的分散决策和较多地用经济手段间接调节的经济体制模式。反过来说，传统体制模式内在的数量扩张、投资饥渴等特征，又是支持传统发展模式中追求高速增长和外延发展的一个动因。

这几年来两种模式的转换，在经济发展战略上，一些经济学者概括为从速度型或数量型转向效益型或质量型。这与经济体制从高度集中的指令性计划型转向计划与市场有机结合型，本来是相辅相成的。但是，与经济体制模式的转换不可能采取“一揽子”方式一样，经济发展模式的转换也不可能在短时间内就很快实现。这同样是由于传统模式的惯性、传统观念的惰性、传统利益的刚性以及转换过程预期的不确定性，这些都会影响人们的经济行为，影响模式转换的进程。在某种程度上，经济发展模式的转换似乎比经济体制模式的转换，困难更多、阻力更大。这几年来，经济体制改革推动着经济发展，成为建国以来经济发展速度最快、经济实力增长最大、比例较好和波动较小、人民得到实惠最多的年代。但是，经济效益的提高并不理想，投资膨胀和消费膨胀依然存在。正如现在的经济体制是双重体制并存一样，现在的经济发展也是双重战略并存的态势，并且传统发展战略还占一定优势，新的发展战略远没有统率全局，两种战略之间同样存在着摩擦。

因此，在从双重体制向目标模式转换的过程中，必须力争经济发展战略的同向和同步转换，使两者相互结合、相互促进。发展战略的进一步转换，如能有效地扭转片面追求产值、产量增长速度的倾向，必将为经济体制的进一步改革提供有利的客观环境。同时，经济改革的继续推进，如能有效地制止投资饥饿和消费失控，必将对发展战略的继续转换提供有利条件。在更具体的环节上也是如此，例如投资政策和投资体制，收入政策和工资体制，技术政策和技术体制，都是相互影响、相辅相成。我们不能等待建立了新体制再去调整发展战略，也不能等待改变了发展战略再去改革经济体制。正确处理改革和发展的关系，才能顺利地实现两种模式的转换，使新体制和新战略一起应运而生。

二 经济改革与经济环境

正确处理改革和发展的关系，另一个具体内容是经济发展要为经济改革提供良好的经济环境。不少同志认为，经济改革必须有一个宏观经济比较协调，市场比较松动，价格比较稳定，国家财政和外汇、物资等后备比较宽裕的经济环境。否则，经济形势紧张，比例失调，不仅市场机制难以发挥作用，往往还不得不靠重新强化行政手段来直接控制资源的分配，使改革受阻甚至倒退。这个环境的形成，主要在于调整经济发展战略，保持社会需求和社会供给在总量上和结构上的大体平衡，避免大起大落，实现稳定增长。“七五”计划提出要进一步为经济体制改革创造良好的经济环境，努力保持社会总需求和总供给的基本平衡。这是很明智的决策。所谓良好的经济环境，就是比较宽松的经济环境。所谓总需求和总供给的基本平衡，应该理解为能够保证出现比较宽松的良好经济环境的平衡，这应当是总供给略大于总需求的平衡，包含着出现有限的买方市场（不同于资本主义的生产相对“过剩”）的平衡。

在现阶段的经济发展过程中，能否出现有限的买方市场，或相对宽松的经济环境，至今还有争论。我们认为，形成买方市场固非易事，因为传统的发展模式和体制模式都会导致经济的过度扩张，模式转换过程中由于各方面改革措施难以同步配套，往往会加剧投资膨胀和消费膨胀，并且生产力落后又带来某些资源不足，在一定时期和一定范围内会存在这样那样的短缺现象。但是，只要实行正确的发展战略和政策，就有可能保持供需的大体平衡，并且随着改革的进展，争取有限买方市场和相对宽松环境的逐步实现。20 世纪 80 年代初，就曾经有过短暂的买方市场局面，比较明显地激发了竞争，促进了生产技术和经营管理的提高以及经济结构的调整。即使在当前，总的经济环境还是偏紧，但在某些行业和部分产品，实际上存在不同程度的买方市场。比之改革前，凭票供应盛行，站队购物到处都是，消费者完全无可选择的现象来说，现在的情况已大大改观。所以，只要发展和改革的方针政策正确，相对宽松的环境和有限的买方市场并不是完全不可能争取到的。那种认为改革注定只能在紧缺环境中进行的论调，将导致放松争取宽松经济环境的主观努力，甚至自觉不自觉地为通货膨胀政策打开方便之门，这对经济改革和经济发展都是极为有害的。

对相对宽松的环境和有限买方市场的实现，有三种情况要加以区别：一是作为改革的前提，二是在改革过程中，三是作为改革的结果。我们不能要求先有买方市场才开始改革，但是在改革过程中有必要也有可能争取比较宽松的经济环境。这种转换中的供需大体均衡，并不是在总量上和结构上都已完满地和稳定地形成，因此与目标模式的均衡状态有差别。这种初步的有限买方市场和相对宽松环境有利于改革的前进，而改革的深化又将进一步巩固和发展买方市场和宽松环境，使它一步一步地向目标模式逼近。

在模式转换中争取实现有限的买方市场和相对宽松的经济环境并使它不断巩固和发展，下述对策可供选择：（1）保持适度的经济增长，过快了会出现不平衡，过慢了也不利于改革；（2）相应进行发展模式的转换，使发展战略目标由以数量、速度为主转向以质量、效益为主；（3）处理好控制需求与扩大供给的关系，在控制需求时不过分影响供给，在扩大供给时不过分刺激需求；（4）在实现综合平衡或总量平衡时，主要不靠行政干预，更多地要靠增强企业的自我调控机制；（5）衡量有限买方市场的一个重要标志是保持物价水平的相对稳定，因改革而发生的物价水平的上涨应当控制在结构调整范围以内，同时严格限制通货膨胀性的物价上涨；（6）在经济稳定增长的同时，有步骤地进行结构改造，经济结构的合理化是向有限的买方市场转换的一个根本条件。整个改革有个过程，稳定的有限买方市场和宽松经济环境的形成也有个过程。指望用人为的全面紧缩的办法一举实现这个目标，是不现实的，不可行的。但是，宿命地认为改革在完成以前只能在短缺紧张的环境中进行，因而放松缩小短缺紧张和扩大宽松势态的努力，也是不对的。除了通过体制改革逐步消除导致需求膨胀的体制原因外，我们还应当在经济发展方针方面采取有克制的战略目标和明智的政策措施，以利于控制投资需求和消费需求的膨胀，抓紧治理短缺现象，逐步实现由卖方市场向有限买方市场的转换，这不是不能做到的。

三 经济改革与结构调整

控制总需求膨胀和刺激总供给增长以保持供需总量的大体平衡，这是经济改革模式转换的一个基本条件。但是，供需总量的平衡必须以供给结构和需求结构的相互适应为基础。因此，不仅在改革起步时，要求服从和配合经济调整并以初步调整严重扭曲的比例关系作为改革启动的第一推力，而且在改革进程中，仍旧要求始终把握经济结构变化的走向，继续引导结构调整，才能使体制改革与结构调整相互促进，最后实现体制改革的目标模式。长期以来，僵化的体制是形成经济结构倾斜的原因之一；同时，结构的不合理又妨碍着经济运行的通畅。现在，经济结构的调整和优化，有赖于改革的完成；而改革的进行和成功，也有赖于结构的合理化。当前，我国人均国民收入正在向跨出贫困线的方面跃进，即将进入经济结构急剧变化的转换期，这也是对体制模式转换的重大挑战。处理好经济改革和结构调整的相互关系，就不只是为模式转换提供结构环境的问题了。

“六五”时期，贯彻以调整为中心并包括改革在内的八字方针，开始注意了两者之间的关系。当时的调整，着重于积累、消费和农轻重的比例关系，已经取得预期成效。但这种调整仅是表层的，限于短期的投入产出，没有深入原来经济结构的底层，严重失衡状态并未得到根本改善。这几年来，无论是积累、消费或农轻重的比例关系，继续出现某些频繁的交替上升或下降，既显示了资源配置存量结构的刚性，又反映了结构改革的要求与体制改革的步伐不相吻合。例如以价格为中心的经济参数的扭曲，不利于从根本上调整基础设施、基础工业与直接生产、生活服务的结构关系。与不同制度或相同制度的相同发展水平的各国相比，我国的社会总产值结构呈现很多非典型化特征，表现为：一方面积累率很高，另一方面消费基金增长很快；一方面第二产业所占比重很大，另一方面第三产业所占比重很低。结构不相称、规模不经济带来发展效率低下，归根到底，问题出自传统体制。

当前在经济改革和结构调整的关系上，处于一定程度的两难困境。现在的经济参数严重背离供需结构，而贸然进行大幅度调整，会强制牵动生产结构的急剧改组，导致经济运行的混乱。增强企业活力后，市场竞争不断激化，而由于原来的经济结构严重失衡，某些能源、原材料将愈加紧张，某些大路消费品将愈加滞销，都使企业无能为力。由于经济结构的严重失衡，宏观管理由直接控制转向间接控制也是困难重重，农副产品取消统购、派购后又不得不重新实行某些带有强制性的收购办法，就是证明。总之，要缓解长期以来形成国民经济的投入结构和资源结构、产出结构和需求结构、市场结构和消费结构的矛盾，必须逐步解开经济改革和结构调整之间的死结。

上述回顾，并非否定几年来改革和调整的有所相互促进，而只是表明：在体制改革的模式转换中，应当十分重视与结构调整的关系，切莫低估其复杂性。与改革采取渐进方式一样，经济结构的调整也必须逐步推进。可以预期的前景是：结构矛盾→经济改革→结构矛盾弱化→经济改革深化→结构调整深化。当前的关键是改革要考虑到结构的矛盾，改革措施要与产业政策相配合，首先争取改革适合结构调整的承受力，并对结构调整有所推动。这里有许多具体问题有待正确处理，例如怎样在控制投资膨胀的同时保持一定的积累率，并把投资引向经济结构中的断层，使投入结构和资源结构相协调；怎样在控制消费膨胀的同时保持居民收入的合理增长，使产出结构和消费结构相协调；怎样在促进市场发育和完善市场机制的过程中，使劳动资源和技术资源各得其所，既有利于充分就业又有利于技术进步。当前，经济改革和结构调整都面临着“阵痛”，积极谨慎地渡过这阶段，终将豁然开朗。

四　经济改革与对外开放

经济改革和对外开放是经济工作中的两件大事，相互关联。经济改革不是封闭的，必须考虑对外开放的新情况和新问题。对外开放要求经济改革，因为旧体制不能适应对外开放的新形势；对外开放又促进经济改革，因为它为改革带来新信息和新风气。在某种意义上，对外开放也是一种改革。

从闭关自守到对外开放，意味着社会分工突破了国境线，投入了国际市场的合作和竞争。这对整个国民经济必然带来巨大而深刻的影响，而不仅是“互通有无，调剂余缺”。它对经济体制的影响也不仅是外贸体制如何改革，而渗透到各个方面：（1）通过利用外资、引进技术，建立一批中外合资、合作经营企业和外商独资企业，这不仅使所有制结构增加了新的成分，并且在内外市场上增加了竞争对象，对国内企业产生了压力，也激发了动力；（2）与国际市场相沟通，不仅在商品市场上有一些共同规则必须遵守，并且在资金、技术、劳务等生产要素上也有不同程度的往来，这有利于国内生产要素市场的孕育和成长；（3）与市场体系相伴随，对市场机制的发挥作用同样有触发，特别是价格和利率、汇率甚至税率等经济参数的形成和变动，不同程度地受到国际有关市场机制和国家政策的影响；（4）在宏观管理上，开放和封闭大不一样，综合平衡的视野扩大了，产业结构的调整也更复杂了，特别是控制和调节的手段和方式都有变化，直接控制基本上不再适用（对进出口贸易，计划的可控性也不同于国内商业）。

这些变化，既促进了经济发展的商品化、货币化，又促进了经济体制的市场化。另一方面，在与国际经济、国际市场的往来中，经济改革得到很多有益的借鉴。集中表现在经济特区，与外商打交道，不能全用我们的章法了。以深圳为例，经济体制改革的步伐很快，除了特事特办外，还是内地改革的试验场，积累了丰富经验，包括企业的自主经营、自负盈亏和自愿联合，价格的放调结合、多放少管，劳动人事制度的能进能出，以结构工资为主的多种劳动报酬形式，金融市场和外汇调剂市场的开发，基本建设施工的招标投标，宏观控制的间接化和法规化，以及政府机构的精简、高效和党政分开等，不少已在内地推广。它又证明，经济改革可以向外国借鉴之处很多，但要结合我国情况；坚持改革开放，决不是什么“全盘西化”，决不能偏离社会主义道路。

五　经济改革与政治体制改革

经济体制的改革不能孤立进行，它与政治体制的改革以及社会、文化等体制的改革都有联系。《中共中央关于社会主义精神文明建设指导方针的决议》指出："我国社会主义现代化建设的总体布局是：以经济建设为中心，坚定不移地进行经济体制改革，坚定不移地进行政治体制改革，坚定不移地加强精神文明建设，并且使这几方面互相配合，互相促进。"经济体制改革是政治体制改革的前提，政治体制改革是经济体制改革的重要保证。

传统经济体制的形成，在很多方面受到传统政治体制的制约。在国家的经济职能中，没有分清作为公有生产资料的所有者和宏观经济的管理者的双重身份，导致政企职责不分，全民所有制就是国家所有制和国营制，这是所谓行政性经济体制的基础。这种体制延伸到各部门、各地区，形成部门所有制和地方所有制，条块之间壁垒分明，企业的产供销活动按照行政隶属系统进行。可见，传统的经济体制和政治体制在实际运行中是紧密交织的。特别是在"政治挂帅"、"书记挂帅"的思想指导下，以政治代替经济，以"算政治账"代替"算经济账"，以政治动员代替经济调节，基本上排斥商品货币关系。其结果，管理部门机构臃肿、人浮于事，经济组织衙门化，经济工作官僚化，决策失误和效率低下也就难以避免了。此外，党政不分作为一种政治体制，一直深入到基层企业，既削弱了生产指挥，也削弱了党的领导。

因此，进行经济体制改革，必须同步进行政治体制改革。几年来的经济体制改革，实际上包括了一部分政治体制改革的内容。例如农村推行承包责任制，促进了政社合一的人民公社的解体；城市企业推行厂长负责制，扭转了以党代企的弊病。经济体制改革的方向是适应社会主义商品经济发展的要求，对政治体制改革也是一样，要有利于而不再是妨碍商品经济的发展。

政治体制改革有着广泛而深刻的内容，就其与经济体制改革直接有关的可以举出：（1）实行党政分开，纠正以党代企，建立和健全厂长（经理）负责制；（2）建设民主政治和实行经济民主，既有利于经济决策的民主化和科学化，也有利于调动广大群众的积极性；（3）从高度集权转向必要的集权和适当的分权相结合，扫除发展商品经济的行政性障碍；（4）实行政企职责分开，废除企业的行政隶属关系，增强企业活力；（5）打破部门所有制、地方所有制和条块分割，促进统一市场的形成；（6）精兵简政，节约行政开支，提高工作效率；（7）改革干部制度，废除“铁交椅”，能上能下，能进能出；（8）健全经济法规，加强法制观念，实现经济关系和经济行为的规范化。

此外，社会，文化和教育、科技等体制的改革，同样与经济体制的改革有着相辅相成的关系。体制模式的转换，在这些方面都要同步、配套。

最后，谈谈改革的长期性和复杂性问题。面对双重体制的摩擦，有人主张在改革战略上采取速战速决的方针，是可以理解的，但行不通。这是对改革的复杂性、艰巨性及其必然带来的长期性估计不足。我们应当有充分的思想准备，防止产生急于求成情绪，否则会欲速则不达。改革的长期性，其原因是：（1）当前处于社会主义初级阶段，生产力水平不高，商品经济不发达，推进经济体制改革必须以市场发育为客观条件，不可能一步登天；（2）改革包括广泛的领域和庞杂的对象，特别是在我们这样发展不平衡的大国，问题千头万绪，不可能用快刀斩乱麻的办法，而要做过细工作，分步走，小步走，才有希望渐次逼近目标模式；（3）改革是前人没有做过的事，虽有外国经验可供参考，但无论在理论上或实践上，主要还靠我们自己去摸索，一定要给以足够的时日；（4）改革的动力在群众，群众之间的利益关系大同又有小异，要使大家理解，并在参加改革实践中懂得改革，也不是容易的事，必须进行艰苦教育，并培养出一批改革人才，才能把改革搞好。因此，把改革看作只要领导下决心，或者采取特殊措施，就能“一步到位”，是不切实际的。当然，这又不是说改革只能慢慢来，决不能把改革拖成旷日持久的事情。有的同志认为，整个社会主义初级阶段甚至整个社会主义阶段都要进行不断的改革，这是把当前改革传统僵化体制的任务溶解到一般的生产关系和上层建筑不断改进完善的历史唯物主义的命题中去了。当前这次对传统僵化体制的改革，和旧体制模式向新体制模式的转换，不能无限期拖下去，否则双重体制长期并存和摩擦，将不利于我国社会主义经济的发展和现代化任务的实现。所以对于改革的进程既要有科学的冷静的分析，又要有积极的态度，采取积极的措施，加快体制改革和模式转换的步伐，促成改革目标模式的尽早实现。到了旧体制退出历史舞台，新体制成功之时，对传统僵化模式的改革才算告一段落。然而，从历史的长河看，这仅是一个回合，并不会一劳永逸。在此以后，社会主义经济体制还要适应生产力发展的需要而不断改进和完善，到一定时期，还要进入新一轮的改革，但那已不是这回改变传统僵化体制意义上的改革了。欧阳修在《明用》中说："物无不变，变无不通，此天理之自然也。"对待社会主义经济体制的变革，也应当如是观。

（1987 年 7 月）

上　篇

改革的目标模式论

第一章　中国经济体制改革目标模式的总体设想

第一节　研究我国经济体制改革目标模式的意义和前提

一　研究我国经济体制改革目标模式的意义

自从党的十一届三中全会提出经济体制改革的任务以来，我国经济学界一直在进行经济体制目标模式的研究和探索。进行这种研究和探索的意义，至少可以从以下几个方面来看：

第一，有利于克服盲目性，提高自觉性。

我国的经济体制改革是在结束十年动乱以后不久提出来的，理论准备和实践经验都很不足；同时，经济体制是一个系统，经济体制的改革是一项巨大的系统工程。在这种情况下，特别要加强对改革目标和方向的研究，才能指导改革的实践，防止今天这样改，明天那样改，使改革走弯路。当然，改革的过程不可能是一条直线，而是一条曲线。但这决不是说改革不需要有一个目标模式或总体设想。改革中会出现一些曲折，其中的一些曲折是在改革的方向和目标既定的情况下为实现这一目标所必须付出的代价，是难以避免的，而不是在目标不明的情况下改到哪算哪。所谓"试错法"①（也称"试验和校正法"、"逐次接近法"）或"摸着石头过河"，都是为实现一定目标而采取的方法或手段，而不是目标自身。如果把这样一些方法和手段夸

---

① "试错法"是"通过试验直到错误消失的一种解决问题的方法"。见《牛津现代英语高级词典》，1980 年英文版。

大为目标自身，或者混淆手段和目标，就会导致盲目的实践，不利于改革的进行。有的经济学者认为，“我国经济改革的理论准备很不充分，加之小农社会轻视理论的传统思想在社会上有着广泛影响，在相当长的时期中，改革不可设计，也无需设计，或者可以‘边设计边施工’的想法占有支配地位。”① 对于改革不可设计和无需设计的思想究竟在实际上起了多大作用尚可进一步讨论，但这种思想不利于改革的实践则是毫无疑义的。当然，我们也应该看到，目标模式的研究也需要有一个过程。若干年来，尽管许多经济学者都强调要有一个目标模式，而且对此提出了各种各样的设想，但迄今仍没有一个令人满意的总体设想。有的经济学者提出：“虽然说要搞总体设计，但并没有可供实施的总体设计方案，虽然说要按系统工程的方法部署各项改革，但实际上是走一步看一步，许多改革措施往往是临时决定，零星出台。这样做的结果，使整个经济管理体制作为一个系统失去了平衡。”② 这种尖锐的批评固然一方面说明了拟定总体设想的艰巨性，但另一方面也确实说明了进一步深入研究目标模式的必要性。

第二，有利于坚定改革的信念，防止改革中的摇摆。

所谓经济体制改革，是指在社会主义基本经济制度的范围内，从一种经济模式到另一种经济模式的变革。这种改革不是简单地对原有经济体制（在我国是指十一届三中全会以前的体制）里的具体细节进行修改补充，而是要对原有体制的不合理的基本框架和主要运行原则加以改造。这样一种改革思路，是建立在社会主义经济制度存在着各种不同的经济模式的理论基础之上的。早在20世纪30年代，随着著名的兰格模式的诞生，已经从理论上突破了社会主义制度只能有前苏联当时已经存在的那样一种模式的局限。第二次世界大战后，随着东欧各国（首先是南斯拉夫）经济改革的进展，又在实践上突破了前苏联传统模式的框框。至于在我国，社会主义经济存在着多种模式的思想直到党的十一届六中全会提出“社会主义生产关系不存在一

① 吴敬琏：“关于改革战略选择的若干思考”，载《经济研究》1987年第2期。

② 孙效良：“论经济改革面临的抉择”，载《光明日报》1987年1月3日。

套固定的模式”以后才得到比较广泛的传播。但从若干年改革的实践来看，上述模式转换的改革思路仍然受到各种各样的干扰。例如，有的同志强调的是“改进”经济体制或者“完善”计划工作，不同意把经济体制的改革理解为模式的转换；有的同志心目中的经济体制改革，实际上是一种拨乱反正，把 1956 年或 1965 年的经济体制作为一种目标。① 这种视恢复为改革的思想，不仅在改革的初期曾相当流行，而且在改革的过程中也常常有所重现，在改革遇到困难时则尤为如此。为了坚持经济体制改革的基本方向，防止改革过程中的摇摆，我们必须对改革的目标模式进行深入的研究和慎重的抉择。

第三，有利于抓住根本，排除细节的干扰。

一种经济模式并不直接等同于一个国家实际上存在的具体的经济体制，而是舍弃了细节对某种经济体制的基本规定性所作的抽象和概括。这种理论上的抽象反映了一种经济制度里最基本的东西。② 例如，我们通常所说的资本主义自由竞争模式就是对垄断前资本主义生产关系所作的抽象和概括。当我们研究社会主义经济制度下的不同模式时，为了揭示某种模式的基本特征，也运用这种抽象的方法。这种研究有助于我们防止因陷入细节而受到一些次要因素的干扰，以便把握新的经济体制的基本特征。有一个时期，在总的目标模式尚不明确的情况下，许多部门都各自设计出一套具体的改革方案。但这些方案往往陷入各部门的具体细节，看起来洋洋大观，包罗万象，但彼此之间不相衔接，而且很难使各部门的改革措施同总的改革要求协调一致。这种状况，正是多年来加强经济体制改革理论基础研究和深入进行目标模式和总体设想研究的呼声一直很高的原因之一。

---

① 参见《建国以来社会主义经济理论问题争鸣》，中国财政经济出版社 1985 年版，第 488 页。

② 弗·布鲁斯说：“使用‘模式’这个术语的正确意思是表示经济机制运行的图式，它撇开复杂细节，而提供经济运行的主要原则的抽象图式。”（《社会主义经济的运行问题》，中国社会科学出版社 1984 年版，第 2 页）莫·伯恩斯坦说：“经济制度的模式，是制度简化的抽象，表明了不同类型经济制度的主要的结构上的特征和运行上的特点。”（《比较经济制度综述》，《现代国外经济学论文选》第 9 辑，商务印书馆 1986 年版，第 42 页）

二 确定目标模式的指导原则

在明确了研究目标模式的意义以后，我们必须进一步弄清选择和确定目标模式的一些基本的指导思想或原则。

首先是选择的范围。就空间范围来说，我们是在社会主义经济制度的大范围内进行选择，经济体制改革必须坚持社会主义的基本方向，坚持公有制和按劳分配等基本原则。至于具体界限，将在本章和其他各章的具体论述中展开，在此不再重复。就时间跨度来说，人们提出了各种各样的设想。例如，有人提出了五年的改革设想，有人提出了二十年的改革设想，有人提出了更为长期的改革设想。看来，作为一种改革的目标模式而不是具体的实施方案，很难确定一个十分具体的时间界限。我们认为，必须从我国社会主义所处的发展阶段来把握经济改革的时间跨度。我国目前处于社会主义的初级阶段，它面临的总任务是发展已经创建起来的但尚未成熟的社会主义经济制度。这包括时间上先后为序的两大步骤：第一步是通过以经济体制为中心，包括政治、文化、教育和科学技术体制在内的全面体制改革，来解决与社会主义初级阶段基本特征不相适应的各种体制弊病；第二步是以此为起点，全面推进商品化、生产社会化和不断完善与调整经济体制中不符合生产力发展要求的东西。从而可以得出一个结论：经济体制模式的转换并不是一个无穷尽的历史过程，而只是社会主义初级阶段的第一个任务；同时，经济体制模式的转换又确实贯穿于初级阶段的一个相当长的历史时期。

其次，确定目标模式是重大的战略性选择，而不是战术性的过渡措施和改革过程中所出现的暂时现象。有些事情现在只能做到这一步，但不能说将来也不许越出这一步；有些事情是将来可以实现的，但不能说现在就必须实现。遗憾的是，许多问题的争论往往混淆了战略选择和战术措施的区别。例如，指令性计划不能一步取消并不等于目标模式中仍然以指令性计划为主，也不等于目标模式中的指令性计划仍然采取今天这样的形式。又如，目标模式是计划与市场的有机结合，但并不等于两者在一定阶段不能以板块的形式并存。现阶段虽然要继续保持对人口和劳动力流动的控制，但并不等于目标模式中不需建立劳动力市场，等等。① 因此，如果把现阶段的这种限制措施长期化和凝固化，就会降低改革的目标。

再次，目标模式的选择决不能过分理想化，甚至陷入空想的境地。如前所述，一定的经济模式是一定的经济体制在理论上的抽象，但这种抽象并不是脱离现实，而是在一些根本问题上更深刻地反映现实（只要是科学的抽象，不论是实证的研究还是规范的研究都是如此）。因此，一种较好的或适度的模式决不可能集中一切其他模式的优点和排除其他一切模式的缺点，我们只能在利害得失的权衡中，本着“趋利避害”和“两害相权取其轻”的原则来进行选择。

三　我国的国情是选择目标模式的重要依据

探索具有中国特色的社会主义经济体制，实际上包括以下两个互相联系的问题或两个方面：第一，探索一种运行效率更高的社会主义经济体制模式，勾画出它的基本轮廓或框架；第二，把这种抽象的研究运用于具体的实际，使之适合中国的国情特点，并结合中国国情的研究来丰富和发展已有的理论。当人们说到苏联模式、南斯拉夫模式、匈牙利模式时，实际上已经把模式的各种研究和各国国情的研究结合起来，既以这些国别模式来反映理论模式的一般规律性，又以此来表示各国的具体特点。严格地说，国别模式是不科学的，因为各个国家的经济体制本身也在变化和重新选择。

研究中国经济体制改革的目标模式要从中国的国情出发，这在原则上没有什么争议。但如何把中国的国情特点和目标模式的构想挂起钩来，仍然是一个正在研究中的课题。在这里，仅仅罗列我国国情的

---

① 世界银行的一个报告认为，中国“在体制改革过程中面临的一个根本问题，是对劳动力实行委派的体制和对人口迁移的限制。这种政策无疑是有更重大的政治和社会理由，任何改变必须逐步实行。但是，无论从经济效率或平等的角度看，这种政策似乎很难成为理由。”（见世界银行经济考察团对中国经济的考察报告：《中国：社会主义经济的发展》）

特点还远远不够，简单地把某项国情特点同某种体制模式直接挂钩也无济于事。例如，在分析经济发展水平比较低对我国经济体制模式的影响时，就应该避免这种简单挂钩的方法。外国经济学界流行着这样一种看法，即当生产力水平比较低从而经济处于“外延型”发展阶段时，集权模式比较合适；当生产力水平比较高从而经济处于“内涵型”发展阶段时，分权模式比较合适。诚然，经济发展水平同经济体制是有联系的，但这并不意味着一个特定的经济发展水平一定要求有一种特定的经济体制模式与之相适应。事实上，在一个特定的经济发展水平之上往往可以建立多种经济体制模式。如果用经济的外延发展和内涵发展来直接论证经济体制的集中和分散，就会否认我国现阶段着手改革过度集中的经济管理体制的必要。

但是，我国是一个幅员辽阔，经济上明显地存在着二元结构和各地区经济发展很不平衡的国家。这样的实践必然给决策结构的设置和经济利益关系的处理带来许多特点。就决策结构来说，在改革之初，我们曾经批评过以往一些在下放决策权力的措施方面没有抓住扩大企业自主权这一关键，而仅仅在中央和地方的行政性分权上兜圈子，这无疑是正确的。但根据中国的实情，并不能完全否认行政性分权的重要意义。如何发挥地方政权，特别是经济欠发达地区省一级政府的经济功能，仍然是目标模式构想中所无法回避的问题。这正是人们努力探索中观经济活动决策在决策体系中的作用的缘由。

一定的经济体制还必然要受一定的社会和文化因素的影响。经济体制改革目标的设计，一方面必须考虑到社会文化传统因素的影响，另一方面又必须引导这些因素向合理的方向变化。正如有的经济学者所指出的，经济体制的改革“必定也是文化的改革”。① 关于我国传统文化观念对我国经济体制的形成及变革的影响，人们存在着不同的看法。例如，有的经济学者认为，我国深受自然经济观念的影响，要

① 费景汉、B. 雷诺兹：“中国经济体制改革合理顺序的探讨”，载《经济社会体制比较》1986 年第 6 期。

确立有计划的商品经济，就必须破除自然经济观。① 有的经济学者认为，中国既有自然经济的传统文化观念，更有货币经济的传统文化观念，像独立性、自信心、讲信用、知廉耻等传统的中国文化价值观念，对发展商业文化都大有益处，因此经济体制改革的重要一环是中国传统文化观念的复兴。② 尽管人们对我国传统文化观念的估计上尚有差异，但经济体制改革必须从中国的实际出发，逐步复兴和培植商业文化这一点应该说是没有分歧的。事实证明，十一届三中全会以来我国经济体制改革的进展和商品经济的发展也是诸如"无商不奸"之类的观念的逐步破除和"无商不活"之类的观念的逐步树立的过程。因此，探索我国经济体制改革的目标模式，必然同对我国传统文化的"去其糟粕、取其精华"的过程交织在一起。

第二节　从比较中看我国经济体制目标模式的选择

一　经济体制的构成要素和分类标准

在比较经济学的文献中，许多经济学者都根据经济体制的各个构成要素分析经济体制的特征，并以这些要素在结构上的差异（如决策结构的集中程度或分散程度上的差异）作为标准来区分经济体制的不同类型或不同模式。例如，纽伯格和达菲认为，任何经济体制都包括三个相互联系的组成部分——决策结构、信息结构和动力结构，各

① 在我国提倡经济体制改革的经济学者中，最系统地批判自然经济论，并把自然经济论作为传统体制的重要理论基础来进行批判的应首推孙冶方同志。他在一系列论著中反复强调，要进行经济体制改革，就必须克服自然经济论的影响（见《孙冶方选集》，山西人民出版社 1984 年版，第 237、252—253 页）。近年来，人们把经济体制改革的视野进一步拓宽，把它同文化传统观念的变革联系起来。例如，有的经济学者认为，我国几千年来深受以血缘为纽带的宗法关系以及君臣之间的行政依附关系这种传统文化的影响，"尽管中国历史上不乏有规模可观的商品交换和区域性市场这些商品经济的形式特征，但是与商品经济相联系的一系列社会规范，从而严格意义的商品经济本身却总是不能形成。"（见《伟大的实践需要伟大的理论——社会主义初级阶段学说》）

② 费景汉、B. 雷诺兹："中国经济体制改革合理顺序的探讨"，载《经济社会体制比较》1986 年第 6 期。

种经济体制的差别是由这三个结构的差异造成的。① 林德贝克则有“八面体”的分析，即：(1) 在经济决策上，是集中的还是分散的；(2) 在信息传递、资源配置和协调机制上，是通过市场的还是通过行政的；(3) 在财产关系上，是私有的还是公有的；(4) 和 (5) 在动力机制上，个人和公司是通过经济刺激还是通过命令来推动自己的行为的；(6) 和 (7) 在个人之间和公司之间的关系上，是竞争性的关系还是非竞争性的关系；(8) 在整个经济体制同外部世界的关系上，是开放的和国际化的还是封闭的和自给自足的。②

在研究社会主义经济体制的不同模式时，有的经济学家往往根据分析问题的需要，突出一个标准来进行分类。这方面最有代表性的是布鲁斯和科尔内。布鲁斯从经济决策的角度对社会主义经济模式进行了分类。他把决策分为三个层次，即 (a) 基本的或主要的宏观经济决策，(b) 一般的或日常的微观经济决策，(c) 个人的或家庭的在劳动力分配和消费选择方面的决策。并以这三个决策层次的集中还是分散，分为以下四个模式：第一模式——“军事共产主义”模式——(a)、(b)、(c) 均集中化；第二模式——集权模式——(a)、(b) 集中化，但 (c) 在原则上分散化；第三模式——含有受控制的市场机制的中央计划经济模式即“分权模式”——(a) 集中化，但 (b) 和 (c) 分散化；第四模式——市场社会主义模式——(a)、(b)、(c) 均分散化。③ 科尔内则从经济协调机制的角度对社会主义经济模式进行了分类。他认为，经济运行中经常起作用的协调机制可以分为行政协调（Ⅰ）和市场协调（Ⅱ）两类。每一类协调机制又有两种具体形态：直接的行政协调（ⅠA)、间接的行政协调（ⅠB)，以及无宏观控制的市场协调（ⅡA）和有宏观控制的市场协调（ⅡB)。

应该指出，采取各种不同的标准所进行的不同的分类往往各有特

① 埃·纽伯格、威·达菲：《比较经济体制》，商务印书馆 1984 年版，第 17—18 页。

② 阿·林德贝克：《新右派政治经济学》，商务印书馆 1981 年版，第 130—132 页。

③ 布鲁斯：“社会主义经济的各种体制——历史的经验和理论的构想”，载《社会主义经济模式问题论著选辑》，人民出版社 1983 年版，第 69—70 页。

色。多标准的分类使得对各种经济体制特征的分析比较丰满；单标准的分类则有助于这种分析具有较高的抽象层次并显得非常简明扼要。近年来，我国有的经济学者从所有制结构、决策对象、调节结构、利益和动力结构、组织结构五个方面来区分社会主义经济体制的各种不同模式和分析各种不同模式的特征，是一种比较全面的分析。① 至于单标准的分类，由于各个标准往往具有内在联系，突出这一标准和突出那一标准并不是互相排斥的，仅仅是分析的角度和所要说明的问题的侧重点有所不同。例如，以决策为标准和以协调机制为标准所作的区分常常具有很大的一致性。决策的集中化是同行政协调相比的，决策的分散化是同市场协调相配的，行政协调和市场协调的关系，从决策的角度看，也就是集中决策和分散决策的关系。如前所述，模式的研究往往要以实例研究为背景并从中汲取营养。用不同标准对各种模式进行区分，往往是为了从理论上去总结和概括经济体制的实际情况。科尔内的上述区分，是同从理论上去概括匈牙利自 1968 年的改革以来尚处于 IB 模式（间接行政协调）阶段这一任务分不开的。布鲁斯的四分法首次见诸于他 1980 年秋为世界银行考察中国经济所写的背景文章，显然，这是同他要从理论上去概括中国改革前的体制尚带有军事共产主义模式的因素这一目的有联系的。

二　社会主义经济体制模式的光谱

不管用什么标准来划分，社会主义经济体制各种不同模式的序列，都会呈现出光谱的状态，每一种模式都处在这种光谱的一定色位上。总结十月革命以来各国的经验，综合各家的学说，我们可以把社会主义经济体制划分为以下六种模式。

第一种：军事共产主义的供给制模式。

它的特点是全部经济活动，包括宏观经济活动、企业日常经济活动和家庭经济活动（如职业的选择、劳动与闲暇的选择、消费方面

---

① 中国社会科学院经济研究所比较经济制度研究课题小组：“关于我国经济体制改革的目标模式问题”，载《中国社会科学》1984 年第 5 期。

的选择等）的决策权都集中在国家手中。除农业以外，几乎全部经济活动都实行国有化。完全排斥商品货币关系和市场机制。在分配上实行高度的平均主义。整个经济的运转凭借行政强制和精神动员来推动，经济活动的信息则采取纵向的流动形式。在工业的组织上则把整个社会看成是一个大工厂，没有从经济上区分为不同的生产单位，没有各自的经济核算，无所谓盈利还是亏本，实行彻底的统收统支。可见，无论从生产领域还是从分配领域来看，这都是一种实物供给型的经济。

这种经济模式，一方面是战争和经济封锁等异常情况下所不得不实行的应急模式，它在紧急动员和集中人力、物力、财力以应付战争和克服经济困难上起过积极作用，但一旦战争过去以后，就会影响人们的积极性和生产效率，因此，这种模式从总体来说已成为历史。但是，它另一方面又是消灭货币的恒定倾向的产物，持有这种倾向的人往往把它作为目标，因此，它的意义和影响又超出了临时性的权宜之计的范围。

第二种：传统的集中计划经济模式。

这种模式名义上有生产资料的两种公有制，即全民所有制和集体所有制，但实际上完全由国家支配，只是程度略有不同而已。它在决策结构上的特点是宏观经济活动和企业日常经济活动这两个层次的决策权集中在国家手里，个人和家庭的经济活动的决策原则上是分散化的。家庭、个人有选择工作和消费品的自由，相应地，存在着消费品市场和劳动市场。在这个领域内，国家的控制是通过间接手段来实现的。但国家和企业的关系仍然是等级从属的关系，企业的产、供、销活动都要通过国家下达指令性计划，经济决策基本上靠上级对下级的行政命令和下级对上级的行政服从来实施。经济信息主要采取命令和报告的形式在上下级之间纵向传递。国有企业要求建立在“经济核算”的基础之上，即有了盈亏的计算，但实际上仍然由国家统负盈亏，企业并没有相对独立的经济责任和经济利益。国有企业之间实际上不存在商品关系，“商品”只是外壳，“货币”只起消极作用，即只起核算和分配筹码的作用，并不构成选择的基础。买卖双方都不能根据支付货币的多少和价格的高低来决定买卖的数额和对象，而只能服从既定的资源分配实物指令。在这种情况下，货币的流动跟从实物的流动，而不是实物的流动跟从货币的流动。

这种模式因其集中程度很高，能把人力、物力、财力集中使用于国家决定优先发展的部门和地区中去，具有较高的积累率，从而可以使经济落后的社会主义国家在一定时期内实现较高的经济增长率，迅速地实现国家的工业化。但这种模式也有其内在的矛盾和弊病。在信息和决策问题上，存在着"知情者不能决策和决策者又不知情"的矛盾。实际的产品虽然是在各企业之间横向流动的，但决定这种产品流的信息流则是在中央行政机关和企业之间纵向进行的。这种体制往往造成供、产、销脱节和决策机构的官僚主义。在经济利益关系上，企业作为各级政府的附属物，只受到行政指令的强制推动，既无内在的动力，又无外在的压力，国家用计划指标来衡量企业的经营成果，往往造成"鞭打快牛"的棘轮效应，因此，企业倾向于少报产出的可能，多估投入的需要。这种模式普遍存在上下级之间讨价还价的机制而缺少企业之间通过市场进行的自动调节机制，往往要在经济效益上付出巨大的代价。如果说上述第一种模式因其集中程度极高而被称为战时经济的话，那么，这种模式则因其集中程度仍然很高而被称为"准战时经济"。

第三种：改良的集中计划经济模式。

这种模式基本上保留了传统的集中计划经济模式的特征，但企业在日常经济活动中有一小部分决策权，如计划外的产品有一部分可以自销，有一部分利润可以由企业留用于发展生产和奖金福利，等等。国有经济的活动基本上仍然由指令性计划来控制，但减少了指令性指标，同时扩大了价值指标的作用，主要考核指标有所变化，如总产值变为产品销售额，又变为定额净产值等。由于程度不等地放宽了对集体所有制经济的控制，允许个体经济存在，市场调节作用的范围有所扩大，但对整个经济主体来说，市场只起外部的补充作用。这种体制开始注意发挥价格、利润、工资、信贷等经济杠杆的作用，但由于基本上保持了指令性计划和固定价格制度，仍然以行政手段为主。

这种模式使上述第二种模式中原有的矛盾得到了某些缓和，在一定程度上促进了经济的发展和经济效益的提高。但由于这种模式只是在第二种模式的基本框架内作了某些局部改良，所以第二种模式的弊病在这种模式中仍然得不到根本的克服。而且，由于这些局部改良同原来的基本框架不协调，又产生了一些难以解决的矛盾。例如，考核企业的指标从实物指标（总产值、产品品种等）为主改为价值指标（净产值、利润等）为主，是为了加强对企业的经济刺激，但因价格体系没有改变，企业对利润的追求没有多大意义，而且往往与满足社会需要发生冲突，使消费者的利益受到损失，供求之间严重脱节的问题难以得到解决。这正是实行这种模式的国家不断地徘徊于增加和减少指令性指标、反复地改变中心指标的原因。

第四种：间接行政控制模式。

这一模式的特点是：国家通过给企业下达实物指令对企业日常产、供、销活动进行直接行政控制的办法在原则上已经废除，即我们通常所说的指令性计划原则上已经取消；但国家通过市场、运用经济手段对企业进行间接控制的系统尚未真正确立。这种模式是对匈牙利改革以后的经济体制所作的一种理论上的概括。这种模式的出现一方面验证了如下的假设，即在社会主义国家，对产品的生产和分配取消指令性计划，经济也能够比较正常地并且可以更好地运行；另一方面又说明，通过行政手段所进行的直接控制的废除并不等于通过经济（市场）手段所进行的间接控制的确立，两者之间实际上存在着一种间接的行政控制。在这种间接行政控制系统中，企业在产供销的安排、投资的决策、利润的分享、价格的协商、工资的制定等方面都有了较多的自主权，但企业的典型行为却是一只眼睛盯着上级，一只眼睛盯着市场，形成了对上级权力机构和市场力量的双重依赖。这是因为：企业领导人仍由上级选择或指派；企业的兴建和关闭主要不是取决于市场纪律而是由上级决定；企业的盈利主要不取决于本身的经营和市场竞争而依赖于同上级讨价还价的能力；补贴和税收的滥用往往削弱了利润的刺激作用，并影响企业财务预算约束的硬化；价格体系尚未理顺，价格形成中存在大量的行政干预，企业对价格变化的反应比较微弱。

上述第三种、第四种模式都在不同程度上改变了传统模式的特征，但又都在不同程度上保留了传统模式的影响，同其他模式相比，具有较大的飘移性（缺乏恒定性），实质上均属过渡类型的模式。

第五种：计划和市场有机结合的模式。

这种模式的特点是：宏观经济活动决策权是集中化的，凡是关系国民经济全局的战略性经济活动由国家集中决策，企业日常经济活动则由企业自行决策。家庭和个人经济活动的决策也是分散化的。国家的计划通过市场上的各种经济参数或经济手段来引导和控制企业的经济活动，使企业根据市场上的信号安排的经济活动符合国家计划所规定的要求，从而使计划调节和市场机制内在地、有机地结合起来。企业作为相对独立的商品生产者，既有与其经营状况密切相关的自身利益所决定的内在动力，又有市场竞争的外部压力。生产者和消费者之间横向的经济联系和信息传递得到了广泛的发展，国家和企业之间的纵向信息传递与企业之间、生产者和消费者之间的横向信息传递交织成国民经济的信息网络。在经济组织上，企业将从条条、块块的行政隶属中解脱出来，无论是条条还是块块，都将从行政管理为主变为经济管理为主，逐步形成政企分开、纵横交错的网络化的经济组织系统。

在这种模式下，传统的集中计划经济模式所存在的弊病在较大程度上得到了克服。分层的决策结构增强了决策的可靠性，减少决策的失误，间接控制系统的确立既增强了企业的活力，又能防止宏观经济的失控，保证宏观经济效率和微观经济效率的共同提高。当然，这种模式也有自身尚未解决的矛盾和问题。例如，在运行机制上，要不要有一个有限度的买方市场以及如何造成这样一个市场的问题，企业根据市场信号从自身利益出发安排的经济活动能否符合全社会利益的问题，都需要进一步探索和验证。再者，随着运行机制改革的深入，特别是要求企业成为自负盈亏的商品生产者和经营者，解决预算约束软化的问题，要求企业的经理和职工真正具有主人翁责任感，促使企业行为合理化，就必须对所有制关系进行改革，使计划和市场有机结合的社会主义经济运行机制有一个合理的所有制基础，这也需要进一步探索。

第六种：市场社会主义经济模式。

这种模式中的公有制基本上是一个个集体经营的独立自治实体的集合，同时在较大范围内容许个体经济的发展和私营经济的存在。这种模式在决策上的特点是宏观、微观、家庭三个层次经济活动的决策都分散化和市场化。因此，它没有由宏观经济活动的集中决策所建立起来的基本框架，也没有必要的调节、控制手段来引导企业。在这里，扩大再生产的责任几乎完全从国家中央计划当局的手里转到企业的手里，纯收入的分配也完全由企业自己做主。市场机制在国民经济中起着主导的调节作用。

这种经济不可避免地具有市场经济所难以避免的弊病。即存在着急剧的通货膨胀、较高的失业率和经济的周期波动。所以，这种模式在微观经济方面所取得的某些成功，常常被宏观经济方面的损失所抵消。

三 我国经济体制改革的起点、任务和目标

我们的改革，作为巩固和发展社会主义的伟大实践，其成效取决于是否一切从国情出发，准确地认识和把握面临的基本任务。这既是我们能否沿着具有中国特色的社会主义的目标和方向前进的基本问题，也是我们能否创造和坚持走具有中国特色的改革道路的首要问题。本来，中国第一次革命的成功给今天改革的最深刻的启示是因其准确地把握了反帝、反封建这两个新民主主义革命的基本任务，并创造了从农村包围城市最后夺取城市这一特殊道路。因此，对今天改革的胜利来讲，问题就归结为我们是否能够准确地认识和把握中国体制改革的基本任务。这首先要求我们深刻地揭示我国传统体制在实践中的基本矛盾。

中国的社会主义公有制和按劳分配已经有了近四十年的历史。如果在这之前，社会主义在中国还是一种理想，那么到今天，它已不再仅仅是理想，而是活生生的铁的事实。世界历史在第二次世界大战后的最伟大的成就正是：共产主义在中国成了实践。新中国的诞生和建国以来的成就，改变了我国的面貌，改变了我国历史发展的方向，改变了我国在世界上的地位。从时代发展的主流来看，我国的社会主义

道路是走对了。在当时，否定社会主义道路，中国将失去任何繁荣昌盛的希望。这正是党的十一届三中全会以来我们党反复强调坚持四项基本原则的根本原因。

然而，每一个尊重事实的人都会看到，按照马克思主义设想来构造的经济，在每个社会主义国家都程度不同地演变成了以指令性计划为特征的高度中央集权的体制模式。这种模式在实践中都遇到了种种困难和挫折，其中，特别是根治“财富在一极积累、贫困在另一极积累”的痼疾的同时，并没有出现马克思主义创始人所设想那样的运行效率和发展方式。这是各个社会主义国家普遍把分权化和引进市场机制作为体制改革的主要内容的经济根源，也是中国共产党十一届三中全会以来坚持改革、开放、搞活的一个基本原因。

问题在于，中国社会主义经济在实践中还有它特殊的困难和挫折。中国的社会主义不是脱胎于马克思设想的那种典型的资本主义社会，也不是脱胎于苏联、东欧那种已经初步工业化了的资本主义社会，而是脱胎于半殖民地、半封建的社会，对后来经济发展和体制形成来讲，更重要的是脱胎于工业化程度极低的农业社会，脱胎于商品化、货币化和生产社会化很低的半自然经济社会。因此，按照马克思主义创始人的设想来构造的经济，在中国演变成了一种独特的体制模式：不仅指令性计划难以包揽天下，决策权力很难充分集中，更深刻的是在集中性计划管理的那个部分，经济计划管理内在地具有“不紧不硬、讨价还价”的特性；① 另一方面，在实行分权或市场协调的那个部分，又具有市场机制不能有效地发挥作用、市场约束力量不强的特性。由此导致的问题是使公有制及其实现形式——按劳分配增加了一层因工业化、商品化和生产社会化不发达而造成的极大扭曲。在需要实行集中计划管理的环节上弱化了行政协调的力量，在应当推行分权和市场协调的环节上弱化了市场约束的力量。这种模

① 世界银行在1982—1984年间与中国社会科学院经济研究所合作对中国国有企业管理体制进行研究时，颇为深刻地注意到了中国计划体制与苏联、东欧国家计划体制的这一重大差别。但他们至今仍不清楚造成这一问题的根本原因。

式在实践中遇到了既不能有效利用计划机制，又不能充分发挥市场机制这种特殊的困难，从而严重影响和制约了经济的优化发展。这正是中国经济改革面临的最大困难和需要完成的特殊任务，也是党的十一届三中全会以来我们党坚持改革、开放、搞活的另一个更为基本的原因。

从最基本的方面来讲，中国传统体制首先在实行指令性计划和中央集权的范围上就与前苏联、东欧体制有着显著差别。中国即使在高度集权的鼎盛时期，中央统一计划产品的覆盖率也远远低于前苏联和东欧各国家。在中国，到 1978 年时，由国家计委和物资总局所管的物资仅有 256 种，国有工业企业在工业总产值中的比重不到 80%，大中型企业在工业总产值中的比重不到 45%。而在南斯拉夫，1951 年改革前属于中央计划的产品达 16000 多种，要在 165 个部、几百个局、8000 个企业中分配。在前苏联，由国家计委管的产品达 2000 多种，中央各部分配的物资达 30000 多种。① 当然，中国和前苏联、南斯拉夫的分类范围不同，但差别之大是明显的。在中国实行高度中央集权的范围与前苏联、东欧国家相比较之所以如此狭小，不是因为我们主观任意选择的结果，而完全是由中国经济过于落后、工业化水平又极为低这样一些客观条件决定的。社会主义实践在中国一开始就面临着一个极其尖锐的矛盾，既要以非常脆弱的国力（人均国民收入 103 元，人均财政收入仅 30 元）来养活世界五分之一的人口，又要在缺乏现代化大生产所必备的条件下，迅速推进工业化。这决定了我们不能把农民，甚至也不能把仅占全国人口不到十分之一的城市人口全部纳入中央集中管理的范围，也不能把工业化的发展全部归结给中央统一安排的范围，而只能凭“大中小”并举，中央和地方工业并举等一系列“两条腿”走路的方针来同时解决人民基本生存条件和促进工业化迅速发展的问题。这样一种严酷的事实，最终造成中国传统体制只能是使集中管理的实物资源配置体制局限在整个国家经济的

① 刘国光：《苏联和东欧国家的经济理论与经济体制》，展望出版社 1984 年版，第 196 页。

一部分中发挥作用。①

更为重要的是，中国传统体制在指令性和中央集权的统一性和有效性方面与前苏联、东欧体制有显著的差别。忽略和无视这一点，人们就无法准确把握为什么放权—收权变动不能解决我国传统体制弊端的症结所在，更不可能正确地认识为什么放权—收权本身就是我国经济体制内在矛盾的一个集中表现。在中国，首先是集权本身缺乏高度统一和运行有效性的必要基础，归根结底是由于中国的行政系统内部，上下级政府各自利益实现的方式及由此形成的利益结构和矛盾的特殊性。因此，集权就埋下了放权的种子，或者说，集权本身就会走到它的对立面——放权之上。

本来，在行政系统内部，上下级之间、同级政府之间各自总存在着自己独特的利益，并因此存在着利益的差别和矛盾。在各个社会主义国家现阶段的实践中，国家是公有财产所有者的代表，国家又是由中央政府和地方政府共同组成的，因此中央政府和地方政府之间的权力边界很难明确界定，这使得上下级各自的利益在社会主义国家有模糊不清的特性，在此基础上形成的中央和地方利益的矛盾也有很难解决的特性。

问题在于，这一切在中国表现得更加突出和尖锐。因为，第一，我国封建社会皇权过度发育，导致了重人治、轻法制的行为准则和社会规范，使现代经济社会发展需要的产权明确界定和个别利益独立化的条件始终难以生存和发展。这正是我国行政系统建立的历史基础。由此造成的后果是，必要的准则和应有的规范难以形成，更主要的是即使形成了的那个部分也不能有效约束上下左右的行为。第二，中国农业社会的历史并未形成一种有利于人口流动的社会结构，人口在区域间的凝滞化使得每一级行政机构都在事实上成为其所辖区域内全体劳动者的利益代表，结果是各自政府的行政利益在事实上就是一种经济利益，一个区域内的劳动者必须在“父母官”的代表下争取其个

① 参见〔日〕石川滋：“社会主义经济和中国的经济——对经济改革的展望”，载《科技导报》1986年第2期。

别利益的实现。因此，中国行政系统内部利益差别和矛盾的最重要背景是劳动者之间的利益矛盾，对行政机构的分权本身就具有经济性分权的意义。第三，中国的工业组织结构是在农业社会基础上形成的，其特征是在社会组织不发育的同时，企业的社会功能和行政功能高度发育——甚至使企业扩权也具有明显的行政性分权意义。因此在中国，中央向地方分权的实质是中央向一个个经济利益单位分权，只不过其形式是向一个个行政管理单位分权罢了。而在这种分权形式下，中央政府不可能对地方政府实行有效的“预算约束”。

所有这一切的结果是，中央政府可以无端侵占地方的利益，特别是在实践中，中央政府往往总是从贡献大的地方政府中多取利益，而从贡献小的地方政府中少取利益；另一方面，地方政府也可以无视中央政府利益的尊严，这使本来就不清楚的中央利益和地方利益的经济界限更加模糊，在此基础上形成的矛盾也更加尖锐。正因为如此，就需要集权计划管理以不紧不硬、可以讨价还价的方式来解决日常的利益矛盾。由此调节的经济在运行了或长或短的一段时间之后，就需要以放权—收权的形式来解决日益严重的利益矛盾。

最后，中国经济体制在实行分权和市场协调的那个部分与前苏联、东欧国家有显著的差别。我国经济体制虽然实行指令性计划和高度集权的部分比前苏联、东欧国家小得多，但在传统体制中集权和计划管不到的那个部分，市场机制却不能有效发挥作用，商品经济也不能正常地发育起来。这里的原因，固然与整个经济社会主要实行集权和指令性计划有关，但更根本的原因在于，中国作为一个逾越资本主义发展阶段的社会主义国家，缺乏最基本的商品化、货币化和生产社会化的条件和规则。中国在历史上尽管不乏有规模可观的商品交换和社会分工，但却总是不能形成与现代商品经济从而与社会化大生产相联系的一系列行为规则和社会规范。从中外历史的比较研究中可以看到，尤其是17世纪以后到鸦片战争这二百多年时间，与西欧相比，中国产生了许多有利于商品经济发展的条件，比如时局的相对太平，水利的改善，耕作方法的改进，人口的增加，私有财富的积累，土地买卖的较大自由，区域和专业小商品市场发达，居民搬迁和职业选择的自由，等等，而西欧许多国家却战争频繁，人口增长缓慢，并且对居民搬迁、职业选择、贸易、学习训练设立种种限制。然而发展的结果却完全相反，西欧各国顺利地走上了商品化、工业化的道路，而商品经济在中国却长期发展不起来，虽然个别交换行为是等价的、自由的，但整个社会经济行为却是不等价的、不自由的。其中原因当然很多，但根本原因在于，一是以血缘关系为纽带的封建宗法关系，二是君臣之间的皇权依附关系，这两个中国封建社会各种社会关系的基本支点的过度发育，在人们之间的经济往来中打下了人身依附的烙印，而且也使得发展社会化大生产所需要的各种条件，首先是产权的明确界定和个别利益的独立化，难以在封建社会的母体中自发地孕育成熟。

当然也要看到，经过建国以来三十多年的社会主义建设，工业化已有一定基础，商品经济也有一定发展，思想意识同样发生了一定变化。但是，二元经济的基本格局依然存在。作为几千年封建历史的遗迹，腐朽落后的宗法关系、皇权依附关系以及由此造成的封建意识形态，还不像“剥夺剥夺者”那样，可以通过一场轰轰烈烈的革命运动而得到彻底清除。因此，虽然我国以指令性计划为特征的高度中央集权的经济体制的覆盖面窄，指令性计划又有不紧不硬的特征，这似乎给商品经济发育留下诸多机会，但市场机制和商品经济因受“死人抓住活人”规律的影响而在其发育过程中发生相当程度的变形和扭曲。

所有这一切表明，市场机制和计划机制发挥有效作用，从而整个经济健康和优化运转的基本条件是，要以发育程度较高的市场和商品经济为依据和基础。但在中国，我们的问题和困难恰恰是商品经济不发达。这就决定了中国经济改革的基本任务，不仅仅要以经济运行体制的重新组织为主线，从“分权化”进而引入市场机制着眼，理顺以价格为中心的各种经济参数，利用新的宏观调节手段，从决策和调节方面为市场形成和发育扫除障碍，从而解决传统经济体制过度僵化和缺乏效率的问题；更重要的是，以微观基础再造为主线，从产权明确和相对独立化着眼，搞活以大中型国营企业为主的各种企业，调整政府的职能和机构，并明确界定中央政府和地方政府的权利边界，从而解决我国商品经济难以生成、发育和发展的问题。因此，任何离开国情，囿于从30年代兰格起到今天科尔内等的东欧经济改革理论，或简单地照搬从前南斯拉夫到匈牙利等其他国别模式，都可能使中国改革因不能把握自己面临的基本任务而不可能获得真正的成功。

这样看来，我国经济体制改革的目标模式既不能是上述第一种或第二种模式，也不能是第六种模式，而第三种、四种模式也只能作为我国经济体制改革的过渡模式。我们应从第五种计划与市场有机结合的理论模式出发，根据我国国情，塑造具有中国特色的社会主义经济体制模式。这种模式的基础是“有计划的商品经济”。对于理解“有计划商品经济”这一高度概括的本质特征所存在着的种种误解和偏见都不应成为我们探索目标模式时的理论干扰。在这里，特别需要坚持马克思主义关于商品经济的一些最基本的原则：商品经济的运行机制是市场调节、等价交换、分散决策、充分尊重商品生产者和消费者利益的完整系统。这是我们具体设计目标模式的出发点。

第三节　我国经济体制改革目标模式的基本框架

按照上一节中所探索的基本方向，我们将从所有制体系（或结构）、决策体系、利益体系、调节体系和组织体系五个方面（或称五个基本点）来对目标模式作进一步的分析。由于这五个方面均将在本书中独立成章分别展开论述，因此本节只准备对这几个方面作一扼要概述，然后着重对它们之间的相互关系，特别是其中的一些综合性问题作一横断面的剖析。

1. 在所有制方面，要形成以公有制为基础、国有制为主导、多种所有制形式并存的新格局。这样一种新格局，看来应该包括以下内容：第一，所有制关系要实现从单一化向多元化的变革不仅有作为基础和主导的国家所有制、集体所有制等公有制形式，而且有个体所有制、国家资本主义所有制（外资、中外合资企业）和私人资本主义所有制等形式。第二，各种所有制形式之间不是相互封闭的而是彼此开放的，使各种生产要素在不同所有制经济之间流动，以利于资源的优化配置和运行效率的提高。改革中已经出现了跨越所有制界限的经济联合体和企业群体，开始了不同所有制之间的互相渗透和互相配合，就反映了这一客观的趋势。第三，必须坚持以公有制为基础和国有制为主导，以保证经济体制改革的社会主义方向。这种基础主导的地位，不仅要从数量上看是否占有足够的比重，而且更要从质量上看是否掌握国民经济的命脉从而能否左右经济的发展。第四，改革必须深入到公有制内部，特别是国家所有制内部，才能从根本上解决谁都是财产的所有者、谁都对财产不负责任的问题。这是所有制改革的难点之所在。对一些小型的国有企业，可以通过“包、租、卖”，即承包制、租赁制乃至出售给劳动者集体和个人等形式来实现自负盈亏。因此，国家所有制内部改革的真正难点在于为数不多但占资产和产值的比重很大的大中型企业。对于这些企业，应该按照所有权和经营权分离的方向来探索改革的各种具体形式，使国有企业摆脱各级政府机构附属物的地位，真正成为相对独立的商品生产者和经营者。有关各种经营责任制和股份制等的探索，只要在坚持公有制的前提下，都是有益的。

2. 在经济决策方面，要建立起一个国家（包括中央和地方）、企业和个人的多层次决策体系。由于社会主义经济是建立在社会化大生产基础上的一个大系统，其经济活动本身就是多层次的，因此，经济决策权力的分布，也应当根据各层次经济活动的性质和要求，形成一个合理的分层决策体系，以保证国民经济的和谐发展。在这方面，人们提出了各种各样的设想。有的经济学者认为，涉及整个国民经济的增长速度，国民收入在积累和消费之间的分配，产业结构的变化，投资的规模、主要投资方向和重大投资项目，必要的价格控制，公共消费和个人消费的比例等，应该由国家集中决策。企业的产、供、销、人、财、物，以及设备更新、自有资金的使用等微观经济活动，则由企业分散决策。[①] 有的经济学者认为，社会主义国家的政府应该最低限度地控制三种生产（军需产品、基本食品、基础设施）和三种价格（基本食品、工资、汇率），还可以加上一些特别项目，如投资和消费的比例、向欠发达地区转移资源、城市住房的供应。[②] 对于社会主义经济活动最低限度的集中决策问题或最低限度的政府控制问题，国内外经济学界都有许多研究。具体的项目界限和数量界限当然可以进一步探索，但最低限度的集中决策或控制似乎是没有疑义的。看来，这里难度较大的是投资决策权的划分问题。有的经济学者认为，营利性投资（生产性建设）主要归企业负责，服务性投资（基础设施以及国防、科研、文教等建设）主要归中央政府和地方政府负责，同时要把投资的利益和风险捆在一起，建立起企业投资的自我调节机制。[③] 有的经济学者则强调，尽管国家投资并没有必要在数量上占优势，但它必须具有足够强大的地位来影响未来生产能力的形成。[④] 这些都是颇有见地并可供进一步思索的观点。至于劳动者个人经济活动决策的分散化，即劳动者在既定收入的范围内有选择消费品和劳务项目的自由以及有选择职业和工作地点的自由，在目标模式中应予以实现，而不能像现阶段那样，只允许劳动力"在一定范围内的"或"有限的"[⑤] 流动，等等。

3. 在经济调节方面，要在宏观经济活动和微观经济活动之间建立起一个间接的调节和控制系统，或者叫做有计划指导和有宏观控制的市场调节体系。广义的经济调节包括对宏观经济活动的调节和对微观经济活动的调节两个方面。如果把宏观经济活动的调节纳入计划决

① 见中国社会科学院经济研究所比较经济体制研究小组："关于我国经济体制改革的目标模式问题"，载《中国社会科学》1984年第5期。

② 见劳·雷诺兹：《比较经济制度》，载《现代国外经济学文集》第9辑，商务印书馆1986年版，第24页。

③ 见1987年2月24日《经济日报》载该报记者对林森木的采访。

④ 见布鲁斯1986年5月为美国加州大学举办的国际会议所提供的论文：《共产主义经济制度的演变——范围和限度》。

⑤ 见冯兰瑞、顾榴珍："劳动力流动及其调节机制"，载《人民日报》1987年1月2日。

策的范围，那么，经济调节就仅指对微观经济活动的调节，这是一种狭义的经济调节。在宏观经济活动的计划决策既定的前提下，人们探索和争论的焦点往往在于后一种调节的方式，即通过什么方式使宏观经济活动决策微观化，同时又使微观经济活动决策符合整个社会经济活动的共同目标。不同的调节方式往往成为区别新旧体制模式的根本标志之一。所谓指令性计划和指导性计划之争，直接控制与间接控制之争，实际上都是由宏观经济活动和微观经济活动之间究竟采取什么调节和控制方式的不同所引起的。在目标模式中，应该在宏观经济活动和微观经济活动之间建立起一个间接的调控系统，即从原则上来说，国家不再给企业下达指令性的计划指标，企业所需要的生产资料也不再由物资部门统一分配。国家主要通过价格、税收、利率、工资等表现为市场数值的经济参数来引导企业的行为和调节资源的流向。企业经营的好坏不再以完成国家计划指标的状况来判断，而是以获得利润的多少来判断。企业作为选择的主体则无权操纵这些参数，而只能调整自己的活动来适应这些参数。

4. 在经济利益方面，要在清晰界定不同经济利益主体的利益界限的基础上，建立起国家（社会）、集体（企业等）和个人三者兼顾以及长期利益和短期利益兼顾的经济利益格局、利益刺激和利益约束对称的利益均衡机制。在国家和企业之间的收入分配上，要允许主观经营水平不同的企业在收入分配方面存在差别，以解决企业吃国家“大锅饭”的问题；但不同企业因客观原因（资源贫富、土地肥瘠、位置好坏、技术装备优劣等）所造成的级差收入应基本收归国有；企业的权、责、利要对称，不能只负其盈，不负其亏。在劳动者个人之间的收入分配上，要改变职工收入同个人劳动贡献相脱节的情况，以克服平均主义，解决职工吃企业“大锅饭”的问题；为了防止收入差距的过分悬殊，特别是对于非劳动收入所形成的悬殊收入，应该实行高税率调节；必须给劳动者个人以平等竞争、自由择业的机会，防止因机会不均等而引起的收入悬殊。通过企业内部的收入平衡机制和国家对积累和消费的有计划安排，在克服旧体制压抑个人消费的同时，防止消费膨胀。

5. 在经济组织方面，要按照社会化大生产的要求，建立起政企分开、纵横交错的网络化的经济组织系统。经济组织体系改革的根本任务是要改变企业作为中央或地方行政机构附属物的地位，使企业从条条或块块的束缚中解放出来，中央和地方政府机构都要按照政企职责分开的原则来发挥其管理经济的职能。政企分开后，加强行业组织的作用。当然，在发挥行业组织和城市的作用的同时，应当防止它们变成新的条条和块块。政企分开以后，企业应该按照自愿互利的原则，向专业化、联合化和群体化的方向发展，克服“小而全”和“大而全”，逐步实行企业组织结构的合理化。企业专业化和协作的形式可以多种多样，但联合企业必须是经济实体，实行独立核算、自负盈亏，防止成为变相的行政性组织。在促进企业联合化的同时，还应该保护竞争、防止垄断。

以上，我们对目标模式的基本框架从纵的角度，即对五个基本点进行了逐一的尽管是非常简要的论述；下面，我们拟对这五个基本点之间的相互关系以及几个比较综合的问题作一探索，旨在对目标模式的基本框架作一横断面的解剖。

（一）从各个基本点之间的内在联系看经济体制改革的两条基本线索

上述五个基本点（或五个体系、五个结构）并不是彼此分割的，它们之间的密切配合才能构成一个经济有机体。正如许多系统（如骨骼系统、神经系统、呼吸系统、循环系统、消化系统……）的紧密配合才能构成一个生理有机体一样。其中，经济决策体系和调节体系涉及的是经济运行中的资源配置；经济利益体系涉及的是经济运行中的动力，每个层次的决策主体，其行为必然要受其所谋求的经济利益所支配；各种经济调节机制，无论是计划机制还是市场机制，都要以经济利益作为其运行的动力；经济组织体系是经济运行机制借以发挥的载体，经济有机体内任何一个细胞的活动以及彼此之间的协调和运转，都是在一定的经济组织系统之内进行的。总之，协调的经济运行机制要求这五个基本点实现内在的统一，决策主体根据各自利益所作出的各种经济决策，通过调节体系的调节达到均衡，通过组织体系进入实际的运行。

如果说，上述经济决策、经济调节、经济利益和经济组织都从各个不同的侧面构成了经济运行机制的话，那么生产资料所有制关系则构成经济体制中另一个重要方面。东欧的许多经济改革理论家，从兰格到布鲁斯和科尔内，都把研究的重点放在运行机制的改革上，而把生产资料的社会主义公有制（主要是国有制）作为既定的前提存而不论。从我国经济体制改革的实践来看，最初人们也把注意力放在运行机制的改革上，只有少数经济学者提出了所有制改革的问题。① 然而，随着改变的进展和深入，人们越来越清楚地认识到，运行机制的改革，必然要同所有制关系的改革交织在一起。实践中的经济改革也是沿着微观基础再造和运行机制转换这样两条基本线索推进的。有的经济学者提出："经济体制主要包括两个方面，即经济运行机制和所有制关系。经济体制改革的实质是经济运行机制的转轨和微观所有制基础的调整和重新构造。"② "经济改革有两种出发点可供选择：一是改造运行机制；二是改造劳动者与生产资料的组合状态。正确的抉择，是把两者结合起来，作为经济改革的出发点。"③ 近年来，我国经济学界发生了"改革所有制是经济体制改革的关键"④ 还是"调整不合理的价格体系是我国经济体制改革成败的关键"⑤ 之争。由于价格改革是运行机制改革中的最综合性的问题，所以上述争论实际上是如何看待所有制改革和运行机制改革的关系问题。我们认为，这两个方面的改革是互相联系、互相促进的关系。在价格扭曲的状况下，企业的自主经营和自负盈亏是无法实现的，即使用股份制也难以实现硬化企业预算约束的目的；反之，如果不通过所有制关系的改革来使企业真

① 见董辅礽："关于我国社会主义所有制形式问题"，载《经济研究》1979 年第 1 期。

② 边勇壮："经济体制改革的两条主线"，载《北京日报》1987 年 2 月 9 日。

③ 孙效良："论经济改革面临的抉择"，载《光明日报》1987 年 1 月 3 日。

④ 厉以宁："关于经济体制改革的基本思路"，载《世界经济导报》1986 年 6 月 9 日。

⑤ 薛暮桥："建设有中国特色的社会主义的必由之路"，载《经济日报》1987 年 3 月 5 日。

正成为自主经营、自负盈亏的经济实体，企业的预算约束仍然是软化的，那么，即使在市场数值的各种经济参数，特别是价格参数理顺的情况下，企业也不会对市场信号特别是价格信号作出灵敏的和正确的反映。只有全面把握住经济体制改革的这两条基本线索，才能为间接控制奠定一个扎实的微观基础，同时为增强企业活力提供一个良好的市场环境。

（二）分权化的两条线索：经济性分权和行政性分权

所谓经济性分权，是指国家同企业的关系中企业不再是国家行政机关的附属物，而成为自主经营、自负盈亏的经济实体，或相对独立的商品生产者和经营者。当这种经济性分权的重要性被人们所认识以后，在国家政府机构内部的行政分权问题（中央和地方的关系问题）又引起了人们的争论。有的经济学者考虑到我国还是一个发展中的社会主义国家，提出了"高度集权的政府加商品经济"① 的模式。有的经济学者则曾经设想，应该把"双向扩权"，即削弱地方的权力、扩大中央和企业的权力，作为经济体制改革的目标。② 这确实是涉及决策、利益、调节和组织等各个方面的一个综合性的重要问题。

看来，我们首先应该区分两种不同含义的行政性分权：一种是指对企业进行直接控制的权力从中央行政机关（条条）的手里转到地方行政机关（块块）的手里，而不改变企业作为国家行政机关附属物的地位；另一种是指在使企业成为相对独立的商品生产者和经营者（政企职责分开）的前提下，国家管理经济的职能也部分地从中央政府的手里转到地方政府的手里。概而言之，第一种意义上的行政性分权是排斥经济性分权的，第二种意义上的行政性分权是以经济性分权为前提并与之共存的。在探索改革的目标模式时，除了指出第一种意义上的行政性分权的弊端和不可行性之外，应该加强对第二种意义上的行政性分权的研究，特别是结合我国的国情探索改革的目标模式

① 吴敬琏："关于改革战略选择的若干思考"，载《经济研究》1987 年第 2 期。

② 转引自赵人伟："作为改革的方向和目标应是经济性分权和行政性分权的结合"，载《经济研究》1987 年第 4 期。

时，这种研究就显得更为重要。我国是一个大国，在政企职责分开的前提下，如何发挥地方（主要是省、直辖市）政府的经济职能，即通常所说的中间层次的作用，是一个十分重要的课题，这也许正是我国经济体制改革不同于东欧小国的特色之一。正如劳·雷诺兹所说的："哪些决策应当由中央政府作出？哪些则由下级政府作出？大的国家总是有这个问题，当政府的经济活动变得更重要的时候，这个问题也更重要了。"① 当然，改革过程中由于某种特定的情况造成地方政府决策权力过大和所占经济利益的份额过大的状况是有可能的，针对这种状况采取某些调整措施也是完全必要的。但是把"双向扩权"作为经济体制改革的目标则似乎欠妥。这种笼统的设想既没有明确区分经济性分权和行政性分权，也没有区分两种不同含义的行政性分权，过分强调了中央政府的作用，对国家的经济作用作了过于简单化的理解，特别不适合我们这样一个大国的国情。实际上，发挥地方政府的经济作用，是发挥国家的经济职能的一个组成部分，也是发挥中央政府经济作用的延伸。地方政府应该在制定地方计划、运用经济调节手段、加强行业管理、进行基础设施建设、提供各种服务、监督经济活动等方面发挥中间层次的作用。当然，重视地方政府的经济作用，并不是要夸大这种作用。我们认为，如果地方政府可以作为一个层次的经济决策主体、经济利益主体和经济调节主体发挥作用的话，那么，决策主体和利益主体的作用相对地要大一些，调节主体的作用相对地要小一些。地方政府在各种调节手段的运用上应该控制在避免形成地方经济封锁、地方经济割据和不影响统一市场的形成的限度之内。国外某些国家运用高度集权的政府同市场经济的结合来推动高速成长的经验对于我国的改革和发展当然具有借鉴意义，但决不能照搬；因为在高速成长的国家中也有强调地方分权的成功实例。② 如果我们讨论的不是改革的过渡措施而是改革的方向和目标，那么事情也

① 劳·雷诺兹：《比较经济制度》，《现代国外经济学论文选》第9辑，商务印书馆1986年版，第25页。

② 见杨培新："论我国投资体制改革方向——从联邦德国的联邦、州、地方分权的投资体制说起"，载《世界经济导报》1987年1月5日。

许更加清楚：应该是经济性分权和行政性分权（第二种意义）的结合，而不是经济性分权和行政性集权的结合。

（三）间接控制下的计划和市场的有机结合

直接控制是旧体制的一个重要特征，而间接控制是新体制的一个重要特征；从直接控制向间接控制的转换是从旧体制向新体制转换的一个根本标志。在这里，我们想通过从各个侧面分析直接控制和间接控制的区别，来进一步探索间接控制体制下计划和市场的结合问题。

直接控制和间接控制是两种完全不同的经济控制方式，其主要区别可以概括如下：（1）直接控制以政企职责不分为前提，间接控制则必须坚持政企职责分开；（2）直接控制是同高度集中决策相适应的，间接控制是同分层决策相适应的；（3）直接控制是实现指令性计划的形式，间接控制是实现指导性计划的形式；（4）直接控制表现为实物运动优先，货币仅起被动作用，间接控制表现为货币运动优先，并以此带动实物运动；（5）直接控制借助于行政手段，间接控制借助于经济手段即市场上的各种经济参数；(6）直接控制不承认或忽视控制对象具有独立的经济利益，间接控制不仅承认控制对象具有独立的经济利益并且以此为内在动力加以启动。① 从这些区别可以看出，从直接控制向间接控制的转换，不仅是控制系统的大转换，而且是以此为重要标志的整个经济体制模式的大转换。

那么，在以间接控制为重要标志的目标模式中计划和市场是什么样的关系呢？是不是指令性计划、指导性计划和市场调节的不同比例的组合呢？

在以往关于目标模式中计划和市场关系的讨论中，人们往往把指令性计划、指导性计划和市场调节的不同组合作为争论的重点，似乎目标模式的不同设计仅仅在于这三个板块的不同比例的拼凑。有的经济学者认为，只有按指令性计划生产的产品在总产值中占有较大的百分比，至少是按指令性计划和指导性计划生产的产品加起来占有较大

---

① 参见沈立人："经济体制改革的新课题"，载《经济研究资料》1986年第4期，具体概括不尽相同。

的百分比，才能保证经济的社会主义性质。① 我们并不否认现阶段我国经济生活中这几种调节形式并存的实际情况，但作为目标模式的构想，这种板块结合的思路似乎过于平面化。国民经济是一个大系统，在这个大系统中计划和市场的关系即使不考虑动态因素也必然处于三维空间之中。在目标模式中，指令性即使存在也不再构成经济运行不可缺少的要素，和市场调节共同成为经济运行不可缺少环节的只能是指导性计划。国家计划调控市场，市场引导企业这样一种计划与市场融为一体的综合是目标模式中经济运行的立体系统。据此，我们同意这样一种看法："从较长远的角度来看，指令性计划不是不可以取消的，指导性计划有可能作为我国的唯一的计划形式。"② "指导性计划不具有强制性和约束力，国家通过掌握和调节市场参数，把国家决策翻译成经济信号，以此为杠杆，在市场上引导企业的生产活动服从国家计划的要求。它实质上是计划调节和市场调节的结合体。"③ 我们强调间接控制和指导性计划，并不否认国家计划的重要性，正如我们强调分层决策时并没有否认最低限度的集中决策的必要性一样。国家计划是实行宏观经济管理的主要依据，在确定社会经济发展战略，包括经济发展的方向、增长速度、产业结构、生产力布局、国土开发、环境生态保护、教育人才培养等方面仍要起重要作用。国家计划还要通过国民收入的分配搞好宏观经济的综合平衡以及主要结构的平衡，如积累和消费、社会消费和个人消费、主要产品部门之间的平衡。国家计划在控制投资的总规模、主要投资方向以及重点建设项目方面将起特别重要的作用。可见，我们所说的从直接控制转为间接控制，并不是要放弃国家在总体上和全局上对国民经济的计划管理，而是要改变国家对微观经济活动的直接控制。

---

① 参见《计划经济与市场调节文集》第1辑，《红旗》出版社1983年版；《建国以来社会主义经济理论问题争鸣》，中国财政经济出版社1985年版，第484—485页。

② 厉以宁："关于经济体制改革的基本思路"，载《世界经济导报》1986年6月9日。

③ 李由鹏：《试论建立具有中国特色的计划管理体制》，载《腾飞的构想》，辽宁人民出版社1985年版，第137页。

（四）从卖方市场到有限的买方市场

近年来我国经济学界对卖方市场和买方市场的问题，或者说社会总需求和社会总供给的关系问题，进行了大量的讨论。不过，多数讨论是围绕着改革需要什么样的环境这一主题展开的。然而，在这里我们则将把它作为改革目标中的一个重要问题来加以探讨。

事实很清楚，如果改革采取一揽子的方式是可行的话，那么，造成供给略大于需求这样一个有限的买方市场，既是改革的目标，又是改革的环境，两者是一致的。不过，在我国的改革采取逐步推进方式的情况下，目标模式中的市场均衡状态同模式转换中的市场均衡状态就会发生差异，如果否认了这种差异，就会混淆改革所要达到的目标和改革所应具备的条件和环境之间的界限。①

这里首先应该明确，不管对体制改革的环境问题有着什么样的分歧意见，目标模式中的市场均衡状态（有限的买方市场）也不能仅仅作为一个环境问题，它是一个新的经济机制正常运行的内在要求和有机的组成部分。因为，没有这样一个总供给与总需求大体均衡的条件，市场机制就不能正常发挥作用，目标模式也就会落空。布鲁斯指出：企业日常产供销活动决策的分散化，是同不能保持一般市场均衡那样一种过度紧张的经济不相容的。在出现明显的卖方市场的情况下，要把市场机制作为计划经济的一种手段来使用，是不怎么可能的；因为，在这种情况下，就有必要凭借行政手段和实物形式来分配资源。② 因此，我们不能同意把需求增长总是超过生产增长、总需求总是超过总供给这种被称为短缺经济的现象看成社会主义经济的恒定现象，甚至看作是社会主义经济制度优越性的表现。相反，我们应该毫不含糊地认为，短缺经济和卖方市场只能是社会主义经济发展的某一特定阶段和传统的社会主义经济体制（包括传统的发展战略）的产物，决不是社会主义经济制度的本质属性和终身伴侣。如果社会主

① 见刘国光、赵人伟：“当前中国经济体制改革遇到的几个难题”，载《经济学文摘》1985年第1期，另见《经济学周报》1985年9月22日。

② 参见布鲁斯：《社会主义的政治与经济》，中国社会科学出版社1981年版，第16页。

义永远解决不了短缺问题乃至认为不需要解决短缺问题，那我们为什么还要在经济体制改革问题上作出如此巨大的努力呢?

从卖方市场到有限的买方市场是一个过程，或者说，改革和买方市场的形成是一个鸡生蛋、蛋生鸡的互相促进的过程。简单地把形成买方市场当作改革的前提固然欠妥，但同样地，简单地把买方市场的形成当作改革的自然结果也未必完善。从过去的经验中也可看出，即使在改革过程中，从范围和时间上来看，某些产品、某些时期出现买方市场的势头不是不可能的。① 从程度上看，对某种严重供不应求的产品通过增加供给和压缩需求的措施来减轻供不应求的程度也是可以做到的。我们很难想象，整个改革都将在短缺经济和卖方市场中进行，而买方市场则只是到了改革的尽头一夜之间才能出现。

我们之所以强调在保持总的市场均衡的前提下使供给略大于需求，从而建立起一个有限的买方市场，就是要探索一种新的经济体制模式，发挥社会主义经济制度的优越性。因为只有在这样的市场条件下，才能促进生产者和卖方的竞争，迫使生产经营者改进技术、改善服务态度，克服传统体制（卖方市场）下“皇帝的女儿不愁嫁”的弊病。我们之所以强调总需求只能略为超过总供给，即强调买方市场是“有限度的”，旨在划清同资本主义经济制度的界限。因为如果加大总需求超过总供给的差额，就会出现资本主义经济中常见的生产过剩和生产设备利用不足等现象，从而放弃了增加产量和收入的机会，不利于资源的有效利用和再生产过程的顺利进行。可见，作为改革目标模式中的市场均衡，将既不同于传统的社会主义集中计划经济模式中的非均衡（所谓“资源约束型体制”），也不同于资本主义经济中的非均衡（所谓“需求约束型体制”）。②

---

① 薛暮桥说：“1983 年有许多产品开始出现‘买方市场’的苗头，为调整物价创造了良好的条件。”（见《经济日报》1987 年 3 月 5 日薛文：“建设有中国特色的社会主义的必由之路”）刘国光说：“某种买方市场的势头不是不可能出现，事实上在‘六五’初期就出现过这种势头。”（见《中国社会科学》1986 年第 6 期，刘国光：“关于发展社会主义商品经济问题”）

② 参见科尔内：《短缺经济学》上卷，经济科学出版社 1986 年版，第34 页。

第四节 对目标模式的归结和进一步的思索

关于我国社会主义经济体制改革目标模式的研究是一个难度很大的问题。我们在本章中对目标模式的方向和基本框架的总体设想只能作为一种阶段性的研究成果，需要进一步探索的问题还很多。在本节中，我们将提出几个问题，并加以简要的评论，既作为本章的归纳和小结，又作为进一步思索的引子。

一 改革的范围和限度问题

我们所研究的是社会主义经济体制改革，即使把社会和文化等方面的改革暂时存而不论，也会遇到如何沿着社会主义的方向进行经济改革的问题，即在社会主义经济制度下改革的范围和限度的问题。首先，在生产资料所有制方面，改革的界限应该是保持生产资料公有制为主体，而不是要越出这一界限，转变为以生产资料私有制或公有财产的私有化为主体。尽管在传统模式下的生产资料公有制未能把社会主义经济制度的优越性足够地显示出来，但经济体制改革的探索并没有必要建立在以生产资料私有制为主体的基础之上。自从30年代兰格模式诞生以来，社会主义者已经在如何把公有制和市场机制结合起来的问题上探索了半个多世纪，我们似乎应该继续这种探索而不是放弃这种探索。如果说，那种对生产资料公有制单一化的构思确实失之于过分简单化的话，那么，那种认为只有在生产资料私有制的基础上才能利用市场机制和调动人的积极性的想法也并没有摆脱思维上的这种局限性。事实证明，在生产资料公有制的基础上，人们已经沿着所有权和经营权相分离的思路探索了许多把公有制企业置于市场环境中去并受市场纪律约束的形式。其次，在运行机制方面，经济体制改革是要改变传统模式中那种排斥市场机制的做法，但即使从纯粹的经济效益的观点来看，改革也不能走向没有限制的市场化。事实上，即使在资本主义经济中，“市场失灵”也是客观存在的现实。例如，在有关全局性的和长期的投资决策上，在有关外部的成本—效益分析上，市场并不能提供可靠的信息。因此，从改革的两条基本线索来看，在所有制关系的改革上不能以全面的私有化为目标；在运行机制上不能以彻底的市场化为目标。在以公有制为主体的前提下寻求计划和市场的适度结合点，应该是我们在改革中需要把握的范围和界限。

二　改革目标的确定性和不确定性问题

在本章的一开始，我们就提出了研究经济体制改革目标模式的意义，强调了改革不可设计和无须设计的思想是不可取的。不过，有的外国经济学者认为，尽管中国对经济体制改革作出了决定，但这个决定只是给改革描绘了一个粗略的草图，尽管人们也试图提出各种各样的改革目标模式，但这些模式也都是一些设想，很难说将来的经济体制一定会是这样的，所以，中国的经济体制改革是一种“无确定止境的改革（open-ended reform）”。① 这就向我们提出了一个改革目标的确定性和不确定性及其相互关系的问题。我们认为，改革的目标既有确定的一面，又有不确定的一面。从改革需要确定一个总的方向和基本框架、划定一些大的范围和界限等方面来看，改革的目标是确定的。但由于改革是在理论上和实践经验上都缺乏充分准备的情况下开始的，因此，任何有关改革的设想不仅在理论上不可能是完美无缺的，而且还必须接受实践的检验。所以，对改革目标的设想又不能僵化，特别是对一些具体的界限、方案和措施，更应该随着实践的发展变化而加以修改、校正和补充。从这一方面来看，改革的目标，特别是根据改革目标所制订的方案和措施，又有不确定的一面。只有正确处理改革目标的确定性和实践中的不确定性这两方面的关系，才能使我们的改革既有大体明确的方向，又能留下探索的余地，使改革积极地和稳妥地向前发展。

三　目标模式实现程度的衡量问题

高鸿业教授认为，要想为我国的经济体制改革建立一套比较具体

① 英国牛津大学林至人先生在一次国际学术会议上提出了这种观点。转引自董辅礽：《中国经济体制改革及其若干社会后果》。

的目标是一件很不现实的事情，所谓搞“活”经济则是一个意义松散的说法。为了使搞“活”经济具有比较精确的意义，就必须选择一个有代表性的综合指标，即劳动生产率的水平，并以这一指标来衡量经济的“活”力和经济体制改革是否达到了最终目标。① 他为此设计了一个简单的图形。图中以横轴表示市场调节的程度，从0（全部为集中的计划）一直到100%（全部为市场调节）为止。在其间的各点则表示集中计划和市场调节的不同程度的结合。图中的纵轴表示劳动生产率的水平。AC曲线表明，随着市场调节程度的加深，劳动生产率会持续提高，一直到B点时为止，这时（例如，集中计划与市场调节各占一半的程度时），劳动生产率具有最大的数值。在B点以后，劳动生产率会随着市场调节的进一步加深而下降。劳动生产率由上升而变为下降的转折点则代表体制改革的最终目标（如图所示）。因此他认为，我们可以用劳动生产率增长量的变化情况来判别目标是否已经达到。

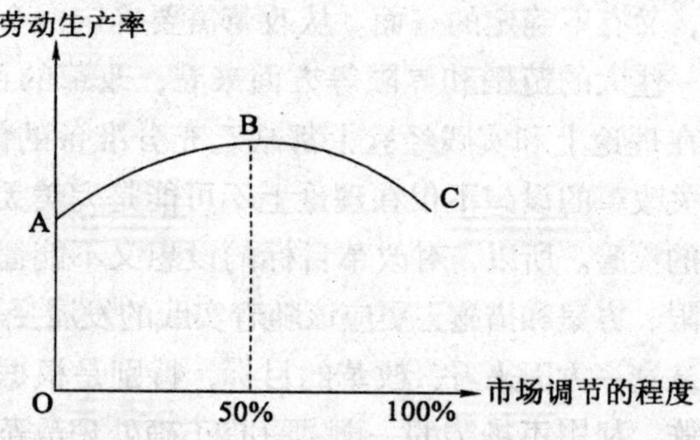

以劳动生产率或经济效益来衡量一种经济体制的优劣，从根本上来说无疑是正确的，因为改革的根本目的就是要寻求一种效率更高的经济体制。但把劳动生产率增长量的变动情况作为衡量体制改革的目标是否已经达到的综合指标，则缺乏实际操作上的意义。因为，影响劳动生产率的因素是很多的，不仅有体制因素，而且有体制外的众

① 高鸿业：《关于建立我国体制改革的目标模式的困难和避免困难的方法》，载《论中国的宏观经济管理》，中国经济出版社1987年版。

多因素，这些因素的作用强度在实际上很难加以分解。如因体制外因素而引起劳动生产率停止增长，用这种办法来衡量就可能会造成改革的目标已经达到的错觉。并且，市场和计划的关系既不是板块式的，所谓市场调节度，其含义比计划度更不清晰，也难以作量化计算。因此，我们认为，高鸿业教授的这种研究虽在理论上有一定的意义，但却缺乏实际操作上的应用价值。

四　我们的改革设想是天真的吗?

科尔内认为，东欧许多改革家们的设想，反映在匈牙利 1968 年改革正式文件中的设想，乃至反映在中国改革正式文件中的设想，都具有“天真”的性质。他的论据主要有两条：第一，这些改革设想没有预见到许多复杂的情况，事实上情况的复杂性已成为实现改革设想的障碍；第二，这些设想都是在寻求计划和市场（或行政机构和市场）之间的和谐一致和相互校正，或者划分行政机构作用和市场作用的合理范围，但实际上这是不可能的。①

我们认为，说我们的改革设想还不成熟，那毫无疑问是正确的。但是，我们决不能以实际情况的复杂性来否认某种理论构想特别是模式构想的合理性。连科尔内本人也承认，“模式自然要把同主要论点无关的复杂的现实细节抽象掉。根据现实比模式更丰富来批评某种理论模式，这是很容易的，但这是不公正的。”遗憾的是，科尔内并没有把这一看法贯彻到底。在他看来，“企业自治权、正确的价格信号，利润刺激，利用市场力量，过渡到买方市场等等”设想都因在实践中遇到了许多复杂的情况和障碍而变得天真了。迄今为止，还没有一个社会主义国家的经济体制改革已实现了其预定的目标，并且各国在改革的实践中都遇到了各种各样的复杂情况和困难，但我们决不能以此来否定改革设想的合理性。至于计划和市场的关系问题，科尔内对简单再生产由市场来调节、扩大再生产由计划来调节的主张提出

---

① 见科尔内：“经济改革的设想和现实的对照”，载《经济社会体制比较》1986 年第 6 期。（本节中所引科尔内的论述，均见此文。）

了批评，我们认为也是有道理的；但是如果把寻求计划和市场之间某种适度结合的任何努力本身都归结为天真，那也未免失之于过偏。

我们之所以要在这里提出上述问题，主要目的是力图引起进一步的思索和论证，是要进一步表明我们的这样一个基本态度：在经济体制改革这样的难题面前，任何人都没有终极真理的权利，但作为献身于社会主义事业的经济理论工作者，则有努力探索并在探索中不断前进的神圣职责。

第二章　所有制结构

经济体制包括所有制基础和经济运行机制这样两个既有联系又有区别的部分。所有制关系及其结构是经济运行机制赖以形成的前提和基础；经济运行机制是所有制关系的实现方式。各社会主义国家的改革经验表明，经济运行机制的改革只有与所有制关系及其结构的改革协调并进，才能取得实质性的进展。反之，离开了所有制关系及其结构的改革，社会主义经济运行机制的改革势必中途受阻，困难重重；已经进行的某些局部性改革措施也会由于与传统体制的所有制基础不相协调而发生普遍的摩擦，甚至激起尖锐的冲突，并导致经济改革的倒退。因此，一个根本不同于传统体制的社会主义经济运行机制必须建立在一个崭新的所有制关系及其结构的基础上。本章将在第一章论述经济改革目标模式总体设想的基础上，探讨所有制关系及其结构改革的目标模式。

第一节　所有制结构的模式比较

社会主义经济改革及改革中各种不同经济运行模式的出现，是当今具有重大历史意义的一种世界性趋势。伴随着经济改革浪潮的日益深入发展，作为经济运行机制基础的所有制关系及其结构也愈益呈现出多种不同的模式。研究所有制关系及其结构的这种发展和演变的一般趋势及其规律性，分析比较演变过程中出现的各种不同所有制结构模式，对于探讨我国所有制结构改革的目标模式是非常必要和有益的。

一　马克思的理论设想在实践中遇到的难题

马克思和他的战友恩格斯在解剖资本主义的理论研究和领导国际工人运动的实践中曾经对未来社会及其所有制关系作过高度抽象的理论设想。按照他们的设想，未来社会，即共产主义社会，包括其第一阶段的社会主义社会，是“一个集体的，以共同占有生产资料为基础的社会”，这里，“一切生产部门将由整个社会来管理，也就是说，为了公共的利益按照总的计划和在全体成员的参加下来经营”，“因此私有制也必须废除，代替它的是共同使用全部生产工具和按共同协议来分配产品，即所谓财产公有”。在他们看来，无产阶级国家实行生产资料国有化，并不排除国有化生产资料“出租经营”，以及在小农占相当数量的国家把小农的私人生产和私人占有变为“合作社生产和占有”等等，但这都不过是向完全的共产主义（在这里指的共产主义包括它的第一阶段的社会主义社会）过渡的“中间环节”。因此，由整个社会直接占有一切生产资料是马克思和恩格斯在批判资本主义私有财产制度的基础上提出的社会主义所有制的理论模式或理论设想。

列宁和斯大林领导前苏联人民取得社会主义革命胜利之后，在实践中，根据自己对马克思和恩格斯的理论设想的理解，并从前苏联当时的国内外条件出发，通过国有化和合作化的道路建立了全民所有制和集体所有制两种基本形式的生产资料公有制，并赋予国家所有制和集体所有制的具体形式。他们还试图通过加速国家消亡和集体所有制向全民所有制的过渡来全面实现马克思和恩格斯的理论设想。但是，由于马克思和恩格斯的所有制理论设想是与他们关于社会主义革命在全世界，特别是在主要的发达资本主义国家同时取得胜利的论断相联系的，而这一论断并没有被社会主义革命的实践所证实，恰恰相反，社会主义革命是在一个资本主义相对不发达的国家——俄国单独取得胜利的，这就使得马克思和恩格斯的理论设想不得不在社会主义实践中面临着一系列棘手的难题。首先，当时社会主义国家在国际上处于强大的资本帝国主义世界的包围之中，在国内还存在阶级和阶级斗争，无产阶级国家不但不可能立即开始消亡，而且还必须得到巩固和加强。其次，为了加速国家工业化，以便在资本主义世界的包围中生存下去和最终战胜资本主义，必须运用强制性手段实行高积累，并把全国的资源集中用于最需要的发展部门，而执行这一强制性经济职能的只能是国家机器。第三，为了保证社会生产有计划按比例进行，整个社会也必须有一个相应的协调机构，并有足够的权威来有效地协调整体利益和各种局部利益以及个人利益间的复杂的关系。这样看来，马克思的关于国有化是无产阶级国家采取的第一个也是最后一个行动，国家将立即开始消亡，从而社会将直接占有一切生产资料并在自由人联合体自治的基础上自觉地按照一个社会的总计划从事生产和按共同协议进行产品分配的学说，在实践中由于国家的继续存在和国家执行强制性经济职能的必要性而面临着两难的选择。

二　两种不同解决方式及其模式的特征

面对上述难题，前苏联和前南斯拉夫采取了各执一端的两种不同解决方式，建立传统的国家所有制模式和自治的社会所有制模式。

在前苏联，这一难题是通过把国家和社会等同起来的办法来解决的。斯大林一方面摒弃了国有化后国家立即开始消亡的观点，另一方面又试图坚持由整个社会直接占有一切生产资料的思想。在他看来，无产阶级国家是社会利益的天然代表，国家所有制自然也就是全民所有制，这样，全民所有制的国家所有制形式就被长期固定化了。他还从理论上进一步无条件地肯定了国家所有制是社会主义所有制的高级形式，集体所有制必须尽快向国家所有制过渡。在这种理论的指导下，前苏联迫不及待地愈益加快生产资料的国有化进程，从而迅速形成了以国家集中经营为基本特征的单一的所有制结构，整个社会成了一个劳动平等、报酬平等的工厂，全体公民都成了一个全民的、国家的、“辛迪加”的职员和工人。这就是斯大林把马克思的理论设想应用于社会主义实践遇到一系列难题时所采取的解决方式，我们把前苏联这种解决方式，即所有制结构，叫做传统的社会主义国家所有制模式。这种模式长期以来被奉为社会主义所有制唯一可能的模式而为几乎每一个社会主义国家所仿效。

在前南斯拉夫，由于某种特殊的历史原因，铁托和他的理论家们根据马克思关于工人自治和国家消亡的思想，严厉地批判了前苏联的国家所有制模式的弊端，认为它是国家官僚垄断经济生活，窒息劳动者及其集体在生产经营活动中的主动性和首创精神的经济根源。他们面对马克思的理论设想在实际运用方面所遇到的难题，采取了逐步削弱和取消国家经济职能，实行企业自治的解决方式，即建立自治的社会所有制模式，从而率先打破了把传统的国家所有制模式视为社会主义所有制唯一可能模式的神话，在国际上引起巨大的反响。

两种所有制模式具有明显的不同特征，并构成了两种完全不同的社会主义经济运行机制的基础。传统国家所有制模式的主要特征是：(1) 国家所有制是所有制结构中的主体，而集体所有制经济也明显带有准全民的痕迹，从而形成单一化的所有制宏观结构；(2) 企业，特别是国家所有制企业排斥其他任何所有者的资金和物质生产要素的进入，不同所有者之间，甚至同一所有者内部不同企业之间，互相分割、自我封闭，形成所有制微观结构的封闭化；(3) 国家所有制企业的所有权与经营权完全集中在国家政府机构手中。传统的国家所有制模式的这些主要特征既是集中的计划经济体制的要求，又是这种运行体制赖以形成的前提和基础。这种传统的国家所有制模式使每一个企业事实上都成为国家大工厂的一个车间，这就为国家在日益广泛的经济领域中进行集中决策并运用指令性行政强制的方式推动经济的运行提供了必要的条件，同时又规定和制约着经济的运行只能采取集中决策的体制和指令性计划控制或直接行政控制的方式，因为任何其他运行方式都是与这种传统的国家所有制模式的基础相矛盾的。从这个意义上说，传统的集中计划经济体制的利弊都可以从这种传统的国家所有制模式中找到最深厚的经济根源。

前南斯拉夫首创的自治社会所有制模式的主要特征是：(1) 作为所有制结构主体形式的是实质上带有不同于法律规定的明显的集团所有制性质的社会所有制，企业工人集体是名义上的社会财产的真正支配者和实际受益者，作为所有制结构非主体形式的个体所有制从属于主体所有制形式，因而从所有制宏观结构上看，仍然具有明显的单一化倾向；（2）企业间，特别是不同所有者之间很少出现交叉投资，所有制微观结构基本上也是单一的。自治的社会所有制模式的这些特征，是前南斯拉夫社会主义市场经济体制的要求，也是这种分散的经济运行体制形成的前提和基础。这种自治的社会所有制模式使企业具有相对独立的经济利益，为企业在日益广泛的经济领域中进行分散决策并依靠市场竞争中“看不见的手”来调节经济运行提供了必要条件。同时，必然排斥国家对经济运行的直接控制和协调，因为国家的直接控制职能的存在被看作是与这种自治的社会所有制模式的本质相违背的。从这个意义上说，自治的社会所有制模式正是人们通常所见的社会主义市场经济体制的长处与短处的最深刻的经济原因。

三 两种不同模式的利弊

多年来的实际经验表明，传统的国家所有制模式和自治的社会所有制模式对于社会主义经济的发展和社会需要的满足都有各自的长短和利弊。这可以从几个不同的角度来进行比较。

1. 在企业微观效率方面：在传统的国家所有制模式中，国家是生产资料的唯一所有者或支配者，从而也是剩余产品的唯一所有者或支配者。因此，不仅企业的长期发展，而且企业的短期或日常投入产出决策以及人事、工资和利润分配决策都集中在国家各级政府部门（尤其是中央政府部门）手里，企业及其职工只能完全听命于国家的指令。从静态上看，一方面，国家由于远离决策现场和难以承受过量决策负担，以及不能及时获得来自长距离纵向信息传递渠道的准确信息，而不可避免地导致官僚主义的错误决策，造成资源使用上的浪费；另一方面，企业及其职工由于处在被动的无权的地位和吃平均主义的“大锅饭”，即预算约束软化，使企业及其职工既无来自自身独立经济利益的动力又无来自市场竞争的压力，缺乏生产经营的主动性和积极性，从而必然降低企业微观效率。从动态上看，传统的国家所有制模式由于企业领导人的升迁以及相应的级别待遇，在很大程度上取决于本企业规模的扩大和完成上级指令性计划任务的情况，企业领导人一般具有通过争投资而无限扩张企业的强烈倾向，但这种扩张倾向注重产值的增长和职工人数的增加，从专业厂扩大成全能厂，从"小而全"扩大为"大而全"，而不惜降低企业的微观效率；而且为了确保完成上级的产值任务，往往对更新改造不感兴趣，甚至放弃对提高企业未来效率极为有利的技术革新的机遇。相反，在自治的社会所有制模式下，由于企业及其职工集体是生产资料及其运用的成果，特别是剩余产品的支配者和事实上的所有者，企业及其职工集体享有本企业日常生产经营活动和扩大再生产的充分自主权和独立的经济利益，企业的兴衰和职工的利益完全取决于市场竞争中的成败，从而在很大程度上克服了传统的国家所有制模式的上述种种弊端，企业追求利润的动机在一定程度上有助于提高资产的使用效率。但是，由于这种模式仍然并未从根本上解决所有者问题，在企业内部，财产和分配关系仍然是模糊的。这必然导致企业行为在两方面的扭曲，一是企业不能对市场变动作出及时准确的反应，从而难以接受有效的宏观调控；另一方面，缺乏长期行为，顶不住消费膨胀的内部压力。结果导致企业内部积累率的下降和外部经营环境的恶化，从而使微观效率的进一步提高受到相当大程度的阻滞。

2. 在资源配置方面：在传统的国家所有制模式下，由于国家事实上是生产资料的唯一所有者，从而是全社会一切资源的唯一支配者，享有人力、物力和财力资源（包括其存量和增量）配置的全面垄断的决策权。因此，它能够迅速提高国民经济的积累率，把有限的资源集中投放到国家为实现某种特定的战略目标而必须优先发展的部门和地区。第二次世界大战前的前苏联正是利用它所建立的这种传统的国家所有制模式的长处，集中全国的人力、物力和财力资源，优先发展重工业，包括军事工业，从而加速实现国家的工业化和提高抵御资本主义世界包围的国防力量的。但是，即使在这种特殊情况下，传统的国家所有制模式的长处的发挥，也是以牺牲资源配置的经济合理性，从而牺牲国民经济效率为代价的。实践表明，实行这种模式，必然排斥市场和价值规律对资源配置的自动调节作用，而僵化的价格体制又使价格信号失真，无法准确地反映社会对产品的供求状况和资源的稀缺程度，从而使国家这个唯一的调节者在资源配置上缺乏准确可靠的依据，造成资源配置的不合理，生产和需求的脱节，经济结构的失衡，进而导致社会资源利用的极大浪费。在自治的社会所有制模式下，市场机制发挥了对资源配置的自动调节作用，克服了传统的国家所有制模式在资源配置上的上述弊端。但是，由于从根本上排斥国家对资源配置的计划指导作用，资源配置的合理化以及社会生产和国民经济的按比例发展是通过市场的盲目竞争和周期性波动而实现的；而且在这种模式下，生产资料事实上的集团所有的性质必然会使劳动力和其他资源的流动受阻，从而延缓资源配置合理化和国民经济按比例发展的实现过程，同样导致资源利用的浪费。

3. 在国民经济宏观效率方面：国民经济的宏观效率从根本上说就是全社会范围内资源利用的效率问题，它一方面取决于企业的微观效率，即企业内部资源利用的效率，这是国民经济宏观效率的基础。另一方面取决于全社会资源配置的优化或合理化。从上述两方面比较分析中可以看出，传统的国家所有制模式，虽然在一个特定的时期中有其存在的一定的历史必然性和一定的历史作用，但是，由于它不可避免地造成了资源配置的不合理和企业微观效率低下，因而难以提高甚至难以保持整个国民经济宏观效率。这就是前苏联长期以来无法依靠高积累来继续维持经济高速增长的基本原因。前南斯拉夫的自治社会所有制模式，不仅企业微观效率受到企业内部财产关系模糊的影响，而且由于资源配置是通过市场的竞争自发实现的，社会财产的集团性使资源的合理流动受到阻碍往往又延缓了资源配置的合理化过程，加上消费膨胀和信贷膨胀的并发而造成总供给和总需求的尖锐矛盾，因而整个国民经济的宏观效率也是不理想的。这就是前南斯拉夫长期以来摆脱了传统国家所有制模式的桎梏又陷入了高失业、高通货膨胀和高外债泥潭的根本原因。

四 改良的解决方式行得通吗？

前南斯拉夫是社会主义国家中经济改革起步最早并且是唯一沿所有制变革的轨道推进的国家，而它所建立的自治社会所有制模式在改善经济效率方面未能获得明显的收效，并带来了一系列新的矛盾和问题。这种情况不能不促使社会主义经济改革的理论家和实践家在所有制关系的变革面前却步。他们试图另辟一条改革的蹊径：把改革的重点放在经济运行机制上，而对原有体制的所有制基础只作一些修修补补的改良。匈牙利的改良的国家所有制模式就是在这种背景下形成的。这种改良的国家所有制模式，与传统的国家所有制模式相比，其所有制结构的主体形式仍然是国家所有制，并且所有制的宏观结构和微观结构仍然没有完全摆脱单一化特征，所不同的是：（1）国家所有制企业所有权与经营权发生了不同程度的分离，国家和企业集体成了支配生产资料的双重主体；（2）所有制宏观结构开始出现了多种化和多元化的进程，集体所有制和个体所有制比重有所增加。匈牙利试图在这种改良的国家所有制模式的基础上进行经济运行机制的根本性的超前改革，建立计划与市场有机结合的经济运行模式。他们以为，只要在经济运行机制上进行根本性改革，解决好集中与分散、计划与市场、经济手段与行政手段的关系，并相应地调整经济利益格局和经济组织结构，就可以解决资源配置的优化和经济运行的效率问题，而无须从根本上触动原有体制的所有制基础。但是，他们的想法并没有被自己的改革实践所证实。人们看到，匈牙利在经济运行机制改革方面虽然取得了一定的进展，经济运行效率也有了明显的改善，但是这种进展和改善却由于遇到国家所有制基础的障碍而远未达到他们所预定的目标：指令性计划被宣布取消了，国家却依然凭借企业经理的任命而以各种变相的形式恢复对企业经营的行政干预；企业被宣布实行自负盈亏了，国家却以财产最高支配者的身份取走盈利企业的大部分税后利润用于补贴亏损企业；工资和奖金被宣布应与企业的盈利挂钩，国家却以压低它们的免税线的形式拉平企业之间工资和奖金的差别，如此等等。实践表明，改良的国家所有制模式，显然是匈牙利经济运行机制改革无法继续深入而陷入“停停打打”、进退维谷的根本障碍，从而也是匈牙利历经二十八年的经济改革未能很好地解决资源配置优化和经济运行效率问题的关键原因。因此，匈牙利的解决方式是否行得通已经引起人们越来越多的疑问。

从上述分析中我们可以看出，如何根据我国生产力发展的状况和要求，彻底改造传统的国家所有制模式而又不走进前南斯拉夫的自治社会所有制模式的困境，为计划和市场有机结合的经济运行机制选择一个合适的所有制关系及其结构的基础，乃是当前我国改革者面临的重大任务。

第二节　我国所有制结构的现状和问题

我国实行传统的国家所有制模式长达三十年之久。由于我国是一个幅员辽阔、人口众多而生产力发展水平又很低，部门之间、地区之间发展极不平衡的发展中的社会主义国家，因此，深受这种单一的僵化的所有制模式之苦，深感改革这种极不适应生产力发展需要的所有制模式的必要性和迫切性。因此，这就不难理解，我国经济体制改革何以从一开始就把所有制关系及其结构的改革问题推到前沿并取得了举世公认的成果。

一　农村改革开创的所有制结构多元化进程

“三大改造”后，我国所有制关系及其结构基本上是传统的国家所有制模式。我国农村人民公社集体经济由于实行“政社合一”，因而更具有国家所有制的色彩，程度甚至超过了前苏联和其他东欧社会主义国家。十一届三中全会之后不久，城市国营工业企业体制改革的扩权试点正处在小步蹒跚之际，农村的改革却以“包产到户”和“包干到户”这种特殊的形式率先撑破了传统的国家所有制模式的桎梏，开创了我国所有制结构多元化的新格局，为我国经济体制改革提供了一系列有益的启示。

我国所有制结构的改革始于农村，绝非偶然。我国农村人民公社名为集体所有制，实际上是一种变相的国家所有制，它在很大程度上使各个集体经济单位从属于乡镇行政机构，几乎完全丧失了独立经营的权利和独立的经济利益。首先，从国家各级行政机构层层分解下来的指令性种植计划在很大程度上限定农村基本生产资料——土地和劳动力的使用范围，确保国家对农村人民公社生产活动的集中决策的贯彻执行；其次，通过强制性的低价“统购统销”制度把农村人民公社生产的大部分剩余产品，有时甚至包括一部分必要产品集中在国家手里，使农村集体经济与国有经济在实质性的财产关系上几乎毫无两样。所不同的是：农村集体经济单位在经济利益上的权利和义务不对称：赚了，大部分由国家拿走；亏了，却完全由自己背着，而不像国有企业那样可以享受亏损补贴的优惠。国家对农村集体经济自主权和经济利益的侵犯，以及集体经济内部“大呼隆”的劳动制度和低水平的“大锅饭”分配制度，严重挫伤了广大农民的生产积极性，阻碍了农业生产力的发展，使我国农业长期停滞不前。正因为如此，农村经济在合作化后期就孕育着一种摆脱变相国家所有制地位的“抗体”，这个“抗体”就是“包产到户”的经营方式。“包产到户”这种经营方式几经周折，终于在十一届三中全会之后党的经济改革的伟大战略方针的指引下，首次以联产计酬责任制的合法形式出现，并迅速向中国广大农村扩展，进而导致“政社合一”制度的解体和统购统销制度的逐步废除。农村的这些变革，一方面使农业集体经济挣脱了变相的国家所有制的“外壳”，另一方面使农业集体所有制实际上演变成为一种集体所有制与个体所有制相结合的特殊所有制形式，为我国农业中社会主义所有制微观基础的重新构造奠定了根基。这对于继续发挥社会主义集体所有制的优越性和充分调动广大农民家庭生产经营的积极性产生了巨大作用，使我国农业生产连年出现了较大幅度的增长。

农业所有制关系的上述变革推动了农业生产力的迅速发展，同时在农村各行各业中又引起了一系列的改革效应：首先在一部分善于经营的、有各种技术专长的农民中间涌现出了一大批从事农业专业化生产的专业户和从事农业产前、产后、产中服务的专业户；其次，随着专业化生产的发展，在农民自愿联合的基础上出现了大批新的合作经济组织——各种形式的经济联合体；其三，农业劳动力向非农产业，特别是工业的大规模转移，兴办了大量的各种不同所有制形式的乡镇企业。当然，乡镇企业的产生并不是自今日始，但过去它们是作为乡镇政权机构的附属物出现的，发展也是缓慢的；而农业所有制改革之后，特别是1981年以来，它们却以前所未有的加速度向前发展，农村工业化开始了真正的腾飞。据统计，1979年至1984年，全国工业总产值平均年增长8.8%，而乡镇企业产值平均年增长17.9%；1985年，全国乡镇企业总产值又比1984年增长43.4%，其中工业企业总产值增长45.7%。1986年，增长幅度仍然达到30%左右，发展速度远远超过国有经济和国有工业企业。这是一次真正的非国有的工业发展浪潮。乡镇企业，特别是乡镇工业企业的发展，不仅以其总体向国家所有制的绝对垄断地位挑战，迅速地改变着我国所有制宏观结构的单一化格局，而且它本身的所有制形式也日益朝着多样化和多元化的方向发展，从而大大地丰富了我国所有制的宏观结构。更为重要的是，作为我国乡镇工业发展先导的苏南乡镇企业基本上都是乡村（社区）集体所有制企业，而乡镇企业后起之秀——温州和晋江则以家庭企业和民办联营企业为主。从总的趋势来看，后者比前者发展更快，而且在个体企业发展的基础上出现了许多极其复杂多样的所谓雇工经营企业，其中包括少量带有资本主义性质的私营企业。更值得注意的是，乡镇工业中出现了各种各样的合资联营企业，特别是股份企业。这些企业冲破了不同所有制的相互隔离状态，使不同所有制在企业一级的微观层次上互相渗透、互相融合。股份制为这种不同所有制的互相融合提供了良好的形式，并推动着生产资料市场、资金市场和劳务市场的孕育，为经济运行机制的改革创造条件。这标志着我国农村所有制结构多元化已经开始向微观结构的纵深层次发展，为我国所有制结构的优化配置和经济运行机制的变化展示了新的前景。

农村改革的巨大成就并不意味着农村所有制关系及其结构形式的完全解决。农业在连年丰收后，从1985年起出现了被认为是“徘徊”或“严峻”的新局面。这除了自然因素和政策因素外，同样有包括价格在内的体制因素。为了保持农业增产的后劲，需要进一步调整有关政策，并深化农村改革。不少同志认为，“包产到户”和“包干到户”仅是一个序幕，其改革成果还没有规范化；新的合作经济或经济联合体的法人地位也没有得到确认，内外关系仍有不同程度的欠透明性。因此，农村改革始终是整个改革不可忽视的组成部分。但是，这不妨碍我们把所有制改革的重点转移到城市来。

二 城市所有制结构改革的新进展

在我国城市经济改革中，所有制关系的变革沿着两条战线展开：一条是国家所有制经济外部多种所有制形式的发展，这是城市中所有制改革的外围战线；另一条是国家所有制经济内部财产组织形式的改革，这是城市中所有制改革的内在战线或主战线。

与农村所有制改革相呼应，所有制结构多元化进程也在城市经济中层开。其实，在我国城市经济中，所有制结构单一化阻碍社会生产力的发展早已明显表现出来：到70年代末，我国城市待业人员逐年累积已高达2000多万人，占当时职工人数的21.1%；一大批青壮年劳动力满街闲逛的同时，城市中却有大量闲置资源得不到充分利用而被白白地废弃；另一方面，人们所迫切需要的各种商品和劳务却越来越得不到满足。即一方面“大批的人无事可做”，另一方面又“大量的事无人去做”，这说明单一化的国家所有制模式根本不可能解决城市经济发展的问题。因此，即使在我国实行传统的国家所有制模式时期，各种民办城市集体企业总是像野草一般不断在石头密布的缝隙中破土而出，并在不断遭到砍伐的厄运下顽强地再生和缓慢地发展着。当城市经济改革刚刚开始，政策稍一松动，各种非国有企业立即像春天的野草迅速生长和蔓延开来；一些原来被压抑着的所谓城市“大集体”所有制企业在改革中也开始摆脱政府行政机构的从属地位，由统负盈亏的变相的国家所有制企业变成独立经营、自负盈亏的真正的集体所有制企业；与此同时，一部分国营小企业也在改革中通过售卖转为集体所有制企业，城市集体所有制获得了迅速的发展。据统计，1979年至1984年，国营工业企业单位数仅增加3.6%，而集体所有制工业企业单位数（乡镇企业除外）却增加了35%；同期，国有工业产值增长了39%，而集体所有制工业产值则增长了102.8%；它们各自所占的比重也发生了显著的变化。所有制方面的这种结构性变化，在商业和饮食服务业中表现得更为明显，例如 1978 年至 1984 年，在社会零售总额中，国营商业的比重由 90.5% 下降为 45.6%，集体所有制商业的比重则由 7.4% 上升为 39.6%。这一时期，城镇个体经济的发展也极为迅速，1978 年，城镇中从事个体经济活动的人数仅剩 15 万，1984 年底已发展到 339 万，1985 年又猛增到 450 万。特别值得重视的是，我国经济特区的建立和沿海十四个城市的开放以及随之而来的外资的引进，各种形式的中外合资、合作经营企业和外国独资企业的兴办和发展，形成特殊的国家资本主义所有制形式，尽管在我国所有制结构中所占的比重微不足道，但它却表明我国所有制结构改革在多元化的道路上取得了新的进展，其开放度已经大大超过了其他社会主义国家。这对于促进我国所有制关系及其结构的进一步改革，特别是国家所有制经济的改革，产生了不可估量的影响。

国家所有制内部财产组织形式的改革是城市中所有制改革的另一条战线，也是我国整个所有制关系及其结构改革的主战线。几年来，围绕着经济运行机制的改革，我国国家所有制经济内部财产组织形式的改革取得了一定的进展。这一改革是从扩大企业自主权和相应地调整国家与企业之间的分配关系开始的。在党的十一届三中全会前后，1978 年 10 月，首先在四川省六个企业进行扩大企业自主权的试点；1979 年，试点企业的范围迅速扩大，并开始试行全额利润留成制度；1980 年 1 月，又改行基数利润留成的增长利润留成的增长利润留成制度；1981 年起，开始广泛推行各种形式的经济责任制，把权、责、利密切结合起来；1983 年 6 月，在总结各地推行经济责任制的经验的基础上全面推行第一步利改税。1984 年 10 月，党的十二届三中全会通过了《中共中央关于经济体制改革的决定》，明确肯定社会主义经济是在公有制基础上的有计划的商品经济，指出增强企业活力特别是增强全民所有制的大中型企业的活力是经济改革的中心环节，并进一步提出了政企职责分开，所有权和经营权适当分离，使企业成为相对独立的商品生产者和经营者的一系列改革原则。根据这些原则，紧接着在小型国有企业中进一步推行各种形式的承包经营和租赁经营，同时在大中型国营企业中全面实行第二步利改税。

以上改革，使国家所有制企业的内部财产关系发生了明显的变化。首先，政企职责分开，所有权与经营权不同程度分离，使企业开始摆脱了从属于国家行政机构的地位，有了较大的生产经营自主权，国家已经不再是企业财产的唯一支配者，从而使所有制的现实形态或实现形式发生了变化；其次，由于企业有了较大的自主权和独立的经济利益，开始向相对独立的商品生产者和经营者转化，国家、企业和职工之间的利益关系也发生了变化，这些变化也是所有制关系方面的变化。国家所有制内部财产关系的这些变化，对于调动企业及其职工的生产经营的积极性，增强企业的市场盈利动机和企业的活力，提高企业的微观效率，起了一定的积极作用。

三 现行所有制结构的特点和问题

经过几年来的改革，我国所有制关系及其结构已经发生了相当大的变化。但是，能不能说我国所有制关系及其结构已经完全摆脱了传统国家所有制模式的弊端，为建立一个充满生机和活力的新的经济体制奠定了合理的所有制基础，从根本上解决了资源配置优化问题了呢？要回答这个问题，必须从总体上对我国目前所有制关系以及结构的特点作些较为详细的分析。总的来说，我国目前所有制结构有这样几个主要特点：

第一个特点是，所有制宏观结构的形式上多元化与实质上单一化并存。我国目前所有制宏观结构，从它的包容度看，已经具有多元化的特点，即它不仅包括国家所有制、企业集体所有制、社区集体所有制、机关团体所有制等多种公有制形式，而且包括个体所有制，小业主所有制，国家资本主义所有制、私人资本主义所有制等多种非公有制形式。但是，从各种所有制形成的构成比例来看，我国所有制宏观结构仍然具有单一化特点，这主要表现在：公有制在所有制结构中仍然占绝对垄断地位，而非公有制所占的比重却非常低。这一点在工业中表现得最为明显。例如，在1985年的工业总产值中，公有制工业产值占98.1%，非公有制工业产值占1.9%（还包括一部分联营企业的产值），其中个体工业产值只占0.4%，中外合资和国内外私人独资企业的工业产值所占比重更是微乎其微。商业和饮食服务业的情况也不例外，在 1985 年的社会零售商品总额中，公有制零售额占 77.6%，个体所有制和其他类型的零售额占 22.4%，其中个体所有制零售额只占 15.3%，国家资本主义和私人资本主义所有制零售额的比重则低得简直没有任何统计意义。

第二个特点是，所有制宏观结构的多样化与微观结构的单一化并存。如果说就公有制与非公有制的关系而言，从不同角度看，所有制宏观结构具有多元化和单一化并存的特点的话，那么，在国家所有制形式与其他公有制形式及非公有制形式的关系上，则无论从哪个角度来讲，所有制结构基本上都具有多样化的特点。从国家所有制形式与其他所有制形式的构成比例来讲，所有制宏观结构也已经冲破了国家所有制单一化模式而具有多样化特点，其主要表现是：过去在很大程度上国家所有制化的集体所有制开始恢复了原来的性质并与其他早已灭绝或濒临灭绝的非公有制经济获得了迅速的发展，以致在比重上已经完全能够同国家所有制经济平分秋色。例如，从社会总产值中占最大份额的工农业总产值来讲，1985 年，国家所有制的比重约占 48%，而其他所有制经济（包括产值很少的国营农场）则约占 52%。即使在工业总产值中，1985 年的国家所有制产值也只占 70%，虽然仍占主体地位，但已不具有绝对的优势。从商业和饮食服务业来讲，在 1985 年的社会商品零售总额中，国家所有制零售额的比重只有 40.4%，已经低于其他所有制的比重。但是，另一方面，即所有制微观结构，却仍然具有相当高程度的单一化特点。虽然在所有制结构改革中，企业开始打破所有制界限进行交互投资和联合经营，在一部分企业中开始出现不同所有制之间互相渗透、互相融合的现象，有的企业也开始试行股份制，因而所有制微观结构多元化进程也已经开始萌动；但是，总的来说，不同所有制之间在财产关系上基本上还是互相隔离的，因而绝大多数企业所有制微观结构还是相当纯粹和相当单一化的。

第三个特点是，国家所有制企业内部经营权的具体化和所有权的虚置化。在改革中，国家所有制企业所有权与经营权发生了不同程度的分离，企业及其职工在一定程度上有了相对独立的经营自主权和独立的经济利益，企业经营的好坏同企业及其职工的利益有了一定的联系。因此，从经营权的角度看，国家所有制企业内部财产关系是具体的，即它们通过自己享有的企业自主权，能够从企业经营中获得的相应利益。从而与过去相比，它们的生产经营的积极性和主动性提高了。但是，由于企业财产的所有权还完全是国家的，特别是由于在过分集中的政治体制下，职工群众参与国家民主管理的机会还非常有限，因而职工还难以切身地感受到自己是财产的主人。从这个角度看，对于企业及其职工来说，企业内部财产关系又是虚置的。在这种情况下，企业及其职工对企业财产的扩大还缺乏应有的关心。

从上面所概括的几个主要特点中可以看出，几年来，我国所有制结构改革已经取得了明显的进展，但是，这一进展与从根本上解决资源配置的优化问题，以及与建立一个充分适当生产力发展要求的高效率的运行机制奠定所有制基础的目标相比，还有很大的距离。可以说，从所有制结构改革的这一目标来说，目前所有制结构还是一个改良的过渡性的模式。它既不可能充当计划与市场有机结合的社会主义经济运行体制的合理的所有制基础，也不可能根本解决资源配置的优化问题。问题的症结主要在于：国家所有制大中型企业的经营机制尚未得到根本性的转换，企业的内外部财产关系仍然是模糊的。财产关系的虚置使企业缺乏最起码的自我积累和自我发展的动力，以及自我调控的压力，因而还不可能以一个真正独立的自负盈亏的商品生产者和经营者的身份出现在竞争市场上，也不可能有合理的经济行为和很高的经营效率。1984 年第四季度发生的消费膨胀和投资膨胀以及近几年的乱涨价风，其根本原因就是国家试图在这种改良的过渡性的所有制模式基础上尽快实现运行机制的模式转换。殊不知，在企业微观所有制基础尚未得到根本改造的情况下，国家一旦放弃直接行政控制，无论采取什么间接控制手段，企业都不可能作出合理的反应，也不可能有合理的经济行为。有的企业甚至长期亏损，但在国家贸然放松行政控制的时候，也立即一面把生产基金拿来滥发奖金，一面向银行借债来发展生产，甚至继续扩大企业规模。问题还在于，几年来在改革中对所有制结构的合理调整还没有给予足够的重视，措施也不够坚决有力，多种经济成分尚未得到充分的发展，以至至今绝大多数国有小企业还没有及时实行出租经营和转为集体所有制，尽管事实表明，这样做对提高经济效率是有利的，也无碍国民经济发展的大局。目前所有制结构存在的微观结构的单一化，对于资金市场的形成，资金及其所代表的生产要素的流动，是不利的，而资金市场的形成以及资金和要素的流动恰恰是资源配置优化的必不可少的条件。这也是我国目前所有制结构不可能根本解决资源配置优化和国民经济运行效率问题的一个基本原因。

针对上述问题，进一步深入地研究各种所有制形式的合理结构和国家所有制企业的财产组织形式，探索适应我国生产力发展要求和适合于充当高效率的有计划的市场运行机制基础的有中国特色的所有制结构目标模式，乃是当前经济改革理论研究和实践进展的一项重要而又困难的急迫任务。

第三节　我国所有制结构目标模式的选择

我国所有制结构目标模式的选择是一个巨大的社会经济系统工程，涉及的范围比较广，问题也比较复杂，这里只能给出一个大体的基本轮廓和总的框架，有些问题还需要也只能在改革的实践中继续加以探索和具体化。

一　选择的空间和选择的原则

社会主义各国的丰富实践表明，在社会主义制度下，所有制结构模式可以有多种选择，并且至少包含有三个选择空间：一个是所有制形式结构的选择空间；一个是主体所有制的选择空间；一个是主体所有制企业财产组织形式的选择空间。其中每一个选择空间都有一组可供选择的方案。例如，在所有制形式结构选择空间中可以有单一化的公有制形式结构，即只有一种特定的公有制形式；多样化的公有制形式结构，即有两种以上的公有制形式；多元化的所有制形式结构，即不仅有公有制形式，还有非公有制形式，包括个体所有制形式、国家资本主义所有制形式、资本主义私有制形式等，但其中公有制必须占主体地位，否则就脱离了社会主义经济的选择范围。多样化和多元化的所有制形式结构各自都还可以有两种选择，一种是不同所有制之间互相分割的封闭性结构，一种是各种所有制之间互相渗透、互相融合的开放性结构。在主体所有制形式选择空间中，可以有国家所有制、社会所有制、集体所有制或集团所有制等各种选择，单一化的公有制形式结构同样有各种特定的公有制形式的选择。在企业，特别是主体所有制企业财产组织形式的选择空间中，可以有所有权与经营权合一的形式，也可以有各种形式的经营责任制、承包制、租赁制等。这三个选择空间的各种选择方案经过排列组合就形成各种不同的所有制结构模式。

根据生产关系必须适合生产力性质的规律，我国所有制结构模式的选择应当以我国生产力的发展状况和要求为依据。这个总原则在理论界大概是没有争议的。但是，如果仅仅停留在这样一个高度抽象的原则上，则很难解决这个极其复杂的问题，因此，还必须把这个抽象的原则稍加具体化。然而在把这个原则加以具体化时，出现了各种不同的主张和意见。有的同志试图根据不同所有制形式与生产力，特别是根据与生产工具的不同性质“一一对应”的原则来选择所有制结构模式。例如对自动化、机械化的企业实行全民所有制，对半机械化的企业实行集体所有制，对手工操作的企业实行个体所有制。这种想法显然过于简单化了。它既没有考虑到所有制结构的优化配置不仅涉及微观层次上所有制形式与生产力的各个要素的适应性，也没有考虑到日新月异的科学技术进步和企业财产组织制度变革所带来的所有制形式与生产力的适应弹性的不断增大的事实。当然还很难设想一个具有庞大自动化机器体系的工厂可以采取个体所有制形式，也没有任何经济必要性把手工修鞋匠集中到国家所有制企业中来。同样，很难说集体所有制企业或以集体股份和个人股份为主的股份公司不能适应机械化和自动化的生产工具，也很难说小型自动毛衣编织机集中在集体企业去运转就一定比由个体户来操作更有效率。有的同志主张根据企业规模的大小来确定所有制形式。例如对大、中、小型企业分别实行全民、集体、个体所有制。这种意见也是不够科学的。它同样没有考虑到所有制宏观结构的优化配置所必须考虑到的一系列复杂的社会经济因素，也没有考虑到目前所有制微观结构单一化所反映出来的不同所有制之间财产的分割性和封闭性，特别是大型国家所有制财产关系的虚置更迫切需要从财产组织制度上加以改革的事实。因此，仅仅简单地根据企业规模的大小并不可能正确解决所有制形式的选择，不可能正确解决所有制结构目标模式选择。鉴于所有制结构目标模式选择是一个包含一系列多层次子系统的庞大系统工程，涉及一个国家自然资源和人力资源的状况、资金的积累能力、生产技术水平和管理水平、教育和科学技术发展程度、交通运输和通信能力、生产社会化程度、商品流通和市场发育程度、经济结构状况、国民收入和消费水平、行业和地区经济发展的差异、对外开放程度以及社会政治经济制度和历史文化传统等一系列复杂的因素，因此，我们不仅要从微观的角度研究每一种所有制形式与生产力的适应性问题，而且更要从宏观的角度研究所有制结构与一个国家生产力发展总水平的适应性问题。当然，也要从中观的角度研究不同地区和行业的所有制结构与其生产力发展状况的适应性问题。鉴于所有制结构目标模式的选择包含三个选择空间，它们既有各自独立的特殊研究对象，又是一个有机联系的整体，因此，我们不仅要分别研究和比较每一个选择空间各种可供选择的方案，而且更要从总体上研究各种方案的最优组合，使其达到对生产力发展的最大适应程度。基于上述认识，所有制结构目标模式的选择必须遵循这样几个原则：

1. 要在综合考虑各种所有制形式与不同生产力层次、不同企业规模和生产社会化程度的适应性的前提下，使所有制结构的选择，既有利于宏观经济运行的可调控性，又有利于最大限度地提高企业的微观效率；

2. 要在综合考虑各种有关因素影响的前提下，使所有制结构的选择，既有利于启动规模经济效益，又有利于企业内部财产关系的具体化和企业行为的合理化；

3. 要在进行一系列政治、经济、社会的配套改革，理顺各方面关系，完善市场体系的同时，使所有制结构的选择，既有利于资金的积累和集聚、各种生产要素的合理流动和配置，又有利于整个社会经济的稳定发展和人民物质文化生活的普遍改善和共同富裕。

遵循这些原则，在认真分析我国国情的基础上，对各种可供选择的方案进行比较分析，就可以对我国所有制结构目标模式作出优化的选择，从而为资源配置的优化、经济运行效率的提高和生产力的迅速发展创造坚实的所有制基础。

二 建立以社会主义公有制为主体的开放性的多元所有制结构

在本章第一节，我们指出，无论是传统的国家所有制结构模式，还是自治社会所有制结构模式，都有各自的弊端，都不可能根本解决经济运行的效率和资源配置的优化问题，而像匈牙利那种改良的国家所有制结构模式虽然基本上实现了公有制形式的多样化，也未能为建立一个高效率的经济运行机制奠定合理的所有制基础。这里特别需要着重指出的是，我国是一个地域辽阔、人口众多的、处于社会主义初级阶段的国家，建国三十多年来，虽然生产力有了很大的发展，但毕竟生产力水平比其他许多社会主义国家更低，部门间和地区间发展不平衡也更加明显。因此，毋庸赘述，多元化的所有制结构是我国社会主义制度下所有制形式结构选择空间中的一种较优的组合。在本章第二节，我们指出，我国在城乡经济改革中实际上已经开始了所有制结构多元化进程，在所有制改革方面走到了不少社会主义国家的前面，给国民经济的发展带来了积极的效果，但还远未达到多元所有制结构的优化配置，需要继续加以推进。

我国所有制结构优化配置的第一个目标是，形成以国家所有制和其他公有制为主体的多元化所有制宏观结构。

在马克思逝世后的一百多年里，现代生产力虽然已发展到前所未有的水平，但任何一个国家都没有也不可能消除生产力发展的不平衡性和多层次性，相反却先后出现生产大型化和小型化、集中化和分散化并行不悖的新趋势。这种状况必然要求社会允许多种所有制形式或经济成分并存，以便适应生产社会化的发展，并使每一种所有制经济更有活力和效率，从而推动生产力更加迅猛地向前发展。在这个意义上，多种经济成分并存就成了一种任何社会可以利用的手段和方法了。

被马克思当初作为资本主义典型的英国，不仅有资本主义成分，而且有前资本主义成分，甚至还有一些公有制性质的经济成分。但多种经济并存的事实并不妨碍马克思把英国经济作为真正的资本主义经济，并能从整体上科学地揭示资本主义发展的规律。同样，即使在欧洲典型的封建社会，不仅有封建经济，也有奴隶制经济和资本主义经济成分的存在。马克思丝毫也没有因此改变对欧洲社会封建经济的确认。尤其重要的是，马克思一再强调：在一切社会形式中都有一种一定的生产支配着其他一切生产的地位和影响，因而它的关系也支配着其他一切关系的地位和影响。这是一种普照的光，一切其他色彩都隐没其中，它使它们的特点变了样。这是一种特殊的以太，它决定着它里面显露出来的一切存在的比重。"① 这里，"普照的光"或"以太"原理显然是各种经济成分并存为"一切社会形式"所共有，而又不改变这些社会形式各自规定性的基本原因。

当然，多种经济成分并存在社会形态发生剧烈变革时期，占主导地位的经济成分会与其他成分相互易位，从而推动社会形态的更替。但是即使在那样的时期，改变的也只是多种经济成分并存的主体内涵，而不是它本身。社会主义实践的起点就是使多种经济成分的主体内涵从资本主义经济转变成了公有制经济，但多种经济成分并存却始终存在于经济生活中，有社会主义公有制经济（其内部还有多种不同的公有制形式），又有个体经济、资本主义经济（包括中国人经营的资本主义企业和外国人经营的资本主义企业），还有中外合资企业、公私合营企业等混合经济成分。这并没有也不可能改变社会主义经济的基本关系，因为多种经济成分并存本身只是适应和促进生产社会化的方法和手段，它的作用不仅促进了生产力的发展，而且巩固和

① 《马克思恩格斯选集》第2卷，第109页。

发展了公有制的基础。随着生产力的发展，多种经济成分并存的配组方式和各种成分的具体内涵会发生变化，但它本身作为一种手段和方法还会继续存在下去。

同时，社会主义国家正反两方面的经验都表明，社会主义现阶段，国家所有制经济的存在不仅有其历史的必然性，而且有其现实的必要性。这是因为：（1）在那些生产高度社会化的部门，如邮电、通信、航空、铁路运输部门，除了国家所有制外没有其他任何所有制形式能够更好适应如此高度社会化的生产力的发展；（2）国家如果不直接掌握某些关系国计民生的关键性部门和大型工业企业，就难以保证整个国民经济宏观运行的可控性。但是，我国和其他社会主义国家的现实也告诉我们，国家所有制企业，由于财产所有权的虚置，由于企业目标的多元化和不同程度的社会福利性质或非营利性质以及由此得到国家巨大的财政支持而不可避免预算约束的软化，其微观效率大多是比较低的。这种状况，通过企业内部财产关系的变革，即通过所有权与经营权的适当分离，才能得到相当程度或一定程度的改善。由于不同国家以及同一国家在不同的发展阶段社会经济条件不同，由于社会经济条件本身的复杂多变性，这里不可能也没有必要给国家所有制经济定出一个具体的比例数。但是，根据我国目前的情况，国家所有制经济的比重显然超出了其存在的经济必要性的范围，可以适当缩小。首先，应当通过各种有偿的形式把国有小企业逐步转为更适应生产力水平的集体所有制或其他所有制形式，然后再逐步把相当一部分国有大中型企业转变为各种混合所有制形式（如各种股份制形式或合作经营形式）；同时，在经济上采取各种措施，鼓励其他所有制经济，包括个体经济、国家资本主义经济的发展，只要对生产力的发展有利，也可以有限制地、有控制地容许私人资本主义的存在和发展；并创造条件，让各种所有制形式在平等的竞争环境中通过自然选择和国家的引导，达到多元所有制宏观结构的优化配置，即形成以社会主义公有制为主体的所有制宏观结构的真正多元化。

我国多元所有制结构优化配置的第二个目标是，所有制微观结构的多元化。借用著名物理学家普里高律的耗散结构的理论，可以根据多元所有制结构这个宏观系统中的微观系统是否呈现开放状态，把这种结构分为两种类型，一种是封闭性结构，另一种是开放性结构。迄今为止，所有社会主义国家的所有制结构都还没有出现过开放性的多元所有制结构，我国也不例外。封闭性的多元所有制结构的主要特点是所有制宏观结构多元化与微观结构的单一化并存，即宏观范围内存在着多元的所有制形式，但各种所有制形式之间在财产关系上互相隔离、互相封锁，在微观层次上则表现为非此即彼，纯粹而单一。这种封闭性结构的最大弊病是，阻塞资金的融通渠道，妨碍资金及其代表的生产要素在不同所有制之间、不同企业之间的横向合理流动，既难以在市场竞争中形成所有制宏观结构的优化配置，也难以解决资源的优化配置问题。开放性的多元所有制结构则与此相反，其主要特点是，多元所有制宏观结构实现了微观化，即无论所有制的宏观结构还是微观结构都是多元化的，由于微观层次都呈现开放状态，各种所有制形式之间在财产关系上互相渗透、互相融合。这种开放性的多元所有制结构的最大优点是，开放资金的融通渠道，使各种生产要素在不同所有制之间、不同企业之间合理流动，有利于实现宏观上各种所有制形式的优化配置，从而为资源的优化配置和国民经济的高效率运行创造更有利的条件。

这种开放性多元所有制结构可以有各种不同的外部组织形式，如各种合资经营和合作经营形式等，其中股份制是实现这种开放性结构的一种较严密而又灵便的规范性形式。合资经营和合作经营虽然也是打破不同所有制之间、不同企业之间财产界限，促进资金及其背后的各种生产要素横向流动的一种组织形式。但是，这种组织形式在解决投资者之间以及投资者与经营者之间复杂的利益关系上，由于没有也不可能规定任何规范性的标准，一切都需要通过谈判，甚至旷日持久的谈判，因而很难在实践中获得广泛的发展。而且资金一旦投入就难以抽出，流动性较差。银行信贷虽然也是资金融通的一种形式，但毕竟是间接的形式，而且利率的波动也不像股票价格那样在不同企业之间形成极大的落差，因而也不足以产生资金在不同企业从而在不同所有制之间、不同行业之间迅速而又合理流动的强烈刺激。股份制及其伴随物——股票市场的建立和形成，使股票价格成为不同企业经营效益的灵敏指示器和市场评估器，它的波动信号可以刺激资金从效益差的部门、行业和企业迅速流向效益高的部门、行业和企业。从这个意义上说，股份制是我们这里所说的开放性多元所有制结构实现资源优化配置和提高经济运行效率功能的较好组织形式，应当成为我国所有制结构目标模式的一个有机组成部分。

这里需要说明的一点是，由于我们所说的是我国社会主义制度下所有制结构目标模式的选择问题，因此实行股份制并不是意味着必须把现有国有企业的财产以股票的形式量化到全体公民个人手里，因为这样做已经超出了我们的选择范围。同样，这里所说开放性多元所有制结构也不是放弃国家所有制的主导地位，更不是放弃公有制的主体地位。事实上，只要我们在改革中坚持有偿转让的原则，以上万亿元资产的实力投入财产增殖竞争的国家所有制和集体所有制，决不可能丧失自己在国民经济中的应有地位。从财产的角度说，公有财产在我们的目标模式中将仍然是财产的主体。从财产的外部组织形式来说，高度社会化部门中的国家所有制企业和其他部门中的国家控股企业将成为所有制结构目标模式中的主导形式。

三　国有制经济的重新构造

（一）重新构造的出发点

对公有制本身的分析与把握，是选择所有制结构的关结点。但迄今为止，人们在对所有制结构选择的探讨中，往往忽略公有制这个主体，仅是单线条地分析多种经济成分并存，尤其把重点放在非公有经济成分上，因此只能在真理的边缘上绕圈子。判定事物的本质特征首先要求准确地把握事物的主要矛盾，研究社会主义所有制结构，重点必须首先放在公有制在现阶段的基本特征上。因此，对所有制目标模式的选择要求重新把握现阶段公有制在实践中的本质和内涵。

在社会主义的实践中，所有制关系本身具有更丰富的内容，其中社会占有与个别使用是一个关键的环节。无产阶级革命的胜利，以社会的名义占有绝大部分生产资料，本质上排除了任何个人凭借私人财产进行剩余价值的榨取以及享有特殊权利和社会地位的可能，这是社会主义所有制关系的基本特征。但在生产资料的使用方面，社会主义实践迄今还没有也不可能达到马克思理想模式所设想的“那样的全国性集中”，也不是受每一个个人直接支配，只能实行以生产单位为细胞的分散化使用。这既弱化了个别劳动者与一般公有财产的直接联系，也使得劳动者集团的利益要求得到相对稳定和独立的外部形式，从而要求社会产品的分配对这种局部劳动和集团利益本身予以承认，否则就会同生产力发展的内在逻辑和生产资料的社会占有这个前提发生冲突。

社会主义公有制的本质在于它除了承认劳动本身的差别以外，并不承认任何其他形式的特权。但是，当生产的社会化程度远没有达到足以消除国民经济各组成部分特别是地区之间、工农业之间、工业内部各行业之间以及劳动者的文化素养等方面的经济差异的程度，公有制本身的内涵也还没有发展到足以使生产资料在全社会范围内得到统一使用的程度，公有制所承认的就不仅仅是每个劳动者的个别劳动，而首先是各个局部的联合劳动。正因为这样，分别与不同集团相结合的生产资料就会给这些局部联合的劳动者提供不等的劳动和收益条件。这正是今天公有制不完善的本质所在。问题还不止于此。公有制和按劳分配的不完全性在我国还有其特殊的历史或传统文化方面的原因。中外历史的比较分析表明，以血缘关系为其纽带的封建宗法关系和君臣之间的行政依附关系是中国封建社会各种社会关系的两个基本支点，这两种关系的过度发育不仅在人们之间的经济往来方面打下了人身依附的烙印，而且也使得发展商品经济所需要的各种条件，首先是产权的明确界定和个人利益的独立化难以在封建社会的母体中自发地孕育成熟。因此，尽管中国历史上不乏有规模可观的商品交换和区域性市场这些商品经济的形式特征，但是与商品经济相联系的一系列社会规范，从而严格意义的商品经济本身却总是不能形成。这是中国社会到了晚近时期必然落后于西方国家，尤其是近代工业不能自发产生和形成的基本原因。

作为几千年封建历史的胎迹，腐朽落后的宗法关系、行政依附关系以及由此生成的封建意识形态远不像“剥夺剥夺者”那样可以通过一场轰轰烈烈的革命运动而得到彻底的清除。因此，虽然社会主义公有制和按劳分配已经作为一种制度在我国建立起来并不断得到巩固和发展，但“死人统治活人”的规律却不能不使这一制度在其实现过程中发生一定程度的变形和扭曲。公有制特别是它在现阶段所采取的形式即国有制，在运行过程中必须克服“政企不分”或经济关系依附行政规则的种种弊病。政企不分的实质是政府的有关主管部门直接代替企业经营，不仅管理其经营目标，而且管理其经营过程，也就是所有者和经营者的合一、所有权和经营权的合一，使企业本身被剥夺了自主经营权，成为依附于主管部门的、拨一拨才动一动的算盘珠，完全或基本上丧失其内在活力。传统的国家所有制模式正是由于忽略了这种公有制的不完全性而大大限制了公有制的优越性。所谓“国有不如集体，更不如个体”，并不是说国有经济在本质上的无能，而是反映了采取国家直接经营形式束缚了它的内在活力的必然结果。不认识到这一点，就容易把人们的认识引向歧途，把国有制形式选择上的偏差归结为国有制本身的缺陷。因此，重新构造国有制经济必须从公有制的不完全性出发，从两权分离入手。

（二）所有者和经营者：实现两权分离的基本线索及其多种形式

《中共中央关于经济体制改革的决定》指出：“根据马克思主义的理论和社会主义的实践，所有权与经营权是可以适当分开的。”实现两权分离是重新构造国家所有制的核心。在探索两权分离的改革实践中，出现了租赁制、承包制、股份制、企业经营责任制和资产经营责任制等多种两权分离的形式，都在不同程度上解决了两权分离的问题。这些多样化的形式以及在探索中可能继续出现的其他形式，适用于不同的行业和不同规模的企业。例如在小型工商企业中，较普遍地逐步推行租赁制，有的取得较好效果；在生产经营比较稳定的行业和部分亏损、微利企业中，适当推行承包经营责任制，有的保证了稳定增产，有的较快实现了扭亏增盈；在有的行业和有的地区，正在试行资产经营责任制，以资产增值为经营目标，有利于克服企业行为的短期化。看来，不仅在探索中应当多种形式并存，有待于相互比较，深化认识；就是通过总结，找到较好的形式后，仍旧需要一定的多样化，不宜于千篇一律，以一概全。从当前看，它们只是走出了重新构造国家所有制经济的第一步，揭示了某些基本规则，展现出目标模式的某些雏形；但是，作为目标模式，一般还不成熟，有的明显地属于过渡模式（例如不同形式的承包制，主要是明确划分了国家与企业的收益关系，而未解决企业内部的经营机制）。因此，还需要进一步艰苦探索。本章的重点在于理论阐述，不在于具体形式的论证或比较分析。

1. 经营者独立：目标模式中产权关系的中心环节。

产权的界定和独立是商品经济的一般基础。沿着生产者——经营者——企业法人所有权代表——资产终极或形式所有者普遍分离而又制约的方向发展，在分离的基础上循着产权联系建立起利益约束，是现代商品经济发展的一般趋势。其中经营权独立是明确产权关系的中心环节，包括如下几点基本内容：

第一，界定经营者在产权关系中的位置，使其成为经营权的人格化代表。这不仅需要把经营者利益从所有者利益中分离出来，而且需要把经营者利益从生产者利益中独立出来，形成相对稳定的经营者阶层或企业家阶层。

第二，消除企业在传统模式中的行政隶属关系，成为一个真正的经济实体。它与国家的关系是资产所有者与使用者之间的关系，杜绝基层党组织包揽经营管理决策权的局面。

第三，经营者的产生不再由上级行政部门来决定，而是通过竞争性程序来招聘或由国有资产的法人代表如企业董事会来任免。

第四，对经营者的奖惩，要与资产收益、资产增殖并与经营风险严格对称，建立经营者个人收入与国有财产之间的内在联系。同时，给予经营者在国家政策规定下决定企业内部收入分配的权力。

第五，经营者除对国有财产负责之外，不再承担任何行政任务，有权决定企业的日常生产经营活动。

当然，经营权的独立仅仅是构造国家所有制的一个点，真正实现两权分离，确立新的经营机制，还必须沿着界定所有者和生产者的线索继续前进，否则经营者的行为也难以规范化。

2. 所有者的人格化：界定产权关系的关键。

现代商品经济的产权独立不仅要求有直接操作资产的经营者阶层，而且要求有享有资产法律所有权的人格化的主体或形式化的代表。这就需要成立职能单一的国有资产管理部门，充当国有资产的所有权代表。为了避免“国有国营”或“国家控股”所必然产生的行政干预和决策中心一元化，政府资产管理部门不能直接从事资产经营。这里也需要分为两个层次，即政府资产管理机构是规则的制定者，是产权的委托人和招标的主持人；而将国有资产委托给若干相互独立和竞争的投资公司或资产经营公司。这些公司是金融性的经济实体，它们一方面像金融企业对客户负责一样，对资产管理部门及其他委托人负责；另一方面对自己拥有全部或部分资产的工商企业履行一个地道的资产所有者的全部职能。

所有权人格化的最终完成要求建立产生企业法人所有权代表的程序化机制。法人所有权代表的职能是执掌企业经济决策权的最高权力，招聘或解聘经营者，全权决定国家征税后的企业利润分配。企业董事会是企业法人所有者代表的最常见的形式，它通常由所有者、经营者和生产者三方代表组成，三方分享决策的权力，通过三方利益的抗衡来实现企业行为合理化。

（三）建立在两权分离基础上的国家控股制

重新构造国家所有制以增强企业活力，并为生产要素在国家所有制和非国家所有制形式之间以及国家所有制企业之间的流动创造了必要的条件。财产所有权和经营权界定之后，财产才可能交融。对此问题，当前议论较多的是股份制或股份化。我们认为，光靠股份制一个办法，不能解决国家所有制的重新构造和经营机制问题。更不赞成通过股份化来分解国家所有制，甚至部分地蜕化为私有制或职工所有制。但是，在两权分开后，为了使所有权明确化或人格化，采取股份制特别是国家控股制，不失为值得探索的途径之一。因为股份制只能建立在产权明确的基础之上，而产权关系明确化后，股份制也自然而然地成为一种企业组织形式。

股份制不仅是建立开放性多元所有制结构的较好的企业财产的组织形式，而且也是动员和筹集社会资金，迅速扩大企业生产规模的重要组织形式。随着现代科学技术进步和生产力的迅速发展，在某些行业中企业规模结构的演变出现了小型化的趋势；但是，在基本原材料和能源及其他大多数加工工业部门中，企业规模大型化仍然是基本的发展趋势。从技术经济的角度看，在合理的限度内，企业规模越大，获得的规模效益也越大。在股份制的形式下，企业规模再大，财产共有的范围再广，股东作为财产的所有者对企业财产的关系仍然是明确的、具体的，因而对企业财产的运用和扩大是非常关心的。股份制的推行也为企业职工通过购买本企业的部分股票而成为企业生产资料的直接所有者，为增强职工的主人翁感创造了条件。所有这些，将有利于科学技术在企业中的普遍应用和各种生产要素机能的充分发挥，有力地推动生产力的迅速发展。

在普遍推行股份制的情况下，为了保证国家在任何情况下都能有效调节宏观经济运行，可以在相当一部分关系国计民生的大型企业中掌握有效的控制股，实行国家控股制。目前我国国有资金（产）有上万亿元之巨，占全部社会资金（产）的绝大部分，这个既定的现实条件又为实行国家控股提供了充分的可能性。这种国家控股制的实现机制是，在国家控股企业中派出代表与其他股东代表一起组成董事会，由董事会决定企业经营大计。董事会再聘请经理、具体负责企业的经营活动。

当全国性的股票交易市场体系已经形成的条件下，（1）国家控制的股票也可以上市，允许在各个国家控股集团间进行流通，从而消除现今国家财产分割的状况；（2）国家控股的董事会也不可能再按行政手段管理企业事务，因为，国家控制的财产已经在股票交易市场上商品化了，董事会的决策必须首先考虑市场行情，董事会的行为还必然受到股票经营机构和银行的直接约束；（3）这时的企业已经是多种所有制形式的载体，当企业内其他所有制形式的股票按市场规则充分流通时，也必然对代表国家控制国家股票的董事集团的行为形成强有力的约束。

这里需要着重加以说明的是，由于我国处于社会主义的初级阶段，各部门、各地区生产力发展极不平衡，经济技术特点也极不相同，因此，在我国所有制结构的目标模式中必将显示出较大的部门差异和地区差异。从部门差异来看，在重化工业部门的所有制结构中，国家所有制和国家控股制将成为所有制的主体；在轻工业部门的所有制结构中，所有制的主体形式，除了国家所有制和国家控股制外，将包括更多的企业控股制和各种合作经济或集体经济；在商业和服务业的所有制结构中，所有制主体形式将是企业控股制和各种合作经济或集体经济；在农业部门中，所有制结构与工业部门相比将显示出更大的差别，家庭经营以及建立在家庭经营基础上的合作经济将是农业所有制结构的主要的占统治地位的形式。从地区差异来看，在东部发达地区，特别是重化工业中心城市，将以国家所有制和国家控股制为所有制结构的主体形式；在西部不发达地区，特别是边远地区，则将以合作经济为主体，个体经济也将占较大的比重；在沿海开放城市，特别是经济特区，将以中外合资企业等各种国家资本主义经济和合作经济为主体，并且个体经济和私人资本主义经济将占有较大的比重。但是，上述部门和地区之间的种种差异并不可能改变我国所有制结构目标模式的总格局。

据此，我国所有制结构目标模式的总格局可以简要地概括如下：

我国所有制结构将是一个开放性的多元所有制结构，不仅在宏观结构层次上是多元化的，而且在微观结构层次上也是多元化的；这种多元所有制结构是以国有企业和国家控股企业为主导的，公有财产是社会全部财产中的主体。当然，在这种结构中还将包括大量的个体所有制和其他较为纯粹的所有制形式，也将包括租赁和其他经营责任制等各种财产组织形式。这种所有制结构的目标模式将在国家指导下，通过有计划、有步骤的改革，在竞争的环境中逐步形成，并成为我国计划与市场有机结合的社会主义运行机制的所有制基础。

第三章　经济决策体系

经济决策是经济主体对其经济行为的一种选择。任何一个经济问题，都有着几个甚至更多的解决方案。经济行为主体根据对经济过程规律性的认识，对解决经济问题的不同方案加以理性分析和经验比较，由此作出经济选择的这样一个经济决策程序化过程，对于经济活动的成效及效益高低，极其重要。在这里需要指出，人们对于经济行为之所以会作出这样的选择，而不作出那样的选择，并不是随心所欲的，而是和一定的社会经济条件以及一定的经济体制相联系的。这也就是说，由此来进行决策，对于决策选择的态度是不一样的；在不同的经济运行机制下，所作出的决策选择也不会相同。所以，建立一个合理的决策体系，将有利于作出正确的决策选择，从而既在宏观上又在微观上提高经营管理水平，提高社会的和企业的经济效益。

人们通常把所有权和决策权等同起来，这样就没有必要在所有制结构之外再深入研讨决策体系问题了。这种简单化的认识是不全面的。但财产关系的组织形式和运行方式的变化，首先是通过决策权归属和实行方式在经济过程中得到直接反映。因此，所有制结构的变化尽管不是制约决策结构的唯一因素，仍会不可避免地意味着或带来决策体系的变革。经济改革的过程也是社会中利益关系调整、不同利益集团地位和关系发生变化的过程。经济利益关系的调整和变化必然会反映在经济决策体系上，因为经济决策本身总是受一定的利益推动力的影响，决策者个人从属或代表着一定的利益集团，在决策过程中要体现其利益。经济组织体系是经济决策体系的重要基础，经济组织体系的性质在一定程度上制约着决策的基本特征。所以，如果说经济体制改革是涉及多方面的庞大的社会系统工程，那么决策体系改革则是构成这一系统工程的主导内容。

我国传统的经济决策体系的基本特征是高度集中，以纵向行政控制为基本依托，以指令性强制为实现决策的主导方法。这种决策体系在商品经济发育不足，生产力发展水平低下，社会分工不发达，产业结构和经济联系简单的早期阶段，曾经有效地动员经济资源并推动经济的发展。但是应该看到，这种经济决策体系原来就存在着企业和个人决策权过小，不利于调动其积极性与发挥主动精神等种种缺陷。随着经济的发展，又从四个方面提出了改革传统决策体系的要求：(1) 经济发展的内外部联系日益复杂，使决策的经济条件发生变化，经济环境的不确定性在广度和深度上的发展，使经济运行本身表现出高度的可塑性，经济资源有效利用和优化配置的选择空间迅速扩大；(2) 社会经济发展由单纯追求总量扩张逐步走向了更高层次的结构和质量变化，使经济决策的对象和内容日益复杂，这种变化加强了选择的意义，使决策对经济效率的影响从而对经济发展的影响大大加深；(3) 决策主体的主观能动性随着社会经济发育程度的提高而加强，人们不再是消极单纯地适应客观经济过程的变化，而是越来越多地能够预测、把握和选择客观经济过程，经济行为主体的行为目标和行为方式直接制约和改变着社会经济过程的结果；(4) 更为重要的是，经济体制改革全面铺开以来，经济运行机制中市场因素的影响日益加深，整个经济的货币化程度提高，企业的利润动机增强，使其作为经济行为的主体内在地要求参与决策，要求在经济活动中更多表述自已意志的倾向越来越强烈，从而不可避免地对传统决策体系形成有力冲击，导致经济决策结构的重组。

因此，经济决策体系的改革，已成为经济体制改革的一个重要方面；经济决策体系的模式，已成为区别经济体制模式的重要标志之一。人们越来越清楚地认识到，经济决策权的归属，并不单纯地由所有制所决定，而是有着多种来源。从多源性的角度来探讨经济决策结构重组，无疑有其重要的现实意义。

第一节　传统经济决策体系的特征和改革的两条线索

一　高度集中的传统经济决策体系

（一）传统决策体系的基本特征

建国以来经济决策体系的发展大体上经历了四个阶段。第一阶段是决策体系的形成时期。同整个经济体制一样，决策体系也在很大程度上吸收了苏联体制的内容，初步形成了经济决策的基本规则，一整套决策组织、决策方法和决策手段。在“一五”期间，我们对国营经济实行统一计划、分级管理。从当时的经济发展水平看，这种体制基本上符合集中力量进行经济建设的国情。而且，由于多种经济成分并存，使经济体制本身表现出不纯一的性质，指令性计划不可能囊括全部经济活动，客观上出现了有统有分、统分结合的局面，因而在推动经济增长上取得了突出的成就。但是到“一五”末期，随着社会主义改造的完成，高度集中的体制取得了绝对支配地位，同时集权过多、统得过死的弊病也日渐暴露出来。当时中央支配的财力达到四分之三以上，直接计划范围不断扩大，下达给工业企业的指令指标已达十二个。统收统支的财政管理体制已经形成。这些影响了地方和企业的积极性。

第二阶段是“大跃进”时期。针对第一阶段出现的一些问题开始进行改革的尝试。这一时期的改革中心就是扩大地方权力，当时中央直属企业有88%下放给地方，扩大了地方在计划、基建等方面的权力。但由于“左”倾思想影响，行政命令瞎指挥盛行，给企业下达的指标层层加码，使企业的管理权限受到了更多的限制。所以，改革虽然调动了地方的积极性，但由分权本身所激化的地方主义的倾向，却给经济管理带来了巨大的混乱，使经济过程的横向联系常常因行政割据而中断。

第三阶段是决策体系的重新调整时期。这个时期纠正了“大跃进”时期出现的一些偏差，又开始重新加强了中央集权，大量下放给地方的企业重又收回到中央。中央直属企业从1959年的2400个增加到1965年的10533个，由中央统配的物资从1959年的285种增加到1966年的579种。对企业自主权仍然没有保障。

第四阶段是“文化大革命”时期。这个时期决策体系变动受到了“左”的思想干扰，已经集中的权限再度下放，1970年前后把2600多个大中型中央直属的包括像大庆油田这样的骨干企业下放给地方管理，实行财物大包干，扩大了地方的财权、物权、投资权和计划权。由于以往的规章制度被全盘否定，致使经济中无政府主义泛滥成灾，地区分裂、部门分裂日趋严重，使国民经济受到了很大破坏。

回顾1978年以前我国经济决策体系演变的历史过程，可以认定：传统的决策体系虽几经变化，但始终没有改变其基本特征。它的基本特征主要体现在三个方面：

第一，计划决策涉及的范围极广，经济运行中的各种经济因素无不受到计划约束。计划的短期化、细致化，使经济中的选择决策基本上是由中央集中作出的。

第二，计划决策的过程带有非程序化特征，使经济运行机制的自我调节、自我约束、自我选择能力多半丧失，在很大程度上受带有主观色彩的一事一议的表决所左右。最为典型的一着是产生于基数法的计划决策。这样的决策因具有棘轮效应而对经济主体行为形成利益上的逆反刺激，并且从根本上说它不仅没有减少决策本身所应减少的经济不确定性，相反却使经济更加无规律可循。

第三，计划决策的实施采取指令性的行政强制方式。这种方式的基本前提是有关公有制必然形成高度利益统一并能保证社会主义经济拥有足够的内在动力的假说。然而在实践中，由于利益体系的复杂化，使计划执行主体本身对计划产生抵触，结果不仅各种理想化的决策程序难以兑现，而且建立在生产关系优越性基础上的强动力假说变成了悬案，经济运行为一种透明度极低的讨价还价机制所左右，甚至计划性本身也成为难以把握的经济特征。

（二）传统决策体系产生的根源

任何社会经济现象的产生，总有其一定的历史根源和社会根源。无论从理论逻辑还是实践经验出发，都不能简单地断言，传统决策体系的产生仅仅是一种主观选择的结果。它的产生有其客观必然性和条件性，从根本上说是由以下五种因素所决定的。

第一种因素是理论因素。最初，人们对社会主义经济模式的基本认识，是基于这样的理论假设，即社会主义是一个集体的以共同占有生产资料为基础的社会，对共同利益在经济上和社会上的充分认识，将使国家能以社会代表的身份组织统一的社会生产，从而自觉地把很多个人劳动力当作一个社会劳动力来使用，由此产生的经济行为的社会性不可避免地会使商品货币退出社会生活，进而形成以中央政府为基本决策依托的组织体系。这种理论所产生的一个大的判断是，社会主义社会是一个高度组织化的社会，而作为组织者的国家有充分的能力通过统一的核算与干预完成基本经济过程，同时公有制形成的利益结构会支持国家组织社会生产的行为。这事实上为决策体系高度集中奠定了理论基础。

第二种因素是历史传统。中国是一个有几千年封建历史的国家。幅员广阔的国土，经济文化发展的极度不平衡，纷繁的民族矛盾和纠纷，客观上要有一个高度集权的中央政府凭借强力来抵御封建割据、诸侯分裂的趋势。而由此形成的王权统治，事实上限制了政治民主化和经济民主化的发展以及人们普遍参与决策的行为。由此繁殖出稳定的社会结构和相应的等级观念，影响着人们的心理和行为。所有这一切，作为民族文化遗产，尽管受到了中国近代新文化运动的抑制和革命的冲击，但很难得到根本的清除，而不以人的意志为转移地遗留了下来，由此形成的局势必然制约着人们的选择，给决策体系乃至整个经济模式打下深刻的烙印。虽然我们主观上并不排除会产生这样或那样的理性设计，如实现决策的民主集中制原则，但事实上我们也只能接管一些传统的规则。何况我们所面临的，依然是历史上决定集权体制产生的国情，只是程度有所不同而已。

第三种因素是商品经济发育水平因素。从近代史看，封建宗法和行政依附关系始终围绕着我国商品经济的发展，由此所导致的产权关系不明确使商品生产者表现出利益不独立、动机不独立、行为不独立的特征，而且也始终不能摆脱传统的小农意识和心理，使商品经济所要求的决策分权化遇到障碍。与这种特征共同发挥作用的是革命根据地所普遍采用的供给制，在战争结束后被沿用下来，使经济资源、生产要素在不同企业之间的配置，也是通过供给的渠道实现的。这种情况导致经济的实物化趋势发展，进一步抑制了商品经济的发育。经济中供给制的最初实践，在很大程度上强化了政府在调控经济过程方面无所不在的作用，进而使经济决策的集权化倾向更严重了。

第四种因素是国际约束。国际约束来自于两个方面。在革命胜利以后，我国受到了帝国主义的经济封锁，经济的发展只能在相对封闭的条件下依靠本国的资源和力量进行。当时的环境又迫使我们必须在最短时间内解决几亿人的温饱问题，同时使濒于崩溃的经济得到恢复并开始走向工业化。在这种形势下，集中决策显然对有效动员资源有着不可替代的作用。另一方面约束是，我国建国后要走社会主义的道路，自然而然要借鉴国外的经验，因而当时苏联等社会主义国家对我们道义和物质上的支持，也不可避免地对我国经济模式的选择产生影响。所以，对集中决策产生的背景，显然不能忽视甚至要特别重视苏联东欧体制对我国决策体系的直接影响。

第五种因素是所有制因素。我国建国时通过没收官僚资本确立了国有制经济，占整个经济的40%以上，掌握了整个经济命脉，在经济中处于支配地位。事实上，社会主义国家从一开始就具有两重身份。一方面作为政权机构管理着整个国民经济，另一方面作为所有者管理着国有财产。这两种经济功能在实际过程中很难分开。由于国有制最初的运行方式采取的是所有权、经营权合一的模式，这在理论和实践两个方面都为国家直接决策企业行为奠定了基础。所以，传统决策体系的形式显然是受到了所有制方面的影响。

以上概括了建国初期影响决策体系形式的种种社会经济因素。由此不难看出，决策体系的高度集中的特征并不是偶然产生的，更不能简单地归结为个别人的意志的结果，它是理论和历史共同作用的结果。

（三）传统决策体系在实践中遇到的障碍

历史地评价一种经济体制的经济作用，要求我们在肯定传统的决策体系推动经济发展的作用的同时，分析它在实践中所包含的矛盾，指出它的内在缺陷。

传统决策体系的根本缺陷就是过分集权，在决策过程中排斥市场调节机制，从这点出发，形成了传统的行政型职能单一化决策模式。在组织系统诸环节之间的行政命令组织起纵向的决策结构、决策组织、决策目标、决策方法。这种行政型决策体系所内在具有的强制集权，不可避免地把经济中大量的决策选择集中在中央政府部门，商品经济的客观规律在集中决策的压制下以扭曲的形式自发地发生着作用，造成决策结构内部各个层次功能紊乱，使传统体制所特有的以集权为基本特征的决策系统在实践中也难以正常发挥功能。

由于排斥市场调节机制，传统决策体系面临着两种障碍：第一种障碍是功能性障碍。从现代经济的意义上说，管理就是接受、转换、处理、传导信息的过程，作为信息来源的生产规模的扩大和组织结构的复杂化，使信息传导的准确、及时成为决策选择的必要条件。然而，经济决策权的过分集中，以至于把企业日常经营活动大部分纳入计划指令的范围，由此形成自下而上反馈信息的高度膨胀。由于中央决策权的集中性造成基层组织丧失决策能力，使它们在信息传导过程中难以发挥正常的筛选功能。在不能分享决策权，而同时又分担责任的情况下，必然导致大量未经处理的信息涌向中央，从而产生了社会主义传统经济决策体系所具有的典型化冲突，即中央获得的经济信息量与其处理能力之间产生了深刻矛盾。现代管理理论认为，组织控制的跨度在一定时点上是有限的。跨度过大从而使决策权过于集中，就会导致管理的中间环节增多。而在传统决策体系中，行政管理机构日益臃肿，上至中央，下至每一个公社，层层设置对口单位，分工把关，逐级审批，形成了一种条块分割、壁垒森严的系统，这不仅使纵向信息膨胀，而且还造成部门间、地区间信息割据，信道滞塞，使隶属于不同行政机构的企业正常的经济联系和业务协调难以进行。

第二种障碍是结构性障碍。经济运行是由种种结构构成的一种总体性运行的过程，其中作为激励经济运行的初始动力而具有举足轻重意义的是利益结构。人们早已知道，无论在何种制度下，利益都是人们行为的基本出发点。从传统的认识看，人们往往把制度上的统一看作是产生利益上统一的天然基础，从这一点出发，要求不同层次的经济主体行为完全按照统一的组织动机行动，并严格按照这种方式设置决策结构，从而导致组织系统总体动机排斥子系统分立动机，结果使原来建立在对社会利益普遍一致的基本假设之上的社会经济运行机制，普遍存在着动力危机。这种决策的结构性障碍在运行上最突出地表现为利益机制对主体行为的扭曲，以及由此产生的信息扭曲。

从微观经济看，高度集中决策，使企业的成功不是取决于自身的努力，而是取决于讨价还价的结果，这使企业不可避免地产生压低计划指标的行为，并使企业从自身利益出发而隐瞒生产能力。在传统决策结构下，信息从始点起就发生扭曲，越接近中央决策环节，失真情况也越加严重，从而无法成为科学计划的根据，为中央计划决策者给出的唯一选择只能是基数法。而由此产生的棘轮效应，又使企业为了避免“鞭打快牛”而尽量给自己留下余地，这在客观上迫使企业行为非规范化加剧，使信息扭曲形成非良性循环。所以，对于中央计划决策部门来说，难以准确把握基层企业的生产能力，推而广之也难以把握整个国民经济的生产能力。信息传导越接近中央，扭曲度就越大，最终导致中央决策者获得的计划前信息，往往与实际情况相差甚远，使经济计划过程形成两套方案：企业一套，中央一套，你敲你的锣，我唱我的戏。两种方案衔接的可能性越来越受到削弱。这是经济中普遍盛行一事一议的事后型调节以及计划频繁修订的重要原因。所以，从某种意义上说，集中计划决策的有效性受到实践的挑战。

总的说来，传统决策体系面临着难以克服的障碍，严重影响着它的运行效率，使决策体系本身已经不能同生产力的发展相适应。这随着时间的推移，表现得越来越突出。所以，从20世纪50年代起，各社会主义国家相继进行的改革，都首先触及了决策体系。从改革的实践中可以理出重建决策体系的两条基本思路，即偏重充分分权的决策模式和二元结构的决策模式。

二 充分分权的决策模式

50年代以来，起源于苏联的社会主义传统经济模式在各国经济改革浪潮的冲击下，出现了多样化趋势。在决策体系的改革探索中，最先出现的是高度分权的决策模式。

（一）分权决策模式的改革思路

所谓分权模式，是在改革目标选择上采取分权化的方面，把经济决策的重心从中央移到地方，从政府主管部门移到企业，完全取消自上而下的指令性计划和决策控制，相应地改变或撤销与传统决策结构相适应一整套行政组织系统，使企业摆脱行政羁绊，成为商品经济中独立的行为主体，结果使决策体系出现了上小下大的结构。南斯拉夫在改革中提出了以凝聚全体人民为目标的社会自治思想，冲破了传统观念和基于这种观念所形成的传统经济模式，建立起独具特色的社会自治模式，并相应地建立起了高度分权的决策体系。

决策权的分散化，使经济运行发生深刻变化，企业的价值判断和市场偏好在极大程度上决定着中央的计划目标，价格成为经济决策的主要参照系。价格制定权转到作为经济主体的企业手中，从而对企业行为产生深刻影响：一方面无论是长期投入产出决策还是短期投入产出决策，在微观上对计划的事实上的偏离，使市场调节机制成为支配资源配置方式的主要力量。撇开物资及资金要素不谈，仅就劳动力要素配置来看，新的决策体系打破了传统的就业保证制度，形成劳动力市场流动，并出现了失业现象。但是，与企业行为市场化的同时，传统体制下公有制形成的低效率机制没有根本改变，决策权的资产约束硬化问题并未解决，短缺经济所特有的各种因素仍然对经济运行形成极强的影响。劳动力流动并没有起到弱化收入攀比机制、提高分配效率的作用。在决策分散化的过程中，企业作为商品生产的权利和责任不配套，公有财产在企业内部事实上仍然是缺乏人格化的利益代表，使企业决策行为没有相应的利益约束。结果，企业投资匮乏并未得到根治，而企业分配行为短期化又成为普遍的现象。由此导致的总需求膨胀破坏了经济的平衡，使市场承受着巨大的压力。在重大比例失调、宏观经济失衡的情况下，南斯拉夫又出现了在世界上名列前茅的通货膨胀。结果，失业与通货膨胀并存这种根本不可能为传统理论观念所接受的经济特征，在现代社会主义经济中也变成了决策体系所面临的现实。

（二）分权决策改革的总体效果

一般说来，由于决策分享改变了社会参与结构，使生产者作为决策的基本主体，使他们从物质利益上关心公有财产使用及资源优化配置的效果。这在很大程度上改变了微观经济效益状况。从南斯拉夫实地调查看，决策体系的上述种种变化已经使社会自治思想成为一种民族文化，经济决策分享及伴之而生的经济责任分担，使劳动者社会心理平衡增强，并形成较强的社会满足感，从而证实了社会范围内的决策民主化进程的效果。但是新的矛盾也不期而来。那些已被传统社会主义经济体制克服的弊病如社会生产无组织性等又再现出来，经济中的不确定性，使社会主义经济运行难以把握的程度即使是在宏观上也不亚于当代资本主义经济。这种经济的前景不能不令人担忧，因此，在改革的后期，南斯拉夫又采取了提高经济计划度的一系列措施，这表明建立高效率的社会主义经济决策体系问题并没有解决。

三　二元结构的决策模式

另一种改革思想是既不绝对地集权，也不绝对地分权，而是坚持集权与分权同时并举，通过决策主体、决策规则二元化的途径，实现决策体系结构优化的目标。在理论上最早提出这种改革选择的是布鲁斯。

（一）布鲁斯的理论设计

波兰经济学家布鲁斯在自己的模式理论中提出了三级决策思想。他认为构成决策体系的基本结构要素可以分为三级，即国家决策、企业决策和个人决策。并明确提出，只有企业决策，即关于企业和部门的生产规模和结构、消耗的数量和结构、销售战略和原料供应、小规模投资、工资的具体形式等等的决策，才是判定或选择模式的实际范围。① 这里我们并不想从纯粹理论规范的角度对布鲁

① W. 布鲁斯：《社会主义经济的运行问题》，中国社会科学出版社 1984 年版，第 65 页。

斯的决策标准及其意义进行分析，只是需要指出，这样细致地划定决策讨论的实际范围，至少在方法论上是可以接受的。

依照上述标准，布鲁斯在自己的分权模式中提出了一套偏离传统体制的决策假说。他主张将决策权总量在不同组织层次之间重新进行优化分配，把政府宏观控制的重点限于三个方面：一是控制国民收入在不同基金之间分配的比例。二是控制重要投资方向的选择，三是控制价格的制定。在此基础上将利润最大化原则引入企业行为机理，使企业根据自己的价值判断作出基本经济决策。这里最大的问题，是现实经济运行中不同层次决策如何衔接。然而正是在这种决策假说的要害问题上，布鲁斯却认为没有必要进行深入的探讨。人们早已知道：在不同的经济体制中，宏观层次对微观层次的决策控制，不外乎是两种基本方式：一种是直接控制微观决策者的选择范围，抑制经济行为主体目标多元化的倾向，将经济运行纳入统一的轨道。这种结构就其自身机理而言，要求有高度的组织统一、单一的利益结构，并和高超的决策技术相配合。由于这些条件的匮乏，因而在实践中难免出现困难。另一种是通过影响选择后果，间接控制微观决策者的选择范围。这种方式的实质，是试图把不同决策层次的目标引入经济运行，通过利益的协调，在消除内耗的基础上推动经济的运转。布鲁斯所提出的决策结构，显然是把文章作在后一种选择上。按照这种选择，至少在理论上会增加决策体系的可行性，但是布鲁斯所给定的具体的选择空间本身，在实践中就包含着难以克服的矛盾。这一点在东欧国家的改革中得到了证实。

（二）东欧改革的实践及其效果

东欧国家的改革都不同程度地承袭了布鲁斯间接控制决策的思想。特别是匈牙利，在取消指令控制基础上割断了传统决策体系中等级层次之间直接的联系，使企业从行政干预中解脱出来。通过经济杠杆，把经济运行分解成若干个相当独立的结构环节，使其在政策和制度两种变量意义上都具有了可调性，这样就建立起了包括来自政策目标的政策参数、来自体制结构的制度参数、来自生存空间的环境参数、来自要素配置的技术参数、来自市场供求的信息参数等等在内的一整套参数体系。但由于经济运行的规范化程度下降，不同的规则同时在起作用，每一种参数都缺乏必要的稳定，从而使决策产生的结果不明，各种参数配组形成的或然率极大。由于决策环境的透明度下降，任何信息都难以成为合理决策的可靠凭据。从而导致经济的运转在很大程度上仍然是像传统体制下那样，依靠讨价还价，经济调节的事后性倾向明显加强。科尔内在更加概括的意义上对匈牙利改革后的这种机制作了细致的描述，并指出了它所遇到的两难困难。①

从东欧国家改革后产生的决策体系看，改革没有使政府的功能发生转换和弱化，相反却使经济变成了一种只有受政府不断协调推动才能运转的经济，通过决策权分散使经济在体制上建立起自组织机制和自调节功能的目标并没有实现，至少从这个意义上说，迄今为止建立社会主义的科学的经济决策体系问题仍然悬而未决。

四 决策体系改革的核心：认识的两个层次推进

简单的回顾告诉我们，无论是在国内还是在其他社会主义国家，集权与分权的矛盾始终困扰着决策体系模式的选择与发展。同时，改革的热点不约而同地落在了中央与地方的关系上。例如在苏联，1957年的改革把决策重心由中央转移到地方，而1965年的改革又重新把决策重心转移到中央各部。在我国，“大跃进”和“十年动乱”时期的改革是向地方分权，而建国初期和调整时期则是向中央集权。所以出现这种情况，现在看来，最主要的原因恐怕在于，在企业微观层次上始终没有真正解决所有权与经营权的分离的问题，行政依附性使企业始终没有成为独立的决策主体，因而使决策权归属只能在不同程度地代表所有者利益的中央与地方之间绕行。但是，这种权利结构的变化，至多只是涉及权力总量在不同政府部门之间的分割，并不改变决策权力结构的性质。所以，人们把它称之为行政性分权。

十一届三中全会以来，我们从传统决策体系的弊病，从对改革经验的反思出发，不仅深化了实现经济决策权合理分布重要性的认识，

---

① J. 科尔内：“论国有企业的双重依赖”，载《经济研究》1985年第7期。

而且在改革思路上出现了不能单纯在调整中央与地方、条条与块块关系上单线推进决策体系的改革和结构重组，从而使认识向前推进了一个层次。当时我们认为，在经济决策过程中，不管是条条管还是块块管，都是按照行政系统、行政层次、用行政办法管理，而不是按客观经济的内在联系，用经济办法来管。让条条管就割断了各个行业之间的联系；让块块管就割断了地区之间的联系。不管是条条管还是块块管，都是国家机关来管，不是企业自己来管，这种办法不可能调动企业的积极性。① 这种认识把改革的重点放在调整国家与企业关系上，同以往相比，在探索改革的基本思路上无疑是取得了实质性的进展。但是，如何调整国家与企业关系，如何划分二者的决策权限，至少在模式转换的可操作意义上尚未得出明确清晰的认识。因此，认识尚有待于深化。

正确认识决策权的客观基础，认识权利的基本来源，对于把握决策体系改革的核心内容有着重要意义。从理论上说，经济决策权起源大体可以分作四类；传统、强制、所有制、信息②。这四类起源共同构成决策权归属的客观基础。它们的产生顺序包含着逻辑和历史的统一。

在古代，决策权的基本来源最初是传统。在社区共同体的内部，人们凭借传统的力量，多采用“长者政治”的方式进行决策，并依靠观念和伦理来调节和约束共同体全体成员的行为，保证决策目标的实现。这时决策来源是唯一的，决策规则是简单的。私有制和国家产生以后，决策权出现了经济与政治分流的趋势。经济决策权分散在私有者手中，政治决策权集中在国家手中。同时，国家又凭借超经济强制干预整个经济，私有者凭借对生产资料（在奴隶社会和封建社会还包括全部或部分生活资料）的占有，强制占有他人的劳动。这时决策权的归属是明确的，决策观虽然复杂，但也是明确的，而且还受

① 参阅刘国光：“对经济体制改革中几个重要问题的看法”，载《经济管理》1979年第1期。

② 参阅 E. 纽伯格等：《比较经济体制》，商务印书馆 1984 年版，第34 页。

到法律形式的保障。产业革命以后，情况起了变化。对稀缺生产要素首先是资本的所有权成为经济决策权的经济基础。马克思正是在对这种基础的历史分析之上构筑起经济制度分析的理论框架。这种分析的科学性即便是在今天也仍然是不容置疑的，但仅仅囿于这种观念已不能充分反映决定现代决策结构的复杂因素。现代经济决策体系正沿着两条线索发生根本性的变化。第一条线索是资本主义脱出自由竞争时代，随着大生产的发展和垄断的推进，社会矛盾加剧，从而突出了国家干预经济的意义，国家的经济决策权扩大，成为重要的决策主体。另一条线索是所有权与经营权分离，使决策权来源又发生新的变化。企业家阶层的成长，使不同性质的经济决策权分解，其中一部分从所有者手中转移到经营者手中。这样一来，所有权就不再像以往那样是作出支配资产、分配收益决策的唯一基础，凭借现代经济中形成的新的短缺资源支配他人的财产，在很大程度上恰恰反映出经济发展的客观要求。

在现代社会主义经济实践中，体制改革同样使两权分立成为不可逆转的趋势。而在这一过程中，今天如果继续袭用传统的观念，简单而笼统地用所有制特别是国家所有制性质，来解决决策权归属的经济法律基础以及与之有关的社会经济过程，不仅不足以解决经济模式转换过程中迫切需要解决的种种复杂问题，而且甚至会直接延缓经济模式转换的客观过程。所以，准确地把握经济决策权归属的客观基础，是决策体系改革成败的关键。以往决策体系改革过程中之所以会出现一统就死、一放就乱的收放循环，是因为在放权的过程中就埋下了收权的种子，使决策体系的改革只能原地踏步，很大程度上在于对不同性质的决策权关系缺乏明确的界定。应该看到，一方面，国家作为所有者行使着所有者的权利，同时又作为政权机构管理着整个国民经济，国家集政治职能与经济职能于一身，成为决策体系的核心。另一方面，所有者职能又分解在不同的主管部门中，诸如财政、税收、银行、主管部门，甚至党的系统都不同程度拥有所有者的决策权。这种界定不明，关系不清的情况，往往使国家经济职能膨胀超出必要调节范围的同时，又使所有者虚设，没有人真正代表所有者的利益行使其应有的决策权。在规则紊乱的情况下，放权往往把本来不应放的权放了下去。这一点在经济体制改革中表现得更为突出。所以，沿着两权分立的思路重组决策体系，使我们对经济决策权合理分布的认识，从经济分权还是行政分权的层次又进一步推进了一个层次。这一深化对于我们今后的改革同样会有重要的意义。

第二节 影响分层决策的基本结构要素和行为规则

上一节从决策权归属即谁来决策的角度，探讨了区分不同决策体系的基本特征，分析了集权型决策的利弊得失。在这一节里，要进一步探讨怎样决策的问题。如所周知，决策终究是一种选择。在分层决策中，使得地方、部门、企业作出这样或者那样选择的行为动机，有哪些基本结构要素？影响其决策行为的有哪些基本的运行规则？通过这一探讨，将把对决策规律性的研究引向更深的层次。这也就是从最通常的说法即资本主义企业生产经营的行为动机是为了追逐最大限度的利润，社会主义企业生产经营的行为动机是为了更好地满足人民日益增长的物质和文化需要，转向更具体地分析社会主义企业在不同体制下的行为机制和行为规则。这将有利于我们充分认识决策体系的性质，进而探索决策体系改革的目标模式。

影响地方、部门、企业进行决策选择的行为动机要素，是各种类型、多种层次的，其广泛性和多样化很难用简明的语言加以概括。其中，对于决策体系性质具有决定性意义的是以下五个方面，即领导人产生机制、短期投入产出机制、长期投入产出机制、企业的分配机制、定价机制。领导人产生机制反映了所有者对经营者的约束方式，由此产生的经营者行为，在很大程度上制约和决定着企业行为；短期投入产出机制反映了企业怎样利用生产要素，怎样组织生产、供应和销售，它表明了企业在整个经济体制中的地位，是企业是否拥有经济活力的基本因素；长期投入产出机制决定着资源配置的基本格局，它直接制约着生产的发展方向和国民经济的发展方向；分配机制决定着企业经营者和企业中的劳动者的关系，决定着怎样对待长期利益和短期利益的行为准则；定价机制决定着企业怎样处理横向经济联系的行为准则，决定着企业怎样对待竞争。从以上这几个方面分别探索其对于企业行为的影响，并进而分析其在不同模式下的运行规则，将有利于我们认识地方、部门特别是认识企业的行为准则，认识其所以采取这样或那样选择的规律性。

一　领导人产生机制

经济系统中各级领导人特别是企业领导人如何产生，在很大程度上制约着经济组织的行为方式。在迄今为止的不同决策体系中，企业领导人产生机制主要有五种。第一种是所有者自我认定。在传统的独资企业、家族经济模式中，企业或企业集团的领导人由所有者自己出任，即是十分普遍的做法。这种产生机制的特点在于，明确的财产关系构成决策权的法律或经济基础，领导人决策行为直接受到资产利益的约束，所有权与经营权集于一身，使决策者行为趋向合理。但这种领导人产生机制受到所有权的约束，内在地排斥非所有者对经济决策的参与，不利于经营人才的引进，因而逐渐为现代商品经济所淘汰。这种领导人产生机制不适用于国营企业，也是很明显的。

第二种产生机制是行政任命。这是传统决策体系的基本实践。在传统机制下，企业特别是国有企业的领导人产生机制十分单一，主要是由作为资产所有者的国家（具体说是由代表国家的企业上级主管部门）任命的。政府对企业领导人产生过程的高度参与带来了两种后果：一方面是各级主管部门从行政隶属关系上对企业有很强的认同感；另一方面是企业在利益上对其主管部门有很强的归属感和顺从心理。所以，这种人事配置方式事实上构成了国家与企业父子型关系的组织基础。

行政任命的规则，也同样适用于组织系统其他层次的领导人产生机制。所不同的是，由于这些组织层次更加远离生产过程，因而使生产经营效果对这些领导人的直接利益约束弱化。作为一级决策环节，调节其领导人决策行为的，更多的是某些个人称职动机和升迁动机的行政规范。如果把研究的范围进一步展开就会发现，在从企业起到中央经济管理系统的每一级组织层次上，这种领导人产生机制都不断地有规律性地再现出来；与此相关的一整套干部考核规则，也更多地不是立足于考核其行为在实际经济过程中产生的效益，而是考核其执行上级决策指令过程中的称职表现。由于各级领导人的宦海浮沉、升迁调转直接听命于其上级，必然会给他们灌输一种职位上趋升避降的动机，把听命于上级作为第一信念。这使我们的管理干部很难成为独立的决策者，日渐成为思想懒惰、进取心不足、创新精神差的指令传声筒。这反映在领导人行为从而反映在其主管单位特别是企业的行为上，就往往是对来自于上级主管部门的决策指令比对来自于市场的供求信号更为关心，作出的反应也更为敏感、更为强烈。

经济系统内部各级领导人由上级任命这种产生机制，所产生的面向上级的行为规范，使行政动机成为传统决策体系的第一推动力，并且在决策上保证了所有权与经营权形式上的高度统一。它所产生的实质性影响在于：在决策体系内部构成中央决策可以直接规范企业行为的同时，使基层环节失去作为一级决策层次的现实意义。

第三种产生机制是选举。人们曾设想在企业内部实行民主选举，由职工代表大会选举产生企业领导人，使企业领导人处于职工群众的监督之下，克服官僚主义，改善经营管理，提高经济利益。但是某些地区的局部试验表明，选举制将使企业领导人不再成为资产所有者的代表，而是成为职工利益的代表，有可能滋生片面追逐企业职工利益，把企业职工收入最大化作为企业经营的主要目标，从而使国有企业变成自治企业。所以，选举产生企业领导人对于集体所有制企业可能适用，对于国有制企业却未必是改革的良方。

第四种产生机制是招标。在传统模式向目标模式转换过程中，可以采取这种形式取代行政任命。这种产生机制的基本特点是，利用市场机制，通过竞争产生经营者，再以法律的形式把经营者对资产收益的责任固定下来。这种产生机制，可以保证资产利益最大化，同时弱化企业的行政动机及由此产生的面向上级的群体行为，从而进一步加强对企业行为的市场约束，解决企业决策行为优化问题。

在这里，以什么标准考核企业领导人，有着十分重要的意义。中国企业制度面临的最大问题，是创造真正有事业心和负责精神的企业家集团，这批人通过经营决策对整个经济的行为优化，推动资源的合理配置和经济机制的正常高效运转，特别是不断地实现经济的创新，有着不可估量的作用。而要形成这样的企业家阶层，毫无疑问，继续沿用传统考核办法，以企业完成上级交办的任务的表现作为领导人升迁调转的基本依据，显然是不行的。一种可行的设想是企业资产所有者或其代表把考核资产收益作为基本评价标准，并以此为核心创立新的适应于商品经济规则的干部人事制度。建立以主管部门招标的方式选拔企业领导人的市场机制的关键，是形成企业领导人的正常流动，实现社会机会均等化，使每个人都可以根据自己对市场的预期和对收益的预期，提出可行的投标价格和施行纲领来出任企业领导人，而上级主管部门也是根据资产收益这个可以量化的客观标准来考核其任职能力和称职程度。通过这种平等的竞争，打破企业领导人流动的行政障碍和对企业财产经营上的制度性垄断，造成可上可下的企业干部制度，同时不拘一格选拔人才，使每一个有真才实学的人都有机会表现自己，从而为形成社会主义企业家阶层创造充分的条件。用招标方式产生企业甚至一些主管部门的领导人，可以从人事角度保证旧体制向新体制平稳过渡，同时又是现实地启动两权分立过程的关节点。

第五种产生机制是招聘。这是决策体系目标模式将采取的主要办法。它具有与招标相同的经济功能，同时又可以减少招标过程中的某些不确定性和必要的交易成本。但这种产生机制所要求的起码前提是，理清财产关系，明确界定所有者的地位，根本改变公有制所有者虚设的情况，从而确保所有者行为合理并能充分约束经营者行为。因此，这种产生机制不宜过早实行，如果在条件不具备的情况下简单地推广这种办法取代行政任命，很难避免换汤不换药的结局，从而使招聘成为变相的行政任命。

二 短期投入产出机制

由生产要素配置构成的短期投入产出机制，影响和制约着企业的日常生产经营决策。我们进行经济体制改革，把企业自主经营、自负盈亏作为改革的目标模式。所谓自主经营也就是企业自己进行产、供、销、人、财、物的管理决策，这就涉及到劳动力、资金、物质等基本要素的来源和配置方式，涉及到产出品如何进入市场。因而各项要素如何流动的机制，也必然反过来对企业自主权的行使产生影响。

由短期投入产出引起的决策在运行上有三种类型：一种类型是计划约束型，要素的流向、流量、流速受计划指令控制，要素市场普遍发育不足，要素进入企业的渠道直接受国家行政系统的制约和干预，这是决策高度集权的条件，也是基层决策受到限制（有时甚至根本不起什么作用）的基本原因。另一种类型是信号导向型，信号在这里主要是指政策信号和市场信号，市场信号起主要作用。要使短期投入产出决策基本上建立在市场供需信号的基础上，需要培育发展要素市场，使要素配置在很大程度上能够受决策主体支配，在这种情况下，基层决策权才有现实的意义。第三种类型是计划约束和信号导向结合型，这是一种过渡形态，也是比较可行的选择。

人们在经济决策体系方向选择哪一种类型的短期投入产出机制，是不能随心所欲的，它是和各项要素的流动及其配置的决策紧密联系的。首先，从劳动力要素看。我国长期实行的高就业、低工资的政策，使劳动力过剩成为经济中的常态。刚性就业政策从制度上否定了为形成资源有效配置所必需的劳动力流动。在我国表现出来的技术先进的大工业与技术落后的农业并存的巨大差异，进一步从经济结构上抑制了劳动力的产业转移。这两种因素使劳动力要素供给的可调度极低。它导致劳动力进入企业的渠道，同生产周期变化及其所反映的市场供需没有直接关系。这种情况不仅决定在个人决策层次上劳动力独立流动择业的决策权基本丧失，而且也决定企业无力根据自己的生产情况把握就业水平和就业结构。从企业内部的运行机理看，就业机制本身决定企业没有劳动力配置上的自己决策权。因而，不论从个人独立择业的决策要求看，还是从使企业自主经营的要求看，都要求使劳动力自由流动。否则，企业和个人在这方面的决策权行使都会受到限制。

其次，从资金要素看。在没有资金市场的情况下，企业所需资金在初始阶段是根据上级主管部门对企业生产的基本预期以财政拨款的方式提供的。而在企业投入运转之后的资金需求的满足则往往取决于讨价还价机制。企业讨价的对象，一是主管部门，二是银行机构。对于主管部门来说，资金需求过度和供给不足形成的缺口，使部门摩擦十分强烈。资金分配通常是采取把在上一级切块分割获得的资金，在子系统内部进一步切块分割，而企业所占份额的大小，往往不是根据经济需要，而是根据企业讨价还价的能力，以及该企业在本系统内部的地位，甚至上下级的个人关系决定的。在分配方面，企业的折旧绝大部分要上缴，留利十分有限，从而导致自有资金不能满足生产需要，再加上公有制运行方式所产生的软约束，从客观上也促使企业把自己的资金需求无限地仰望于政府的供给，由此造成了供需缺口，往往诱使主管部门采用直接行政干预来抑制企业需求；干预的结果又往往使资金供需矛盾进一步加剧，从而形成需要更强干预的棘轮效应。对于银行来说，由于横向融资渠道的缺乏，企业在不满足于财政供给的同时又把资金需求转到银行身上。确定贷给谁、不贷给谁和贷多贷少时，往往受到行政干预，同时，又缺乏严格的还款付息制度，使银行资金变成了一种准财政资金，这不仅弱化了银行本身对经济运行所具有的经济约束，而且增大了企业资金选择上的不确定性。所以，企业短期投入产出决策机制的转换，也和资金要素配置的运行方式的转换有着联系，培育资金市场对于搞活经济有着重要意义。

再次，从物资要素看。大体说，企业对物资的支配同对资金的支配一样，是在生产过程早期即决定企业行为方式的主要因素。当物资供应仍是采取计划配给方式时，企业生产经营不能不受计划约束。由于物资短缺比资金短缺更甚，人为地迫使企业在竞争的基础上不断提高自己的物资储备率，使反映企业资源约束性的“科尔内指数”① 一直维持在较高的水平上。正常的流通机制和流通渠道为行政割据所阻隔，导致资源流向并不能反映经济效益的好坏，在相当大程度上只能

① 科尔内指数系匈牙利经济学家亚·科尔内在研究中用于计算的指数，指工业投入品库存与产成品库存的比率。参见科尔内：“国有企业的双重依赖”，载《经济研究》1985年第10期。

反映计划者的主观偏好。由于计划度很高的物资分配不可能充分满足企业对投入品的总量需求和结构需求，因而使短缺经济中所特有的企业低货币化行为大量滋生，如以货易货的物资串换，计划额度的黑市倒卖，投入品的强制替代，等等。企业的自主决策也由此而受到限制。

由此可知，当要素市场发育程度很低时，企业决策事实上面临着透明度极低的环境。横向的市场联系被割断，使企业在生产要素的有效配置上很少有表达自己意志的自由，这不可避免地限制了企业的短期投入产出决策，在制度上必然导致短期投入产出决策采取听命于行政指令的运行方式。

最后，影响短期投入产出决策的制度性因素是产品销售方式。同投入品一样，企业在产出品方面对市场的横向依赖程度也相当低。短缺所形成的过度性需求和强制性替代，使企业不可能面临一个需求疲软而选择性强的买方市场，企业生产的产品由于统购包销制度，无论成本多高，价格多么不合理，只要在计划范围之内，就根本不存在销售问题，至少可以通过计划渠道转至商业部门的仓库，形成名义上的而不是经济上的实现，商品经济条件下个别劳动转化为社会劳动的一切经济障碍在这里都不复存在。这使企业根本没有必要关心产品销路，因而企业在产品成本、价格制定、新技术和新产品的开发利用上，也不可能承受到足够的市场压力。这种情况使企业的短期决策有可能失去其经济上的现实意义。

在要素市场形成以后，短期投入产出决策运行规则会发生很大变化。劳动力流动将增加劳动力供需弹性和可调性；资金来源的扩大，融资方式多样化，将会使企业在吸收资金方面拥有更大的自由；而生产资料进入市场，将使这种要素配置本身受到市场机制的调节。所有这些都会在很大程度上改变企业决策方式，相应地在产出方面由于投入要素配套计划将下降，产出决策的指令性会因其基础的改变而减弱，使微观的短期投入产出机制中市场因素加强。

三　长期投入产出机制

长期投入产出机制不仅涉及企业投资决策问题，而且涉及引起宏观结构变动、区域生产布局、产业间要素配置和重组等一系列投资决策问题。长期投入产出机制同样存在着计划约束类型和市场导向类型。但同短期投入产出机制不同。一方面是二者作用的范围不同，另一方面是作用的形式也不同，因而出现了更为复杂的情况。首先是无论在何种决策体系下，这方面的决策都相对远离市场，但在传统体系下，由于决策权高度集中，这方面政府干预极高，因而在决策过程中表现出很强的市场效应滞后性。决策更多考虑的是国家计划目标而不是市场供需状况。同时，由于资产约束普遍软化，使投资决策者缺乏来自投资效果的利益约束和激励，因此投资决策的高度集中往往导致两种制度偏差。一种偏差是，由于实行指令性计划考核制度，强化了企业的纵向依赖，形成资源导向的经济增长格局，整个经济靠投入新的资源维持增长，各级管理环节普遍关心的不是现有资源的合理配置和优化利用，而是尽力论证增加总量消耗的必要性，力图通过谈判中的讨价还价，从国家手中获得更多的资源，从而导致了普遍的争投资倾向。再加上受称职动机驱使乃至某些非经济利益（如主管单位升格，领导人提拔等）同总量增长捆在一起，使自上而下普遍地存在着强烈的投资冲动。

另一种偏差是，直接实现投资决策效益的企业，既由于缺乏短期投入产出决策而缺少活力，又因为缺乏长期投入产出决策而缺乏自我发展的能力。原则上企业本身没有投资决策，受控于行政系统，无力把握资金的流向，因而也无力把握任何一种供需结构。许多企业甚至连维持简单再生产所需要的起码的财权也不具备。所以，至少从企业自身行为看，短缺并不是诱发企业投资饥渴的直接原因，至少不是最重要的原因。短缺信号在投资选择过程中几乎不起任何作用。然而，上述情况并非表明企业同长期投入产出决策完全无关。在传统模式下，决策权的归属由于讨价还价机制的存在，从来也没有绝对的集中还是绝对的分散的性质。企业在投资权纵向控制极严的情况下，以非制度的方式参与投资决策过程，影响投资行为从而达到分享决策的目的。以一个系统内部投资决策为例，当该系统在上一级组织层次决策过程中争得一定数量的投资之后，要在本系统内部决策过程中作再分配。系统决策者要在不影响本系统总量指标完成的情况下尽可能地扩大新建投资，以提高自己的社会声誉，但具体份额的核定则要取决于所属企业竞争的能力。由此看来，传统模式中长期投入产出决策从制度的角度考察具有高度集中的特征，然而从非制度的角度考察却以扭曲的形式达到了比较均衡的分布。

总之，从长期投入产出决策的范围考察决策体系改革，看来需要根据不同类型的投资确定决策的方式。有些决策如产业结构调整性投资决策应跟市场机制相分离，根据统一的国民经济总体规划作出安排，以更高的预见指导产业结构的调整；有些决策如产品更新换代、结构调整引起的投资决策，要加强同市场的联系，这种联系可能不是消极适应型的，而更多的似乎应建立在成长起来的企业家经营素质及对市场的预测、开发能力之上，依托于改革中出现的新的决策主体。

四　企业的分配机制与调节

从动力角度考察企业的分配决策，较有意义的是两个环节：一是涉及构成企业动力结构要素的纯收入分配方面，所形成的企业同国家的分配关系；二是作为劳动者激励基础，所直接量化给个人的劳动报酬基金的分配决策。第一个环节包含两个层次，一是企业如何取得收入，二是企业取得收入后是否能支配和怎样支配。在价格合理的情况下，企业能够凭借自身的努力在竞争中获得收入，并且能够分享和支配这些收入，那么企业面对市场就会有很强的决策意识和合理的决策行为；进一步说，如果企业在可支配收入的分配上能表述自己的意识，合理地确定不同基金的比例，进一步确定劳动报酬基金的分配形式，既保证劳动者收入能同有效劳动的数量和质量联系起来，又保证经营者个人利益同资产收益联系起来，那么企业全体职工就会从利益上关心企业的发展，企业就会有较强的利润动机，收入原则就会对企业行为包括决策行为发生积极的影响。这或许是改革所期待的结果。

但是，在传统决策体系下，正如人们所知道的那样，统收统支制度使分配决策表现出比较单一的结构，企业的纯收入根据国家的规定基本上全部上缴，即便作为中层环节的主管部门，在这方面的调节范围也十分有限，而且企业初始收入的多少，更多地也不是取决于其在市场上的成功及由此显示出的自身的决策能力，而是取决于政府目标。不同企业之间的收益再分配机制，使企业收入与其自身努力基本脱节，普遍平调导致企业收入已失去经济意义。这种情况使企业行为约束系统软化。企业对自己的收入分配使用不能施加实质性的决策影响，收入无论是以利润还是以税的形式上缴，都不能通过某种量化构成企业的直接动力，所以企业收入的分配事实上仅仅具有象征意义。这种机制不仅导致市场本身对企业行为环境的约束力不强，而且还导致企业下述行为规范化，即凭借国家对企业的亲缘保护，躺在国家身上吃“大锅饭”。所以，剥夺了企业决策权特别是资产收益支配决策权，是造成企业缺乏内在动力的重要原因。

个人收入部分的分配同资金分配相比有所不同，在这方面企业或多或少有一定的决策权。但这种决策权仅仅限于总量分割，而不是这部分收入总量的决定，而且分割的标准也是完全统一和固定的。从宏观的角度看，我国长期存在着劳动力供给过度的情况，因而在劳动力总供需结构中几乎没有工资弹性，很难形成合理的劳动力要素市场和适度的流动机制，工资总水平的控制权脱离市场机制而完全掌握在国家手中，这对个人决策产生影响，使劳动者基本上不具备流动择业决策权。从微观的角度看，在刚性就业制度的影响下，企业对劳动者的选择空间也极为狭小，无力把握就业水平，因而也不可能对工资水平产生实质性影响。特别是由于量化到人的利益往往同工资基金总量捆在一起，结果从主客观两个方面导致超员现象严重，企业中在职失业成为相当普遍的问题。

企业用工制度过于僵化，劳动力流动的自由度极低，从总体上反映了劳动力市场发育不足，这表明与之密切相关的收入分配决策权分布的不合理。收入分配决策的分布，从根本上说，并不利于资源的优化配置。

五　定价机制

定价机制包含两个环节。一是定价权的归属，二是定价规则。价格决定权的归属，是判定企业是否成为市场行为主体的重要标准。如果价格主要是由国家主管部门根据计划的需要，统一规定，定期调整，那么价格在很大程度上只是分配、核算的计划工具，这种决策体系显然不可能是分散型的，面向市场的；与此相反，如果价格主要是受市场供需调节，由企业根据产销需要自己定价，比较充分地反映社会生产费用的变化和市场波动趋势，发挥出生产的信号功能，那么这种决策体系就必然是分散型的，市场规则是明确的，在决策意义上可以说明企业已经成为市场行为的主体，独立的商品生产者。所以，从一般意义上说，定价机制可以成为决策体系性质和规则的反应器和标志杆。固定价对应着集中型行政决策体系，双轨价对应着规则转换中双重决策体系，而自由价则对应分散型市场化决策体系。

用这种方法来综合评价传统决策体系，我们会自然得出明确的结论，这是一种结构性很差的行政集中型决策体系。因为在这个体系下，除个别小商品外，价格决定权基本上完全由中央政府严密控制着，不仅企业不能自主决策，甚至各主管部门本身也很少有可能直接干预价格的制定。价格由国家有计划地调整。正如人们所知，这样的决策分布不可否认对于保持价格的稳定从而保持市场的稳定起到一定的作用，但同时价格的刚性化也成为形成市场虚拟的重要因素。由于价格不能成为市场供需函数，因而事实上丧失了对生产者的信号意义和调节功能。在这种情况下，价格沦为消极的统计核算工具。同时，通过价格进行的再分配，进一步降低了企业行为的货币化程度，使企业行为约束达到最终软化。这样一来，企业的生存结构发生变化，盈利和亏损不再是企业生死攸关的问题，企业一切努力及由此产生的经营效益都会因价格政策变化而付之东流，相反，企业的经营失败而带来的损失也可通过价格转嫁到消费者身上或者转嫁到国家身上。结果在企业的行为中产生了两种反经济现象，其一是企业决策不必顾及后果，其二是即便企业长期亏损也不会导致破产倒闭，因此成本并不构成决策的制约。从宏观意义上看，价格决策同企业相分离造成整个经济范围内价格弹性极低，从而使供需结构基本上是不可调的，这反映在投资品上则表现为投资饥渴引起基本建设长期处于等米下锅的境遇，反映在生活消费品上则表现为排队成为经济生活中的常客，通过配给实现对需求的抑制。这些情况固然并非是一种因素引起的，但不能不说价格机制起不到应起的作用，价格机制在决策体系中没有它应占的地位，是一个相当重要的原因。

定价机制中对供需结构的把握也是很关键的问题，它能反映或决定这类决策效率问题，从而可以表明在这方面的决策行为是否达到优化以及优化的程度。供需结构可以呈现出四种不同的组合，在这些不同组合下，决策权分布效果是不相同的。在供给和需求弹性都很高的情况下，价格形成的市场化过程，毫无疑义对有效地抑制需求从而实现资源的优化配置，有效地刺激供给从而缓解经济中的短缺，都会产生积极的作用。然而供需弹性的这种最优状况，显然同我们面临的选择空间相去甚远。对于我们来说，更具有典型意义的是需求弹性很低的情况。在这种情况下，按市场供需变化形成的定价决策，会带来两种不同的结果。其一是供给弹性很高。在这种情况下，定价的市场化会带来明显的效果。如我们对煤炭价格放开后，刺激了煤炭生产特别是小煤窑生产，使全国范围的煤炭供需矛盾有所缓解，部分地区甚至出现了煤炭市场结构性疲软，市场价格低于国家牌价的情况。其二是供给弹性也很低。在这种情况下，定价的市场化在短期内会带来问题。如钢材价格放开后，由于这种产品生产受市场机制牵引短期内迅速增长的可能性不大，因而供需矛盾不仅没有缓解，相反在某种程度上还进一步激化。特别是双轨价差过大，引起新的结构性摩擦，刺激供需双方的投机心理，因而更不利于生产的发展。以上分析说明，在供需结构没有适度弹性的情况下，定价决策的市场化在短期内有可能引发价格总水平的上涨。而这一点是转换模式中需要引起注意的问题。

以上对有关企业行为的经济系统运行的基本特征的五种经济决策作了概括性的描述。从这些描述中可以得出这样的结论，这些决策的归属，作出决策的程序，实现决策目标的方式，事实上决定着决策体系的基本性质。如果这些决策是通过严格的行政组织系统自上而下作出，并运用指令性方法强制实现的，那么整个经济决策体系的性质就是行政型；而如果这是由企业或其他基层组织从自身利益出发，根据市场信息和包括国家政策在内的参数信号作出决策并实现决策，那么决策体系的性质就属于经济型。在这里，决策体系的结构要素运行规则，经济系统内不同组织层次上的决策分布，是判定决策体系性质的标准，是进行经济决策体系改革时所要认真加以考虑的。

第三节　决策体系改革的目标模式

一　建立分层次多元型决策体系是改革的基本选择

正如前面所分析的那样，传统的高度集权的决策体系，由于排斥市场机制而在实践中面临着难以克服的困难，随着经济的发展，迫切地要求对这种决策体系进行根本的改革。而其他社会主义国家经验表明，把分权化原则作为经济决策体系改革的方向，是社会主义经济决策体系发展的客观趋势。

从理论上看，列宁最早提出了解决决策过程中集权与分权矛盾的办法：既保持整体的统一性，又保持个体的独立性，并将民主集中制作为运行机理引入社会主义经济决策体系。但是，由于民主集中制原则内涵的弹性很大，在实践中往往难以把握，在传统体制下事实上常常被用来作为加强决策集权的理论根据。所以，民主集中制原则本身并没有使社会主义经济决策结构中集权与分权的矛盾得到解决。看来，对于决策理论的研究不能停留在“该统的统，该放的放”或“大权独揽、小权分散”这种界限不清的论述上，还有必要深入到经济组织内部作具体的分析探讨。

在经济组织内部，要想对各个行为主体形成足够的激励，除了贯彻个人经济利益原则外，面对着两种不同的组织选择：或者在组织内部保持对权威的臣服，抑制决策过程中组织成员的普遍参与；或者牺牲权威换得人们对决策的普遍参与，从而在执行决策的过程中取得人们对决策的理解和支持。这始终是一个现实的矛盾。一般说来，随着组织结构复杂化，普遍参与决策日益成为提高组织效率的重要条件。对于像国民经济这样庞大的组织系统而言，相对分权的要求显得更为强烈。

在现代经济发展过程中，对决策结构设置而言，通常存在着两种要求更多分权的压力：第一种压力是来自利益的压力。系统内部行为目标的多元化要求实行分权决策，使经济利益直接起到激励大多数行为当事人的作用，从而在制度上保障不同组织层次之间的决策相互补充，最终对实现共同目标产生群体效应：第二种压力是来自信息机制的压力。信息总量的增加和结构的复杂化，要求决策权在不同组织层次之间的配置形成最优结构，建立起有效的信息筛选机制，从而简化决策过程，使其适应于日益复杂多变的决策环境。这两种压力共同为选择和设定新的决策体系给出了基本原则：建立分层次多元型决策体系，只有这样，才能保证经济系统正常运转，保证决策水平和决策效率。

经济体制改革的全面展开和深化，把决策分权化这个已不容人们忽视的问题，提上了日程。因为我们所面临的现实是：在改革向纵深发展的过程中，有计划商品经济模式已初显端倪，市场调节机制逐步深入到整个经济机体内部。而实现这种调节的一个基本前提是行为主体多元化。这种多元化的崛起本身就会对决策结构重组提出现实的要求。特别是由于经济关系中货币化程度的提高，会使作为商品化生产的经济行为主体不可避免地关心直接量化给自己的经济利益。由此产生的利益关系的矛盾和摩擦，将会相应地要求决策体系走上分权化的道路。

事实上，经济体制改革以来，决策体系分权化的过程已经开始，现在正在深化。首先是分配制度的改革，财政分灶吃饭和企业收入与分配挂钩使基层组织决策有了自己的利益基础，从而把分立动机引入经济运行过程，使推动经济运行的动力来源多样化；其次是物资制度的变化，生产资料进入市场，计划配给渠道被商品经济力量所冲破，这使企业不得不把经营注意力逐渐移向已经开始出现并正在发育的要素市场，市场对企业行为的约束从投入品和产出品两方面加强；再次是价格制度从计划固定价转向价格双轨制，由此，激励了企业收入动机，使利润追逐被正式地引入企业的行为机理，价格弹性增强，强化了企业面向市场的行为，使决策效果和决策效率对企业行为的影响发生了实质性变化。这些体制的变化从制度的角度强化了企业的自我决策期望和自我决策能力，从而启动了经济的分权化过程。企业的行为机制已经发生了很大变化，企业决策动机已经不再是简单地完成上级行政机构交付的任务，而是由包括市场需求在内的许多复杂因素所组成；企业已经不完全是拨一拨动一动的算盘珠，而是有自己利害关系并受自己利害所驱使的经济实体；一大批精明强干、善于经营、勇于开拓的新型社会主义企业家，正在改革的实践和市场的竞争中崭露头角，脱颖而出。所有这些都表明决策权的归属、决策的动机、决策的规则都在发生变化，一个新的决策体系正在形成。

在决策体系重组的过程中，也暴露出一些问题。这主要表现为在经济体制改革过程中，在一个问题解决的同时往往又萌生出新的问题，使人们经常处于两难选择之中。这是因为改革中几乎每一项措施都会涉及到利益关系的调整，从而引起摩擦和矛盾。例如要打破分配中的平均主义，改变“干多干少一个样”的状况，就要拉开分配档次，就会引起公平与效率的矛盾；而且由于利益刚性使工资能增不能减，改革工资制度又有可能引起工资总水平的过快上升，又和控制消费膨胀发生矛盾。正由于普遍存在着种种两难选择，所以决策体系的改革一定要有利于处理国家、集体、个人三者间的关系，以避免在改革之后出现决策的片面性，然后才能避免出现放了收，收了放的循环。

二　划分国家和企业决策权的几种思路

决策体系改革的关键在于建立明确的规则系统，使不同的经济行为主体都有与之对应的经济决策权，所有者有所有者的权利，经营者有经营者的权利，生产者有生产者的权利，进而通过决策结构的调整，使每个行为主体都保持权利和责任的对称，在此基础上进一步建立权力的制衡机制，划分不同主体特别是国家与企业之间的决策权。在这方面，经济体制改革以来，我国理论界提出了三种基本的决策权分布界说。

第一种界说是按资金价值量的简单再生产和扩大再生产来划分国家与企业决策权限。这种主张认为，凡是不要求国家追加投资的，在原有资金范围的生产，都算作是简单再生产；而新投资，超出原来有资金范围外的生产，都算作是扩大再生产。凡是原有资金简单再生产范围内的事都应归企业去办，国家不必干涉。而新投资的权限，即资金量的扩大再生产，则应集中到国家手中。① 这种界说的最大长处在于，为划分决策权给出了一个简便的选择。然而，简便的同时也包含了它内在的缺陷，即便在理论上，也很难说清区分简单再生产和扩大再生产的严格界限在哪里；何况在实践中完全剥夺企业的投资权，不可避免地会限制企业作为商品生产独立发生作用所应有的权利。因而这种选择更多的是理论意义上的，在实践中有着不可量化、难以测度的弱点。

第二种界说是主张根据既要由国家保障和实现国民经济的统一性和计划性，又要给企业以必要的独立性和自主性的原则，来具体地划分国家与企业的决策权限。这种主张认为，无论是宏观经济活动还是微观经济活动，决策权的划分都不能截然分开，如果国家放弃一切微观经济活动决策，宏观决策就会落空。因此应根据不同时期经济发展的任务和具体条件规定决策权限的划分原则。② 这种观点虽然注意到了宏观经济活动与微观经济活动的整合性和不可分性，但它为决策权合理分布所给出的解很难脱胎于传统体制所特有的讨价还价、一事一议的运行规则，只能得出“该管的管、不该管的不管”这种极不严格、在实践中缺少经济意义的概念。

第三种界说是按照微观经济活动和宏观经济活动划分决策权限。

---

① 见孙冶方：“谈谈搞好综合平衡的几个前提条件”，载《经济研究》1981 年第 2 期。

② 见王忍之等：“论我国经济体制改革的几个问题”，载《红旗》1980 年第 5 期。

涉及到整个国民经济发展的方向、速度结构变化等重大宏观经济问题，由国家来管；只与企业以及同企业周围局部有关的微观经济活动由企业自己来管。这种界说目前在我国经济学界取得了相当优势的地位。但是它本身在内涵上并不十分明确。我们认为这种宏观、微观经济活动的划分，有的清楚，有的也不太清楚。清楚的如，消费积累比例，总的投资规模，总的物价水平和工资水平等，属于国家行政机关应有的权力以及属于所有者的权力的，应由国家来管，而企业人财物、产供销等日常的属于经营权的决策则应归企业，由企业自己来管。不清楚的如，重大投资和一般投资的杠杆画在哪里？实行价格控制的主要产品和一般产品的杠杆画在哪里？① 由于宏观决策和微观决策，所有权决策和经营权决策，其划分界限有相当大的弹性，在实际操作中也并不是能划得很清楚，因而也只能是在理论上明确其大体的界限。

总的看来，关于决策理论的研究，特别是经济系统内部不同组织级次上决策权的衔接问题的研究，迄今为止尚未取得应有的进展。这方面的研究更多地停留在感觉层次上，这显然同决策体系改革实践要求相差甚远。决策体系的改革，必须深入到它的深层结构，从运行机理上把握决策体系的成因和决策权归属的现实基础，以基本规则的明确化为主要线索，建立决策体系的目标模式。

三　决策体系目标模式中的国家决策

决策体系改革的目标模式是以商品经济原理为基本理论依托，以市场反应为基本决策内容的决策主体多元化、多层次化、独立化的结构分散型决策体系。在决策体系的目标模式中，国家决策仍然起着重要的中枢作用。

1. 国家作为所有者的决策。

国家决策包含两个层次的内容，一是基于所有者权力的决策，二是基于政府机构权力的决策。过去这两种截然不同的决策权混淆在一

① 参见刘国光：“对经济体制改革中几个重要问题的看法”，载《经济管理》1979 年第 11 期。

起，规则不明确，导致财产所有者地位的界限不清楚，一方面国有财产的所有者虚设状态长期没有改变，另一方面国家对企业的行政干预又太多，管了许多不该管也管不好的事情。因此，在目标模式中，要界定国家决策的基本内容，必须首先把上述二者区分开来。

国家作为所有者，应该在以下四个方面充分发挥其应有的决策功能。首先是选择经营者，从资产利益最大化的角度强化对经营者的监督和约束，以保证国有资产的有效使用。其次是保障资产收益，在税制改革的基础上进一步实行利税分流，把国家作为资产所有者应该得到的收益，同作为政权机构征收的税区分开来，从而使固有资产运行效果的考核奠定在科学的基础上。第三是支配资产收益，把收益进一步转化为投资，用以扩大国有资产的再生产，增强国有经济的再生能力和自我发展能力。第四是最终处置国有资产，从整个社会范围内资源有效利用和优化配置的角度，进行资产存量的调整和分割、转卖、兼并再配置等。

要使国家充分发挥所有者的决策功能，现在看来有必要建立国有资产管理系统，把目前分散在财政、税收、各主管部、银行乃至党的系统的所有者功能集中起来，同时把所有者的决策权同一般国家机构的决策权分离开来。这样可以保证所有者充分行使其权力，最终改变目前存在的所有者虚设的局面。有人建议，国有企业的利润收益不入经常财政预算，另设资产收支账户是可以考虑的。

随着所有权与经营权的分离，国家将改变其管理国有企业的方式，在确定经营者之后，把经营权放给企业，放给经营者，以便从总体上提高国有企业的经营效率，使其适应于商品经济的需要。

2. 国家作为政权机构的决策。

在现代化大生产的条件下，客观上要求在整个社会范围内保持特殊的经济中心，以协调整个国民经济，在总体规划的基础上，经常地保持宏观经济的大体均衡，在国民经济范围内形成制衡机制，显然国家的经济职能还有着不可替代的意义。但是，国家决策本身将发生转轨，由传统的微观控制型决策，转变成目标模式中宏观导向型决策。

在国家宏观决策中包含着中央政府决策和地方政府决策。从中央政府决策看，决策的内容和决策的方法在目标模式中都得发生根本的变化。

中央政府宏观决策的内容主要包括两个方面，一是经济规划决策。通过计划的长期化，使中央政府从传统的烦琐的一事一议的计划方式中摆脱出来，把主要精力放在整个国民经济的长期投入产出上，真正承担起整个社会的总体计划者的职能。一方面是规划国民经济的远景投资方向。以国家税收为基本依托，进行与产业结构变更，区域性生产力布局调整，基础设施建设等重点项目有关的投资决策，通过这样的决策先行稳住整个国民经济的大局；另一方面是规划国民经济的重大比例关系，如国民收入中积累与消费的比例关系，产业结构关系，国民经济总投入产出关系，科技成果的大规模普及与现有生产技术方式的关系，等等。

二是政策调节决策。主要包括财政政策、货币政策、产业政策和技术政策。根据不同时期的宏观规划和经济发展的总体方针，制定出张弛有序的财政政策和货币政策，通过财政和货币这两项重要政策变量松紧不同的配组，影响经济运行机制的方向。对于宏观决策而言，制定一定时期的产业政策和技术政策也很重要，通过纳入总体计划的产业政策和技术政策，影响资源存量重新配置的方向。

然而，中央政策决策中的难点并不在于明确划分出它的决策范围或决策权限，而在于改变了传统的运行规则以后，用何种办法取代行政指令，从而使宏观决策不致因内容和方法的改变而落空。所以进一步深化的问题是，从财产关系入手重塑社会主义经济的微观基础，硬化企业约束，使企业对外部环境包括对市场条件和宏观政策形成良好反应。只有这样，向宏观导向型决策模式过渡才会成为现实。

3. *政府宏观决策与企业微观决策的衔接。*

在决策权归属发生变化的同时，中央决策的实现方式也将发生明显的变化。具体说，就是由直接控制决策的实现转变为间接疏导决策的实现，通过改变企业决策环境来影响企业的经济行为。在把企业作为商品生产者所需的基本的经济决策权下放给企业之后，从制度上应当允许并鼓励企业把利润作为经济行为的主要动机，从而依靠物质利益机制疏导企业行为。使企业从自身收入最大化的角度，加深对整个国民经济宏观规划目标的理解，从而建立起社会主义计划经济的更高水平、更高层次的宏观决策调控机制。与决策结构的这种变化相适应，政府除保留必要的投资权和物资分配权之外，其经济职能也将发生变化，由过去直接决策控制微观经济行为，变成为企业决策提供服务。而组织系统内部的中层机构将逐步由决策机关变为信息机关，通过研究分析国内外市场变化状况及规律，向企业提供全局范围的供需信息、价格信息、资源信息、效率信息、技术信息、综合管理信息。而企业的决策则主要对由这些信息构成的市场信号作出反应，不断地比较短期投入产出的基本状态，从而按商品经济的原则调节自己的行为。国家对企业决策行为的调节，最终应该是通过市场价格反映社会需求偏好，这种调节的基本作用是使商品经济的内在调节机制提前或延后发生作用，最终影响企业行为的应该是市场价格所反映的社会需求偏好。因此，宏观调节要以不扭曲市场机制为限。

4. 地方政府中观决策的界定。

无论是对目标模式中国家决策范围，还是对整个决策体系的目标模式确立而言，更大的难点在于如何界定地方政府决策在整个决策体系中的地位，须在这方面探索出既适应于我国国情，又能反映经济发展客观要求的路子。

从基本国情看，我国经济呈现出明显的二元特征，生产力发展形成区域间反差鲜明的经济格局，即使是在目标模式中也将在相当长的时间里难以避免，这必然要求赋予中观决策以特殊的地位。因此，保留地方政府的经济决策功能，是目标模式中决策体系所无法回避的现实选择。但是在建立新的决策体系的过程中出现的倾向，进一步增加了问题的复杂性。在分权化改革中，经济决策权相当大一部分不是归属于企业，而是落在地方政府手中。中央政府行政控制的减弱和地方权力的扩大，使地方政府在区域经济过程中表达自己意志的可能性增大，地方的利益也相应地急剧膨胀起来。这是近几年来基建规模失控、产业的区域分布效益降低的一个重要原因。地方决策权的过分扩张这种结构变动，显然不符合决策体系改革的目标模式，因为这种变化实际上是一种行政型分权，至多涉及的是权力总量在不同政府部门之间的分割，决策权力结构的性质并没有发生质的变化，相应地以行政动机为经济运行的基本动力的情况也就不可能发生变化。何况这种分权本身就是对作为商品生产者的企业的权力设置的一种新的行政障碍。事实上到目前为止，在中央政府的决策权明显弱化的同时，形成的决策结构，不仅使企业感到没有必要的权力，而且通过改革在分权过程中成为主要受惠者的地方政府及某些主管局，也根据自己的参照系抱怨权力不足，结果经济系统各组织层次之间权力之争所形成的冲突，成为改革经济体制的新障碍。

这里特别需要指出的是建立城市经济中心的改革。最初的设想是通过这项改革建立起商品网络，利用城市这种商品聚散地所具有的自然的经济辐射力，发展商品经济，建立市场体系。然而从决策体系角度分析这项改革，不难发现其目标选择过于理想化了。作为现代发达商品经济内在要素的市场，并非是早期简单商品经济发生交易行为所需要的一种自然的空间，而是与商品生产者之间受商品流量、流速、流向的影响而形成的全部经济联系总和密切相关的经济系统。只要我们不是在理想境界中畅想，而把改革特别是改革中的决策权力的重组，置于中国传统的文化和社会心理的背景下加以考虑，必然会得出结论：把市场及其包含的经济关系的形成同强化区域政府的经济功能联系在一起，会显得多么不协调。特别是为了推动经济中心的形成而进行的市管县的改革，从组织结构的内部激发了区域政府要求计划单列和行政等级升格的要求，受原有的行政机制所推动，这类政府不仅要向上要权，而且还在向下收权，以强化自身虚拟的经济实体功能。这是导致放给企业的权力被其主管部门（一般为城市政府的职能机构包括一大批行政公司）截留的一个重要的制度性原因。所以，这种改革所带来的组织变化充其量是省份的小型化或者形成省中之省。其结果不仅是加剧决策系统的紊乱，而且使决策系统本身成为加强和发展其内在联系的障碍，使经济过程的区域性特征进一步加强。由此可见，在经济改革过程中把决策体系重组的重点放在区域政府功能强化而不是企业功能强化上，显然具有很大的盲目性。

总的说来，应根据经济发展提出的内在要求，设计决策体系目标模式中的中观决策，在这方面改革应该坚持东部小、西部大的倾斜型结构，在对区域经济过程干预程度上对发达地区和不发达地区采取区别对待的原则。对于经济发达地区，由于这里的企业自调节和自组织机制会随着改革的深入很快健全起来，因此地方政府的中观决策功能应该弱一些，而决策内容除更多地限于为企业决策服务外，主要是在产业选择、区域分布、结构调整等方面对企业决策进行疏导；而对于经济欠发达地区，地方政府的决策功能应该强一些，决策内容则主要集中于区域性经济开发、产业布局和大规模基础设施建设上。但需要指出的是，即便是在经济欠发达地区，也不应该过多用行政办法阻碍逐步确立企业作为经济决策主体的独立地位的过程。因此，这类地区决策权分散化的过程，即使不可能做到同发达地区一样同步推进，也应是在总体趋势上保持必要的一致性和应有的秩序。

四　决策体系目标模式中的企业决策

在决策体系的目标模式中，企业决策是经济组织系统中另一个决策重心，实现企业决策的充分化以增强企业活力，是决策体系重组的基本方向，是经济体制改革的中心环节，无论是在理论上还是在实践上都显示出其重要性。但从目前来看，放权让利的改革并没有使企业真正成为独立的行为主体，决策权的不充分使企业活力不足，对市场反应不敏感，难以灵活适应市场供需变化趋势，无力把握自身行为的基本方式。因此，向决策体系目标模式的过渡还仅仅是开始。

1. 所有制的差别对企业决策的影响。

在决策体系的目标模式中，不同所有制的企业在决策内容、范围、规则上会有明显的不同。过去由于产权不清，不同所有制的企业在行为规则上并没有显著的差别，无论是国有企业还是非国有企业，都在程度大体相同的情况下受国家行政干预，作为一级行为主体，决策都是不充分的。而随着经济体制改革深化，所有者地位被明确地界定，从财产关系入手，实现了社会主义微观经济基础的重新塑造，这将引起企业行为包括决策行为的明显变化。

对于国有制企业来说，沿着所有权与经营权分离的思路深化企业改革，将会使经营权以法律固定的形成转移到企业手中。使企业经营者真正管起本企业的日常经营活动，使企业经营者实实在在地承担起市场竞争的风险和利益，在此基础上进行经营决策。而对于非国有制企业而言，所有权与经营权的运行方式会同国有企业有很大不同，有时是所有者本人就承担着经营者的职能，有时是所有者选派自己的利益代表充当经营者。在这个层次上，国有企业与非国有企业的决策差别将集中表现在经营者的产生机制上。国有企业的经营者，通过招标或招聘的方式，由国家或企业外部代表国家的机构委任，进入企业成为国有资产利益人格化的代表。而非国有企业则主要是企业内部所有者通过对外招聘或内部选举，产生自己财产的代理人作为经营者。

基于上述差别，所有权与经营权会表现出不同的分离程度。

经营者产生之后，进一步的决策差别将体现在资产收益的分配上。国有企业除纳税外，还要向国有资产的管理部门缴纳资产收益，而国有资产管理部门则根据企业经营状况、产品开发前景，本着资产收益最大化的原则，决定资产收益是抽走，还是用于企业自身的再投资；而非国有企业的资产收益将由企业所有者自行决定其在积累和消费之间的分割比例。在这一点上，决策差别表现为分配规则及分配主体的不同，还包含着经营权受干预的程度的不同。

2. 企业的内部决策和外部决策。

从决策涉及的范围考察，无论何种所有制企业，其决策都可以分为内部决策和外部决策。

企业领导人一经确定以后，企业内部亚微观决策的归属便成为迫切需要解决的问题。从经营决策的角度看，如果让企业领导人作为经济法人而面向市场，承担决策风险，不仅要解决利益挂钩的问题，更重要的是使他们拥有必要的经营者主权。实现权力和责任的统一和对称，是决策体系重组的根本原则。所以赋予企业领导人以企业内部用人决策和分配决策的权力，是企业决策充分化所必需的。作为资产代表的上级主管部门为了获得一定的资产收益，要以招标的形式让渡一定时期的经营权，把这种让渡以法律的形式固定下来以后，就必须从制度上限制主管部门对企业决策的干预。企业经营者对其内部用人制度和分配制度有充分的发言权，这是硬化资产收益对经营者行为约束的基本条件。因此法定经营者，对企业内部人员的分配使用，副职以下全体中层干部的任用调度，不受外部人事制度的影响，具有充分决策权，同时对法定应该划归企业的分配基金总量在企业内部的分割比例和分割方式，也要有充分决策权，不受企业外部分配规范限制。只有这样才能根据资产收益最大化的原则重新构造企业的资源优化配置机制，并在此基础上建立起决策权力和决策责任的统一。

企业外部决策在很大程度上受外部宏观环境和市场条件的影响。外部决策主要涉及企业对外投资和用工制度。随着整个资金管理制度和劳动管理制度改革，在国民经济范围内形成资金市场和劳动市场，从而在深化企业决策和运行制度改革的基础上形成宏观的资源合理流动和优化配置机制。这时将扩大企业决策范围，在用工制度和分配制度两个方面放宽或取消对企业的总量控制，从而使企业真正成为市场行为的主体，实现劳动力的正常吐纳，减少企业超员现象，通过横向融资和投资，为企业开辟更广泛的资金投放场所，从而在全社会范围内实现经济结构的优化与进步，实现资产收益的最大化。总之，在企业决策环境优化的基础上，进一步扩大企业决策的选择空间。

五　决策体系目标模式中的个人决策

在传统体制下的个人决策，基本上限于在配给制的有限选择空间下的个人消费，别的方面都无权决策，个人不成为一级决策层次，基本上被排斥于决策体系之外。作为人格化的个人，具有的还只是归属型的人格，而不是自我实现型的人格。所以，决策体系改革的目标理应包括重建个人决策，使个人真正成为马克思所说的自由人。当然，从理论上说，个人决策难以同企业及政府这类决策主体划入同一空间。因为不同决策组织层次的主体总是由一定的个人构成，所不同的仅仅是个人作为决策者的经济规定性存在着极大的差别。因此，不能笼统地考察个人决策。个人作为社会再生产过程的参加者，总是承担着诸多的经济关系。在这个意义上讲，我们这里对个人决策的考察仅限于对不同经济关系承担主体的个人决策，具体说就是考察作为生产过程参与主体的劳动力的个人决策，作为财产关系主体的所有者的个人决策和作为消费关系主体的消费者的个人决策。

1. 作为生产者的个人决策。

作为生产过程参与主体的劳动力，本身就是构成生产环节不可缺少的主观要素，其参与过程中所表现出的积极性往往成为整个经济活动的直接动力。马克思曾设想，社会主义是建立在自觉劳动基础上的“自由人联合体”。然而从目前来看，在相当长的时间里，劳动仍难以达到完全自觉的程度，仍然是一种谋生手段，是劳动者为其自身存在而谋取生活资料所不得不采取的生命活动形式，“迫使人们奴隶般服从分工的情形”并没有消失，人们真正的自由发展尚未充分实现，在许多情况下人们的活动还带有浓厚的强制色彩，维系着客观条件对人的统治。在这种情况下，流动择业决策在个人决策体系中占有着十分重要的地位。劳动能力属于个人所有，因此劳动者有权支配其个人的劳动力。在传统体制下，由于实行刚性就业制度，使劳动力成为供需弹性最低的生产要素，即使是获得就业保障的劳动者本人也仍有极强的不公平感，从而破坏了劳动者积极性的现实基础。因此，通过改革应该逐步建立起劳动力市场和正常的流动机制，扩大择业自由，使这个方面的个人决策充分化，通过这种方式可以造成一种机会均等、公平竞争的态势，使劳动者本人承担投入决策的经济风险，从而从自身利益上激励其主体行为，弱化攀比机制。同时，通过择业决策的充分化，可以提高劳动力要素的货币化程度，使其适应于市场的供需变化和社会生产的周期波动，逐步形成正常的流动渠道，从而在这一要素市场的基础上保证实现全社会范围的劳动力有效利用和优化配置。

2. 作为所有者的个人决策。

作为财产关系主体的所有者的个人决策，主要涉及的是资产支配决策。在传统体制下，由于国家统掌国有生产资料和决策权的高度集中，劳动者事实上处于同公有制相分离的状况。由于缺乏劳动者的自我组织和自我管理，因而其社会主人地位没有成为生产过程中的现实的经济关系，公有制对劳动者来说成了一种身外之物。这种情况同样影响了劳动者的积极性，使其不关心资产的使用效果。在改革中要逐步改变劳动者同生产资料支配权事实上相分离的状况，通过参与管理分享资产决策，使每个劳动者切实感到：公有制不是抽象的，而是与自身利害息息相关的，从而使公有制对每个劳动者来说变成生动的、实在的、有血有肉的。但是，正如我们前面所指出的那样，决策的过分集中缺乏可行性，同样决策的过分民主，完全采取一人一票的表决程序，在组织也存在着难以克服的障碍。因此从一般意义上说，个人对公有财产的支配决策需要有一种制度上的转换机制，这种机制是社会要打破任何个人凭借对财产关系的垄断而获得经营决策的特权，同时为每个社会成员公平地提供同一切公有生产资料相结合并支配它们的机会。机会的均等化和竞争化将使劳动者有较高的满足感，并对与之结合的生产资料在观念上产生认同，从而从根本上激发其作为社会主人的劳动和管理积极性。

3. 作为消费者的个人决策。

作为消费者的个人决策，无论在何种模式下都不属于纯粹的经济学考察范围。经济学所关心的仅仅是消费选择决策对一般经济决策的反馈机制。人既是经济决策的主体，同时也是经济决策的环境，因此他本身的消费方式在很大程度上成为左右其决策轨迹的物质基础。特别是在温饱和动机得以基本满足之后，消费质量是影响个人经济决策的重要因素。而消费选择权是反映消费质量的基本尺度。在以往的经济中，由于长期供需失衡形成的短缺经济，使消费始终处于受压抑的境地，谈不上选择的自由。经济中大量存在的是强制替代和等待消费，从而使劳动力再生产始终滞留于低水平重复的层次上，这种情况影响了整个经济决策行为的合理性，特别是与此相关联的收入分配中的平均主义倾向，使作为消费决策基础的分配过程本身很少考虑效率。人们在决策过程中追求的往往不是创造平等的竞争，以充分显示个人的才干和志向；相反却是致力于参与结果均等化，把主要精力放在拉平收入从而拉平消费上，结果破坏了整个经济效率的利益基础。随着改革的深入，经济总量的增长，劳动力流动机制确立，消费品市场结构性加强和供需弹性提高，将使作为消费者的个人决策的选择空间扩大，能够充分行使属于他自己的消费选择权，使不同的消费欲望得到满足，作为一种决策环境所包含的矛盾也随之而逐步得到解决。

总之，面对个人决策空间十分狭小的现实，改革的目标将是从多方面扩大个人决策选择的自由度，使原来的经济上归属型的个人，成有充分个性与能够充分展示其才能的自由人。

第四章　经济利益体系

在不同经济体制模式中，经济利益体系具有不同的特点和作用。经济体制模式的转换即是经济利益主体的重新分化与组合，经济利益结构的重新调整与再造，经济刺激与动力机制的改进与发展。全面揭示社会主义经济利益体系的深刻内容、演化过程和发展趋势，与所有制结构和经济决策体系、调节体系和组织体系的改革都有密切的联系。

第一节　对我国传统的经济利益体系的再认识

任何事物的运动都有它的起点、过程和目标。起点的特殊性决定目标自身的构造，也决定到达目标的特殊途径。从我国基本国情出发，探索经济利益体系的目标模式，首先要求我们充分认识经济改革前传统经济利益体系的基本特征，深刻理解形成这些特征的体制因素和社会、历史、文化的深层结构。对传统经济利益体系的简单化认识，往往容易得出一些残缺不全的片面结论，而忽略一些最本质的方面，从而使引起利益结构剧烈变动的经济改革，遇到一些难以逾越的障碍。为此，有必要重新认识传统经济利益体系。

一　传统利益体系的基本特征

社会主义公有制奠定了全体人民在根本利益上的一致性，也决定了国家政权是全体人民利益的代表。从取得新民主主义革命的胜利起，我国便消除了阶级利益之间的根本性冲突。国家、政党、社会各个阶层利益的高度统一和根本一致，是社会主义经济利益体系的本质特征。无论是在改革前、改革中还是在未来，我们都不该也不可能抛弃社会主义的旗帜。尽管在党的十一届三中全会之前的历史上出现过一些曲折，但都没有从根本上改变我们党和国家的性质，也没有改变全体人民在根本利益上的一致性。

然而，社会主义国家以指令性计划为特征的高度中央集权的体制模式，在实践中遇到了种种困难，我们在根治“财富在一极积累、贫困在另一极积累”这一资本主义的痼疾的同时，并没有出现马克思创始人所设想那样的运行效率。这就要求我们在把握经济利益体系本质特征的同时，还要把握一些和经济体制以及社会、文化、历史联系更为密切的一些特征。这些特征可以概括为：多元利益主体，缺乏利益刺激，利益结构扭曲，利益界线模糊，利益约束不足。

（一）传统体制下的多元利益主体

对经济利益主体的科学区分是进一步分析利益机制、利益结构的基础。根据利益主体在社会经济生活中的地位，把他们简单地划分为国家、集体（企业）和个人是最常见的描述，同时也是分析经济利益体系的一条基本线索。但社会主义的实践表明，对利益主体的认识仅仅停留在这样粗略的区别上是不够的，还要对这三者的内部进行更深入的剖析。在传统体制下，已经出现了多元利益主体。虽然有些利益主体由于缺乏相对独立的经济利益而没有以独立的经济形式表现出来，但在社会经济的运行实践中，却以他们经济行为的差异顽强地表现出来，远远超出了国家、集体和个人的抽象范围。

首先，国家作为单独的利益主体仅仅是一种理论上的概括。现实经济生活中，国家的职能和权力分散在各个主管部门和各级地方政府身上，形成条块交错的行政管理体系。中央政府、地方政府、各个主管部门担负着不同的责任，行使着不同的权力。尽管它们在最基本的利益上不存在根本性的冲突，但当用一系列不同的指标来衡量它们的政绩时，它们就具有了不同的经济利益，成为不同的经济利益主体。

其次，以基本生产单位来划分利益主体，同样掩盖了利益群体之间的利益差别。全民所有制与集体所有制是我国长期存在的两种公有制形式，它们无论在工资制度、就业保障、职工福利还是在与国家的关系上，都存在着明显的差别。社会上曾广泛流行的“宁去全民当工人，不去集体当干部”的偏见，正是这种差别的反映。两种公有制形式所包含的经济关系的区别，使它们形成不同的经济利益群体。正是这种群体的经济利益差别，使不同的利益群体内通行着不同的关系原则。

第三，把劳动者个人看作一个完整的利益主体，又往往忽视了个人之间的利益差别。由于每个劳动者个人能力的差异，在不同岗位、不同职务上必然形成个人收入上的差别，而更深刻的原因在于，即使在传统体制下，个人财产在正常的情况也总是能够得到法律上的承认与保护。因此，每一个劳动者之间也必然存在着利益差别。承认劳动者个人之间的利益差别还只是表面的，更为重要的是劳动者群体之间的不同经济利益。体力劳动者与脑力劳动者、工人与知识分子、普通职工与干部，理论工作者与实际工作者以及各级领导干部之间，由于各种经济和社会的原因，都会出现各种不同的差别，带有经济利益上的差别的性质，或者间接地转换为经济利益的差别。

第四，沿着国家、集体、个人这样的线索来划分利益主体，还会常常忽视工农、城乡、地区之间的明显的利益差别，从而忽视了它们作为利益群体的独立存在。我国是一个发展中的大国，由于历史的沿革和今天的发展，都无法迅速改变城乡之间、工农之间和地区之间物质生产和生活水平上的巨大差距，这些差距构成利益差别的现实基础。

忽视利益主体或群体之间的矛盾与冲突，是分析传统体制下经济利益体系时通常出现的另一个弱点。

社会主义制度下，根本利益的一致性不仅掩盖了利益主体或群体之间的利益差别，更容易使人忽略利益差别和利益调整时的矛盾与冲突。

社会生产力发展的水平决定了人类社会只能在一定的程度上和范围内满足已经产生的经济需要。正是这种经济需要与实现需要之间存在着难以缩短的差距，社会劳动成果才能表现为经济利益。这种经济利益的有限性，要求经济利益必须在经济利益主体或群体之间进行适当的分配。当经济利益总量不变时，某一经济利益主体或群体经济利益的增加，就意味着另外一些利益主体或群体利益的减少，从而必然引起利益主体或群体之间的利益矛盾或冲突。即使利益分配的比例不变，利益差别也会随着利益总量的增长而不断扩大，导致矛盾的加剧和冲突的频繁。

利益主体或群体之间的利益矛盾，具体地表现在条块之间和城乡之间。1978年以前，经济体制的几次大的调整都是为了解决地方政府与中央主管部门之间的利益矛盾；而以提高农副产品收购价格为手段的改善农民利益，在触及城市居民的利益时就会引起他们的抱怨。当然，偏低的农产品收购价格一直是国家利用经济杠杆加快工业化进程的手段，也是导致农民长时期内生产积极性不高的重要原因。

由于传统经济体制下指令性计划、物资调配和固定价格这三位一体的运行机制，把利益差别强制性地限制在一定的程度内，因此，在一般情况下，利益主体或群体的矛盾以潜在的方式存在着。只有在经济剧烈波动、大幅度调整或在经济模式的转换过程中，才能充分表现出来。

（二）缺乏利益刺激

无论在我国还是东欧各国，在传统体制下，最初的经济动力主要来源于政治热情和强制性命令。但我国和大多数东欧国家的区别在于：战后主要东欧国家一直把重建经济利益刺激机制作为动力系统的一个分支而不断扩大它的作用，我国却在利用利益刺激方面走了弯路。新中国成立初期，劳动人民由于经济上的翻身、政治上的解放以及对共产主义明天的美好憧憬，焕发出空前未有的政治热情和牺牲精神；同时，对非公有制的强制性改造和限制又保证了经济的平稳运行，所以社会主义经济建设迅速起步并取得举世瞩目的成就。但是，社会主义的建设是个长期的历史过程，尽管人民生活水平的持续提高能够在一定程度上延缓了政治热情的衰退，但在长期的和平建设环境中，人们对物质生活需要的要求增长得更为迅速，经济利益因素逐步成为经济生活中的主要动力。这时，利益刺激机制的形成与完善就成为动力产生的一般源泉。苏联东欧国家在第二次世界大战之后，为了提高效率，开始寻求建立利益刺激机制的途径。我国在第一个五年计划时期，也把原来对军政人员实行的供给制改为工资制，但仍然保留某些工资以外的实物供给待遇，并且借鉴苏联的经验，建立了厂长基金、计件工资、超额奖金等物质鼓励制度，同时也开展了劳动竞赛等新的精神鼓励形式，形成了物质鼓励与精神鼓励相结合的动力结构。"一五"期间，无论国内环境还是国际环境，和今天的差距都相当大，因此这种动力结构在建设与发展中是发挥了巨大作用的。

1958 年的大跃进是在排斥利益刺激、依赖所有制改造和"一五"时期的建设成就焕发出来的巨大政治热情为动力的，它的失败和随之而来经济困难，使人们的政治热情急剧下降，经济动力不足的问题突出起来。因此，1966 年"文化大革命"之前，虽然企图重新恢复"一五时期"形成的个人利益与物质鼓励相结合的刺激动力结构，但由于指导思想上"左"的干扰，一直没能完全恢复，并逐渐片面强调和扩大阶级斗争，试图以此唤起新的政治热情。但这时政治热情已经不能有效地转化为经济动力，因此强制性命令增加了。由于消费品的普遍匮乏，有支付能力的需求远远大于供给，不能不扩大凭票供应的范围，个人消费中的各种票证制度也固定化了。

十年动乱期间，对物质刺激的批判导致利益刺激系统几乎被完全取缔，经济发展中的效益下降，人民生活水平增长缓慢以及对政治前途的困惑，使人们建设社会主义的政治热情受到极大的挫伤，经济动力普遍不足，劳动生产率下降，生产过程中的损失浪费现象严重。靠单纯行政命令所推动的经济运转，难以摆脱低效益的状态。1978 年经济体制改革之前，由于利益刺激缺乏而造成的经济动力不足已成为体制上难以克服的痼疾和发展中的障碍。

（三）利益结构扭曲

忽视多元利益主体或群体的存在，以行政命令为依托，排斥利益刺激的动力结构，自然导致利益结构的扭曲。利益总量的分配明显偏离各个经济利益主体或群体在经济运行中的实际作用。利益过多地流向各级政府尤其是中央政府一端。不仅对外贸易、大宗投资、物价制定等权力主要由中央政府控制，而且中央政府直接决定工资水平与总额，产品生产与调配，工人就业与福利，技术进步与开发。权力的过度集中要求以货币为形式的利益也相应集中。在传统体制下，利益调整绝大多数发生在中央政府和地方政府之间，虽然1958年曾有过一段扩大企业留利的短暂时期，但在绝大多数时间里，企业的货币利益基本上不存在，国有企业的利润分配制度，基本采取全额上缴的统收统支办法，企业留利几乎是零，企业发展、企业集体福利等与企业经济效益无关。个人工资与劳动贡献脱离。国家掌握着决定个人利益大小的基本权力，通过等级工资制度决定个人经济利益的多少。个人财产被局限在消费领域，个人消费的增长又受到压抑，各种票证制度的存在直接限制了消费者的选择权力。1978年，工资总额在国民收入中的比重仅占19%，①比1965年东欧国家（德、波、匈、保、捷）的平均水平低7%。

同时，“文革”时期中央政府权力高度集中，财政管理体制一直坚持统一领导、分级管理的原则。1980年前，以统收统支为基础特征，财政收入全部归中央，财政支出由中央切块分配，省、县两级预算的自主权很小。这虽然能够集中资金重点使用，使中央政府的经济利益得到充分的保证，但束缚了地方政府的积极性。地方由于缺乏财政收入，经济利益太小，许多该办的事办不起来，突出表现在大多数中小城市的市政建设欠账太多，第三产业落后，给人民生活带来诸多不便。重点开发内地的三线建设，延缓沿海地区的工业发展，人为地拉平地区间的利益差距，形成了地区之间的利益矛盾。

（四）缺乏经济利益约束

人们在经济改革初期就比较清楚地认识到传统经济利益体系中缺乏利益刺激和利益结构的扭曲，随着改革的逐步深化，进一步认识到

① 见《中国统计年鉴（1983年）》，第22、429页。

缺乏利益约束是传统利益体系中更深层次的矛盾。

缺乏利益约束主要表现在：

第一，无论中央还是地方政府对政府的投资、计划等决策行为所承担的责任，与政府自身的利益无关，政府对国有企业直接管理中的失误和错误也不会直接减少政府的利益。用货币形式表现的各级财政收支在统收统支体制下，不受经济管理状态的制约。政府的经济利益可以分为两类：一类是由政府管理职能决定的经济利益，一类是政府作为所有者所要求实现的经济利益。由于传统体制下政府的两种职能混杂在一起，无论是作为管理者而获得的税收，还是作为所有者而获得的利润，都一律表现为国家的财政收入。但这仅仅是政府经济利益的一个方面。更重要的是，政府经济利益并不完全表现为货币形式。作为中央政府来说，保持经济持续稳定的发展，保持经济结构的平衡和经济运行的协调，同时还负有发展文化教育、科学技术等重任。地方政府则负有发展地方经济，实现充分就业，提高当地人民生活水平等责任。因此，政府一方面要增加财政收入，一方面要通过增加开支实现自己的全部经济利益。但是，谁又为此承担责任呢？政府并不因为自己各方面的失误所造成的经济利益损失而承担任何惩罚。

第二，企业缺乏利益约束表现为企业不负亏损，全部由国家包下来，只要完成国家规定的指标，就可以受到上级主管部门的赞赏。企业利益主要有两方面：一方面是企业的生存，这是企业最基本的经济利益；另一方面是企业的发展，包括技术进步、在同行业中的地位等。这两方面的利益都不取决于企业自身，因为企业的生存由国家包下来，企业的发展由国家所决定。因此，企业既不受破产的威胁，又没有市场竞争的压力。企业既不考虑投入品的来源，又不必考虑产出品的去向。

第三，个人利益约束缺乏。这不仅表现在就业制度给工人以“铁饭碗”，而且表现在各级政府的管理人员也不受任何利益上的约束。公有制是全体劳动者的财产，但在传统体制下，却无人真正负责。个人利益约束和公有财产的完整与增值脱钩所造成的财产所有权虚置是传统体制下经济效益低下、经济利益约束软化的根本原因。

个人利益约束软化的另一个重要原因是，公共福利替代了工资收入的一部分。尽管这种福利化被认为是社会主义制度的一种优越性，但当它在全部个人消费中所占的比例超过一定的程度时，又会进一步弱化个人经济利益的约束。

（五）利益界限模糊

如果说过去人们对传统体制下利益约束的软化缺乏充分认识的话，那么对经济利益主体或群体之间利益界限的模糊更缺乏足够的了解。利益界限模糊实质上是造成利益刺激缺乏、利益结构扭曲和利益约束软化的原因。

"大锅饭"是利益界线模糊的通俗表述。传统体制下，职工吃企业的"大锅饭"，企业吃国家的"大锅饭"，国家吃人民的"大锅饭"，落后地区吃先进地区的"大锅饭"，这些都是利益界限不清的表现。多元利益主体的混淆，各个利益主体不能独立存在，原因就在于他们之间缺乏明确的利益界定。"你的是我的，我的也是你的"，这种普遍存在的利益界限模糊使利益刺激和利益约束失去了最一般的基础。

上述对传统体制下经济利益体系特征的分析，使我们对传统经济利益体系在经济运行中的作用得出几条最基本的评价：（1）在利益结构扭曲状况下，不论是企业利益的实现和个人利益的实现都出现了均等化的倾向，这样，各个利益主体虽然要求在公平竞争基础上彼此实现的利益有差别，但实际上却以分配的均等取代了机会的均等，使人们感到已经泯灭了利益差别。（2）平等中的效率低下。平等的结果是造成缺乏利益刺激和动力不足，这是传统体制下效率低下的根本原因。如果说利益均等的积极作用是消除了利益差别所造成的社会矛盾，从而使社会经济生活能够长期稳定的话；那么，它的消极作用则是效率低下所导致的社会经济进步的迟缓。（3）利益约束松弛条件下的利益刚性。虽然在传统体制下"一平二调"是非常普遍的现象，但也总是受到各个经济利益主体的强烈反抗。讨价还价是最突出的表现。利益约束松弛为利益主体保住既得的经济利益创造了条件。不放弃既得利益也不会受到根本性的约束。利益均等进一步强化了这种利益刚性。产业结构的调整、资源的重新分配都与利益的重新调整是分不开的，而利益刚性的反方向作用是结构固定化的重要原因。计划部门在进行结构调整时，往往迫于各方利益的压力，延长调整的时间，减少调整的幅度，放慢调整的速度。这是传统体制下结构长期失衡的基本原因。（4）利益实现上的均等固然使每一个劳动者消除了在剥削阶级社会中长期受奴役地位所造的压抑感，但利益变动与财产关系的脱节、劳动者个人利益来源的单一化，又使劳动者很难感到自己是公有财产的主人。

二　传统利益体系形成的基本因素

经济利益体系在既定的经济体制模式中形成，同时又受到经济发展和政府经济政策的影响。

（一）经济体制决定经济利益体系的基本状态

首先，所有制结构决定经济利益主体之间的相互关系，财产关系决定经济利益的量的分配，经济利益的具体形式和实现方式则是分配制度的产物。经济利益主体所以能够占有和支配各种物值形式的经济利益，根本原因在于经济利益主体对生产要素的占有。公有制下，生产资料归全社会所有，归企业与集体使用，劳动者除个人消费品外不拥有生产资料。劳动者虽然是生产资料的所有者；但由于社会分工把生产资料分散在各个生产单位，因此劳动者是在具体的生产单位实现和生产资料的结合。不同企业中，劳动者个人的能力存在着先天和后天的差别，包括管理人员组织管理能力的差别、工人的技术操作水平的差别、科技人员创造发明上的差别，这些差别最终将导致企业生产要素使用效率上的差别。要发挥企业和劳动者积极性，就要承认这些差别，承认企业和劳动者相对独立的经济利益。但是传统体制下，由于所有制形式的单一化不能为这些利益差别提供充分的表现基础，很难使企业之间和劳动者之间的利益差别表现出来。更重要的是，在经营权与所有权合一的传统全民所有制形式下，所有者、经营者和生产者在财产关系中的地位都是模糊的，因此很难产生利益差别的形成机制。或者说，利益界限的模糊是财产关系模糊的结果。

其次，决策体系的核心是决策权。决策单位划分为个人、企业和国家，决策主体的决策行为受经济利益体系支配。决策者总是抱有一系列力图用自己的决策行为为之服务的目的，这个目的主要是经济利益。经济利益的性质决定了决策权力的性质。同样，既定的决策体系也决定了利益实现的方式和途径。在传统体制下，高度集中是决策体系的基本特征，这就决定了利益分配权力的高度集中。这种决策体系由于高度集中而带来的种种弊病，也自然会反映到利益体系中来。企业决策权力过小，使企业只能被动地成为政府分配利益的接受者。对个人决策权力的限制，也限制了经济利益在不同个人之间的差别程度。同时，决策权力的高度集中，又使利益必然更多地掌握在政府手中。

再次，经济调节是通过对资源的重新配置，实现经济在增长中的稳定运行。资源的重新分配对是经济利益的重新分配。经济利益又是经济调节的媒介，各种经济杠杆和经济参数正是通过对当事人经济利益的影响来改变经济行为，从而改变整个经济运行机制的运转。经济调节有三个主要杠杆即价格、税收、信贷。价格变动是最直接的利益重新分配。税种、税率的变化会改变国民收入的流向，通过经济利益体系而改变经济运行的节奏。信贷和利率是实现国家宏观利益平衡的杠杆，作为调节手段，利率作为资金价格的变动指数正是通过调节资金使用者的利益，调节资金的供给。差别利率和贴息贷款都是通过影响资金使用者的经济利益来调节资金的流向。在传统体制下，由于指令性计划是经济调节的手段，不同利益主体之间的利益也是由指令性计划来调节。因此，指令性计划的主观随意性和僵化性，常常使经济利益结构固定化和偏离通行的规则。

最后，经济组织体系是使决策体系、经济利益体系和调节体系得以正常发挥作用的管理系统。这就必须建立尊重经济主体经济利益的经济组织体系。衡量经济组织体系是否合理的重要标志在于是否把经济主体的行为、经济职责和经济利益有机地结合在一起。职能合一、政企不分是传统体制中组织体系的基本特征，这恰恰是政府和企业经济利益界限模糊的制度原因。

（二）经济发展战略、经济政策以及社会、历史、文化观念等对传统经济利益体系形成的影响

经济利益体系的形成虽然主要取决于经济体制，但由于在相同的经济体制下可以实行不同的经济发展战略和经济政策，以及受不同的历史或文化传统的影响，也会形成不同的经济利益体系。

党的十一届三中全会之前，我国长期实行的是一条重数量轻质量、重外延轻内涵、优先发展重工业的发展战略，势必要求集中使用社会资源。在资源总量不能迅速增长的条件下，就只有暂时牺牲消费即牺牲劳动者个人利益来实现。这正是我国长期以来以货币衡量的个人利益增长很慢的重要原因。偏重于发展工业，不可避免地损害农村的利益；偏重于发展内地工业，不可避免地影响沿海工业的发展。

国家在管理社会和经济时，采用不同的经济政策，也会影响经济利益体系的形成。我国长期以来实行重公平、轻效率的政策，这虽然在一定程度上避免了经济发展水平较低国家经常出现的贫困、饥饿等现象，但也助长了平均主义，导致劳动者个人利益界线的模糊。偏重于实行全民就业的政策，把暂时性失业也看做是与社会主义经济制度根本不相容的，虽然有些企业、政府机构已经人满为患，但仍不断增加编制，导致经济效率下降。这正是“铁饭碗”形成的一个重要原因。过分强调消除脑力劳动和体力劳动的差别，导致在一定程度上损害了知识分子的利益，甚至出现体脑劳动报酬倒挂的不正常现象。过分强调国际主义，有时导致牺牲本国的经济发展利益。

几千年封建社会的历史留给新中国的一份遗产是商品经济极不发达，封建宗法关系和人身依附关系的根深蒂固。产权不明确从而引起利益界限的模糊正是这一特定的历史所造成的。

中国传统的文化观念是“不患寡而患不均”，“均贫富”不仅是几千年中国农民起义的宗旨，而且也是我国新民主义主义革命初期所曾使用过的口号。传统的农民意识顽强地反映到党的某些方针政策上来，这正是长期以来平均主义所赖以生存的基础。

当然，传统经济利益体系的形成，也来源于对马克思主义的教条主义的理解和对苏联经验的简单照搬。这一方面表现在不能准确把握

现阶段的社会主义还不是马克思所设想的社会主义，按劳分配也不是列宁所讲的那种按劳分配，更重要的是否定商品经济的存在，这是使利益体系扭曲的重要原因。另一方面，社会主义毕竟只有不到一百年的历史，除苏联模式外还缺少可供借鉴的其他典型。

第二节　经济改革过程中经济利益体系的演变

经济体制的模式转换中，经济利益体系也发生了深刻的变革。多元利益主体的独立化，利益形成的双轨制，改变了传统的利益结构。不同利益主体或群体对经济改革的不同态度和承受能力上的差异，又强有力地改变或影响着经济改革的进程。同时，经济利益体系变革中的障碍与偏离，提示出进一步改革中所必须注意的问题。

一　多元利益主体的独立化

多元利益主体从模糊不清走向相对独立是经济利益体系在经济体制改革中重大而明显的变化。财政分灶吃饭使地方政府的经济利益趋于独立化；企业的利润留成、利改税、自负盈亏，使企业有了自己的经济利益；财产关系和个人收入制度的一些变革推动了个人经济利益的形成。

1. 中央和地方经济利益的分离。

我国是个幅员辽阔、人口众多、区域差别悬殊的大国，这是地方政府分权自治的自然基础。全国解放后，财力的贫乏使中央政府难以包揽发展经济、保障就业的全部责任，这是地方分权自治的经济基础。我国各省、市、区的划分基本上沿袭了历史和民族的习惯，这是地方政府分权自治的社会历史基础。地方政府缺乏独立的经济利益，就会把一切责任推给中央政府或依赖于中央政府解决地方经济问题。

1980 年实行分灶吃饭的新财政体制，这是我国经济体制改革最早迈出的步伐之一。分灶吃饭的具体做法是把中央企业收入作为中央固定收入，把地方企业收入及地方税作为地方固定收入，把工商税作为调剂分成收入，划分收支，一定五年不变，各地可以根据自己的收入安排自己的支出。经过几年实践，证明分灶吃饭较之统收统支有很大优越性，但也存在不少需要改进的弊病。

分灶吃饭的积极方面，主要表现为：（1）地方能够根据自己的财政收入，自主安排自己的财政支出，充分调动了地方的积极性；促使地方关心经济发展和财源增长，重视扭亏增盈；从经济利益关系上推动地方政府抓企业的经营水平和经济效益。（2）加重了地方政府的经济责任，可以分担中央财政的责任和困难。地方自己集钱总比大家向中央要钱好。（3）扩大了地方财政的自主权，使地方有了独立的经济利益，能够因地制宜地处理问题，适应了我国国家大、情况复杂的特点。

分灶吃饭所体现的分级财政的方向是正确的，为解决中央和地方经济利益的划分问题奠定了基础。但由于分级财政的具体办法不尽恰当，又给国民经济带来一些消极影响：（1）把统一的财政资金分成预算内和预算外两块来管理的办法，实际上是放弃了财政的统一管理。1985 年预算外资金已相当于预算资金的 60%，这样大的一部分财政资金脱离统一计划制约后，当市场信号不准确时，很难避免盲目性。这是 1984 年以来，出现财力分散、盲目建设、重复建设、投资膨胀的重要原因。1985 年开始全面的投资紧缩之后，中央投资受到严格的控制，但地方投资却由于预算外资金难以控制而继续膨胀。（2）收支完全挂钩，地方靠自己的收入平衡预算的办法，虽然有利于调动地方积极开辟财源的作用，但同时也削弱了中央财政对地方财政的制约作用。大部分企业归地方所属，按隶属关系划分收支，就使地方直接掌握全国财政收入的 80% 以上，而中央财政只掌握不到 20% 的财政收入，只能向地方要钱来平衡自己的预算。这不仅容易造成收入的过度分散，而且中央财政失去了制约地方财政资金运用方向的物质力量，中央的经济利益受到地方政府的侵蚀。（3）按隶属关系划分收支的办法，虽然把地方的经济发展和地方政府的经济利益紧密联系起来，使地方经济利益有了独立的实现方式，调动了地方的积极性，但这也造成中央财政利益与地方财政利益之间的冲突。首先把隶属于地方的企业收入全部划归地方财政，把隶属于中央各部门的企业收入全部划归中央财政，这就使地方的企业只与地方财政利益发生联系，而与中央财政利益无关。地方出于扩大自己财政收入、增加自身经济利益的考虑，很容易对地方和中央企业发生亲疏之分。这样就可能出现以小挤大，重复建设的毛病，例如小烟厂挤大烟厂，小棉纺厂挤大棉纺厂。同时，也会助长“地方所有制”等不正常的倾向。其次，按企业行政隶属划分收支范围，造成地方企业利润的实现情况同地方政府的经济利益挂得太紧，各地方出于自身利益考虑，往往对企业进行过多的不必要的干预，加重了地方政府侵犯企业经济利益的可能性。再次，分级财政带来财政管理上的责、权、利脱节。从根本上说，财政体制是正确处理财政分配中的责、权、利关系问题。按行政隶属关系划分收支范围从表面上看是划分了财政收入来源，但却没有划清中央与地方财政责任的划分。中央与地方之间的矛盾不断出现，所谓“包而不干”不能避免。（4）在“分灶吃饭”的财政体制中，处理集权与分权的各项具体办法，都是着眼于中央与地方之间财政收支的数额上分清你我，只有分的手段，没有集中对分散的制约机制。分权变分家，地方扩大财政自主权后，在发挥当家理财的积极性的同时，脱离宏观控制而出现盲目性。

南斯拉夫的经验值得注意，在使地方政府的经济利益独立化时，要避免地方政府过度分权。从70年代末开始，南斯拉夫经济发展出现了难以消除的危机，其原因是多方面的，而地方分权模式的发展是最基本的原因之一，从排斥市场的旧体制发展成为八个互相封闭的局部市场。地方既有自己的经济利益，又掌握保护自己经济利益的权力，必然导致互相封锁。在地区分权模式下，联邦政府难以制定符合总体利益的外资政策和关税政策，又使宝贵的外汇大量用在增加国内消费的方向上。

在1985年的宏观经济国际讨论会上，南斯拉夫改革执委委员巴伊特教授说：“80年代初，我们分析出现经济危机的原因，开始认为是引入市场机制造成的；后来突然发现，不是市场的失败，而是我们对市场没有宏观管理，特别是没有货币政策和收入政策。”于1983年7月通过的《稳定经济长期纲领》迟迟贯彻不下去的主要原因是各地方政府之间利益矛盾很大，发达地区不愿放弃既得利益。南斯拉夫的经验教训和对我国消费膨胀、投资膨胀的分析表明，片面地弱化中央政府的宏观管理和牺牲中央的经济利益，强化地方分权和地方经济利益是不足取的。

2. 国家与企业利益的分离。

企业制度改革的关键是解决国家与企业的财产关系和分配关系，实质上是解决国家与企业的经济利益关系。国家与企业的经济利益关系，在社会主义政治经济学的历史上是一个新问题。因为在马克思经济学关于社会主义的经济理论中，只有社会和个人的经济利益关系，没有国家和企业的经济利益关系，企业作为经济利益的主体进入生产和再生产过程是社会主义传统经济模式在实践中遇到尖锐矛盾的产物，也是企业作为社会经济活动的主体和物质财富主要创造者地位的必然要求。

联结国家经济利益与企业经济利益的纽带是企业创造的纯收入，划清二者利益关系的关键是企业利润的分配制度。1978 年实行企业基金制度，即企业依其完成国家下达的各项经济指标的情况，可以提取最多不超过职工工资总额 5% 的企业基金。1979 年试行全额利润留成办法。1980 年 1 月，又改行基数利润留成加增长利润留成的制度，明确企业留利同时包含奖金、福利基金和生产发展基金。1981 年起，开始广泛建立各种形式的经济责任制。在利益分配方面，基本可以分成三种类型：各种形式的利润留成；利润包干或亏损包干；以税代利，自负盈亏。一部分小型国有企业，改上缴利润为上缴所得税和固定资金占用费。1983 年 6 月起实行了国有企业利改税，即比照对集体企业采取的办法，对国有企业征收盈利所得税，税后余利再实行分成包干的多种办法。1984 年 10 月实行利改税第二步改革，将原工商税划分为营业税、产品税、增值税，并提高了这几种税在总税负中的比重又在所得税之外增设了一些辅助税种。但是，由于物资体制和价格体系的改革尚未起步，企业盈利水平差别太大，原拟施行的固定资金税未能开征，对国有大企业又被迫普遍开征了一户一率的调节税，对小企业则实行承包制。

回顾这几年国家与企业利益分配关系的演变，其间尽管几经曲折，探索前进，但仍然大概显示了一些轮廓和走向，归纳起要点为：(1) 决定企业经济利益的指标趋向单一化，国家考核企业的经济指标逐步从多种实物和价值指标向利润这个综合性经济效益指标过渡。(2) 企业经济利益的范围扩大，从提留少量的奖金、福利基金发展到可以逐步选择劳动报酬形式，保留折旧基金，并拥有日益增多的扩大再生产的资金，包括横向投资的资金。(3) 按基数考核，分配利益的范围急剧缩小。我国长期以来，无论国家考核企业生产增长，还是实行利益分配，一般都采取承认现状再适当增减的方法。这种方法奖懒罚勤、鞭打快牛，和商品经济的横向竞争、优胜劣汰的原则背道而驰。利改税后，实行基数分割的仅限于调节税，而且各方面要求废除的呼声很高，目前正在采取积极办法替代。经济利益的弹性分配制度正在形成。(4) 国有企业与其他各类企业的税收等负担趋向同一，各类企业的竞争环境逐步均等化，企业之间经济利益实现时的竞争增加了。

经济利益分配上的这种演变趋势，是企业作为商品经济中的主体地位增强的反映，是企业利益独立化的过程。这种演变的结果是增强了企业的活力。但是，国家与企业的经济利益分配中，还存在着严重的矛盾和冲突。主要来自三个方面：(1) 由于种种因素的制约，资金无偿使用的状况还没有根本改变。(2) 国家和企业之间的利益分割缺乏合理的尺度，造成分配关系的不稳定性。(3) 在建立使企业具有活力的经济利益基础的同时，忽略了引导企业行为合理化，表现在我们没有重视给企业留利中用于生产发展和生活消费的部分寻找恰当的分配标准，而是简单地规定一个很不适用的硬性比例（如四六开）了事。其结果，削弱了企业技术更新和改造的动力，推动了消费膨胀的势头。三者汇集一点，说明国家与企业的经济利益上的纠葛并未完全消除，现有的分配关系还不稳定及合理。

国家利益与企业利益的冲突典型表现为，企业对国家宏观调节反应微弱，挖潜、革新、提高产品质量等真功夫欠缺。企业为了实现和保持原有的经济利益，惯于通过提价转移成本的上涨，收入分配在企业之间的攀比，突出表明企业只能负盈不能负亏。资产增值只是国家的事，而企业漠不关心，追求“当年红”、牺牲资产利益的现象相当普遍。从企业角度来看，各种扩权的规定还远远没有落实，企业的权限很小，行政和社会束缚极多，仍然是欲干不能、欲罢不忍，动辄掣肘。因此，继续调整国家和企业之间的经济利益关系，仍然是一项艰巨的任务。

3. 企业利益、个人利益、经营者利益的分离。

国家与企业利益的分割仅仅是企业利益独立化的一部分，使企业成为真正的商品生产者还要解决企业与劳动者个人的经济利益关系。

劳动者个人作为劳动力这一生产力中最活跃要素的拥有者，作为最基本的消费单位，他们在生产过程中的主动性、积极性，在交换、消费过程的选择权和自主权是经济运行的最基本的动力。劳动者个人经济利益是劳动者个人经济动力的源泉。保障劳动者个人经济利益的实现，建立劳动者个人经济利益与国家、企业经济利益之间的合理比例，是充分利用劳动力资源，实现社会主义制度的优越性的基本前提。随着经济体制改革在微观层次上逐步展开，工资制度也开始发生变化。1980 年国家规定企业可以有条件地推广计件工资制，并逐步恢复了奖金制度。1981 年提出在企业内部采取指标分解、计分计奖、计件工资、超产奖、定包奖、浮动工资等调节劳动者经济利益的方法。最初规定了企业发放奖金的限额，后来又用超过一定数额之后（现在是相当于四个半月的工资）开征奖金税。1983 年，在六届人大上赵紫阳同志提出，逐步改革工资制度，使职工收入同社会经济效益、企业经营好坏和个人的劳动贡献密切联系起来，并逐步改革劳动人事制度，做到能进能出、能上能下、择优录用、选贤任能。这几年，个人收入方面的改革基本是沿着这几条思路前进的。1984 年以来逐步推行合同工制。1985 年开始，在部分企业中试行工资总额与盈利总额挂钩的试验，后来虽然由于企业外部环境不均等造成企业盈利和奖励悬殊过大，引起企业间的相互攀比，不得不暂时告停，但它仍然反映了个人收入制度改革的方向。

现代企业改革不是一个点，而是一个系列。把经营者利益从职工一般利益中独立出来，经营者个人利益的独立化和他对所有者委托经营的资产高度负责又是实现经营权与所有权普遍分离的历史和逻辑的前提。

我国城市经济改革以向企业“放权让利”或搞活企业为中心，取得了实质性的进展。但应看到，伴随着这一进程也出现了种种不尽如人意的现象，如企业行为不合理，活中有乱；微观效益没有显著提高；投资和消费普遍膨胀；特别是继继沿着这种思路已难以深化经济改革。这里的症结在于，在实施放权让利的同时，没有注意解决承接这些权、利的经济主体本身的再构造问题，特别是没有首先集中解决经营者的问题。

在传统的社会主义体制模式下，甚至不存在起码意义上的经营者，企业的厂长和经理不过是主管部门任命的行政官员，他的个人利益与企业职工利益混同在一起，而与企业的资产没有任何直接的利益联系。因此，实现所有权与经营权分离的两个前提条件既不可能在传统体制下产生出来，也不可能在改革过程中自然而然地孕育成熟。在这种情况下，放权让利或经营权直接交给企业这个混沌的利益主体时，根本不可能解决企业家和经营权问题，并难免出现滥用权力的弊病。加之利益关系的自然导向，企业的厂长或经理不是自觉地维护国有资产的权益，而是与职工捆在一起“挖国家的墙脚”，结果不仅投资膨胀的老问题没有解决，又出现了消费基金膨胀的新趋势。特别是各个企业的生产经营条件极其悬殊，而这种生产经营条件又还没有转化为财产关系的约束时，企业盈利多寡不完全反映企业内劳动者的努力程度，如果在条件尚未具备时过早地推行这种工资分配办法，不可避免地会引起普遍的攀比效应。所以，当经营层次的自我约束机制还没有形成时，对工资的直接控制是不能够放松的。

正因为这样，改革动力利益机制要求解决财产关系在经营层次的人格化问题，对此，以实现两权分离为目标的租赁制、承包制、股份制、企业经营责任制和资产经营责任制沿着经营者利益独立化的道路迈出了第一步，初步形成企业家阶层的萌芽机制，但在强化经营者约束方面仍存在着许多亟待探索的问题。

二 利益形成的双轨制

经济体制改革改变了利益形成的单一化机制，出现了双轨并存的新局面。突出表现为：利益来源的多样化、利益分配渠道的双重化和利益结构的深层变化。

1. 利益来源和利益形式的多样化。

非劳动收入在个人总收入中比例增长，是利益来源多样化的首要标志，而个人经济利益形式的本质变化是个人财产的资产化。非劳动收入主要包括居民的利息收入、分红收入以及工资收入中的非劳动性报酬，利益形式的多样化则表现为个人金融资产和固定资产的迅速增长。

1978 年，银行城乡存款总额只有 210 亿元，1986 年已达到 2500 亿元，增长了 11 倍。相应的利息收入也大幅度增长，从而使银行利息收入在个人收入中的比重上升。简单地把居民存款的增长看作一种持币待购，往往会忽视经济流程已经发生的本质变化。它反映了国民收入中的积累形成并转化新的生产基金的渠道变化。

分红收入主要分作两类：一类是作为企业留利组成部分的奖励基金，一类是个人股份的股息。劳动分红虽然在实质上仍然和劳动贡献直接相关，但劳动报酬通过与资产收益并存的形式存在，大大加强了劳动者个人与资产之间的关系。这两部分在个人收入中所占的比例，近年来增长很快，尽管个人作为企业资产的部分所有者所获得的收入在总量上还相当微小，但它预示着个人收入来源的本质变化。如果说，劳动者个人的利息收入还只是间接地与资产收益相关的话，分红收入则是个人资产或个人作为资产代表的直接表现。

1978 年以来，劳动者的工资收入一直以比较高的速度增长，年均增长速度已达 20%，远远超过劳动生产率的增长速度。但收入增长并不能等同于消费扩张。消费水平的提高远远落后于收入提高的速度，它们之间的差额表现为银行居民存款以及居民年存现金的增加。简单地分析，往往把这种现象归结为消费结构变动的滞后或个人利益膨胀的结果，而很少认识到这是一种新的利益刺激机制的作用。劳动报酬数量刺激转化为财产刺激的新形式，这为重新认识居民储蓄的稳定性提供了新的启示。

个人固定资产的发展也非常迅速。如我国私人住宅的拥有量在城乡特别是乡村增长很快。个人拥有的生产资料在农村表现得比较突出。耐用消费品的增长更是令人吃惊。由于它们能够很容易地转化为个人的金融财产，因此在某种意义上也可以算作一种资产。至于个人拥有生产资料当然更可以算作资产了。

在个人利益来源多样化的同时，企业的利益来源也发生了本质的变化。在传统体制下，企业收入只与生产出来的产品数量相关，而在改革过程中，逐步转变为企业经营的综合结果。企业的营业性收入和支出都在增长。技术成果的转让渐渐成为企业新的收入来源。开始出现了企业之间的投资和收益。

2. 计划与市场的双渠道。

随着市场机制在整个经济运行中的地位的增强，作用范围的扩大，市场已经成为经济利益分配的重要渠道。首先，企业收入的变化不再单单取决于指令性计划、物资统配和计划价格的调整，也不简单地取决于生产的数量增长。双轨价格的出现，市场范围的扩大，改变了决定企业收入形成的变量。1986 年底，中央统一调配的物资已经降为 20 种，市场价格的覆盖面已经超过 50%。尽管企业为了自身的利益仍然非常偏重平价投入品的增减和计划调出产品的数量，但也开始注重市场行情的变化。一只眼睛盯着计划，一只眼睛盯着市场，已经成为相当多企业的行为依据。

同时，国家利益和个人利益也不同程度地受到市场的调节。政府的财政收入的数量变化，不再单线条地取决于企业的生产状况，同时取决于市场的变化。如普遍的物价上涨通常不仅引起政府补贴的增多，而且会在价格上涨中增加财政收入。个人消费品市场价格的变化直接影响到劳动者个人的消费水平，对劳动就业的需求在就业制度已经部分发生变化的条件下，也会间接影响劳动者的个人收入。

3. 利益结构的新格局。

由于经济利益来源的多样化，利益形成机制的双轨制，在经济改革过程中，经济利益结构出现明显的变化。以货币收入表现的经济利益在国家、企业和个人之间的分配比重发生较大幅度的调整。

首先，在国民收入中，企业支配的收入比重大大增加，这突出表现在国家信贷资金来源结构的变化中。1984 年，各类企业在国家银行的存款余额为 1333.79 亿元，占银行全部资金来源的 26.7%，全部存款的 40.3%。其次，个人支配的收入比重也明显增大。1979—1984 年，全国农民人均纯收入平均每年增长 17.6%，职工家庭人均生活费收入平均每年增长 11.5%，扣除物价因素，分别为 14.8% 和 8.2%，均超过同期人均国民收入的年增长率（7.1%）。①

企业和个人收入比重变化的根本意义，不仅在于从消费角度上得出积累与消费比率的改变，人民生活水平的提高。更重要的意义在于从整个经济运行的角度出发，企业与个人在经济流程中的作用大大增强了，从而改变了经济运行的动力结构。六年内全国居民人均货币收入平均每年递增 16.3%，超过人均货币支出的年增长率（13.7%），人均当年结余购买力以每年 51.6% 的高速递增，大大超过前二十六年 3.1% 的年增长速度。1986 年，全社会结余购买力和城乡储蓄存款均超过 2000 亿元。1953—1978 年，居民的平均储蓄倾向仅为 1.9%，1979—1984 年上升为 10.8%，其中 1984 年达到 15.8%。1984 年企业存款、城镇居民储蓄和农村存款共达 2482.84 亿元。从积累来源看，1978 年积累总额中，政府积累占 73%，企业和家庭积累合计占 27%；到 1981 年，政府积累份额降至 49%，后者则上升为 51%。②这表明企业与个人在国民经济的发展中，不再仅仅作为消费者出现，而且作为积累者和投资者左右经济流程。

企业与个人经济利益在经济利益结构中的比重加大以及两者经济利益与扩大再生产决策的结合，使经济动力结构也发生相应的变化。如果说，对企业和个人经济利益的刺激在经济改革前仅仅发生在直接

---

① 国家统计局：《中国统计年鉴（1985 年）》，第 34、530、551 页。

② 世界银行 1984 年经济考察团：《中国：长期发展的问题和方案（主报告）》，财政出版社 1985 年版。

生产过程，仅仅局限于商品生产者的积极性上的话，那么，改革中，企业与个人的经济利益已成为积累和扩大再生产的动力源泉。

三 经济利益体系变革中的障碍与偏差

经济利益体系的变革和整个经济体制模式转换一样，不仅会遇到一些难以逾越的障碍，而且会出现一些不可避免的偏差。认真反思变革中的问题，有利于进一步探索深化改革的思路。

1. 利益刚性：改革中的矛盾与冲突。

经济体制改革也是一次经济利益的全面调整，经济利益主体或群体的利益刚性以及由此所导致的利益攀比，已经成为改革举步维艰的羁绊。这不仅取决于不同利益主体或群体对改革中利益调整的不同承受能力，而且取决于不同利益主体或群体对改革的不同态度。

首先，个人收入分配刺激体制的改革，在一定程度上实现了劳动者个人的经济利益，刺激了劳动者个人的积极性。但是，这方面改革的效力远远低于人们的预期。第一，奖金的效力减弱，由刺激手段转为一般性质的劳动报酬。因此，只得将一部分奖金转为固定收入。第二，滥发奖金和实物。奖金本来是对超额劳动的奖励，对企业来说，只有经营成果较好的企业才具备发奖金的条件。但由于企业经营成果并不全是企业自身努力的结果，增加了企业之间的攀比心理。第三，在收入控制已开始松弛的时期，经济生活中个人收入不平等的例子实在是俯拾皆是：出租汽车司机收入高者愈千，公共汽车司机望洋兴叹；有些人搞买卖大发流通财，有人只能困在机关上班；也有些豪华宾馆的服务员的收入超过大学教授。这导致在全国人口平均收入普遍上升的时候，在相当一部分人（主要是城市人口）中却产生了很大怨气。

形成这种局面的根本原因主要有三个：一是企业外部环境不均等，掩盖了企业经营水平上的差距；二是企业内部缺乏代表企业利益的现实力量；三是缺乏劳动力自由流动的内在机制和外部条件。

经济改革作为一场深刻的革命，由此引起的经济利益关系的变动是必然的。有少数人在改革中失去了某些利益，或者一时未从改革中得到利益，由于在改革中人们的经济利益不可能也不会等速或等量增进，有些人的相对利益下降；在改革中由于各种原因，人们对改革所能带来的经济利益的不切实际的期望，以及在改革中已经得到利益的部分复失，都会引起人们的抱怨、不满和牢骚。减少矛盾和摩擦的可行办法是：精确预测每项改革所能引起的利益变化，对改革进行深入细致的解释，尽量通过利益增量来调整利益结构，以避免利益刚性的障碍，并注重树立新的利益观念。

2. 利益刺激与利益约束的非均衡。

经济体制改革是从运用利益刺激起步的，不论是在农村实行联产承包责任制以及提高农产品收购价格，在城市改革企业工资和奖金制度，还是在城乡基本经济单位特别是国营企业的改革，在企业基金、税后利润、折旧基金留成等方面，都给基本经济利益主体以实际的利益，以调动各方面的积极性。经济利益主体追求利益的动机明显增强，利益变化已经开始成为经济利益主体行为的诱导。

但是利益刺激机制的形成程度，在不同的利益主体之间是不相同的。首先，个人利益刺激最大，追求高收入已经成为相当一部分劳动者的工作动机，劳动力开始流向收入较高的工作岗位。其次，企业利益刺激也明显增强，扩大价高利大产品的生产，通过竞争占领更大的市场份额，通过和政府的讨价还价以减少平价产品的调出，增加平价产品的投入，滥发奖金、实物等已经成为企业行为中的普遍现象。第三，地方政府开始更自觉地维护本地区的经济利益，地方投资流向能够增加地方财政收入的行业，出现了盲目投资、重复生产和企业规模小型化的倾向。为了维护本地企业的利益，地方政府加强了市场分割和封锁。传统体制下争投资、争项目、争贷款的努力并不减弱。第四，中央政府在改革中放权让利，大大减少了中央政府直接控制的财力、物力在总财力和总物力所占的比重。解决重点工程所需的资金短缺和发展其他公共事业上支出拮据，尤其是为了对付预算外投资膨胀对中央政府实施宏观经济管理所带来的经济困难，增强了中央政府以强制性手段从地方和企业手中收回部分利益的动机，开征建设税和能源交通税是这种动机的现实表现。但是，由于政府行为还未与国有资产的收益严格挂钩，由于政府管理人员的个人利益尚未与政府的政绩挂钩，因此，中央政府追求短期和长期利益的动力都弱于个人、企业和地方。

利益刺激机制形成的不均衡，虽然带有某种客观必然性，但也造成了个人侵犯企业利益、企业侵犯国家利益、地方侵占中央利益的不良后果。然而，更严峻、更迫切的问题还不在于利益刺激机制的不均衡，而是利益约束机制形成的明显滞后。改革的实践表明，单纯利益刺激造成了企业只能负盈不能负亏，又助长了收入攀比，使人们对利益刺激总不能满足。经济改革不是简单的利益调整，也不是片面地给人们以现实利益或预期利益的刺激，而是给人们以平等机会进行竞争，在成功与利益、失败同惩罚联结起来的基础上，给人们以利益约束。只有通过新建利益约束机制，才能使利益刺激达到预期的目的。

建立或健全利益约束机制碰到的首要难题是准确确定经济利益主体的地位或身份。改革中利益界限模糊的问题并未解决。两权分离的改革仅仅是利益主体独立化的一个点，沿着所有者和生产者两条线索继续深化改革，才有可能充分界定利益主体在财产关系的地位，才能明确划分他们之间的利益界限，才能硬化利益主体的约束。

3. 进一步变革利益体系所必须注意的三个问题。

避免利益体系变革过程中可能出现的剧烈冲突和由此而引起的社会动荡，从而顺利地推进整个经济体制模式的转换，在经济利益体系的进一步变革中，必须注意以下三个问题：

第一，在保护经济利益主体利益的基础上，防止贫富两极分化，走共同富裕的道路。

在经济利益体系变革初期，收入差距的明显拉开是正常的现象，因为改革力图建立的是机会上的平等而不是最终收入上的平等。但是对于机会不平等所造成的收入悬殊的差距，则要通过相应的政策进行适当的调整。例如，个体经济的发展，一方面是由于劳动者个人积极性得到充分的发挥，另一方面也是由于有着比集体经济或国有经济更优惠的条件，尤其在公有制经济的改革未完成之前，个体经济完全可能利用公有制经济的空隙，牟取暴利。这种情形，显然会对公有制经济内部的职工、管理人员产生各种消极的影响，形成社会的不满。因此，采取适当的税收政策，如开征起点较低的个人所得税，以减少由于机会不平等所造成的收入差距，是完全必要的。

第二，缩小企业外部环境的不均等所造成企业之间的利益差距。

改革初期，由于运行机制的转换要经历一个相当长的历史过程，因此无法很快改变传统体制造成的和在体制模式转换过程中出现的企业内外部环境的不均等。这主要包括：指令性生产的计划度不同，平价物资供应的比重不同，产出品价格的高低悬殊以及以往投资所带来的技术装备程度的差异等。因此，政府拿走由于外部环境不均等而给企业带来的额外收入，是理所当然的事。问题的关键在于怎样拿？是通过一户一率的调节税来拿，还是通过把内外部的不均衡条件转化为同一条件的方法来拿？实践证明，一户一率的调节税很难避免“鞭打快牛”，损害企业经济利益的现象。而利用社会竞争性的招标投标，通过报价利润折算资产价格的办法，则为企业在不均衡的内外部条件下创造同一条件提供了一条崭新的思路。

第三，兼顾长期利益和公共利益。

改革过程中，已经出现了忽视长期利益和公共利益的势头，不仅企业，就是地方政府也不愿把资金投向投资周期长、资金密集型的行业，从而加剧了传统体制下经常存在的结构性短缺。追求经济利益动机的增强又是忽视公益利益的一个重要原因。这些偏差在改革未完成之前不可能完全根除，因此就出现了一个保证长期利益和公益利益得到相应发展的问题。

在公有制条件下，国家始终是社会长期利益的代表，为了使国家能够实现它的社会责任，要求集中一部分财力进行重点建设、新技术开发和发展科学、文化、教育。同时，也使国家有能力兴办各种必要的公益事业。

第三节　社会主义有计划商品经济中的经济利益体系

建立具有中国特色的、充满生机和活力的社会主义经济体制，中心任务之一，是建立一个具有多层次经济利益主体，能够自我协调、自我约束、界限分明的经济利益体系。在这个新的体系中，不仅国家利益、企业利益和劳动者个人利益都能得到完整的实现，国家经济利益中中央政府和地方政府之间、不同区域之间的经济利益以及不同层次、不同群体的经济利益也能得到合理的实现，从而焕发各个经济行为主体的积极性，使经济运行机制平稳而有力地运行。

一　经济利益体系目标模式选择的出发点

正因为经济利益体系只是整个经济体制的一部分，因此，对经济利益体系模式的选择必然从经济体制目标模式的总框架出发。其中对经济利益体系目标模式制约的一个最为基本的条件是公有制和按劳分配以及商品经济的基本要求。

（一）公有制和按劳分配是新经济利益体系的基础

公有制在社会主义初级阶段的基本特征，是它的不完全性，这不仅表现为在它之外仍然并存着多种经济成分，更重要的是在整个初级阶段公有制仍然不是马克思所设想的那种完全的公有制，生产资料的社会占有仍然并没有同时导致生产资料的社会化统一使用，没有实现“生产资料的全国性集中”，而只能实行生产资料以企业为单位的分散化使用。因此，企业仍是相对独立的经济利益主体。由于在现阶段的按劳分配仍然是不完全的，因此社会各个阶层、劳动者个人之间仍然存在界限分明的不同利益。反过来也是如此。只有保障各经济利益主体的经济利益，才能使不完全的公有制和按劳分配得以实现。

新的经济利益体系在充分界定经济利益主体的条件下，使建立在公有制基础上的经济利益体系成为经济运行机制的一般基础。尤其是在市场协调机制下，各个经济利益主体由于约束硬化，能够对市场供求关系的变化作出充分的反映，通过利益的推动，及时调整自身的行为。这也是商品经济对经济利益体系的要求。

（二）社会经济发展的动力源泉

新经济利益体系要求包括健全的、与利益约束相对称的利益刺激机制，形成新的动力结构，从而能够充分发挥各个经济利益主体的积极性。在商品经济中，利益刺激始终是经济动力的源泉，因此物质刺激始终是利益刺激的核心。兼顾平等与效率，把握平等的内涵是机会的平等而不是结果的平等，这是选择利益刺激的基本要求。同时，我们的商品经济是社会主义的商品经济，因此，精神鼓励是利益刺激结构中不可缺少的组成部分。通过共产主义思想的教育，通过表彰先进、批评落后，进而形成良好的社会风气，鼓励人们以共产主义的道德标准约束自己，重新振作全体人民建设社会主义的政治热情。因此，物质刺激和精神鼓励相结合始终是我国经济利益激励结构中的两个重要组成部分。

忽视物质刺激手段，往往使经济利益主体的应得利益受到损害。相反，如果只认为经济利益就是物质利益，因而经济刺激就是物质刺激，那就过于简单化了。非物质利益也是人们利益的重要组成部分，如社会地位、名誉等也会通过给人们带来某种满足感而成为一种经济利益。收益最大化是经济利益主体的主要目标，但不是唯一的目标。每一个经济利益主体所承担的社会责任要求它们在物质收益之外，必须树立对社会负责的目标。实现这些目标的愿望就会转化为动力的源泉。

（三）社会政治生活的内在稳定器

在社会主义的初级阶段，商品经济发展中的不稳定因素一定会顽强地通过各种形式表现出来，成为利益摩擦与冲突的经常性原因。新的经济利益体系应该能够通过自身的平衡机制，调节和平缓经济利益主体之间的矛盾和摩擦，而不至酿成社会和经济的动荡。同时，这种内在的稳定器又能够通过经济利益的调节，适时改变经济运行的轨迹，为社会主义经济长期稳定的发展创造必要的条件。

1. 经济利益平衡是社会安宁、政治稳定的基础条件。

社会生活的安宁是社会各个经济利益主体之间利益平衡的结果。当各个主体利益不均衡时，往往会通过社会动乱传递到政治领域，从而引起政治上的不稳定。安定团结的社会政治局面始终是我们应该追求的目标。利益平衡不等于利益平均，而是在利益界限清楚的条件下，每个利益主体能够获得自己应该得到的一份利益；同时，每个利益主体并不无缘无故失去自己已经得到的一份，或者，能够通过一定的渠道得到相应的补偿。

2. 经济利益自动平衡是在市场调节条件下防止经济波动和政治不稳定的稳定器。

商品经济和市场调节是难以避免经济失衡的。在每一次或大或小的经济波动中，各阶层的经济利益都不可避免地发生这样那样的变化，当这种变化超出一定范围时，就会影响政治上的安宁。这就要求在利益分配和实现方面，建立自动平衡的机制，抑制那些在市场波动中得到额外利益的经济主体，补偿那些在波动中利益明显减少的主体。这种自动平衡是通过两条途径实现的：一条是通过利益变动所导致的生产和市场的变化引起的，如利益导向使企业改变它的生产和销售方向，伴随着市场平均利润率水平的形成，利益趋向于均衡。另一条途径是政府尤其是中央政府的有计划调节，利用各种税收、价格、利率等杠杆调节利益矛盾和冲突，例如最低工资、最高限价等措施。

二　经济利益体系目标模式的基本特征

建立在公有制和按劳分配基础上的经济利益体系，除社会主义经济制度下普遍存在的经济利益根本一致的本质特征外，和传统利益体系相比，还具有利益主体多元化、利益来源多样化、经济利益货币化、利益分配规范化等特征。既有利益差别，又要实现共同富裕；既能实现短期利益，又能保证长远利益。

（一）利益主体多元化

在传统体制中，利益主体就出现了多元化的趋势。在模式转换过程中，这种多元化趋于明显，改革过程也是一个多元化的发展过程。在目标模式中，利益主体多元化已经成为一种稳态。为什么仍然存在多元化的利益主体？除了上面已经讲到的公有制和按劳分配的不完全特性外，更应强调的是：个人利益之间的普遍差别是多元利益主体产生的最基本的原因。

正是由于个人利益之间的差别，才导致了群体或集团之间的利益差别。各级政府代表一定范围的超越个人利益之上的国家利益，形成和个人、企业之间的利益差别。社会分工、城乡差别、脑力劳动和体力劳动的差别所造成的利益差别都会依然存在，从而形成更细密的经济利益主体。目标模式与传统体制以及模式转换过程的最大差别还不在于已经出现了多元利益主体，更显著的区别是：各个利益主体之间有了明确的界定，而且得到各种法规的保护。基本消除由于中国历史上遗留下来的封建宗法关系和行政依附关系所带来的利益主体不明确的问题。同时，由于各个利益主体都具有了较强的利益约束，行为也趋于规范化，并形成了尊重他人经济利益的社会通则。当然，由于各利益主体之间根本利益的一致性，就为调节它们之间的利益奠定了基础。

（二）利益来源多样化

在利益体系的目标模式中，构成利益来源的主渠道是劳动，按劳分配始终是社会主义分配所必须坚持的基本原则。但是，传统体制中利益来源单一化所造成的种种弊病，渐渐使我们认识到在社会主义经济中特别是在社会主义初级阶段的经济中，是不能够采用单一的分配方式的。经济体制改革中关于经济利益体系的目标模式，乃是使经济利益主体的利益来源多样化，以实现强劲有力的经济利益刺激和切实有效的利益约束。

在劳动以外的其他利益来源渠道，都可以归纳入资产收益的范围，这就是作为资产所有者的国家、集体或者个人可以凭借自己拥有的资产获得一定的收益，并不因所有者不同而有所差别。这种把资产收益作为经济利益主体收益的一部分，是从经济利益来源单一化转换到经济利益来源多样化的主要内容，是经济体制改革的重要变化。

资产成为劳动者个人收益的源泉，通常采用两种形式：一种是劳动者直接作为生产资金的所有者，参与资产利润的分红；另一种是作为银行存款或各种债券的所有者，通过存款或债券的利息取得资产收益。多年来人们对于银行存款认为是劳动者通过储蓄支援国家建设的行为，对于储蓄存款利息一直是承认的，对于国家公债的利息也是承认的。但是对于在此以外的收入则还是存有疑惧。其实，这两者都是资产收益，我们不能只承认存款利息这种间接投资收益，不承认直接投资收益。对于这两种非劳动收益，只要是合法的，都应当允许。当然，在我们社会主义经济中人们的收入来源主要应当通过劳动，对于个人获得的过高的非劳动收入要通过税收等有效措施进行调节，以防止新的寄生阶层的产生。

从企业作为经济利益主体来考察，企业盈利水平的高低取决于资产状况、经营水平以及劳动力素质，在传统体制中资金并不参加企业盈利的分配，助长了资金"大锅饭"的倾向，使资金使用者并不承担资金使用效果好坏的风险责任。一旦改变这种状况，实行资金有偿使用，企业通过资金再生产的循环周转拥有自我发展和自我革新的能力，那么企业的利益来源同样是由劳动和资产两部分构成，即同样是多样化的。

（三）利益形式货币化

货币化是商品经济的基本特征，也是它的经济利益体系的基本特征。首先，货币化有利于准确界定不同经济利益主体之间的利益界限，并充分保证经济利益主体的经济利益量的可测性。其次，货币化有利于经济利益的存量调整和增量分配，同时又使利益主体能够充分选择满足自己需要的实物形式。因为，经济利益主体的需求结构千差万别，实物性的利益形式难以保证利益主体在消费上的自由选择，难免损害利益主体的利益。

利益形式货币化突出表现在劳动者个人利益上。在人均收入较低的经济发展阶段，社会主义国家通常以实物形式来实现个人的经济利益，片面追求收入平均化更加重了实物形式所占的比重。在目标模式中，一方面，经济发展，人均收入提高，为个人利益货币化创造了条件；另一方面，为了充分拉开个人收入的差距，必然要求增大利益货币化的比重。在传统体制下以实物形式实现的经济利益，如住房、公共服务等，都将通过劳动者的个人货币收入表现出来。当然，一些必要的社会福利和保障仍然采取实物的形式。

（四）长期利益与短期利益的结合

无论作为国家、企业（集体）还是个人的经济利益都有长期和短期之分。因此，还不能把长期利益仅仅等同于国家利益。国家（即各级政府）为了追求一时的经济增长也会出现只顾眼前利益、不顾长远利益的倾向。在传统体制下，各级政府对资源开发利用上都明显地出现过短期行为。由于各级政府的任期是有限的，因此每一届政府领导人都会自然而然地产生在任期间作出辉煌成就的动机。因此，只有从体制上建立内在的机制，才能保障政府长期行为和短期行为的有机结合。企业长期利益和短期利益的结合也依赖于企业内部的合理抗衡机制。这就需要通过一系列法律、考核指标等来约束政府、企业领导人的行为，使他们在任期间能顾及到长远利益。

把劳动者个人利益对等于短期经济利益同样是不恰当的。使问题模糊的关键是没有认识到劳动者是通过两条途径实现个人利益的。首先，劳动者通过个人收入及其增长实现个人利益，这是人们通常比较注意的方面。另一条途径是劳动者通过各种机构和组织途径实现个人利益，实现社会主人的地位，例如，通过人民代表大会体现追求长期稳定的经济利益，抵制政府或企业片面追求短期经济利益的行为。即使劳动者的个人收入也不等于短期经济利益。在社会就业相对稳定的条件下，当劳动者的一部分收入来自资产收益时，劳动者个人也会注重长期利益而牺牲短期利益。

三　建立新的经济利益体系需要采取的措施

国家经济利益完整的实现是转向新的经济利益体系的重要一环。国家经济利益的形成取决于对国家经济职能的选择。社会主义国家主要有三个职能：（1）国家维持社会经济正常运动的一般外部条件的职能，实现这种经济职能的主要工具是税收和经济立法等，通过税收调节社会收入的分配，通过经济法规协调和规范微观经济组织的行为。（2）国家为克服经济周期波动，按国家意志引导社会经济运动的职能。主要是为了保证国民经济的均衡增长。实现这一经济职能的主要工具是财政和金融手段，控制社会总需求，调节社会经济运动的紧缩和扩张，维持经济的均衡增长。（3）国家作为生产资料所有者的职能，这一职能是从经济活动内部直接参与实现的。

国家在实现经济职能时，具有两重经济身份：一重是作为资产的所有者，一重是作为社会经济秩序的维持者。国家经济收入的来源也是二条渠道：资本收益即利润；各种税赋。这也是国家对剩余产品扣除的两种基本形式。

要发挥国家的经济职能，实现国家经济利益的一个重要问题是合理划分中央政府和地方政府之间的经济利益，用财源共享的分税制建立合理分配中央与地方利益的自我调节机制。所谓财源共享，是指不论纳税主体隶属于哪一级，都是中央财政收入和地方财政收入的来源。分税制与现行"分灶吃饭"的财政体制中的分成办法不同。后者是建立在按行政隶属关系划分收支的基础上，它并未脱离按隶属关系划分收支的框框。分税制则不论隶属于谁，其收入都要在中央与地方之间分配，是对隶属关系划分收支的否定。实行分税制，不论企业的隶属，都同等地向中央与地方按法律规定的标准纳税。

实行分税制，以此作为分配国家与地方经济利益的杠杆，有很多优点：(1) 有利于消除"地方所有制"的倾向。不论企业隶属于谁，都一样能取得财政收入，地方就没有必要特别保护属于自己的企业了。这将有利于防止以小挤大、盲目生产、重复建设、地区封锁等现象。(2) 有利于促进跨地区联合，实行专业化协作。在按隶属关系划分收支的情况下，当企业实行跨地区联合时，一旦需要改变企业隶属关系，就会直接影响该企业原隶属的地方的经济利益，从而有遭到反对的可能。而实行分税制后，只要这个企业不迁出这个地区，就不会影响该地区的经济利益；只要企业提高经济效益，地方收入也增长。(3) 实行分税制，企业的利润实现状况不再同地方或部门的经济利益直接相联，企业就可以从条条块块的束缚中解脱出来，有利于企业按经济规律组织生产和流通。

新经济利益体系的特点是以独立的企业经济利益为中心。企业经济利益的模式选择要遵循如下原则：(1) 按资金占用量划分国家与企业的经济利益。企业成为商品生产者的关键是能够独立经营、自负盈亏。为此，就要唯一地依据资金关系来处理国家与企业之间的利益分配关系。企业承担国有资金的完整性和增值的责任，国家只依据资金占用量的多少取得收入。(2) 使企业遵循平等竞争的原则。社会主义经济要取得宏观上的最大效益，需要按比较效益的原则分配短缺经济资源。因此，要使不同的企业具有平等竞争的外部条件和发展的同等机会。各个企业经济利益的获得只能取决于它们的经营水平。这样才能减少各类企业之间的利益攀比心理。（3）生产要素收入均等化的原则。企业收入扣除成本以后，基本用于两个途径，一是劳动者的生活消费，二是用于生产发展。因此要形成一种机制，使每个企业出于自身利益选择，确定合理的积累和消费比例。

企业经济利益独立化为建立劳动者个人收入分配的合理机制创造了必要的条件。在经济改革的目标模式中，劳动者应当享有自由流动、自主选择职业的权利。在微观经济活动中，企业具有选择劳动力的权力后，劳动力才能自由流动。同时，为调动劳动者的积极性，收入差距也要相应拉开，否则最宝贵的人力资源的潜能要受到压抑。当企业具有自行决定劳动者收入水平的权力后，才有可能拉开个人收入差距。

在将来的目标模式中，职工收入恐怕也不会是完全与企业盈利挂钩的波动很大的量。因为就经济利益本身的特点而言，劳动者个人要求收入的相对稳定。尽管奖金与企业盈利密切相连，但由于职工并不是企业，所以奖金对职工来说只是一种不确定性很大的短期收入，所刺激的只是职工的短期行为。职工更为关心的将是企业的地位和发展前景，本人的级别、职务、受信任程度乃至升迁的机会。而企业素质的提高正有赖于每个职工的素质，首先是技术水平和操作能力的提高。改变职工把收入增长主要寄托于不稳定的奖金增长以克服其短期行为，加强企业命运和个人经济利益的联系和实行普遍的考工晋级制度，是调动个人长期行为的主要途径。

把经营者利益从职工一般利益中分离出来，是亚微观层次改革的另一条主要线索。传统体制实际上假定所有的劳动者都具有主人翁精神，都直接对国家负责，由于脱离社会主义实际，实践的效果并不如此。现在看来，即使假定每一个职工都同等地对企业负责，也是不现实的。因此，企业利益的人格化，给经营者以适当的地位和必要的权益，也是劳动者个人经济利益的多层化的重要措施之一。

第五章　经济调节体系（上）

——在计划指导下有宏观控制的市场调节

经济调节体系是经济体制的重要组成部分。按照社会主义商品经济运行规律的要求，改革以指令性计划为主、行政手段为主、直接控制为主的调节体系，建立和不断完善以指导性计划为主、经济杠杆为主、间接控制为主的调节体系，这是保证社会主义经济高效运行，实现国民经济持续稳定增长的重要前提。

第一节　经济调节体系及其功能

一　经济调节体系的含义和构成

所谓经济调节是指这样一种经济运行的过程，即在社会规模上，按照社会需要的构成及其变化，通过一定的方式和手段，将社会资源（人力、物力、财力等生产要素）按比例配置在各种产品和服务的生产和流通上，实现国民经济长期持续地、稳定协调地增长和不断地提高人民的物质和文化生活水平。

对社会资源的配置之所以要实行社会规模的调节，首先是由人类自身的生存和发展的需要决定的。人们不能停止消费，因而不能中断生产。生产最终是为了满足人们的消费需求。“要想得到和各种不同的需要量相适应的产品量，就要付出各种不同的和一定数量的社会总劳动量。这种按一定比例分配社会劳动的必要性，决不可能被社会生产的一定形式所取消，而可能改变的只是它的表现形式，这是不言而喻的。”① 随着生产

① 《马克思恩格斯选集》第4卷，第368页。

的发展，人们需求总量及需求结构日趋多样化。这就要求社会根据需求多样性和多变性的特点，适时地调节社会资源的分配。通过对社会资源的合理配置进而协调生产和消费的矛盾。其次，人们利益的多元性决定了调节的必要。调节社会资源的分配，是同人们的物质利益息息相关的。这不仅是因为各个社会集团的物质利益的满足和实现取决于社会资源的分配，而且社会资源本身就为不同社会集团的人们所占有和使用。社会主义生产资料公有制的确立，消除了人们之间的利益对抗，但并未改变物质利益的多元化。在社会主义制度下，人们的物质利益仍然是实现社会资源合理配置的基础。再次，资源的稀缺性决定了社会经济调节的必要。人们的需求是无限的，但在科学技术和生产力发展一定时期，社会资源却是有限的。如果说资本主义经济发展存在着生产相对过剩的矛盾，从这个意义上说，资本主义经济是“需求约束型”经济；相反地，在社会主义制度下，从本质上看，生产的发展并不存在需求不足的矛盾，在社会主义初级阶段经济的发展主要受资源约束。所以，如果调节得当，分配合理，不仅可以保证社会需要得到满足，而且能够以较少的投入取得相对较多的产出。因此，在社会主义制度下，合理地调节社会资源的分配更为重要。

经济调节是社会通过对人们物质利益关系的调整来实现社会资源的合理配置。如果把调节的含义仅仅归结为由国家来决定社会资源的分配，是不恰当的。全面地理解经济调节的含义，应当包含下列内容，即导向、服务、协调和监督。所谓导向，就是社会利用经济杠杆和必要的行政手段，引导经济主体把资源投向符合社会需要的方向，这是资源合理配置的前提。所谓服务，就是行使调节职能的主体为被调节对象即经济实体时，提供信息和提供各种基础设施、市场等服务，为资源合理配置创造必要的外部条件。所谓协调，就是统筹兼顾调节者与被调节者之间以及各有关当事人之间的行为，把人们之间利益的矛盾变成一种合力，实现资源配置的优化。所谓监督，就是把企业的行为限制在法律规范所允许的范围内，保护其合法的权益，惩治不法行为，为资源合理配置建立必要的正常的社会秩序。上述四方面互相联系、互相制约，不能替代，缺少其中任何一个方面，都不可能实现调节的功能和目标。

社会经济调节是由经济计划、调节机制和杠杆、经济信息、经济和科技政策、经济法规构成的完整体系。经济计划指引资源的投向，信息是决策的根据，经济机制和经济杠杆是调节资源流动的经济手段，政策和法规是实现企业行为规范化和资源合理配置的必要手段。经济调节是由多种要素构成的体系，这主要是因为调节本身不是一次完成的行为，而是一个过程；经济调节正是在经济的运行过程中求得需求与资源供给之间的相对平衡。从经济运行的横向过程来看，社会再生产过程包括生产过程和流通过程。不仅个别企业的资金循环和周转要经过流通过程——生产过程——流通过程，相应地分为若干等份，而且社会总资金同样分为若干等份而同时处于生产、流通诸过程。资源的配置就是在社会再生产过程中进行的。再生产的各个方面都有各自固有的运行机制，它们互相联系、互相影响，各种运行机制的任何变化都会改变资源流向。从经济发展的纵向过程来看，社会生产以社会需要的满足为目的和动力。生产发展——需求满足——生产发展——需求满足……循环往复，以至无穷，每次循环都将生产和需求提到更高的水平。社会需要的多变性决定了社会资源配置只有经过不断地调节才能达到相对合理化。

二　经济调节体系的功能

社会主义政治经济学的传统观念，曾把经济调节归结为通过指令性计划按比例地分配社会劳动。

按比例分配社会劳动是经济调节的重要功能和目的，这个看法从原则上说并不错。但是这样的说法稍嫌简单化了一些。实践反复证明，经济调节的功能和目的不是单一的，而是多元的。

1. 不断地使社会各阶级、阶层之间的利益，国家、集体和个人之间的利益达到均衡。

由于人们之间利益的差别，人们的经济行为的矛盾是难以避免的。因此，客观上就要求调节人们之间的利益上的矛盾，协调人们的经济行为，并把它转化为合力，推动经济的发展。应当指出，调节利益和调节资源，前者是第一位的。因为资源是实现利益的手段，并且资源为不同的人们所占有和使用。所以，资源的合理配置，是通过人们之间的利益均衡，经济行为的协调来完成的。为此，经济调节体系的第一个功能就是通过各种调节方式，实现各个经济主体之间的利益均衡。

2. 实现总供给和总需求的宏观总体平衡，消除短缺。

调节供给与需求的矛盾，实现供求相对平衡，这是经济调节的又一重要功能。供求平衡，首先是社会总供给与总需求的平衡，是保证国民经济持续稳定增长的关键，是稳定市场和提高人民生活水平的前提。调节总供给和总需求的平衡，在社会主义初级阶段，由于矛盾的主要方面经常表现为需求膨胀，所以重点往往放在调节和控制总需求方面。总需求是指形成购买力即有支付能力的需求。它由个人消费基金（职工工资和其他劳动者个人消费支出）、积累基金（主要是固定资产投资和相应追加的流动资金）、公共消费基金（社会福利金、行政管理费、国防费）三部分构成。总需求有三个闸口：财政支出、企业开支、信贷支出。调节和控制总需求主要控制企业的工资性支出、基本建设投资规模和银行贷款。经济调节也就是要有效地运用经济杠杆，调节和控制这三项支出。

3. 优化速度与效益的配组。

经济调节要求资源分配以效益为根据，不能用以牺牲效益为代价的所谓高速度为准绳。资源配置是否合理，看它能否以较少的投入取得较大的产出。适度的增长率的数量界限，一是首先要能维持简单生产；二是国民收入的分配要保证新增人口的生活和进入劳动年龄的劳动力的就业，以及原有人口收入和生活水平的提高。这是扩大再生产的下限。适度的增长率，应当避免大起大落，保持在一个相对稳定的水平上。经济调节正是通过经济参数的调整，经济杠杆的运用，在经济效益不断提高的基础上，实现国民经济的持续的稳定增长。稳定增长也就有最佳的速度。

4. 实现需求和供给内部结构平衡。

在需求和供给总量平衡的前提下，供求结构平衡是决定多种多样需要能否得到满足的条件。社会资源的分配，不仅要在总量上和总需求相适应，而且要根据各种社会需要按比例地分配在各种产品的生产和流通上。这样，各种产品的生产上所花费的劳动才能保持在社会需要的限度内，达到资源分配的优化。同时，满足需要是社会主义经济的根本目的。供求结构能否平衡，这是关系社会主义生产目的能否实现的重大问题。此外，实现供求结构平衡，还关系到实现产业结构的合理化。经济调节体系正是通过经济参数的调整和经济杠杆的运用，调节供求结构。

5. 正确处理宏观调控和微观搞活的矛盾，既实现宏观经济综合平衡，又保证企业充分行使经营自主权。

企业是组织生产和经营的基本单位。企业有了活力，国民经济全局才能有生机。企业有无活力，主要看它的资金增值能力、市场竞争能力，对需求的应变能力和自我调节机制。企业活力取决于内外两方面的条件，一是企业的经营自主权，二是外部的市场环境。二者缺一不可。如果没有一个各个企业能够在大体平等的条件下展开竞争的市场环境，如果宏观经济失控，即使企业有了充分的经营自主权，企业也难以有活力。因此，宏观调节和控制是搞活企业的必要前提。同时，微观基础又是宏观调节与控制的基础。

在放权之后，企业短期行为不合理是一个突出的矛盾，出现消费膨胀和短期投资偏向，形成宏观经济不稳定的因素。出现这种情况的原因，从企业本身来看，主要是由于企业还没有形成自我平衡、自我调节的机制，来解决企业长远利益和眼前利益的矛盾，协调企业的短期行为和长期行为。要形成这种机制，企业就不能只负盈不负亏，国家就不能对企业继续实行软预算约束。所以，宏观调控的效应，不仅取决于调节体系的完善和调节杠杆配套，而且受企业自我平衡机制的制约。

第二节 经济调节体系的理论模式比较

一 社会主义经济调节体系模式的多样性

社会主义经济调节体系模式是多样化的，适用于各国的固定模式是不存在的。同一模式也不是凝固不变，它会随着国家、地区、时间的差异而变化。

1. 所有制关系是决定调节模式的重要因素。

按照社会需要的比例，调节社会资源在各种产品生产上的分配，是社会生产的普遍规律。但由于社会资源为不同阶级、阶层、集团所占有，调节资源的配置涉及到人们的物质利益关系。所有制的性质和形式，制约调节方式的选择。随着生产力的发展，所有制关系不会一成不变，同一所有制也会出现多样化的形式。因此，调节模式不可能千篇一律，不可能凝固不变。

2. 生产和交换的社会形式。

迄今为止，人类社会生产和交换的社会形式基本上有两种，即自然经济和商品经济。这两种经济形式的运行过程和运行机制存在着重大的差别，因而，经济调节的模式也有原则区别。首先，调节的范围不同。在自然经济中，构成社会经济的基本单位是一个一个的自给自足的城堡或庄园，它们之间互相封锁、互相割据。“鸡犬之声相闻，老死不相往来”。因此，这里基本上不存在对劳动在社会规模上的调节，调节仅限于各个自然经济体内部。相反，在商品经济中，由于生产的社会性和社会化，不仅在各个企业内部存在着细密的劳动分工，而且在社会范围内存在着发达的社会分工，各行业、各部门、各地区互相联系、互相影响，结成统一的经济机体。因此，商品经济要求在全社会范围调节社会劳动的分配。其次，调节的机制不同。在自然经济中，各个经济单位内部，调节劳动和资源的分配主要靠传统习惯、靠行政命令和其他行政手段。在商品经济中，市场是联系各经济单位的纽带和桥梁，劳动和资源的配置主要靠市场机制，即靠“看不见的手”调节供求总量和供求结构的平衡。再次，调节的层次不同。在自然经济中，调节的层次是单一的，由垄断决策权的自然经济单位的管理者行使调节职能。在商品经济中，由于每个商品生产者都是自主经营的实体，都拥有排他性的决策权，因而调节就不能不是多层次的。

3. 生产社会化的程度。

生产社会化是机器大工业发展的产物，是生产力发达的标志。它对经济调节的影响是二重的。一方面，由于产业结构趋向合理化，企业组织规模趋向群体化，信息手段日益科学化，这就给宏观调节提供了可能和便利条件；另一方面，由于社会分工深化，利益结构更加多元化，市场范围远远突破了地区的狭隘界限，社会需要更趋向复杂多样，信息量空前增大，这就大大增强了宏观经济调节的难度。社会化生产要求灵活、及时、准确和系统的协调，本质上排斥单一层次的中央集权。

4. 经济发展战略模式。

经济发展战略模式从两个方面影响经济调节模式。当经济发展战略一定时，要求相应的经济调节模式，如动员和组织资源的方式。同样，当经济调节模式一定时，经济发展战略发生变化也会在一定范围内改变调节模式运行的轨迹。追求数量增长的发展战略，需要计划调节模式与之对应；着重质量和效益的发展战略，则更多要求市场竞争模式的配合。同样，无论是在计划调节还是在市场调节模式下，政府为了实现既定的发展战略，均会不断调整模式的运行轨迹，如对计划的调整，对市场的干预等。可见，制约调节模式的因素是多方面的。任何调节模式的形成都是特定的历史条件的产物，都受周围的经济条件的制约。

二　经济调节体系模式的比较

对各类调节体系模式进行比较，分析其利弊，择其优避其短，对经济发展具有十分重要的意义。

比较经济调节体系模式，首先要有效益观念。判断一种调节模式的优劣，只能看它是否有利于促进生产力的发展，是否有利于实现国民经济持续稳定增长，是否达到人尽其才、物尽其用、地尽其利。舍此，不能有其他的标准。经济调节的根本目标，就在于实现资源的合理配置，以相对少的投入取得相对多的产出，尽量满足不断增长的社会需求。这样才能巩固社会主义制度，发挥社会主义制度的优越性。

其次，还要有历史观念。普遍适用的调节模式是不存在的。任何调节模式都是一定的历史条件、一定的经济条件的产物，都有其存在的理由。外部条件变化了，调节体系的模式也应随之改变。永恒的调节体系模式是没有的。因此，比较调节体系模式必须放在特定的历史条件和环境中加以分析。

调节体系是由下列要素构成的有机系统：经济主体的决策体系，经济信息传导和反馈系统，以及经济调控机制和杠杆系统。三者结合形式决定经济机体的运行方式，形成各种不同模式的经济调节体制。如果把社会主义各国实践中的调节体制的具体特点加以抽象，那么，调节体制的理论模式大体上有以下三类：

1. 中央集权的指令性计划调节模式。

指令性计划，作为计划调节的一种方式和作为一种调节模式，是有区别的。指令性计划方法在任何经济体制的运行中都不能完全排斥。社会主义计划经济决不等于就是指令性计划体制。指令性计划调节体制乃是特定历史条件的产物。它的基本特征是：国家计划部门将计划任务规定的实物指标直接分解下达到基本生产单位，直接控制它们的产、供、销；国营物资部门和商业部门对基本生产单位的产品实行统一调拨和统购包销；国家财政部门对它们的收益实行统收统支和统负盈亏；或者再包括对主要产品价格的统一规定。

我国在社会主义工业化初期，指令性计划调节体制对于动员和组织有限的资源投入重工业，加速重工业的建设和发展，曾经起过积极的作用。但是，这种调节体制与社会主义所有制结构和社会主义商品经济性质，存在着尖锐的矛盾。第一，对大量的城乡集体企业（包括农业合作化组织）直接实行指令性计划调节，意味着国家政权机构凭据超经济的力量直接干预属于劳动者集体所有的财产关系，而且国家对这种干预的后果不承担任何经济上的责任。这无异于是对劳动者集体财产的直接或间接剥夺。第二，指令性计划体制与国有企业的相对独立的商品生产经营者的地位和权益，是对立的。国家直接管理和支配企业的产供销、人财物，企业为了维护自身应有的权益，便以各种合法或不合法的对策来应付上级政府。所谓“上有政策，下有对策”正是这种体制的必然产物。例如，接受计划任务时，企业往往隐瞒生产潜力，夸大困难，要求增加投资和设备，囤积原材料；以产值或产量考核时，企业往往不计工本，增加消耗，不顾及产品销路。所以，这种体制不能促使企业行为的合理化。第三，指令性计划体制窒息社会主义商品经济固有的运行机制及其调节功能，价格严重扭曲，货币成为单纯计算符号，银行成为财政的出纳，工资成为变相的社会保险金，利率固定不变。其结果不仅窒息了经济的生机和活力，而且给指令性计划自身的实施设置了障碍。因为在这种情况下，经济信息失真，信息传输渠道受阻，无论计划制定或修改都失去了根据；企业生产和经营不能自主，企业与市场的联系被切断，落实计划失去了内在动力和外部压力；统包统配滋生了资源短缺和囤积倾向，致使计划投入与产出不成比例，经济效益低下。第四，指令性计划体制不利于实现社会主义商品生产的根本目的，计划往往受领导人的某种政治偏好所左右，不是以满足人民的需要为出发点。企业只有承担完成上级机关下达的计划任务的义务，这是企业领导人升迁和职工福利的决定因素。企业并不对消费者承担任何责任，不必面向市场，以需定产，按需供货，保证质量。生产在一定时期可以不顾及市场需求按计划进行，消费却无法实行指令性计划，强制人们按计划消费。与需求脱节的生产最终是要衰落的。第五，指令性计划调节体制与生产力的社会化本性存在着矛盾。生产的社会化要求在企业间、行业间、地区间实行资源的横向流动，发展多种形式的横向经济联系和联合。而在指令性计划体制的条件下，计划机关企图按照统一计划来安排几十万个工交企业和千百万个农业生产单位的产供销，十亿人口的衣食住行，完全是空想。正如列宁说的，“现在对我们来说，完整的、无所不包的、真正的计划＝‘官僚主义的空想’”，“不要追求这种空想。”① 生产社会化虽然普遍提高了劳动的熟练程度，但由于社会分工的发展，劳动更趋向专业化、片面化，这就进一步强化了个别劳动和社会劳动的矛盾，加大了个别劳动向社会劳动转化的难度。指令性

① 《列宁全集》第35卷，人民出版社1959年版，第473页。

计划体制实际上是把所有的劳动，不管劳动的具体形态和劳动量的差别，统统都当作社会必要劳动来看待，市场机制的硬约束被预算的软约束所取代，结果导致了“吃大锅饭”的平均主义。所以，平均主义，盲目生产，产销脱节，效益低下，是指令性计划体制的必然产物。只有彻底改革这种僵化的调节体制，才能充分发挥社会主义计划经济的优越性。

指令性计划调节体制，是战时共产主义调节体制的延续和发展。两种调节体制具有共同的基本特征。从这个意义上说，二者属于同一模式或在体制光缙中紧密相邻。苏联战时共产主义结束之后，经历了新经济政策时期。战时共产主义和新经济政策，是两种截然相反的经济体制。就基本特征来说，前者完全排斥市场机制的调节，后者则是在计划指导下充分利用市场和市场机制的调节功能。在国民经济恢复之后进入以工业化为中心的大规模经济建设时期，苏联的经济调节体系为什么放弃了利用商品货币关系呢？这是由于苏联当时面临着新的世界大战的威胁，必须全力高速度发展重工业，而高速度发展重工业所需要的巨额资金又只能依靠国内的积累，因此只有借助于行政手段和行政方法来缓解需求和资源稀缺的尖锐矛盾。可见，指令性计划调节体系并非社会主义制度固有的调节体系。

2. 纯粹市场机制自发调节模式。

这种调节模式的基本特点是，放弃了国家对宏观经济统一的计划管理，资源配置完全由供求诸方面竞争形成的市场价格自发调节，诱导企业行为和资源流向的各种经济参数是在无计划调控下自发形成的。

实行这种调节模式，有利于发挥微观经济的活力和生机，无论企业或消费者都享有不受国家行政机关管束的自主权，有利于实现以需定产，产销结合，消除生产的盲目性，实现需求结构的平衡，有利于企业面向市场。

但是，市场机制的自发调节也有局限性，即从不平衡到新的平衡，实现资源的合理配置具有时滞性，在这个过程中行为主体的盲目性会造成资源的浪费。而且，这种调节模式对生产、消费、信贷、外汇、物资等都没有必要的宏观控制，对企业的行为缺乏必要的财产约束，企业往往把职工个人收入最大化作为行为目标，减少积累，增加职工个人收入。结果，往往引起总供给和总需求失衡、通货膨胀和失业。

纯粹市场机制的调节意味着社会主义经济的运行完全让位给“看不见的手”，这不仅背离了计划经济的要求，而且也背离了社会化商品经济发展的趋势。在当今世界，完全由“看不见的手”操纵的自由竞争时代已经过去，一些发达的资本主义国家也在实行多种形式的计划，对宏观经济的运行进行直接的或间接的干预。有一种“二次调节论”，认为社会主义商品经济中市场调节是第一次调节，政府调节是第二次调节，即在市场调节的基础上，符合政府发展目标的就不去管它，不符合的则进行第二次调节。这种论点是不可取的，因为它实质上是主张把资源配置让位给市场机制的自发调节。我们知道，全面的、自觉的、事前的调节，正是社会主义计划经济的重要特征之一，是我们所必须坚持的。

3. 计划和市场相结合的调节模式。

在以上两种对立的调节模式之间，计划和市场可以有不同形式、不同层次的结合，形成计划和市场相结合的多种调节模式。在计划指导下有宏观控制的市场机制调节模式的基本特点是：国家依然保留宏观经济的决策权和重大项目行投资权，但不是实行指令性计划，而是实行指导性计划，作为宏观管理的主要依据；对宏观经济的管理，由直接控制转向间接控制；不是把计划实物指标分解下达到企业，而是运用各种经济参数（价格、利润、工资、利率、税金等）、经济法规来引导资源的合理流向，协调宏观经济发展和企业行为；企业实行自主经营、自负盈亏，预算约束硬化。

这种调节体制既可能实现宏观经济的总量平衡，保障国民经济持续稳定地增长，避免社会生产的无政府状态，又可能消除指令性计划调节体制的弊端。因为，第一，它是以宏观经济的综合平衡为首要的出发点，不但能为国民经济持续稳定地增长创造相对宽松的经济环境，而且能为搞活微观经济提供大体平等的竞争环境。指导性计划，不仅有实物形态平衡，而且更注重价值形态的平衡。要制订综合财政计划、综合信贷计划、综合投资计划、综合外汇收支计划，并且从社会再生产全过程和资金运动的全过程，运用财政、金融、收入分配、投资、外贸、外汇等经济杠杆和行政法律手段形成一个网络型的可调控系统，把所有经济单位的活动都置于这个系统的调节和控制之下。这样，就不至于本末倒置，只抓了企业产供销，舍弃了宏观经济的综合平衡；就可避免计划内管得多、管得死，计划外管不住的弊端。第二，它能够适当地协调国家、集体、个人诸方面的利益关系，统筹兼顾，各得其所。指导性计划的实施，是以国家对宏观经济的调控权和企业的生产经营自主权为前提的。在分权决策的条件下，企业预算硬化之后，对价格、利率等信号的反应十分敏感，国家就可能利用市场机制和经济杠杆以及政策和法规来协调企业行为，诱导资源流向。第三，指导性计划调节具有灵活性和弹性，能够适应人民生活和社会化生产的复杂多变的需求。一方面，企业由对上级政府的依赖转向对市场的依赖，由生产型转为生产经营型，面向市场，灵活地按照市场需求组织生产；另一方面，国家可以根据市场信息的变化，适时地调整经济政策和各种经济参数，来引导和协调企业行为，改变经济增长的态势。应当说明的是，这种模式在当前尚未成为一种实践，当前各国改革的实践距离这种模式也还有相当远的路程。

上述三类模式的调节效益和调节成本：即投入和产出，可用下表进行比较：

	指令性计划调节	计划和市场结合	纯市场调节
一、收益：			
分配平等	大	大	小
就业保障	大	大	小
消费自主	小	大	大
企业主权	小	大	大
宏观稳定	小	大	小
产业结构	失调	协调	相对协调
二、成本：			
信息搜集	大	小	小
商品分配	大	小	小
投　资	大	小	小

第三节　我国原有经济调节体系模式的基本特点和改革的必要性

一　我国原有调节体系的特点

我国的资源配置的主体部分实行行政指令性计划调节。这种经济调节体系具有以下的特点:

第一，调节资源分配的权力集中于各级政府，首先是中央政府;企业和劳动者只能作为被调节的对象消极地接受政府发出的指令，不拥有调节资源流动的自主权。从1953年到1957年，中央各部直属企业由2800个增加到9300个，占国营工业总产值的50%。1965年，中央直属企业增到10500个，产值占工业总产值的42.3%。50年代一般国营工厂厂长在财务方面仅有审批单价200元到500元低值易耗品的机动权。

第二，资源分配按行政系统和行政区域、用行政办法进行。国营物资部门和商业部门对企业生产所需要的能源、原材料的供应实行统一调拨、统一分配，企业生产的产品实行统购包销、统购统销，城镇劳动力由劳动人事部门统一分配。1953年到1957年，国家计委管的工业品由110多种增加到300多种，占工业总产值的60%，统配物资由227种增加到532种。60年代，中央直接管理的农业产品占农业总产值的70%左右；工业品占工业总产值的60%左右；零售商品占社会零售总额的70%。1973年统配物资和部管物资增加到617种。各种生产要素的分配都是借助于行政手段，供求机制对产销均无影响，价格仅仅充当计算符号。

第三，调节主体的职责、权力和利益互相脱节。国家主管部门作为调节的主体对资源配置的结果不承担经济上和法律上的责任，接受调节指令的国营企业只负盈不负亏，预算对二者均无硬性约束。

第四，信息按照纵向行政系统传输。经济信息是实施计划调节的根据，在指令性计划调节体制下，信息的搜集、整理、反馈的全过程都是按纵向行政系统进行的。这个缓慢的过程不仅使信息和反馈失去了时效性，而且由于各级党政机构的干预和企业讨付还价，往往使信号扭曲失真，影响决策的正确性和及时性。

我国计划调节体系建立之后，其间在调节权力的分配上虽做过几次调整，但都未超出原有经济体制的框架，因而未能改变上述基本特征。

统一指令、统购统配、统收统支，“三位一体”，构成指令性计划调节体制。这种调节体制把整个国民经济机体当作一个大工厂，把社会分工同企业内部的分工混为一谈，作为社会生产和交换的基本承担者——企业成了这个大工厂内的车间、工段，只能接受来自国家的指令。既然生产是按国家的指令性计划进行的，那么，为了给企业完成国家的计划任务提供必要的物质条件，原材料的供应和产品销售就只能由国家包下来；既然企业是按国家的指令性计划生产和经营，那么，盈亏的责任就必然落在国家的身上，国家必须为企业承担经营风险。因此，统购统配、统负盈亏是指令性计划的必然产物。要消除统购统配和统负盈亏的弊端，必须改革指令性计划调节体系。

指令性计划调节体系的建立，是社会主义建设初期实行传统的工业化战略所能作出的唯一选择。首先，要在短期内建立起独立完整的重工业体系，依靠市场机制难以克服需求与资源稀缺的尖锐矛盾。重工业资金有机构成高，建设周期长，投资量大，资金周转缓慢。如果靠市场调节资源的流向，企业的行为以利润的最大化为目标，就难以保证重工业的优先地位。其次，靠市场机制难以在短期内积累重工业高速增长所需要的巨额资金。只有用超经济的强制手段，通过工农产品的不等价交换和低消费，才能实现高积累、高速度。再次，为了缓和高积累和保障人民基本生活的矛盾、物资稀缺和市场稳定的矛盾，只能求助于行政手段和指令性计划，实行生产资料和消费品的定量配给和固定价格。如果靠市场机制来调节供求，势必引起物价全面暴涨，市场动荡和社会不安定。可见，指令性计划调节体制并非社会主义经济制度的必然产物，而是特定历史条件下特定经济发展模式的产物。

二 指令性计划调节体系的弊端

在旧的经济体制下，指令性计划是调节资源配置的主要手段。因此，资源配置状况，劳务和产品的流向，是判明这种调节体系优劣的重要根据之一。

在我国计划调节体系建立之初，毛泽东同志曾经预言：人类的发展有了几十万年，在中国这个地方，直到现在方才取得了按照计划发展自己的经济和文化的条件。自从取得了这个条件，我国的面目就将一年一年地起变化。每一个五年将有一个较大的变化，积几个五年将有一个更大的变化。经过三十年有计划的经济建设，我们建立了独立的完整的经济体系，初步解决了人民的温饱，提高了全民族的文化素质。但是，同社会主义制度所能提供的促进生产力发展的巨大可能性相比，同我国人民所付出的代价相比，我们所取得的成就远不能使我们自慰。为了判明我国原有的经济调节体系的优劣，不妨分析一下我国资源配置的状况：

——总供给和总需求周期性地失衡。调节供给与需求的矛盾，实现供求相对平衡，这是经济调节的重要目标。在指令性计划体制下，宏观经济和微观经济活动都实行严格的指令性计划控制，但是宏观经济的总体平衡却难以实现，无论生产资料市场和消费市场在总体上都是卖方市场的格局，隐蔽的财政赤字，变相的通货膨胀，国民经济的发展呈现周期性的发展——调整——发展——再调整……的不良循环。

——产业结构畸形化。重工业超高速增长和农业长期徘徊并存。在工业化初期，重工业生产保持较快的速度发展是必要的。但重工业生产的增长速度应当同其他部门保持恰当的比例，应当控制在国力所允许的限度内。从“一五”到“五五”的工农业基本建设投资中，重工业占63.8%，农业为28.2%。重工业产值1980年为1952年的30倍，年均增长速度为13.2%。农业总产值1980年为1952年的2.59倍，年均增长速度为4%。

资源在生产领域和流通领域之间分配失调，导致商业和服务业成为国民经济的薄弱环节。社会资源在生产和流通之间按比例分配，是保证生产持续稳定增长的必要前提。社会化程度越高，社会分工越发达，交换或流通在社会再生产中的地位就越重要，投入流通中的劳动量就会越多。但是三十年来，我国工农业生产增长了近9倍，社会商品零售总额增长了10倍，商业和服务业机构仅增加了66.3%，从业人员仅增加了1.2倍，基本建设投资长期徘徊不前。下表说明商业和服务业的基建投资在国民经济各部门基建投资总额中所占的比重，在长达近二十年的时期内一直低于"一五"时期。

在人力资源的开发上，农村人口过剩和城市企业内部人浮于事，造成了高就业、低效益。农业人口向非农业部门转移、农村人口城镇化，这是近代生产力发展决定的必然的客观趋势。三十年来，由于片面地推行"以粮为纲"和禁绝"弃农经商"的产业政策，把原有的5亿农民加上新增加的近3亿人口捆在人均一亩半的土地上受穷，形成一支庞大的潜在的隐蔽性失业人口。在城市，由于实行"高就业"的政策，企业存在大量冗员，社会待业转化为企业内部隐蔽性待业。

商业、服务业、物资部门基建投资

时期	投资额（亿元）	在基建投资总额中的%
"一五"	21.40	3.6
"二五"	24.12	2.0
1963—1965	10.44	2.5
"三五"	21.04	2.1
"四五"	50.41	2.9
"五五"	87.35	3.9

——社会资源的产出率低下。在指令性计划调节体制下，经济的发展具有内在的数量冲动的倾向，经济发展总是处于亢奋状态。这种数量超高速增长是以牺牲效益为代价实现的。高速度掩盖劳动生产率低，盈利小，产出少，导致社会资源惊人浪费，产业结构畸形。速度与效益的矛盾发展到尖锐化的地步，就迫使着人们进行一次调整，降

低速度。一旦矛盾缓和，数量冲动的机制又把人们诱发到旧路上去，从而使国民经济总是在高速度——低效益的圈圈里打转。

由此可见，我国资源配置的效益是十分低下的。调节效应低下不是发生在个别行业，而是发生在几乎所有的部门；不是仅限于经济落后地区，而是发生在几乎所有地区；不是仅限于经济周期的谷底，而是出现在周期的各个阶段；不限于再生产的个别方面，而是贯穿于再生产的全过程。这就表明，要提高资源配置效益，必须全面地系统地改革调节体系。当前，我国正在实施发展战略转轨。传统的发展模式已不适应社会主义现代化建设的需要，因而作为传统发展战略产物的指令性计划调节体制也就失去了存在的必要性。

有种观念认为，我国资源配置效益低，是经济工作指导思想上“左”的错误造成的，同调节体制无关。这种看法割裂了经济工作指导思想上“左”的错误同旧的计划调节体制之间的内在联系。首先，经济工作指导思想上“左”的错误和旧的计划调节体制的理论基础都属于同一思想体系。经济工作指导思想上的错误，之所以是“左”的性质，其中一个重要的原因，是因为在建设上片面地追求超出国力许可的高速度、高积累，而不顾客观经济条件的许可。按照商品消亡的所谓“产品经济”来设计的经济调节体系，也打上“左”的深刻烙印。其次，指令性计划调节体系和经济工作指导思想上“左”的错误，是相互依存、相互制约的。“左”的指导思想必然表现为“左”的政策、计划，而政策、计划则是调节资源配置的重要行政手段。来自中央的“左”的政策和计划也只有通过中央集权的调节体制、靠单纯运用行政手段才能得以贯彻实施。“左”的错误波及的范围广、危害程度深、造成的恶果严重，同旧的集权的调节体系有不可分割的联系。因此，那种只主张转变经济工作的指导思想，不赞成全面系统改革计划体制的看法，是不可取的。

第四节　经济调节体系改革的目标模式

从我国国情出发，以社会主义有计划商品经济的基本属性为根据，我国经济调节体系改革的目标模式是在计划指导下有宏观控制的市场调节体系，也就是以指导性计划为主，经济杠杆为主、间接控制为主的调节体系。

一　市场调节是商品经济运行的内在要求

有计划的商品经济是我国经济体制改革的总根据。调节体系改革的目标模式选择必须从有计划商品经济的本质及其发展的要求出发。本章的前几节已经谈到计划调节的性质和功能，这里，着重谈谈在清晰界定市场调节本质内涵的基础上，把握市场调节与商品经济之间的内在联系，充分认识市场机制在经济调节体系中的位置。

以价格、利率、税率、汇率等经济参数为调节信号，以自由交换的市场为调节空间，以市场供求关系的涨落为基本变量，实现对生产、流通、分配、消费之存量和流量的调整，这是市场调节的基本内容，也是人们对市场调节最普遍的认识。人们往往忽视的却是更为本质的两点内在的联系：其一，市场调节与商品经济究竟是什么关系？其二，市场调节和社会基本经济制度究竟是什么关系？回答第一个问题，能够使我们排除只要商品经济不要市场调节的模糊观念；回答第二个问题，有益于我们深入探索联结市场调节与公有制、按劳分配的桥梁，从而塑造市场调节体系的坚实基础。

商品经济有两点最为本质的要求，马克思曾把它们概括为价值规律的基本要求，即商品的价值是由社会必要劳动时间所决定，商品交换必须按照等价交换的原则进行，构成这两点本质要求的根源是商品生产者独立的经济利益。如果我们把社会主义经济视为商品经济，把基本生产单位视为相对独立的商品生产者，那么它们之间的商品交换也必然遵循这两条基本的原则。市场调节是决定商品价值的社会必要劳动时间形成的唯一途径，也是商品交换按照等价原则进行的必要前提。把社会必要劳动时间看作个别劳动时间的简单加权平均，把等价交换看作等量劳动时间的交换，是割裂市场调节与商品经济的两个理论根源。

商品经济中的社会必要劳动时间只有通过市场机制调节社会总劳

动在各个商品上的分配，通过市场机制对生产商品的有效劳动的认定、无效劳动的剔除，才能够形成。其中包括三个最基本的关结点：(1）不通过市场调节就很难弄清社会总劳动在哪一类商品上分配过多，哪一类商品上分配过少，人为地裁定势必侵犯商品生产者的利益。只有通过市场价格的变动，商品库存或短缺的变化，实现社会总劳动的重新配置。每一类商品的生产者在市场调节面前都处于平等的地位，保持自己利益的唯一出路是调整生产方向。(2）那么在生产同类商品的众多生产者中究竟让谁来调整生产呢？靠人为的力量迫使一部分商品生产者改变生产方向，同样会损害他们的利益，因此也必须依赖于市场的力量。正是在充分的市场竞争中，优胜者站住脚，失败者被淘汰。强者打入新的生产领域，弱者被排除。决定商品生产者命运的是自身的力量和自身的选择。(3）社会化大生产和商品经济的结合要求延长社会总劳动的调整时间。因此，一些盈利较低的商品生产者并不能马上退出，盈利较高的商品生产者也不会迅速地扩张。人为地降低某些商品生产者的盈利水平，势必引起这些商品生产者的抵触，市场调节则为商品生产者留下了充分的选择空间与时间。

这样看来，市场调节包含着更广泛、更深刻、更重大的作用，它是商品经济运行机制的核心，是实现商品经济内在要求的外部形式，不可能设想没有市场调节的商品经济。

仅仅回答市场调节与商品经济的内在联系还不够，这仅仅说明了社会主义商品经济为什么要市场调节，没有说明为什么社会主义商品经济能够容纳市场调节，而后者恰恰是人们的怀疑所在。人们对市场调节的质疑不再是市场调节可能带来的经济波动和无政府状态，更为深层的怀疑是公有制、按劳分配是否能和市场调节并存。其中尤为突出的是，当个人收入分配受到市场调节的影响时，是否会改变按劳分配的本质。

公有制的实现即资产关系的界定，首先表现在两个方面：一是基本生产单位之间的资产关系，二是基本生产单位与所有者之间的资产关系。前者是不同的所有者之间的关系，虽然他们的最终所有者是同一的，但作为不同的商品生产者进行交换时，他们是各自商品的所有者。后者是同一的资产所有者和经营者之间的关系，实现这种关系的要点是将经营收入分割为资产收益和经营者存留。市场调节恰恰是在基本生产单位产权明确的基础上才能进行，而又不影响所有者与经营者之间的收益分配。因此，市场调节不仅与公有制并行不悖，而且是现阶段实现公有制的有效形式。

市场调节与按劳分配也是相容的。按劳分配最根本的要求在于，劳动者的个人收入分配不受劳动贡献之外的其他因素影响。因此，无论是劳动者个人收入与企业经营成果挂钩，还是劳动者参与资产分红，都会在提高劳动者积极性的同时，和按劳分配原则发生这样那样的矛盾。把市场调节引入劳动力的分配，实现劳动力的充分流动，从而形成劳动力的市场价格，恰好能够消除劳动者个人收入由于各个基本生产单位经营差异所造成的畸高畸低的收入。这样看来，市场调节不仅和按劳分配相容，而且是现阶段实现按劳分配的有效形式。

问题归结为要重新认识适应并促进生产社会化的手段和方法的经济关系属性。广义地说，生产者的社会关系，他们借以互相交换其活动和产品的社会条件，以及生产和交换的内部组织，都是人类社会为克服人与自然的矛盾，即发展社会生产力而创造出来的经济手段和经济方法。因此，经济手段和方法可以分为两类：一类是规定一个社会性质的基本经济特征，它们反映的是该社会经济中人与人的本质关系。例如，一个社会占主导地位的所有制关系和与之相适应的分配形式，这类手段和方法只适用于某个特定的社会；另一类是与一个社会性质无关的经济特征，它们反映的是非本质关系，例如，税收、价格、计划和市场机制等等，这类手段有的适用于不同的社会形态，有的适用于同一社会形态的不同阶段。任何一个社会总是同时利用这两类手段和方法，区别仅在于不同的配组。特别是从促进生产力的发展这个角度看，无论在马克思所处的时代，还是今天这个时代，都存在着那种既不姓“资”又不姓“社”的“中性”手段和方法。这正是马克思认为资本主义企业内那种像指挥乐队一样的管理方法适用于社会主义，列宁认为资本主义大托拉斯组织形式同样适用于社会主义的根本原因。

二　指导性计划是调节资源配置的主导方式

指导性计划是国家有计划地调节社会资源配置的主导方式。指导性计划调节，既不同于指令性计划调节，也区别于自发的市场调节。它的主要特点是：

第一，指导性计划的任务是为微观经济活动创造必要的宏观经济环境和条件，实现国民经济持续稳定地增长。因此，指导性计划调节的重点，不是着眼于企业具体的产供销活动，而是着重宏观经济的总量平衡和计划期内经济发展的战略任务，以及重大项目的决策和投资。

第二，指导性计划是以企业的相对独立的商品生产者的地位为前提和根据的。它对企业不具有强制的约束性，不把生产的实物指标分解到企业，不对企业实行统购包销，企业经营管理不善造成的亏损不能从国家财政得到补贴。指导性计划的实现靠通过直接调节诸方面的利益，来间接地引导资源的流向。

第三，指导性计划实施的方法，不是单一的行政命令，而是包括信息、经济杠杆、经济法规“三位一体”的调节系统。这三类调节机制从不同方面、不同的深度和不同的层次上引导企业的行为。信息给企业决策提供可靠根据；经济杠杆通过利益机制调节收益的分配，来诱导资源的流向；经济法规定经济主体的行为规范和准则，把他们的活动纳入法律许可的轨道。这三种调节机制又是互相联系、互相制约的。经济杠杆的运用要根据信息的变化进行适时调整，并且一般地说，经济杠杆都要法规化，制定相应的经济法规才能付诸实施。

第四，指导性计划面向市场，不是面向上级政府机关或领导人。计划的制定要以市场的需求及其变化为根据；计划的执行主要求助于市场机制；计划还要由市场来检验，进行修改。企业不是对上级政府机关负责，依赖上级政府，而是对市场负责，依赖自己在市场上的经营能力，竞争能力和应变能力。

所以，指导性计划调节既能消除单一的指令性计划调节的弊端，又能避免经济的无政府状态。

按照计划和市场有机结合的原则，建立在计划指导下有宏观控制的市场调节体系，是由下列客观条件决定的。

一方面，社会主义商品经济形态决定了必须以指导性计划为经济调节的主导形式。

社会主义社会是建立在公有制基础上的商品经济形态。价值规律是调节社会主义社会人们之间互相关系的基本准则。公有制主导地位的确立，只能消除生产的社会化和私人资本主义占有的矛盾，但不能消除劳动的局部性、个别性和社会性的矛盾。在社会主义经济形态中，不仅集体经济的劳动不具有直接的社会性，而且国有经济中劳动也不具有直接的社会性。任何企业、任何劳动者在任何产品生产上消耗的具体形态的劳动，都必须经过市场交换，通过作为一般等价物的货币的检验，才能转化为社会劳动——抽象的一般的人类劳动。计划的功能仅在于按照社会需要的比例来调节社会劳动的分配。这种调节是否符合社会需要的比例，分配在各种产品生产上的劳动是否具有社会必要的性质，计划本身并不能证明，唯有经过市场，唯有货币才能具有这种独特的功能。所以，商品经济中的计划调节都只具有间接调节的性质。

社会主义社会形态既然是以公有制为基础的商品经济形态，那么，价值规律的调节作用就不仅限于企业的经济行为，社会规模上的计划调节也不能排斥它的作用，宏观经济的稳定和增长也受制于价值规律。实现总需求和总供给的平衡，是经济调节的首要任务。而这正是价值规律的要求。

在商品经济中，作为计划调节对象的生产要素，尽管实物形式千差万别，但都具有资金的共同属性。资金的机能是在运动中实现价值的增值。资金的运动有自身固有规律和运行机制。计划调节的任务就在于保障资金的顺畅运行。计划调节可以按照资金运行的规律，创造一定的经济条件，诱导资金流向，但不能否定资金运行机制的作用，不能不利用经济机制。

另一方面，生产社会化程度的提高，也是决定必须实行间接计划调节的重要因素。

在社会主义社会，居支配地位的是用现代技术装备的社会化生产。社会化生产对经济调节的影响是二重的：一是它把国民经济各部门、各行业、各企业联结成有机的整体，增强了计划调节的必要性；二是生产社会化又增强了计划调节的可选择性和艰巨性。

生产社会化是社会劳动熟练程度普遍提高的标志。生产社会化提高了作为社会必要劳动的平均劳动的水准，同时又加深了个别劳动和社会劳动的矛盾，使个别劳动转化为社会劳动的难度加大。因为在生产社会化的条件下，劳动分工更加精细，人们对市场的依赖性更加强化，交换和流通的作用更加突出。

生产专业化和社会化程度的提高，冲破了行政系统、行政区划的界限，打破了企业间、行业间、部门间、地区间的相互隔绝、相互封锁，发展了生产要素在企业、行业、部门、地区之间的直接横向流动。要素的横向流动不能完全排除纵向的调拨和分配，但是，同单一的行政手段的调节相比，它能够让各经济单位，特别是企业有效地行使自主权；能够扬长避短，互通有无，形成新的经济和技术优势；能够开展竞争，打破垄断和闭关自守，消除“大而全”、“小而全”造成的资源消费。既然横向经济联系是资源流动的主要形式，那么，市场便是实现横向流动的主要渠道，有计划的市场机制便成为调节资源流动的主要杠杆。

当代生产社会化不仅打破了地区之间的狭隘界限，而且越出了一国范围，发展了各国间的分工和协作，把各国的生产、交换和消费都卷入了统一的世界经济体系。在统一的世界经济体系中，社会主义和资本主义并存的格局是不可避免的、长期的。在国际经济交往中，各国都是作为权力平等、利益相异的完全独立的商品生产者相互发生关系的。在这一点上，不仅社会主义国家和资本主义国家间的关系如此，社会主义国家间的关系也不例外。所以，在国际市场上，资源的流动是靠价值规律和市场机制调节的。

总之，实行有计划的市场机制调节体系的必要性，是由客观经济条件决定的，而不是由某种先验的理论观念决定的。在经济调节体系的目标模式选择中，有过一种意见，强调市场调节，有意无意地回避或否定计划指导。这种调节模式，经济活动基本上靠市场调节，国家只是运用宏观控制手段给以影响，资源配置也基本上由市场决定。这种模式，不仅在理论上难以与资本主义的市场调节相区别，并且在实践上，虽然资源配置的短期效益较好，微观经济效益也较好，但是对长期的资源配置有不确定性，宏观经济效益将受到损害，实现产业结构合理化要付出相当代价。特别是在社会主义初级阶段，商品经济不发达，市场体系和市场机制欠成熟，完全离开计划指导，宏观控制的有效性差，难以避免各种盲目性。

三　指令性计划在目标模式中的地位

传统经济体制中指令性计划所带来的种种弊病，已经使人们清楚地认识到指令性计划不能成为目标模式中的主体，这一点已经很少有争论了。但是，人们的认识往往容易走上另一端，表现在有人认为在目标模式中应该彻底取消指令性计划。问题的关键在于，改革指令性计划体制不等于取消指令性计划，混淆这一点，就难免有片面性。明确指令性计划在目标模式中地位，首先要划清指令性计划作为一种体制和作为一种手段的区别。指令性计划作为一种体制，需要相应配套的运行系统。最起码的配套是统一计划价格和物资统配制度。指令性计划的普遍实行，并作为一种机制调节经济运行，正是通过统一计划价格得以贯彻，通过物资统配制度得以保证。指令性计划作为国家管理经济的一种手段，则表现出不同于原来的性质。

在适应和促进生产社会化方面，不仅商品经济及其核心市场机制，而且计划机制，都是格外重要的中性手段和方法。人们已经逐步认识到，经济计划本身有着属性根本不同的两类：一类是指导性计划，它以自愿性和市场协调为特征；另一类是指令性计划，它以强制性和行政协调为特征。前一类经济计划与市场机制兼容并且是中性手段，这一点并不难理解。资本主义国家，不论其经济发展水平如何，为了发展经济，克服经济中面临的问题和困难，都在不同程度上使用了这种计划，它不仅没有妨碍而且在一定意义上还增加了市场机制的作用，更没有也不可能改变资本主义的基本经济关系。同样，社会主义经济也总是通过这种计划机制，在全社会范围适应生产社会化的发展，而且各个社会主义国家一开始就面临着迅速通过公有制来组织现代工业化进而完成社会化的历史任务，因此它超越了资本主义而首先赋予这种计划以特殊的地位。不论这种计划在社会主义经济中实际应用的程度和方式如何，它作为适应和促进生产社会化的方法和手段，与市场机制兼容，并且也不会改变社会主义经济关系的本性，则是毫无疑问的。因此，一国经济并不因为运用了这种计划就是社会主义经济，没有运用就不是社会主义经济。

真正的难点在于指令性经济计划是否也是中性手段？这里，首先要明确生产社会化的真正内涵。迄今为止，人们还只把生产社会化看成是由于生产资料本身性质所决定的共同劳动，仅仅把一系列局部的共同劳动和社会行动看成是生产社会化的全部含义，从而简单地得出生产资料公有制为生产社会化的发展创造了前提的推论。实际上，生产社会化包括伴随着社会分工的发展、生产物质体系的内在联系和相互依赖关系的形成，它直接表现为序列不断增加的产品交换网络和经济生活的一体化。正是这个层次的生产社会化，提供了指令性计划调节经济的坚实基础；也正是这个层次的生产社会化的巨大发展，才使马克思主义创始人所预言的共产主义仍然存在效用和费用的比较这个经济工作的核心有了更广阔的开拓领域。

这个层次的生产社会化使人们在企业外部的经济活动、交往和联系趋向进一步加强。这样，经济交往和联系在更多增加社会财富的同时，可能需要社会付出更高的交易费用。这时用指令性计划把若干个企业的交往和联系沟通起来，使它们之间的联系内部化，可能比让市场机制作为它们之间交往和联系的纽带，使它们的关系外部化，所需要的交易费用要低得多。但是，正如社会主义传统体制实践已经证明的那样，指令性计划把全社会大多数企业的经济交往关系内部化，比用市场机制的交往外部化，交易费用要高得多。因此，社会主义虽然同时存在着指令性计划和市场机制，更重要的是以市场机制为主，适当发挥指令性计划的作用，以降低全社会的交易费用。

需要强调的是，指令性计划在目标模式中还将发生三种重要的变化：一是指令性计划的贯彻执行，通常不再要求计划价格与物资统配来配套，而主要用于长期的资源配置如基本结构的调整、基础设施和基础工业的建设等；二是指令性计划通常局限在较狭小的范围内，既不取决于企业的类别，也不取决于产品的类别，而是取决于政府实现某项经济政策或目标的战略性需要；三是指令性计划的形式要发生相应的更改，最常用的形式将是重点建设投资项目的安排和强制性的合同订货。这种形式能够防止指令性计划的固定化，也有利于切断指令性计划的连锁反应，同时又能够保证计划执行单位的利益得到准确的补偿。

现在可以设想，在今后相当时期内，仍将保留极有限的指令性计划，主要是：国家掌握一部分直接投资；掌握一部分重要物资等当然，与传统的计划体制比，其范围将缩小到很低的必要的限度；并且，这与市场调节也不是对立的或板块式的，而是相辅相成的。从总体看，覆盖全面的仍是指导性计划，渗透全局的仍是市场机制。简单地说，这就是适应有计划的商品经济的有计划的市场调节。

四 宏观管理要由直接调控转向间接调控

把宏观的可调控性和微观经济活动的灵活性恰当地结合起来，是重新塑造调节体系的难点。迄今为止，没有一个现成的模式提供了这个先例。然而，如果社会主义不能解决这个难题，社会主义制度就难以发挥它的优越性。

旧的宏观调控体系，是以行政命令为手段，通过直接控制企业的行为，达到实现供给与需求的平衡。这种宏观调控体制是以牺牲企业的自主权为代价的。所以，微观搞死便同宏观失控一起成为旧的宏观调控体制的一对孪生子。

根除宏观失控和微观搞死的出路，在于实现宏观直接调控向间接调控的转换。社会主义经济是有计划的商品经济，社会总资金的生产和再生产主要通过市场来实现，社会总劳动的分配主要依靠市场机制来调节，微观经济活动的基本单位——企业是对国家具有相对独立的商品生产者。因此，宏观调控体系应当是间接的，而不能是直接的；

调节的主要方式应当是通过经济杠杆和市场机制中的经济参数来调节国民经济的运行，协调企业的行为和国家的计划目标。

间接调控的方式，并不排斥法律手段和其他必要的行政手段。经济手段、法律手段、行政手段三种调节方式互相制约，互相补充。经济手段的调节是运用各种经济杠杆，给企业的经营活动创造必要的外部环境、条件，提供必要的信息。经济手段的调节也有一定的局限性，它不能完全制止企业行为的盲目性，确保实现对宏观经济发展的长远的战略目标。因此，还需要有经济法规的制约，通过经济法规把经济政策、经济杠杆的作用方式以法律的形式固定下来，使之对企业的行为具有法律上的强制性，成为企业行为的法律规范和准则，建立正常、稳定的宏观经济秩序。在经济发展过程中某些偶然性、突发性的因素是难以完全避免的，这些因素波及的范围会影响到经济发展全局的稳定，因此，国家有必要实行直接的行政干预，例如实行物价管制、冻结工资等。

经济政策在实施计划调节中具有重要的指导作用。其中主要是产业政策、金融政策、外贸政策。产业政策主要是规定重点发展的行业和地区，促进行业结构和地区分工的合理化。金融政策主要是控制市场货币发行量，达到紧缩或刺激社会需求或供给，以期保证市场的稳定和经济的持续增长。外贸政策规定扩大出口或限制进口，增强本国商品的竞争能力，引进外国先进技术或设备，增加外汇收入。这几方面政策的实施，必须和税收、投资、能源、价格、收入、外汇等方面的政策相配合，才能取得应有的效果。正确的稳定的经济政策，是发挥各种间接调节手段功能的前提。

由直接调控向间接调控转换，除了改变调节手段，还必须把宏观调控的重点放在控制总需求方面。控制社会总需求，首先要充分发挥银行的调节功能，控制信贷规模和货币发行量。在社会主义商品经济条件下，由于多种经济成分和多种经营方式存在，由于国有企业享有经营自主权，社会资源的流通渠道和流通量增多，经济流程已经发生根本性的变化，财政收入在国民收入中所占的比重相对下降，信贷作用不断扩大。因此，控制银行信贷规模和货币发行量是控制社会总需求，防止需求膨胀的关键一环。为了做到这点，第一，要赋予中国人民银行以中央银行的地位和责权，实行存款准备金制度，使中央银行能够通过再贷款制度和存款准备金制度，控制专业银行的信贷规模。第二，要开放金融市场，允许银行间拆借，充分利用利率杠杆，实行浮动利率，逐步取消优惠利率而代之以贴息；有组织地发行债券和股票，以筹集建设资金；中央银行通过买卖证券吞吐货币，调节货币流通量。第三，专业银行实行企业化经营，承担经营风险，建立自我调控机制，从而对中央银行的调控做出准确而迅速的反应。其次，要控制固定资产投资规模。在商品经济条件下，固定资产投资体制具有投资决策分散化、投资方式多样化、资金来源多渠化、投资决策者承担生产经营风险的特点。在这种情况下，必须充分发挥银行调节资金的流向、流量的功能。银行要通过发行股票、债券，把预算外资金纳入计划轨道；要利用利率调节投资；要开展抵押贷款、担保贷款等多种业务。再次，还要利用税收控制投资，对不符合产业政策的投资征收高额投资税、资源税、土地税等。最后，控制社会总需求，还要调节社会消费需求。社会消费需求由公共消费支出和个人消费支出两大项构成。公共消费的增长主要受国家财政收支计划的调节，目的在于实现既定的社会福利政策。通过把劳动报酬同经济效率、贡献挂钩，全面开征个人所得税，调整居民储蓄利率，发行或贴现各种人债券等手段，来调节个人消费需求，既适当拉开各阶层收入私的差距，又不使这种差距过大。同时，通过收入形式的多样化，调节收入转化为消费的速度。

五　计划指导下有宏观控制的市场调节体系的基本特点

第一，国家宏观总体调节和分层次调节相结合。

所有制结构和决策体系的目标模式的特点，决定了调节体系不能是中央集权的，而是分层次的：国家作为社会经济中心，承担宏观经济调节的职责，调节社会资源分配的基本比例，实现总供给和总需求的平衡和经济发展战略任务；地方、企业和个人并不是消极地接受国家的调节，他们的行为对资源的流向和宏观经济的稳定也是有积极影响的。地方、企业和个人都在不同的范围和领域发挥调节的功能。因此，应当按照统分结合的原则，在国家、地方、企业和个人之间划分不同的调节范围。

国家作为国民经济的总管理者和社会经济中心，调节的范围主要是：国民收入积累基金与消费基金分配的比例，国家财政收入和支出的平衡，货币发行量和信贷收支平衡，基本建设投资方向和规模，外贸进出口和外汇收支平衡。把国家的调节划在这个范围，一方面是为了保证总供给和总需求的平衡，避免宏观经济失控和社会生产的无政府状态；另一方面是为了防止国家对企业统得过多、管得过死，搞活企业，并为企业和个人的经济活动创造平等竞争的经济环境。

企业是社会生产和经营的基本单位。企业在经济运行中既是被调节者，又是调节者。作为被调节的对象，它的资金流向制约于国家计划和市场机制；作为社会经济实体和独立的商品生产者，它的行为又会制约市场机制的导向和宏观经济、中观经济的平衡。如果把企业仅仅置于消极地、被动地接受调节的地位，那就不能把企业搞活；如果把企业当作完全独立的调节主体，那么资源合理配置便难以实现。企业的调节范围应当划在：企业税后利润的分配，工资基金的支出，劳动力的增减，扩大再生产基金的使用，原材料的选购和产品流向等。

个人作为劳动力所有者和消费主体，他选择的职业以及收入和支出，既受国家计划调节和市场机制的调节，同时又对资源的流向起着重要的诱导作用。个人的调节范围主要是：就业的选择，储蓄，消费支出，生产性支出（如购股票）。否定个人经济行为的调节功能，同否定企业的自主权一样，也会窒息市场的生机。

地方的调节，主要是指以城市为中心的。覆盖一定范围的经济区域的调节。我国幅员辽阔，经济区域的调节是国家调节和企业调节之间必要的中间环节，它承上联结国家，对下协调区域内部及区域之间的经济关系，实现生产力的合理配置。

国家、区域、企业和个人分层次的调节，构成有机的调节网络。在这个系统中，国家调节居主导地位，企业调节是基础。

第二，外部调节和经济实体的自我调节相结合。

调节机制按照对企业行为的影响，有来自国家的调节和发自市场的调节，叫作外部调节；还有企业自我调节，称之内部调节。这两种调节互相补充，互相制约，缺一不可。外部调节在于为企业正常经营创造平等的又有压力的外部条件，同时克服企业行为的盲目性。国家调节除运用行政手段和经济杠杆外，国家必须掌握相当的财力，即人们通常说的“国家手中要有一把米”。但外部调节必须有企业自我调节机制相配合，才能取得效应，而且这两种调节共同发生作用会形成一种合力，产生倍加效应。如果企业没有自我调节机制，任何外部调节都难以奏效。例如，基本建设投资由财政拨款改为银行贷款，实行有偿使用资金，但是，如果企业只负盈不负亏，不承担经营风险，利率再高，也无法医治企业的“投资饥饿症”，只不过把“大锅”由财政部门移到了银行。所以，企业自我调节是外部调节制约企业行为的基础。企业自我调控机制，主要是企业财产关系对企业行为的约束。

第三，调节手段以经济杠杆为主，辅以必要的行政手段。

有计划地调节社会资源的分配，计划管宏观平衡、结构平衡和战略目标。计划不仅是宏观管理的依据，并且是一种调节手段。如果没有计划，单纯靠市场机制来实现宏观平衡和战略目标，不仅过程缓慢、曲折，而且要经受或大或小的波动，付出相当的代价；没有计划，单纯靠市场机制调节，难以保证经济发展重点部门和行业对稀缺资源的需要。计划调节的基本手段是各种经济杠杆，它通过各种经济参数，改变企业活动的外部条件，调节企业的行为和资源的流向。经济参数的形成不是完全自发的，而是受计划制约和影响的。当然，计划要符合价值规律的要求。计划和市场机制的有机结合正是通过经济杠杆以及由它形成的经济参数实现的。

第四，自上而下地纵向调节和横向调节相结合，形成纵横交错的调控网络。

个别企业的资金运动要顺次经历流通过程——生产过程——流通过程，并在运动中实现其价值增值。社会总资金的运动是由互相分工、互相联系的个别资金的运动构成的。个别企业资金循环和周转构成社会资金的总循环和总周转。任何一项资金或资源都要经历一次或多次运动过程，才能到达归宿点。在这一过程中，其他部门发出的各种信息，都有可能加速或延缓它的行程，可能改变它的流向。因此，设计经济调节体系，应当因势利导，形成网络状调节体系。这样就可以从不同领域、不同层次、不同方向、不同环节上，对一项资源的运行进行多次的、反复的、综合的调节。这可以叫作“三面阻击，网开一面”。

可见，计划与市场机制相结合的调节体系，是有计划的、灵活的、更加有效率的调节体系。

六　市场的发育和成熟是建立目标调节体系的基本条件

市场机制在实现资源配置优化中做调节功能的程度、范围、决定于市场的发育程度；而市场及其发展的广度和深度，又是商品经济发展的自然产物。列宁说过：“哪里有社会分工和商品生产，哪里就有‘市场’。”① 当商品货币关系由简单商品经济发展到社会化的、发达的商品经济时，不仅消费资料和生产资料都进入交换、形成产品市场，而且各种生产要素，包括资金、技术、劳动力、土地、破产、信息等，都作为商品进入交换，形成各种生产要素市场。各种产品市场和要素市场互相联系、互相制约，形成统一的市场体系。只有在这种条件下，市场机制才能对资源配置发挥有效的调节功能。

社会化发达的商品经济下的市场，是一个包括各种产品市场和各种生产要素市场组成的完整的体系。成熟的社会主义市场体系应当具备以下的基本特征：

第一，应当是有统一又有分工，有联合又有竞争的多层次市场体系。完善的市场体系打破了地区间、行业间人为设置的障碍，形成全国统一市场。在这个统一市场中，以若干大城市为中心，形成若干个经济区域市场；在各个经济区域，以若干中小城市为中心，形成若干中小经济区域市场；在中小经济区域内，以集镇和居民点为中心，形成星罗棋布的小市场，这些不同层次的市场互相辐射，你中有我，我

① 《列宁全集》第1卷，人民出版社1950年版，第83页。

中有你，有联合又有竞争。

第二，具有为生产服务的、互相配套的生产要素市场体系。在社会主义商品经济中，各种生产要素具有商品属性和资金增值的职能。市场是实现诸生产要素优化组合的媒介，又是价值实现和分配的必由之路。因此，市场体系不仅限于产品市场，还应当扩展到货币资金、技术、信息、房地产和劳动力等生产要素。

第三，市场体系要有同人民的物质和文化生活水平提高相适应的消费品市场、劳务市场和精神产品市场。

第四，社会主义市场体系对外具有自主性和开放性。在当代，各国生产和交换的国际化，世界统一市场的形成，这是由生产力发展所决定的客观趋势。我们应当在独立自主的前提下，通过外贸、外资、开放部分城市、设立经济特区等多种形式，发展国内市场和国际市场的广泛联系。

社会主义市场体系的形成是不以人们的意志为转移的客观过程。首先，这是由社会分工的深化和生产社会化程度的提高决定的。随着国民经济现代化的发展，“小而全”、“大而全”的自然经济体系将被零部件专业化、生产过程专业化、地区专业化所取代，经过市场的交换成为联结各地区、各部门、各行业、各企业的唯一纽带。其次，各种生产要素具有共同的资金属性。各种要素在物质资料生产过程中采取不同的实物形式，发挥不同的作用，但价值的保存和增值却是它们共同的功能。以劳动力为例，在社会主义公有制经济中，不存在资本主义制度那种财产占有和劳动相分离的情况，不存在劳动者因丧失生产资料而被迫将劳动力出卖给生产资料私有者的雇佣关系，因此，从本质上说，劳动力不是商品，工资基金不是可变资本。但是，劳动者进入生产过程后不仅要保存全部生产资金的价值，而且必须使资金价值量增殖。从劳动力在资金增殖过程中的机能来说，它同其他生产要素的属性是共同的。再次，各种生产要素具有共同的运动形态。各种生产要素处在相互分离、静滞的状态，是无法实现物质资料生产和价值增殖的。只有把它们结合在一起，从流通过程进入生产过程，再返回流通过程，如此循环往复，才能使物质资料的生产在扩大的规模上不断重复和更新，才能使价值量不断增值。如果把其中任何一个生产要素排除在这个运动过程之外，生产要素运行的统一性就会遭到破坏。最后，各种生产要素具有共同的价值形式。尽管各种生产要素作为生产的物质要素具有各自特殊的实物形态，但它们作为资金，却在货币形式上取得了共同的价值形式。因此，各种生产要素的配置必然受市场机制的调节，只有经过市场才能实现配置的优化。如果产品的生产和流通按照商品经济的原则来组织，而资金、劳动力、技术、信息等生产要素的配置完全排斥在市场之外，或者部分要素进入市场，部分要素作为非商品组织纵向分配，统一的社会再生产过程被人为地分割为互相对立的两个板块，商品生产和生产要素流动之间的内在联系便被破坏，企业作为相对独立的商品生产者和经营者便无权根据市场的需求择优选购生产要素。可见，没有完整的统一的市场体系，是不可能实现资源配置优化的。

市场体系的形成和完善，是商品经济在广度和深度上发展的产物，是生产力发展的客观趋势。因此，这个过程不能不带有一定程度的自发性、渐进性。只有发达的商品经济，才能有完善的市场调节机制。要人为地超越或限制这个过程，都会影响生产力的顺利发展，给社会资源造成浪费。我国的商品经济比发达国家落后了几个世纪，因此，我们要发挥经济杠杆和市场机制的作用，要把着眼点放在发展商品经济，建立和完善市场体系上，在此基础上才能逐步实现目标模式，构筑起新的经济体制。

第六章　经济调节体系（下）
——经济杠杆的运用

在上一章里，探讨了建立受计划指导和协调的市场调节体系的根据及其基本特点，论证了指导性计划是计划和市场有机结合的主导调节方式，指出既要在小的方面放开放活，又要在大的方面管住管好，在搞活微观经济的同时有效地实现宏观控制。在这一章里，将进一步探讨怎样具体运用各种经济杠杆，实现经济计划与市场机制的有机结合。

越是搞活经济，越要重视宏观控制。这就是说，我们需要在国民经济总体上有计划地安排好社会需求总量与社会供给总量之间的平衡，处理好国民经济结构比例的关系，保证宏观经济的稳定运转。与此同时，还要对微观经济活动进行调节，使其沿着宏观控制所要求的方向运动。宏观的总量终究是由微观的个量构成的。如果微观经济的运行完全处于放任自流状态，相互之间缺乏协调，宏观经济所要求的方向和比例就不一定能按预期的要求实现。所以，在进行经济体制改革，放开对微观经济活动的直接控制以后，将不是听任企业自流发展，而是转向间接控制，运用经济杠杆调节微观经济活动，保障宏观经济目标的实现。

早在20世纪30年代，针对着苏联社会主义经济发展过程中出现的否定商品货币关系和忽视经济利益的自然经济观，针对着社会主义反对派对于这种以自然经济为特征的社会主义经济的种种攻击，旅居海外的波兰经济学家奥·兰格曾提出模拟市场机制的计划经济的设想，主张“保留价格的参数性质”，采取“错了再试”的办法，当商品出现过剩或者短缺的情况时，便根据短缺提价和过剩降价的原则，由中央计划当局据以调整价格。他认为这时候各种商品的价格将受到模拟的市场供求变动的影响而在一定范围内发生变动，价格结构的变化又会对生产结构发生影响，使价格成为社会经济运动的重要参数。这是最早的关于社会主义经济体制改革的构想，在这一构想中已经把利用经济杠杆放到重要地位。而以后关于经济体制改革的讨论中，凡是要摆脱传统体制中只有集中计划、没有市场机制的自然经济观的，都对利用经济杠杆表示了极大的兴趣。

党的十二届三中全会通过的《中共中央关于经济体制改革的决定》指出："我们过去习惯于用行政手段推动经济运行，而长期忽视运用经济杠杆进行调节，学会掌握经济杠杆，并把领导经济工作的重点放到这一方面来，应该成为各经济部门特别是综合经济部门的重要任务。"这里讲的经济杠杆，是指价格、税收、信贷等经济范畴，可以加以运用来调节不同经济主体的利益关系，促使企业趋利避害，形成一种自动的机制，能够像杠杆那样的助力器械一样对经济活动起到力矩转化作用，从而得到事半功倍的效果，有效地调节经济的运行。

价格、税收、信贷等经济范畴现在有、将来有、过去也有，但过去没有把它们的经济杠杆作用加以运用发挥。这是由过去的经济体制决定的；今后要发挥它们的经济杠杆作用，调节微观经济活动，实现对微观经济的间接控制，这是经济体制改革目标模式的要求。所以，经济体制的目标模式决定了价格、税收、信贷等的目标模式。这些方面的具体制度的构思要符合经济体制改革目标模式的总体构想：一方面，我们的经济体制改革，是社会主义经济条件下的经济体制改革，改革决不意味着放弃经济的计划性。另一方面，改革终究是对原有的高度集中的经济体制的冲击，终究是要革除原有体制中束缚生产力的积弊。不同的人们可能对经济体制改革的最终目标有着各种不同的构想，但有一点是共同的，那就是要在社会主义计划经济中引入市场机制，把不问市场需求、不讲效率、不计赚赔的带有供给制色彩的自然经济运行过程，转为关心市场需求、重视效率、计较赚赔的按照商品经济要求来进行经济运行。因而，对于价格、税收、信贷等的体制可能有各种不同的具体设想，但是要发挥它们作为经济杠杆的作用，成为国家调节经济活动的重要手段，以促进商品经济的有计划地发展，这一点是没有疑义的。

各种经济杠杆之间是相互影响、相互制约的，从不同的侧面影响基本生产单位或者个人的物质利益，彼此之间存在着有机的联系，因而不同的经济杠杆固然具有不同的特点和功能，必须根据具体条件用其所长，但更重要的是必须强调经济杠杆的综合运用。

运用经济杠杆调节微观经济活动需要有相应的微观经济基础，因为经济杠杆发挥作用的支点是物质利益的诱导，它需要利用微观经济趋利避害的倾向，才能形成自动调节的机制。所以，企业成为相对独立的商品生产经营者，特别是财务核算方面预算约束的硬化乃是实现经济杠杆调节控制的极其重要的条件。

第一节 价格杠杆

经济体制改革前，我国各类商品的价格很不合理，因而，当扩大企业自主权以后，扭曲的价格往往会传递扭曲的讯号，使得应该缩减生产规模的反而增产，应该扩大生产规模的反而减产，形成对经济活动的逆方向调节。再则，由于价格扭曲，企业的盈利多寡首先决定于计划价格的高低，不能反映企业真实的生产经营成果。所有这些，都阻碍了价格杠杆作用的发挥，都要求尽快进行价格体系的改革，并且把价格改革的成败作为经济体制改革成败的关键之一。

理顺价格体系，使价格这一重要经济参数趋于合理，可以为企业创造平等竞争的市场环境。但如果价格形成机制不改革，理顺了的价格又将再次转为扭曲的价格。因此，还需要改革价格体制。鉴于我国国家大、情况复杂，需要实行不同层次的价格管理，采用不同的价格形式。其中，有控制的市场价格将是与有计划的商品经济相适应的主要价格形式。

一 计划固定价是价格改革的对象而不是改革的目标模式

各个社会主义国家在进行经济体制改革时，几乎无例外地都面临着价格体系很不合理的状况，几乎无例外地都必须进行价格体系的改革，这是很发人深思的。从抽象的道理说，社会主义计划经济中对商品价格实行计划管理，似乎能够做到使价格成为反映生产商品耗费的价值尺度，使价格成为反映商品供需关系的动态指示器，也就是当生产和流通状况发生变化时，是可以及时调整各类商品价格使之合理的。但事实上，在传统经济体制中，不存在及时地合理地调整价格的机制。相反，调整商品价格是极其烦琐、极其困难的事情。这种困难还由于投资饥饿症造成建设规模超过国力，社会需求总量超过社会供给总量，于是企图通过高度集中的价格管理，控制乃至冻结各类商品价格不使变动，来保持物价的基本稳定。这样，价格体系不合理也就成为难以避免的事情。

改革不合理的价格体系，可以有两种不同的做法。一种做法是只着眼于改革不合理的价格体系，不触动以计划固定价为特征的价格管理体制。这样，即使把各类商品的价格都摆布合理了，过一些时候，又会出现价格不合理的现象，又再次要进行价格体系的改革。另一种做法是在改革不合理价格体系的同时，改革价格管理体制，把调价和放权结合起来。这样做，可以使价格回到交换去，消除价格和交换相脱离、遭割断的弊端，可以经常地保持一个比较合理的价格体系，能够比较灵敏地反映社会劳动生产率和市场供求关系的变化，比较好地符合国民经济发展的需要。但是，采取哪一种做法仍旧取决于当时的经济体制。在传统体制下，一般采用前一种做法；而进行经济体制改革、扩大企业自主权，使企业成为相对独立的商品生产者，这时候会倾向于采用后一种做法，以经常保持合理的价格体系，能够利用市场机制使企业有合理的行为准则。所以，这不单纯是如何调整不合理价格，而是关系到改变不改变经济运行规则的大事。

在商品经济中，每一个相对独立的商品生产者都有自己的经济利益，乐于生产那些价格对自己有利的商品，不乐于生产那些价格对自己不利的商品；每一个购买者，则总是乐于选购那些价廉物美的商品。因此，有计划的商品经济要求有一个合理的价格体系。但是，价格管理权限高度集中于由代表国家的物价部门统一制定的计划固定价格，却剥夺了作为商品生产者和经营者的企业定价权，剥夺了消费者的选择权。这样，国家物价部门承担了成千上万种商品价格的制定工作，需要的信息量极其庞大，处理困难，不容易甚至不可能把价格定得完全合适，不得不出现主观主义的定价，时过境迁的调价。而且计划固定价格的一个重要特点是价格长期固定不变，它不随供求的变动而变动，这就与商品经济中的供给和需求的不平衡性及多变性发生矛盾，价格的长期凝固不变使得原来有经济根据的价格也都变成了没有经济根据的价格。这就必然会出现扭曲的不合理的价格体系，传递谬误的信息，在引导企业活动方向，在组织生产和流通、进行技术改造以及开拓品种质量等方面制造盲目性，并且造成经济结构畸形发展；它还使企业生产经营活动和经济效益失去客观评价的准绳和依据，当盈亏与企业和企业职工利益挂钩时，不合理的价格会带来苦乐不均，造成收入分配不均等。正因为这样，当进行经济体制改革，不再把整个国营经济看作是一个大工厂，而是要求各个企业都自主经营、自负盈亏的时候，改革不合理的价格体制，便成了势所必至的潮流。

当然，今后那些由国家直接经营管理的行业和铁路、航空、航海、邮电等，那些短缺的并且关系到国计民生的产品，仍然有必要由国家统一制定计划固定价。但是，价格管理权限由集中趋于分散，计划固定价格适用范围的缩小，终究是改革的方向。计划固定价今后不宜作为价格管理的主要的和基本的形式。

二　完全自由竞争的自由价格不能成为价格改革的目标模式

既然计划固定价的主要缺陷在于企业本身没有对其产品价格的决定权，在于价格固定即脱离供求的运动和变化，那么从充分利用市场机制来看，从纠正价格扭曲来看，从企业真正成为自主经营、自负盈亏的相对独立商品生产者来看，似乎自由价格将是最理想的价格体制目标模式。当前在经济体制改革目标模式和价格改革的理论讨论中，正有不少同志自觉或不自觉地主张自由价格和自由竞争。

人们列举自由价格的种种优点，乃是和自由竞争联系在一起的。然而，设想一个完全自由竞争的环境，却并不现实。不论在资本主义经济中还是在社会主义经济中，都不存在完全自由竞争的理想境界，而是处于完全竞争与完全垄断这两极之间的不同光谱层上，因而卖方可以在不同程度上利用自己的相对垄断地位，根据利润最大化的原则来调整供给价格。正因为这样，如果冲破了计划固定价而代之以放任不管的自由价格，则企业垄断、部门割据、地区封锁、二道贩子哄抬等等，都可以造成取决于卖方的不完全竞争价格乃至垄断价格，从而损害消费者的利益。而且，自由价格虽然能反映供求关系的变化，传递信息，反过来又能调节供求；但是，由需求结构变化牵动生产结构变化有一个时间上的滞后期，这种事后调节的性能，往往会形成频繁的价格波动，甚至出现价格的大起大落，对生产和流通起到破坏作用。特别是在我国，商品经济不发达，市场体系不完善，长期存在经济短缺现象，实行完全的自由价格，很可能是弊大于利。

从经济体制改革的要求看，从搞活微观经济使企业具有活力、使消费者真正能够自由选择来看，都有赖于打破僵化的价格体制，使商品价格能够随供求变动而变动，能够利用市场机制、利用竞争来给经济运行输入活力。但是现在毕竟不同于亚当·斯密的年代，在社会主义的有计划商品经济中，把计划当作万能调节者固然不妥，把市场的自由价格当作万能调节者也同样不妥。

三　幅度浮动价不能作为价格体制的目标模式

在理论探索中，还可以考虑的是能不能把幅度浮动价格作为价格体制的目标模式。所谓幅度浮动价格是指由国家规定基准价和上下浮动的幅度，在规定的幅度内可以使价格向上或向下浮动。人们认为由此可以取计划固定价格与自由价格两者之长，而避两者之短。一方面，由国家规定的基准价是价格浮动的基础，由国家规定的幅度是价格浮动的上限和下限，这是计划价格的一种形式，体现了国家对价格的计划管理；另一方面，这种管理不同于国家统一定价，并没有违背价格运动的一般要求，它使作为相对独立商品生产者的企业有了一定的价格决定权，也使得购买者通过对商品的“估价”而体现了消费选择权，使市场机制有了发挥作用的舞台，而竞争也有可能展开。与此同时，由国家规定价格上下浮动幅度，又避免了自由价格可能出现的失控，避免了价格的大起大落，因而又能对商品的供求运动和企业的微观选择起到约束和指导作用。但是，浮动价格既可以兼取计划固定价格与自由价格两者之长，也有可能兼取两者之短。它在求过于供时有可能普遍按浮动价格的上限出售而形成变相的计划固定价格，也可能因为浮动幅度失去控制而成为变相的自由价格。

在这里，不准备探讨幅度浮动价格的利弊优劣，因为在不同条件下，幅度浮动价格的利弊可以截然不同。只想指出，幅度浮动价格是比较理想的过渡模式，而不可能作为目标模式。因为它有可能兼取计划固定价格与自由价格两者之长，实行幅度浮动价格虽然仍要由国家规定基准价格，但可以通过价格浮动反映基准价和市场供需状况的差异，又可以规定浮动幅度避免短期内过于剧烈的变动，而且可以在一定的间隔期后根据上浮下浮的实际状况调整基准价，这样便能类似于模拟市场机制的“试错法”，使价格能逐渐地调得合理，因而在价格体系尚不合理以及市场发育程度尚低时，不失为好的过渡办法。但幅度浮动价格并没有自己的独立形态，它终究是介于两种价格形式之间不可能消除两者之短，作为价格改革的目标模式是不适宜的。

四 有控制的市场价格将是价格的主要形式

从以上分析来看，过分集中的价格管理和计划固定价格形式是改革的对象，但改革并不是走向不调控市场和不管价格的完全自由竞争，也不是以自由价格取代计划固定价格。在中国这样一个大国里，在有计划商品经济条件下，计划管理将有不同层次、不同程度和不同方法，因而价格管理也将是有差别的，需要对价格管理的集权和分权作出合理安排，并针对不同情况采行不同的价格形式。从经济体制改革的目标模式来说，大部分商品的主要价格形式，应该是有控制的市场价格。在商品经济中，商品价格应当反映商品供需的变化，由于商品的供给和需求是不断运动着的、多变的、不稳定的，因而商品价格不能不围绕市场上商品供求的变化适应市场机制的要求而相应波动。过去实行的计划固定价的主要缺陷，正是在于价格制定后便固定下来，很难调整，从而不能反映供求。只有使价格浮动，才能成为经济运行的自动调节杠杆，才能适应企业具有相对独立经济利益的要求，促进企业间的竞争，也才能真正体现消费者的选择权。我国价格体系不合理的症结在于价格的长期固定不变，而只有使大部分商品价格在国家控制下接受市场机制作用相应浮动，才能逐步改变价格严重扭曲的状况，使价格趋于合理。

很多同志关心的是把市场价格作为价格的主要形式之后，如何避免价格的大起大落，避免市场关系的猛烈冲击和过大震荡。在有计划的商品经济中，商品价格不应当是凝固的而应当经常进行调整浮动，然而又不能使这种浮动失去控制。这也就是商品经济要求把一切经济活动都处于市场关系之中，而这种市场关系又是可以由计划调节的，能够消除盲目无政府状态下市场关系过分猛烈波动的危害。社会主义国家作为计划经济的组织者，有着控制价格运动和控制价格浮动范围的条件。在社会主义国家里，具有组织各项措施控制物价的条件。首先，国家有条件组织财政、信贷、物资、外汇的综合平衡，使社会需求总量和社会供给总量相适应，使货币流通正常，并在条件可能时形成一个供给略大于需求的买方市场，为市场机制的正常发挥作用创造有利条件；其次，社会主义国家掌握着税收、利率、汇率等经济杠杆，并且可以运用财政补贴手段来进行调节，从而缓解或者消除价格上涨的压力；再次，社会主义国营商业不单纯是做买卖，还承担着保证市场供应和稳定市场物价的任务，当有关国计民生的粮食、食油以及重要生产资料如钢铁等发生供求失衡时，要通过有意识的吞吐市场商品来平抑物价。在封建社会发生灾歉时尚且能通过常平仓来平抑粮价，社会主义国营商业在这方面应该做得更好。与此同时，社会主义国家控制了对外贸易，还可以通过进出口贸易来调剂商品的供求平衡。社会主义国家还拥有着强大的国家机器，对于投机势力炒卖炒买哄抬物价，可以通过行政手段进行管理和制裁。对于那些只有大中型企业方能生产的商品，为了防止形成垄断价格，也要进行必要的管理。总之，在社会主义国家里，对价格是能够控制的，不仅是计划固定价格与幅度浮动价格可以控制，对于市场价格的形成和变动同样也可以施加影响。

五　回答一个问题——关于价格能否作为经济杠杆的争论

有些同志认为经济杠杆应当是由国家能够自觉地加以运用的，在经济体制改革之后，在价格业已理顺之后，价格将主要在市场上、在交换过程中自发地变动，这样就不能够再说价格是经济杠杆。其理由是价格机制通过“看不见的手”所进行的调节，和国家通过高低不等的税率等“看得见的手”所进行的调节，是完全不一样的。如果仍把价格说成是经济杠杆，就会引起对客观的被动调节和主观的能动调节的混淆。

应该指出，否认价格是经济杠杆的见解，乃是为了区别于传统体制中任意摆布价格的不合理现象，对价格的客观性给以经济学的界说。也要看到，这种界说把价格机制过于理想化了，它是以自由价格成为唯一的价格形式和国家不再对价格进行控制管理为前提，这并不是有计划商品经济中价格的目标模式。但在上述讨论中，仍然使人们认识到不论价格是自发形成还是自觉安排，一个灵敏的价格机制将有利于协调宏观利益和微观利益，将有利于资源的合理分配，从计划安排的静态均衡过渡到经济运行中的动态均衡，必须求助于价格机制。因而在经济体制改革之后，价格的僵死状态一旦消失，价格功能的强化是一种必然的趋势，这在看来是极其分歧的见解中似乎有着共同之处。

因而，能否这样认识，即价格的调节经济活动的作用是其内在的机制，价格作为经济参数的调节作用在任何时候都存在着，如同任何经济机制都可以为人们所认识并加以运用，价格机制也可以由人们的运用而成为经济杠杆。但是，价格杠杆和其他经济杠杆的区别，其功能强化不在于国家更多地加以管理运用，而是要落实到现实的市场运行之中，让其内在机制发挥作用。我们不一定要把价格掌握在手中操纵管制才算运用价格杠杆，主要的应是创造适合价格机制按照宏观经济预定目标调节经济运行的经济条件，靠间接的办法来运用价格杠杆调节经济生活。这时候，价格的功能将会强化，而且这种功能强化是以宏观经济的有效控制为前提，这正是中国经济体制改革要走的道路。

第二节　税收杠杆

一　发挥税收调节作用，要求改单一税制为复税制

我国在20世纪50年代前期，适应多种经济成分并存而且资本主义商业比重较大的情况，实行的是多种税、多次征的税收制度。到了社会主义改造基本完成以后，进行几次税收制度的改革，则以简化税制、合并税种作为改革的主要内容。1958年把商品流通税、货物税、营业税、印花税合并为工商统一税，1973年又把企业交纳的其他各种税收和工商统一税合并改称工商税，对国营企业只征收工商税一种税，对集体企业只征收工商税和所得税两种税。税制由复杂趋向简化，并不是人们主观臆想的产物。它一方面与当时总的政治经济形势分不开，当时“左”的思潮和做法不能不在税收制度上有所反映；另一方面当时实行的是企业纯收入全部上交财政、企业支出全部由财政核拨的统收统支财政体制，利润多寡和国营企业本身不发生利害关系，不需要税收从多方面来进行调节，把复税制加以简化也就成了国营企业普遍的要求。从复税制逐渐简并为单一税制乃是当时的经济体制模式的产物。

税收本来是调节经济和组织收入的经济杠杆。税收过于简化，变成了只是组织收入的手段，调节经济的作用很难发挥；而且在收入方面也只着眼于收入的稳定性而忽视了适应收入来源不同从多方面组织收入。党的十一届三中全会以来，实行对内搞活经济和对外开放的政策，进行了经济体制的改革，经济情况发生了很大变化，过于简化的单一税制就愈来愈显得不相适应。

从我国经济体制改革的发展趋势及长远目标看，要求实行多种税、多次征的复税制。其原因是：第一，我国原来实行单一税制是以经济成分的单一化为前提的，今后在坚持公有经济占主导地位的同时，要发展多种经济成分并且发展各种经济成分间的联合，采取多种生产组织形式和经营发式，形成多种多样的流通渠道。在这样的条件

下，要发挥税收调节经济活动和调节收入的作用，就不是单一税制所能做到的。第二，我国原来实行单一税制是和国营企业纯收入都属于国家的统收统支体制相联系的，经济体制改革的目标是要使国营企业成为自主经营、自负盈亏的相对独立的经济实体，企业纳税后的利润将留归企业自己支配。可是形成企业盈亏及盈利多寡不仅有主观因素，也有生产设备有机构成的高低、资源条件优劣等客观因素的差异；价格杠杆不仅难以调节这种客观条件差异，而且产品价格高低悬殊还成为部门和企业间利润悬殊的重要客观原因。这样，不仅在现在而且在将来企业纯收入都将是悬殊的，不完全能反映企业的经营成果和经济效益。怎样把造成企业纯收入水平高低不等的客观因素在可能范围内加以调节，尽可能减轻因为客观条件差异而造成的企业间苦乐不均现象，是税收制度面临的又一课题。第三，我国原来实行的单一税制是在个人收入分配都由国家计划加以安排而且以平均主义的低工资为主要特征，那时候没有必要也没有可能对个人征税。在经济体制改革后，实行使一部分人先富起来的政策，人们之间的收入差距拉大，如何运用税收制度对之进行调节，也是面临的新课题。这些都表明，经济体制模式转换要求税收制度进行相应的改革，以运用税收杠杆发挥其调节经济活动和组织收入的作用。由于单一税制只能在一个侧面进行调节，调节的深度和广度都有其局限性；只有实行多种税、多次征的复税制，使不同的税种在经济活动的不同领域里发挥各自的不同作用，才能适应新形势提出的客观要求。

二　税收杠杆的运用和税收体系的建立

所有的经济杠杆都体现国家一定的政治经济政策，为实现国家一定的政治经济目的服务；所有的经济杠杆又都必须承认被调节者的物质利益，然后才能发挥其作用。但税收是国家运用其权力实行的强制的固定的无偿的征收，因而税收杠杆又有其本身的特点：一是它具有强制性。它凭依国家的政治权力，按照税法来进行经济调节，符合税法的课征是纳税人无法规避的义务。二是它的运用具有广泛性。社会经济活动的各个领域和社会再生产的各个环节，都可以运用税收杠杆调节，这和价格调节以交换为前提以及信贷调节以资金借贷为前提相比，税收调节的范围要广泛得多。三是它的适应性强，可以根据宏观经济决策需要，针对经济生活中的具体情况，或开征新税、或调整税目税率、或实行减税免税、或给以税收返还，实现宏观调节的微观化。这样，人们就可以根据经济体制改革的发展的具体情况来建立相应的税收体系。

运用税收杠杆来调节经济活动，其方式和程序大致是：（1）设置税种，规定税收的调节领域；（2）设置税目，规定各种税收的调节范围；（3）设计税率，规定各种税收的调节深度；（4）通过税收减免，以照顾和适应不同的经济情况；（5）通过加成征收或者税收返还，调整和强化税收杠杆的调节作用。一个合理的税收体系的建立，就是要根据当时的经济体制及经济活动的具体情况，全面考虑税种的建立以及税目、税率、减免等设计，统筹安排税收杠杆运用的各个方面。但通常讲税收体系，一般侧重于探讨税种的设置建立，把合理安排税收的调节领域作为主要内容。

那么，在我国经济体制的目标模式中，将设置哪些税种，将在哪些领域里运用税收杠杆进行调节呢？看来，我国税收体系的目标模式，需要着眼于如何在四个领域里运用税收杠杆进行调节。一是对企业收入形成的调节。由于企业生产的各种产品价格有高有低，利润有大有小，可以通过流转类税收，对价高利大的产品征以高税，对价低利小的产品征以低税，做到配合价格在企业收入形成的领域进行调节。二是对企业利润的调节或对企业留利形成的调节。三是对企业留利使用的调节。四是对个人收入和财产的调节，如个人所得税就是调节个人收入的重要税种。我国现行的税收体系以流转税类为主，侧重于第一个领域即企业收入形成领域的调节，而对后几个领域的调节重视不够。今后建立税收体系需要合理安排税种，以期在需要税收调节的各个方面都能有效地进行调节。

三　以流转税类为主还是以所得税类为主

关于我国税收体系目标模式，有着在有计划商品经济条件下要不要以所得税类取代流转税类的不同设想。关于要以所得税类为主的设想，主要是认为我国在第二步利改税时虽然以按流转额课征的产品税作为主体税种构成税收体系，但这样做的主要原因在于价格体系不合理，需要税收配合价格调节企业利润；一旦价格体系趋于合理，产品税的主体税种地位应该告退。因为产品税虽然具有税源广、易征收的特点，但是按商品流转额征收，使得它有利于自然经济的生存和发展，而对于社会化大生产的协作分工，犹如一道道关卡梗阻其间。而所得税、财产税等直接税的特点是多得多征，少得少征，税收随所得增减而增减，与流转环节多寡无干，税负合理，对经济活动的扩张与收缩是具有调节与缓和功能的内在稳定器。因而认为今后税收体系的发展方向，应该是逐步以直接税替代间接税、以所得税类替代流转税类，以利于社会化大生产的发展和商品流通的活跃。

从合理安排税收体系进行调节来看，运用税收杠杆调节经济的四个领域不能偏废。过去对后三个领域的调节注意不够，侧重于企业收入形成领域的调节，侧重于运用流转税类，这种状况需要改变。但流转税类随商品销售额征收，简便易行，及时可靠，又具有转嫁特点而减少了与纳税人的直接矛盾，它的这些优点也不能忽视，贸然取消将减少国家财政收入。而且我国对企业已经征收所得税，税率也不算低，只是对个人所得税的征收范围还不广。当今世界上所谓以所得税为主体的国家，实际上多数是以个人所得税为主体，但我国职工收入水平低，除非大幅度提高职工收入，很难把个人所得税推开，而且大幅度增加职工收入后向职工直接征收个人所得税也会遇到种种抵触。在可以预见的将来，把个人所得税作为主体税种是不现实的。因此，以所得税类取代流转税类成为税收体系主体的设想，不符合我国国情特点。

当然，从税收调节的四个领域来构筑税收体系的设想，对于当前的以流传税类为主体的税收体系来说，仍是意味着流转税类比重的下降，为主地位的下降；意味着所得税类作为经济调节手段的作用要加强，它在税收体系中的地位要提高。但是，从整个税收体系来看，所得税类还不能取代流转税类，而应当是逐渐形成两者并重的格局。运用所得税类来调节收入固然需要，但运用流转税类对各类产品规定高低不等的税率，以体现国家产业政策，调整产业结构，仍是别的税种所不能代替的。当然，我们也要看到、随着我国城乡居民个人收入差距的逐步拉大，运用对个人课征的各种税收来调节收入的问题，应该在税收体系构想中占其应有的位置。例如我国迄今尚未实行社会保险税、遗产税、财产赠与税，而这些税种在资本主义国家里也是调节贫富收入的重要经济杠杆特别是个人所得税把它作为主体税种虽然不现实，但逐步扩大其征收范围；对于因种种因素形成的高额收入征税，对收入高低悬殊现象进行合理调节，还是必要的。

四　流转类税制需要改进

如前所述，流转类税存在着重复课征，不利于生产协作和商品流通。但是在流转类税中，不同的税种也有区别。按销售额全额征收的产品税、营业税和按所增价值额征收的增值税，两者就不一样。按销售额全额征税的弊端，表现在生产上是谁搞专业化协作，谁的税收负担重，谁搞大而全、小而全，谁的税收负担轻，从而阻碍专业化协作的发展；在流通上它鼓励产销见面这种商品交换的初级形式，阻碍商业的专业化经营和多渠道经营，不利于加速流通、实现消费。由于重复征税，单位产品因生产环节多寡而形成税负不一，影响商品生产者在同等条件下开展竞争，不利于商品经济的发展。在对外经济交往日益发展的状况下，按销售额全额征税的税制往往会造成出口退税不足，不利于我国商品在国际市场上的竞争；又往往会出现进口征税不足，出现同类产品国内生产重重征税税负重、进口产品一次征税税负轻的现象，不利于保护国内商品生产。

与此相比较，按照商品生产的增值额征收的增值税，则由于它是按照商品销售与原材料消耗间的差额课征的税种，可以排除产品税、营业税按销售额全额征税造成的重复征税，避免了同种产品、同样售价因生产流转环节不同而出现的税负畸轻畸重现象，适应了商品生产专业化、商品流通多渠道、鼓励商品出口的要求。因而增值税已经成为改革间接税制度的一个新型税种，在不少国家里得到推广运用，被认为它使间接税获得新生，可以更好地发挥间接税税源大、扯皮少、收入稳定的长处。

我国在1984年进行第二步利改税时，将原来的工商税改革为产品税、营业税、增值税、盐税四种税，增值税只在小范围内试行，未能消除流转类税按销售额全额征税形成重复征税的弊端。看来，还有必要改进流转类税制，在适合征收增值税的方面都尽可能改征增值税。当然，对于特定的消费品和消费行为还是要继续征收产品税和营业税，以调节和限制特定的消费，例如对烟、酒、茶等都以继续征收产品税为宜。因为对这些特定消费品的征税本来具有消费税的性质，它的税负转嫁给消费者而不是由纳税人负担，具有可选择性，历来是寓禁于征的调节手段并由此取得国家财政收入，是没有必要把它改变的。

五　把税收和利润区别开来

在统收统支的吃“大锅饭”的体制下，尽管税收和利润上缴的形式不一样，由于国营企业的税收上缴给国家，国营企业的利润也统统上缴给国家，当时从企业看，税收和利润并无区别，两者都和企业的经济利益不发生联系，因而当时滋生税利合一之类想法是十分自然的。这种国家和企业的分配关系，使得企业没有财务自主权，经营好坏对企业都一个样，不可能把企业和企业职工的积极性调动起来。我国实行的把国营企业的上缴利润改革为按国家规定的税种及税率征税，税后利润留归企业支配，改变了企业在财务上的无权状况。既然利润是企业经营成果的反映，利润应该和企业的经济利益发生联系；而税收则是体现国家权力和国家需要的强制征收，把税收和利润区别开来，正体现了经济体制改革使企业成为相对独立经济实体的要求。

利改税要求实现企业财务预算约束的硬化，消除吃“大锅饭”的软预算约束。因此，采取种种利润留成办法，留成比例不易确定，往往产生国家和企业讨价还价现象，使得国家和企业分配关系很不稳定，这是预算约束没有硬化的表现。1984年实行的第二步利改税，就是要把国家和企业的分配关系固定下来。但是第二步利改税中实行的调节税，它以 1983 年国营企业实际留利作为基数与企业缴纳各项税收和所得税后的利润相比较，换算出一个比例税率，在实际执行中不能不形成一户一个税率，至少是一个行业一个税率。这种做法使得调节税成为一种软税收，是与区分税收和利润把国家和企业分配关系固定下来并使企业处于平等竞争条件的要求相违背的。在税收体系目标模式中不应该有这种调节税的位置。

与此相联系的是，税收杠杆的运用应该严格体现税收的特征。古往今来一切社会中，分配权力无非来自两个方面：一种是和生产资料所有制相联系，基于财产所有权而进行的分配，利润、利息、地租等都属于这种性质；另一种是基于国家政治权力而进行的分配，这种分配和生产资料占有无关，社会产品虽然归不同所有者占有，在不同所有者之间是神圣不可侵犯的，然而国家却可以打破这一束缚，凭借政治权力课征税收。在社会主义经济中，国家与国营企业关系具有两重性，国家既作为政权机关与国营企业发生关系，又作为生产资料所有者与国营企业发生关系。过去实行的统收统支体制把两重身份变成了一重身份，这种一重身份又成为企业财产预算约束软化的前提。如今进行改革时，有必要把这两重身份加以区分，因而属于占用生产资料而实行的资金有偿付费，属于享受某种权利的付费如矿区使用费、土地租赁费，都不属于无偿的强制征收性质，不宜采用税收形式。不少同志先后建议税利分流，或者把税收纳入财政预算而把国营企业的上缴收益（利润）由国有财产管理机构管理使用，各有不同的支出用途，是有好处的。此外，税收虽是基于国家政治权力课征的，但它只适用于经济领域，不宜任意扩大其范围，不能把税收和罚款混淆起来，某些带有惩罚性质的措施不宜采取税收形式，例如有人提出，为了搞好计划生育，要对多生孩子的征收多子女税，为了推行兵役法：对适龄公民未服兵役的征收兵役税等，此类主张都混淆了税的性质，即使要给以物质惩戒也不宜采取税收形式。总之，在经济体制改革中要强化税收杠杆，但不属于税收性质的不必勉强使用税的名称，这也就是不要不适当地夸大税收的作用，不要把不属于税收调节的问题也企图通过税收杠杆去解决，不要滥用税收的调节。

六 税收杠杆和价格杠杆的协调运用

流转税类是和价格紧密联系又有区别的经济杠杆，由于价格杠杆的调节具有双向性的特点，表现为价格提高在限制需求的同时又会刺激供给，价格降低在刺激需求的同时又会抑制供给。这样，在经济政策要求作单向调节时，运用价格杠杆往往会出现一些矛盾。这时候运用税收杠杆与之配合，例如卷烟卖高价限制消费但并不鼓励增产就课以高税，新产品低价鼓励使用但又不宜因低价限制生产就给予免税照顾。这样两者配合运用便能够弥补价格杠杆不能单向调节的缺陷，将是经济体制改革目标模式中进行间接控制时有力体现国家政策要求、调节经济运行的工具。

但是，税收杠杆和价格杠杆如何配合运用，仍是需要探讨的课题。目前因为扭曲的价格体系还不能作太大的变动，不得不通过调整流转税类税率的办法缓解价格不合理的矛盾。这种价格相对固定而税收灵活的做法应该认为是权宜之计。目前因为要修补僵化的价格体系，产品税税目就多达270多个，即使如此烦琐，仍不可能把税目搞到商品价格目录那样细的程度；而且税收只能调节企业利润高低，有些购销价格倒挂的产品，已经免税而仍有亏损，税收调节便不能奏效；原料价格过低而加工产品价格很高，仅是调整加工产品的税率并不足以制止原料产区竭力发展自己的加工工业的要求。可见，通过税收缓解价格不合理的矛盾是有限的暂时性措施，要真正把价格理顺，还得通过价格体系的合理调整与改革。

从长远来看，在税收杠杆和价格杠杆的配合运用中，应该把价格固定而税收灵活改变为价格灵活而税收稳定。价格应当反映商品价值变化和供求变化的客观要求，因而价格不应当是僵化的而应当是灵活的；在灵活的价格体系中，流转税类作为价格外加的部分转嫁给消费者负担，它是消费者购买的价格中必须考虑的部分。今后国家指导经济活动，实行奖励什么、限制什么的经济政策，应当主要通过合理的税收政策，规定高低不等的税率来体现，不宜于再直接规定畸高畸低的价格来体现政策。这也就是说，价格变动的轴心是价值，高于或者低于轴心的依据是供求；至于体现国家经济政策将不再由价格杠杆承担而是由税收杠杆承担，这时候流转税收是作为可以转嫁的价格附加来体现经济政策和调节经济活动。这样来设计两者的配合运用，更合乎经济体制改革总体构想的要求。

第三节　信贷杠杆

一　横向经济联系越是发展，信贷杠杆的作用越加重要

在传统经济体制中，调节经济活动主要靠下达指令性计划，使用强制的行政命令方法，进行事前的、有意识的直接控制；调节的重点是社会供给，是生产的规模、产量、速度；管理的对象是实物量，通过产品的切块调拨分配，控制经济运行。在这种体制下的经济联系基本上是由上而下的纵向经济联系。不论是以条条为主或者是以块块为主，在条块之内仍然是纵向联系；而条条之间、块块之间以及条块之间的企业之间的直接联系则被条块统治所割断。在这种纵向经济联系状况下，资金的运行是附属于实物型的宏观控制的。

显而易见，传统体制对企业的纵向直接控制窒息了企业的积极性，人为地把企业压缩在条块的约束之中，根本不符合社会化大生产的要求。随着经济体制改革的进展，直接控制转向了间接控制，从实物量的控制转向价值量的控制，这就适应了扩大企业自主权给企业以活力的要求。随着企业的自主经营，企业之间的经济联系会日益密切，横向经济联系冲击着纵向的约束。同时，原来的实物经济转向商品化轨道后，又进一步向货币化、信用化的方向前进。这种变化反映在资金运动上，是资金的横向运动日益发展，表现为随着经济体制改革的进展，城乡经济日趋活跃，企业的、社会的、个人的资金日益增多，信贷资金的来源日益增多，资金市场逐步形成，银行的地位和作用将越来越重要。因为把一部分资金分散本来是改革的趋势和改革的客观要求，要想把这部分分散的资金再集中起来加以运用，不能够再用财政的纵向无偿分配的办法，不能够走回头路。

横向的经济联系越是发展，银行所起的作用也将越来越重要。

银行在筹集融通资金、引导资金流向、调节资金市场活动、监督资金运用、提高资金使用效果等方面，都将起到重要作用。应该看到，只有在社会总需求和社会总供给大体适应的条件下，市场机制的调节作用才能得到较为充分与有效的发挥。因此，加强社会总需求的控制是间接控制的重要方面，同时也是为运用经济机制调节经济活动创造良好环境的大事。在旧的传统体制模式中，财政金融是综合平衡的重要方面，但并不是宏观控制的主要对象和手段，而在新的经济体制模式中，宏观经济的控制与调节将主要通过银行这个“绝妙的技巧的机关”。这是因为，社会主义商品经济将日益货币化，信用作为货币关系的进一步深化，天然地成为社会主义货币流通和资金运动的枢纽。通过利率变动和信用投放，改变投资的部门比例和地区比例，改变流通货币的数量以及流通的方向，将有效地成为国民经济运行的调控器。

二　运用利率杠杆调节资金供需与货币流通

有计划商品经济需要有资金流动和资金市场。因为：利用市场机制协调供给和需求，要求资金等生产要素能相应地流动。否则市场已经发出了讯号，而资金并不能流动，整个资源配置和产业结构也不能得到调整，求过于供的仍将处于短缺，供过于求的也仍可能积压。而使资金流动起来需要有资金市场作媒介。我国进行四个现代化建设，资金需要量很大，资金严重不足，是一种稀缺资源，必须动员整个社会的各个方面的潜力，才有利于克服资金的短缺。开放资金市场才能实现资金融通方式多样化和资金融通收益方式多样化，才能赋予资金以较大的流动性并提高其运行效率。

组织资金的合理流动需要有合理的利率。如果不付利息，就没有人愿意提供信贷。在社会主义经济中，货币资金就其实质来说是一定量的社会劳动的代表，这种以货币形式存在的社会劳动虽然不是现实的生产要素，而只是生产要素的价值存在；然而它可以随时转化为现实的生产要素，并促成各种生产要素在生产过程中的结合，创造价值和使用价值，带来收益。正因为这样，社会主义信贷活动中，融通调剂的虽然是一定量的价值，但当它提供生产流通使用时，则是能创造利润的特殊使用价值的价值，借款人使用这种为别人所有的暂时让渡的使用价值，都必须在归还本金的同时支付利息。在社会主义经济中，利息仍是来自对利润的分割。由于利润不反映剥削关系，利息也不具有剥削性质。

利息作为经济杠杆对社会经济活动的调节，是通过利率的上下浮动来实现的。利率是使用资金的价格，利率的升降理应和资金的供需相联系。我国在传统体制中，利率僵化，“十年动乱”中还曾经把利息的性质说成是剥削，把利率大大降低；再加上用行政方式发放贷款，不考虑还贷能力，对于经营不善、积压资金的企业往往允许延期还贷并给予减付利息、豁免利息等优惠，信贷约束软化，以至于利率调节货币流通的作用遭到削弱。这种状况，在新的经济体制中要改变过来。

要使利率高低能够有效地调节企业的微观经济活动，关键在于改变利息计入成本的旧办法，实行利息从企业税后利润中支付的新措施。这从理论上说，利息本来不属于成本而属于对利润的分割；从实践上说，则打入成本远不如从税后利润中支付有切身的利害关系。当然，做这样的改变需要税收制度的配合，避免骤然增加企业负担、减少归企业支配的留利，需要解决一些具体困难，但这并不是行不通的。而一旦这样改了过来，利率杠杆对于微观经济活动的调节作用将会大大加强，对于加速资金周转、提高资金使用效果将会起到明显的作用。

在商品经济条件下，作为资金价格的利息与商品价格一样是市场体系的极为重要的传导信号，它理应随着市场条件变化而变动，这才不至于僵化和凝固化，才不至于失去调节微观经济活动所应有的弹性。但必须注意到，利率还是调节宏观经济中货币流通状况并进而调节社会总需求的经济杠杆。当名义利率高于物价上升幅度，存款可以获得一定的实际利益时，将吸引人们将可花不花的钱储存起来，减轻货币购买力对市场的压力；同时，利率高对于贷款也会有一定的约束，将促使企业精打细算少贷款，加速周转快还贷，从而减少贷款需求。所以，适度提高利率，可以使存款增加，贷款减少，有利于货币回笼。反之，如果利率偏低，甚至名义利率还低于物价上升幅度而出现负利率，以至存款收益甚少，甚至实际上将亏蚀本金，借钱办事等于不付代价，甚至还可以从物价上升、货币贬值中获得好处，则将使存款减少，贷款增多，增加货币投放。这些都说明需要恰当运用利率杠杆，以平衡信贷，调节货币流通，稳定物价。正因为这样，在市场利率放开以后并不是放任不管，而是要通过存款准备金、再贷款利息、贴现率等经济手段，来影响市场利率的变动。这也可以说，有控制的市场利率将是今后的目标模式。

运用利率杠杆来调节经济活动，通常还都强调运用差别利率。但差别利率有两种类型：一种是按资金借贷期限长短和风险大小区分的，如短期存款利息率低，定期的特别是年限较长的定期存款利息率高；另一种是按行业区别的，如对农业和别的需要信贷扶持的行业的贷款利息率低于一般行业。要把银行当作金融企业来办，前一种差别利率是符合资金借贷规律的，后一种差别利率则往往和按市场机制形成利率以及银行实行企业化经营的要求相矛盾，需要扶持的行业反而不易得到贷款。因此，差别利率还是应该按资金借贷期限长短而定；至于体现国家政策促进结构调整而实行对某些行业的优惠利率，一般以财政负担贴息比较适宜。

三 运用贴现、再贴现手段调节商业信用

传统体制排斥商业信用，认为商业信用是成千上万个经济单位在交易过程中根据买卖双方的具体条件协议发生的，强调它存在的盲目性，认为会加剧生产的无政府状态，和国家要求通过直接计划对全部信用从而对全部资金运动进行控制的要求相矛盾，因而把它禁掉了。显而易见，传统体制的做法忽略了企业积极性的发挥，忽略了根据具体情况采取多种交易方式便于把买卖做成，有利于流通的活跃、效率的提高和经济效益的改善，也就是没有看到商业信用的积极一面。实际上买方信贷如预付定金等方式可以加强交易双方的经济责任，避免

轻易取消订货、破坏合同的现象发生；卖方信贷如赊销等方式有利于推销商品；消费信贷如分期付款的销售方式便利消费者购买，有利于扩大耐用消费品销售。这些灵活多样的交易是搞活流通的客观要求，是扩大企业自主权后必然的发展趋势，商业信用作为商品经济中经济联系往来的媒介，应当加以利用，不能再横加限制。

我国过去不承认、不允许商业信用，但是相互拖欠货款这种自发的商业信用却很普遍，往往因一个企业周转不灵而影响一连串企业，人为地造成了流动资金的紧张状态。允许商业信用并实行经济关系票据化以后，既允许延期付款，又通过票据有了必须遵守的付款日期，便利了把商业信用和银行信用结合起来，便利了清算，搞活了资金，加速了资金的循环与周转，效果十分明显，证明了商业信用是商品经济中进行经济联系所必要的。

由于企业本身的财力总有一定的限度，开展商业信用总需要银行信用的支持，开展商业票据贴现、再贴现业务是银行支持的重要方式，也是银行对商业信用的投向和规模进行约束和调节的重要手段。可以设想的做法是：专业银行和企业间对商业票据的贴现利率、贴现条件以及贴现额度等，由市场供需决定；中央银行则有计划地规定对专业银行的再贴现率，以调节和影响贴现率以及贴现的规模，进而调节和约束商业信用并影响投放的贷款量，从而对货币流通起到积极的调节作用。

四　通过固定资产投资贷款，调节投资需求和提高投资效果

传统体制对银行贷款只能用于流动资金，不能用于固定资产，把它作为信贷资金和财政资金分口管理的一条重要界限。但是，固定资产投资由财政拨款的资金无偿供给制，加重了争项目、争投资的“投资饥饿症”，助长了对投资漠不关心的官僚主义态度，其效果并不好。

如何建立关心投资效果的固定资产投资管理体制，是经济体制改革中的一项重要课题。对此人们有种种设想，包括开放资金市场，通过发售股票债券，建立固定资产投资责任制和资产经营责任

制，等等。而固定资产投资由财政无偿拨款改革为银行有偿贷款，也是其中的一种办法。用信贷方式供应投资，有借有还，既还本又付息，可以促使贷款单位关心投资的合理使用，这是财政拨款方式所不具备的。从这几年基本建设投资由拨款改为贷款的实践看，有些项目确实提高了资金使用效果，但也有一些拨改贷项目不起作用，有些企业认为改不改无所谓。那是因为“大锅饭”还没有完全砸掉，财务预算约束还没有硬化；价格不合理，某些价低利小企业根本无力还贷；财政税收等的某些制度规定与拨改贷不衔接。而从根本上来说，是发放贷款的银行对于贷款与否并无决定权，以至于项目评估成了形式，明知没有经济效果的也不得不贷，投资风险责任制并没有真正建立起来。这些都说明经济体制是一个整体，如果各个方面都围绕着企业自主经营自负盈亏作了相互补充相互协调的改革，那么拨改贷的优越性还是能显示出来的。

从微观经济效果看，有的固定资产投资盈利大、效果明显，有的固定资产投资如基础设施投资、教育设施投资等并不能直接带来盈利。对于这两种不同性质的投资，笼统由财政无偿拨款固然不妥，笼统由银行有偿贷款也同样不妥。需要分别不同情况，采取不同的资金供应方式。属于贷款部分，既然采取了有借有还、还本付息的有偿供应资金方式，那么，银行应当对项目的选定进行评估。这也就是说，在传统体制中审批计划对投资项目进行筛选的尺度是多维的，它并不以利润率高低作为投资与否的尺度，而是要考虑所谓高级盈利原则，至于是否属于高级盈利则往往取决于上级领导人的主观判断，并没有什么准确的客观标准。资金供应采取贷款方式时不能够这样做，要真正做到有借有还、还本付息，就得在贷款时切实做好可行性研究，评估有无还贷能力，不具备还贷条件的项目不予贷款。因此，目前银行对拨款改贷款的项目无权过问、奉命贷款的状况必须改变，银行这个资金提供者和企业这个资金使用者要对资金决策反过来进行审核，评估此一项目是否可行，验证其是否有经济效果，然后再贷款进行投资建设。

第四节　汇率杠杆

我国的经济体制改革是与对外开放政策同时起步的，原来的闭关锁国封闭自守的状态打破了，展现在人们面前的是不前进便被淘汰的剧激烈竞争着的商品世界，五彩缤纷的进口货吸引着中国的消费者，推动着技术进步和国产货的革新，冲击着旧的经济秩序。随着商品经济的发展和生产社会化程度的扩大，不仅使国内交换日益增长，而且国际间的交换也在发展，中国与世界各国的经济交往将越来越频繁，规模越来越大。正因为这样，在社会主义有计划商品经济的经济调节体系中运用好汇率杠杆，越来越显得重要。

一　汇率杠杆僵化的状况正在改变

建国初期实行的是浮动汇率，中国人民银行随时调整外汇牌价。这是因为建国初期市场物价还屡屡发生波动，到1950年3月统一全国财经工作后才逐渐稳定下来，而且那时候私营进出口企业还在对外贸易中占相当大的比重，如果汇率不能适应市场物价变化的具体情况，损害了私营进出口商的利益，它们就不会把外汇卖给国家甚至不会再去经营进出口业务，所以不能不实行浮动汇率。然而到了1953年以后，市场物价已趋稳定，对私营进出口商的改造则走在整个对私营改造的前面，已经基本上把对外贸易纳入了国家垄断经营的轨道。这时候便从浮动汇率转为固定汇率，人们认为进出口贸易的盈亏反正由对外贸易部统一核算，汇率不过是计价核算的工具，没有必要作频繁的调整，因而从1953年到1971年的长时间里，人民币的汇率没有什么变化。

20世纪70年代以后，国际石油价格猛涨，引起了世界性的企业生产成本上升，推动了世界性的物价上涨；而我国这时因为实行了严格的冻结和管制物价措施，国民经济虽然步入困境甚至处于崩溃边缘，而物价却仍能保持表面上的稳定，当时为了从汇率上反映我国物价稳定与西方物价上涨的差距，曾经多次调整汇率使人民币升值。

1971 年时 1 美元可以换 2. 46 元人民币，到 1980 年调整为 1 美元换 1. 46 元人民币。当时汇率的变动并不意味着我国已经从固定汇率转为浮动汇率，也不是因为国际收支平衡有余引起人民币的升值。相反，它仍是把汇率只看作计价核算工具的表现，其目的在于求得汇率和受管制的僵化的价格的统一，因而尽管汇率几经调整而性质上仍属于僵化的经济杠杆。

应该指出，把汇率单纯地当作计价核算工具，只求汇率的稳定并反映我国物价的稳定，却忘掉了汇率本来是在本币与外币的交换过程中形成并且调节着这一交换的基本功能，这种做法只能在对外贸易垄断和统负盈亏条件下才能实行。即便如此，僵化的汇率也仍然愈来愈与国内外物价水平脱节，愈来愈与进出口贸易的实际状况脱节，它进一步加剧了对外贸易中不计成本、不讲盈亏的经济效益模糊化的状况，使得企业想重视改善经营管理也找不到真正的着重点与突破口，以至于外贸亏损不断增加。与此同时，外汇收支从来也不可能完全由国家包下来，汇率的僵化必然带来侨汇的剧减。正因为这样，随着对外贸易体制的改革，打破了对外贸易部所属各专业公司的垄断经营和统负盈亏，转变为各地区、各部门以至于工业企业都能经营进出口贸易，独立核算和自负盈亏；而侨汇、资本流动、旅游服务等非贸易外汇收入也不断增长的时候，那种僵化的仅仅把汇率作为核算工具的作法再也不能继续下去了，或者说它正是改革的对象。1981 年以后汇率的多次调整，到 1986 年调整为 1 美元换 3. 72 元人民币，这几次调整都是以平均换汇成本上升为依据的。汇率杠杆僵化的状况正在改变。

二　自由浮动汇率和自由兑换外汇不能作为汇率体制改革目标

在经济体制改革时应该建立怎样的汇率制度，以有效地运用汇率杠杆，调节对外经济活动和调节国际收支，人们有各种各样的议论。有些人特别是有些信奉西方经济学的经济学者竭力鼓吹自由浮动汇率，主张汇率随外汇收支状况而自由升降浮动。应该说，这并不是什么新鲜的创见，而是当前英美等资本主义国家的通常做法。这些国家市场发达、对外经济联系密切、对外交往频繁，使汇率随外汇的供需而浮动。当国际收支出现顺差，外汇供给大于需求时，汇率会降低，本币会升值；当国际收支出现逆差，外汇需求大于供给时，则汇率会上升，本币会贬值。这样通过汇率升降便形成了调节国际收支的自动机制。资本主义国家的固定汇率制度本来是作为金属货币流通的残留痕迹而存在的，当觉醒到纸币已经完全取代了贵金属而成为货币的一般形式，形成了纸币流通的特殊规律，由于纸币价值的不稳定性，浮动汇率取代固定汇率便成了顺理成章的事情。

但是，自由的浮动汇率制度在我国却并不可行。这是因为实行自由的浮动汇率的条件，在于本币可以自由兑换成外币，外汇可以在市场上自由买卖，而我国在可以预见的将来并不具备这样的条件。世界各国的货币可以分为自由兑换货币、有限制的自由兑换货币以及不能自由兑换的货币。目前美元、英镑、法郎、日元等属于自由兑换货币，对国际性的贸易和非贸易支付不加限制，可以兑换成别的可自由兑换货币，因而使这些货币有了世界货币的性质，不仅可以用于双边清算，还可以用于第三国贸易和劳务费用的支付。显然，要使一国货币成为可自由兑换货币需要有一定的经济实力，而我国远未具备这样的经济实力，一旦放弃对兑换外汇的管制，对外币的需求可能会出乎意外地膨胀，所以我们不能采纳自由兑换外币的主张，人民币和苏联、东欧以及大多数发展中国家的货币一样，仍应作为不能自由兑换的货币。既然人民币不能自由兑换，它便不能进入世界金融市场进行交易。这样，人民币的汇率也就不可能随市场需求而上下浮动，这个道理是很清楚的。

还需要指出的是，完全不受干预的自由浮动汇率，在当今世界各国是并不存在的，即使是美、英、日这些实行自由汇率的国家，从来也没有放弃过政府对汇率的干预。他们或者通过中央银行用购买和投放外汇的办法来影响汇率，或者通过调高或者降低利率以吸引国际资本流入或者鼓励本国资本输出，从而调节国际收支影响汇率。再从第二次世界大战后各国用自由的市场经济取代严格的物资统制和分配制度所经历的过程来看，外汇管制是最后一个领域，是在别的都放开以后，才开放外汇市场的。有鉴于此，有鉴于在我国要形成相似的条件还相差甚远，因而那种实行自由浮动汇率和自由兑换外汇的主张，乃是不可取的。

三 挂钩汇率不是我国汇率制度改革的目标

当前在发展中国家里，还往往采用挂钩汇率或者盯住汇率，有的盯住美元、英镑、法郎等某种单一货币，有的则盯住一篮子货币。实行挂钩汇率在货币发展史上属于从金本位制转向汇兑本位制的过渡阶段，在经济上则属于本国经济实力尚不足以维持独立汇率的表现，也往往是该发展中国家和某一经济发达国家的贸易金融关系特别密切，两国的汇率挂钩以后可以使两国的贸易金融关系得到稳定发展，免受两国间汇率变动的影响。这样本币和盯住的外币的汇率属于固定汇率，对于其他外币则属于浮动汇率。盯住一篮子货币的做法无非是扩大了盯住的范围，由钉住某一国家变成钉住几个与本国经济联系较为密切的国家，两者的实质是一样的。

挂钩汇率虽然是发展中国家通常采用的办法，但是从我国来说，是不能把它作为改革的目标的。因为挂钩汇率虽然不要求有发达的金融市场作为条件，虽然能够和经济发展水平低的状况相适应。但是，由此往往使本国货币依附于钉住的货币，使本国货币跟着别国货币跑，失去调节国际收支的主动权，往往不能适应本国对外贸易发展的需要。尤其是我国经济体制改革把有计划的商品经济作为改革的总体目标，要求拥有对经济运行的可控性，而挂钩汇率则在调节国际收支上寄托于钉住的外币，从而不能不受钉住货币币值变动的影响，不利于增强经济活动的计划性。因此，我国虽然也是发展中国家，却不宜采行挂钩汇率。

四 合理运用汇率杠杆的目标是逐步走向有管理的浮动汇率

僵化的固定汇率制度是改革的对象，但汇率改革又不能走向自由浮动汇率和自由兑换外汇，也不宜采行挂钩汇率，那么，出路何在呢？看来，目标是逐步走向有管理的浮动汇率。所谓管理包括两个方面，一是国家通过直接的和间接的途径对汇率高低变动施加影响，另一是汇率杠杆和其他经济杠杆相互衔接、配套，做到有计划有目标地调节对外经济活动。

要使汇率合理，需要利用市场机制使汇率随着供需变化而浮动起落，但是，由于在我国经济发展过程中不论是现在还是可以预见的未来，外汇都将是一种最短缺的资源，它将长期保持求过于供的势头。因而不得不通过管理以保持比较适当的汇率，进出口许可证制和外汇配给制还不能完全取消，进入外汇市场买卖外汇必须具备一定的条件，而且国家银行还将通过收购和抛售外汇对外汇市场上汇率的浮动起决定性的影响。否则，任凭汇率完全自由浮动，将会长期是偏高的不合理的汇率。这也就是说管理是不可少的，是不能完全听凭市场调节的。

汇率杠杆之所以必须和其他经济杠杆相互衔接配套，是因为汇率高低既涉及到进出口贸易收支，又涉及到侨汇、旅游以及国际海运、空运、保险等非贸易收支，还涉及到资本输出输入的流动，并且还会对国内的贸易、货币流通以及市场物价发生影响。它们既可能相互协调促进，也常常可能发生矛盾。而从当前来说，由于国内价格和国际市场价格是两个截然不同的价格体系，我国的农产品、矿产品、交通运输、饮食服务等的价格远低于国际市场价格，而钢材、汽车以及家用电器等的价格又远高于国际市场价格，形成了两个相差悬殊的梯度价格体系，以至于从这个角度看汇率比较合理而从另一角度看汇率很不合理，经济杠杆的运用不配套，各方面的矛盾难以兼顾。以1985年到1986年的实践作例证，这两年根据平均出口换汇成本升高而多次调高汇率，从而增强了我国出口商品的国际竞争能力，鼓励了出口，限制了进口，对于平衡进出口贸易收支的效果是明显的。从非贸易外汇收支来讲，汇率升高有利于吸收侨汇和发展旅游，然而对同样多的侨汇和旅游外汇收入，要提供更多的劳务服务和商品供应，当服务和供应跟不上时反而会减少收汇。至于从资本流动来说，汇率升高意味着流入的折成本币的资本贬值，以至于外资企业要求以外币核算盈亏，得到外币不愿结汇，甚至为了避免货币贬值损失而将资本特别是短期资本调往国外运用经营。这些表明，汇率形成不宜仅仅着眼于出口创汇。再进一步看，从计划管理转向市场调节之后，外贸内贸争夺货源已经从罕见转为经常发生，汇率调高本来是为了增强在国际市场上的竞争能力，但实际上也往往转化为在国内市场上争夺货源的竞争能力，导致出口商品价格上升和平均换汇成本上升，成为国内市场物价上升和汇率再次调高的推动力量。由此也说明了，要使汇率和其他经济杠杆协调，避免汇率、国内市场物价、平均换汇成本轮番上涨的恶性循环，不能不对汇率进行管理。

第五节 工资杠杆

一 僵化的吃“大锅饭”的统一工资制度是改革的对象

从理论上说，社会主义制度下的工资是按劳分配的具体表现形式。工资本来是劳动者的劳动时间、劳动强度、劳动复杂程度、劳动质量和劳动成果的统一的综合反映。但实际上，我国多年来在传统体制下实行的统一定级、调级的刚性工资制度，却并不真正体现按劳分配而是体现“大锅饭”原则，成了按劳分配的歪曲表现形式，具体表现在：

（一）劳酬脱节。工资本来应该体现按劳分配原则，然而在传统体制中，国家根据地区和企业类别统一制定工资水平和工资级别，统一进行工资的长级和调整，职工定级以后便按级拿钱，与劳动状况不发生联系，多劳不多得，少劳不少得，甚至少劳多得、多劳少得，严重挫伤了职工群众的劳动积极性。

（二）循资升迁。传统体制中劳动管理僵化，能进不能出，能升不能降，能上不能下。不少单位里人浮于事，需要的专业人才短缺不能进，而行政人员虽属冗余也不能出，潜在的在业失业现象极难改变。与此相适应，表现在工资上是循资升迁，每隔一段时间甚至隔二十多年才升一级。然而在不同部门中劳动贡献和职工工龄的关系不尽相同，老科学家、老中医等固然随着年龄增长，知识阅历也相应增长，按年头长工资还有可说；可是在纺织工业、矿井开掘、地质勘探等部门中，却主要是青年、中年工人在生产第一线顶岗，年龄大了，挡不了车、下不了井、去不了野外，却又调不到别的部门去，只能安排在二线干些杂活，同样是论资排辈升级，按年头长工资，便很不合理，形成劳动贡献与劳动报酬相背驰，不能够调动中青年职工的积极性。

（三）行政、事业单位和工商企业不分。传统体制中的工资制度，其主要特点是把行政机关对干部的工资管理办法，套用到各行各业。省军级、地师级、县团级、区营级、乡连排级这种按行政职务划分的等级观念，以及相应的工资供给标准，被套用到各行各业。而且本着行政机关管各行各业的逻辑推理，各行各业专门人才的工资都不能够超过管他们的行政首长的工资，从而使得文化、教育、卫生、科学、体育、新闻、图书、出版等事业单位的工资标准和升级办法，工商企业职工的工资标准和升级办法，都失去本身特点而带有行政机关的色彩，从而不能够和本身的具体情况相适应，不能够刺激改进本单位的工作和钻研专业的业务技术，不利于奖勤罚懒，也使得工资制度中的矛盾愈来愈多。

（四）实物供给掩盖了真实的工资差距。我国在战争年代实行的供给制，本来是在物资极度匮乏条件下保证最低生活需要的不得已措施，建国后实行工资制本应减少以至取消供给制，但实际上不仅没有取消还大大发展了供给的范围和名目。各个单位都得消耗大量精力和财物，建宿舍，办食堂、浴室、理发室、哺乳室、保健室、幼儿园、图书室、商店、放电影，组织郊游，安排疗养，还要按级别装电话、配小车，还得组织廉价商品供应，今天分这明天分那。这样，无偿的或者低价的实物供给，成为隐蔽性的工资，成为人们实际生活水平中的重要组成部分。有些干部的实物供给甚至比名义工资高出几倍、几十倍。从表面看，传统体制下干部职工工资差距不大，加上实物供给这项隐蔽性工资则差距很大。由于实物供给根本不是按照劳动的质和量的分配，有的反映平均主义，有的带有极浓的封建色彩，乃是劳动报酬制度中最落后的部分。但由于取消实物供给涉及既得利益，尽管不少人应认为该转作货币工资，实际上很难触动，甚至变本加厉，越发越多。

（五）更为重要的是，工资作为微观经济运行的杠杆，首先要求企业具有制定企业内部工资水平的权力。在这里，工资不仅是按劳分配原则的具体体现，而且是企业对工人进行管理、奖罚的一种刺激手段。企业没有自主权，就很难运用这个强有力的经济杠杆，调节职工的行为。

正由于传统的工资制度从来也不曾真正体现按劳分配原则，因此，统一工资标准的传统工资制度是改革的对象，改革并不是否定按劳分配而是寻找真正能体现按劳分配原则的工资制度。

二 工资制度改革的目标模式是建立有控制的市场竞争差别性工资

这些年来工资制度改革的实践证明，改革的目标具有以下几个基本点：

（一）企业要能够自行决定工资分配。企业作为相对独立的商品生产者，要真正对自己的生产经营担负起责任，不能不要求对自己生产经营活动的独立决策权。因而，企业应当在国家收入政策或工资政策的指导下，有权根据自身的经营状况和市场变化，自行决定企业内部的工资水平和分配方式，决定职工的劳动报酬等级，有权决定税后利润如何用于奖励及福利，然后才能负起独立核算，自负盈亏的责任。如果由国家统一规定工资标准和工资水平，那么就得由国家保证统一工资的支付，即使企业背不起也得照付，从而会走回“大锅饭”的老路。

（二）劳动者报酬多寡要同企业经营好坏以及本人劳动贡献大小发生联系。企业怎样运用自己的工资分配决定权，这要有利于改善企业经营，促进提高企业劳动生产率，形成内在的活力和动力。实践证明，只有使劳动者的劳动报酬和本人的劳动贡献相联系，干多干少、干好干坏所得的报酬不再是一个样，然后才能发挥工资的经济刺激功能，调动劳动者的生产积极性，贡献他们的聪明才智和技术力量；才能促进劳动者努力提高技术水平、文化水平；才能惩罚怠惰散漫之风，严肃劳动纪律和保证良好工作秩序；才能把劳动者的个人利益同他在企业里的联合劳动紧密联系起来。

（三）劳动者报酬多寡还要受劳动力市场中供需因素的制约和影响。如果单纯地由企业自行决定劳动者报酬的多寡，没有劳动力自由流动的市场机制，那么有可能使各个企业各自成为基尔特行会式的利益集团，使工资朝着愈高愈好的方向发展。然而在市场条件下情况就不一样了，劳动者要选择能获得较高收入的工作岗位的本性，使得那些工资特别高的部门和企业将因劳动力供给过多而使工资降低，那些工资特别低的部门和企业则因为“后继无人”而迫使提高工资。应该看到，工资杠杆的调节作用需要在市场条件下才能充分发挥，然后才能通过工资高低，调节劳动力的合理流动，使之与调整社会生产结构、产业结构的需要相适应。

（四）要有国家对工资的宏观控制和调节。国家要组织社会总需求与总供给的总量平衡，要处理积累与消费的比例关系，需要对收入分配包括对工资有所控制。但是这种控制不再是由国家统一规定工资标准的老规矩，而是建立在从总量上进行间接控制的新章法。国家按照发展国民经济的要求，制定出社会经济发展中劳动就业的基本结构、流向和整个社会工资总额的计划；同时，据此指导经济运行中劳动力使用和工资的实际变动，制定出运用经济杠杆进行调节的措施，使微观活动中分散的工资决策，与社会经济发展的客观需求相适应。国家管理和制定行政机关与事业单位的工资标准，将会成为各部门、各企业决定本单位工资水平变动的参照系，指导各部门工资水平的变动升降。与此同时，国家还可以运用税收杠杆与之配合，诸如减免劳动保险税、工资奖金税、个人所得税等，使这部分应上缴给国家的收入转化为企业劳动者的工资收入，以吸引劳动力流入国家鼓励发展的部门（或者是“后继无人”的部门）；反过来，国家也可以提高某些部门应缴纳的工资奖金税、个人所得税及劳动保险税，以减低这些部门的实际工资收入，限制劳动力流向这些部门。通过以上这些措施，调节工资水平，并通过工资杠杆调节劳动力的合理流动。

三 一个值得争论的问题：企业工资总额与经济效益挂钩是否能作为工资改革的目标模式

国家为了保持积累和消费的合理比例，需要对全社会的收入分配，包括对全社会工资总额，进行调节和控制，然而全社会工资总额是由无数企业的工资总额构成的，由此往往会带来疑问，如果不控制各个企业的工资总额，又怎样能控制全社会的工资总额呢？

传统体制通过控制企业工资总额绝对量的办法，控制全社会的工资总额。国家规定各个企业的工资基金总额以后，银行发个本本，不经上级主管部门批准不能变动。实践已经证明，这种管理方法束缚了企业的主动性和积极性。那么，是否像有的同志建议的那样，在目标模式中让企业的工资总额随经济效益增减而浮动呢？回答这个问题看来要弄清如下三个问题：（1）在目标模式中，在企业内部是否存在着抑制工资总额不合理增长的内在机制？（2）职工的工资是否应该和企业的经济效益挂钩？（3）企业工资总额与企业经济效益挂钩的现实意义是什么？

（一）经济体制改革目标模式在控制工资总额上与传统体制的最大差别，并不在于从绝对量控制转向相对量控制，而在于实现控制机制的根本转变，从政府的外在控制转向建立企业内部的自动平衡机制，形成自我约束的力量。对此，在第二章讨论国有制改革的目标时，讲到重新塑造国有制的关键点是实现两权分离，而实现两权分离又要求经营者与生产者分离。在第三章讨论利益体系的演变时，又讲到经营者利益从一般职工中独立出来是企业内部收入分配体制改革的必然趋势。那么，当生产者、所有者和经营者在财产关系中的位置得到准确的界定后，就会自然形成对工资总额不正常上升的内在抑制机制。首先，所有者与经营者的分离，经营者收入与资产的收益和增值挂钩，资产利益便在企业中有了真实的代表；其次，经营者与生产者分离，经营者的收入形成和生产者的收入形成是两种完全不同的机制，而且他们之间又存在着互相制衡的力量。因此，如果说企业工资总额要与效益挂钩，不如说是经营者收入要与企业的经济效益挂钩。但是在目标模式中，经营者的收入已不应再构成为职工工资总额的一部分，而应作为利润总额的一部分。除经营者之外的生产者工资是企业完全成本的重要组成部分，它的扩张意味着资产总收益的绝对减少或相对减少。代表资产利益的所有者和经营者为了保证资产收益的增长，必然具有控制工资增长的内在动机。

（二）职工工资是否应该和企业经济效益同步增长？挂钩论的关结点并不是强调工资绝对量的增长，而是强调工资总额随经济效益的提高而同步增长。这似乎并不损害资产的利益。但进一步深入说明为什么职工工资要与经济效益挂钩时，我们在理论上就遇到两个难以逾越的障碍：第一，经济效益的增长可以与劳动者付出的劳动量的变化有关，同时也可能毫无关系。经济效益的提高是众多因素变化的结果。在现代化生产中，更重要的是设备的改进、技术的更新，这两者主要是投入更多资金而不是更多的利润的结果。如果把经济效益的提高作为工资增长的尺度，就会把资金的效益算到劳动力的身上。由于各个企业资金投入的差别，就会形成企业职工工资上的差别，这很难说是贯彻了按劳分配的原则。由于经营者决策高明、管理有方，企业经济效益上升，由此而多发给职工工资也未必合理。再者，由于经营者决策失误，企业经济效益下降，因而降低职工工资，也未必合理。第二，职工工资总额与经济效益挂钩，到底是有利于劳动力的流动还是不利于劳动力的流动？经济效益低的企业要招揽人才，改变落后面貌，就会受到工资总额下降的限制。相反，经济效益好的企业，又很难把本应淘汰的职工除名。更重要的原因还在于工资与效益挂钩同样会使工资调节系统失去它本应具有的作用，并不能解决工资水平能上不能下的刚性弊病，和建立劳动力市场的目标存在着难以调和的矛盾。因此，在目标模式中，企业工资总额不是由政府直接干预来确定，而是在企业内部经营机制和外部劳动力市场的共同作用下形成，国家只是通过各种间接手段来调节居民的个人收入水平。

（三）工资总额与经济效益挂钩是工资机制转换的过渡形式。由于企业内部经营机制的转换和外部劳动力市场的形成都需要一个相当长的历史过程，不得不采取工资总额与企业经济效益挂钩的管理办法，既能够使企业对工资的确定有一定的权力，又能防止消费膨胀。

当前几种通用的挂钩形式有：企业上缴利税与企业工资总额挂钩；除本分成挂钩；实物量经济效益指标与企业工资总额挂钩。采用什么样的经济效益指标，怎样挂钩，怎样才能创造实行工资与经济效益指标挂钩的必要条件，是很有讲究的。看来，各个企业条件很不相同，应当从实际出发，采用适合其本身特点的办法，并且在市场竞争中不断修改、完善这些办法。

四 劳动力流动和劳动社会保障制度是运用工资杠杆的必要条件

传统体制中的不体现按劳分配的工资制度，是以劳动力不能自由流动为条件的；平均主义吃“大锅饭”的工资分配方式，是和领导被领导者间的人身依附关系并存的。所以，要改革工资制度，不能不相应改革劳动制度，实现劳动力的自由流动。

劳动力流动本来是社会化大生产的一个普遍规律，正如马克思所说的：“大工业的本性决定了劳动的变换、职能的更劝和工人的全面流动性。”① 即使在实行传统经济体制的苏联和东欧国家，劳动者择业的自由度和劳动力流动度还是相当大的。只不过在我国，城乡分割、城城分割的户口管理制度，干部职工部门所有、单位所有的人事管理制度，把劳动者卡得死死的，劳动者失去了“自由人”的本来属性，而像机器设备和原材料一样听凭调拨分配。劳动者捧“铁饭碗”和劳动者丧失择业自由成了孪生兄弟，从而形成了我国特有的劳动力凝固状态。这种统一分配的劳动制度反过来又要求实行统一的平均主义的工资制度，“到那里都拿一样的钱”，成为限制职工流动的必要条件。

要发挥工资的杠杆作用，其必要条件是劳动者有择业自由，劳动力能自由流动。如果劳动力不能自由流动，工资的调节作用将极其有限。即使可以通过作为工资补充的奖金制度刺激劳动者的积极性，而对人是否尽其才，人是否浮于事；却起不到丝毫的调节作用。不少英才，被僵化的管理制度和喜爱平庸的领导所埋没，难以自拔。只有在

① 《马克思恩格斯全集》第23卷，第534—535页。

劳动力能自由流动、存在着劳动力市场时，才会形成市场供求关系与劳动供求关系的内在联系，才会形成工资对劳动力流动的导向作用和压力作用，并有利于增加智力投资和加快人才培养。也只有在市场条件下，劳动供给的竞争性校正着劳动者对劳动收入的预期目标，企业对劳动需求的选择则会使在企业里的职工掌握分寸，形成对收入分配的自我抑制机制。这样，人们担心的工资攀比才不至于出现。因为攀比本来是统一的工资控制刚被打破而市场发育程度不高时的产物，那些从价格差异或者其他特殊条件获得超额利润的企业增发了工资奖金，而别的企业的职工因劳动力不能流动而被拴死在报酬低的固定岗位上，这就很自然地产生了攀比的压力，迫使企业领导千方百计钻软预算的空子也增发工资奖金。所以，在改革过程中始终面临这样的两难选择：一方面是要体现企业相对独立商品生产者地位和自主经营权力，要调动企业和劳动者的生产经营积极性，不能不允许企业拥有收入分配的权力，允许企业工资水平有差异，奖金不封顶，另一方面则由于劳动力市场尚未形成，就业刚性引起攀比机制，推动工资基金超前增长，又不得不卡工资奖金，形成了微观搞活和宏观控制的矛盾。只有在劳动力市场的竞争中才能形成工资的自我调节与自我抑制机制，才能发挥工资杠杆的作用。

一旦打破了劳动力统包统配的“铁饭碗”，把讲求经济效率作为吸收劳动力的前提，那么全社会范围内的劳动力和生产资料结合，不论在质量构成和数量规模上都不可能实现供给和需求的平衡，必然会使原来的隐蔽失业和潜在失业公开化，产生劳动者就业的暂时间歇和中断现象，这正是社会生产结构和规模不断进行调整的客观要求。这样，原来按“铁饭碗”制定的社会保障制度便与此不相适应，必须进行配套改革。一项是原来不存在失业因而不需要失业保险金，今后则需要建立，使劳动者在暂时中断就业时仍能获得维持本人和家庭基本生活的费用，使劳动者对于砸“铁饭碗”有承受能力；而社会在处理社会物质生产变动与社会劳动就业平衡之间矛盾时，也有了较大的回旋承受能力。另一项是原来在哪个企业里退休就由哪个企业支付退休金，今后需要把原来退休金花多少列支多少的供给制办法，改为按在业职工工资一定比例提取的基金制，建立退休养老基金由社会保险专门机构统筹管理，从而消除退休职工多的老企业负担重而退休职工少的新建企业负担轻的不正常现象，也便利劳动力的正常流动。通过以上两项改革，形成新的社会保障制度，使之和劳动力能自由流动的新的劳动就业制度相适应。只有这样，才能为劳动力市场的发育成长创造条件，为企业和企业职工的行为提供选择和约束的机制，使工资杠杆发挥调节经济的功能。

第七章　经济组织体系

国民经济是一个多层次、多要素、多单元的大系统，由千万个生产、流通、服务等企业所组成，分别属于不同的部门和行业，并分布于不同的地区和城市，相互之间发生千丝万缕的联系。随着生产社会化和经济商品化的发展，分工越来越细，企业越来越多，联系越来越频繁。这些企业形成怎么样的组织，既有它的技术、经济和商品关系的内容，而且在社会主义制度下，又有发挥政府机构管理和服务于经济的职能的要求。因此，以微观经济的所有制结构为基础，与决策体系、利益体系、调节体系相结合，作为经济运行的组织形式和组织保证，经济组织体系是整个经济体制的骨架。它在微观上保证企业的活力及其行为的合理化，在宏观上保证各部门、行业和各地区、城市以及整个国民经济协调地、高效地运行。特别是经济组织体系与经济决策体系是息息相关的。有什么样的决策体系，就要有什么样的组织体系，两者必须相适应，并以组织体系来保证决策机制的实现。经济组织体系的改革，符合于改革的总模式，并与其他方面的改革相制约，其改革目标归纳到一点，就是把政企职责不分、条块分割、纵向统制为主、企业组织度差的旧的经济组织体系，转换为政企职责分开、条块交织融合、横向联系为主、企业组织度增强的新的经济组织体系。

第一节　经济组织体系在改革中的地位和作用及其目标模式的比较和选择

“组织”是指具有共同目的，并为实现该目的而不断地相互调整其行为的联合结构。经济组织就是各个经济主体的联合体系，并体现相互之间的权利（权力）和义务（责任）的关系。但在不同的经济制度下，有不同的经济组织形式。古典管理学把组织看作一个封闭系统。现代管理学则认为组织是一个开放系统，是以高级运动为存在形式的社会系统，强调其组织效应和有效性。西方经济学家往往把经济制度分为两类：一类是市场经济，一类是计划经济。他们认为，前者是自由经济，只有微观的组织形式，而在宏观上是无需组织的，因此，把后者叫做组织经济（或指令经济、管理经济），突出其宏观上的组织化和组织性。这种论述并不精确。实际情况是任何经济制度都有它的宏观组织形式，最多只有隐性、显性的区别。资本主义经济到了今天，不仅是微观经济的组织形式越来越大型化和多样化，直至结成跨国公司，并且宏观经济的组织形式也超越了国界，欧洲经济共同体和石油输出国组织即其例证。当然，相比之下，社会主义经济的组织度或许更强一些，这是由于它与生产资料的公有制相联系，同时公开宣称而不讳言国家赋有管理经济的职能。社会主义的经济组织不再限于作为经济主体的企业之间的联合，更延伸到全社会，整个国民经济成为一个有机的组织体系。经济组织体系就是使决策体系、利益和动力体系、调控体系等得以发挥作用的管理系统。

一　按照商品经济发展的要求改革经济组织体系

经济组织体系的形成，反映国家管理经济职能的演变。在这个问题上，否认国家管理经济的职能是缺乏根据的，也是与历史事实相悖的。只是在不同的社会制度下，其作用和程度、方式不尽一样。在奴隶社会，按照柏拉图的“理想国”，主张由国家管理一切事物。在封建社会，国家并不直接管理全部生产，而是主要通过财政手段，掌握相应份额的社会财富，用于地主阶级的公共需要。资本主义的发展，在原始积累时期，重商主义者要求由国家出面鼓励和监督出口商品生产，后来的重农主义者鼓吹经济自动运行比在政府管制下的运行更好。亚当·斯密认为，整个经济都由“看不见的手”在指导和调节，国家的经济职能应当缩小。凯恩斯则认为，应当强化国家对经济的干预，“让国家的权威与私人的策动力互相合作”。时至当代，完全的自由放任已经一去不复返了，问题仅在于政府机构怎样管理经济或为经济生活怎样服务，以及采取什么样的组织形式，结成什么样的组织体系。

经济组织体系的形成，归根到底，取决于社会生产力的发展，特别是商品经济发展的要求。在否认商品货币关系、排斥市场机制的思想指导下，必然是决策权力高度集中，形成完全靠行政手段来组织生产的封闭的、僵化的经济组织体系。在垄断市场和竞争市场、统一市场和区域市场的不同情况下，也出现过不同的经济组织体系。我们肯定有计划的商品经济，有计划的商品市场，不同于完全垄断或完全竞争的市场模式，也必须设想、构造与之适应的经济组织体系，对原来不适应的经济组织体系进行彻底的改革。

经济组织体系或经济组织结构在整个经济体制及其改革过程中的地位和作用，可以从两方面进行观察：

一方面，它以微观经济的所有制结构为基础。不同所有制的企业，有不同的组织关系。特别在旧体制下，不同所有制之间人为地划下不可逾越的鸿沟，形成按所有制分割的组织体系。但对全民所有制来说，它与国家的关系又有两重性：一是接受国家及其所属部门、地区行使其管理职能，这与其他所有制没有区别；二是国家同时代表全体人民行使其所有权，直接掌握经营，使全民所有制企业和国家在组织上浑然一体。通过改革，所有制结构起了变化，全民所有制的内涵即其实现方式也起了变化，就要有经济组织体系的相应变化。这是随所有制结构改革而来的改革。

另一方面，它与经济运行的有关决策、利益、调节和控制等的改革相配比。这些改革，涉及到国家和企业的决策权力、利益分配、调控机制等的转换，对经济组织体系的改革提出了新的要求。例如决策重心的下移，尤其是归还或扩大企业自主权，就使国家对企业在管理关系上发生根本变化；又如承认和尊重企业的差别利益，唤醒其内在的动力和活力，也会激发经济组织体系的急剧调整；再如调控手段的转换和市场机制的增强，要使整个经济组织的形式和内在关系受到深刻震荡。特别是在否定商品经济的前提下实行纵向统制的组织，为了适应市场联系，不得不改革为横向联系和横向联合。经济组织体系，作为经济运行的组织形式和组织保证，在经济运行体制的改革中必须同向和同步地进行。

二　传统经济组织体系的主要弊端是政企职责不分

对于我国的传统经济体制，过去专门剖析经济组织体系的由来及其弊端较少。其实，任何其他方面的评价，都不免触及这个相关方面。按照传统观念，随着公有制的诞生，为在全社会范围内自觉地管理和调节经济活动提供了条件，政府机构管理经济和调节经济的职能逐步加强，其广度、深度和可控性、有效性都非资本主义经济所能比拟。实践告诉我们，按照决策权力高度集中、置企业的相对独立利益于不顾并且单纯依靠行政手段调节经济等原则而建立起来的经济组织体系，政企职责不分，把国家作为经济主体，使企业的主体特征在视野中消失，既难以获得运行的效率，又难以保证运行的协调。旧的经济组织体系，把所有企业特别是全民所有制企业一个不漏地分别隶属于从中央到省、市、县的各级行政主管部门，条条、块块各成系统。这些政府机构管理经济，行使着双重职能：一方面代表人民作为全民所有制企业所有权的垄断者，直接行使其经营权；另一方面作为上层建筑，凌驾于经济基础之上，拥有管理企业的种种行政权力。这两方面耦合，带来的严重后果是：

首先，政企职责不分，按行政系统直接控制企业活动，压抑了企业和职工的积极主动性。政府机构和企业应有不同职责，简单地说，前者主要是实行宏观管理，为企业创造有计划的市场环境。但在政企职责不分的情况下，政府机构代替和包办了企业的一切行为决策尤其是内部的、日常的产供销、人财物等活动，使它事事听命于上级，丧失其生机和活力。这不仅使企业不能按照市场动态作出决策，在竞争中努力改进生产技术和经营管理，而且成为躺在国家身上吃“大锅饭”的“官工”、“官商”；同时，还使政府机构陷于处理庞杂琐碎的事务，不能把主要精力放在管理宏观经济活动上，必然产生主观主义和官僚主义，造成经济运行的呆滞和重大决策的失误。人们已经熟谙垄断导致低效的道理，政企职责不分则是比行业垄断更有权威的、全面的国家垄断。

其次，政企职责不分带来条条块块分割，切断社会化大生产的内在联系，使经济活动发生种种不正常现象。国民经济本来是个整体，在社会再生产过程中相互依存，要求从整体出发去组织运行。政企职责不分和强调隶属系统，形成条块分割，出现不同程度的部门所有制和地方所有制，企业之间壁垒森严，相互联系更多障碍。各该部门和地方往往着眼于自己的利益，相互离异，带来一系列的局限性，例如：在建设中追求“小而全”、“大而全”和“万事不求人”，扩大了投资需求，助长了盲目建设；在流通中画地为牢，独占市场，相互封锁，不利于货畅其流；在生产中对待企业和产品有内外、亲疏之分，影响了技术的相互交流和资源的综合利用。条块分割，还把客观上形成的以城市为中心的经济区搞得支离破碎，城市之间和城乡之间的经济联系也被阻隔。

再次，政企职责不分带来纵向统制为主，切断横向联系和横向联合，与发展商品经济的要求背道而驰。旧体制的政企职责不分，还表现为纵向统制为主，这原来是自然经济或半自然经济的运行法则。商品经济运行的基本法则是横向联系，在企业之间、部门之间、地区之间都按此轨迹进行商品货币的交换，并在此基础上，逐步升华为企业和部门、地区之间的横向联合，促使经济组织体系的合理化和紧密化。纵向统制不仅使商品流通迂回化，其荒谬事例如相邻两个企业的物流都要经过系统之间、上下之间多层次的计划渠道，徒增交易费用，还切断了资金、技术、劳动力等生产要素的横向流动，使要素市场无法萌生，市场体系难以发育和成长起来。

最后，政企职责不分还带来企业组织度差，结构极其松散，终于使整个经济运行丧失其组织效应。企业之间的组织关系应当是开放的，在企业个体不断增加的过程中不断加强其组织度，有利于整个经济的运行。旧体制也与此背道而驰，政企不分和条块分割使企业相互孤立，个体越多其松散度越甚，成为一盘散沙。由于专业化协作的步履艰难，整个经济结构不能自我调节、自我组织，必然是越来越畸，铸成大错。在此情况下，鉴于结构松散带来的内耗，即使是借助行政手段而建立的专业公司，同样由于企业缺乏活力，听人摆布，最终不得不流于形式。企业组织结构的松散性是整个经济组织结构不合理的微观根底，已经成为经济运行效率低下的一个非解开不可的死结。

三　从借鉴、比较和反思中择定经济组织体系改革的目标模式

经济组织体系的政企不分和条块分割、纵向统制、企业松散等弊端，由来已久。过去的几次“改革”，如前所述，由于目标模糊，仅在条块关系的行政分工上做文章，几度反复，始终找不到出路。当前的改革，在其他方面各有不同进展后，经济组织体系的改革更要紧紧跟上，及早择定目标模式。在选择中，可以有多种借鉴：

一种是借鉴苏联。苏联经济管理的组织结构，经历了一个曲折的演变过程，最初是以部门为主的管理体制，然后是以地区为主的管理体制，最后是部门原则和地区原则相结合的管理体制。从20世纪30年代起到50年代中期，基本上实行以部门为主的管理体制，对工业建立了十几个到几十个联盟部、联盟和共和国部、共和国部，其组织层次是：部——总管理局——企业。1957年到1965年，废弃上述管理体制，改为经济行政区管理体制，把全国划分为105个经济行政区，加设国民经济委员会，其组织层次是：苏联部长会议——加盟共和国部长会议——经济行政区国民经济委员会——管理局——企业。1965年后，把上述两种管理体制结合起来，以部门原则为主，同时兼顾地区原则，扩大加盟共和国的权限。回顾这段演变过程，使人们不禁感到，我国曾经仿效过这种模式，并经历了类似过程，至今仍是部门管理为主，逐渐向地区管理推移，造成部门、地区各成系统，彼此割裂。这不该是我国今后改革的目标模式。至于苏联当前着手考虑的跨部门、跨地区的组织结构，还在摸索之中，不妨拭目以待。

一种是借鉴东欧。这些国家曾经不同程度地受到苏联影响，先后有过部门原则和地区原则之争。所不同的，这些国家较小，企业较少，虽然有的属于联邦体制，但在国家和企业之间的距离很短，一般

的组织层次是：部——管理局（或中心）——企业，基本上还是实行的部门原则。他们只要管住少数大型企业或其联合体，就能掌握国民经济的很大比重。我国区域大、企业多，国家和企业之间的距离很长，面广量大，需要多层次的中间环节给以联结，很难设想直接到点，仿效这种模式是行不通的。但是，他们也有某些经验值得借鉴，例如民主德国的经济体制改革，对经济组织体系的研究较深，下的功夫较大，不少方面有可取之处。

另一种是借鉴西方。这里，首先碰到的是社会制度不同，公有和私有之别；其次在于商品经济的发展程度不同，高低悬殊。在私有制的基础上，经济组织结构以企业组织结构为根本，从 19 世纪中叶开始，普遍采取公司这种形式，实行统一管理、独立核算，具有法人地位。随着资本的集中，公司规模越来越大，形成各种垄断组织。公司也有多种：按资本所有权，分为独资、合资和股份公司，以股份公司为大宗；按债务偿还责任，分为无限公司和股份有限公司，以股份有限公司为大宗；按集中和垄断程度，分为卡特尔、辛迪加、托拉斯等。19 世纪末，法国不到 1% 的企业占有四分之三的蒸汽和电力；美国不到 1% 的企业掌握了全国一半左右的产值。二次大战后，公司的组织形式和经营范围有了新的发展，其特征是结成了国际资本，组织了跨国公司。据统计，目前全世界约有一万多家跨国公司，其产品和劳务约占国民生产总值的三分之一，销售额约占世界出口总值的二分之一。在发展过程中，由于过分集中，出现了尾大不掉的“公司病”；为了提高投资效果，纷纷实行经营活动的分散化和多样化。有的国家出于舆论压力，也为了保持运行效率，制定了反垄断、反卡特尔等法律。同时，有的国家实行了部分行业或企业的国有化，所有权在国家。但是，这些国家既以私有制为基础，又有市场经济的传统，国家不可能直接控制企业的经营活动，因而在经济组织形式及其结构上，除企业组织体系已经发达到十分庞大的程度外，其他组织形式总是微弱的或隐蔽的，例如有的国家就没有任何工业部，甚至讳言有自己的产业政策。我们的改革，在引入市场机制后，在企业组织体系上可以他们为镜，而在其他方面只能参考，不能照搬。

在公有制国家，经济组织体系和其他方面的体制一样，并没有完全成熟的经验。我们这样大而落后的国家应当努力吸收别人的长处，但是更重要的是必须从自己的国情出发，寻找自己的道路。从几年来的初步改革可以看到，针对原有体制的弊端进行反思，能够有一个轮廓性的答案。政企职责不分有毛病，就把政企职责分开，这是整个经济组织体系改革的指导思想；条条块块分割带来损害，就把它打通并融合；纵向统制为主行不通，就以横向联合为主……循着这样的思路，并且也不拒绝借鉴外国，几年来积累了若干经验，形成了若干设想。根据改革的目标模式，在经济组织体系上，能否设想，总的是要建立一个政企职责分开的，企业组织度增强，横向联系和横向联合为主，条块交织融合的新体系或新结构。这种新的经济组织体系，以改革了的所有制结构及其内涵为基础，与决策体系、利益体系、调节体系和控制手段等运行机制相配比，并在两种模式的转换过程中坚持同向和同步地进行，就有希望充分发挥它作为组织形式和组织保证的功能。在改革过程中，处理好条块关系，在我们这样的大国，仍是十分重要的。因此，分别就以下几个方面进行具体的论述。

第二节　微观经济组织结构：企业的专业化、联合化、群体化

企业是国民经济有机体的细胞，天赋有独立活动的能力。但这不意味着各个企业都是各自为战的孤军；相反，在生产的社会化过程中，要逐步增强其组织度。这是整个经济组织体系的微观基础，也就是微观经济组织结构。

一　极其松散的企业组织结构状态必须有根本的改革

我国原来的企业组织结构极其松散，企业与企业之间基本上只保持一种外部关系，只有简单的生产协作和物资调拨，别无其他人、财、物在组织上的内在联系。这是一种落后的甚至原始的组织结构，反映了商品经济的欠发达性；同时，也是旧的经济体制实行政企职责

不分和条条块块分割的必然产物。政企职责不分，对企业实行直接控制，其实是把市场关系作为组织内部关系来处理，在市场协调上有它的根本性缺陷。作为其另一极，则是各自为政，搞“小而全”、“大而全”，相互之间进一步排斥协作。这又是把市场关系完全作为外部关系来处理，不利于整个组织体系的合理化。在改变政企不分和条块分割后，企业有了经营自主权，并加强行业管理和经济区管理，就为企业组织结构的改革和逐步走向专业化、联合化、群体化创造了条件。这就是把市场关系的内部化和外部化结合起来，不仅能够实现有计划的市场协调，并且保证了整个资源的合理配置和经济组织的有效运行。这与加强行业管理和经济区管理又有相互促进的作用。

企业的专业化和联合化是生产社会化的客观需要。以工业企业为代表，其实也包括了商业和运输业、建筑业甚至其他第三产业，在发展中总有两种平行的趋势：一是行业增加，分工越来越细；二是相互依赖和协作的关系越来越密切。前一趋势，要求实现专业化；后一趋势，要求实现联合化。两者是相辅相成的。适应这种要求，在企业的组织体系上，出现了各种松散的或紧密的经济组织，一般采取公司的形式，以取代分散的、单个的企业独立经营。

社会主义经济也是社会化大生产。在生产资料公有制基础上，采取公司或托拉斯等组织形式来管理企业、管理经济，符合于生产力发展的需要，也符合于公有制的性质。列宁曾经说过：“只有那些懂得不向托拉斯的组织者学习就不能创造或实行社会主义的人，才配称为共产主义者。”① 当然，这与资本主义的公司，形式相似，本质不同。我国在实行全行业的公私合营后，一些大中城市曾按产品归类、协作归口的原则，组织过一批行政性的工业公司。20 世纪 60 年代中期，针对原来工业组织体系的缺陷，提出专业化协作的原则，在一些工业部门试办托拉斯，先后有烟草、医药、橡胶、制铝等十二个全国性的企业性公司以及一批地方性公司。这些公司的建立，取得了一定效果，例如：按专业化要求组织生产，提高了生产能力和劳动生产率；加强相

---

①《列宁选集》第 3 卷，第 555 页。

互协作，促进资源的合理利用，减少重复建设；推动技术进步，加强开发新产品；等等。但是，在十年动乱中，这些被认为是搞修正主义，终于中断。

80 年代以来，在“发挥优势，保护竞争，促进联合”的口号下，针对部门林立、层次重叠、管理分散的现状，在经济体制改革中注意了改革工业的组织体系和组织结构，逐步推行专业化协作，组织了一批联合体。其中有在一个城市范围内的组织，有跨行业、跨地区的组织，还有全国性的组织，大部分叫公司，有的叫总厂，有的更松散一些。这些公司，性质不尽相同，有的起着政府管理行业的作用，有的其实是企业的主管部门，有的类似于行业协会。但是，不能以其不够成熟为理由来否定专业化协作的大方向。这些组织中，也有一些是成功的或基本上成功的。我们应当认真总结经验，积极推行专业化和联合化，而不该因噎废食，裹足不前。

推行企业的专业化、联合化和群体化，其前提是真正实行政企职责分开，具体标志是：企业不再是政府机关的直属单位；企业的经济利益与上级部门、所在地区的经济利益脱钩；企业的机构也与政府的建制脱钩，不分什么部级、市县级企业，不搞上下对口；企业内部的劳动工资等制度不同于政府的制度。

二 专业化：增强企业组织结构的起点

增强企业组织结构，克服一盘散沙的现状，要以促进企业的专业化为起点。否则，在主动地或被动地走向“万事不求人”的趋势中，企业总是越来越内向化而不是外向化，企业之间的分工协作关系也会越来越减退，不符合商品经济发展的客观规律。城市经济体制的初步改革，开始唤醒企业活力，使它面向市场竞争，要求技术进步，重视经济效益，也开始体会到专业化给企业带来的实际利益，促进了从求全封闭的思想桎梏里解放出来。

专业化，就是把产品的生产过程分解为许多独立的生产单位，大致有下述一些组织形式：

1. 产品专业化。就是以最终产品为准，在同类企业之间进行分工，由一个企业专门生产一个或少数几个产品，而不是每个企业生产多种产品。例如天津色织公司下属的十二个企业，原来是“一种产品，多家生产”和“一个企业，多种生产”，影响生产效率和产品质量。公司按照“工厂产品要专，公司品种要全”的原则，合理调整企业之间的产品分工，实现了专业化生产，很快提高了产品质量和生产效率。全国色织布十九个名牌产品中，该公司占了九个。

2. 零部件专业化。就是以零部件为准，在同类企业之间进行分工，由一个企业专门生产一种或一类零部件，然后由一个或几个企业进行组装；或者以一个专业厂为基础，会同其他一批企业，经过改组，分工生产不同的零部件，与专业厂配套生产。例如手表、自行车、缝纫机、收音机和电视机等生产，原来各搞各的，规格不统一，产品批量小，成本也高。后来各地建立了专业公司，对各企业进行改组，有的搞总装，有的专门生产零部件。这样，在不增加多少设备的前提下，扩大了批量生产，并提高了质量、降低了成本，既发展了名牌产品，又提高了经济效益。

3. 工艺专业化。就是把一种或多种产品生产过程中的某道工艺阶段集中在一个企业进行。过去，即使规模不大的企业也大部分是“麻雀虽小，五脏俱全”的“全能厂”，例如机械厂大多有铸锻、电镀、热处理等附属车间，往往质量和利用率不高。现在，通过改组，把这些工艺集中起来，建立铸锻、电镀、热处理等中心，就能保证质量、提高利用率，并节约能耗、降低成本、治理污染。

4. 辅助生产专业化。就是把不同企业内性质相同的辅助生产集中在一个企业进行。这些辅助生产，例如化验研究设计、新产品试制以及修理、运输等，各搞一套，浪费很大，有的水平不高。适当集中起来，变分散作战为专业服务，就能提高效率、提高技术水平。

这几年，上述专业化进程虽有成就，但在政企职责没有完全分开以前，仍是障碍重重。不论是生产过程中的专业化，还是能源、原材料的供应和产品的销售以及其他产前、产后服务的更多环节的专业化，当前都还处于发育的早期阶段。尽管产品市场渐趋成熟，生产资料市场已有开辟，但是相当部分的企业还不得不自行组织采购和销售，未能完全或基本上依靠专业化、社会化的商品、物资流通网络。另一面，不少企业“办社会”，承担种种本来应当社会化了的社会义务，也显示了专业化、社会化步伐的徘徊不前。因此，专业化还处于双重体制并存的始发阶段，是一个有待推进而不是已经实现的目标。

三　联合化：增强企业组织结构的必经步骤

专业化和联合化是一物的两侧，相辅相成；又是一事的两步，相衔相接。企业越来越专业化，就会越来越要求联合化，这反映了社会分工的深化与企业组织的强化是互为因果的。

联合化大致有下述一些组织形式：

1. 产品联合化。就是以一种或几种产品为中心，组成一个经济联合体。例如重庆的嘉陵牌摩托车，本来由一个企业独家生产，产量不能满足市场急剧增加的需要，并因设备条件的限制，增产后的质量也不稳定。如要扩大生产能力，则需投资1700万元，并用三年时间，才能达到十万辆的规模。他们在实行零部件专业化和工艺专业化的基础上，把有关企业组成一个嘉陵联合体，很快集中1760台设备，建起46条专用生产线，拥有固定资产5000多万元，厂房8万多平方米，职工8700人，第一年就增产十九倍，第二年达到十万辆，第三年再翻一番。这种联合体，有的采取总厂和分厂的形式；有的从原料、半成品到成品，叫做“一条龙”。

2. 企业和行业联合化。就是把生产同一产品或类似产品的企业，按行业组织起来，成为联合体。其中，有的以单一产品为对象，如自行车公司，机床公司，包括不同规格、不同牌号，是上述产品联合化的进一步扩大；有的以几种产品为对象，形成一个行业，如化工公司、丝绸公司。这些公司；有地区性的，如上海高桥石油化学工业总公司和几个省、市的汽车工业公司，有跨地区的，如重庆钟表公司包括了西南其他几个市。

3. 跨部门、跨行业的联合化。就是把生产和流通结合起来的联合体，有工商、工贸（外贸）、工农、农工商、贸工农等不同内容和不同形式。例如上海制线织带公司、青岛纺织品公司、济南食品产销公司，都是工商结合，以销促产；还有重庆长江农工商联合体、天津渤海农工商联合体，其范围更大。

4. 其他形式的联合化。例如企业、地区之间的“补偿贸易”性联合，采购、推销、运输的联营，设计、施工承包的联营等。这些联合体，都打破了条块分割，密切了企业之间的横向联系，增加了企业活力，促进了企业组织的合理化。

从横向经济联系到横向经济联合，有的已经突破商业的外部交换，进入人、财、物的内部协作，成为集资企业、生产和科技联合企业、原材料和加工的跨地区联合企业等，都有较好的效益，非单个企业所能比拟。1986 年，全国各类生产、科研联合体已经超过三万个。但是，由于生产要素市场还处于萌生状态，企业的联合化不可能是顺利的，尤其是不少还未摆脱行政权力的羁绊，或者带有“梳辫子”、“装袋子”的痕迹，反映了双重体制并存的特征。促进企业的联合化，有待于进一步增强企业活力，让它在竞争中作出自由抉择，并有待于进一步开辟资金、技术、人才等市场，允许和鼓励各种生产要素的合理流动和优化组合。

四　群体化：改革企业组织结构的目标模式

专业化和联合化，近年来有进一步的发展和创造，出现了一批企业群体，或者叫做企业集团。所谓“群体”，又称“种群”，原是生物学概念，指在同一生态环境中能够自由交配、繁殖的一群同种个体；引申到企业组织结构上，意味着企业之间自由结成联合体，具有自我调整和自我发展的机制。企业由联合化走向群体化，既是量的增长，又是质的跃进。所以区分联合化和群体化，是基于这样一种考虑：把联合化作为一种过渡模式，反映了旧的分散型、全能型的企业组织结构的开始解体；而把群体化作为一种目标模式，标志着新的、适合于有计划的商品经济发展要求的企业组织结构的终于完成。联合化往往是局部的，群体化则是完整的；联合化一般是松散的，不够稳定，群体化则是比较紧密并相对固定的。

当前出现的一批企业群体，在零部件、工艺和供销等专业化协作的基础上，经过联合化的中间步骤，已经发展为以满足市场需要为明确的经营目标，以名、优、新产品为中心，以大中型企业为骨干，或者采取总厂和分厂，或者采取专业公司、联合公司等多种形式。常州市较早创造了以产品为中心组织“一条龙”协作生产的丰富经验。这几年，他们发挥工业门类较全、名优产品较多和中小企业多、地方企业多、集体企业多、乡镇企业多的特点，打破所有制和条块、城乡、工商等界限，大力进行企业改组，逐步形成了企业群体。这些企业群体的特点是：（1）结构多层次，一般有总厂、骨干厂、分厂和定点协作厂、临时协作厂以及跨行业、跨地区的协作单位，包括不同的所有制和隶属关系；（2）联合多形式，既有产品、行业的专业化联合和跨行业联合，又有不同的联合范围，有的是单一的生产联合，有的是生产经营联合；（3）协作多样化，一般是总厂搞总装、分厂搞零部件，也有分厂搞总装和零部件、总厂搞原料供应和产品销售，其外围协作还有外包协作、外包内作和固定配套购销关系等；（4）总厂职能多样化，主要是组织生产经营活动，包括制订计划、指挥调度、检查质量、开发技术等。这种群体性的企业组织是大范围的专业化协作，目的在于调动企业的积极性，自行选择最合理的组织体系，从而发展了生产力。

这些企业群体，经过由临时向长期、由单个向多个、由一个行业向几个行业、由一个地区向几个地区、由生产性向多样性、由一个层次向多个层次的发展，最后形成跨行业、跨地区的大型公司。在上海经济区内，经过三年实践，已经建立一批较大规模的企业群体。比如自行车，就是以“永久”、“凤凰”名牌为龙头，包括上海、江苏、浙江、安徽四个省、市的六家整车厂和五十多家零配件厂，组成了一个企业群体。企业群体的出现，取得了异乎寻常的效果：使各个企业避短扬长，各自优势叠加发挥，充分挖掘了潜力；促进了整个行业在技术上的共同进步，不仅对各个企业有明显的微观经济效益，并且对整个市场有明显的宏观经济效益。1985 年，原来一些厂生产的杂牌或非名牌产品已经退出市场，共生产名牌自行车近 750 万辆，占全经济区总产量的60%强，占全国总产量的近四分之一。①

在更大范围内，出现了更大规模的企业群体，例如以第一汽车制造厂和第二汽车制造厂为中心的“一汽”、“二汽”企业群体，作为不止一个全国性的专业公司或联合公司，引起了人们的注目。他们的出现，使带有垄断性和行业性的中国汽车工业公司不再有用武之地，原来所属三十九个直属企业全部下放。人们认为，这些企业群体或企业集团的进一步发展，实际上将成为不同范围和不同规模的行业集团或行业组织。所谓行业集团，就是同行业或同产品的企业所组成的经济实体。虽然，目前大多是初具雏形，有的没有摆脱行政框框，有的停留于信息交流而未成形，有的还是企业联合体；但是它代表一种方向，有强大生命力，终将健壮地成长，以适应改革和发展的需要。

五　认定方向，坚持前进

把松散的企业组织结构引向专业化、联合化、群体化，直至形成行业集团，是对企业的一种宏观改革，其意义不亚于从企业内部去增强其活力。这样做，有什么好处？一种传统的观点，认为这有利于获得规模经济效益，节省交易费用。这是不言而喻的。通过联合，分工进一步细化，生产大批量化，当然比分散生产、分散经营有利；通过联合，本来要在市场上做交易的，现在变为企业群体内部的协作，当然节省了费用。但是，只看到这点，也就是协作形成新的生产力，还非常不够。在社会主义制度下，这对整个经济体制改革都有巨大意义，表现在它促进了政企职责分开，打破了部门、地区所有制，发展了横向经济联系，为市场机制的发挥作用创造了条件，也为加强宏观的间接控制创造了条件。这是改革经济组织体系的基础，离开了它，改进部门管理和地区管理以及解决条块关系等，都将是一句空话。

也要指出，推进企业组织结构的改革，当前存在不少问题。这是双重体制摩擦的一种表现。在行政强制没有充分削弱前，往往凭借行政权力来搞联合体，不仅违反自愿互利原则，而且组成的各种

① 黑良杰：“走发展企业群体的道路”，载《世界经济导报》1986年5月5日。

公司难免是行政性的。几年来，这些公司成功的较少，推行企业化往往以失败告终。另一方面，在企业没有获得自主经营的活力前，即使有任何企业化的公司，同样缺乏活力，也难免是新瓶装旧酒，或靠截留企业应有的权力来发号施令。再者，在政企职责没有完全分开和市场体系没有建立和完善前，除了生产要素的凝固化外，缺乏竞争环境，又难免使各种公司具有不同程度的垄断性。过去的垄断，来自行政力量；现在搞联合化、群体化，仍须防止经济组织性垄断的出现。因为任何垄断，无论是全国性的或是地区性的，都不利于企业之间的适当竞争和提高生产技术，提高经营管理水平。因此，在联合化、群体化过程中，应当合理分散，不搞大一统。这说明了，改革企业的组织体系，同样要与决策体系的多元化和运行机制的市场化结合起来，才有一个明确的目标模式。

第三节　中间经济组织的重组与创新

上一节我们从企业的专业化、联合化和群体化入手，分析了微观经济组织的结构。本节研究的重点则是媒介企业或企业集团，联结生产者与消费者或为生产和消费服务的中间经济组织。在工业化、商品化和生产社会化的条件下，这类中间经济组织是整个经济组织体系不可缺少的组成部分。传统经济组织体系的主要弊端之一是中间经济组织的单一化和残缺不全。建立适应现代商品经济所需要的中间经济组织既是模式转换中的重要任务，也是目标模式本身的内容。

一　中间经济组织的基本内涵

中间经济组织主要包括两大类：一类是专门为交换（包括商品交换、资金交换、技术信息交换等）服务的组织，一般也称为流通组织，主体是商业、金融业和经济信息咨询业等。由于它们所经营的业务和微观经济组织发生直接的联系，因此可称之为生产性中间组织。另一类是随社会分工的发展所产生的社会性服务组织，如饮食服务、职业培训、医疗保健机构等等。这类中间经济组织的特征是间接地为生产过程服务，因此可称之为非生产性中间经济组织。

中间经济组织的发育、发展和成熟，始终伴随着社会经济的工业化、商品化和生产社会化。流通过程与生产过程相分离，流通组织与生产组织相分离是现代商品经济发展所必然经历的过程，也是现代商品经济发展的基本特征。向社会性功能组织的产生与发展则不仅是社会分工和商品化的结果，而且是社会生活现代化的产物。其中包括家庭劳动的社会化，社会福利的商业化。

降低交易成本是流通组织不断发展和创新的根本动因。降低交易成本（流通费用）有两条途径：（1）企业规模不断扩大，微观经济组织的重组，减少企业之间的交易次数，降低交易费用，这在上节中已有说明。（2）不断扩大流通组织的功能，通过流通组织的不断创新来降低交易成本（流通费用）。流通组织的生长与成熟就是沿着这条线索前进的。通过企业规模的扩大，企业组织形式的创新（如股份制的发展扩大了企业规模，以及联合企业、跨国公司的发展）和减少交易成本的同时，不可避免地产生市场垄断的现象，降低市场竞争所带来的社会效率，这就使通过这种降低交易成本办法的持续而广泛的应用受到制约。更为深层的制约还在于生产力发展水平要求企业规模保持在适度的范围内，否则降低交易成本的收益就将会由企业内部管理费用和转移生产方向时所带来的损失所抵消。因此，通过发展流通组织来降低交易成本就成为主要的途径。

中间经济组织的生长和成熟还表现在交易手段和流通方式的进步方面。交通运输、电讯工程和广告业的发展，消费信贷、分期付款的交易方式的出现也促进了中间经济组织的进一步分工和专业化。

社会分工深层化是非生产性流通组织发展的根本动因，如家庭劳动的社会化，社会福利的商业化以及企业内部的服务组织独立化。这样，专门的家庭劳动服务公司，公共福利的商业化组织，以及专门为企业普遍需要的服务组织（如机修公司、包装公司、安装公司等）迅速发展起来。这种非生产性的流通组织通过间接或直接服务于生产经营组织，将直接提高生产组织的生产率。

二 我国传统经济体制下中间经济组织的基本特征

我国社会主义虽然建立在商品经济尚欠发达的、以农业为主的非工业化社会的基础之上，但经过三十年的社会主义建设，已经初步奠定了工业化的基础，社会交换包括现代企业之间的交换，城乡之间的交换，地区之间的交换，已经广泛地发展起来。但是，由于这种社会交换不是建立在商品货币关系和商品等价交换的基础之上，而是建立在指令性计划、物资统配的基础之上，因此形成了与现代商品经济中的中间经济组织完全不同的中间经济组织。表现为流通组织的单一化，计划化，非生产性中间组织的残缺不全和不能独立化。

首先，改革前的流通组织是以国营商业、国家物资部门和国家银行为主体，从消费品、生产资料到生产要素均由国家计划统一安排的流通结构。单一化表现在流通组织中非国有经济成分微不足道；农村的供销合作社系统也名义是集体，实质是国营；计划化则表现为消费品的流转，物资的调拨、资金的运用都是集中计划决策的。国营流通组织虽然同样媒介着企业与企业之间投入产出，媒介着生产与消费的转换，但流通组织与生产单位、消费单位之间的关系却缺乏那种严格意义上的买卖关系，货币在这里只是消极地起到核算作用。这自然导致流通组织的官商作风，也自然割裂了工商之间的相互依赖、相互制约的关系。

其次，非生产性流通组织即中间服务性组织和社会性组织几乎发展不起来，服务业相当落后，信息业几乎不存在，社会福利内部化，企业办社会成为普遍的现象。这不仅使人民生活感到极大的不便，而且给企业带来沉重的负担，降低了企业的生产效率，并造成企业之间的苦乐不均。

传统体制下，中间经济组织得不到应有的发展、不能发挥应有的作用的主要原因，不仅在于集中计划体制束缚了专业化和社会分工的发展，而且有着它深刻的社会历史原因。几千年封建社会下的行政依附和宗法关系的过度发育，小生产的习惯势力和官商气息，阻止了中间经济组织的自然成长。社会主义在农村只能建立在一个具有浓厚自然经济色彩的基础上，而移植苏联的集中计划体制使中间经济组织更难以自然成长。旧中国遗留下的中间经济组织，经过社会主义改造，又无一不演变成没有独立利益的、实现指令性计划的手段。当然，这并不意味着否定传统体制下中间经济组织的必要性，而是说这种中间经济组织不仅不能适应商品经济发展的需要，而且成了商品经济发展的障碍。

三　中间经济组织在经济体制模式转换过程中的演变格局与发展方向

经济体制的模式转换过程也是社会经济商品化和货币化的过程，随着市场机制的引入必然要求中间经济组织发生相应的变化。中间经济组织在经济体制模式转换过程中的演变格局是：

1. 涌现出大量的新型中间经济组织。

首先，非国有的流通组织自改革以来迅速增长，其中个体商贩增长得最快。在要素市场上，民间金融组织也初露头角。如在浙江温州地区，随着个体工商业的发展，民间金融组织发展非常快，民间信贷总额在1985年达到4.2亿元。社会服务组织也开始从企业中分离出来，信息咨询组织的发展速度也很快。但这些新型的中间经济组织都具有小型化、非规范化和不能承担社会责任的缺陷。城乡个体和集体商业组织的发育，在沟通生产与消费、城市与农村的流通渠道时，由于规模小而导致流通费用的上升。据统计，1978年以来，产品价格中的流通费用一直在上升。计划调拨的物资在计划体制下仅加3%的附加费，而进入市场的生产资料加价率往往超过20%，甚至成倍上涨。流通企业规模过于狭小，没有能力应付市场的剧烈波动，也不能自觉地克服短期行为，因此也无法承担必要的社会责任。它自身的利益反而增强了它利用市场波动、进行投机、牟取利润的动机。

2. 原有的国有流通组织由于在体制上未能进行根本性的变革，因此不能成为引进的市场机制作用的空间。

突出地表现在放开城市的蔬菜、肉类等副食品的价格后，国营企业一度陷入营业额下降、无力调控市场的境地。一般来说，大型国营商业无论在货源、贮存还是在设备、人力上都应远远超过摊贩，但是现在的情况是，小摊小贩的商品价格高于大商店的商品价格，这是非常不正常的。在发达国家，固定摊贩的商品价格高于流动摊贩，而高级商店的商品价格高于低级商店的同类商品价格，而在我国却恰恰相反，根本原因就在于国营商店的竞争能力太低。在物资流通领域，原有的流通企业往往一身二任，既经营计划内的调拨物资，又经营计划外进入市场的物资。物资部门往往依靠平价转议价获得额外的流通利润。

建立符合现代有计划商品经济要求的中间经济组织，将循着重组与创新两条线索前进。重组是立足于改造原有的流通组织和非生产性中间组织，这应该是改革的重点。创新是建立新的流通组织和非生产性中间经济组织，使其规范化、社会化和专业化，并通过明确产权和建立市场法规，为中间经济组织的成长奠定基础。

有计划商品经济中的中间经济组织应该具有如下特征：第一，流通组织为市场机制的作用创造有效的空间，成为市场体系的不可分割的组成部分，金融组织的发展为把市场机制引入资金流通创造必要的条件。第二，非生产性中间组织，在高度的分工组织化的基础上，起到为生产和消费服务的双重作用。第三，中间经济组织作为利益独立的经济实体，为生产企业之间的竞争创造了条件，同时又使它们自身之间的竞争具有了内在的动力。

第四节　改进部门管理，加强行业管理

企业组织结构的合理化不仅是企业本身的体制问题，很大程度上取决于条块关系的改革。因为在传统体制下，企业既隶属于一个部门，除了隶属于中央各部外，又隶属于一个地区，大多实行以条为主或以块为主的双重领导。条块关系是经济组织体系的中间环节。在纵向统制为主的情况下，首先强调的是部门管理。改革条块关系，也要从改进部门管理入手。

一 政企分开，改部门管理为行业管理

改革经济体制中的组织体系，并不是取消部门管理，而是把政企不分、条条分割的部门管理改为政企分开、条条放开的部门管理，从传统观念的部门管理改为实质上的行业管理，并建立和发挥行业组织的作用。政企分开是实现这个转换的基本条件，否则不可能打破条条分割、实施真正的行业管理。作为政府机构行使其管理经济职能的部门是取消不了的，只是它的性质，内容和形式必须有根本的变革。

部门和行业不是一回事，但是概念上有含糊之处，需要解释一下。所谓部门，其实有两种意思：一种是指国民经济的特定领域，例如工业部门、农业部门、商业部门等，都有特定标准，固定不变；一种是指行政管理的特定系统，例如某工业部、商业部和交通部、铁道部等，也有特定范围，但出于人为，是可变的。本来，后一种部门的划分，以前一种为依据，两者是统一的；然而，后者按企业的隶属系统分，就与前者有了区别。这里所说的部门，是指前者。所谓行业，本来类似于部门的前一种意思，或者作为其低层次，是对产品用途相同、工艺和原材料相同或服务对象、服务内容相同的企业分类的总称，例如工业部门中的冶金、纺织、机械、电子等行业。部门（指后一种意思）与行业有区别，例如：机械工业部门指机械工业部所属系统，不包括其他部门的机械工业企业；煤炭工业部门指煤炭工业部所属系统，包括本部门的煤炭机械工业企业。这些部门，都不同于也不等于单纯的、完整的行业。

过去的部门管理，主要弊端有两方面，除了部门和行业的口径不一致外，更表现在政企不分，把企业隶属于一个部门，成为部门所有制，由部门直接掌握其经营决策。两种弊端结合在一起，带来的危害是：（1）不能对全行业进行统筹兼顾，而是按系统各行其是，例如耐用消费品在各个部门都有生产，至今缺乏有效的统一规划；（2）不能组织好部门之间的相互协作，而是重复生产，重复建设，例如机械工业部门不能保证煤炭、纺织等专用设备的设计、制造和供应，各部门要各搞一套；（3）不能按产品的全生产过程进行组织，而是按

隶属系统把它割裂开来，例如化纤原料和化纤纺织就分别隶属于化学、纺织两个工业部门；（4）不能跨越部门的隶属关系，企业很难开展横向经济联系，只能是两眼盯住上级，甚至与市场相隔绝。

因此，部门管理必须改革。改革之道，在于打破部门所有制，也就是实行政企职责分开。这个问题的核心在于企业要不要有一个“婆婆”？如果说，有“婆婆”就是政企合一，大小事都由“婆婆”作主，那么，实行政企分开，就不能有“婆婆”，必须废除现有的隶属关系，如果说，“婆婆”只意味着“归口”，区别企业的行业属性，那么，在实行政企分开后，“婆婆”仍是客观存在的。

政企分开后，企业解脱了原来意义上的“婆婆”的直接控制，作为政府机构的各主管部门是否就无事可干了呢？不是，这要求从原来意义上的部门管理转向行业管理。行业管理的内容很多，这是政府机构管理经济职能的具体化，在本章的最后一节将有论述。不少同志认为，行业管理的重点，集中在行业规划，这是改革部门管理的突破口。搞好行业规划，部门的工作也就开始转向行业管理了。

制订行业规划是社会化大生产和商品经济发展的客观需要。行业的形成、细分和兴衰有它的规律。在资本主义制度下，行业的消长本来是自发的，但是近十年来，不少国家的政府机构加强了干预，对新兴行业、保护行业和淘汰行业分别采取相应对策，指导其合理发展。我们实行计划经济，更有条件做好这一工作。当前，经济调整已经基本完成，进一步调整产业结构和行业结构的任务摆上了议事日程。行业规划的内容，主要是：制定各行业的发展目标，既有数量规模，又有质量水平，确定投资规模及其分配和一批骨干项目，通过它来调整行业内部结构，提出技术进步的具体方案，包括技术开发、技术改造、技术引进等；明确实现规划的重大措施，包括政策和法令的拟定，服务体系的完善，尤其是专门人才的培训，等等。做好这一工作，对于各行业有计划地发展，突出重点建设，促进技术发展，充分利用资源，合理安排布局，防止生产建设中的各种盲目性，都有重要作用。行业规划，将是中长期计划的组成部分。

二　行业管理的积极作用

把政企不分、条条分割的部门管理改革为以行业为对象的行业管理，是为了适应行业开发、技术革命和经济体制改革的需要。把政府机构的部门管理变为行业管理，取消以直接控制企业经营为内容的原有隶属关系，不是削弱国家管理经济的职能，而是由微观管理转向宏观管理，更好地发挥其积极作用。国务院成立统一的机电工业部，取消原来几个机械、电子工业部管理直属企业的职能，转向规划、协调、指导和服务、监督、实行了政企分开，将会取得很好效果。机械工业是条块分割最严重的行业，从这个改革，可以看到行业管理的好处是：

1. 加强行业管理，有利于正确发挥企业的活力。实行政企职责分开之后，企业成为独立的商品生产者和经营者，具有自我改造和自我发展的能力。但是，如何开展生产经营，进行改造和发展，仅凭企业自己安排，难免有随意性。加强行业管理，对全行业的生产能力和供销情况进行摸底和分析，了解市场需求和生产条件的现状和前景，就能给企业以可靠的信息，指导企业的生产经营，为企业的改造和发展端正方向，正确的发挥其自主权。企业行为的合理化，除了靠国家的政策导向和杠杆调节外，行业管理或行业控制也是有计划发展商品经济的一种表现。

2. 加强行业管理，有利于正确发展新兴行业，保护和改造传统行业。在新技术革命浪潮的冲击下，产业结构和行业结构以及产品结构不断调整，新兴行业逐步涌现、壮大，传统行业逐步转轨、换型。如何针对各行业的活动规律和生产特点，搞清楚它的经济动向和技术动向，制定和运用经济、技术政策给以调节，在社会再生产过程中保持行业之间的比例平衡，是十分复杂的工作。这一工作，仅靠原来的部门管理，往往粗而不细，或者仅有自上而下的号召而缺乏自下而上的响应和横向联系。加强行业管理，调动各行业内部的积极力量，才能因行业制宜，分门别类，越搞越细，对新兴行业大力扶植，对传统行业给以保护或改造，使它能在运动中合理消长、各得其所。

3. 加强行业管理，也有利于政府机构本身的改革。原来的部门管理，一个难点在于各行业的企业越来越多和越来越分散，这与行政部门的素质差、效率低、管理粗放有很大矛盾。加强行业管理，使跨部门的行业相对集中，提高其组织性，可以帮助和促进行政部门改进工作、改革体制，针对行业特点，用经济办法管理经济。这还有赖于在部门管理的系统外，建立跨部门的行业组织，成为政府与企业之间的桥梁，既密切了政府与企业的关系，又承担了行政部门不能管或管不好的事情，使行政部门进一步摆脱事务，真正把大的方面管住、管好。

4. 加强行业管理，还有利于处理国民经济管理中集中和分散、统一和灵活的客观矛盾。行业管理是中观层次的管理，一方面适应社会化大生产的需要，做到该集中、统一的就集中、统一；另一方面适应商品经济发展的需要，做到该分散、灵活的就分散、灵活。它是宏观管理和微观管理的结合部，既与全局相联系，又从各专业的特点出发，把集中和分散、统一和灵活结合起来，起到其他层次管理所不能代替的作用。

此外，加强行业管理，同时有利于改进地方管理，加强以城市为中心的经济区管理，并推动企业的专业化协作，共同改革经济体制中的经济组织体系。

三　行业管理要有新的组织形式

从部门管理转向行业管理，仅靠政府机构的改革，不能建立新的行业组织体系。因为部门管理可以有行业管理的某些内容，但是不能代替整个行业管理，政府机构实行行业管理是自上而下的，还必须自下而上，调动各行业中各企业的积极性。因此，一定要有新的组织形式即新的行业组织，例如行业协会之类。与政府机构发挥其管理经济的职能相平行，行业组织的出现，在外国和我国都有相当长的历史，反映了它是生产社会化所需要的组织形式之一。

资本主义的行业组织可以上溯到很远。二次大战后，社会分工和生产专业化进一步发展，行业管理成为重要的经济管理形式，行业协会等行业组织也应运而生，以适应技术革命和国家干预的需要。但是在不同国家有不同的行业组织形式。日本的行业组织，一种叫“工业会”，属于需经政府批准的“社团法人”，最终产品基本相同的企业大多加入同一工业会，例如工作母机工业会、船舶工业会、碱工业会等；另一种叫“组合”即同业工会和行会，不需政府批准，通常是区域性组织，较为松散，有“事业协同组合”、“企业组合”、“协业组合”、“商业组合”等多种形式。法国的行业组织名目繁多，有各种工业的联盟、联合会、协会等，例如工业联合会由产品门类相同的企业所组成，设有理事会（董事会)、监事会和顾问委员会等，并设有工人管理委员会，作为工人参加管理的一种形式。意大利有全国工业协会、农业协会、外贸协会等综合程度较高的行业组织，并辖有专业性协会。美国估计有二十万个全国性和地区性的行业协会。这些行业组织的主要作用是：调整企业结构，合理配置生产力，防止过分竞争，促进均衡发展，提供市场、技术和社会，政治等信息服务和咨询服务；创办职工学校，帮助企业培训职工，并进行考核；代表本行业各企业进行展览、推销、调查和请愿等活动。

我国的行业组织，有人考证，认为隋唐时代就有“手工业者协会”，明清时代更有较普遍的行会、行帮组织，都有浓厚的封建色彩。解放前的旧中国，各地多有商会和分行业的同业公会，由同行业的企业、商号参加，有的并建立跨地区或全国性的组织。这些组织，对内协调各企业的关系，处理同行业的共同事务，对上代表该行业的利益，反映要求和意见，有的还承包纳税，并进行一些联购、联销活动。这些组织，同样保留封建色彩，常为资本最大的工商业者所操纵，并与官府相勾结，或带有独占性、排他性。此外，还有手工业者的行会组织，它一方面起到互助的作用，另一方面又垄断工艺技术，影响进步。解放后，政府机构实行部门管理，代替了民间的行业管理和行业组织。

现在，重新提出行业管理及其组织形式问题，不同于旧中国，也不同于外国。社会主义的行业组织，既不是政府机构，又不是经济实体。它是一种以企业为单位（会员），在自主经营原则下，以自我服务为目的，自愿组织起来，实行民主自治的群众性经济团体。它是在政企职责分开后，出于企业和同行业的需要，实行以企业为主体的行业民主管理的具体形式，与企业内部的民主管理相结合，体现了社会主义的经济民主。与政府部门的行业管理比，它具有下列一些不同的特点：(1) 行业组织不受企业隶属关系的限制，打破条块分割，使同行业的企业可以连成一体，管理本行业的公共事务。它是实行全面的行业管理最自然的组织形式。(2) 行业组织适应各种企业的不同性质，是松散的、开放的联合体。一个企业可以根据需要参加一个行业组织或同时参加几个行业组织，也可以根据自己生产经营方向的变化退出、更换其行业组织。除了企业外，另如科研设计单位、高等和中等专业院校以及某些学术团体等也可以参加有关的行业组织，使相互关系更加密切。(3) 行业组织实行民主管理，不是用行政办法去管企业，而是依靠企业的自觉自愿来实行自理，这就能够调动企业的积极性，真正做到集思广益、实事求是，防止强迫命令和措施失当。(4) 行业组织由企业组成，具有广泛的群众性，代表企业和行业的共同利益。它与政府机构中的主管部门的关系是一种民主集中关系。依靠这种关系，也有利于促进国家和企业关系的正常化，克服可能出现的官僚主义。

行业管理的组织形式，还处于试验阶段，叫什么名字，有各种建议。已有的行业组织，多数叫做行业协会。有人认为，应当叫做“行业民主管理协会”。有人认为，已有的工商业联合会可以成为它的上一层次组织，也有人认为，行业协会的联合可以叫做“工艺协会联合会”。它可以挂靠于政府机构的有关部门，也有人建议可以挂靠于工会；但是，它必须保持自己的独立性。

四 行业组织的具体职能

行业组织不同于政府机构，不是凭借行政权力行使其职能。但是，在本行业内，接受企业的委托，它有自己的职能，主要是：

1. 为本行业的企业提供各种服务。其内容有如：组织经济、技术信息的收集和交流，使企业经营决策有所依据；组织产供销的协作，开展一些联合的经营活动；组织技术开发、技术交流和技术转让，促进全行业的技术进步；传播和推广先进的管理经验；开展社会主义劳动竞赛和产品质量评比；举办产品展览和宣传、广告；为企业进行“诊断”作出咨询；帮助培训本行业所需的各种人才；举办集体福利；调解企业之间的纠纷；等等。一个好的行业组织，对企业系统，实际上是情报信息中心、经营咨询中心、技术开发中心和经验交流中心。

2. 协调全行业的发展和有关活动。行业组织的优势是熟悉本行业的情况，在此基础上，可以配合政府部门进行规划，明确本行业发展和改造的趋势和目标。行业组织不是垄断组织，既要鼓励企业之间的适当竞争，又要防止出现盲目性。因此，应当以规划为依据，通过宣传教育，控制投资规模及其投向，并引向技术改造，以领导全行业的合理发展。在对外经济技术合作方面，行业组织有它的独特地位，可以起到民间团体的作用，并统一内部行为，避免肥水外流。

3. 代表全行业，沟通与政府有关机构的关系。国家与企业的关系，除了行政领导外，增加了行业组织的渠道，使上情下达和下情上达更加畅通。通过行业组织，政府机构在制订规划、政策和法令时，可以征询意见；同时，企业也可以反映要求，提出建议，供政府机构采纳。行业组织还是政府机构管理行业的得力助手，可以运用自己的力量，协助政府机构开展某些工作，例如制订行业的技术标准、质量标准、生产定额、操作规程和其他“行规”等，这比单纯依靠行政命令贯彻，往往有效性更高。

行业组织的建立和发展，是近几年的事。据统计，到 1985 年，全国已有行业协会上千个。其中有全国性的，例如食品工业协会。大多是跨部门的，例如有色金属加工工业协会，所属企业分散在冶金工业部、有色金属工业公司、机械工业部、兵器工业部、航天工业部、轻工业部、地质部、中国人民银行、侨联办九个部门。在 1985 年 3 月召开的全国经济体制改革经验交流座谈会上，中国城市化工行业协作组织介绍了它的经验。这个行业协作组织是在 1979 年 8 月依托中心城市建立起来的，五年多时间，从开始时的十个市扩展到二十八个市。他们跨部门开门办化工，跨城市联合办化工，采取一些变通办法，包括发展横向联系、冲破条块束缚、传递经济信息、开展内联外引、组织咨询服务、促进技术进步、规划产品开发、调整产业结构等，使各市化工企业的产值、利润都增长得很快。所以取得这样的高效益，有三个原因：一是虽受政府指导，但不受行政干预，摆脱了由于体制而引起的扯皮和束缚；二是互助互利，自我服务，其活动和得失与成员的自身利益直接有关；三是组织松散，松散就能超脱，提高工作效率。这个组织的负责人说："过去，人们总认为，什么事情都是官办比民办好，几年来的实践使我们认识到，有些事情，民办比官办更富有成效。"他的结论是："从发展趋势看来，协作组织不同于原来的行政管理机构，也不同于经济实体的公司，而是一个在政府指导下，由化工企业自愿结合的社会主义群众性经济团体。它既代表企业，向政府反映企业的情况，提出建议，维护企业的合法权益；又接受政府委托，开展行业管理活动，起着政府和企业间的桥梁作用、纽带作用、参谋作用。它不干预企业独立自主的生产、经营，而是遵循民主、平等、互利、互惠的原则，为企业服务。"①

以上所述，主要是工业的行业管理和行业组织。在新形势和新体制下，商业和服务业，建筑业和运输业，同样有此需要。就是农业，也有类似情况。不少书刊已经介绍，日本的农村协作组合，作为农民的群众性经济组织，开展各项活动，包括供应生产资料、联合销售产品、推广先进技术、代理发放农贷等，对农业和农村经济的发展，起了积极作用。在我国农村经济体制改革中，也要研究这些问题，并逐步推广。目前已经出现的，首先是在出口商品生产基地、鲜活产品集中产区和家庭工业集中地区，按照劳动者和经营者的要求，提供良种、技术、加工、贮运、销售等系列化服务，建立一批地区性的、集体经营的合作组织，有的也叫什么协会，不一定是经济实体。尤其是为了解决家庭经营和机械化的矛盾，建立一些农机服务组织，不少就叫农机协会。河北省安国县流双村的农机户把全村农业机械组织起

① 参见"一个值得重视的行业协作组织"，载《经济参考》1985年3月4、16日。

来，成立农机协会。这样做的好处，一是提高了农机具的配套比，二是减少了重复购置；三是促进了农村专业分工。现在，全县已有78%的村有了这样的组织，入会的大小拖拉机有2600台，占全县保有总量的75%。① 农村的供销合作社和信用合作社，在某种意义上，也具有类似的性质和职能。

第五节　从行政区管理为主转向以城市为中心的经济区管理

改革经济体制中的组织体系，也不是取消地方管理，而是把政企不分、块块分割的地方管理改革为政企分开、块块放开的地方管理；并从单一的行政区管理改革为行政区管理和以城市为中心的经济区管理相结合，逐步从以行政区管理为主转向以经济区管理为主，充分发挥中心城市的作用。我国是一个大国，政府机构行使其管理经济的职能，仅靠中央政府是不够的，必须通过各级地方政府。所以，地方管理是取消不了的，只是它的性质、内容和形式必须有根本的变革。这与决策体系的多元化，在国家与企业之间要有各级政府作为中间环节，是一致的。

行政区和经济区不是一回事，但有相互交叉之处。所谓行政区，是指各级行政区划，从省、直辖市、自治区到省、区属市、专区、州和专区、州属市、县以及区、镇、乡等，有固有的区域范围，但出于人为，是可变的。所谓经济区，是指以生产，流通等为内容的经济活动自然形成的、多层次的区域，以大、中、小城市为中心，不同行业有不同的吸引力和辐射力，没有划一的固定范围，并随着经济的发展而有变化。从历史传统看，行政区的建立，除了政治、军事、文化等因素外，很大程度上也取决于经济因素，往往与经济区是重叠的。但是，由于范围的固定和不划一，两者又不可能完全一致；因而，行政区的建立，在政企不分的条件下，不免带来经济区的分割，造成两者

① 任贤良："安国农民的创举——建立农机协会"，载《瞭望》1986年第31期。

之间的矛盾。

一 地方管理必须改革

与部门管理相对应的是地方管理或地区管理，包括行政区管理和经济区管理，即所谓块块，也是经济组织体系的重要内容。对地方管理的职能，有过不同评价。一种意见认为，在政企职责不分的情况下，政府直接控制企业经营，主要通过地方政府，过去体制的改革或演变，纠缠于条条块块的权力转移，没有解决国家和企业的关系，往往是一放就乱；并且，在条条块块分割的情况下，地方从自己的利益出发，必然会自觉或不自觉地搞区域割据和地方主义，对宏观控制没有好处。因此，今后的改革，国家既要放权，地方更要放权；正确处理国家和企业的关系，应当原则上否定地方这个中间层次；或者认为，地方的经济职能只是搞好基础设施和生活服务，以不插手经济活动的干预为宜。另一种意见认为，在旧体制下，地方管理确实存在种种弊端；但是经过改革，不能完全否定地方管理的职能，而是要在政企分开、块块放开的原则下，适当发挥其应有的作用。在这个问题上，我国不同于西方或东方的一般小国，而与苏联、美国、印度等相似，地方政府（相当于共和国或州、邦一级）的职能是否定不了的。

看来，在中央政府统一领导下，要实行分层次的宏观管理，地方政府应当有它管理经济的职能和行为，这是出于下述情况：（1）中央政府的统一战略和统一政策、统一计划，不可能一竿子到底，除了靠各部门去贯彻执行外，也要靠各级地方政府层层地贯彻执行。（2）中央政府战略、政策，计划、法令等从全国出发，有它的共性，在贯彻执行中还必须结合各地的特殊性，因地因时制宜，化为地方的具体政策、计划和必要的地方法规，才能切合实际。这在经济发展不平衡的我国，尤其显得重要。（3）中央政府的经济工作只可能抓住大的，而在小的方面，与地方政府有一定的分工。例如，中央政府抓大型企业、重点建设等，而中小企业、一般项目和农副业、地方工业、地方交通、文化卫生、城乡建设以及劳动就业、生活服务等，主要靠地方政府去抓。（4）中央政府的经济工作，由中央各部门分头贯彻执行，是纵向的；到了一个地区，其横向联系，也靠地方政府去衔接、协调。因此，在经济组织系统中，作为一个中间层次，地方管理有它存在的客观需要。地方管理的任务就是贯彻执行中央政府的统一战略和政策、计划、法规，结合当地情况，发扬地区的优势，挖掘地区的潜力，并组织本地各部门之间的协作，处理好与其他地区的关系，为国家的经济建设作出尽可能大的贡献，并努力改善当地人民的生活。经济体制改革，包括了正确发挥地方管理的作用，搞活经济，包括了调动地方的积极性在内。无论从全国各省、直辖市、自治区或从各市、县看，地方管理的成效并不一样，带来经济发展的差异，说明其中有主观能动性的不平衡。削弱或者基本上取消地方各级管理经济的职能，只靠企业组织和行业组织，在我们这样的大国是难以想象的，勉强去做会造成很大混乱，也是行不通的。

也要承认，在旧体制下，地方管理存在不少弊端。除了政企不分，表现为地方各部门直接干预企业经营外，还有所谓地方所有制，即把一个地方当作是一个封闭的经济系统，在盲目攀比产值增长速度的思想指导下，片面追求“大而全”、“小而全”，扩大投资规模，甚至搞相互封锁，影响商品的流通和商品经济的发展。所以存在这些情况，既有发展战略的问题，又有经济体制的问题。地方管理必须改革。在坚持“全国一盘棋”、处理好中央和地方的利益关系并实行政企分开后，还应当简政放权，省、自治区政府一般不直接管辖企业（少数经济后进的省、区近期可辖少数重点企业）；实行块块开放，取消各种封锁，着力于沟通横向联系，发展省、直辖市、自治区和市、县之间的经济技术协作。同时，要改革有关的计划、物资、财政、信贷、外贸、价格、工资等体制，根治“投资饥饿症”和“消费膨胀症”，建立地方自我控制的机制，进而发挥地方的调节功能，使地方管理成为国民经济管理的一个承上启下的环节。评价地方政府的工作，不在片面的总产值增长，而在经济效益的提高，尤其是对国家的实际贡献和人民取得的实惠。这样，地方经济的发展与全国经济的发展统一起来，不能再以局部利益去损害整体利益。

但是，改进地方管理，并不能解决当前经济组织体系和条块关系中的所有问题。因为地方管理毕竟是行政区管理，受到行政区划的限制，与经济区有矛盾，也不可能代替经济区管理。根本的出路在于加强以城市为中心的经济区管理，并由以行政区管理为主转向以经济区管理为主，完善横向联系的经济组织结构。《中共中央关于经济体制改革的决定》要求加快以城市为重点的整个经济体制改革的步伐，指出："要充分发挥城市的中心作用，逐步形成以城市特别是大、中城市为依托的，不同规模的，开放式、网络型的经济区。"这项改革，对于建立新的经济组织体系，以增强企业活力，发展商品经济，至关重要。它有鲜明的中国特色，与外国尤其是一些较小国家的改革大不一样，值得认真探索。

二　城市的形成及其中心作用

城市是经济、政治、文化发展特别是社会生产力发展的产物。随着城市的出现和城乡的分化，城市成为一个国家或一个地区的经济中心，并连同其周围地区，成为一个个相对独立又相互交叉的经济区。原始社会，人类没有固定居地。第一次社会大分工，把牧业、渔业从农业中分离出来，出现了以农业为主的固定居民点，还不是城市；第二次社会大分工，把手工业从农业中分离出来，开始了商品交换，出现了城市的雏形；第三次社会大分工，商品交换进一步发展，出现了商业，城市也初具规模地形成了。"城"本指城堡、城墙，以军事、政治为目的而建造，"市"就是商品交换的场所，即市场。社会生产力的发展及其带来的阶级斗争，使城和市结合起来，成为以经济为基础的经济中心和政治中心、文化中心。

城市的发展及其规模，是以生产力的发展水平为转移的。英国近代工业的发源地曼彻斯特，17 世纪末只是一个六千人口的集镇，由于纺织业的发展，到 18 世纪末扩大为七万人口的小城市，到 19 世纪中叶进而扩大为三十万人口的大城市了。我国解放初期，建制市不到七十个，其中一百万以上人口的大城市只有七个。目前，已有三百个建制市，其中一百万以上人口的大城市有十九个，五十万到一百万人口的中等城市有三十一个。这些城市具有重大的经济效益。1984 年，这些城市（不包括市辖县）的人口占全国的18.5%，而固定资产占全国的65%，工业总产值占全国的69%，实现利税占全国的73%，在校大学生占全国的95%，病床占全国的40%。特别是大中城市，工业发达，交通便利，商业繁荣，金融活跃，科技进步，人才荟萃，信息灵通，生活方便，集中大量的人力、物力和财力，其集聚效益更加优越，中心作用更加显著。

城市，相对于农村；中心，相对于周围。城市中心，决不可能脱离周围的农村和地区。所以，我们在谈到中心城市或城市中心（这是两个不尽相同的概念）时，都必须与它周围的农村和地区联系起来，看作一个经济网络。这个经济网络在空间上是一个有机系统，被叫做经济区，城市就是这个经济区的经济中心。城市的工业，很多原材料来自经济区，产品销往经济区；城市的商业，大部分在不同范围的经济区内进行交换和流通。脱离了经济区，城市就会架空，就会枯萎。以城市为中心形成经济区，是生产力发展和城乡分工、区域分工的结果。一般地说，城市越大，必然是与它相联系的经济区也越大。这种城市和经济区的关系，又是分级或分层次的。在一个以大城市为中心的大经济区内，可以有若干以中等城市为中心的中等经济区，其中又可以有若干以小城市为中心的小经济区。

城市和经济区，都是经济概念，而不是行政概念。如前所述，行政区是人为地制定的，有固定的范围；而以城市为中心的经济区则反映了各种经济活动和经济要素之间的内在联系，没有固定的、明确的地理界限。本来，随着商品经济的发展，各个城市的不同行业和不同产品，其吸引半径和辐射半径多不一样。一个以重工业为主的城市，其重工产品的辐射半径可能很大，而轻工产品的辐射半径可能很小；另一个以轻工业为主的城市则相反。因此，以城市为中心的经济区是相互交叉、相互渗透的。但是，在政企不分、条块分割的旧体制下，城市的吸引力和辐射力受到各种行政性的限制。这就表明，经济区必须是开放的，不能封闭；经济区管理必须以经济手段为主。目前地方管理和行政区管理的局限性及其与经济区管理的矛盾，正在这里。

改革经济体制，建立新的经济组织体系，必须实行政企分开，突破行政区管理的局限性，加强经济区管理，首先发挥城市的中心作用，增强经济区的活力，使城市的吸引力和辐射力得以充分发挥。这也是打破条块分割和城乡分割，把整个经济搞活的关键之一。城市的中心作用是多方面的，作为一个目标模式，发挥它的中心作用也就是发挥它在多方面组织经济的作用。

1. 组织商品流通的中心作用。城市的诸中心作用中，最主要的不是生产建设，而是组织商品流通。这不仅从城市的起源可以看到它的决定性意义，并且从城市的发展过程也可以看到，流通始终是各种产业发展的前提条件。搞活流通，也是使经济区真正成为一个整体的前提条件。城市之成为经济区的中心，就因为它首先是经济区的贸易中心，是经济区内多种商品的集散地，并通过它，把这个经济区和那个经济区、这个城市和那个城市以及城市和乡村联结起来。按经济区组织商品流通，才能货畅其流。同时，没有活跃的流通、广阔的市场、繁荣的商业，城市是难以发展的。所以，武汉市作为中南地区的经济中心，首先强调“两通”（流通和交通），要敞开三镇，成为“九省通衢”。沿海港口城市，既有国内贸易的辐射面，又有对外开放的辐射面，也是对外经济往来的中心。这个流通，更是广义的“大流通”，除了消费品外，还包括生产资料和资金、技术、劳务、信息等在内。物资体制改革的方向是按照商品原则组织流通，开辟生产资料市场，要以城市为中心。信息的收集和传递也是这样，依靠中心城市，才能四通八达。

2. 组织生产建设的中心作用。由于中心城市形成流通网络，生产建设能有较高的经济效益，就促进了工业和建筑业等向城市集聚。城市作为工业网络中心，表现在很多方面：一是它为单个的行业和企业创造供销等产前、产后的服务条件；二是它为不同企业和行业之间的生产协作提供便利，推动企业的改组、联合；三是它为城市工业向农村扩散，实行城乡之间的经济合作开拓前景。城市的这个作用，不仅使城市工业得到发展，而且带动整个经济区的工业发展，实现企业配置的合理化。

3. 组织资金融通的中心作用。经济体制的改革，要求搞活资金融通，为生产建设提供资金，这同样靠城市。资金的融通，过去由财政、银行统收统支、统存统贷，渠道是单一的，限制了城市的这个作用。现在，资金市场逐步形成，就需要有个中心，通过集资、投资、贷款等形式，便于资金在经济区内和经济区之间的横向流动、化零为整、调剂余缺。上海市过去是全国的金融中心之一，不仅本地有巨大潜力，而且与境外有密切联系，甚至通向国外，有必要逐步恢复和发挥它的作用。

4. 组织科技教育的中心作用。城市的文化教育发达，科技力量集中，还拥有大批熟练的劳动力和先进设备，在发展科技教育方面，同样是各经济区的中心。开辟科技市场以来，城市成为“二传手”，使科技尽快转化为生产力。企业重视职工培训后，城市也自然地成为各个经济区的培训中心，适应了多出人才、快出人才的需要。

5. 组织生活服务的中心作用。除了为生产建设服务外，人口密集的城市还集中了大量的生活服务业，其服务内容也多种多样，包括一般消费和卫生、文娱、旅游等。这不仅服务于城市居民，同样能向整个经济区开放，成为经济区的服务中心。第三产业的发达，有一个由点到面、由城市到农村的过程，表明了城市也是第三产业的中心，并对整个经济区起着带头作用。

发挥城市的中心作用即其多种功能，要有全面的系统思想。过去，我们往往只重视城市是工业基地，忽视其他功能；后来认识到它是消费品集散地，又忽视其他市场的功能。不同规模、不同性质的城市，其功能有侧重，各种功能的辐射面有大小，应当发扬自己的优势，选择自己的最佳格局。有的主要是工业基地，有的主要是交通枢纽，有的主要是外贸口岸，有的主要是旅游胜地，有的主要是大学城或科学园。更重要的，城市的发展不能只是为本城市服务，更必须照顾相应的经济区。离开了经济区，也就没有什么“中心”可言了。

三　加强经济区管理和城市综合改革

加强以城市为中心的经济区管理，发挥城市和经济区在经济组织体系中的应有作用，必须改革不少方面的现行体制，并开展一系列的工作，逐步向目标模式转换。

首先，搞好以城市为中心的经济区战略规划。过去，我们曾经以省、直辖市、自治区为单位，研究地区发展战略，制订地区发展规划。这对摸清各地情况，扬长避短，明确发展方向，是有好处的。但是，仅为地区管理经济服务，同样有局限性，有的不自觉地搞成了自我封闭的“城堡经济”或“庄园经济”。因此，有必要打破行政区划，搞好以城市为中心的经济区战略规划，并把它作为加强经济区管理的一项先行任务。搞经济区规划，必须服从“全国一盘棋”，并在经济区内恰当安排，摆正中心城市和周围地区的关系。

其次，扩大城市管理经济的权力。发挥城市作用，必须对中心城市赋予更大的自主权，使其能对城市和经济区内所有企业实行有效的管理。不言而喻，这种管理不是沿袭旧的一套去干预企业经营，而是在简政放权、搞活企业的原则下，通过各种公司，行会和贸易中心等经济组织，做好指导、协调、服务、监督等中观管理工作。管理的对象，除了工业企业外，还有商业、物资，银行，公用事业和其他企事业单位，更要着重于促进相互之间的横向联系。搞好基础设施，提供尽可能多而好的综合服务，是城市管好经济的重要标志。给城市以一定范围的经济立法权，加强统计、审计，环保、工商管理等工作，同样是必要的。

再次，综合运用各种经济杠杆。如果说，在部门管理和地方管理中可以较多地运用非经济的手段，那么，相比之下，对于超越于行政区的经济区管理来说，必须更多地依靠经济手段。因为这些跨行业、跨城乡、多层次、多渠道的联系，大多以市场和金融活动为纽带。这涉及到一系列的体制改革。特别在流通环节上，建立“地不分南北、人不分公私”的贸易中心和其他市场，都要及时运用价格、税收、利率等经济杠杆。计划调节，对经济区来说，主要采取指令性指标是不行的，要学会采取指导性指标。不少城市还是对外经济往来的中心，在对外经济关系的处理上，要更多地运用经济政策和经济杠杆。

最后，调整和建立一体化的城乡关系。实行以城市为中心的经济区管理，无论对城市或农村（泛指城市以外从县到乡镇的地区），都面临一个新的境界，有别于长期以来由于条块分割导致的城乡分割状况。随着城乡改革的一体化和农村经济结构的调整，整个城乡关系都在发生质的演变。实行以城市为中心的经济区管理，在某种意义上，也就是要建立和发展城乡通开的经济网络，包括商品流通网络、工业生产网络、资金融通网络、科教文卫网络等。这种经济网络的形成及其逐步健全，是建立新的经济组织体系的需要和结果。

加强以城市为中心的经济区管理与城市经济体制的综合改革是相互结合地进行的。这些改革，从宏观、中观到微观，都是同步配套。这不仅是指上下左右一齐改革，还要有序地，协调地进行改革，并与其他经济工作相适应。从行政区管理为主转向经济区管理为主，发挥城市的中心作用，难度很大，必须通过试点，逐步实施。到 1986 年，全国已经建立以大中城市为中心的跨省、市的经济协作区二十四个，包括省市际的联合和毗邻省、市之间的区域性联合。省、市内部，还有低一层次的经济协作区。这些经济协作区一般有三个特点：一是按照经济联系的客观需要，自愿、互利地组成；二是松散型，开放式；三是大多有一定的组织形式，例如联席会议；协调会议，有的还有常设机构。

以大城市为中心的大经济区试点，最早有重庆、上海两市。重庆从 1983 年 1 月以来搞综合改革试点，主要是以搞活流通为纽带、搞活企业为中心环节、发挥城市多功能作用为主导方向，开始扭转多年来与西南广大地区的隔绝状态和城市工作的呆滞局面，呈现一派生机勃勃的势头。他们把对内，对外两个开放作为打破分割和封锁的重要决策，创造了不同传统的调拨分配而实行自由购销的贸易中心。这种全方位的开放，一是市内行业、企业之间的开放，二是对省内各地、市、县的开放，三是对川、滇、黔、桂四省区的开放，四是对沿海和国内其他地区的开放，五是对国外的开放。几年来，重庆市与全国二十八个省、市、自治区建立广泛的经济技术协作关系，到 1985 年 6 月底，签订了协议近 1600 项。以重庆为中心，连接成都、昆明、贵阳、南宁等市，西南四省区建立开放的、松散的区域经济协调组织，其任务是：商讨开放和搞活经济的带共同性的政策、措施，研究和探讨开发西南中的带共同性的重大问题，在国家计划指导下开展双边和多边的、多种形式的协作活动，研究和探讨流通、生产、科技、教育等领域如何打破地区和部分界限，推进专业化协作。他们制订了协作互惠办法，确定了一批联合开发金属、煤炭，化工、建材、机械和农牧渔业的重点项目，实行了扩大商品、物资交流和科技、人才协作的具体办法。上海经济区从1982年底建立以来，扩大到江苏、浙江、安徽、江西四省（1986年又增加福建省），进行多层次的规划，其横向经济联系网络已经初步形成，联合开发了煤矿和有色金属，实行了名牌产品的联合生产和传统产品的扩散生产，并筹组了跨省市的纺织、设备成套等联合体。

以中等城市为中心的经济区试点，最早有常州市和沙市。他们从扩大企业自主权开始，随即着手改革流通体制，改革国营商业的独家经营，改革基本上按行政区分配商品的批发系统，打破工商分割和实行工商联营，并改革物资流通体制；同时，推进企业的改组联合，改革科技管理体制，在价格、信贷和基建方面也作了一些改革的探索。在此同时，一个省内或跨省的几个城市之间的区域联合也有逐步发展，例如晋冀鲁豫接壤地区的焦作、长治、邯郸和新乡、安阳等十五个市，有的是能源、原材料工业基地，有的加工行业相当发达，相互协作，双方受益，形成了新的经济区。发挥中等城市在经济区内的中心作用，另一项改革是实行市管县的新体制。这本来是辽宁省的经验，经过常州、沙市的试点，已向各省和自治区推广，其好处是：（1）以城市为工业中心，以农村为原料基地，统筹安排，相互促进。例如丹东市建立了从养蚕到丝织品并有研究所和学校的丝绸工业体系，还办了八个黄金小矿和十七个有色金属小矿。（2）以城市的经济实力和科技优势支援农村，调整农村经济结构。例如鞍山市支援农业，很快达到粮食和肉，蛋，蔬果等自给有余，反过来也支援了城市。威海市把工业产品向农村扩散，使90%的农村都办工业，既繁荣了农村，又防止了城市的不断膨胀。（3）建立和发展城乡之间商业、交通、金融等横向联系，形成区域性经济网络，并以城市文化带动农村的精神文明建设，促进农村文教卫生事业的加快发展。此外，不少地方在县以下的农村改革中，推行撤社建镇和镇领导乡的新体制，形成农村的经济小区。这些，都打破了原来的市县分割和城乡分割，为创立新的城乡关系开辟了道路。

从行政区管理为主转向经济区管理为主，向着目标模式迈进，充分发挥城市的中心作用，必须防止把城市变为新的块块。目前在双重体制下，按产值、利润考核城市政府的工作，不利于打破块块分割。与此相应，试点城市大多实行计划单列，有待商榷。这在双重的计划体制下，可以促使中心城市的统筹安排，并减少计划层次，提高办事效率，但是，它有一个类似于行政区的地理界限，不符合经济区无边境性的特点，很容易导致块块概念的复活。南京市在实行城市综合改革试点时，根据国务院批示，计划不单列，实践证明，同样大有可为。计划不单列，避免了一开头就计较于谈比例、争分成的讨价还价，可以把精力集中于放权、搞活，避免了与省脱钩，促进了条块结合，开辟了与各方面的进一步联系；还适应了计划体制改革的要求，可以逐步转向指导性计划为主，更好地运用价值规律。可以预见，随着指令性计划的逐步淡化，计划单列的切块作用也将逐步减退，这样以城市为中心的经济区的开放度才能不断提高，并随着政企职责的彻底分开而实现其目标模式。

第六节　精兵简政，发挥政府机构管理经济的职能

在经济组织体系的改革中，贯穿的一条主线其实就是政府机构管理经济职能的改革。政府的职能有很多方面，在工作重点转向经济建设后，主要职能就是管理经济。对这个职能，在改革中，将有什么变化，有不同看法。有人认为，改革将使管理经济的职能削弱；有人认为，改革将使管理经济的职能加强。这要具体分析。一方面，政企职责分开，政府各级有关部门摆脱对企业经营的直接控制，把部分职责交给社会，具体事务将大量减少，可以说管理经济的职能是削弱了。另一方面，政府必须保持对宏观经济活动的管理，转向对国民经济再

生产过程的间接控制，与直接控制比，任务更加复杂，又不能简单地说管理经济的职能是削弱了。能否认为，直接控制的削弱和间接控制的加强、纵向控制的削弱和横向控制的加强，平行而不悖。这便是改革，即职能的转换。也有人认为，过去是管理为主，今后是服务为主、协调为主；过去是行政手段为主，今后是经济手段、法律手段为主。这是一种通俗的说法，不是否定这个职能，而是使它正确发挥组织社会生产力的积极作用。在社会主义制度下，国家行为对经济的影响，仍比一般资本主义国家大得多。

根据《中共中央关于经济体制改革的决定》，实行政企职责分开，政府机构管理经济的主要职能，大致有下列几项：

1. 制订经济和社会发展的战略和计划。国家领导和组织经济建设，首先是根据对经济发展和社会发展的各种因素、条件的估量，从全局出发，制订经济和社会发展战略，明确相当时期内所要达到的目标、所要解决的重点和所要经过的步骤。然后，按照既定的战略，制订实现战略目标的国民经济和社会发展计划，主要是以五年计划为代表的中长期计划。有了战略和计划，建设就有了蓝图，宏观管理就有了依据。

2. 制定和颁布各项重大的方针、政策。实现既定的战略和计划要有相应的对策，这主要是指各项重大的经济、技术的方针、政策，例如对内搞活经济，对外实行开放的方针以及财政政策、货币政策、产业政策、投资政策、就业政策、收入政策等。方针、政策是战略、计划的进一步具体化，是动员广大群众来实现战略、计划的保证。这些重大决策都要经过认真论证，并在实践中接受检验，求得更加完善和有效。

3. 制订资源开发、技术改造和智力开发的方案。以一定的战略、计划和方针、政策为指导，在各个时期，政府的有关机构要抓住经济建设的重大问题，制订出具体方案，组织各方面的力量来实现它。这里，举资源开发、技术改造和智力开发三者，正是由于它在当前和今后的经济社会发展中处于举足轻重的位置，集中力量去解决这些重大问题，才能推动整个经济社会的发展。

4. 协调部门、地区、企业之间的发展计划和经济关系。领导经济建设，要动员和依靠各部门、地区和企业的力量。但不是各自为战，而要把它们组织起来，相互协调，以求得群策群力，避免抵触或抵消力量。协调计划，是指综合平衡，求得按比例发展，防止失调；协调关系，是指合理分工，加强协作，相互配合。这些，既是国家的职能，也是部门、地区、企业应尽的责任。

5. 部署重点工程特别是能源、交通和原材料工业的建设。经济增长的契机是投资，搞好重点建设是促进经济社会高效益和按比例发展的关键。相当时期内，在控制投资有个合理规模的前提下，抓住能源、交通和原材料工业的重点建设，以先进技术武装这些部门，就能改变整个经济的面貌。

6. 汇集和传播经济信息，掌握和运用经济调节手段。经济发展中，信息是灵魂，汇集和传播经济信息不能仅靠各企业分别进行，更是政府机构管理经济的重要职能。有了准确、完整、及时的信息，就有可能正确运用价格、财税、信贷、工资、汇率等经济调节手段，这是管理经济不可忽视的重要方法。

7. 制定并监督执行经济法规。国家管理经济，最早凭个人意志，后来有具体政策，而现代化的手段则是靠通过一定程序制定出的经济法规。法规体现政策，但比通常所说的政策更有其权威性和稳定性，使各项经济活动有个规范可循。因此，制定法规后，还要监督执行，做到有法必依、违法必究。

8. 其他，包括按规定的范围任免干部，管理对外经济技术交流和合作，等等。任免大中型企业尤其是国营企业的主要干部，包括采取招聘、招标和选举等具体形式，体现了全民企业的所有权，要求干部对国家负责，不仅代表企业和职工的利益。对外经济活动不能分散进行，必须统一领导，有统一的计划和政策，所以也是国家管理经济的职能之一。

以上各项，是就中近期而言。从长远看，随着改革的深化，政府机构的具体职能将有进一步的转换。这在本书其他各章，另有论述和探讨。政府职能的转换，必然导致政府机构的改革。作为一个目标和原则，应当是精兵简政，提高效率。精简不是平均地减少机构和人员，而是有的减少，有的充实。减少的是分工过细的专业部门，例如工业在中央一级有十几个部，那是由于直接干预企业经营而背上的包袱，必须适当合并，也有利于实行行业管理。充实的是相对于工业、农业、商业等专业部门的综合部门，例如计划、银行、财税、统计、审计、劳动、标准、计量、专利、工商管理和经济立法以及国有资产管理等，其任务不是直接控制企业，而是组织协调、制定政策、提供服务、执行监督。这在几年来已有试点，正在逐步推开。例如四川省把计委、经委、农办、财办合并，统一了步调，提高了效率，哈尔滨市撤销了一些专业行政管理部门和行政性公司，改善了宏观管理，加强了为基层、为企业服务的观念。北京市在总结经验的基础上提出改革政府机构的目标模式，包括了逐步实现政府的国有财产管理权和企业的生产经营管理权的分离，使政府能够真正以全社会的名义，从社会经济的总体效益出发，实行对国民经济的宏观管理。在政府机构改革中，如何划分中央和地方的权限，处理部门、行业和地区、城市的关系，处理行政区和经济区的关系，都是非常复杂的。经过改革，解决好这些问题，一个新的经济组织体系也就逐步地脱胎而出了。

下　篇

双重体制的转换论

第八章　我国体制模式转换的特殊道路

我国实行经济体制改革以来，前后将近十年。经过几年的实践和认识，逐步择定了改革的目标模式，并且开始起步，进入了向目标模式过渡和转换的时期。现在，改革的进程到了什么阶段，怎样把它进一步推进，其前景又如何？亟待总结经验，分析形势，给出评判和对策。

第一节　对现阶段转换进程的估量

我国经济体制从现在起进一步向目标模式转换，需要对改革起步以来的几年进行总结，其中一个焦点是对目前的经济形势和改革形势怎样评价？有人认为，改革到了新的阶段，处于重要的转折关头，面临着再抉择。有人认为，改革的形势一天比一天好，路子越走越宽，但是越走越难了。有人认为，这几年的改革，把国民经济中蕴藏的能量释放出来了，但是后劲较弱，需要有“新招”。这些是公开发表的言论，口头议论的当然还要多些。国外评论，在肯定中也有否定，更是莫衷一是。七嘴八舌是自然的，也是好事，有助于全面而准确地估量形势，防止片面性和随意性。

在议论中，握其两端，不妨举出两类观点：一是悲观论，一是乐观论。悲观论者并不反对改革（至少不公开这样说）。他们认为，当前形势不可乐观，几年来的改革既没有真正搞活企业，又没有搞好宏观管理，造成在微观不活情况下的宏观失控，导致持续的财政赤字和物价上涨，始终潜伏着不稳定因素甚至某种“危机”。针对严峻的局面，又有两种主张，一种是尽快摆脱双重体制，加快改革步伐，即所谓“一步到位”；一种是“有计划的撤退”，恢复到“一五”时期的体制。乐观论者也不反对改革。他们认为，当前形势大好，国力增强，生产发展，流通活跃，生活改善都是过去从未有过的，通货膨胀率并不高，某些困难都是发展中国家在发展中的必然经历，毋需大惊小怪。既然如此，他们有意无意地主张保持现状，甚至把改革的目标模式就择定为双重体制，不急于进一步转换。当然，持这两类极端观点的人很少，但是不同程度地怀有相似情绪的人要多一些。

我们认为，对几年来的改革，成绩必须充分肯定；对改革中出现的问题，也必须正视。只有这样，才能总结经验，把改革推向前进，继续实行双重体制向目标模式的转换。

一　历史性的重大成就

党的十一届三中全会以来，我国经济持续增长。1979—1985 年农业总产值的年平均增长率为 10.1%，工业总产值的年平均增长率为 10.1%，国民收入的年平均增长率为 8.8%。农业和国民收入比前二十九年的年平均增长率分别约高 6% 和 3%。1986 年农业总产值增长 3.5%，扣除村办工业的工业总产值增长 9.2%。经济增长在年度之间的波动幅度比以前减小，国民经济重大比例关系失调的状况得到改变，社会经济资源特别是农村劳动力利用比过去好。人均国民收入在 1978 年是 315 元，到 1985 年达到 656 元，七年里翻了一番。粮、棉、油、钢、煤、电的产量都达到了新的水平，大大增强了国力。因此，这八年是经济最活、人民群众积极性最高、国力增强最快、发展生机最旺盛的时期。

产业结构日趋合理，出现了可喜的变化。从 1979 年起的头三年中，我们基本理顺了严重失调的工业与农业、重工业与轻工业等比例关系，缓和了十年动乱给我们造成的经济紧张和失衡状态。1982 年农、轻、重的比率从 1978 年的 1∶1.12∶1.48 调整为 1∶0.99∶0.98。在那之后，产业结构进一步走上了适应我国现阶段水平的典型发展道路：农业的比重有所下降，工业比重稍有上升，物质性服务的比重开始上升。到1985年底，工业和物质性服务的比例已经分别达到53.7%和18.2%。更为重要的是，在1979—1986年，我们改变了过去几乎所有农村劳动力都在搞饭吃的落后格局，在短短几年中，使六千多万劳动力从农业转到工业、商业、运输业、建筑业和服务业。整个社会劳动力中农业劳动力的比重迅速下降，非农产业特别是农村工业劳动力比重迅速上升。与此同时，原材料、能源、交通等基础结构得到了较大加强，电子等高精尖产业也有了可观的发展势头。

我国的经济发展结束了以往长期的闭关自守状态，经济对外开放度显著提高。进出口总额在社会总产值中所占的比重在1985年为12.7%，比1978年的5.2%高1.44倍。1979—1985年进出口总额的年平均增长率为24.6%，是前二十九年7.7%的3.2倍。进出口结构也有了改善的势头。1979—1985年引进的外资总额达到218亿美元。我国还设置了经济特区，在沿海确定了一批开放地带，为外资的直接和间接引进创造了较好的投资环境。这些说明我国正在从一个封闭型的经济转向开放型经济。

我国城乡人民生活水平迅速提高，是建国以来人民得到实惠最多的时期。具体可归结为以下几点：第一，改变了过去重生产、轻消费的状况，积累率从1978年的36.5%下降为1982年的28.8%。1986年的积累率虽然回升到30%以上，但城乡居民储蓄余额在1978年时不过210亿元，到1986年时达2237亿元，积累率回升中相当大的一个部分是从储蓄转化而来的，这和过去的高积累不大一样。第二，扣除物价上涨因素后，农民人均纯收入已从1978年的133.57元提高到1985年的397.60元，增长了近两倍；城市职工的平均工资水平也从1978年的614元提高到1985年的1148元，增长87%，1986年全国职工人均货币工资收入预计增长16%。第三，已基本解决了人民长期以来一直难以实现的温饱问题，而且城乡人民的消费结构还有了较大变化。到1986年，城乡居民的住房条件明显改善，家庭拥有的高档消费品已经从自行车、手表、缝纫机老三大件转向电视机、洗衣机、电冰箱新三大件。第四，就业比率大大提高，在城市解决了五千多万待业青年的就业问题，在农村有六千多万劳动力转到非农产业。有些发达地区已出现了劳动力不足的苗头。

我们在经济建设取得伟大成就的同时，在经济体制改革方面也取得了重大进展，得到了国内外的高度重视和评价。我国的经济体制改革起步比一些东欧国家晚了许多年。然而，从 1979 年以来，进展是相当快的。我国已经开始了经济体制模式的转换过程，从否定商品经济的僵化体制开始转向有计划的商品经济体制。体制改革首先在农村突破，家庭承包责任制的普遍推行解决了农村经济中的“大锅饭”问题，极大地调动了农民积极性。在城市，通过所有制结构的调整，在全民所有制经济为主体的基础上，发展了集体经济、个体经济、中外合资和外资企业；在全民所有制内部也本着使企业成为相对独立的商品生产者与经营者的要求进行了改革，使国营企业有了一定的利润动机和自主权。

在建立和完善市场体系方面，改革了以指令性计划为核心的传统的经济运行机制。指令性的计划指标只有原来的五分之一；统配物资在 1978 年有 256 种，到 1986 年只留下 20 种。为了促进市场体系的形成和发育，进行了价格形成体制、资金分配体制和劳动工资体制的改革；通过发展横向经济联合，逐步打破地区间、部门间的互相封锁。总的说来，市场机制在国民经济运行中开始显示出重要作用。

在从直接控制向以间接控制为主的转换方面，缩小了用行政手段进行直接控制的范围，并以理顺经济参数出发，为经济手段发挥正常的调节作用做了必要的准备。对扭曲的价格先后进行了几次调整，提高了主要农产品的收购价格，提高了主要原材料、燃料价格，在一定范围内允许生产资料进入市场，并放开了市场价格；对一些重要的进出口商品的国内价格有选择地与国际价格相衔接；对税率、汇率、工资等其他经济参数也作了有利于经济发展的调整。这就使我们有可能越来越多地利用经济手段进行间接控制。

二 前进中的问题

在看待当前的经济问题时，务必要注意的是：必须坚持实事求是的方法，坚决反对用过去的眼光看待今天的问题，特别是要反对用理想化的假想来衡量今天的事实。因此对经济形势的估价，要注意以下几点：（1）切忌把过去长期形成的问题因尚未完全解决而看成是今天的问题，从而只看到经济体制还有许多缺陷和弊病未能根治，而看不到经济体制在这些年里已有很大改善。（2）切忌把今后发展中将面临的中长期困难仅仅归结为当前的经济问题，只看到经济结构还有着这样或那样的矛盾和问题，看不到经济结构在这些年中不仅摆脱了严重比例失调的困难，而且还因近六千万劳动力从农业转到工业而在经济结构进步方面迈出了强有力的一步。（3）切忌把过去隐蔽化的弊病因改革而公开化或半公开化后，全部归结为当前的问题，只看到现在消费品的价格波动，看不到已经基本上解决了过去消费品严重短缺和普遍配给的现象。（4）切忌把所有发展中国家在经济发展特定阶段不可避免出现的问题归结为我国当前特有的问题，只看到我们有财政赤字、物价上涨、经济被动、外贸困难，看不到我们在一个如此困难、复杂的历史条件下和国际环境下，对这些问题的解决比其他发展中国家要好得多。

这几年在经济建设和经济体制改革中取得了巨大成就，同时也存在着不少问题。这些前进中的问题，主要是因为经济发展模式转换和经济体制模式转换都还刚刚开始，正处于新旧两种模式交替并存的阶段，不能不遇到转换过程中的种种摩擦和矛盾。其中最突出的是以下三个问题。

第一个问题是国民经济中总需求与总供给的平衡问题并没有很好解决，传统发展模式和传统体制模式中存在的普遍的扩张冲动和有限的供给增长之间的矛盾始终困扰着我们。1986 年底，国民经济总需求与总供给不平衡的总量矛盾虽有好转但仍然存在，并突出表现为：财政还有赤字，银行信贷规模偏大，物价水平的上涨虽有控制而基础并不巩固。

由此造成了两方面的不利影响：一方面是不利于经济的稳定发展，另一方面是不利于改革的顺利进行。从经济发展来看，如果和我国历史上曾经出现过的经济发展起伏波动相比，这几年在年度间波动幅度已经比过去小得多，波动时间比过去短得多。但是从 1979—1981 年和从 1984 年底到 1986 年的两次涨落来看，特别是从季度、月份之间来看，经济发展的起伏波动还是不小的。实践说明，每当出现投资需求膨胀以及由此而带动消费膨胀时，虽然短时间内会出现经济高速增长的势头，但是由于这种靠财政赤字和货币超前发行支撑的需求增长脱离了国力，没有相应的供给来保证，过一段时候便要进行调整，不得不采用基建下马等强制手段压缩需求，实行经济调整，致使增长速度大幅度下降。这样，在片面追求规模、速度而造成经济发展起伏波动的时候，总的经济增长速度反而是低的。对于我们这样一个发展中的大国来讲，各方面想办的事情很多，只有保持一定的发展速度，把馅饼做得大些，才能过得去。也正因为这样，对于在出现需求膨胀时要不要压缩需求这一问题，往往会有种种不同的见解。但是，今天不小压，明天要大压。只有经济处于上升时注意避免需求的过分膨胀，力争经济稳定发展，从长期来看，经济增长速度才会是较高的。

前几年的经济体制改革，一直是在总需求与总供给不那么平衡、经济环境不那么宽松的条件下进行的。我们的确不能等出现稳定的宽松环境之后再着手改革，那样不合群众迫切要求改革的心愿。但另一方面，在经济不稳定的条件下进行改革，往往会产生种种摩擦，效果不好。前一时期的价格改革是在国民收入超分配、货币供应量偏多的情况下进行的，因而一方面价格体系不合理的状况虽然有所改善，另一方面又不能不因需求过大而引起物价的过度上涨，反过来又阻碍价格体系的进一步理顺。所以，改革和改革的环境虽然是互为因果的连环套，对投资承担风险责任的自我约束机制只有通过彻底的改革才能最终形成，但在经济不稳定中要周期地进行较大的经济调整，经济改革往往进两步退一步，使改革成为旷日持久的事情。因而控制需求膨胀，缩小并力争消除国民收入的超分配，争取有一个相对较好的改革环境，是我们经常应该注意的事情。

第二个问题是还没有真正解决传统经济模式中经济效益普遍低下的问题。在农村，农民的积极性调动起来了，但整个农村经济资源的利用并不理想，农村经济结构的调整，特别是农业内部结构的调整，关系到提高农村资源配置效益，而价格不合理限制了结构的合理调整，普遍的分散经营又使得农村中还没有把规模经济效益提上议事日程，农民对农业生产进行投资的积极性还没有调动出来，农田水利设施和大中型农机具破坏多而建设少。在城市工业中，还是产值增长重于效益提高，不惜以高投入来保产值，造成种种浪费；能源上去了而加工工业上得更快，因缺电、缺运力而限制生产潜力发挥的状况还没有得到根本性改变；产品质量提高和品种变化赶不上消费需求和消费结构的变化，技术改造和技术进步赶不上技术陈旧的进度，产品的国际竞争能力还相当差。外贸亏损高居不下，换汇成本不断上升。更为严重的是，从中长期的发展来看，由于不注意投资质量，特别是不注重技术进步和主导产业在结构转换中的作用，将会导致整个经济发展的后劲不足。

值得注意的是，反映经济效益的几种重要指标呈现了相反的走势。从人均国民收入看，这几年增长速度是快的，说明“馅饼”做大了，客观经济效益是好的。但是工业产值利税率则趋于下降，近年来只及历史最高水平的三分之二，这又反映经济效益并不好。这种相反的走势告诉我们：（1）这几年调整经济结构，轻工业比重上升，使宏观经济效益呈上升趋势，但经济结构调整还没有向深层发展，又限制了效益的进一步提高。（2）工业产值利税率的下降，既反映企业经营管理差，又有着原材料提价和产值增长中有重复计算水分等因素；而且还有一个重要原因是这几年职工工资总额增长快于产值增长，1984—1986 年工业产值增长快的年度为 18%，低的年度为 9.2%，而这三年工业企业职工工资总额增长年年都在 20% 或以上，工资成本显著上升，造成产值利税率下降，这从财政角度看当然是经济效益下降了。因此，单靠减税让利来调动企业和职工积极性这条路已经走到尽头，难以为继了。促使企业在改善生产经营、提高经济效益的基础上增加留利，争取实现产值、国民收入、上缴税利三者相适应的增长，仍是我们面临的重大课题。

目前我国经济发展模式和经济体制模式转换时期中出现的摩擦，

有可能使各个经济主体的行为自觉或不自觉地走上与提高经济效益相反的方向。例如，原材料紧缺会诱使企业增加库存；在指标环比考核或缴税基数环比上升的规定下，企业不是通过提高效率来提高利润率，而是以外延方式扩大生产来增加利润量；在卖方市场的环境下，短缺没有成为促使企业发展创新的机会，反而成为质量和效益下降的诱因，重产值轻效益本来是长期形成的习惯势力，由于产值增长迄今仍是考核成绩、选拔干部的依据和标准，当某些企业、部门和地区超计划高速增长受到表扬奖励时，也促进了对产值速度的相互攀比，而提高经济效益则未引起普遍重视。出现这些情况，说明在前进中尚有问题，也说明只要我们有正确政策措施，切实解决好发展模式和体制模式转换中的问题，在提高经济效益方面可以挖掘出很大的潜力。

第三个问题是经济体制改革中没有解决好搞活企业和改善经济运行机制这两者之间的关系。这些年来，我们在经济建设上取得的成就在很大程度上应当归功于经济改革，同时，经济建设中的问题和困难也都与没有完成体制模式的转换密切相关。体制模式转换没有取得更快的进展以及在转换体制模式时出现了许多新的问题，关键在于我们没有处理好重新构造微观基础与改善运行机制这两者之间的关系。这几年，我们通过简政放权改善了企业与其领导单位的关系，特别是通过实行利润留成、利润包干以及利改税等措施使企业有了自己的财权和财力，企业比过去活些了；与此同时，通过价格改革使价格扭曲的状况有所改善，流通渠道比过去通畅，生产资料开始进入市场，还调整了税率、利率、汇率等，改善了在经济运行中利用市场机制的外部条件。这使得企业行为发生了一些变化，利润动机有所增强。但另一方面，在企业内部还缺乏把长期利益和短期利益结合起来的机制，自我改造、自我发展的意识不强，对宏观经济和市场环境的适应能力差，出现了企业行为短期化的倾向，企业只能负盈不能负亏的问题比较突出。

经济体制改革中改革企业经营的内部机制和改善企业经营的外部条件，是互为因果、互为前提的连环套，两者不能偏废。但是当前一段时期则主要注意的是企业内部经营机制没有转换，对企业放了权、让了利却并没有使企业担负起相应的经济责任，因而需要沿着所有权与经营权分离的思路，重新构造微观基础，使企业真正成为相对独立的商品生产者，具有既负盈又负亏的经营机制。这将会提高企业对市场变化和宏观控制参数反应的灵敏度，推动已经形成的市场机制和间接调控手段发挥作用，再加上相应改善市场和宏观管理机制，就可以进一步推动企业经营机制改革的深化。这就有可能把经济体制改革推进到一个新的阶段。

三　行之有效的成功经验

总结这个时期经济工作的基本经验，首先是我们在经济建设和体制改革中坚持了三个结合：第一，我们坚持了马克思主义的普遍真理同我国的具体实践相结合，在坚持马克思主义的同时发展了马克思主义。十一届三中全会以来的路线、方针、政策正是这种结合的具体体现，它保证了新时期的经济建设和体制改革沿着正确的方向顺利前进。第二，我们坚持了把四项基本原则同改革、开放结合起来，既保证了安定团结的社会政治局面，又避免了思想僵化和固守传统模式，保证了经济建设和体制改革的顺利进行。第三，我们坚持了把计划与市场，宏观控制与微观搞活、以公有制为主体与发展其他经济形式、共同富裕与适当拉开收入分配档次结合起来，这就保证了我们在经济建设和体制改革中能够按照建设具有中国特色的社会主义的方向发展。

我们坚持不懈地推行了从数量型到效益型经济发展模式的转换，经过反复实践探索，逐渐形成了与我国当前国情相适应的转换方式：

第一，经济指导思想上的转变是经济发展模式转换的前提条件，而经济指导思想的转变首先取决于全党是否能够统一认识。因此，我们进行了一系列拨乱反正工作，着重批判了生产建设中的“左倾”思想，其中特别是“重积累、轻消费”，“重基建、轻改造”，“重速度、轻效益”等一系列急于求成的冒进思想和工作作风。以此为基础，在经济建设中逐步树立一整套新的经济指导思想，即把提高经济效益放在首位，用最大限度地满足人民日益增长的物质和文化需要代替为生产而生产的发展目的，用提高质量、增加花色品种、降低成本代替单纯追求增加产值产量，用以内涵扩大再生产为主代替以外延扩大再生产为主的发展方式，用平衡协调发展代替孤立突出重点的发展。

第二，经济发展模式能否转换的关键在于，当我们对把经济效益放在首位的指导思想统一了认识之后，具体的改革措施和政策能否相应地跟上去。这里值得特别指出的是，通过转变经济运行机制，开始解决了供需衔接使产品的价值得到实现这一有计划商品经济中的首要问题，生产者面向市场，以销定产，目前已局部出现了增加花色品种、提高产品质量的竞争；通过采取一系列新的农村经济政策，大大提高了农业资源使用的经济效益，因而在主要农产品的种植面积没有增加反而有所减少的情况下，产量和单位面积生产率却大大提高了；通过调整国民经济结构，工业生产提高了资源配置的经济效益，以往长期存在的工业消费品供应紧张状况在较大程度上得到改善；通过价格信号的改善和财政、金融政策的引导，投资者开始注重中长期经济效益，投资结构有所改善，中央重点项目特别是能源、交通等基础产业投资比重上升，稳住了中长期经济效益提高的大局。部门、地方对于企业更新改造较前重视，用于这方面的投资比重上升，也有助于经济效益的提高。

在经济体制模式的转换中，经过曲折，逐渐在观念认识和决策思路方面实现了三个结合：第一，逐步明确了改革的紧迫性和长期性。在实践中我们体会到传统经济体制不改革不行，对改革的紧迫感日益加深；同时又日益认识到改革不可能是一次行动或一组行动，而是一个历史过程。因此，我们在经济改革上不可能“一步到位”或不切实际地要求“加快过渡”，而是要在不失时机、持续改革的基础上，“过五关，斩六将”，作好比较长期的打算。第二，逐步明确改革的分项有序性和配套性。在以经济体制为中心对政治、教育、科技、文化等体制进行全面改革时，各方面的改革不可能相互割裂地单独成功，也不可能完全齐头并进，而是要从实际出发，既按轻、重、缓、急有意识地加以优化分离，又分项有序地、按客观联系的要求进行有机配套，以形成渐进式加小配套的转换方式，即整个经济改革的过程是渐进的、分阶段的，而在各个阶段则尽可能在相互联系的某些方面使改革衔接配套，以减少改革过程中的摩擦与振荡。第三，逐步明确了利益调整、利益刺激和利益约束的结合。经济体制改革是从调整利益关系、运用利益刺激起步的，不论是在农村实行联产承包责任制以及提高农产品收购价格，在城市改革企业工资和奖金制度，还是在城乡基本经济单位特别是国营企业的改革中，在企业基金、税后利润、折旧基金留成等方面，都给基本经济单位以实际的利益，以调动各方面的积极性。但单纯利润刺激造成了企业只能负盈不能负亏，又助长了收入攀比，使人们对利益刺激总不能满足。在实践中我们逐步认识到，经济改革不是简单的利益调整，也不是片面地给人们以现实利益或预期利益的刺激，而是给人们以平等机会进行竞争，在成功与利益、失败同惩罚联系起来的基础上给人们以利益约束。在改革中，企业的真正成功，应当不简单地靠片面的利益刺激，而是靠增强奖罚对称的利益约束来实现。

这个时期的工作证明，处理经济改革的关系是一项复杂的艺术。当国民经济处于极不稳定的情况时，发展模式的适当转变是体制模式转变的必要条件。1978 年我国经济正处于比例严重失调的状况，党中央不失时机地做出调整、改革、整顿、提高并把调整放在首位的战略决策。经过农村改革的率先起步和整个经济的有效调整，促进了城市改革的由点向面的发展。1985 年，我国经济又处在经济发展“过热”的态势中，党中央当机立断提出了加强宏观控制，并于 1986 年在改革方面采取巩固、消化、补充、改善的方针。经过适时的降速，为改革进一步深入创造了有利的条件。我们在前进过程中经常面临发展和改革谁摆在首位的两种选择，实践证明，合理的选择原则是：经济发展在短期内服从于体制改革，而经济改革从长期上服务于经济发展，这样可以保证在总体上处理好发展和改革的关系。

肯定成绩、正视问题和总结经验，归根到底，是为了继续树立改革的信念，进一步把改革推向新阶段。在当前议论中，反映了各种看法，有些值得商榷。

1. 当前经济发展中的成绩和问题，与改革是什么关系？这几年的经济建设发展很快，成绩很大，这是有目共睹的；同时，当前存在不少问题，有的相当严峻，例如农业后劲不足、经济效益下降等。有人将这些问题大多算到改革上。这是不公正的。我们不能把经济建设的成绩都算到改革上，但是不能否认改革促进了经济发展；同样，不能把存在的问题都算到改革上，但是也不能否认要处理好建设和改革的关系。建设和改革的关系十分密切，处理这个关系是一项复杂的艺术。不能否定改革是建设的动力，建设又为改革创造条件。因此，体制模式的转换与发展模式的转换是相辅相成的。前几年一度出现的经济增长“过热”和几个“失控”，主要是由于旧的发展模式和旧的体制模式还在起作用（有人把它表述为一种周期性症象），而不是由于改革所造成。经过“慢煞车”和“软着陆”，加强了宏观控制。根治之道在于逐步实现两种模式的根本转换，从而争取国民经济长期的稳定增长。

2. 经济体制改革中出现的问题，是不是来自改革中的失误？这要具体分析，切忌一概而论。能否认为，改革中出现的问题，有其必然性，也有的来自某些失误。所以有必然性，因为双重体制不能避免摩擦。这本来在预见之中，并非意外。不能以此为依据来否定改革的方向和原则的正确性。至于有些失误，则是由于虽然有了方向，具体路子还待摸索，碰到新的难点，在设计和实施中不免有这样那样的疏漏。例如企业、市场和宏观管理三种机制如何适应，计划与市场如何结合，都是我们缺乏经验又无法向别人借鉴的。这要求我们有清醒的头脑，逐步掌握改革的规律和主动权，尽量减少失误。如果因此认为改革搞错了，应当停下来，则是因噎废食。何况，对所谓“失误”，还要有正确评判。从理想出发认定的所谓“失误”，不少是在不可更改的历史条件下与改革发展相伴随的“共生现象”。我们不应该漠视或无视这些问题，但是要从历史发展的观点看问题。我们没有理由为已经存在的历史现实感到丧气；相反，应当进一步认清形势，增强预见，把改革搞得更好。

3. 改革发展到现阶段，要不要干下去？当然，公开主张不要改革的人是极少的或没有的。但也不是没有人主张要停一下、看一下。不能否认，有的时候和有的打算，改革的步子是快了一些，准备不够，部署不周。因此，把步子放稳一些，确有必要。从总的方面看，对改革到了什么阶段，要有恰当的估量。能否认为，与过去比，几年来的改革已有很大进展，例如在计划与市场的关系上，从板块结合渐次发展到两者之间有所渗透，就不同于传统模式；而与目标模式相参照，则还有很大差距，例如现在的全民企业领导人，与其说是开始把眼睛转向市场，还不如说是仍旧注视着市长。因此，从改革的长河看，还是只开了头，决不是已经过了头。改革的大趋势是不可逆转的，改革的进程也是不可阻挡的。几年前，邓小平同志说过，中国的体制改革不容易，积习太深，旧的习惯势力大得很，公开表示反对改革的人不多，但遇到实际就会涉及一些人的利益，这时赞成改革的人也会成为改革的障碍。语重心长，无非是告诫我们要把改革干下去，不要半途而废。

第二节　模式转换的两个基本方面

经济体制改革是一项庞大的系统工程，遍及国民经济的整体及其一切方面。“七五”计划提出以增强企业活力、完善市场体系和健全宏观管理制度为主要内容，以适应有计划的商品经济发展的要求，在思路上是清楚了。回顾这几年来的改革实践，大致就是循着这个“三位一体”的方向前进。从模式转换的进程看，也可以归纳为所有制的变革和经济运行机制的变革这两个基本方面。而微观经济基础即生产资料所有制关系的变革又有两条主线：一条是所有制结构的调整；另一条是公有制尤其是全民所有制内涵的演变或其具体形式的实现。

一　所有制结构的状态

所有制关系是生产关系的基础，也是经济运行的微观基础。这几年来所有制关系的改革，首先表现在所有制宏观结构的调整，不仅冲击了单一的公有化所有制结构，出现了多种所有制成分；而且在公有化的所有制结构内冲击了全民所有制或国家所有制的独占地位，扩大了已不是所谓“小全民”的集体所有制；同时，突破了隔离各种所有制之间的森严壁垒，使企业的所有制形式越来越不纯一。这就推动国营经济和集体经济两种公有制的传统模式向多元化、多样化的所有制结构模式转换。

在所有制的微观结构上，不仅发生了同种所有制单位之间的横向联合，并且发生了异种所有制单位之间生产要素的交叉流动，出现了丰富多彩的混合所有制形式。这种所有制的融合，以资金在企业之间的自由流动带来其他资源的相应流动，是商品经济发展进程中生产要素利用效率、经济规模效率和经济结构效率得以充分发挥的自然要求。所有制微观结构越是趋向融合化，越有助于各种要素的合理流动和各种资源的优化配置，越有助于把多种经济成分的外部并存转向内部结合，同时给所有制的宏观结构添加相应的弹性，进一步保证了而不是削弱或动摇了公有制成分的主导地位。但是，所有这些还只是处于双重体制阶段。因为，首先，在以公有制经济为主体的基础上，仅在全民所有制和集体所有制的旁边或内部才开始生长出其他的所有制因素，多数没有成型，有的处于萌芽状态，其外部条件也不够稳定。例如农村实行以家庭为经营单位的联产承包责任制，代替了过去以自然经济为基础的地域性、封闭式的集体经济旧模式，并出现了与专业化、社会化、商品化相联系的新型合作经济，但是这种合作经济的形式和职能及其生产要素的具体结合仍较模糊；又如城乡集体企业和中小企业采取集体或个人承包、租赁的形式，允许城乡个体户和雇工经营的存在和发展，鼓励外资参加办合作、合营和独营企业，以及提倡多种所有制成分的集资、合股和联营等，都已取得相当进展，但是比重不大，基本上属于试点或探索性质。

其次，在所有制宏观结构的多元化和微观结构的混合化相互交织并向目标模式推进中，不同所有制在比例上的数量界限应当既保证以公有制为主体，又赋予目标体制的经济运行以最优的所有制结构基础的状态。非公有化经济的份额还可以进一步发展和扩大。如果说，占社会总产值不到1%—2%的非公有化经济的存在同公有制主体并无根本的矛盾，那么，很难认为这一比重提高到例如10%就为公有制主体所不相容。目前，在某些部门和某些地区已经这样做了，并没有违反公有制是主体的原则，而且还对活跃经济、发展生产确实有利。

最后，不同经济成分的生存和发展还没有让建立在条件均等、物竞天择、优胜劣汰的市场规则来检验和锻炼的基础之上。因此，在相当多的场合，基本的问题还是“国营不如集体，大集体不如小集体，集体不如个体”。这里有全民企业改革过程中放活步伐落后于集体企业和个体企业方面的原因，也有给全民企业“吃小灶”方面的原因；还由于在政策上，对某些集体企业的税收、信贷等给予了特殊的优惠，以及对个体企业缺乏必要的管理，以致形成三者之间的不平等竞争条件（当然，也有相反的看法和做法）。

二　公有制内涵或财产组织形式的演变

这几年来所有制关系的改革，还突出表现在公有制经济内涵的演变。首先在集体经济方面，我们在农村普遍推行了家庭承包责任制，解决了农村经济中的“大锅饭”问题，极大地调动农民的积极性，数以千万计的乡镇集体企业也在不同程度上以不同的方式推行了经营责任制，特别是受到日益增强的市场竞争压力，因此这些乡镇企业与传统小全民式的集体企业的差别越来越大。在城市，集体企业也在一定程度上打破了小全民企业的模式。在国营企业方面，从扩大企业自主权推行到所有权与经营权的适当分离，以及探索实现国有企业的具体形式。这项改革有两个不同领域。在为数众多的小型国有企业领域里，所有制改革包括所有制结构和所有制形式两个方面的改革，实行（承）包、租（赁）、（出）卖等办法，有一部分企业，特别是适合于分散经营和以劳务为主的第三产业企业，完全地或部分地转化为半国有成分或非国有成分，有助于搞活企业、搞活市场和加强多种经济成分之间的分工协作。在占国有资产很大比重的大中型国有企业领域里，所有制改革的方向终于明确集中到所有权与经营权的分离上，着重解决企业的经营机制问题，并为此摸索不同的具体形式，除少数国有国营外，主要是实行包括承包在内的多种经营责任制，以增强其活力，发挥大中型企业在整个企业群结构中的主导作用。

这些改革，显然只处于开始过渡的双重体制阶段，因为第一，农村的承包制还没有解决农民向农业投资的意识不旺、农业生产后劲不足的问题，特别是土地的转移和集中还没有真正解决，因此，整个农业基本生产要素的结构效益和规模效益都还没有得到应有发挥。乡镇和城市集体经济的内部产权关系的合理调整甚至还没有开始，因此还没有真正打破“小全民”的本质。第二，国营企业的改革不仅在目标上还不十分明朗，并且在不同部门、不同地区和不同规模的企业之间，其进程很不平衡，两权的分离度很小。特别是进行这项改革，在理论和实践上，相当一段时期片面地强调和停留于“扩权”，忽视国有经济的内涵，后来注意到了实现国有制的具体形式，却没有抓住转变企业内部经营机制这个核心问题。因此，当前在外部关系方面，企业的确已经一个眼睛看着上级，另一个眼睛看着市场，但内部关系却很少变化。当前的问题越来越明白，企业有了经营权，利润动机增强，内部经营机制的根本转变，还需要沿着正确处理所有者、经营者、生产者三者关系的方向进行改革。

三 从直接控制为主逐步转向间接控制为主

运行机制的改革以所有制关系的改革为微观基础，同时又为增强微观经济主体活力提供外部条件。这几年来运行机制的改革，首先表现在逐步减少国家对微观经济主体的直接控制，建立间接控制扩大。在农村，农业生产的指令性计划，统购统销体制已有相当大的改变。在城市，指令性计划的范围缩小、物资调拨的品种和数量、财政拨款占投资的比重等都有缩小，传统的一统天下局面已被打破，给经济运行注入了市场因素，使我国在社会主义国家的改革行列中显示了自己的特色。但是，目前还处于双重体制的较早阶段，因为第一，放弃直接控制手段并不难，难就难在必须相继地、及时地建立间接控制手段，避免在新旧体制模式交替过程中出现某些失去控制的状态，甚至不得不被迫地再倒退回去，使改革走走停停、进进退退。现在，指令性计划似乎有限了，而指导性计划却若隐若现、若有若无。因此，主要的还是运用行政手段而非经济手段和法律手段。第二，到目前为止，对究竟什么是间接控制为主的宏观经济管理系统，在理论上和设计上还没有完全明确。一段时期有种误解，把它等同于资本主义国家的以财政金融总政策为核心的宏观经济管理系统。其实间接控制的特征是在法律手段的保护和配合下运用多种经济手段，通过直接调节、干预和监督包括产品市场和生产要素市场在内的企业经济活动的外部环境，来间接地指导和协调企业的经济运行，使符合于宏观经济管理的目标。仅在这个意义上，我们与资本主义在间接控制上有相通之处。但是，宏观管理对经济活动的控制，归根到底以对经济利益的调节为依托。社会主义的经济利益结构不同于资本主义，我们有社会的共同利益这个与差别利益相联系的利益层次，并拥有突出的宏观经济决策权，使宏观控制容易有效。另一方面，我们的宏观管理目标比资本主义广泛得多，需要运用更多的调节机制，又有自己的复杂性。这就需要从我国的实际出发来建立目标控制为主的宏观经济管理系统，没有现成答案。拿计划来说，传统观念把它看作是直接控制的行政手段，现在应当改革为对经济发展可能性的探索，是宏观管理和市场协调的主要依据，同样需要一个认识和实践的长过程。

四　经济参数的调整和理顺

这几年来运行机制的改革，还表现在经济杠杆或经济参数的调整和逐步完善上，已经作了大量工作，使整个经济向有计划的市场化迈出了一步，开始与否定市场机制的传统模式相决裂。因此我们在改革以指令性计划为核心的、传统的经济运行机制的同时，使市场体系开始建立，市场机制开始显示作用。现在，指令性的计划指标只有原来的1/5，统配物资从1978年的256种到1986年只留下20种。有步骤地改革了价格形成体制、资金分配体制、劳动工资体制。对长期被扭曲的价格体系先后作了几次调整，提高了农产品的收购价格和主要燃料、原材料的价格，并开放了一些市场价格，一些重要的进出口商品的国内价格有区别地与国际市场价格相衔接。对税率、汇率、工资和其他经济参数也作了有利于发展经济的调整。通过发展横向经济联系和联合，逐步打破条条块块之间的分割和封锁状态。局部的生产资料市场、金融市场、技术市场已经出现。从而为经济手段发挥正常的调节作用作了必要的准备。① 但是，当前的双重体制，其主要标志就是还存在着双重价格，不仅存在于不同商品之间和同一商品上，而且存在于同一企业内部。至于利率、汇率、工资和房地租等生产要素价格，同样有固定和浮动、计划内和计划外、牌价和黑市的差别。这种情况，与传统模式相参照是突破，使市场机制起了调节作用；而与目标模式比，仍旧是被扭曲的，又有它的逆调节作用。这反映了整个体制的改革处于过渡时期，不足以使经济参数具有自我校正以保持动态上合理的能力。也因此，虽然有了一定的经济参数作为信息导向，同样不足以指导产品和生产要素的自由流动和合理结合。何况，还缺乏一个充分发育的市场体系。劳动力的转移不仅在农村大量存在，并在城市和城乡之间流动，出现了市场化的工资形成。土地的使用从指令分配转向有偿化和货币化，出现了级差地租。随着实物经济转入商品化的轨道后，整个经济接着向信用化发展。尽管如此，这些个别市场皆未成熟、差异过大，市场体系更远远没有建立起来，都具有双重体制的特征，严重地妨碍着市场参数和政策参数的调节功能。作为其结果，一是经济运行由僵变活，二是活中还有乱。

经济体制模式转换的两个基本方面都表明，从传统体制到双重体制是突破性的进展，但是从双重体制进一步向目标模式推进，还需进行一次新的长征。

第三节　推进模式转换中的“三位一体”关系

怎样推进经济体制的改革，由现阶段的双重体制的过渡模式向目标模式转换，在理论上有过多种探索，在实践上也有过多种试验。曾

① 参见中国社会科学院经济建设与改革研究课题小组：“对几年来经济建设与经济改革的反思”，载《经济研究》1987 年第 3 期。以下各点有参见此文的，不再注出。

经流行一种“突破论”，主张从某一个单项改革突破，引起撞击反射效应，推动全盘改革。这个“突破口”是什么，又有不同意见：有的主张从搞活企业入手，有的主张从放开价格入手，有的主张从减少指令性计划入手，有的主张从发挥城市的中心作用入手，有的主张从开放生产资料市场和金融市场入手。回顾几年来城市改革的历程，最早是搞企业扩权和利改税，后来抓了价格改革和工资改革，经济环境紧张后再致力于加强宏观管理，近年来又转向发展横向经济联合。前些时候议论的焦点是：所有制改革领先，还是价格改革或价、税、财改革领先。诚然，随着经济形势和改革形势的进展，不同时期应当有不同的重点；但是突出重点不是单打一，离不开各方面的相互配套。1987 年改革的主要任务是以增强企业特别是全民所有制大中型企业的活力为中心，着重改革企业经营机制和企业内部的领导体制，并继续发展横向经济联合，适当加快金融改革步伐，进一步扩大生产资料市场，逐步改革和完善企业劳动工资制度和固定资产投资管理办法。这是为下一步的配套改革做好必要的准备。从长远看，推进模式的转换，既要抓住关键，又要处理好企业、市场、宏观管理这个“三位一体”之间的关系。

一　增强企业活力与完善市场体系、加强宏观管理的关系

增强企业活力始终是整个经济体制改革的中心环节，这是由企业作为经济细胞即基本的生产、流通单元的客观地位所决定的。宏观经济的运行，以企业为微观基础；在市场体系结构中，企业是市场的主体。改革的目标是为了建立一个充满生机和活力的新体制，而搞活经济和搞活市场，都必须以搞活企业为前提。当前改革的难点正在于虽然集体、个体企业和小型企业比过去活了，但是占产值、税利和财政收入绝大比重的全民所有制大中型企业还没有明显地活起来，使它内藏的巨大生产潜力不能释放，阻碍着整个经济的高效运行。其实，农村也出现了类似情况，表现为农户的投资意识不旺、生产后劲不足。这问题不解决，即使宏观管理逐步改善、市场体系逐步发育，都不能取得企业的合理反应，必然是徒劳的。把搞活企业作为当前改革的中

心环节，围绕这个中心来安排其他改革的进程，体现了改革的目的性和有序性、连续性，有利于国民经济的稳定增长。

增强企业活力又必须有相应的宏观管理和良好的市场环境为其外部条件。这是鱼和水的关系。在宏观管理实行直接控制为主的情况下，指令性计划不仅决定企业的经营目标，而且决定其经营过程，当然不可能搞活企业。市场体系不完善，市场机制不健全，例如生产资料，资金等生产要素市场残缺，价格体系严重扭曲，企业就无法取得所需投入的生产要素，参与平等的竞争，并失去正确的利益导向，当然也不可能实现积极的、符合于整个经济发展要求的自我改造和自我发展。所谓一活就乱，既来自企业内部缺乏自我调控机制，又来自企业外部缺乏理顺了的宏观环境和市场信号。条条块块的分割和封锁，对国家下放给企业自主权的截留，都是妨碍企业搞活的客观原因。搞活企业与改革的外部经营条件相衔接，不仅能保证企业体制改革的成功，促进企业行为的合理化，而且有利于推动其他各项改革，使能取得预期的效果。

深化企业改革，除了已经规定下放给企业的自主权必须不折不扣地兑现外，不能仅停留于放权让利上，因为这种利益再分配不能唤醒企业内部的活力，并且已是无利可让了。要把重点转向所有权和经营权的分开，解决企业的经营机制问题。为此，可以根据不同行业和不同企业的特点，实行多种形式的经营责任制，用签订合同的办法来明确企业主管部门与企业经营者和职工集体的责、权、利关系，并在企业内部普遍推行和完善厂长负责制，使企业真正成为自主经营、自负盈亏、自担风险、自谋发展的商品生产经营实体。应当看到，企业改革是复杂的，有它的风险。例如采取简单的利润承包形式，而不改变企业内部的经营机制，就有可能使改革变相流产，并成为新一轮收入膨胀的起点。两权分开也只是一个开始，接着要有一系列的后续改革，包括解决所有权的独立化和法人化，解决资产存量的调整即发展长期资金市场等问题。

二 加强宏观管理与增强企业活力、完善市场体系的关系

强调搞活企业是改革的中心环节，并不意味着可以忽视宏观管理的重要性。在从对企业的直接控制为主逐步转向间接控制后，宏观管理将是国家行使其经济职能的主要任务。对“三位一体”的表述，无论是“国家调节市场，市场引导企业”或“企业投入市场，市场需要控制”，都说明了宏观管理对完善市场体系和增强企业活力的指导作用和协调作用。“六五”时期出现两次总需求过度膨胀的局面：一次在1981年，那时的宏观管理主要采取传统的直接控制，属于“有计划的比例失调”，又一次在1984—1985年，那时已经开始转向部分的间接控制，预算内投资只占投资总额的1/4左右，属于一种“不发达的市场失控”。解决上述两次问题的办法：第一次主要靠行政手段来压缩投资，第二次除压缩财政支出外，更多地通过压缩银行信贷对控制需求施加影响。实践告诉我们，在增强企业活力的同时，必须改善和加强宏观管理，否则就有可能影响搞活企业或者造成一活就乱；在完善市场体系的过程中，也必须在宏观管理上有相应改革，否则就有可能影响市场发育或成为无控制的市场，都不符合改革的目标。“先放活、后控制”或“先控制、再放活”的想法都是不切实际的。

加强宏观管理又必须增强企业活力、完善市场体系。因为从直接控制转向间接控制，控制的对象已经不是直接对企业，而是通过市场这个中间环节；控制的办法已经不是唯一的行政手段，而是更多地依赖经济手段。间接控制运用的是市场机制，并落实为企业的自我调控行为。在这转换中，如果企业缺乏活力，对市场参数和政策参数无法理睬，不能作出合理反应，或者市场体系不完善、市场机制不健全，不能发挥其诱导企业的功能，都会影响间接控制的有效性。当前宏观管理的转换进程迟缓，有时显得进退两难，就是由于市场还很稚幼，企业响应能力也弱，无可奈何只得重新强化行政手段来达到控制和调节的目的。这不是说间接控制的无力，而是在等待着微观基础和中间环节的同步改革。

宏观管理体制的改善和转换，既是搞活企业和搞活市场的需要，又以企业搞活和市场发育为条件，所以也是长期的。看来，它的转换过程有几条线索，例如：指令性计划逐步缩小，指导性计划逐步扩大和系统化，成为宏观管理的主要依据，宏观管理的内容从直接控制资源分配，逐步转向控制与供给相适应的需求总量及其构成；宏观管理的手段从财政为主，逐步转向以信贷、货币为主；宏观管理的对象也从企业为主，逐步转向以产品市场特别是生产要素市场为对象；宏观管理的方式则从确定性较差的具体政策为主，逐步转向固定化、规范化的法律和规章。在相当时期内，并存两种控制体系，处理好两者之间的关系，会遇到不少麻烦。随着企业对市场的依赖度提高，间接控制的可控度才能相应提高。

三 完善市场体系与增强企业活力，加强宏观管理的关系

微观上放开、放活，宏观上管住、管好，这个概念认定较早，当时的困难在于没有找到两者之间的联系点或结合部。在再度认定有计划的商品经济后，一语道破，这个结合部就是市场。道理非常简单，商品经济与市场不可分割：商品经济是市场的本质规定，市场是商品经济的表现形态。离开市场，微观经济活不起来，宏观经济也管不起来。并且，这个市场不仅是指商品市场，而是指一个齐整的市场体系。所谓市场体系，是由多种层次、多种规模的多种市场对象组成的统一市场。市场对象即市场客体，按照商品价值的不同形式和货币周转的不同过程，除了消费品市场或最终商品市场外，还必然会有生产资料市场、资金市场和信用市场、技术市场和信息市场或智力商品市场、劳动力市场或劳务市场以及房地产市场等。这些市场相互关联，结成体系。这样一个市场体系的逐步完善及其市场机制的逐步健全是微观经济进一步搞活的前提，又为宏观经济的管理、控制和调节创造条件、提供手段。在商品经济的运行中，企业的一切经济活动都在市场的基础上进行，国家对经济活动的一切管理和指导（包括计划指导）也都通过市场实现。当前微观不活和宏观难管，根本的原因是市场体系还不完善，停留于单一的商品市场阶段，生产要素市场十分

原始。由于市场体系的残缺，企业不能通过市场来集中和转移资金并调剂劳动力，无法做到自负盈亏（包括一定几率的破产处理）和自谋发展；国家也不能通过市场来综合运用经济杠杆，无法做到有效的调节生产建设和调整产业结构。作为经济杠杆和市场信号的价格体系的扭曲，其背景恰恰来自生产要素市场的缺位和要素价格的扭曲。

市场体系的完善和市场机制的健全，反过来也有赖于增强企业活力和加强宏观管理。企业是市场的主体即所有商品的主人，在他还没有充分的活力之前，市场运行总是踌躇的，好像拘谨的演员没有进入角色，会使广阔的舞台显得空荡。宏观管理则如导演，在他还没有拿出总脚本之前，仓促草排，总会显得规则不明、秩序混乱。原始的市场和粗陋的商品经济，不仅是长期否定市场所结成的畸形果实，更是传统的商品经济很不发达的本来面目。从改革企业体制入手，市场主体逐步就位，市场客体也会相应地发育起来。

市场体系的完善，客观上取决于生产的社会化进程和商品经济的发展进程，主观上取决于人们的认识和对策。从后者看，这是一个解放思想和放宽政策的问题。建国以来，消费品市场从来没有“关闭”过（三年困难时期有点例外），但也不是完全通畅的，亟待继续拆除条块藩篱。生产资料市场已经得到承认，但没有全面放开，中近期可望达到平分秋色的地步。金融市场列入了议事日程，短期市场正在逐步建立，但长期市场即资本市场的争议即顾虑尚多。技术市场初呈星火之苗，但不无障碍，未臻燎原之势。劳动力市场被少数人划入禁区，尽管实际上在开拓，但困难仍大。住宅商品化或房地产市场也由于种种原因，步履格外艰难。与此相应，以价格（包括生产要素价格）为轴心的市场机制的健全，同样要借以时日。完善市场体系的标志，应当表现为商品市场（包括消费品、生产资料和知识产品等市场）与资金市场、劳动力市场的统一，并以市场信号作为其主要调节者。它在时间上包括现货市场、期货市场和信用市场，在空间上包括地域市场、全国市场和国际市场。

综观企业、市场和宏观管理三者的关系，成一个连环套，环环相套，不可解脱。在同步改革中，首先是搞活企业，而以市场体系的完善为中介和归宿。这与整个改革的被概括为实现有计划的市场化，精神是一致的。

第四节　经济改革和模式转换的长期性及其步骤

经济体制模式的转换，在改革的形势估量和战略选择上，有一个快一些还是慢一些的问题。有人看到双重体制转换中的种种摩擦，主张快一些，其心情可以理解，但实际上做不到。所以存在类似情绪，是对改革的复杂性、艰巨性及其必然导出的长期性认识不足。诚然，我国的改革进程与其他国家比，从理论到实践，无论在所有制关系和实现形式上或经济运行机制上，步伐是比较快的，取得了显著成效。但是同时，思想准备、组织准备和实力准备不够充分，良好的主观愿望与繁重的客观任务之间存在着差距，矛盾在改革进程中不断暴露出来。几年来的序幕初揭，已经使人们深刻体会到，改革的道路决不是坦直宽广的长安街，而是盘旋峻峭的珠峰顶。如果对此没有充分的认识，很可能会产生急于求成的心理和简单草率的行动，结果是欲速不达，并会由此引起经济发展的震荡和经济政策的反复，影响人们对改革前景的信念，甚至引起少数人对改革的怀疑或反对。

经济体制改革的长期性，主要来自以下几方面的原因：

1. 社会主义初级阶段的经济发展水平和社会经济条件。一定的经济体制总是由一定的经济水平和经济条件决定的，两者之间相互制约，相互适应。我国当前处于社会主义的初级阶段，生产力水平很低，商品经济的发展水平也很低。有人把双重体制归之于“二元经济”（较发达的城市工业和不发达的农业），不一定恰当。但是，拿商品经济来说，确实处于起步阶段，不发达的商品经济和残余的自然经济、半自然经济和人为模拟的某些产品经济形式同时并存。这在发展不平衡的各部门、各地区之间，更是昭昭然。在这背景下，建立一个适合于社会主义有计划商品经济发展特征和发展要求的、相对稳定的新经济体制，不仅决定于主观的愿望和设计，并且必须顺应经济发展的条件，经历一个由欠成熟到逐步成熟即由商品经济不发达到逐步发达的过程，而不可能超越其发展进程，企图一步登天。例如在商品货币关系还不够发达、市场发育还不够成熟的条件下，就无法通过放开价格、开放生产要素市场等简单措施而建立起完善的市场体系。已有的经验还表明，在市场形成处于不发达阶段，某些改革措施并不能取得预期成效，甚至会屡遭碰壁或误入歧途。

2. 经济体制改革面对的广泛领域和庞杂对象。搞改革，改什么，一开始就遇到“斗大馒头无从下口”的困难。因为它是一项多层次、多侧面和多元素的系统工程，面对着国民经济这个庞然大物，涉及所有经济领域和所有经济对象，包括上百万个工、商、运、建等企业和城乡亿万群众。这样一个社会化的大生产系统，各种经济成分、经济形式及其运行机制之间有着错综的内在联系和外部关系，具有牵一发而动全身的特点。尤其是我们这样一个十亿人口的泱泱大国，与几千万人口的国家比，仅从规模、数量及其组成关系上看，难度就要增加千百倍。在改革中，从所有制的变化和结构调整到经济运行机制的转换和各种调节手段的综合运用，都是极其复杂的，相互关联。改革和发展、微观和宏观、统制和自治、计划和市场、中央和地方、企业和职工、直接控制和间接控制、行政手段和经济手段，构成犬牙交错状态（有人形容为一篓子互相钳住的螃蟹）。因此，不可能期望下几道命令、定几条法规，用快刀斩乱麻的办法，在一夜之间就实现顺利的更新和根本的转换，建立起一个完美无缺的新体制。改革和转换的长期性是必然的，它将通过多次回合的改良和变革，一步一步地以新的规则代替旧的规则，不断逼近目标模式，而不可能是“毕其功于一役”。

3. 与改革相联系的政治、社会、文化因素和人的因素。经济改革不是孤立的经济问题，而与更大范围相沟通，联系到政治、社会、文化等方面，特别是联系到人和各种利益群体。现在已经清楚，经济体制改革和政治体制改革之间也有一个平行配套的关系，例如不解决党、政分工的问题，厂长负责制就根本无法贯彻。改革之所以是又一次革命，反映在改革过程中充满了各种机制摩擦、利益矛盾、观念冲突和心理偏颇，必须通过不懈的探索、反复的实践，正确处理各方面的关系，才能有序地推进。有关部门进行过几次社会心理反应调查，表明社会上确实存在不同利益的群体、集团或阶层。在改革中，各群体之间的权力分配和利益分配格局要有不同程度的调整和变化，成为以物质利益为基础的社会结构和社会地位的重新组合。这必然导致他们在对改革的态度和要求上出现日益明显的差异，并表现为对改革的不同期望和不同评价。例如青年知识分子经常比一般群众有更高的改革热情，但又往往有脱离现实的某些倾向；工人、商业服务人员、个体户和中学生等非干部群众希望通过改革获得选择工作、晋升、挣钱和公平竞争的更多机会；单位负责人对“以权谋私”和“任人唯亲”的不满程度比其他任何职业都低。① 这说明改革是一场比夺取政权更加艰难的社会革命，必须不断调节各种利益关系，提高人们的觉悟，改变人们的观念，改进人们的素质。不言而喻，这不是在很短期间就能排除障碍和取得全胜的。

4. 史无前例的理论和实践探索。改革的长期性还由于它是社会主义运动史上一项前无古人的伟大探索。革命导师为我们提供了立场、观点、方法和某些基本原理，但不可能提供“烧饼歌”式的现成答案。其他社会主义国家，有的改革较早、实践较多，为我们提供了不少有益的、正面和反面的经验，但他们自己还在继续探索中，不可能给我以能够照样画葫芦的模式。资本主义国家为发展商品经济积累了丰富经验，其中有些宏观的和微观的经营管理原则、方式和具体办法可供我们借鉴，但更不能生吞活剥、食洋不化，混淆不同社会经济制度之间的严格区别。我们的改革是在做前人未做过的事业，必须走前人未走过的道路，主要依靠自己的开拓性创造才能建立有中国特色的社会主义经济体制。这几年在改革理论上，已有不少进展，有的突破了传统观念，发展了马克思主义。但是，理论落后于实践的情况仍然存在。为了改革传统的社会主义经济体制，发展社会主义的有计划商品经济，应当在马克思主义的指导下，通过反复实践，进行更多

① 白南风、王小强、杨晓：“注重对社会不同利益群体的调查研究”，载《世界经济导报》1987年3月2日。

的实证研究，认识经济生活的实际逻辑，为改革探索新理论，再用以指导改革实践。无疑，这种理论联系实践的探索需要长期的艰苦努力。

对改革的急于求成情绪，与对建设的急于求成情绪一起，如影随形。前些时期，有过两种主张：一种是认为改革能否加速，主要取决于主观条件，即领导人的决心、改革者克服阻力的战斗精神等；一种是认为改革可以加速，只要采取坚决措施，人为地造成较为宽松的经济环境，随即推出价格、税制、财政、金融的配套改革，同时做好理论研究、方案设计、干部训练、群众教育等准备，就能保证全面改革的顺利出台。我们认为，看到双重体制的种种矛盾，要求改变现状，是有道理的；但是，只能逐步推进，不能操之过急。上述两种主张，都强调了采取积极的对策，有其可取之处；然而没有充分估计到客观条件的成熟需要一个长期过程，都想用不同的“人工催熟法”，企图速战速决、一举成功，则脱离了当前实际。要反对“速胜论”，坚持打持久战。“七五”计划提出“三位一体”的各项内容和要求，不能在“七五”期间全部完成，而只能大体上形成一个新体制的框架或雏形。也就是说，新旧双重体制并存的局面可以在结构上有消长，但不能根本消除。其中如全民所有制的大中型企业怎样投身于市场，不是完全根据指令性计划、固定价格和国家投资来进行生产建设活动，至今没有得到可解的、可行的办法。在改革的全过程中，摩擦不会消失，矛盾不断发生。这要通过持之以恒的改革，积小胜为大胜，也就是把改革逐步推向前进了。

改革要打持久战，决不意味着否定改革的紧迫性，放松主观的能动性，听其自流，旷日持久，遥遥无期。从长远看，经济体制的发展和演变不会终止，是没有“底”的；但在一定期间，改革又有它的具体目标，是有一个“底”的。应当根据需要和可能，把改革热情与科学精神结合起来，不失时机地推进改革，既反对急功近利，也反对停滞不前。看来，改革进程的快慢，很大程度上与下列三个方面有密切的关系：

一是正确对待改革与发展的关系。把体制模式的转换与发展模式的转换结合起来，逐步形成一个比较宽松的、有利于促进改革的经济环境，本书已有专章论述。这里要补充述及的是：从长远看，经济改革是为了经济发展；而从近期看，经济建设又要配合或服从改革的需要，为改革创造条件。明确这点，就要下决心在宏观管理上尽力保持社会需求和供给的总量和结构的平衡。有人提出，这有三种方案可供选择：（1）坚决压缩已经膨胀起来的投资规模，适当控制消费的增长，同时尽可能调整产业结构，增加生产，做到供给略大于需求，首先创造出买方市场的势头。这样，改革的步子可以快一些，企业活力可以更好地发挥，市场体系也可望逐步完成，双重体制的摩擦可以缩短时间。（2）建设规模继续膨胀，消费增长较快，需求显著大于供给，并争取改革的步伐也加快进行。这样，将会引起轮番涨价和通货膨胀，企业的再生产不能正常进行，市场难以正常发育，最后被迫回过头来进行调整，不得不较多地使用直接控制和行政手段，使建设和改革都走较大的弯路。（3）已经膨胀的建设规模略压一些，消费增长也控制一些，但效果都不大，总需求继续大于总供给。这样，改革的步子被迫放慢，双重体制的时间拖长，企业活力的发挥和市场的发育都受到限制，将形成较长期的带病运转。衡量三者的利弊得失，只有第一方案符合于把改革放在首位和先慢一点、后快一点的精神。①

二是坚持总体设计、相互配合、分步实施的改革战略。改革之初，准备不充分，采取“边设计、边施工、边投产”的方式，强调“摸着石头过河”，是有必要的。但是，把这种方式绝对化地肯定下来，认为无须总体设计，可以走一步、看一步，走到哪里就是哪里，或者进而概括为采取单项突进、撞击反射的方式，则不符合推进全面改革的要求。必须通盘规划，使各项改革相互配套，其中特别是：所有制关系的改革与运行机制的改革要配套，微观放活与宏观管好要配套，企业内部体制的改革与外部关系的改革要配套，企业活力的发挥与市场的开辟要配套，消费品市场的完善与生产要素市场的发育要配套，生产要素中产品市场与资金市场的形成要配套，运行机制改革中

① 李成瑞：“关于宏观经济管理的若干问题”，载《财贸经济》1986年第11期。

价格、税收和财政、金融要配套，价格改革与工资改革要配套，等等。这种配套，并不要求齐头并进，而是有先有后，错落有序，先后衔接；也不要求包括所有细枝末节、分厘不差，而是抓住重点、统筹全局，并在实践中继续调整。如果说，在前几年还缺乏搞总体设计的主客观条件，那么，经过这几年的经验总结和理论开发，应当认为已经基本上具备了条件，不再是“瞎子摸象”了。坚持这个原则，按部就班地推进改革，虽然不能完全避免出现曲折，但是不会走大的弯路，总的是加快了改革步伐。

三是要有克服任何困难、排除一切阻力的勇气和韧劲。尽管如何周密部署，在实施中仍会出现这样那样的困难，遇到或大或小的阻力。大家已经发现，在改革的前一阶段，解决旧体制的明显弊端，见效较快，群众得到实惠也较多，基本上是顺利的。现在进入新的阶段，不能再用“放权让利”等简单的调整分配办法来调整利益关系，就有不同于过去的新情况，并从旧体制的弊端转化为双重体制的摩擦。改革的“蜜月”过去了，向纵深发展，难点将越来越多。农业为什么感到持续增产的后劲不足，城市不少企业为什么效益下降而亏损面扩大，个体商贩为什么时有萎缩趋势，财政赤字为什么还会继续下去，都从不同角度反映了改革面临的形势。停下来不行，倒退无出路，改革中出现的问题只能通过进一步改革来解决。为此，贵在保持一股勇气和韧劲。站在第一线的基层单位改革者要有经受挫折、遭受打击甚至蒙受不白之冤的思想准备，在任何环境下不灰心、不泄气；各级领导要旗帜鲜明地支持和保护改革者，允许他们有失误并努力帮助他们总结经验、继续前进。柳暗花明又一村，改革的前景是光明灿烂的。

实现双重体制向目标模式的转换是一个历史过程。别国的经验启示我们，这可能要花二三十年甚至更长一些的时间。因为理顺各种经济关系、创造改革的各种条件需要一定时间，干部队伍熟悉新的观念、懂得新的体制、学会新的操作方法也需要一定时间。能否设想，从开始改革到达目标模式的实现，大体上可以分为下述四个步骤：

1. 初步突破阶段。开始冲击长期形成的传统体制，从农村到城市，从微观到宏观，具有启蒙和试验性质。在这一阶段，主要是认识传统体制的弊端，懂得非改革不可的道理，但对怎样进行改革是不太清楚的，难免以别人的改革为参照，有一定的随意性。改革在各个领域展开，相互之间不尽配合，计划与市场是板块关系，但是取得不同效果。有的走了一些弯路，总的是证实了改革的必要意义。目前，这一阶段已经基本上结束。

2. 新旧体制并存阶段。随着改革的逐步推进，在各个领域里，新的体制崭露头角，但是旧体制根深蒂固，一般仍处于主导的地位。企业有了一些活力，各种类型的企业活力不同，多数活得不够；市场得到甦醒，大多处于萌生，有待继续成长；宏观管理也有所转换，主要方面还是直接控制当家，计划与市场有了渗透关系。在这阶段，双重体制之间的摩擦不断出现。各项改革有所配合，又有所脱节。人们深化了对改革的认识，于是提出了总体设计的要求，也具备了条件。目前，正处于这个阶段的中期。

3. 改革的深化阶段。双重体制的并存就是转换的起点，到此阶段，将从旧体制占主导地位逐步转换为新体制占主导地位。其主要标志是：企业增强活力，成为真正的相对独立的或独立的商品生产经营者；市场得到发育，基本上形成体系，市场机制逐步健全，在计划指导下发挥其调节功能；宏观管理转向间接控制为主，国家运用经济手段，通过市场进行协调，计划与市场形成融合关系。双重体制的摩擦也逐步减少以至最终消失。

4. 目标模式的实现阶段。在前一阶段的基础上，新的体制还需进一步巩固和提高，不断显示其优越性。同时，政治、社会、文化、科技等体制的改革也推进到一个新阶段。于是，国民经济将进入一个长期稳定的、持续协调的、高效高速的增长时期。

第九章　我国经济模式转换过程中的双重体制问题

我国的经济体制改革，特别是1984年10月党的十二届三中全会以来开展的以城市改革为重点的全面经济体制改革，已经自觉地或不自觉地走上了双重体制的轨道。双重体制的出现，引起了人们的普遍关注。究竟它是不可逾越的必经阶段还是政策上主观选择的结果，国内外经济学者众说纷纭，莫衷一是。因此，对双重体制的来龙去脉和利弊得失作出比较系统和全面的分析，就成为我国经济体制改革模式转换研究中的一个重要课题。

第一节　双重体制的由来

经济体制改革是从一种运行模式转变为另一种运行模式。在我国进入全面经济体制改革和出现明显的双重体制以前，许多从事经济改革研究的经济学家都认为，经济体制模式的转换应该尽力避免出现双重体制。因为，每一种经济体制都有其独特的运行机制和内在逻辑，把两种不同的经济体制混杂在一起，必然造成摩擦和混乱。例如，布鲁斯认为："一切经济的运行体制，都有在其本质的各点上不能损害的、独立的内在逻辑，……从不同的模式中把不同要素加以折衷主义的混合，往往会比一般效率较低但首尾连贯的体制可能期待的结果更坏。因此，……经济的运行体制原则上在一定时期内应该以极为明确规定了的模式前提为基础。”① 科尔内认为：“过度集中的体制是一种首尾连贯的和彼此统一的机制，它具有其内在的逻辑和独特的倾向性和规律性。”“我们需要的是这样一种改革，即对现行经济机制的所有主要方面进行成系统的、并行不悖的与和谐一致的改革。”②

同上述改革理论相适应，许多经济学家特别是东欧的经济学家认为，在改革的做法或步骤上，应该采取一揽子行动，使改革的所有原则在涉及的所有领域都发生作用，不能采取前后不连贯一致、彼此不相互配合的那种零敲碎打的做法。其理由是：第一，零敲碎打的改革不可能把原来的计划机构打散，不可能从根本上改变原来的管理原则和方法。而且，一旦新体制在执行中发生了问题，旧体制就要准备随时取而代之。第二，零敲碎打的做法不可能把新的运行原则真正坚持下去。因为，如果仅仅在一部分企业中实行新体制，自主权扩大了，不受上面指令性指标的约束了，然而，当这些企业需要其他企业提供原材料时，其他企业可以因没有上级的指示而加以拒绝。这样，新的产供销关系就建立不起来，新的运行原则就站不住脚跟。③ 在他们看来，如果改革采取渐进的方式而形成了双重体制，这就等于让一部分汽车靠左行驶，让另一部分汽车靠右行驶，形成交通规则上的混乱。

在经济改革的实践上，通过双重体制来实现从旧体制向新体制的过渡迄今尚无成功的先例。虽然有的社会主义国家在60年代末期的改革中曾经在一个短时期内出现过双重体制并存的局面，但因遇到种种摩擦和矛盾，很快就以重新实行集中化，即恢复实物指令计划而结束了双重体制。④

尽管在我国经济改革的早期阶段已经接触到了上述理论和经验，

---

① 布鲁斯：《社会主义的政治与经济》，中国社会科学出版社1981年版，第19页；另见布鲁斯：《社会主义经济的运行问题》，中国社会科学出版社1984年版，第193页。

② 科尔内：《经济管理中的过度集中》，牛津大学出版社1959年英文版，第215、226页。

③ 《布鲁斯关于社会主义经济模式的理论》，《国外经济学讲座》第3册，中国社会科学出版社1981年版，第334页。

④ 参阅D. 格兰尼克：《东欧企业概览》第5—7章，1976年英文版。

但我国自党的十一届三中全会以来改革的实践表明，我们并没有能够避免双重体制的出现，特别是以城市改革为重点的全面经济体制改革开展以来，我国的经济体制改革已经明显地走上了双重体制的轨道。其情况的复杂性，远远超过了东欧经济学家们的预料。原来东欧许多经济学家所说的双重体制，主要是指一部分企业，一部分产品的生产和流通实行新体制，另一部分企业、另一部分产品的生产和流通实行旧体制。而我国的双重体制，则深入到国营大中型企业的内部，深入到许多产品的内部，即每个企业、每种产品都有部分产供销活动按新体制原则运行，部分产供销活动仍按旧体制原则运行。

1984 年 5 月国务院《关于进一步扩大国营工业企业自主权的暂行规定》（“十条规定”）和同年 10 月《中共中央关于经济体制改革的决定》执行以来，双重体制并存的局面进一步明朗化和合法化。原来按照指令性计划实行生产的企业，现在已把生产分成计划内和计划外两个部分（这里所说的计划，专指指令性计划）；企业所需的物资供应，也分为两个来源，即中央统一分配的部分和自由采购的部分。与此相适应，计划内的产品实行国家用行政办法规定的牌价，计划外的产品则可按比较高的、不同程度地反映市场规律的价格（浮动价格、协议价格、自由价格）出售。按上述 1984 年 5 月的规定，企业自销的那部分产品，可以在不高于或不低于国家牌价的 20% 的幅度内出售。1985 年 2 月，国家物价总局和国家物资总局联合发文，取消了 20% 的幅度限制，于是，正式形成了按照行政命令和按照市场供求决定价格的双重定价体系。1984 年末的计划会议确定，中央给各部门、各地方计划分配物资的数量定额由 1984 年计划分配“基数”和重点建设项目所需原材料这两项所决定，由各级主管机关将指标层层分解下达。

在这里，双重的计划体制、双重的物资流通体制和双重的价格体制是三位一体的。可以这么说，双重的计划体制（决定如何产出）是双重经济体制的基础，双重的物资流通体制（决定如何投入）是双重计划体制的保证，而双重价格体制则是整个双重经济体制的集中表现，也是我们后面要说到的双重体制的矛盾和摩擦的焦点。在双重经济体制并存的情况下，企业的行为和国家宏观控制的行为都是双重化的，企业有了一定程度的自主权，但仍然要受行政指令的约束，因而不得不用一只眼睛盯住市场，一只眼睛盯住上级。国家对企业的控制也是直接的行政手段和间接的参数手段并用。①

目前在一些重要产品的生产和流通中，双重体制各自所占的比重尚无精确的统计资料，而且中央一级的指令性计划在通过部门和地方向企业下达的过程中往往层层加码，因此从中央的角度和从地方、企业的角度看，两者的比重也不完全一致。据1986年初全国物资工作会议提供的资料，1985年国家统配物资从过去的256种减少到23种，煤炭、钢材、木材和水泥四种物资的国家指令性计划分配的数量占全国总产量的比重分别下降到50%、56.9%、30.7%和19.4%。1985年各地方、各企业通过市场组织的物资占地方企业消耗总量的比重，钢材、木材和水泥分别为38%、46%和61%。② 当然，不同城市和地区，计划内和计划外的比重是不一样的。例如，上海市物资供应的计划分配部分就比较高，钢材为72%，生铁为66%，煤炭为90%；江苏省就比较低，分别为35%、22%和58%。由于种种复杂

① 在我国经济学文献中，对双重体制并存的局面有许多更为具体的描述。例如刘国光同志写道："双重体制并存表现在过渡时期经济体制的一切方面：企业机制、市场机制、国家管理机制，无一领域能摆脱双重体制并存的局面。企业有了一部分经营自主权，但它仍被条条框框的各种行政绳索捆住，因而不得不用一只眼睛盯住市场，一只眼睛盯住上级。国家在减少对经济的直接控制的同时，间接的宏观控制手段未能有效启用，因而不得不时而用行政手段时而又搞市场协调。这样就出现了企业行为双重性和国家宏观调控行为的双重性。在双重经济体制并存现象中，十分引人注目的是生产资料计划内调拨价和计划外议价的双重价格或双轨制价格的现象，这种现象实际上反映了许多方面的双重体制问题。在计划体制上就存在着计划内产品和计划外产品的双重管理体制，甚至在同一企业里生产一种产品也有着计划内和计划外的区别，在物资分配方面有统一调拨分配的部分和市场上自行销售部分，形成非市场渠道和市场渠道的双重物资流通体制；在建设投资上，有国家拨款无偿供给的部分，又有部门、地方、企业自筹资金的部分，还有银行贷款的部分，并且从市场筹集资金的形式也正在开始发展，这样便形成了纵向和横向的双重投资体制。所以双轨制的内容是很广泛的，生产资料的双轨价格体制是双重经济体制最集中的表现。（刘国光："关于发展社会主义商品经济问题"，载《中国社会科学》1986年第9期。）

② 见《经济日报》1986年2月26日。

的原因，计划内和计划外的比重，生产者和消费者之间也往往是不对称的。以钢材为例，据估算，生产企业按高价卖出的钢材，只占全国钢材生产总量的 15%—20%，而消费者用高价买进的，却占总消费量的 40% 左右。至于计划内价格和计划外价格的差距，一些重要的短缺物资往往相差数倍，如钢材的计划价格每吨 610 元，1985 年市场价格高达 1500 元，最高时达 2000 元；煤炭的计划价格每吨 27 元，市场价格高达 100 元左右。当然，两者的差距往往随供求情况的变化而变化，各个地区的情况也不完全一样。

我国目前双重体制不仅表现在工业品的生产和流通中，而且表现在农产品的生产和流通中。早自 1953 年以来，我国对粮、棉、油等重要农产品实行按国家规定的价格统一收购的政策。1979 年提高农产品收购价格以来出现了双重体制，即在原来统购定额范围内仍按统购价格收购，超过定额的部分则按超购价（比统购价格提高 50%）和市场议价收购。以粮食为例，1984 年国家按统购价收购的粮食约 4000 万吨，按超购价收购的粮食约 4000 万吨，按市场协议收购的粮食约 4500 万吨。

至于我国的经济改革中为什么会出现双重体制，目前经济学界尚有不同的看法。有的经济学者强调有其经济上的必然性；有的经济学者则强调决策上的主观因素。持前一种看法的经济学者一般都从我国经济体制模式的转换不能采取一揽子方式而只能采取逐步推进方式来论证的。至于我国的改革又为什么只能采取逐步推进的方式，一般是从以下几个方面来论证的：第一，从改革的大背景来看，我国生产力水平比较低，分工和商品关系不发达，经济上存在着二元结构，城乡差别较大，幅员辽阔，地区发展极不平衡，经济增长类型上的双重化（内涵与外延并存），文化相对落后，管理的人才和经验不足等等，很难同时同步地从一种体制转向另一种体制。第二，从改革的起点和目标来看，我国原有的经济体制从 1956 年初步确立以来到 1978 年底党的十一届三中全会提出改革时为止，由于指导思想上“左”的偏差，经济体制中军事共产主义供给制因素有所增强，这就使得我国原有体制在改革起步时，在集中化、实物化、封闭化和平均主义化的程度上，都比东欧各国的改革起步时有过之而无不及。但是，我们又决不能因为我国生产关系的相对落后的状况而降低改革的目标，经过多年的探索，我们的经济体制从以直接控制为主转为以间接控制为主的方向和目标已经明确。这种实情显然也要求我国的改革有一个比较长的转换时间。第三，从改革的已有经验来看，改革不可能一蹴而就，而只能波浪式地推进。例如，从农村的改革推进到城市的改革，从流通领域的改革发展到生产领域的改革，从少数企业、少数城市的试点改革推行到更多企业、更多城市以及全国范围的改革，从沿海地区的改革发展到内地的改革等等，都有一个渐进的过程。第四，从改革的预期来看，经济发展模式的转换和发展水平的提高，经济环境的治理（总供给与总需求平衡的实现），经济结构的合理化、经济主体行为的变化、国家调节和控制机能的转变，都需要有一个过程。

有的经济学家还从政治上来解释为什么我国的经济改革可以采取渐进的方式和把双重体制作为过渡形式。例如，布鲁斯认为，中国之所以能够通过渐进的方式和双重体制来实现改革的目标，是因为中国在政治上的承受能力比较大，特别是不容易受到外来的政治威胁，相反，东欧的小国如果采取这种方式，其所产生的矛盾和摩擦往往会超过政治上的承受能力从而导致经济改革形势的逆转。①

看来，双重体制在我国出现的原因是多方面的。简单地把生产力水平低、经济上存在二元结构同双重体制直接联系起来，寻求它们之间的因果联系，至少是不充分的，还必须考虑改革的起点（以实物指令的直接控制为特征的经济）和改革的目标（以市场参数的间接控制为特征的经济）等多种因素。要不然，我们就无法解释同我国生产力水平处于同等阶段的国家为什么不存在我国现阶段这种双重体制的问题。不过，把双重体制的出现简单地归结为主观失误的产物也难以令人信服。我国的经济体制改革是从一种排斥市场机制的模式到积极运用市场机制的模式的改造，即整个运行系统的变

① 参见刘国光等："经济体制改革与宏观经济管理——'宏观经济管理国际讨论会'评述"，载《经济研究》1985年第12期。

革，而不是在一种制度乃至一种模式内的单项政策措施的改变，在决策的选择上可以有较大的自由度。例如，1973 年美国受到第一次石油危机的冲击时，采取了双重价格的对策，国内生产的原油价格每桶为 8.4 美元，进口原油价格每桶为 13.9 美元，两种价格相差很大。然而，在第二次石油危机冲击时，美国改变了政策，急剧地缩小了国产油价和国际油价的差价，到 1983 年，国产原油价格同进口原油价格已经几乎相等。① 因此，对于我国经济模式转换中的双重体制，至少可以看作是根据我国的国情所进行的一项重要的试验。如果我们能够通过双重体制的过渡期来实现改革的目标，也许可以在整个社会主义经济体制改革的问题上提供一些有益的经验；如果这一试验不那么有效的话，也将为研究如何更好地进行改革提供一些经验。

改革的实践在发展，对改革的认识，包括对双重体制的研究和讨论也在发展。例如，英国牛津大学的凯瑟认为，不仅中国的经济改革，而且苏联的经济改革，都走上了双重体制的轨道。他写道，苏联和中国的改革“在经济管理上是‘双轨制’的：每一个国营企业都必须遵从某些中央指令，但这些指令并非囊括企业的所有潜力。剩下的生产能力可以由企业按市场的需求自行安排。”② 然而，科尔内却仍然坚持双重体制是可以避免的观点。他在引述了中国经济学界关于双重体制的争论以后写道：“根据匈牙利的经验，我们同意〔对双重体制〕批评者的意见。匈牙利改革确实证明了一件事情，即中央规定指令性计划指标的体制是可能通过一次性行动加以废除的。这样做对经济的运行并无风险，也不妨碍国家对企业的经济活动发挥重大的影响。”③ 这样一些不同看法的讨论，必将对进一步研究双重体制问题提供有益的参考。

---

① 参见伊藤正则：《日本经济高速增长时期的金融政策和对中国的建议》，中国经济出版社 1985 年版，第 58—59 页。

② 见 M. 凯瑟：“‘一种经济，两种体制’：苏联和中国改革的类比”，载《国际事务》1987 年第 3 期，第 398 页。

③ 科尔内·丹妮尔：《匈牙利经济学家眼中的中国经济改革》。

第二节 双重体制的积极作用

双重体制的并存表明原有体制的僵局已经打破，给经济生活带来了新的活力。因此，双重体制相对于原来僵化的体制来说是一个进步，它的积极作用可以归纳为以下几点：

1. 有利于分步骤地调整人们之间的经济利益关系，减轻改革中的动荡和阻力。

经济体制改革必然涉及人们之间经济利益关系的调整，任何重大的改革措施，都会引起国家、集体和个人之间以及企业集体之间，不同居民集团之间经济利益关系的变化。经济利益关系的剧烈变化会引起社会的动荡从而会增加改革的阻力。双重体制则能起缓冲作用。例如，农产品价格偏低，这是旧体制遗留下来的一个问题。但提高农产品收购价格涉及国家、农民和职工之间经济利益关系的调整，农产品收购价格提高的幅度不能不受到职工工资水平和国家财政负担能力的限制。因此，从 1979 年以来，我们不得不通过多种途径，包括统购、加价收购（后来又把统购和加价收购合并为订购）、市场议价收购等途径以及多重价格来打破原来的统购格局，又使各方面的经济利益关系在一定时期内不要变动太大。近年来某些地区的试验表明，要立即拉平订购价和市场议价尚不可能，向上靠会超出国家与职工的承担能力，向下靠会影响农民的积极性，只有在一定时期内维持双重价格体制，才能正确处理各方面的经济利益关系。在工业品的生产和流通中，双重体制也能起到类似的作用。在原有体制不可能立即废止的情况下，保留部分指令性计划，使这部分产品的生产和流通继续按原有轨道运行，并通过计划价格来维持原有经济利益格局不变；同时，使计划外的那部分产品的生产和流通纳入有调节的市场的运行轨道，并通过反映市场规律的价格局部地调整了人们之间的经济利益关系。如原有体制下矿产品的价格偏低、加工工业产品价格偏高这种不合理的经济利益格局得到了部分的调整，使某些亏损行业开始盈利，使不合理价格结构下苦乐不均的状况有所缓和。采用双重体制的过渡办法能分散改革的风险，化大震为小震。这种办法对于各个经济利益的主体来说，是以承认原有的利益、不减少原有利益为一般前提的，它主要通过利益增量的变化来逐步改变利益存量的格局。在利益总量上升的情况下，这种调整方式显然易于为多数人们所接受，从而减少改革中的动荡和阻力。这种做法曾得到国外某些经济学家的肯定，最突出的例子是布鲁斯，他原来根据东欧的经验认为这种做法是不可行的，但在 1985 年举行的“宏观经济管理国际讨论会”上，他却根据中国的经验肯定了这种做法的可行性。他说，从配给制向商品体制过渡阶段，其他社会主义国家在消费品方面曾实行过双重价格，但中国在生产资料方面也实行了双重价格，这可能是一项有益的发明创造。它是从旧体制进入新体制的桥梁，可以使行政的直接控制平稳地过渡到通过市场进行的间接控制。①

2. 有利于增加生产和供给，缓和供求之间的矛盾。

那些原来完全按照指令性计划进行生产和销售的企业，现在有了对计划外的那部分产品进行自产自销的权力，这就大大地鼓励了企业增加生产的积极性。因为这时价格部分地成为调节企业的产供销活动乃至投资活动的参数，企业也能部分地对价格信号作出积极反应。许多企业千方百计地挖掘潜力，多方筹集资金，进行技术改造，扩大生产能力，使原来一些供应紧张的产品增加了生产和供给，减轻了短缺的程度。由于供求矛盾的缓和，计划外价格曾呈现下降的趋势。例如，1984 年江苏省计划外煤炭的价格曾高达每吨 120—150 元，随着生产和供应的增加，价格已下降到 80—120 元一吨。双重体制打破了原有体制的僵局，部分地改变了原有体制下“为生产而生产”的局面，有利于搞活流通和促进生产和需要之间的衔接。例如，物资部门从过去单一的计划分配型向经营服务型的转变也已经开始，涌现了各种类型的生产资料经营企业和供应网点，建立了各种纵向的和横向的联系，采用了各种灵活的经营形式，使物资流通逐步地变成连接生产

① 见刘国光等：“经济体制改革与宏观经济管理——‘宏观经济管理国际讨论会’评述”，载《经济研究》1985 年第 12 期。

与消费之间的纽带，并促进了生产结构的调整。上述农产品收购价格的逐步调整也有力地促进了农业生产的发展，使我国由主要农产品依靠进口变为粮食生产已经基本自给，棉花自给有余。

3. 有利于节约使用资源和提高企业管理人员的水平。

在原有体制下，指令性计划的生产任务要以国家以低价供应相应的物资为条件，企业对节约使用资源缺乏内在的动力。我国原材料、燃料消耗系数较高，固然同工业技术水平低有关，但价格偏低则在一定程度上保护了落后和助长了消费。我国能源、原材料的计划内出厂价同国际市场价格相比，明显偏低。其中，洗精煤价格只有国际市场价格的45%，原油为30%，铸造生铁为70%，高碳钢材为60%，计划外高价能源和原材料价格同国际市场价格相近，或者高于国际市场价格。在双重体制下，企业所需要的物资除由国家计划统一分配之外，还可以通过以下两个渠道得到：一是国营企业属于自销的那部分产品；一是地方企业特别是乡镇企业所生产的产品。统配以外的物资是按购销双方的协议价格买卖的，因此对于购买者或用户来说，必须精打细算，严格地核算成本，千方百计地节约使用原材料和能源，或在寻找代用品上狠下工夫。据对300个使用钢材企业的典型调查，开始实行双重体制的1984年万元产值的钢材消耗量比上年下降了18%，这显然同这些企业增加了节约使用钢材的内在动力有关。这对于企业管理人员来说，特别是对那些习惯于传统运行机制的管理人员来说，也是一种训练的机会，使他们能够逐步地了解和熟悉市场运行的规律性，提高经营管理的水平，

第三节　双重体制下的矛盾和摩擦

双重体制的并存导致微观决策行为和宏观控制行为的双重化，从而给经济生活带来了一系列的摩擦。正如赵紫阳所指出的：“在我国的改革中，旧体制的消亡，新体制的形成，都只能是逐步的，都需要时间。改革必然是一个渐进的过程。在这个过程中，两种体制同时并存，交互发生作用，新体制的因素在经济运行中日益增多，但还不能

立即全部代替旧体制，旧体制的相当部分还不能不在一定的时间内继续存在和运用。这就决定了改革中不可避免地会出现种种问题和矛盾复杂纷呈的局面。"① 这些矛盾或摩擦可以概括如下：

1. 易于造成国民经济的失控。

在新旧体制模式交替的过程中，常常会在两种运行体制之间出现某种真空状态。当旧体制的某些直接行政控制手段放弃以后，新体制的间接控制手段没有相应地和及时地跟上，或者新体制的间接控制系统形成条件尚未成熟，过早地放弃了直接行政控制的手段。新旧体制交替过程中的这种间隙或脱节，往往会造成经济生活的失控或混乱。1984 年第四季度所出现的财政支出失控、信贷支出失控、货币发行失控以及投资膨胀和消费膨胀等现象，在相当大的程度上是由新、旧体制交替中的脱节所造成的。

2. 影响国民经济计划的实现。

在双重体制并存的条件下，信号系统特别是价格信号系统发生紊乱，一物多价削弱了货币作为一般等价物的作用，造成价值尺度的二元化，不符合价格同一性的原则。由于同一种产品计划内价格和计划外价格相差很大，企业作为生产单位和销售单位，力争压低指令性计划指标，以便把多余的生产能力用于生产计划外产品；企业作为原材料的购买和使用单位，则力争多得计划统一分配物资的指标。在计划执行过程中，计划内的产品往往通过各种渠道流向计划外，企业间合同兑现率下降，冲击计划的实现。据统计，1985 年与 1984 年相比，有钢等 12 种产品的合同兑现率下降；1987 年上半年与 1986 年同期相比，有钢材、煤炭、水泥、木材等 8 种产品的合同兑现率下降。这种状况影响了若干重点生产企业的生产和若干重点建设项目的施工。

3. 难以建立考核企业经营状况的实现标准。

对于各个不同企业来说，无论是产出指标还是投入指标，计划内和计划外的分配比例并无科学根据，往往形成企业和上级主管机关之

① 赵紫阳："关于第七个五年计划的报告——1986 年 3 月 25 日在第二届全国人民代表大会第四次会议上"，载《人民日报》1986 年 4 月 14 日。

间的讨价还价。因此，在一般情况下只能按照基数法来确定，造成同旧体制相同的“鞭打快牛”的棘轮效应。因为，原来经营得好的企业计划基数高，从计划外高价得利少；原来经营得不好的企业计划基数低，从计划外高价得利反而多。这说明，在双重体制下，难以形成统一的社会主义市场机制和竞争机制，从而使企业难以在同等的价格条件下开展平等的竞争。在这种情况下，考核企业经营管理好坏的标准也发生紊乱，无论是产值、销售额还是利润等标准，都不免于失真。

4. 为投机倒卖非法牟取暴利的活动提供了温床。

计划内价格和计划外价格的巨大差别助长了非法倒卖的投机活动，大量利润在流通领域中被不法分子所获取，不合理的中间环节增加。最典型的手法是内外勾结，以低价买到紧缺物资，以高价卖出，从中牟取暴利。1985 年卡车的差价很大，倒卖一辆载重 4.5 吨的卡车就可以成为“万元户”。当然，双重体制，特别是双重价格体制并不是产生这种腐败现象的唯一原因和终极原因，即使在没有价格的自然经济中或价格不起积极作用的实物分配体制中，滥用权力本身必然会产生腐败现象，然而双重体制的存在为上述牟取暴利的投机活动提供了温床则是毫无疑义的。

5. 在资源的配置和利用上的消极作用。

双重体制既有如前所述积极的一面，但也有消极的一面。计划外产品的高价必然刺激某些短缺物资的增产，有利于部门间产业结构的合理化，但同时又刺激了一些低效率的小规模企业的高成本生产，造成有限资源的不合理使用，导致规模效益下降和部门内产业结构的不合理，近年来乡镇企业的迅速发展在增加生产、扩大就业、拾遗补缺等方面起了不少积极的作用，但也发生了以小企业挤大企业、以落后技术挤先进技术的问题，一些小企业同大企业争原料，争动力，降低了社会经济效益。双重价格还鼓励了非经济的长途运输。世界银行的一位专家写道：“用火车从 2500 公里以外运来中央统配水泥的费用少于用汽车从 50 公里以外运来的地方配给水泥的费用”。他认为，中国存在的多重物资供应体制和多重价格虽然提高了供给的灵活性，增加了企业的自主权，但是却并没有提供一种有效的市场机制控制的替代办法，因而“不免付出极高的资源代价”。①

第四节　对各种可能解决办法的分析

究竟如何对待上述令人烦恼的摩擦和弊病呢？这是向所有关心我国经济体制改革的人们所提出的尖锐问题。人们可以提出各种各样的解决办法，归纳起来，无非有以下四种可能性：（1）实行重新集中化，回到原有体制；（2）维持双重体制不变，甚至把双重体制当作目标模式，只采取一些修补措施来减轻彼此间的摩擦；（3）立即结束双重体制，迅速向间接控制为主的体制过渡；（4）把双重体制当作从旧体制向新体制转换的过渡阶段，逐步地但争取早日地转入新体制的运行轨道。下面我们将对这几种可能性进行逐一分析：

一　要特别警惕走回头路的危险性

从原则上来说，并不能否认回到原有体制的可能性，而且要特别警惕走回头路的危险性。因为，就宏观控制的难度来说，传统体制下的直接行政控制最为简单易行；目标体制下的间接控制就要困难得多；双重体制并存和交错下的宏观控制则最为困难和复杂。由于双重体制中直接行政协调的削弱和市场协调的不完善引起的种种摩擦和矛盾，会使我们几乎每天都遇到走回头路还是把改革继续推向前进的困难和选择。② 对于1984年第四季度的失控和膨胀以及1985年所采取的紧缩措施，人们一直存在着不同的认识，有的同志认为主要问题在于1984年的放得过多，有的同志认为主要问题在于1985年的紧缩过分。但不管人们的认识有什么差别，走回头路的危险性则是一个客观存在的事实。有的同志认为，“我国目前所实行的宏观紧缩政策主要

---

① C. 费德里克：《中国国有企业的计划和供应》，牛津大学出版社1987年英文版，第200—201页。

② 刘国光等：“济体制改革与宏观经济管理——‘宏观经济管理国际讨论会’评述”，载《经济研究》1985年第12期。

有四个方面：在投资规模方面，实行地区、部门首长负责制，进行指标控制；在信贷规模方面，银行实行‘一刀切’的方法，进行额度控制；在消费基金方面，实行工资基金专户管理方法，进行基数控制；在短缺的能源、原材料方面，实行大部配给的方法，进行计划控制。这四个方面的紧缩措施，都可以归结为老的行政管理方法。”并认为这是“在加强宏观控制旗号下进行的”“悄悄的倒退”①。对1985年以来所采取的一些紧缩措施的这种评价是否全面，在此暂不加以评论，但这种看法尖锐地指出了走回头路的可能性和危险性，则无疑具有可取之处。当然，我们应该看到，在双重体制并存的情况下，直接的行政控制手段本来就没有完全放弃，特别是在某些特定场合(如上述失控场合)，强化某些行政手段也在所难免。但这时必须注意以下两点：第一，直接行政控制手段的作用一定要掌握在一个必要的限度以内，决不要因其简单易行而加以滥用；第二，这样做的目的是为向间接控制为主的方向转化创造条件，决不可积习成瘾，导致倒退。

二　不能把双重体制当作目标模式

至于维持双重体制不变，甚至把双重体制作为目标模式的观点，似乎并没有人明确地提出并加以系统的论证过。但只要我们仔细地加以考察，这种观点实际上是存在的。应该承认，我国的经济体制改革是在理论准备不足的情况下开始从而自觉地或不自觉地走上双重体制的轨道的，事实上，不那么自觉地把我们今天称之为双重体制的过渡形式当作目标模式来看待的观点曾在我国相当流行。人们都还记得，在1982年前后有关计划和市场问题的讨论中，把指令性计划、指导性计划和市场调节的板块结合作为我国经济体制改革的目标的观点，特别是认为总产值的大部分应该实行指令性计划的观点，曾经是当时占统治地位的观点。② 尽管在当时讨论中没有使用双重体制这个术

---

① 贺晓东、黄小祥、李金早：“对经济增长速度陡跌的两点评论”，载《世界经济导报》1986年6月16日。

② 参见《建国以来社会主义经济理论问题争鸣》(1949—1984)，中国财政经济出版社1985年版，第470—498页。

语，但实物指令计划和参数计划（指导性计划）的并存，实际上就是双重体制。而且，把计划和市场的板块结合当作改革目标的观点实际上往往难以跳出把双重体制作为改革目标的局限。近年来类似的观点也仍然可以从经济学文献中看到。有的同志说："在整个计划体系中，指令性计划虽然要减少，但其重要性不减，仍是整个计划体系的基础和核心。'秤砣虽小能压千斤'。""旧体制弊病很多，但毕竟还是社会主义的。新体制和旧体制都是社会主义的，'本是同根生，相煎何太急'。"① 有的同志认为，"生产资料价格的双轨制将与计划和市场相结合的调节方式共存亡"②。按照这种观点，只要计划和市场相结合的调节方式存在一天，双重体制也将继续存在一天。这种观点显然把过渡性措施凝固化，实际上会降低我国改革的目标。从长期的观点来考察，违背了一种经济体制运行的内在逻辑，其结果，两种体制之间摩擦所带来的"内耗"就不是改革过程中所不得不付出代价，而成为双重体制长期并存的积弊。

如果从理论上往前追溯，把双重价格体制凝固化的观点早就在我国出现过。在1958年大炼钢铁期间，小高炉冶炼的所谓"后院生铁"成本高，当时政府曾明文规定这些生铁可以卖高价。于是，有的经济学家就为此而创立了一种理论，论证在社会主义条件下一种产品有两个"价值中心"。③ 当然那时的情况和我们今天改革过程中所遇到的双重体制有很大不同，但这位经济学家的两个"价值中心"学说在论证双重价格体制的恒定性方面则更具理论色彩。显然，作为一种改革目标的社会主义经济体制模式，决不能建立在这样一种价值理论的基础之上。

三　快速从双轨制过渡到单轨制的设想并不现实

有的同志鉴于双重体制并存的局面所带来的紊乱，并鉴于这种情

① 关梦觉："新旧体制不是一刀两断"，《经济社会体制比较》1986年第3期。

② 转引自刘文："关于生产资料'双轨制'价格的不同意见"，载《经济研究参考资料》1985年12月18日。

③ 樊弘："关于社会主义制度下商品生产和价值规律问题"，载《经济研究》1959年第2期。

况下存在着走回头路的危险和加剧经济波动幅度的问题，提出了快速过渡的主张。例如，有的同志认为“双轨制弊大于利，应尽早过渡”。①“最根本的对策是让宏观、微观配套改革措施尽早出台，以建立起比较完整的商品经济体制。历史给我们的时间并非很充裕。当前要紧紧的咬紧牙关，渡过难关，尽快地走出困境。”② 有的同志认为，“近年来经济波动的体制根源在于新旧两重体制的相持状态”，“根本改善的出路……就在于打破新旧体制相持的状态，使新经济机制能较快发挥主导作用”③。“继续保持目前的双重体制对峙状况对我国经济发展和经济改革都会起不良的影响，因而亟须加快改革的步伐。”“我国目前的经济体制是一个漏洞很多，不能有效运行的体制，客观的形势要求或者前进到新经济机制起主导作用的体制，或者退回到改良集中型体制，而不可能长期停留在目前这种状态，如果不采取断然措施摆脱这种状态，我们就会越来越被动。”④

我们不妨把这种观点称之为快速过渡论，而把下面将要谈到的第四种观点称之为逐步过渡论。在这里应该对双重体制的均势状态同双重体制的并存状态作必要的区分。前者是指新旧体制处于势均力敌的相持状态；后者是指新旧体制交替的过程中，一种体制处于主导地位；另一种体制处于从属的但并不是无足轻重的地位，即没有一种体制能占据统治地位。如果作这种区分是合适的话，那么，上述快速过渡论实际上也可以分为两种：一种是指很快结束双重体制并存的局面，实现以间接控制方式占统治地位的新体制，另一种则仅指早日打破双重体制相持的僵局，使新的经济机制尽快地起主导作用，但并不能很快结束双重体制并存的局面。后一种意义上的快速过渡论实际上同逐步过渡论并无多大分歧，只有前一种意义上的快速过渡论才同逐

① 赵林如：“关于价格改革的几个问题”，载《经济工作者学习资料》1986年第7期。

② 贺晓东、黄小祥，李金早：“对经济增长速度陡跌的两点评论”，载《世界经济导报》1986年6月16日。

③ 吴敬琏：“经济波动和双重体制”，载《财贸经济》1986年第6期。

④ 吴敬琏：“关于改革战略选择的若干思考”，载《经济研究》1987年第2期。

步过渡论有明显的差别。这种快速过渡论力图早日摆脱双重体制的摩擦所带来的痛苦是可以理解的，但它似乎对改革中所要付出的代价估计不足。正如有的同志所说的："改革的低起点、高目标就决定了双重体制难以在短期内消除。改革是一个长期的战略任务，不是短期能突击完成的。改革是一个宏大的系统工程，各项对策的相关性很强，现在有很多复杂问题在理论认识上和实际对策上都有待进一步研究解决。"①

四　力争缩短双重体制并存的时间

有的同志考虑到我国改革的复杂性和艰巨性，认为尽量缩短双重体制并存的时间固然是应该力争的，但过渡期的长短并不取决于人们的主观愿望，而取决于客观条件。当建立全面的间接控制体系的条件尚不具备时强行过渡，其结果很可能是欲速则不达，所造成的紊乱和被动也许比双重体制并存时的情况有过之而无不及。我们基本上赞成这种看法。我国国情的复杂性是人所共知的。即使比我国的情况要简单得多的匈牙利，从 1968 年的改革算起，经过了将近二十年的时间，也尚未达到改革的目标，仍然处于过渡阶段。按照科尔内的分析，匈牙利的改革虽然已经离开了直接行政协调的传统体制（ⅠA），但尚未达到有宏观控制的市场协调体制（ⅡB），仍处在间接行政协调的过渡体制（ⅠB）。当然，匈牙利的ⅠB 体制和我国目前的双重体制情况不同，因为匈牙利从 1968 年以来取消了指令性计划；但由于间接的行政干预大量存在，现在匈牙利国有企业的典型行为是一只眼睛盯着上级，一只眼睛盯着市场，形成了对上级权力机构和市场的双重依赖，并以前一种依赖为主。不过，从企业行为的双重化这一点来看，我们也未尝不可以称ⅠB体制为一种广义的双重体制。看到这一点，并不是要人为地延长过渡期的摩擦和痛苦，而是要切实地估计到过渡期的必要性。科尔内说："我不敢肯定，对匈牙利而言，在实现

---

① 田江海："〈关于改革战略选择的若干思考〉一文引起的联想"，载《经济研究》1987 年第 4 期。

ⅡB之前是否一定要有一个从ⅠA过渡到ⅠB的阶段。历史不能为试验而重演。但如果一种体制过渡到了一种ⅠB机制起主要作用的阶段，则应该强调指出：这只是一个过渡性的阶段。如果改革者们具有长期的战略思想和长远的眼光，能认识经济体制改革将要达到的更远的目标，上述过渡阶段可能是非常合乎需要的。"① 可见，最主要之点并不在于沮丧这样一个阶段的出现，而在于以战略的眼光来认识它的过渡性。

持逐步过渡论的同志提出了各种各样的论据。我们认为，最有力的论据在于目前的经济状况不允许采取大的改革动作，在短期内实现由旧体制占主导地位到新体制占主导地位的过渡。正如我们曾经指出的："要实现这种过渡，首先还是要解决国民经济总需求与总供给的宏观平衡问题。这个问题不解决，不论是计划体制的双轨制，物资流通体制的双轨制，以及集中反映这两者的价格双轨制，都不可能消失"，而由于"上述宏观平衡问题一时难以彻底解决……双重体制向单一新体制的过渡以及双轨价格向单轨的新价格体系过渡的时间恐怕很难如中外经济学者所希望的缩得很短"。② 因此，归结起来是否可以这么说：在较短时间内改变双重体制对峙或相持、新体制不能起主导作用的局面是可行的。然而即使到那时，由于种种原因，旧体制和旧调节方法的某些残余仍会在一定范围内长期保存。只有经历较长时间，逐步完善新体制，使之能够渐次取代旧体制的功能，才有可能从根本上结束双重体制并存的局面。

第五节　积极创造从双重体制向目标模式转换的条件

双重体制必须向目标模式转换，但在什么时候、怎样转换、其进程如何，不取决于人们的愿望，而取决于条件的成熟。改革伊始，我

---

① 科尔内：《匈牙利的某些经验教训对中国改革的意义》（这是作者1985年为"宏观经济管理国际讨论会"提供的论文，引自1986年修改稿）。

② 刘国光："我国价格改革的一些情况和问题"，载《财贸经济》1986年第5期。

们就要认定目标，并在每一步骤上都注意为体制模式的逐步转换积极创造主客观条件。这样，才能做到经济活而不乱，改革快而又稳。

体制模式转换的主观条件，根据外国经验和我们自己的实践体会，主要是：

1. 转换的过程就是认识统一的过程。对于改革的必要性和重要性，经过这几年的实践，可以认为是举国一致了。在这个意义上，不存在所谓改革派和非改革派的原则分歧。但是，对于改革的具体看法，从目标、步骤到内容、方式，由于各人所处的环境、岗位和经验、修养等不同，需要有个逐步统一的过程，这就是说，改革一定要有充分的思想准备和理论准备，树立新的观念，用新的思想方法去分析和评价过去、设计未来。例如对计划和市场的关系，经过反复的讨论，终于统一认识，明确社会主义经济是公有制基础上的有计划的商品经济，这就校准了改革的航向，向自由王国跨进了一步。今后，随着改革的进展，应当继续做好改革的宣传教育，并吸收各方面的意见，使大家真正懂得一些基本道理，包括计划和市场、竞争和协作、微观放活和宏观管好、整体利益和局部利益以及分配中的公平和效率的关系，等等。只有统一了认识，明确了方向，才能动员广大群众来投身改革、推进改革，并在改革中保持清醒头脑，胜利时不发热，挫折时不畏难，最后实现目标模式的转换。

2. 转换的过程就是经验积累的过程。在缺乏经验的情况下进行史无前例的改革，要有理论演绎和借鉴外国，但更要从自己的国情出发，在实践中积累经验，并通过总结，上升到理性认识，进而指导改革的进程。这几年，从农村到城市，广泛开展典型试验，然后推广，证明了是可行的。其中如农业的联产承包责任制、工业的利润递增包干、流通领域的贸易中心、区域开发的以城市为中心等，书上没有写过，别人没有做过，颇有中国特色。当然，由点到面，必须善于处理个性和共性的关系，切忌简单从事，搞经验主义或一刀切。但是，因此而否定试点经验，轻视或忽视它对全局的指导作用，甚至退而只向研究论证和仿效外国来找改革的出路，很可能潜伏着另一种主观主义或教条主义的危险。应当相信，我国的改革是一场伟大的实验，几年来在基层和群众中已经涌现了并将继续涌现出越来越多、数不尽的新鲜事物。只要我们以马克思主义为指导，面向实际，尊重群众的首创精神，一定能够走出自己的路。

3. 转换的过程就是相互配套的过程。经济体制是一个有机体，包罗万象，相互联系，在改革中必须相互配套，有的同向度、同频率地进行，有的同向度、不同步调地进行。为此，要有一个总体规划，不能改到哪里就是哪里。但是，总体改革也只可能是粗线条的，不可能做到千虑而无一失。更重要的是在改革实践中不断地使之完善，及时地针对新情况、解决新问题，调整各方面的部署。所谓“撞击反应”尤其是以增强企业活力为中心环节，根据搞活企业的要求，推动各方面的改革，进而完善宏观管理，看来是必由之路。只强调突破，不注意协调地改，在初战时难免，在全面改革中就不足为训；同样，只强调巨细无遗的配套和同步，不许越雷池一步，也将使整个改革难以前进，不难设想，待完善宏观管理再来把微观搞活，待完善市场体系再来开拓生产要素市场，很可能丧失改革时机、徘徊不前。

4. 转换的过程就是干部培养的过程。改革要加强领导，依靠一支在微观经济工作中懂经营、会管理的干部。当前我们在这方面的条件不全具备。匈牙利在改革之初有过类似情况，原来在政府机构和企业的领导干部，习惯于在高度集中的行政性条件下工作，在改革面前感到茫然不知所措。我国也有同样情况，在部门工作的干部，有的熟悉部门管理，而对行业管理感到陌生；在企业工作的干部，有的一向听命于上边，给了自主权后不会运用，或者只是步别人的后尘，搞重复生产、重复建设。因此，在改革中一定要大力培养干部，采取多种办法，尤其使他们在实践中增长才干。这几年，从改革浪潮中涌现出一大批企业家，他们又把改革推向前进。有了日益壮大的改革者队伍，不断提高其决策水平和经营管理水平，改革的最后实现就必胜无疑了。

体制模式转换的客观条件，主要是实现财政状况的基本好转，并进一步理顺各种经济关系：

1. 经济发展模式的进一步转换。经济体制模式的转换和经济发展模式的转换，如车之双轮、鸟之两翼，是相辅相成的。这几年，在经济体制改革的同时，经济发展模式由传统战略转向新的战略的转换，也在进行，取得很大成绩。但是不能认为是已经完成了。1984年第四季度出现的几个“失控”，除了体制模式方面的因素外，也有发展模式方面的因素，反映了从经济管理部门到企业的负责人片面追求和盲目攀比产值增长的倾向并没有彻底纠正。这种以高速增长为目标、以外延发展为主要途径的发展模式，必然要求高度集中的、行政指令直接控制为主的体制模式。只有转到以满足消费为目标，以提高经济效益为中心、以内涵发展为主要途径的发展模式，才要求较多的分散决策、以经济手段间接控制为主的体制模式，并为实现体制模式的转换提供相应的经济环境。否则，继续保持或重新出现经济紧张局面，必然要被迫加强行政手段和直接控制，使改革停滞或倒退。体制模式和发展模式的转换相互制约，都不可能指望在短时期内完成。人们越来越清楚，一个总供给略大于总需求的、经济结构大体协调的相对宽松的经济环境，这是保证改革顺利进行、体制模式顺利转换的重要环境条件。“七五”计划已经明确，要合理确定经济增长率，坚持社会总需求和总供给的基本平衡，避免经济生活的紧张和紊乱。如果能够做到，也就表明了两种模式的转换在同步进行，并将取得相互促进的良好效果。

2. 经济结构的进一步调整，经济体制的改革和经济结构的调整，也是密切相关的。这几年，经济结构得到很大调整，首先是农、轻、重的比例关系基本上协调了。但是，农、轻、重只反映了工农业两大物质生产部门内的比例关系，并没有解决更广泛、更深刻的产业结构和行业结构、产品结构的问题。后者，尤其是第一、二、三次产业之间的结构，不仅包括了社会经济发展的全部产业，比农、轻、重更加完整，并且同整个社会生产的社会化、商品化、现代化直接联系起来，既是社会经济发展的客观要求，又是经济体制改革的客观条件。长期以来，我国第三产业发展缓慢，当前仍是薄弱环节，这是重生产、轻流通、轻消费的结果。这种不合理的产业结构，使经济运行增加障碍，经济机制不够健全。如商业的不发达，带来流通的渠道少、环节多和封闭化，就使价值规律不可能充分发挥其作用；又如金融业的不发达，造成资金积累难、占用多和流通不畅，也使很多商品货币关系不可能理顺。反过来，价格体系的扭曲，同样会导致资源配置的不合理和经济结构的畸重畸轻。因此，改革经济体制有利于调整组织结构，同时也只有经济结构的进一步合理化，才有利于体制模式的进一步转换。

3. 经济参数的进一步理顺。理顺经济关系，在很大程度上，表现为理顺价格、工资和利率、汇率、税率等经济参数。这既是改革的内容，又是改革赖以逐步深入的条件。我们把价格改革看作是整个改革成败的关键，就因为价格是市场机制的主导信号，在价格关系没有理顺之前，任何改革都难以有序地进行，甚至会发生“逆调节”现象。例如实行“利改税”，由于价格体系不合理，出现苦乐不均，不得不以调节税为补充，而又带来“鞭打快牛”，未能彻底解决国家和企业的分配关系，正确考核企业的经营成果。工资也是这样，关系到调动劳动者的积极性，在没有完成改革之前，增强企业活力总是难以落到实处的。当前利率偏低、汇率过死、税率单一，同样影响到这些经济参数发挥应有的杠杆作用。理顺经济参数，不能一蹴即至，例如价格改革和工资改革，都存在一个既要调整结构的不合理、又要控制物价总水平和工资总额的矛盾，于是只能采取分步走、小步走的办法，使之与社会承受力相适应。必须经过几年的努力，在双重体制下逐步理顺各项经济参数，这本身就是改革的组成部分，也是为其他改革和整个体制模式的进一步转换提供着条件。

4. 企业的进一步整顿和改组。以调整为中心的八字方针，包括了整顿和提高，主要是整顿企业，提高其经营管理水平。这几年在这方面做了不少工作，但是从全面看，并没有全部完成，即使是经过验收合格的企业，也需要继续整顿、不断提高。在整顿中，建立新的领导体制和内部管理体制，本身就是改革，又是其他企业改革的重要条件。结合整顿，还要按照专业化协作和经济合理的原则，实行企业的改组和联合，逐步完成企业组织结构的改革，包括使各种专业公司、联合公司走向企业化以及建立行业组织等。此外，本着简政放权的原则，结合机构改革，简化行政机构，调整管理体制，充实经济组织，理顺条块关系，发挥中心城市的作用，也都是为全面改革打好组织基础，创造组织条件，保证体制模式的转换。

经济体制模式的转换，还需要相应的政治、社会、文化条件。国外及我们改革的经验证明，必须提供良好的政治气候，即允许自由讨论的气氛，使参加改革者有权说出他的看法，有权批评别人的意见，才能做到集思广益，防止主观片面。逐步提高全民族的科学、文化水平，也是把改革贯彻始终不可缺少的条件。

应当看到，在双重体制向目标模式的转换过程中，可能会出现一些困难。这些困难，大致来自几种不同情况：第一，由于改革的总体规划不周，发生若干疏漏，使经济运行遇到障碍，尤其是超过了财政、经济、社会和群众的承受力；第二，由于改革调整原有的社会关系和利益关系，与人们的过高期望值有差距，在上层或下层形成某种阻力；第三，由于改革需要一个相对宽松的经济环境，与企业和人们习惯于在需求膨胀下的传统行为不一致，暴露若干原来被掩盖着的矛盾。对第一种情况，应当随时总结经验，调整改革部署，使与客观的承受力相适应，避免大的震荡。对第二种情况，应当多作宣传解释，使人们懂得改革会带来整体的、长远的利益，但不可能立即创造什么“奇迹”。对第三种情况，特别在最近一二年内，经济增长由“过热”转向正常，或许是必然的，例如：由于投资膨胀而畸形发展的部分生产资料行业，首先是机械工业，在转向为技术改造服务之前，会感到过剩；由于消费膨胀而畸形发展的部分消费品行业，在适应消费结构的变化之前，会出现滞销、积压；一部分技术设备落后、经营管理不善的企业，在卖方市场开始转向买方市场的竞争中，有的会发生亏损甚至破产。与此同时，财政收入的增长幅度会相对下降，城乡就业的新增岗位会相对减少。对这类新问题，要有适当对策。但是必须坚持改革，不能动摇，更不能重新拾起已经被摈弃的老一套办法。其他国家改革的经验教训告诉我们，这些情况确实加大了后继改革的难度，甚至迫使改革暂停或放慢步伐，然而绝不能走回头路。有的倒退，使改革半途夭折。有的向前，取得了改革的胜利。我们要对这些困难有充分估计，认真对待，在克服困难中把改革推进到一个又一个新阶段。倒退是没有出路的。坚持改革，忍住“阵痛”，从双重体制向目标模式逐步转换，一个新的、有中国特色的、充满生机活力的社会主义经济体制终将诞生！

第十章　经济发展模式转换与经济体制模式转换

实现经济体制模式转换，要正确认识和处理它和经济发展模式转换的关系问题。这不仅因为经济发展模式转换和经济体制模式转换是实现现代化宏伟目标的两个最紧要、最带根本性的问题，是当代中国经济大变动的两个最基本的方面；而且因为两者的关系非常密切、相互影响十分显著，如果对这两者关系认识不清或处理失当，势必会阻碍整个经济体制模式的顺利转换。

第一节　经济发展模式与经济体制模式的一般关系

一　经济发展模式包括发展目标、发展途径和发展方式三个主要方面

经济发展模式与经济发展战略密切相关，但两者不一定完全吻合。经济发展战略是中长期经济发展的指导思想和政策的集合，类似于规划，属于主观的东西；而发展模式，除构成发展战略重要内容这一层含义外，它还有另一层含义，即反映着经济发展的轨迹和历史过程，这属于客观的东西。但不管发展战略还是发展模式，大体都包括发展目标、发展途径、发展方式三个主要方面。

不同国家，或一个国家在不同历史时期，可以确定不同的发展目标。如果是以追求产品产量或产值的高速增长为主要战略目标，我们可以称为“数量型”；如果是以求得产品质量的提高和经济效益的最佳化为主要战略目标，我们可以称为“效益型”。

为了实现发展目标，要采取各种各样的发展途径。如果主要是通过追加生产要素的数量即外延办法来扩大生产规模，我们可以称之为“外延型”或“粗放型”；如果主要是通过提高生产要素的效率即内涵式办法来扩大生产规模，我们可以称之为“内涵型”或“集约型”。

除了发展目标、发展途径之外，采用什么样的发展方式，也是构成发展模式的重要组成部分。

关于发展方式，可以简略概括为“倾斜型”和“均衡型”。前者也可以称为“重点生产方式”，如苏联在工业化时期实行的优先发展重工业的政策，以及第二次世界大战后日本经济恢复时期实行的首先重点发展基础产业部门的政策，意在通过各种特殊照顾发展煤灰、钢铁等基础产业部门来带动整个生产，它类似赫尔希曼提出的“不平衡增长”，即把投资集中于少数产业部门，通过这些部门的较大发展来直接和间接地带动其他部门的发展。与此相反，平衡发展战略如纳克斯提出的“平衡增长”，是对多种不同的消费品工业部门大体上同时使用资本，以使它们各自为其他工业提供市场，造成市场全面扩大。不过，我们这里提出的“均衡型”并非排斥重点发展，而是有重点的平衡发展。也就是说，不应从绝对意义上来理解均衡型，它可以容纳有重点的发展，而有重点的发展未尝不可视为一种倾斜。在现实生活中，完全没有重点，没有倾斜的发展，是极少见的，问题在于倾斜度是否危及总体上的基本均衡。这是需要慎重掌握的。

二　经济发展模式和经济体制模式的关系

一般地说，经济体制模式是由经济发展模式决定的，但经济体制模式反过来会对经济发展模式的确定和实现起着巨大的反作用。经济发展模式不仅是对一个国家经济的历史发展过程的描述和概括，是发展目标、发展途径、发展方式的统一，而且反映了发展经济的战略指导思想和方针。发展模式或发展战略是我们设计经济系统或经济体制的“设计思想”；不同的设计思想会有相应不同的经济系统或体制，不同的经济体制也会保证输出不同的功能，实现不同的发展目标，因此，发展模式启动着体制模式；但作为体现发展战略思想的发展模式，它的实现却直接依赖于体制模式，从这个意义上讲，体制模式又是起决定作用的方面。经济发展是不能离开原有基础的，这种基础包括经济发展已达到的水平，已具备的规模，已形成的结构，是既定的。发展目标、发展途径、发展方式要依据历史已给定的条件来确定，不能以主观意志为转移。一种经济发展战略指导思想的确立和转变，并非轻而易举，很难超越已经形成的经济体制的约束而超前发展。所以，经济发展模式与经济体制模式之间的关系，存在着类似“鸡生蛋，蛋生鸡”的关系。

在社会主义条件下，不论经济发展模式还是经济体制模式，都是服从迅速发展生产力和更好满足人民需要的目的的。在共同的目的下，发展模式和体制模式互为条件，互相制约。两者都有一个逐步形成和完善的过程。

发展模式和体制模式各有其形成的历史条件。发展模式的选择和确定，要考虑到当时国家的处境和面临的任务，工业化水平，经济结构，技术状况，赶超世界先进国家的目标，以及现有体制模式的制约，等等。体制模式的选择和确定，除了要考虑到发展模式的要求之外，还要考虑到生产社会化程度，经济货币化程度，原有经济组织结构，经济运行状况，干部群众积极因素的调动程度，以及管理人员的素质，等等。

由数量型经济转变为效益型经济，这是人类社会经济发展的必然趋势。数量型经济是经济、技术以及人民生活水平比较低下的产物。当经济、技术和人民生活水平有相当提高之后，转变为效益型经济便具备了客观可能性和必要性。可以设想，一个国家的社会生产力水平低下到不足以使该国人民吃饱穿暖的条件下，这种“饥寒型”的经济生活水平，按其客观需要，自然只能是追求数量的增长。至于由“饥寒型”进到“亚温饱型”的经济生活水平，其客观需要，仍然是追求数量增长。及至由“亚温饱型”进到“温饱型”的经济生活水平，其吃饱穿暖的客观需要，可以说基本上还是数量，因为在这一历史发展阶段，人们的第一消费欲望仍然是数量而不是质量，因此经济发展目标和动力主要是数量的增长。而到了由“温饱型”向“小康型”过渡的历史发展阶段，人们对工业消费品和服务性消费的需求明显上升，选择性日益增强，在消费方面发生由注重量到注重质的变化趋势，从而也越来越迫切要求变数量型经济为效益型经济。待充分实现“选择型”时，人们的需求则更加集中在质量上而不是数量上，因此就更加要求发展质量型或效益型经济。

伴随从数量型经济到效益型经济的转变而来的，是由粗放型经济转变为集约型经济。

从很概括的意义上说，迄今为止的人类经济发展史表明的人类为自己生存而进行的生产活动，是由粗放生产到低集约度生产再到高集约度生产这样不断向前发展的过程。粗放与集约的本质区别在于：生产同样数量的同一产品，前者是依靠追加生产资料和劳动力来实现的，而后者则依靠（或主要依靠）生产基金产出率和劳动生产率的提高，主要依靠科技发展水平和管理水平的提高。还有一个区别在于：某些高质量、多功能的产品，只有通过集约度很高的方式才能生产出来，而用粗放方式或集约度很低的方式则无法生产出来。因此，人类的生产活动在由粗放到集约的发展过程中，始终贯穿着人类认识自然的能力和水平的提高，始终贯穿着科学技术的进步。在生产集约化程度已相当之高且越来越高的当今世界，科学技术在生产活动中的作用愈来愈大，它在很大程度上决定着和反映着一国的经济水平。可以说，随着科学技术的不断进步，经济发展途径由外延或粗放型转向为内涵或集约型，乃是一种客观必然趋势。

至于“倾斜型”和“均衡型”，则不像“粗放型”和“集约型”那样代表生产力由低向高发展的演变趋势，因此也不能反映经济向前发展的必经过程。我们并不强调发展模式普遍地、必然地要由“倾斜型”向“均衡型”发展或过渡，只是对发展模式提供这两种描述或可能的选择。经济发展史表明，这两种发展方式在不同的历史时期会起到不同的作用。这里想强调的是，不管倾斜型还是均衡型，都同产业结构紧密相联系。产业结构按其一般发展趋势是：由第一次产业占优势比重逐级向第二次产业、第三次产业占优势比重演进；由劳动密集型产业占优势比重逐级向资本（资金）密集型、技术（知识）密集型产业占优势比重演进；由制造初级产品的产业占优势比重逐渐向制造中间产品、最终产品的产业占优势比重演进。这也就是产业结构高度化。[1] 在我们选择倾斜型或均衡型时，要特别注意使之适应产业结构不断走向高度化的客观发展要求。逐步实现产业结构高度化，这和逐步过渡到效益型经济、集约型经济也是完全一致的。

以上这些，还都是把我国经济作为一个封闭型的经济来考察的。而实行对外开放，国际经济联系日益密切，为了适应国际市场竞争的需要，提高我国出口商品的竞争能力，以及适应国际经济改组的新格局，对产业结构进行传递式调整和改造，对发展战略和发展模式的转变，也就提出了更深一层的要求。

三 经济发展模式转换要求经济体制模式相应转换

由数量型转为效益型，要求由数量驱动机制转为效益驱动机制。数量型的经济发展模式如果只有追求数量增长的战略指导思想和原则，而没有包含数量驱动机制的体制模式加以保证，是很难实现和持久的。从这个意义上说，数量驱动机制也属于数量型经济的一个重要组成部分和重要体现。因此，要改变数量型经济就必须改变数量驱动机制。所谓数量驱动机制，主要是指在经济管理中所实行的方针、政策以及体制、制度、办法，驱使宏观、中观和微观的经济活动都热衷于追求数量增长。这主要表现在，在追求产值高速增长的战略目标确立之后，通过一系列环节措施来保证：中央集权，地方很少有权，企业基本无权；国家利用计划进行直接控制；计划指标一是指令性的，二是实物数量的；考核各部门、各地区、各企业成绩好坏，主要是以数量指标为核心的指标体系；部门、地方、国营企业的领导人由国家委派任命，他们要对产值增长速度快慢负责，数量增长多得到表扬、奖励，数量增长少或没有增长受到批评、处罚。

---

① 见周林、杨云龙、刘伟："用产业政策推进发展与改革"，载《经济研究》1987年第3期。

粗放经营或外延扩大再生产不仅同追求数量的传统发展战略相联系，而且也同技术水平比较低下以及已经形成的传统经济体制模式相联系。当代商品比以往历史时期的商品含有更多的技术成分，在许多商品中特别是在高技术商品中，技术所占的位置比原材料和劳务更重要。技术在一些商品中形成的附加价值也要高得多：如果以一个单位重量的钢铁产品的价值为1，则同样重量的轴承产品价值为10；照相机为100；电子计算机为1000；集成电路为2000。随着科技革命的迅速发展，苏联和东欧各国都在把自己的经济从粗放型转为集约型作为战略方针，从而感受到广泛和深入地改革经济体制的必然性和紧迫性。西方国家为了适应新的经济形势和新的技术革命，也正在实施一系列改革。据调查，在西方国家的大型制造业中，CAD/CAM（电脑辅助设计、制造系统）的普及率已达到40%—60%。由于生产效率不断提高和生产方式的变化，企业管理人员结构发生相应变化，西方制造业中的职员比重已由十年前的25%提高到35%，有些企业高达50%以上。而在职员中，工程技术人员比重逐渐增大，美国的飞机、汽车、电器制造业，科技人员占职员人数的比例已从十年前的25%增加到40%—50%。不论西方国家还是东方国家，不论是发达国家还是发展中国家，都在想方设法从各方面，其中包括改革经济管理体制模式，来加快科技进步步伐。各国的动向表明，由粗放到集约经营是一种不可逆转的趋势，为适应这种趋势，必须采取相应的经济体制、技术体制和教育体制。

倾斜型和均衡型也都要求不同的经济机制。如果我们想克服和防止孤立片面地突出某一重点而导致重大比例关系失调的做法，选择均衡型的发展方式，那么它就要求由高度集中的、单一的计划调节机制转为多种形式并举、充分重视市场作用的机制。过去比较流行的观点是，只有实行高度集中统一的计划制度，才能有效地保证国民经济按比例地协调发展。实践证明，这种看法有很大片面性。因为在高度集权的经济体制下，由中央集中制定的计划，并不意味着一定能自觉地保持国民经济发展的平衡。由于客观上影响计划因素的复杂性和多变性，由于获得信息缺乏及时性、可靠性和全面性，由于基层单位无权根据变化了的实际情况修改计划，而靠中央集中修改计划需要相当多的程序和相当长的过程等等原因，便使得高度集中的计划常常同实际相背离。加上中央制定计划时，有意识地突出某一行业和某种产品，而忽略其他行业和其他产品，甚至有意识地留缺口，这就更使计划的执行达不到均衡发展经济的结果。而把国家计划作为调节经济运行的唯一形式和手段，则促使企业只顾上面下达的计划，不关心社会的需要，不关心市场供求关系的变化，以致造成产需脱节、货不对路，积压与脱销共生；同时，也促使企业在编制计划过程中夸大投入需要，缩小产出可能，以致造成进一步增加生产能力和提高产出指标的压力，迫使国家增加投资，扩大基本建设规模，从而加剧积累与消费之间比例关系失调。因此，要由倾斜型转为均衡型的发展模式，必须改变高度集中的、单一的计划调节机制，建立计划调节和利用市场机制。利用经济参数调节相结合的体制，建立有宏观控制的市场协调机制并逐步完善市场体系，使企业有权根据市场供求关系变化决定和调整生产计划，有权在一定条件下销售自己的产品，有权在一定范围和幅度内制定产品价格，加强企业自我平衡机制，然后才能有效地实现供给和需求之间的相互适应，实现均衡增长。

上述几方面的转换是相互联系的。经济发展模式是一个整体，经济体制模式也是一个整体，它们之间存在着相互交织、相互影响、相互制约、相互促进的有机联系，不应孤立地看待各自的转换。

从理论上，可作这样一般的概括：一方面，以求数量上的高速增长为主要目标，以通过外延发展为主要途径，以集中力量大搞重工业为主要方式的传统发展模式，通常要求高度集中的、行政指令直接调节为主的、实物分配型的传统体制模式。而用以提高经济效益为前提的适度增长来满足多样化消费需求为主要目标，以通过内涵发展为主要途径，以相对平衡为主要发展方式的新发展模式，则要求较多的分散决策、以经济手段间接调节为主的、实行货币化经济的新的体制模式；另一方面，传统体制模式一旦形成和巩固，它又从多方面约束和促使发展方式沿传统方向继续进行下去，阻碍着向新的发展模式转换。发展模式和体制模式相互启动、相互制约，形成一种连环，因此，只孤立地强调一个方面，而忽略另一个方面，是不妥的。

第二节 我国经济发展模式与经济体制模式的演进

一 我国经济发展模式的演进过程

我国经济发展模式与经济体制模式的演进，离不开当时国内和国际的历史背景。新中国成立伊始，首先面临的严重任务是恢复被连年战争破坏的国民经济，同时对旧中国半封建、半殖民地的经济制度进行根本性的变革。经过三年的国民经济恢复和民主改革，才具备了进行大规模的有计划的经济建设的基本条件。这时，沿着什么方向和道路发展我国经济，或者说采用什么经济发展战略的问题，现实地摆在决策日程上，要求迅即明确解决。当时，我们缺乏经验，而可资借鉴的模式只有苏联。因为它是第一个社会主义国家，在政治、经济等很多方面和我国属于同一类型，它的经济发展模式和经济体制模式成了我们学习的榜样。

早在20年代末30年代初，苏联就形成了自己的社会主义经济发展战略和经济模式。当时斯大林认为，“战争日益逼近，没有重工业就无法保卫国家，所以必须赶快着手发展重工业”。① 因此采取的发展战略就是以国力首先是国防力量尽快赶上和超过资本主义强国作为主要目标。为了达到这样的目标，所采取的主要方法就是提高产值首先是重工业产值的增长速度，所采取的经济体制就是从宏观经济活动到微观经济活动的决策权都高度集中于中央。苏联的经济发展模式和体制模式，长期以来被认为是社会主义国家唯一可以采取的模式。我国在党的十一届三中全会以前所采取的发展模式和体制模式，就整体而论，基本没有摆脱苏联模式。当然，各个时期的具体情况有所不同。

“一五”时期，我们要奠定社会主义工业化的初步基础，实际上，这是该时期经济发展的一项主要战略目标。为了实现这样的目

① 《斯大林文选》，第449页。

标，所采取的途径主要是通过以156项为中心的基本建设，在全部固定资产投资中，更新改造及其他措施投资只占3.8%，而基本建设投资则占96.2%，可以说，基本上是依靠外延或粗放的办法来发展经济的。这在原有工业基础极端薄弱的情况下，是不可避免的，也是应当的。借鉴苏联所走过的道路和基于巩固新生政权，应付资本主义包围严峻形势的需要，确定以重工业为中心来发展经济，这也有其历史必然性和必要性。值得珍视的是，这一时期虽然把发展重点放在重工业上面，但并没有忽视国民经济综合平衡，而是实现了有重点的平衡，重大比例关系是比较协调的，这一时期，我国初步形成了以生产资料公有制为基础，以大统一小自由、大集中小分散为原则的社会主义经济体制。以全民所有制和集体所有制为主体，同时也存在一些公私合营经济和个体经济，实行直接计划和间接计划相结合，重视运用价格、税收和信贷等经济杠杆的作用，对基本建设实行高度集中统一的管理，对零星、分散的生产经营活动，用政策法令指导，从价格和供销关系上调节，不直接下达计划。这样的体制模式，同这一时期的发展模式，大体是相互适应的。所建立起来的集中统一的经济体制，对集中财力、物力和人力，保证重点建设，实现奠定社会主义工业化初步基础这样的战略任务，起了重要作用。发展模式和体制模式之间形成一种相互启动、相互促进的关系。

但是，在“一五”末期，当生产资料私有制的社会主义改造完成以后，出现了单一的公有制、单一的计划调节和集中过度等倾向，这对经济发展又带来了不利影响。至于在“左倾”错误思想指导下引发出的“大跃进”和农村人民公社化运动，更把我国的经济发展模式和经济体制模式推离了正常前进的轨道。

“大跃进”时期是我国经济发展史上追求数量超常速增长的最突出的一个时期。当时提出了在十五年内使主要产品产量超过英国，一年内就要把钢产量翻一番的不切实际的战略目标。为求数量上的高速增长，提出一整套的“两条腿走路”方针，到处“土法上马”、“白手起家”，“小土群”遍地开花，粗放的特色异常显著，不讲经济效益，不重视产品质量。在发展方式上，如果说“一五”时期是坚持和实现了有重点的平衡，那么这一时期则是只强调重点而不顾平衡，提出“以钢为纲”，意在集中力量把钢搞上去以带动国民经济其他部门的发展，实际上纲举而目未张，导致国民经济比例关系严重失调。这种经济发展模式，可以说是数量型、粗放型、倾斜型的极端化形态，是特殊历史条件下产生的“畸形儿”。与这种发展模式相联系，这一时期的体制模式也出现很多“怪胎”。例如：在所有制形式和结构上，以为越大越公越好，从而取消个体经济的个体经营，限制集体经济和集体经营；在中央和地方关系上，以为下放越多越好，越分散越好，把不该下放的权力下放了，必要的规章制度遭到破坏或废弛，致使经济效益下降；在分配制度上，刮“共产风”，搞“一平二调”，助长了平均主义。这样的体制模式和这一时期的发展模式一样，不是科学决策下的产物，不是合乎客观规律的体现，因此很难说这一时期的体制模式和发展模式是相互适应、相互促进还是相互矛盾、相互牵制。但从中也给我们一些启示：（1）在实行实物经济而不实行货币经济的条件下，由于缺乏市场竞争机制，无论是搞行政性集权还是搞行政性分权，都难以促进经济效益的提高，也难以刺激集约经营的积极性；（2）片面追求数量增长必然导致和助长粗放经营，而这种发展模式，不一定非要求高度集中的管理体制不可，把权力下放，也能得到同样的结果；（3）只片面突出某种产品作为发展重点，需要用直接计划或指令性指标加以保证，传统的高度集权的计划体制便于做到这一点，但这恰恰助长了国民经济的非均衡增长。

“大跃进”的失败，使我国在1961—1965年实行国民经济调整。对“大跃进”时期的发展模式和体制模式都做了重大改变。比如，把农业放在首要地位，适当缩小基本建设规模，降低发展速度，减少城市人口，制止通货膨胀，保证人民最低生活需要，等等，都涉及发展战略的调整。当时提出了安排好人民生活，真正为人民谋福利，并强调解决民生问题应当是我们国家的重要国策。这实际上就是提出了新的经济发展战略目标，这是同片面追求产值速度增长截然不同的目标。这一时期很重视经济效益的提高，例如，每百元积累增加的国民收入和固定资产交付使用率，都为历史最好水平。同时，也很注意国民经济的协调发展，到1965年，农、轻、重的比例关系，积累和消费的比例关系都比较合理了，物价稳定，财政收支平衡，商品供应情况大有好转，人民生活有了显著改善。当然，调整时期所采取的若干重大措施和所取得的若干重大成就，毕竟带有恢复性质，完全加以理想化也是不尽符合实际的。为了配合调整，这一时期在经济体制上也进行了一些改革。例如，加强了集中统一，保证了综合平衡。这对重点发展农业，压缩基建规模，解决重大比例关系严重失调状况是必要的、有益的，但也存在上收企业过多、企业自主权过少这类问题。再如，试办了托拉斯，强调了用经济办法管理经济，注意了发挥市场调节作用，这对提高企业经营管理水平和经济效益起了直接的促进作用。当然这些制度和办法还不完善和成熟，而且从国家与企业关系方面看，仍然是行政管理多，经济办法少。

十年动乱时期是继“大跃进”时期之后又一个特殊历史时期，并且受“左”的干扰破坏更甚，持续的时间更长。本来，从1966年开始的第三个五年计划，包含着增强国家的经济实力、国防实力和同时解决吃、穿、用为基本内容的多目标战略，但在“文化大革命”冲击下，解决吃、穿、用被当作修正主义而被否定了，只余下以“备战”为中心、以三线建设为内容的目标战略，实际上仍是片面追求经济发展的高速度。由于坚持“以阶级斗争为纲”，否认科学技术是生产力，强调算政治账不要算经济账，因此发展经济的途径是粗放型的，是不讲经济效益的。又由于坚持“以钢为纲”，忽视国民经济综合平衡，发展方式是非均衡型的，造成国民经济比例失调。这样的发展模式是在极不正常的政治、经济和社会环境下形成的。这一时期的体制模式也是在同样历史背景下形成的。一方面，盲目下放权力，各个地区自成体系，国家对宏观经济失控，然而企业仍然缺乏经营管理自主权；另一方面，削弱甚至取消经济杠杆的调节作用，用行政办法和命令方式取代经济手段，然而由于各种规章制度被说成是修正主义的“管、卡、压”而被废除，各级经济管理机构被“砸烂”，国家对经济管理的行政职能也无法行使，整个国民经济正常秩序被打乱。

因此，这一时期的发展模式和体制模式不是建立在客观必然性基础上的，两者之间的关系不是相互向良好方面促进，而是相互向恶化方面推移。

粉碎“四人帮”后的两年中，由于没有认真从发展模式和体制模式方面总结和汲取经验教训，1978 年又一次提出不切实际的规划，仍然是以片面追求产值增长的高速度为经济发展战略目标，仍然要通过新建大批工程项目作为主要发展途径，仍然没有摆脱“以钢为纲”的片面突出重点的发展方式。这种传统的发展模式，一直到 1978 年 12 月党的十一届三中全会以后才随着经济发展战略的转变而开始逐渐有所转变。经济体制模式也有一个逐步转变的过程。

总起来说，新中国成立三十多年来，我国经济发展模式和经济体制模式，在不同的历史时期有着程度不同的变化，呈现着情况不同的相互关系。这种演变不是直线的而是迂回曲折的，但基本上没有突破传统模式。

二 我国传统经济发展模式的基本特征

纵观我国三十多年的经济发展模式和经济体制模式，具有以下几个基本特征：

第一，在发展目标上，主要是追求产量产值的最快增长速度。从指导思想上，把速度问题视为或战胜敌人或被敌人战胜的生死存亡的问题；从方针政策上，曾提出在主要产品产量方面十五年赶超美英的口号；从实际行动上，往往搞产量产值翻番的热潮。这种“数量型”经济发展模式要求与之相适应的经济体制具有数量驱动机制。而原有的经济体制正具备了这一需要。由于把整个社会当作一个大工厂，众多的企业只需按照上级的指令性计划完成上级下达的数量指标，而质量指标、效益指标无法确切加以考核，对企业的约束力不大。这样，企业无不以“提前”“超额”完成计划指标为“天职”，以取得“荣誉”和得到升迁的机会。而计划指标的提前超额完成必然带来上级计划机关对下期企业计划数量的加码，从而企业只能在追求数量指标的“跑道”上奔驰。因此，三十多年来我国在经济发展上虽然遭受过重大挫折，但总的来看增长速度仍居世界前列。请看下表10.1：

表10.1　1951—1980年中国工农业增长速度与主要国家比较

国别	工业平均每年增长%	农业平均每年增长%
中国	12.5	4.0 （扣除社队工业为3.6）
美国	4.0	1.6
苏联	8.6	3.1
日本	11.5	1.7
英国	2.3	2.3
印度	5.9	2.6

资料来源：国家统计局编《中国统计年鉴（1981年）》，中国统计出版社1982年版，第485、490页。

这种具有数量型经济特征的经济发展模式和具有数量驱动机制特征的经济体制模式，不能看作纯粹是人为的，它的形成和巩固具有客观基础。在需求主要是从数量上得到满足的情况下，需求内容比较简单化，特别是人们基本生活需要的产品数量偏紧、对产品实行统购包销的体制，便可使人民基本生活需要得到较为稳定的保证，也可使生产单位生产数量更多的产品而不必担心没有销路，因此通过下达数量指标容易得到满足。在公有制的条件下，采取高度集中的、以指令性计划形式自上而下下达数量指标的体制，最容易保证经济的数量增长。这种具有数量驱动机制的体制模式正好是同"数量型"经济的发展模式相适应的。

第二，在发展途径上，主要是通过外延形式实现扩大再生产。可以说，三十多年来主要是通过追加劳动手段、劳动对象和劳动力数量来扩大生产规模和加速经济增长的。这可以归结为是一种"粗放型"经济。它是数量型经济发展模式派生出来的。数量型经济发展模式所要求与之相适应的经济体制也同样是粗放型经济发展模式所要求的。不过这里需要强调指出，原有经济体制赋予人们以极强的投资冲动。这种体制与粗放型经济发展模式相辅相成，彼此推动，这使以外延扩大再生产为主的特征更加强固。

关于投资冲动的行为，匈牙利经济学家科尔内作了比较系统、深入地描述。他认为，在社会主义经济体制下，企业投资者具有几乎不可满足的需求。因为，(1) 经理或厂长与企业的“自我等同化”，即把自己看作是所在企业的代表，所以天然地会认为自己的企业应该发展。同时，由于大企业可以得到更多的优惠、更多的权力和更优越的社会地位，因而也激励了企业的投资需求。(2) 缺乏投资需求的自我抑制机制。在私人资本主义经济中，投资是一种风险行为，失败会导致破产和企业倒闭，这种风险客观上约束了企业的扩张冲动。而在社会主义经济中这种风险消失了。企业投资来自国家拨款或利息低得可以忽略不计的银行贷款（即便这些很低的利息，还可以摊入成本或拖欠或由财政代偿），这种投资对企业而言是不付任何代价的礼物；而且，正因为投资来自国家，因而企业投资效果不论好坏，国家都必须维持下去。投资与否不依成本、价格、利润情况而定，企业当然是投资越多越好。扩张冲动的存在和自我抑制机制的消失，导致企业普遍存在“投资饥饿症”。

所以我们说，与这种体制模式相应的经济发展模式必然具有“粗放型”发展的特点，它有一种不断扩大要素投入规模的冲动，而对其效益却不予重视。

在我国的固定资产投资中，用于现有企业更新改造的投资比重，从“一五”到“五五”一直不到30%（这当然与我国这段时期的经济发展水平所处的阶段有关），到了1981年和1982年，这一比重有所提高，但也不到35%，而且其中大部分（约70%左右）仍用于厂内外延的基本建设。而发达国家却把70%左右的固定资产投资用于现有企业的技术改造。这正说明了我国和发达国家之间的差距。

第三，在发展方式上，主要是通过突出重工业特别是钢铁的发展，来带动其他部门发展。这可以归结为是一种“倾斜型”经济。

“倾斜型”经济发展模式，在很大程度上也是服务于“数量型”经济发展模式的，它要求运用行政手段，集中使用人力、物力、财力，重点发展某一行业和某种产品。比如，优先发展重工业，国家不能生产足够多的轻工业品与农民等价交换，因此不能通过市场机制取得剩余农产品，而用行政命令和强制办法取得这部分农产品则比较简便易行。再如，优先发展重工业要求集中人力、物力、财力发展那些低利、无利的部门，这就不能强调企业自主经营、严格经济核算、自负盈亏，而要排斥市场机制，对国营企业采取集中经营、一切按上级行政机关指令行事的一套制度。

我国原有的高度集权的、集中计划的经济体制，具有高度的资源动员能力，很容易造成国民经济中某些部门的畸重畸轻，出现倾斜，从而导致国民经济的非均衡发展。

1981 年我国工农业总产值中农业产值已降到 30.8%，整个经济具有一定的工业化水平，但是这种工业化是以经济中长期存在较大的剪刀差，从而以农业的长期低速，低效发展为代价的；我国工业虽然有很大发展，但这种发展却没有反过来带动、促进农业的发展，1982 年农业生产资料（化肥、农药、农机、燃料等）的零售额仅相当于重工业总产值的 14%。这样的重工业结构如何能起到“向前关联、向后连锁”的带动作用？它只能是一个自我服务的封闭的自循环系统。

所以，在低收入水平上，以牺牲农业发展为代价的重工业超前的“倾斜”式发展，结果是“倾斜”累积，最终是整个国民经济结构的严重失调，随之而来的便是整个经济增长速度的升降和经济结构的被迫调整。

当“数量型”、“粗放型”、“倾斜型”这种传统的经济发展模式及所要求与之相适应的实物分配型的集中计划经济的体制模式确立和逐步巩固起来之后，便形成相互制约的状况：一方面是传统发展模式没有对体制模式的转变提出要求；另一方面是传统体制模式成了传统发展式变化的制约力量。

传统的发展模式和传统的体制模式，只适应于某些特殊的情况和特殊的环境，如战时、准战时环境；生产力水平甚低但要解决众多人口的温饱问题的环境；等等。当情况和环境发展变化之后，它们的种种弊端便愈益显露出来。传统发展模式带来的消极后果是：由于片面追求数量，不能满足人民日益增长的、多方面的、多层次的物质生活和精神生活的需要；由于片面追求铺新摊子，不能充分发挥现有企业生产潜力，不能迅速改变国民经济各部门的技术落后面貌；由于片面突出某一行业和某种产品，忽视其他行业和其他产品，失去综合平衡，不能使国民经济协调运转。传统体制模式带来的消极后果是：由于决策权过于集中，严重影响了作为社会经济细胞的企业的活力和生命力；由于只注重行政手段，严重影响了发挥市场机制作用来调节经济运行和产需结合；由于只注意自上而下的纵向联系，割断了商品经济所固有的横向内在联系。

这种传统发展模式和传统体制模式交融在一起，更使它们所带来的消极后果呈现“叠加”和“累积”状态。最主要的表现在，数量型经济发展模式通常要求过分集中的体制模式，而过分集中的体制模式又反过来使战略目标决策上的偏差不易得到纠正。因为决策权高度集中于中央，国家的要求和目标（如增进国力、加强国防力量等）经常居于支配地位，并且强调是代表劳动人民的整体的长远的需要，从而作为压倒一切的目标，而普通群众很少直接参与决策，他们的行使所谓“消费者主权”和影响生产者的市场机制又被排除，从而使劳动人民的日常需要往往被忽视。不仅如此，过分集中的体制还会进一步扩大高速赶超战略的缺点，加剧国民经济的比例失调。因为这种体制模式考核企业工作好坏的标准不是实际满足市场需要的程度和质量效益的状况，而是计划指标完成的百分比，而计划的基本指标则是总产值一类实物指标亦即数量指标。企业为了比较容易地完成这样的计划指标，往往是多要资金、物资等投入，少报产出，争取“宽松”的计划，并且是只重数量而不顾质量和效益，也不关心技术进步和产品的更新换代。这样的经济增长和人民获得的实惠远不相符。历史发展的过程向我们提出的要求就是：传统的经济发展模式和传统的体制模式必须转换。

第三节　发展模式与体制模式的转换及其摩擦

传统的经济发展模式与传统的经济体制模式所产生的种种弊端日

益明显地显露出来，人们要用新的发展模式和体制模式进行取代的决心和自觉性也越来越增强。

一　经济发展模式转换的情况和问题

关于发展模式的转换，首先是从指导思想上，从发展战略上开始转变。粉碎“四人帮”之后不久，经济学界就对社会主义经济目标问题展开了讨论，由批判借口“革命”而置人民生活于不顾的极“左”思潮，逐步深入到批评片面追求产值速度而忽视经济效益的传统观点，这应视为从理论观点上由追求数量增长向追求质量增进转变的一种反映。1979 年 2 月 24 日《人民日报》以《解放思想，搞好综合平衡》为题发表社论，明确提出：“‘以钢为纲’绝不是任何时候都要遵循的客观规律。”“在整个工业生产中，提出以任何一个部门或一项产品为‘纲’，作为长期指导方针，都是不符合客观规律的。”紧接着，1979 年 3 月 21 日，陈云同志在中央政治局会议上又指出：“单纯突出钢，这一点，我们犯过错误，证明不能持久。搞钢，就要煤，要电，要有色金属，等等。突出一点，电跟不上，运输很紧张，煤和石油也很紧张。有了电厂，没有煤烧，没有油烧，电厂只好摆在那里。钢太突出，就挤了别的工业，挤了别的事业。”① 这应视为从指导思想上由片面突出重点的不平衡增长向相对平衡增长转变的开端。1980 年 12 月中央工作会议提出：我国的经济建设要由过去的以外延扩大再生产为主转到以内涵扩大再生产为主，由粗放经营转向集约经营，加强现有企业的技术改造，充分发挥它们的作用。这应视为在发展途径上的战略转变。1981 年，赵紫阳同志向人大五届四次会议作政府工作报告，提出了以提高经济效益为中心发展国民经济的十条方针，这应视为我国从指导思想上，由传统发展战略向新的发展战略转变的比较全面，比较集中的标志。党的十二

① 陈云：《坚持按比例原则调整国民经济》，《陈云文选》（1956—1985 年）第 227 页。

大进一步明确提出在提高经济效益的前提下使工农业年总产值翻两番，要求把全部经济工作转到以提高经济效益为中心的轨道上来。

随着指导思想和发展战略的转变，实际的经济发展模式也在发生变化。主要表现在：

第一，“六五”和“七五”计划提出的经济增长目标没有追求过高的速度，强调提高经济效益。一些时期和一些方面的经济效益有所改善。例如，全民所有制独立核算工业企业全员劳动生产率，按1980年不变价格计算（元/人·年）1978年为11130，1980年为12080，1984年为14070，1985年为15198，如以1978年为100，则1980年为108.5，1984年为126.4，1985年为136.5①，指数逐步上升。又如，全民所有制独立核算工业企业可比产品成本，1981年降低1.17%，1982年降低0.38%，1984年降低1.97%，1985年降低7.7%②，是逐步降低的。再如，单位产值能耗不断降低，短线产品增长加快，产品品种大大增加。1979—1982年期间，在经济效益大部提高的基础上，形成了中速增长的局面。由于重视经济效益的提高，注意纠正片面追求数量增长的倾向，从而使人民得到了更多实惠。扣除物价上涨因素，农民人均收入由1978年的133.57元提高到1985年的397.6元，增长近两倍；城市职工平均工资由1978年的614元提高到1985年的1148元，增长87%。人民生活水平提高幅度之大，是建国以来少见的。这不能不说是经济发展战略和经济发展模式在目标上已发生了明显转变的结果。

第二，强调走内涵扩大再生产的路子，对技术进步和技术改造给予更多注意。在全部固定资产投资中，基建投资所占比重逐渐减少，技术改造投资所占比重不断增加，从平均每年增长速度来看，技术改造投资明显超过基建投资。这种情况，具体可参见表10.2。

---

① 根据《中国统计年鉴（1986）》第329页数字计算。

② 根据《中国统计年鉴（1982、1983、1985、1986）》资料。

“六五”时期完成了近10万个技术改造项目，从国外引进了3000多项比较先进的技术设备。这对扩大生产由外延为主转向内涵为主将起很大作用。

从基本建设中新建项目和改扩建项目所占比重的变化，也可反映出外延部分和因素在减少，内涵部分和因素在增加的趋势。请看表10.3。

第三，由孤立片面突出重点发展转向协调均衡发展。最显著的表现在农轻重的比例关系上。原来过分突出重工业，忽略轻工业和农业的发展，这些年大力加以纠正，终于由三者失调转为比较协调。这从表10.4可看出。

在工业内部，放弃了“以钢为纲”的做法；在农业内部，放弃了“以粮为纲”的做法，注意了全面综合平衡。能源、交通等基础设施，因属“瓶颈”部门，其投资比重有所上升。

表10.2　全民所有制单位基建投资和技术改造投资增长和比重

时期	基本建设投资				更新改造及其他措施投资			
	绝对额（亿元）	年平均额（亿元）	平均每年增长速度（%）	所占比重（%）	绝对额（亿元）	年平均额（亿元）	平均每年增长速度(%)	所占比重（%）
“一五”	588.47	117.69	55.2	96.2	23.11	4.62	—	3.8
“二五”	1206.09	241.22	24.9	92.3	74.91	14.98	42.2	7.7
1963—1965年	421.89	140.63	-24.7	84.5	77.56	25.85	29.9	15.5
“三五”	976.03	195.21	11.1	80.7	233.06	46.61	20.3	19.3
“四五”	1763.95	352.79	20.4	77.5	511.89	102.38	27.5	22.5
“五五”	2342.17	468.43	9.6	73.5	844.05	168.81	17.2	26.5
“六五”	3396.69	679.34	12.7	64.0	1905.51	381.10	28.5	36.0

资料来源：根据《中国统计年鉴（1983年）》（中国统计出版社出版，第323页）、《中国统计年鉴（1985年）》（中国统计出版社出版，第417页）、《中华人民共和国国家统计局关于1985年国民经济和社会发展统计公报》（《人民日报》1986年3月1日）的有关数字加工计算。

说明：平均每年增长速度是以年平均额为基数，按累计法计算的。

表 10.3　　基本建设新建和改扩建项目投资

年 份	绝对数（亿元）		比重（以投资总额为100）	
	新建项目	改扩建项目	新建项目	改扩建项目
1978	286.62	187.58	57.2	37.4
1979	279.67	210.38	53.4	40.2
1980	290.24	237.49	51.9	42.5
1981	218.27	209.77	49.3	47.4
1982	269.90	264.95	48.6	47.7
1983	272.47	271.40	45.9	45.7
1984	349.81	354.95	47.1	47.8
1985	481.42	521.89	44.8	48.6

资料来源：《中国统计年鉴（1986）》，第450页。

表 10.4　　农轻重比例变化　　单位:%

年 份	以工农业总产值为100		
	农业总产值	轻工业总产值	重工业总产值
1978	27.8	31.1	41.1
1979	29.7	30.7	39.6
1980	30.8	32.6	36.6
1981	32.5	34.8	32.7
1982	33.6	33.4	33.0
1983	33.9	32.1	34.0
1984	35.0	30.8	34.2
1985	34.3	30.7	35.0

资料来源：《中国统计年鉴（1986）》，第46页。

所以能够发生这样的转变，基本原因有两个方面：一是战略决策有了转变，一是经济体制模式有了转变。战略决策的转变，集中体现在："要切实改变长期以来在'左'的思想指导下的一套老的做法，真正从我国实际情况出发，走出一条速度比较实在、经济效益比较好、人民可以得到更多实惠的新路子。"① 经济体制模式的转变，主

① 赵紫阳：《当前的经济形势和今后经济建设的方针》，人民出版社1981年版，第14页。

要表现在：在肯定社会主义经济是有计划商品经济理论的指导下，对所有制结构和经营方式进行了改革，缩小了指令性计划的范围，扩大了指导性计划范围，并允许有一部分经济活动由价值规律自发调节，在生产和流通领域扩大了企业自主权，企业之间围绕产品的质量、品种、服务以及部分价格开展了竞争，开始重视发挥市场机制、经济杠杆的作用，注意把生产经营成果与企业、职工的利益结合起来，使企业和职工关心生产经营，重视经济效果，等等。所有这些，都有利于经济发展模式发生上述转变。

二　经济发展模式转换的长期性和渐进性

经济发展模式的转换不可能一蹴而就，需要一个相当长的过程，这首先是人们长期形成的片面追求产值增长速度的传统观念和传统做法很顽强，一遇可能的机会就竭力把经济发展牵引到数量增长型的方向。比如，1982 年把工农业总产值翻两番作为经济发展战略目标，同时提出要以提高经济效益为前提，但人们往往只是牢记“翻两番”，而把效益置之脑后，因此追求产值和攀比速度之风席卷而起，于是导致 1984 年和 1985 年出现经济过热和效益下降的局面。多种利润率、单位产品成本、产品质量以及固定资产交付使用率等都不如前期，有的降到历史最低点。

其次，由于基本上还没有突破数量增长型的发展模式，与之相联系，至今也基本上没有跳出粗放型经济的旧框框。要求追加生产要素的数量来扩大生产规模的倾向仍占主导地位。对如何通过革新技术、改善管理来发展经济还缺乏一套科学制度和成熟经验。由于没有建立起投资责任制和促进创新的机制，企业具有一种强烈的上项目、铺摊子的投资冲动，基建规模仍然过大，而对技术落后则缺乏危机感，也没有创新的内在要求，致使技术改造和技术进步的速度赶不上技术陈旧的速度。有资料说明，美国近四十年中经济的增长有 68% 是依靠技术进步取得的，而劳动力和投资增长所起的作用只占 32%。苏联 70 年代在劳动生产率增长的诸因素中，技术进步的因素占 70%—75%。相比之下，我国目前经济增长依靠科技进步的因素所占比重很小，据测估，在工业生产增长总值中，只有26%左右是依靠科技进步因素取得的。在过去长时期内，我们扩大生产规模主要不是依靠提高生产要素效能，提高管理水平，而是依靠通过外延或粗放形式实现的，这种状况，目前仍未根本改变。

再次，现在还不能说我国经济已走向均衡稳定发展的道路。在农轻重比例关系积累与消费比例关系趋向协调的情况下，还有某些重大比例关系不甚协调，能源、交通仍然落后，原材料工业的增长始终赶不上加工工业的增长。而在深层结构改造方面，诸如直接生产部门和基础设施以及第一、二、三次产业的结构还不很合理，技术结构、规模结构、区域结构、进出口结构等仍未摆脱传统的落后模式。整个经济发展在趋向稳定中还潜伏若干不稳定因素：财政收支不平衡，从1979年到1986年，除1985年外，都产生了赤字；货币收支不平衡，有几年都出现货币发行量过大的情况；物价不够稳定，副食品价格增加幅度较大，以财政的双重补贴为后盾；固定资产投资和消费基金的规模偏大，造成国民收入“超分配”。

上述问题的产生和存在，说明由传统的发展模式转换为新的发展模式，不是在很短时间内就能顺利完成的；发展战略转变了，发展模式不一定迅即跟着转变；发展模式的转换，需要经过一个相当长的过程，不是主观上想多快就能多快，而是取决于很多客观条件。原因在于：

1. 由传统发展模式转为新的发展模式，不仅需要从指导思想、方针、政策和措施等方面加以转变，而且需要在物质技术基础和干部经验、素质等方面都相应发生变化，这是短时间内无法实现的。特别是由于绝大多数干部是在实行传统战略时期成长的，缺乏实行新战略的认识基础和足够的经验，因此自觉不自觉地总是沿袭原来的模式发展经济，不经过一段较长的过程是难以扭转的。

2. 我国农业劳动力过剩，大约有三分之一的潜在待业人口，由农业劳动转为工业劳动是一个相当长的过程。由于中国不会出现劳动力不足，因此，通过扩大劳动力数量求得外延式（或粗放型）的经济发展，有其深厚基础。

3. 广阔的农村市场使传统数量增长仍有动力。八亿农村人口组成的“吸水池”，对商品的吸收力和消化力之强大是惊人的。这也为数量型经济和粗放型经济的发展提供了客观条件。

4. 乡镇工业大量涌现和迅速发展，导致落后技术不能很快淘汰，集约化程度不能很快提高，粗放型经营短时间内难以根绝。

还需要着重指出的是，发展模式的转换要求体制模式发生相应转换，这样才能做到相互促进。在体制模式确定之后，有其独立发挥作用的基础和效力，在它不能随发展模式改变而相应改变的情况下，发展模式想迅速变化也是困难的。因而，从传统体制模式转变为目标体制模式，绝非是轻而易举的事。它需要从所有制结构、决策权力结构、动力和利益结构、经济调节体系和经济组织结构等几方面进行转变，因此也就需要有一大批管理人才来适应和保证这种转变。而传统模式和传统观念的习惯性，能上难下的利益刚性，以及转换过程中的预期不确定性，都会影响人们的经济行为，从而影响模式转换的进程。

既然不论是经济发展模式还是体制模式都不能很快由传统模式转到目标模式，那么就必然同时存在着经济发展的过渡模式和经济体制的过渡模式。在这种新旧模式交替过程中不可避免地要出现种种摩擦。这种摩擦主要表现在三个方面：

其一，发展模式转换本身的摩擦。

由于我国目前的社会生产力水平还不是很高，这就产生了两方面的矛盾情况；一是经济生活水平还比较低，现在只能说温饱基本解决，距达到物质生活丰裕还有很大距离，对某些物品还不是选择优劣问题而是解决有无问题，这就为数量型经济的延续提供了客观依据。但同时人们在消费方面已越来越明显地出现了由注重量到注重质的趋势，这就为质量型经济或效益型经济取代数量型经济提出了客观需要。因此，在数量型经济与质量型或效益型经济之间难免发生摩擦。一是存在着二元经济结构，亦即落后的农业经济和先进的非农业经济并存，一方面城市经济和大工业经济呈现内涵发展的巨大潜力，另一方面乡镇经济由于存在着充裕的农村劳动力资源呈现出外延增长的广阔前景。因此，在粗放型经济与集约型经济之间也难免发生摩擦。与此相联系，大量农村人口从农业经济向非农业经济转移，将会给我国的经济增长和经济结构、消费增长和消费结构带来巨大变化和新的压力，从而也会增加发展模式转换本身的摩擦。

其二，经济体制模式转换本身的摩擦。

由于这一问题在其他章节有论述，这里从略。需要说明的是，在考虑经济体制模式转换本身的摩擦时，应注意到两种情况：一是摩擦表现在体制模式转换上，但可能是由于受到发展模式转换摩擦的影响而产生的；二是经济体制模式转换本身的摩擦往往也会影响到发展模式转换上。

其三，发展模式和体制模式双重转换之间的摩擦。

基于发展模式和体制模式转换中各自的内在矛盾，势必引起两种模式转换之间的摩擦。这有几种情况，一种情况是，旧的发展模式和体制模式共同保存着原有的东西没有转换。例如，旧的发展模式中追求产值速度的惯性经常发作，旧的体制模式中投资饥渴、数量扩张的机制远未失去功能，两者结合在一起，更加增强了转换的难度。再一种情况是，旧模式中的一些东西破了，但并没有新模式去取代。例如，过去约束消费需求的一套章法被破除了，可是并没有控制消费基金膨胀的一套新的章法。还有一种情况是，在用新模式代替旧模式方面向前迈出一步，然而用以代替旧模式的新模式本身并不配套，例如，行政指令控制的范围缩小了，某些市场机制也运用了，但由于完善的市场协调机制和市场体系还未建立起来，因此产生了宏观失控现象。正因为有这些情况存在，于是出现旧模式中常见的发展过热的紧张势态；产业结构和产品结构跟不上消费结构从温饱型向选择型过渡的情况；以及重量轻质和铺新摊子之风远未消除的局面。在上述情况中要特别提起注意的是旧的发展模式和旧的体制模式相互扩大影响的作用的情况，例如，传统体制模式内在的数量驱动、投资饥渴等痼疾，又转而成为支持传统发展模式中追求高速增长和外延发展的动因。

从这几年的实践来看，由于我们正处于发展模式和体制模式的转换过程之中，两种发展战略同时起着作用，在发展目标、发展途径、发展方式等方面常常出现对立和冲突，以致发展模式的转换常常出现反复。尤其因为经济体制模式中双轨制带来企业的双重行为，企业不得不一只眼睛盯市场，一只眼睛看上级；而国家对企业的控制也是直接的行政手段和间接的参数手段并用。但是，这时旧的行政手段已不能起决定的作用，而新的控制机制尚未建立起来或很不完善，加之体制模式的转换并没有能从根本上消除传统体制下微观细胞的“投资饥渴”、“消费饥渴”的痼疾。因此，近几年来，“投资饥饿”、“消费饥渴”造成的社会总需求过度膨胀给发展模式转轨带来了极大的困难；而由于经济中过热现象的反复出现，经济增长的环境再次变得有利于数量型、粗放型经济的增长，因此，虽然在发展战略上提出了转变，但实践中数量增长型向效益提高型的转变、粗放型向集约型的转变依然未能实现，发展模式的转换受到了来自体制模式方面的强烈制约。

应该指出，经济发展到了一定阶段时，继续前进已不仅仅是速度问题，比例、结构、质量、效益等问题都突出起来，互相依存、互相制约。当前世界经济的发展已经进入质量增进的时代，如果只有数量的增长，而无质态的优化，速度虽快，也无法实现现代化。因此，从速度中心到效益中心的转变，是经济发展模式转变的核心。而要实现这一转变，不仅在发展的指导思想上要把提高经济效益作为中心，而且在经济体制上要形成致力于提高质量效益的自我调节机制。如果没有经济机制和企业行为的显著改变，如果仍是双重经济体制导致双重经济行为，那么，也难以牢固树立新的经济成长观念，难以彻底转向效益提高型的发展模式。

正是因为两种模式转换各自存在着内在矛盾，又因为两种模式转换相互之间也存在着摩擦，所以决定了目前我国经济大变动中同时进行的双重模式转换是一个非常曲折的过程。

在双重模式转换过程中，我们的一项重要任务就是最大限度地减缓摩擦，不断地把双重模式转换推向前进。

第四节　促进经济发展模式与经济体制模式的转换

上一节我们论述了我国经济发展模式与经济体制模式都处在转换的过程之中，新旧模式交替并存。实践证明，我们在经济建设方面取得的成绩，如农业和轻工业的高速发展和人民生活的明显改善等，都同转入新的发展模式有关；而出现的失误和发生的问题，如投资过多、速度过快等，又同传统发展战略继续发生作用相连。因而，尽可能地加快两种模式的转换进程，在经济发展中使速度、结构、效益有一个较优的结合，在经济体制上形成有利于这种优化组合的自调节机制，将使我国真正走上一条速度比较实在，经济效益比较好，人民可以得到更多实惠的新路子。

在过去的三十多年里，我们一直致力于解决人民群众的温饱问题，在那时，传统的以追逐数量增长为核心的发展模式还是有其存在基础的。如今我国经济发展已基本解决温饱问题向小康水平前进，经济形势正在发生变化，表现在：（1）我国从1979年到1986年的八年里，已使城镇的6000万新成长的劳动力得到就业，使农村7000万劳动力转入非农产业，我国劳动力严重过剩的状况正在消失，农业人口向非农产业转移的速度将会逐步加快；（2）居民消费达到和超过温饱线以后，对工业消费品和服务性消费的需求明显增大，需求的选择性日益增强，而随着供应状况的改善，供给方面的竞争将会加剧；（3）当今世界科学技术进步一日千里，不开放不可能摆脱落后，而要开放就得适应国际竞争及由此引起的国际分工的变化。以上这些新的形势都表明传统发展模式存在的基础正在消失，转入新的经济发展模式的条件正在成熟。

要推进经济发展模式的转换，需要看到其和经济体制模式之间的互为条件、互相制约、互相促进的关系。其中的两个问题，即正确处理总需求和总供给间的关系，形成对投资膨胀和消费膨胀的自我抑制机制；正确推进经济结构的调整，形成有利于产业结构的调节与优化的机制，已另辟专章。在这里，着重从推进双重模式转换过程中需要解决的几个问题，作进一步的探讨。

一　正确处理建设和改革的关系

关于建设和改革的关系，赵紫阳同志说得非常简明：“从根本上说，改革是为建设服务的，从当前和今后一个时期来说，建设的安排要有利于改革的进行。”① 我们不是为了经济体制改革而进行经济体制改革，而是为了更好、更快地实现社会主义现代化建设而进行经济体制改革，离开这一根本指导思想，既会贻误建设，也会使改革受到阻碍或偏离正确方向。因此，从根本上说，改革必须服从建设。经济体制模式的转变要和经济发展模式转变相适应，相互促进，配套前进。

在改革和建设之间既有相互促进的方面，也有矛盾的方面。如1979年和1980年共出现近300亿元的赤字，货币发行过多，物价上升加快，经济建设潜伏着危险，这里固然有1978年“洋冒进”的后遗症，也同1979年农副产品收购价格提高的幅度过大以及改革中财权下放过快过多有一定联系，因而党中央作出了调整、改革、整顿、提高并把调整放在首位的战略决策，经过调整，为改革措施的出台创造了条件。1984年下半年和1985年上半年经济增长速度过高，投资规模过大，信贷、外汇和消费基金失控，使一些原定的改革方案不得不推迟，经过加强宏观控制，适时降速，从而为深化改革创造了有利的环境。

实践证明，我们在前进过程中经常面临着建设和改革谁摆在首位的两种选择。在进行选择时，要把经济建设中属于经济增长与经济发展两个不同的内涵加以区分，经济增长侧重于经济总量的增加，着眼点是速度；经济发展侧重于经济质态的提高，着眼点是经济结构的调整、优化、升级。由于改革是为经济的长期高效稳定增长创造内在的机制，为将来的经济进一步振兴创造条件，因而在谁摆在首位的选择

① 赵紫阳：《关于制定“七五”计划建设的说明》，《中国共产党十二届四中全会全国代表会议十二届五中全会文件汇编》，人民出版社1985年版，第82页。

中，要使经济增长服从于改革，要有计划地将总的经济增长速度控制在适度范围内，为推进改革创造较为有利的经济环境。至于从发展和改革的关系来讲，由于经济发展的质态提高，是现代化的必由之路，所以无论是着眼于长期或者短期，改革都要为发展服务，改革的每一步都要有利于促进发展模式的转换，促进经济结构的合理调整与升级，实现速度、效益、结构的优化组合。因而，在任何时候，确定改革任务的主要依据和检验改革成效的主要标准，都只能是改革措施是否能很好地解决经济发展中提出的紧迫问题，是否能满足经济发展中的要求。

二　促进科学技术进步是发展模式和体制模式转换的基本出发点

现代科学技术是新的社会生产力中最活跃的因素，也是起决定性作用的因素，是我国经济走向结构优化的新成长阶段的主要杠杆。在我国人口众多而许多重要资源相对不足的条件下，长期在落后技术基础上靠消耗大量资源来发展经济，是没有出路的。不仅有限的自然资源难以为继，即使生产总量增加了，产业结构也无法改善。而且科技不进步，产品质量难以提高，物质消耗难以降低，用低水平重复的办法搞强化开发，产值增加与提供的纯收入及可供分配的社会财富的增加不能够协调地同步地增长，因而社会经济生活中的一系列矛盾非但不能缓和，还有可能进一步加剧。产品的质量和品种上不去，既不能满足人民多样化的需要，也不适应国际市场上的剧烈竞争的形势。所有这些都说明，只有坚决地把国民经济各部门逐步转到新的科学技术基础上，我们才能保证到本世纪末的战略目标的实现，并且为下个世纪经济的持续发展培育更大的后劲。

需要指出的是，当今世界新技术革命迅速发展，这对于发展中的中国来说，既是一次迎头赶上发达国家的良好机会，也是一场严峻的挑战。如果我们错过这次机会，在科技发展上没有采取正确的对策，那么我们在经济技术上赶上发达国家的任务就会越来越艰巨。因此，科技的进步和运用，是关系我国兴衰盛败的重大发展战略问题，它将在根本上决定着我们能否顺利地向小康水平前进，关系着整个现代化建设的前途和命运。迄今为止，不少人对于科学技术的极端重要性仍然缺乏深刻认识，轻视乃至忽视科学技术的传统观念和习惯势力，至今还严重影响着科学技术和经济建设的发展，科技和经济两张皮的现象也并没有从根本上得到克服，这就更加说明这一战略转变的重要性和艰巨性，说明必须要把促进科学技术进步作为发展模式和体制模式转换的基本出发点。

现在各行业、各地区、各企业都迫切要求技术改造，但在需要和可能之间存在着很大矛盾，为了解决这样的矛盾，就必须分清轻重缓急，通盘筹划。在我国的经济、社会发展五年计划中，包括了技术改造的内容，但是，一则不可能太具体，二则仅限于五年，因此，在细化程度上和长远设想上，都显得不够，需要研究、拟定一个专门性的规划。在这样的规划中，应当明确提出我国科学技术发展的战略目标，并把振兴国民经济，加快传统产业的技术改造和技术进步，作为科技工作的首要任务，明确改造的重点、步骤、措施等等。

我国技术发展的总目标是："到本世纪末，把经济发达国家在70年代或80年代初已经普遍采用了的、适合我国需要的先进的生产技术，在我国厂矿企业中基本普及，并形成具有我国特色的技术体系。"① 根据我国国家科学技术委员会的分析，各行各业的技术水平的发展前景，大致有五种类型：（1）大多数领域，首先是大批骨干企业，经过努力，有可能在本世纪末达到经济发达国家70年代和80年代初的技术水平。（2）有些传统产业（如纺织、食品等）和一些新兴产业（如家用电器、微电子计算机等）有需要也有可能接近经济发达国家90年代水平或接近当时的世界先进水平。（3）有些领域（如交通、城市电气化、煤气化、通信等）还不可能达到基本普及经济发达国家70年代末和80年代初的生产技术水平。（4）有些领域，国外过去的技术发展方向并不适合我国国情，或不再适合今天新技术发展的潮流，因而我们不能重走其他国家走过的老路，要另辟蹊径，或者跳越一些阶段，采用更为新颖的先进技术。（5）有些领域我国

① 赵紫阳："经济振兴的一个战略问题"，载《人民日报》1982年10月27日。

有独特的资源条件和传统技术（如稀有金属共生矿、中医中药等），开发利用这些资源，发展自己的独特技术，必将形成和发展具有我国特色的先进技术。各行各业应当根据我国总的技术发展目标，结合本身具体情况，来研究和确定自己的技术改造规划。

我国进行技术改造，从国民经济范围来讲，重点应放在能源、交通、原材料、机械、电子、轻纺等行业上面；从一个行业范围来讲，重点应放在生产短线产品、出口创汇产品及开发新产品的大中型骨干企业上面；从一个企业范围来讲，重点应放在提高产品质量和性能、扩大品种、降低消费和能够改变关键生产线、车间、生产设备落后状况的先进技术上面；从一台机器设备来讲，重点应放在改造影响功能、精密度、效率的关键部位和装置上面。在技术上要注意先进性与实用性的统一。

整个技术改造应以产品的更新换代为着眼点和驱动点，以达到比较高的社会经济效益为目的。产品改造牵涉整个生产工艺过程，抓住了产品这个龙头，就可触一发而动全身。

为了有计划、有步骤地进行技术改造，需要解决很多问题，诸如资金问题、技术选择和设备供应问题、人才培养问题，等等，这里不能一一备述，仅就如何通过经济体制改革和采取各项正确政策来推动技术改造问题作进一步的探讨。

在传统体制下，投资权高度集中，严重影响了我国工业技术水平的提高。通过体制改革扩大了地方权力和企业权力，这对激发地方和企业追求技术进步的积极性起了一定作用，但由于旧体制未完全破除，新体制还不完善，在新旧体制转换过程中产生很多摩擦，从而也存在着障碍企业技术改造的因素和机制。有人对成都市进行调查发现了这样一些问题：（1）扩大了权力的地方政府，在投资倾向中，市政建设是首要的（其中又以住宅、宾馆、办公楼和道路建设为重），其次是当前生产，再次才可能考虑提高企业技术水平。（2）主管部门投资行为，倾向于部门内各企业当前生产的均衡发展，在项目审批和资金安排倾向于抽肥补瘦，对企业技术改造也是放在当前生产之后，不过要比地方政府关心。（3）扩权后的企业，技术改造的愿望比较强烈，面对着市场压力增大的严峻形势，技术改造投资倾向也随之增强。但目前我国企业的性质、地位决定了它的投资倾向也具有生活优先、生产其次、技术改造居后的特点。近几年企业留利除用于奖金外，大都用于住宅等生活福利设施建设，很少用于生产性投资。即使在生产性投资中也不总是倾向于技术改造，当处于卖方市场时，企业的冲动主要是扩大生产能力，增加产量，进行以外延扩大再生产为主的投资，这种投资技术进步的程度往往不高；当处于买方市场时，企业投资才倾向于提高设备水平，增加产品品种，提高产品质量，进行以内涵扩大再生产为主的投资，这种投资对技术进步推动作用比较大。这些情况说明，一个地区，一个部门，一个企业，是不是关心技术改造，关心到什么程度，是由很多因素促成的，而如何从经济体制上解决企业追求技术进步的内在动力和内在机制问题，则是非常重要的。从技术改造的角度，对当前体制改革的迫切要求，集中在两点：一是真正落实企业自主权，一是建立金融市场和技术市场。技术改造主要是靠企业来搞，这首先就要求企业具有自我改造的动机和活力，可现在真正搞活的企业还不是很多，尤其是大中型企业还有很多是缺乏活力的。企业所以对技术改造关心不够，兴趣不大，积极性不高，是因为他们感到技术改造对自己的直接利害关系小，从中获得的好处少，甚至吃亏。由于企业缺乏活力，也就很难对技术改造产生强大内在动力，而活力不够的一个重要原因是缺乏自主权，近几年已从很多方面扩大了企业自主权，但并没有真正落实。因此，真正落实企业自主权是推动企业技术改造的重要条件。另外，就是要实现科技成果的商品化并搞活资金来源，克服资金短缺，这是企业技术改造碰到的一个最大的实际困难。因此，建立和完善金融市场和技术市场，是推动企业技术改造的又一重要条件。还有一个值得注意的情况是：企业目前迫于考虑一些比技术改造更棘手、更迫切的问题，在改革不配套、资金材料短缺、自主权不落实、价格扭曲的种种约束下，企业处于绷紧的状态，这就不能不影响企业的意识和行为，因此应当创造一种能够激发和推动企业进行技术改造的环境。

正因为这样，推动科学技术的发展，需要进一步深化经济体制与科技体制的改革，建立科技与经济密切结合的有效机制，通过技术成果的商品化以及技术市场的发展，促进研究机构，设计单位、高等学校以及企业之间开展多层次、多形式的协作和联合，广泛开辟科技与经济密切结合的形式与途径。要通过投资体制、税收体制、金融体制等方面的改革，从政策上解决“鞭打快牛”的反推力现象，使投资的偿还能够体现鼓励先进的要求，并通过提高折旧率、改进折旧金的管理以及减免调节税等改革措施，形成对企业推广应用科技成果的动力、压力和自我发展与改造的能力，形成经济发展和技术进步相互推动促进的内在机制。

三 扩大对外开放是实现发展模式和体制模式转换的不可分割的组成部分

是对外开放还是闭关锁国，这是党的十一届三中全会以来的路线和过去路线的重大区别，也是新的发展模式和新的体制模式不同于传统的发展模式和体制模式的重大分界。当然，我国这几年的对外开放，还只是开了个头。但实践已经证明，要提高经济素质，加快科学技术发展，就必须扩大对外开放。只有开放，才能够博采天下之长为我所用，才能够广泛吸收国外的资金、技术、知识、管理经验；也只有开放，才能够充分利用世界经济结构变动对我有利的时机，扬长避短，获取良好的经济效益。

进一步扩大对外开放，需要着重解决以下几方面的问题：

第一，确定对外出口的战略和进口的战略，相应进行产业结构的调整，实行有利于进出口战略转变和出口产业结构调整的外贸体制，把上述这几个方面的转换作为一项系统工程，通盘考虑。众所周知，当今世界经济的发展趋势是各国间的经济联系日益密切，相互依存日益加深，技术传递日益加速。但是国际竞争是很剧烈的，因而需要制定发展对外经济联系的战略，包括实行什么样的出口战略和什么样的进口战略，以指导和开展对外经济联系中的竞争。

出口战略的转变，出口商品结构的转变，出口创汇能力的大小，其基础是形成有国际竞争力的出口产业。我们应当看到，当今国际分工变化的趋势是，经济发达国家正转向发展那些高精尖产业，以提高劳动生产率和获得更高的经济效益，因而它们要把淘汰的产业不断地转移到新兴工业国家，而新兴工业国家也在进行产业结构的调整，发展对己有利的新兴产业并把利益已经不大的劳动密集型产业转移到发展中国家。因而，我们国家在这种产业结构的传递调整过程中，应当采取什么样的发展战略和相应的产业政策，究竟是把重点放在接受发达国家淘汰出来的传统产业上，还是把重点放在开发尖端技术的新兴产业上，需要权衡利弊得失，作出战略抉择。

这几年的外贸体制一直在进出口贸易管理权力的上收与下放中打转转，或者因为权力的过度下放而加剧了内部竞争，外商从中取利，油水肥了外人田；或者因为权力的高度集中而挫伤了积极性，影响了出口创汇。而体制改来改去，一直解决不了出口商品的竞争力差、经济效益低等问题。因而有必要把进出口战略、产业结构、外贸体制通盘考虑，使新的体制能够推动出口战略的转变和促进产业结构的调整，形成能够促使提高出口竞争力的调节机制。

第二，巩固和发展已经初步形成的“经济特区——沿海开放城市——沿海经济开放区——内地”这样一个有层次、有重点的由沿海向内地逐步推进的开放格局。这是因为我们既要从发展对外经济联系中获得好处，又要避免冲击和影响本国经济发展，不能不在对外开放的同时又实行必要的贸易保护主义，对于外国商品输入实行关税壁垒，并且实行进口配额、出口许可、外汇管制等限制措施。而与此同时，又划出一定的地区，实行不同于国内其他地区的特殊体制，以更多的优惠吸引外国资本的投资和发展对外经济联系，这就是深圳、珠海、汕头、厦门等四个经济特区的由来；之后又开放大连、秦皇岛、天津、烟台、青岛、连云港、南通、上海、宁波、温州、福州、广州、湛江、北海等十四个沿海港口城市和海南岛，在这些地方实行特区的某些政策；以后又把这些政策扩大到长江三角洲、珠江三角洲、闽南厦漳泉三角地区、辽东半岛、胶东半岛等沿海经济开放区。我国这种开放的有层次递推的战略，既促进了实行特殊体制的开放地区的率先发展，又保护了广阔腹地的民族工商业，推动了以经济特区为基地的对外开放健康地继续向前发展。今后我国在实现经济发展模式和经济体模式转换的过程中，要进一步推进沿海地区的发展战略，明确经济特区、开放城市、开放地区的开发与建设规划，积极发展外向型经济，积极开展同内地的横向经济联合和协作，以充分发挥它们在我国对外开放中的基地和窗口作用。

第三，制定能吸引国外投资的投资优惠政策和经济体制。在我国四个现代化的建设中，资金不足是个大问题。因而经济体制的改革要既有利于吸引国内投资，也有利于吸引国外投资。这就要进一步明确中外合资经营企业、合作经营企业和外商独资企业是我国社会主义经济必要的和有益的补充，它们的发展还有利于我们引进国外先进的技术和管理经验，因而我们要进一步改革经济体制，完善投资环境，充分发挥我国市场广阔、劳动费用低廉的优势，形成良好的“小气候”以吸引更多的外商来我国投资，改善投资结构，提高投资效益，不断提高利用外资的水平。

四　经济发展要和社会发展相协调，解决好人口、资源、环境等方面的社会问题

我国经济发展从温饱型转向小康型，从单纯重视数量增长转向全面重视生活质量的提高，这使得经济发展模式的转换增添了丰富的社会发展内容。其中，人口膨胀、资源破坏和生态恶化，是世界各国文明与进步中面临的共同性问题，中国在经济发展过程中要认真地把解决这些社会问题作为重要任务与紧迫课题。

我国人口占地球人类的四分之一，在我国这样一个人口众多的国家里，实行什么样的人口政策和就业政策，是关系到发展前景的大事。“六五”期间我国在控制人口方面取得了显著成绩，人口自然增长率由 1972 年的 22‰下降到 1985 年的 11‰左右，五年的平均增长率为 11.7‰。但由于在 1995 年前我国仍处于生育高峰期，平均每年进入育龄的妇女人数在 1100 万人以上，即使生育率有较大幅度下降，人口总数仍将继续增长。而且农村实行生产责任制后，原来控制生育的一些手段失效；边远山区和少数民族地区生育率较高。这些因素都

说明要在2000年时把全国人口控制在12亿以内，其任务还是很艰巨的。我们作计划、想问题都还要从我国这个国情出发，采取相应的对策。

与此相应，在我国计划生育搞得比较好、人口自然增长率低的一些城市和地区，又出现了人口老龄化的趋向，这又会带来许多新的社会问题和经济问题，需要及早研究采取正确的对策。由于各地经济发展水平有差别，人口控制程度有差别，因此今后不同地区的就业问题将呈现不同的态势，那些经济比较发达而人口自然增长率较低的地区将会出现劳动力的短缺，而那些经济较不发达而人口自然增长率较高的地区则仍有大量的剩余劳动力，这就需要通过劳动力的流动并采取各种灵活的就业方式，妥善解决新增劳力的就业问题。还需要指出的是，随着我国经济发展模式和体制模式的转换，“大锅饭”和“铁饭碗”的打破，必将带来新的社会问题，需要相应地建立起有中国特色的社会保障制度，以便在打破企业里的“大锅饭”的同时另开社会保障的“大锅饭”，实现社会协调发展和共同富裕。

在我国经济发展过程中，必须高度重视保护自然资源。我国号称地大物博、资源丰富，这是就总量而言的。由于我国人口众多，平均每人拥有的耕地资源、水资源、森林资源，都远低于世界上许多国家的人均水平；我国的矿产资源除煤炭等少数几种矿藏外，人均储量也并不高。我们必须珍惜这点有限的家底，考虑到子子孙孙，我们的发展模式决不能搞竭泽而渔，不顾将来。我们在国民经济特别是工业的进一步发展中，一定要积极防治环境污染，特别是在经济体制中要形成对保护和改善生态环境的奖罚机制。

经济发展和社会发展，存在着互相促进的辩证关系。各种社会问题的解决，有赖于经济发展提供基础；而在经济条件许可的范围内处理好社会问题，创造一个比较好的社会环境，又能够促进经济发展，使经济发展步入新的境界。我们必须把握好这种关系，以之推动经济发展模式和经济体制模式的转换。

第十一章　经济体制模式转换的环境与供需总量平衡

在传统体制中，经济增长的大起大落与效率低下并存及投资需求膨胀，一再迫使总供给和总需求失衡并处于供给总量小于需求总量的短缺状态，这又加剧了经济体制的僵化和过度集中。我国和东欧一些国家经济改革的实践表明，在传统模式向目标模式转换过程中，虽然能够出现某些经济稳定、有效益的增长势头，但是，仍然可能出现投资膨胀，而且还会出现投资和消费的双膨胀，造成向供给总量小于需求总量的方向倾斜，从而严重制约经济改革的推进，甚至使经济改革向后倒退。因此，本章就经济体制改革的环境和供需总量平衡问题进行研究，以便在实践中为经济改革创造适当的总量环境提供理论依据。

第一节　从卖方市场转向买方市场的困难、问题和前景

经济体制改革的顺利进行需要一个总供给略大于总需求的有限买方市场环境，而传统体制又不断再生着总需求大于总供给的卖方市场。如何实现从卖方市场到买方市场的转换，从而为经济体制改革创造适宜的环境，就成为经济体制改革起步之后经常遇到的困扰与问题。

一　改革应在怎样的环境中进行？

早在 1979 年党中央制定“调整、改革、整顿、提高”的八字方

针时，我国经济学界就对改革应在怎样的环境中进行这一问题展开了讨论。经过讨论，绝大多数经济学者认为，由于长期以来经济工作中“左倾”思想的影响和干扰，加上十年动乱及粉碎“四人帮”后最初两年的冒进，国民经济濒于崩溃的边缘：经济结构极不合理，国民经济中的重大比例关系严重失衡；过度集中的经济体制和相当混乱的企业管理使经济运转失灵，效率极为低下；同时，以价格体系为中心的各类经济参数处于连锁扭曲的状态，因此，经济工作的重点应当放在“调整”上面，把积累与消费、工业与农业、重工业与轻工业等国民经济主要比例关系理顺，缓和经济紧张和失衡状态。在此前提下进行局部的试验性改革，待到国民经济中主要比例关系大体协调、经济环境较为宽松的时候，再开始经济体制的全面改革。

经过几年的经济调整，到1984年上半年，经济形势已经为经济体制的全面改革创造了比较成熟的条件。国民经济中的重大比例关系不仅摆脱了严重失调的困境，更重要的是，经济系统的运行也开始注入了市场机制的要素，企业逐步从单纯面向指令、适应产品调拨要求而生产，转向面对市场需求、适应消费结构的生产经营型的轨道。主要农产品已经自给或自给有余，大部分经济作物的生产，特别是乡镇企业的经营，正以不断加快的节奏适应市场变化。在城市，轻纺工业中竞争加剧，局部买方市场此起彼伏，过去统得很死的生产资料生产也有相当大的一部分进入市场调节，缓解了短线制约，新的结构环境有助于经济运行的稳定及承受经济改革的震荡。同时，经济增长走出了停滞不前、效益极为低下的状况，呈现出有效益地加速增长的势头，工农业总产值的增长速度由1981年的4.6%，提高到1982年的8.8%、1983年的10.2%及1984年的15.0%①。与此同时，经济效益有所提高，财政收入增长较快，产品适销对路，人民得到实惠。国民经济重大比例关系的基本理顺和经济有效益的稳定增长，有助于从供给方面缩小总供给小于总需求的缺口、为全面改革创造供需总量大体平衡的环境。正是在此基础上，许多经济学者认为，经济调整作为

① 《中国统计年鉴（1985年）》，第28页。

一个阶段已经结束，全面改革的条件已经具备。1984年秋，我国提出并推进了以城市为重点的全面经济体制改革。

但是，在既定的时间内，供给总量的增长总是有限的，因此，问题的关键就转化为如何有效控制包括投资需求和消费需求在内的需求总量。而在这方面，自1984年第四季度起却出现了新的膨胀和过热的动向。

到1984年底，首先给人们以强烈刺激的信号是10—12月现金投放急剧增加。在生产增长速度相差无几的情况下，信贷投放和现金货币发行均为1983年同期的三倍以上，以致出现了局部市场和消费者行为的紊乱。投资膨胀历来是总需求膨胀的发端，从而是货币投放突破的主要原因。1984年全民所有制单位固定资产投资总额完成1185亿元，比上年增长24.5%，全社会固定资产投资总额达到1833亿元。① 虽然近年来特别是1984年，由于改革的步伐明显加快，错误的价格、税收信号减弱、企业财力、地方财力和其他资金的投资方向有所改善，减轻了中央被迫追加短线投资增大建设规模的压力，同时，投资结构的合理化因素又改善了投资效益，较快形成供给，从而扩大了经济能够承受的投资总规模的限度，减轻了投资膨胀在总需求膨胀中的压力，但投资规模仍然过大。

更为严重的是，一向作为投资膨胀副产品的消费膨胀来势凶猛。从银行投放货币的情况看，主要农产品超购加价自动升级的机制，促使农村货币投放大量增加。城市中的工资性现金支出比上年增长22.3%，大大高于工业总产值、国民收入增长幅度。尤其在下半年，工资性现金支出增长率似脱缰野马逐月膨胀，到12月高达54%，创空前记录。与此同时，行政管理费用现金支出逐月猛增，9月份49%，10月份为64%，11月份67%，12月份竟高达72%。由此看来，在1984年货币突破历史记录的大投放中，不仅历来作为总需求膨胀导火线的投资膨胀仍然起了重要作用，而且，消费膨胀的作用急剧增大，地位显著上升。

---

① 《中国统计年鉴（1985年）》，第413页。

在1984年末总需求膨胀的猛烈刺激作用下，经济出现了超速增长的势头，1985年上半年工农业总产值比上年同期增长了23.1%，在中央适时采取了一系列宏观紧缩政策的情况下，全年的工、农业总产值增长率分别为18%和13%。这是以巨额基本建设投资和大量消耗外汇，进口物资为基础，同时又是靠投资和消费增长大大超过国民收入增长来牵动的，由此必然导致货币流通量增加过多，部分商品物资供应紧张和价格上涨。

基于上述背景，我国经济学界以“增长”与“改革”的关系为题，再次就体制改革的经济环境问题展开了讨论。

有的经济学者认为，由于“我国社会主义建设历史上曾经一再出现的投资失控、消费失控或者两者同时失控的现象，几乎都是由于追求生产增长的高指标引起的”，因此，要保持经济改革的良好环境，就得把经济增长速度控制在适当的范围内，而近年来经济的加速增长表明，国民经济中已经出现“过热”的征兆，应当采取适当的措施加以抑制。①

与此相反，有的经济学者认为，体制改革需要有一个良好的经济环境，而良好的经济环境应当以维持一定的经济增长势头从而以投资基金和消费基金的增长率为前提。同时，由于我国目前正处于一个重要的发展阶段，其根本特征是整个国民经济结构趋于成熟化和现代化，特别是从生产周期来看，我国从80年代初开始进入固定资产全面更新期，因此，投资增长速度加快，总需求增长超过总供给增长，从而经济增长速度加快，既是不可避免的，也是健康和正常的，所以应当采取有力措施从各方面支持经济这种高速增长的势头。②

经过1985年和1986年采取的宏观控制措施，争论又转变为从1985年起的宏观控制是否有效？是否实现了预期目标？我国国民经济的形势是否已转入正常？

有的经济学者认为，由于1986年的国民经济调整，着眼于总需

① 吴敬琏：“再论保持经济改革的良好经济环境”，载《经济研究》1985第5期。
② “经济改革中的若干理论问题探索”，载《经济学动态》1985年第7期。

求的控制，而在结构调整和供给管理方面采取的措施不够有力，以致宏观控制的结果未能达到优化结构、提高效益、改善供给的预期目标。经济生活的表面宽松，缺乏坚实的基础，在抑制性平稳的背后，潜伏着不稳定因素。主要表现为：总需求大于总供给的态势并没有从根本上得到好转，经济效益持续下降，财政赤字难以实现平衡，国际收支情况依然不佳，信贷景况不乐观，市场不排除近期波动的可能。①

有的经济学者则认为，国民经济的发展从整体上看来是健康的，宏观经济政策基本上取得了预期的效果。投资消费需求的增长速度大大放慢，投资和消费的实际增长速度与工业生产增长速度大体持平。短线制约的结构性矛盾趋向好转，石油、煤炭、钢材等短线产品保持着较高的增长速度，库存增长，供求矛盾缓解。以投资质量提高为特征的经济效益增长，1986 年整个生产在适销对路方面进一步好转，中央重点项目建设的适时和正常，稳住了中长期效益大局。②

二 买方市场和市场机制发挥作用的环境

经济体制改革的目标之一是创造生产者之间的竞争，推动生产者争取更多的消费者，接受来自于市场的压力。在买方市场中进行改革，对利润动机正在逐步增强的生产者来说，作为一个整体无法通过涨价获取利润，而更倾向于为消费者着想甚至讨好巴结消费者，这样就容易得到人们对改革的普遍支持，反之，不仅难于得到这种支持，甚至还会因为物价的普遍上涨而诱发或加大改革的阻力。因此，无论是以价格改革为中心的运行机制转换，还是以企业改革为中心的经营机制转轨，都需要一个买方市场。但是，如果把买方市场作为市场机制发挥作用的前提条件，并以此说明经济改革需要一个买方市场，则是一个需要进一步通过讨论加以明确的问题。

市场机制的作用与买方市场的关系，首先是由研究东欧社会主义

---

① 《经济学动态》1987 年第 3 期，第 2 页。

② 《经济研究》1987 年第 3 期，第 11—12 页。

国家体制改革的经济学家提出来的。例如，布鲁斯早在1961年就指出，保证含有调节的市场机制的计划经济模式中市场机制有效地发挥作用的基本条件是“造成一个有限的买方市场”①；再如，锡克曾提出了市场机制发挥积极作用的七个条件之一，就是一个供给总量比有效需求总量有不太大的超前增长的“买方市场的存在”②；这是因为，只有在买方市场的经济环境中，市场机制才可能从两方面对企业的经营决策起积极作用：一是促使生产者努力改进微观生产结构，以适应市场需要，二是促使生产者努力降低成本，节约资源，以适应市场竞争的环境。

这里需要探讨的是，市场机制发挥作用，或者说企业适应市场需要和适应市场竞争的前提条件是否仅仅是有一个买方市场？买方市场或卖方市场涉及的主要是生产者和消费者各自在市场竞争中的地位。而市场机制发挥作用还取决于生产者之间是否存在着争取消费者的竞争。在一个不存在后一种竞争的具有垄断性的经济中，即使出现供大于求的买方市场状态，这对企业的行为也不可能产生积极作用。在生产者之间存在着争取消费者的竞争的经济中，如果出现求大于供的卖方市场状态，生产者会通过卡特尔之类的垄断形式来提高价格，而在供大于求的买方市场状态下，它们就不可能采取这类方式来维持价格水平，而只能努力提高产品质量、改进服务态度，或降低成本价格等办法来争取消费者，当然，作为一个单独的生产者，即使在遇到卖方市场状态时，是否可以提高自己的商品价格及能把自己的商品价格提到多高，也要看这些商品是否适应市场需要和质量高低等等。无论如何，市场竞争和市场机制的作用在卖方市场中将大大地弱化。但是市场调节作用的扩大与增强也并不是单个地取决于有无买方市场，同时也取决于是否存在垄断因素。这要经过体制改革，才能达到。

---

①　弗·布鲁斯：《社会主义经济运行问题》，原文为1961年版，中译本见中国社会科学出版社1984年版，第151—152页。

②　奥·锡克：《民主的社会主义经济》，原文为1979年版，中译本见《社会主义经济模式论著选辑》，人民出版社1983年版，第244页。

三 宽松经济环境或买方市场能否在改革成功前形成

从理论上讲，买方市场或卖方市场的形成不外有三种原因，一是从经济周期的变化来看，由于任何经济制度中都存在着生产结构与需求结构的背离和矛盾，在这种情况下，就会出现供给总量与需求总量的不一致性，即或者出现供给总量大于需求总量的买方市场，或者出现供给总量小于需求总量的卖方市场，例如，即使在资本主这种被当作具有买方市场特征的经济中，当它从复苏后期进入繁荣阶段时，有些东西也会紧缺，形成卖方市场；二是从经济制度或体制上来看，由于经济制度或体制固有的经济运行机制造成的买方市场或卖方市场。例如在传统的社会主义经济体制中，像科尔内所描述的那样，由于经济体制内在的扩张冲动和软预算约束造成的投资饥饿和消费饥饿，使得资源利用不是不足，而是过热，劳动力利用不是失业，而是短缺，有效需求水平不是太低，而是过旺，即经济生活中始终存在着一个总需求大于总供给的卖方市场。三是从宏观经济政策上来看，国家在运用财政货币政策时，有张有弛、松紧结合地扩张或压缩总需求是宏观调节和干预的内在要求，因此，当为了防止经济衰退或刺激经济增长，用增加货币供应的办法来创造有效需求，就可能使总需求大于总供给，从而形成卖方市场。或者基于相反的目的，用减少货币供应的办法来收缩有效需求，就可能使总需求小于总供给，从而形成买方市场。上述三种形成卖方市场或买方市场的原因在现实经济生活中往往是同时发生作用。在传统社会主义经济体制中，经常出现的是供给结构的扭曲、体制模式的僵化及宏观政策的冒进，这三者相互推进，维持着卖方市场的长期存在，并经常拉大总供给小于总需求的缺口。因此，经济体制全面改革起步时，把重点首先放在结构调整上，以消除由此形成的卖方市场，是十分必要的。同时，就宏观政策上讲，在经济改革的准备阶段和经济改革过程中，基本的指导思想应当是防止急躁冒进，以消除由此形成的卖方市场，也是十分必要的。但是，就体制方面形成的卖方市场来讲，只有经过不断深入地经济改革，才有可能逐渐消除卖方市场，并逐步形成买方市场。

四　目标模式中买方市场的形成有赖于改革的成功，改革过程中买方市场的形成有赖于发展战略和指导思想的转变

既然经济体制方面形成的买方市场是经过体制改革的不断深化而逐步形成，因此就有必要把目标模式中的买方市场与模式转轨过程中的买方市场区别开来，并强调在模式转换过程中通过宏观政策的选择来保证有一个总供给略大于总需求的买方市场，因为，（1）经济改革起步前的经济结构的严重扭曲，及经济政策指导思想上的冒进，在经济改革起步时往往未能得到彻底纠正，或者这两个方面形成卖方市场因素的惯性，在改革的起步阶段仍会发生作用；（2）从开始改革到改革取得显著收效，有一个或长或短的时间差。在改革的初始阶段，一方面，改革在提高经济效益、增加收入方面的效果还没有充分显现出来，另一方面，经济改革意味着大规模调整人们之间的利益关系，为了保证这种调整中绝大多数人的受益，国家不得不在经济改革措施出台时就支出相当数量的资金，这两方面的因素加在一起，就容易在改革起步时出现有购买力的需求大幅度增加，大大超过商品供应增加的情况；（3）经济改革的代价，除了改革出台时立即需要付出的“即时成本”外，还会在转轨过程中，由于预想不到的变化和意料之中的偏差，也需要对出台了的改革经常付出“过程成本”。例如，农产品超购加价出台后，随着农业丰收，财政需要年年新增一笔支出；（4）经济运行能否从体制改革前的失衡状态转向均衡状态，关键取决于经济改革是否能改变资源配置的方式和配置后的组合方式，但是，资源配置方式和组合方式的改变，往往会改变资源既定的配置格局和组合效率，这又会一时减少有效供给总量或延长新增供给的产出时间，因而从供给方面加大总供给小于总需求的压力。所有这些都要求在改革初期在宏观经济政策上采取适当的紧缩政策，保留比较多的财政和物资后备来支持改革。这可以从一些社会主义国家经济体制改革正反两方面的经验中得到证明。

例如，在匈牙利1968年改革前两年通过的《关于经济体制改革的指导原则》中，设有专章论述如何在改革的准备时期和改革初期

为改革创造良好的经济条件，其中包括保证生产、流通经营条件的连续性和稳定性，保持国民经济的平衡等具体规定。文件指出，“为了渡过转变时期的大小难关，在1966年和1967年就要积累起开始的储备”，与此同时，“在改行新经济机制的阶段，应该努力使对提高投资的需求保持在与生产能力相适应的水平上。所以1967年就应该限制新投资项目的开工，应该帮助正在进行的投资项目尽快地竣工，并且要增加现代化的、技术更新的、资金回收的投资”。“在新经济机制全面实行的时候，国家预算在投资支出方面，应该厉行节约，投资的银行贷款总额则需要更严格地保持在平衡所要求的限度内。”此外指出，“在新经济机制全面推行的时期，最重要的问题是保证消费市场的平衡，这主要是要避免形成通货膨胀式的物价—工资的螺旋式上升”。实践证明，这些规定，对保证匈牙利1968年改革起步后的经济稳定起了很好的作用。

再例如，波兰1973—1975年改革未能取得成功的首要原因，是从1971—1975年五年计划的第一年（1971年）就实行了所谓“高速发展战略”，结果是多年来投资和居民收入同时以极快的速度增长，超过了创造出来的国民收入提供的可能。在五年计划的头几年，由于连年风调雨顺促成的农业丰收，加上因国际上的有利条件，经济发展得相当顺利。但是，由于连年高速发展，在开始改革的当年（1973年）已经出现某些比例失调和紧张的迹象。然而政府在1974年作出了保持极高的投资速度的补充决定和提前实行原拟在一个五年计划实行的提高工资计划。这样，两年之后，在1975年和1976年之交，一切病症都显露无遗。在这种情况下，改革了的体制实际上被废止，又重新回到高度集中的旧体制。

第二节　经济体制改革与经济增长

经济增长从两个方面改变经济体制改革的环境，首先是直接改变供给总量的格局，同时间接地改变总需求的状态。因此，保持适度的经济增长速度，提高经济增长的质量，在促进供给总量增长的同时，避免出现需求总量的膨胀，可以创造有利于经济体制改革的宽松环境。

一　经济体制改革需要稳定适度的经济增长

社会主义各国的经济改革归根结底有的是因为经济的短期增长波动过大，有的是因为长期增长后劲不足甚至有下降的趋势。与此相应，经济改革的最终目标也是促进经济稳定、高速的增长。在传统模式中一再出现的经济增长大起大落甚至酿成全面危机或动乱的现象，几乎都是由于追求增长的高指标引起的。因此，在体制模式转轨过程中，人们有理由担心追求经济的高速增长是否会酿成全面动乱以致造成改革失败。

科尔内曾对模式转轨过程中经济高速增长的危险作过精辟的解剖，在他看来，在社会主义国家经济体制改革过程中，往往会出现超越实际可能的经济高速增长的危险。因为在传统的经济模式中，就有一种使经济过热、增长过快的倾向，数量驱动和投资饥饿并存，而新体制的自我抑制和间接调节机制又尚未形成，因此，各级政府在制订年度计划或五年计划时，都想追逐过高的目标，增长越快，雄心越大，追求增长的欲望越强，增长欲望与能力之间的鸿沟也越深。这就有可能导致通货膨胀加剧、短缺加重、投资挤消费和比例失调。当遇到这些困难时，经济管理机构往往本能地趋向于重新集中权力和采取行政措施。这种临时性应急措施一旦出台，往往会由于不断出现短期困难而使之成为永久性的通用对策。改革中的短期困难以及不恰当的解决措施，很可能危害改革的长期目标，甚至使改革出现反复和逆转。

由此看来，在为体制改革创造良好的经济环境方面，防止经济的过热增长，保持经济的适度增长，是一个首先要注意解决的问题。

二　经济体制改革是近年来我国经济增长速度较快的一个重要原因

近几年来，我国经济增长速度较快，一个重要原因在于经济体制变革引起的增长机理的改变。

1. 农村经济体制改革的成功促进了农业的发展，推动了整个国民经济的增长。在我国社会主义建设史上，农业这个国民经济基础的状况历来是决定整个国民经济发展的关键。经济改革以后，农业对整个国民经济发展的基础作用更加突出。例如，从 1979 年农村改革起步后到 1984 年农村经济第二个改革前，农业总产值平均每年递增 8.98%，据估计，在这个时期的社会总产值平均每年递增的近 9% 中，有 5%—6% 是来自农村经济发展的贡献。① 最重要的是，在传统体制中农村对整个经济发展的作用几乎等同于农业对经济发展的作用。体制改革后，特别是 1985 年农村开始推行产业结构改革以来，非农产业迅速发展，从而使农村经济的快速增长至少从两个方面推动着整个经济的发展，一是劳动力从农业向其他方面的转移所造成的资源优化配置。本来“像中国这样一个经济落后，农业占压倒优势的国家，要实现工业化，就必须提高土地的生产率，要把劳动力从农业转入工业”。② 在农村经济改革前，我国农业所处的发展阶段也已潜在着相当的力量，能够支持农村劳动力的转移，但由于经济体制一方面强迫人们把三个人的工作分给五个人来干，另一方面，封闭住其他产业的门户，不给这种转移提供任何机会，从而把能够从土地上转移出来的劳动力死死地束缚在土地上。农村改革不仅使这部分人摆脱了体制上的束缚，并且还因促进了土地生产率的提高而使更多的劳动力可以摆脱土地的束缚。农村劳动力的转移及转移步伐的加快，有力地推动了整个国民经济的快速发展。这已为许多国家经济发展的历程所反复证明。例如，第二次世界大战后，日本经济“流星似的上升”，一跃成为世界第三工业大国，其主要原因之一是，农村劳动力向工业的转移，1961—1971 年，日本农业就业量从占总就业量的 26.1%，降到占 14.6%，平均每年下降 1.15%。1953—1971 年，日本的国民收入年平均增长 8.77%，其中近 1% 是由这个因素提供的。再例如，

---

① “国民经济的新成长阶段和农村发展”，载《经济研究》1985 年第 7 期。

② 汤姆·普肯：《现代工业化模式》，中国展望出版社 1985 年版，第 139—140 页。

50年代到60年代，意大利的经济增长率高于西欧、北美各国，重要原因在于当时意大利的农业劳动力尚占全部劳动力20%—30%，有条件大量地向工业转移。二是农民收入快速增长，从而农民投资需求和消费需求的增长给整个国民经济发展提供了广阔的市场。许多研究中国发展的国外经济学家普遍认为，中国近代发展缓慢的主要原因之一是“农民的贫困限制了国内市场的规模”。[①] 1978年全国农村生产队和社员出售产品的货币收入为580亿元，1984年已达1501亿元，年平均增长17.2%（1953—1978年年平均增长为5.5%），从1978—1983年，农民的净货币收入由381亿元增长到1127亿元，年递增24.2%。[②] 农民收入的快速增长成为国内市场扩张的主要支柱。例如，仅仅就1978年到1984年新增加的1798亿元社会商品零售额中就约有三分之二来自农村。在1984年全社会购买力中，农民占到52.2%。来自农民的货币收入成为我国国内市场主要支柱的事实表明，今天我国的农业和农村，已经不限于在抽象意义的、从经济增长周期上构成整个国民经济的基础，而是直接关系到国内市场的繁荣或萎缩，进而也会在经济增长周期上发挥实实在在的重大作用。

2. 在农村经济改革平稳起步和顺利推进的形势下，我国城市经济运行也正在引进足以启动资源配置和效率组织优化的最必要的市场机制。在城市经济改革方面，特别是以财政体制为重点的、包括工资体制在内的分配制度的改革，及以价格放开为主导的计划、物资、价格体制的改革，切实地从微观经济运行方面改变了整个经济运行的动力结构和决策结构。

城市经济的初步改革，除了适时地配合并扩大了农村经济改革对经济发展的推动效应外，更为重要的是有力地推动了工业这个早已成为我国经济发展主导部门的快速增长。日本著名经济学家伊藤正则在总结日本经济高速增长的经验时说，“从日本经济高速增长的过程

---

① 同上书，第143页。

② 《中国贸易物价统计资料（1952—1983）》，中国统计出版社1984年版。

看，可以说只有竞争才有动力，没有竞争存在的地方，经济高速增长和发展可以说是没有希望的”，特别是“竞争是企业增长的原动力”。① 在我国城市经济改革中，企业分配制度上的改革把企业利益、职工利益与企业的利润较为密切地结合了起来，使长期为计划生产的企业开始有了较强的利润动机。以双轨价为主线的计划、物资、价格的改革，使企业开始有了一定的自主经营决策权。价格双轨制的协作和自销价格在比较准确地反映市场供求关系的前提下，通过边际作用，强有力地调节企业经营活动，因而对能源、原材料等短线产品的生产和消费，具有特别的刺激或抑制意义。例如，能源紧张是长期制约我国经济增长的因素，但能源产量在经济改革的刺激下改变了1980—1981 年的下降，到 1982 年提高了 5. 6%，1983 年提高了6. 8%。与此同时，近几年来的节能率都超过了4%。

3. 投资结构的改善、投资快速地增长也是经济增长的主要源泉。1981 年全国基本建设大幅度减少，从 1982 年开始回升，到 1984 年全社会固定资产投资比上年增长了 25. 6%。投资的增长促进了轻重工业的增长，尤其是原材料工业和机电产品的增长。正如伊藤正则在总结日本高速增长经验时指出的那样，“日本经济高速增长的最大原因是巨额的民间设备投资”。② 改革中投资权下放，地方政府、企业、个人、基层银行投资手段的扩大，资金拥有量的增加，投资活动的活跃，大大增加了合理投资的机会。各类基层投资主体敏感地发现和积极地寻找充满结构矛盾的经济中的合理投资机会和方向，兴建了大量以前没有的各种配套性需要项目，弥补了大量以前就知道应干而未干的缺口，利用了大量以前闲置而未用的资源，使经济结构的协调性大大提高。投资主体的丰富化和投资决策分散化，促进了近几年我国经济的繁荣和高速增长。

① 伊藤正则：《日本经济高速增长时期的金融政策和对中国的建议》，中国经济出版社 1985 年版，第 1、25、26 页。

② 同上书，第 14 页。

三　经济增长中的不稳定因素和隐患

正如许多经济学家认为的那样，在经济增长的过程中，出现不协调的情况是不可避免的，经济增长速度越快，这种不协调也会越多。特别在我国，由于传统体制中的许多制约经济发展的弊病，直到目前为止尚未得到根本解决，因而既使我国经济中潜在的增长力量还未得到充分发挥，又使经济增长中隐藏了一些不稳定的因素不时地暴发着热症，从而带来巨幅起伏波动的危险。这除了表现在制约多数发展中国家经济发展难以成功的通货膨胀和收入不公平外，还集中体现在：

1. 从经济结构方面看，（1）农业的增长弹性是有限度的，特别是农业生产结构调整时期，农业的增长会遇到大量摩擦，而且增长也需要时间，因此，工业的超速增长就有可能遇到农业增长减慢，从而导致工农业这一国民经济的最基本、最重要的比例关系失衡。（2）企业不愿按国家计划完成生产任务，盲目扩大计划外生产，这样，一方面模式转轨初期的生产失去应有的总体协调关系，另一方面国家收购不到必要的紧缺物资以保证重点工程，这种计划内、计划外生产的不协调关系，对近期的经济体制改革及长期的经济发展都将产生不利影响。（3）加工工业增长过快，而原材料、能源特别是交通增长相对缓慢，因而原材料的供应紧张，某些原材料如钢材奇缺，只能靠大量进口来维持。这势必扩大加工工业与原材料、能源、交通工业之间原有的缺口，从而进一步加剧两者不协调发展造成的矛盾。

2. 从对外经济关系看，外汇平衡发生困难。随着我国对外开放度的扩大，利用国外资源量的增加，我国经济增长在越来越大的程度上将取决于外汇支付能力。据估算，1984 年通过外贸进口支持国内的增长速度为3%—4%。本来我国经济从封闭型转为开放型在方向上是正确的，但由于，第一，我国工业水平低，出口能力差；第二，与国际市场的长期隔绝，造成我国外贸经营水平低、企业适应市场能力差；第三，对外开放城市目标不清，没有把“打出去”作为主要目标，没有按“打出去”的要求部署经济工作，安排进的多、考虑出的少，不仅不能为国家多创外汇，自身平衡也发生困难；第四，更重要的是政策和体制不合理，起了鼓励进口、限制出口的作用。所有这些制约了我国工业水平、外贸经营水平、适应市场能力的提高，从而使国内产品难以“打出去”，致使进出口贸易和国际收支出现逆差，并有继续扩大的趋势。

3. 从经济发展战略及步骤上看，（1）经济的超速增长很可能危及企业“七五”期间的技术改造，打乱十二大提出的“前十年主要是打好基础、积蓄力量、创造条件，后十年要进入一个新的经济振兴时期”的战略部署；（2）面对经济的超速增长，中央和地方为了支撑经济的这种不正常运转，不得不把有限的外汇用于购进短线原材料和高档消费品，而不能用于购进技术、软件以提高国内的长期竞争能力，同时，企业无视来自开放中的竞争，不注意效益和换汇成本，外贸亏损日渐增大，这就影响了把国内经济置于世界统一市场的对外开放战略；（3）像我们这样一个发展中的大国，特别是当前面临世界新技术革命时期，经济上赶上并超过发达的先进国家，仅仅靠国内需求的牵动是不够的，在相当的范围内，必须靠国家从宏观发展的角度来引导和推动生产结构的发展和供给总量的增加，而经济的超速增长加大了国家在经济发展上引导和推动的困难。

1985 年经济的超速增长中潜伏危机的原因，从短期现象看在于 1984 年年末宏观调控功能紊乱及由此形成的总需求（包括消费需求和投资需求）膨胀滞后作用的结果。这种高速度在客观上又是靠滥用外汇、迫使设备超负荷运转来支撑的。但是从根本上讲，是传统体制下的政治扩张动力又得到加强。一些地区和部门不是从经济生活的客观要求出发，而是从产值翻番的目标出发，安排经济发展，导致不顾条件和可能，盲目攀比和追求速度。长期以来，我们的计划工作一直以产值增长作为目标，按照产值增长的要求，确定主要工农业产品的产量，再安排相应的建设规模，最后，按产值产量指标的完成情况加以统计和公布，作为考核经济工作的实绩。国家除了产值、产量等主要指标外，主要通过分配投资和安排项目体现产业结构和地区的粗略意向，没有指导全社会投资产业政策和地区政策。因此，单就计划工作的要求来看，地区和部门的负责人有强烈的“称职”和“争表现”动机，而在提倡和宣传产值翻番的压力下，地区和部门更趋向于攀比速度。二是与过渡体制或者说改革不彻底有关，一方面企业的软预算约束，特别是资金的软约束使企业缺乏长期行为，另一方面在财政银行体制没有大的改变的情况下，任何经济上的间接控制措施都很难起到应有的作用，而一旦行政指令性的直接控制有所松动，往往容易酿成全局性的扰乱。

第三节　经济体制改革与需求膨胀

需求膨胀是指包括投资需求和消费需求在内的需求总量或总需求的膨胀。在经济体制模式的转换过程中，传统体制所诱发的经常性投资膨胀尚未根治，新体制成长过程中难以避免地出现了消费膨胀。双重体制并存又产生了刺激投资膨胀和消费膨胀的新源泉。需求总量膨胀往往恶化经济体制改革的环境，增大改革的风险。

一　传统体制下的投资膨胀在经济改革过程中的延续

在社会主义各国的经济建设中，投资膨胀是持续发生的现象。人们已经认识到产生这种现象的根本原因在于传统体制中固有的“投资饥饿症”。简略地说，高度集中的、以指令性计划为主要内容的行政协调方式和“全国一锅饭”式的分配体制，既束缚了企业的活力，又鼓励了企业夸大成本和投入需要、过度储存以及地方、部门、企业盲目争投资的积极性，从而造成了对生产资料的过度需求，使生产资料的供给总是跟不上这种需求。投资膨胀一旦出现，总是会加剧体制的不合理，从而在体制上恶化投资饥饿的病症。进一步的分析表明，投资需求膨胀是旧体制中总需求大于总供给乃至结构失调的根本原因，或者说是总需求膨胀的导火线。在高度集中的传统体制下，受“重生产、轻消费”的“左倾”思想的影响，整个经济建设片面追求高速度、高指标，计划安排中“先生产、后生活”，人民生活消费水平增长经常让路，甚至简单再生产也往往不顾及，但投资必须年年都上。在各级领导人向上不向下的负责制度和以实物为核心的考核体系下，地方、部门和企业领导人追求的目标是最大的产出，他们很少考虑职工的物质利益，即使有这种愿望，由于统得过死的劳动工资制度，也无法兑现。在这种体制中，当然不容易发生现有职工个人收入过度增长失去控制而国家、集体收入增长缓慢甚至萎缩的收入膨胀。由于追求最大产出靠挖掘现有生产力费时费力，追加投资、劳动力最为保险，同时由于“大锅饭”式的分配制度，地方、部门和企业都不用考虑资金的使用成本，也不必担心追加劳动力的工资费用会影响现有职工的利益，相反，对于同样的工作量，新人手多了，每人承担的工作量还会下降。这样就可能出现现有职工个人收入提高不多甚至降低，但由于过度的追加劳动力导致个人收入总量极度扩张。这种可能性在资金少、人口多、经济发展主要靠外延的条件下，一旦遇到基建投资大上的牵动，立刻会成为现实。所以，只有从体制模式入手，从根本上改革传统体制，才有可能根治投资膨胀，从而切断总需求膨胀的导火线——投资膨胀。

但是，问题在于从传统体制转向新的目标体制的过程中，投资膨胀不仅仍然存在，而且也没有像人们设想的那样，随着改革的起步和深入而逐渐减轻，甚至还有加重的征兆，从而加大了抑制总需求膨胀的难度。

从我国情况看，党的十一届三中全会以来，我国固定资产的投资膨胀一直是边控边冒。在投资规模方面，1982 年曾经达到一次热点，表现为投资的年度规模跳跃性增长，在建总规模战线拉长。投资总规模的增加额每年都超过 100 亿元以上。1984 年基本建设投资增长率达到 23.8%。中央加强宏观控制后，固定资产投资规模的增长势头虽然得到抑制，但许多地方还是保持大上的劲头，从乡村到地县，从农村到城市，到处大兴土木，百废俱兴，投资规模相当大。与此同时，在投资结构方面，虽然这几年随着以双轨价为中心的经济参数的逐步理顺和经济改革给企业注入的活力，使得市场机制开始影响着投资结构的形成，但投资结构的不合理仍然严重存在，特别是非生产性建设投资大大超过生产性建设投资增长速度。在生产性投资中，能源、交通、原材料工业投资比重下降，更新改造投资比重下降。用于提高产品质量、降低消耗的比重也下降了。在单位投资规模上，是投资总规模过大和单位投资规模过小。拿投资最热的项目来说，洗衣机的最小合理规模为年产 20 万台，1984 年全国 130 多家生产厂只有 9 家达到这一规模。电冰箱生产厂家 110 多家，厂平均产量只有 4600 多台，远低于合理规模。全国目前 100 多家汽车制造厂，除了西藏、宁夏外，到处都有，平均规模只有 2000 多辆，符合规模经济要求的仍是过去国家投资的几家。

近几年投资需求的极度扩张及投资结构和单位规模的不合理，除了人们早已指出了的固定资产无偿使用等基本问题至今仍未解决外，关键原因在于：

(1) 改革初期国民经济濒于崩溃这一历史条件的客观制约，决定了我国经济改革在改革制度与理顺参数的过程选择上，不能像匈牙利等国那样采用“一揽子”解决的办法，而客观上不能不走先初步搞活企业、后逐步理顺参数的路子。随着企业的初步搞活，它开始有了自己独立的、逐渐明朗化的、特别是与职工利益挂钩了的经济利益及自主经营的决策权力，企业也就具有把自己支配的那部分财力较多的分配给职工用作消费的短期行为的可能性。这一行为在受到了税后留利中用于消费的比例控制后，企业扩大投资从而扩大留利总量就成了使消费分量增大的关键一着。较为方便的方法自然是扩大价高利大特别是周转快的短期投资。这样，企业就有了与自己利益相联系的旺盛的新投资需求。但由于以价格为主的各种经济参数这时依然连锁扭曲，特别是金融方面，银行利率低、税前还贷制度以及在各种集资入股活动中存在的所谓不低于银行利率外加分成的办法，不仅不能有效地抑制过度旺盛的投资需求，反而推动投资需求的进一步过度扩张。

(2) 在企业投资的自有资金形式上，经济改革起步后，特别是财政体制上中央与地方的分灶吃饭及理顺国家与企业分配关系的利改税，虽然使各级地方政府和企业的财政预算约束有某些硬化，但由于地方和企业留利主要不是取决于自身的管理和经营，而是依赖于改革前的既得利益及同上级的讨价还价能力，因而就企业来讲，不论其经营好坏，也不论其下一个周期的生产是否符合社会的需要，企业的留利却相当平均。例如，中国经济体制改革研究所对429家企业调查表明，尽管调查企业的利润、劳动生产率以及种种经营条件差距悬殊，但这些企业人均留利的基尼系数到1983年仅为0.208，1984年又降为0.182。这样的留利规则一方面不仅在客观上给所有企业提供了盲目投资的实现能力，而且由于经营好的从而能够快速为社会增加供给的企业投资能力不足，情况相反的企业却又把从投入到产出的时间拉长，把同等投入规模的产出效益缩小，因而使得供给减少，而投资需求相对扩大。更为严重的是，生产能力增量部分的留利规则同其存量部分一样，因而企业不用过分担心投资效益的低下。

（3）在企业生产从而扩大再生产的投资决策权方面，逐步缩小国家的指令性计划，无疑是符合改革的大方向的。但投资决策权的下放要与相应的宏观控制同步进行，才有可能抑制投资需求的过度膨胀。这是匈牙利改革中控制投资的主要经验，例如，匈牙利国家投资和企业投资在投资总额中的比重，1968年分别为60.6%和39.4%，1977年为43.9%和56.1%，即企业投资十年中增了近17%，但在企业投资中，国家进行有效的直接控制和间接控制的部分占了主导地位，因而不受国家调节和干预的企业投资比重实际上始终稳定在占总投资的12%左右。在我国投资资金分散后，一方面中央对经济中的投资需求缺乏必要的控制力量和有效的控制措施，另一方面，企业在部门、地方的袒护和支持下，或在双方的相互利用中，形成改革中特有的所谓企业向主管部门和地方政府、主管部门和地方政府向企业的“双向钓鱼”，以抵制中央对社会投资活动的宏观控制。

投资膨胀是传统体制下的一种痼疾，也是各国社会主义建设中的通病。从我国建国以来的历史看，几次总需求膨胀的大折腾都是投资突破牵动或者说是“以基建投资为枢纽的”。① 因此，在传统体制下，投资膨胀总是总需求膨胀的导火线，这已为我国乃至其他社会主义国家的历史多次验证。在改革过程中，投资膨胀的依然存在和时有加剧的趋势，使人们习惯于并继续从基建规模中去寻找总需求膨胀的根

① 刘国光：《论经济改革与经济调整》，江苏人民出版社1983年版，第235页。

源，就是很自然的。应当指出，在经济体制改革的过程中，特别是在真正从自然产品经济向有计划商品经济转轨的初期，由于新旧机制交替的摩擦和国家控制能力的弱化，投资膨胀仍会发生，对此不可掉以轻心。

二　消费膨胀成为总需求膨胀的枢纽

经济体制改革过程中又出现了消费膨胀的势头。从发展趋势上看，投资膨胀与消费膨胀之间过去那种主从连锁关系有可能发生新的、甚至是根本性变化，从而容易导致总需求膨胀的枢纽转换。看不到这一点，在快速变幻而又错综掣肘的经济情况面前，我们整个宏观经济政策，就可能失去调节目标和控制重点。

如上所述，在我国的传统体制中，消费膨胀的机制与科尔内描述的绝大多数东欧国家的消费饥饿的机制之间存在着相当大的区别，现在我们需要对体制转轨过程中的消费膨胀作一较为详细的探讨。

我们知道，经济改革的出现是一系列社会、经济、政治矛盾演化的结果，但是通常改革起步时面临的历史条件总是经济增长速度减慢，效益下降，国家财政后备紧张，客观上不具备迅速扭转人民生活水平长期提高缓慢甚至下降局面的能力。人们选择改革过程的自由度很小。但是，正因为过去长期在人民生活方面“欠账”较多，积累下来的矛盾尖锐，加上人们在改革中对增加收入有过高的期望，改革起步时就存在着人民要求还“欠账”、迅速提高收入的强大压力。还“欠账”的能力和压力矛盾运动的结果，必然是人们预想得到的收入与实际得到收入之间的差距很大，同时，收入的迅速变化又拉动人们之间相对收入结构过于猛烈的改组。本来经济改革意味着大规模地调整人们之间的利益关系，但相对收入结构的较大改组和相对利益关系的调整不可能不遇到很大阻力，人们对新的利益分配结构要有一个感情复杂的适应过程。这样，原有的要求还“欠账”的压力尚未消除，新的要求在更高水平上恢复过去的相对收入结构的压力却又产生，为了保证绝大多数人的利益不会受到损害，以便在济济上和政治上取得人们对改革的广泛支持，国家还得进一步支出相当数量的财力，用来提高人们的收入。因此，在改革初期，即使排除主观上的失误，还"欠账"的能力与压力之间的矛盾，也会诱导收入膨胀的发生。

随着体制改革的展开和深入，经济活动中行为主体的地位发生了显著的变化。国家集中的决策权大量下放，原来主要从事大量烦琐管理工作的部门逐步转向行业指导和协调，地方的作用有所加强，但它们的主要经济职责开始面对社会再生产的网络系统，即后勤服务工作，而企业作为相对独立的商品生产经营者主体，其地位则直线上升。

企业地位的变化，使企业成为左右经济全局的有决定意义的力量；而劳动者地位的上升，又进一步改变了企业的行为方式。这集中表现在：（1）企业的生产目的改变。一是外部环境的压力，从过去实物产值考核时强调最大产出，现在逐渐变为价值指标的最大国民收入，利税上缴。二是在企业开始有了自己独立的经济利益以后，职工的物质利益同他们的生产经营成果挂钩，企业的内在兴趣和外部要求都推动它的生产目的从产值转向利润。为利润而生产使企业不但要关注产出，而且要关心投入，即注意费用与效用的比较，不惜代价的盲目投资开始失去动力。（2）企业领导人的地位和利益的变化。企业行为不是抽象的概念，它首先体现在其代表即领导人的行为方式上。由于经济改革同时是经济民主化发展的过程，企业领导人开始从只须对上负责变为必须同时对下负责，在实行有任期的选举制、聘用制和罢免制的地方，甚至主要要对职工负责，考虑他们的利益和要求。更何况在企业利益从社会一般利益中分离出来以后，企业领导人的个人物质利益和职工的利益本来就是相同的或相通的。他们就自然从先前国家的正式代表转变为首先是企业利益和职工利益的代表，这种转变削弱了企业内部制约消费需求扩张的力量。（3）企业长期行为与短期行为的矛盾。和社会生产中存在着积累与消费的矛盾一样，企业在取得再生产的决策权以后，面临着长期行为（投资）与短期行为（分配给个人）的矛盾，而社会的生产目的和个人物质利益原则，都决定了企业必定把争取最大的人均可分配收入作为自己的终极目标，而把投资作为达到这个目的的手段。这种对立面的统一在经济改革的过程中往往处于不稳定的状态。这是由于改革本身是一项探索性的事业，往往是旧的章程已经冲破，新的规范尚未确立；政出多门，指令重叠。经济参数紊乱，预期的不确定性加强等现象在所难免，企业难以符合最大的人均可分配收入目标的合理决策，因而容易盲目转向短期收入的超短期行为。有时这种超短期行为甚至会发展到突发性的滥分钱物，形成“不拿白不拿”，“到手为现”的异常心理和破坏性结果。由企业利益关系变化产生的长期行为压抑、短期行为加强的倾向，是总需求膨胀枢纽转换的内在动力。

在经济改革中，各个企业之间职工的相对收入结构的较大改组，往往造成企业在增加个人收入上而不是在提高效益上彼此仿效竞相攀比的这样一种“示范效应”。因为，第一，经济改革的一项重要任务就是要调整不合理的价格等经济参数，以给企业的独立经营创造平等竞争的前提。但是要使企业这个经济主体活跃起来，必须使效益和利益挂钩，而这又不能等到全部经济参数都调好了以后才实行，由于这个内在的矛盾（从动态看，这个矛盾永远都会存在），很难避免不同程度的赏罚不明和苦乐不均。显然，得利了的落后企业并不脸红，吃亏了的先进企业决不甘心，从而构成下一轮收入上升的竞争。第二，即使在企业之间的相对收入结构的变化与它们各自的劳动生产率的变化一致的情况下，由于效益变化发生在企业内部，而收入变化显示在企业外部，因而每个企业都容易看到其他企业（包括其他部门企业）的收入变化，却不容易看到它们（特别是其他部门企业）的效率变化。而且在商品经济中，经常存在着各种偶然和机遇，存在企业难以预料或难以驾驭的外部条件包括市场条件的变化。这样，主观努力与客观机遇的矛盾，价值实现中原则和实践的矛盾，特别是人们在生产资料关系上的平等与其集团收入差异的矛盾，往往会形成企业接受示范的外部强制。

实际上，示范效应不仅仅存在于全民所有制企业内部，它还来自：（1）经济放活后，其他经济形式的发展，如高收入的个体户、致富的农民、获得高利润的民办公司等，往往对人们产生激烈的示范刺激；（2）企业和行政事业单位之间的攀比；（3）对外开放的扩大和经济特区的发展，国外的高收入和高消费对国内产生很大的影响。特别是人们消费倾向有一种内在的趋同性，使得任何最新的高档消费品都很容易成为普遍的需求，而发展中国家和发达国家劳动生产率的巨大悬殊则往往被人们忽略，从而形成早熟消费。所有这些，都在有形无形地加大收入膨胀的压力。

顺便指出，示范效应是以利益刚性（即所谓既得利益不能动）为条件的。而在社会主义国家，特别在改革初期，除了表现为货币工资刚性外，又以就业刚性（即在职工的能进不能出）为主要特征。利益刚性使已达到的收入固定，示范效益应推动收入下一轮的上涨，从而形成递进的不可逆过程。

在社会主义国家，由于公有财产不可分解量化，个人收入的增长又受到共同规范的制约，这样，随着改革中商品经济多种形式的发展和搞活，个人扩张收入的愿望往往通过集团消费这个缺口实现，诸如提高各种招待水平和接待规格，挖掘出国机会，国内公费旅游，摆阔搞排场等等。而且往往鱼龙混杂，真假难辨。集团消费缺口一遇适当的气候就会急性发作，且侵蚀性强，它对于消费膨胀的推波助澜作用不可忽视。

改革初期，由于经济指导思想的转变和结构的调整，农业、轻工业生产经过短暂的恢复后迅速增长，市场供应改善，这样在客观上扩大了国民经济承担消费需求增长的能力，同时，由于改革起步时，收入的迅速增长会因为消费倾向调整的缓慢而拉开消费增长与收入增长的差距。这样迅速增长的收入中会有一个相当大的部分将转化为储蓄或直接投资而不会转为消费需求，从而也扩大了国民经济承担收入增长的能力。这两方面的因素在一起，增强了最后实现的消费基金膨胀的滞后作用。再加上历史上投资膨胀历来是总需求膨胀的突破口，而改革初期投资膨胀也还继续存在甚至时有加剧，更容易使人们忽视消费膨胀危险的存在和其累积性的发展。

由于上述原因的相互作用和推动，消费膨胀将逐步成为经济改革过程中的主要危险和总需求膨胀的枢纽。从某些较早进行经济改革的社会主义国家的情况来看，消费膨胀的恶性发展会威胁国民收入中必要的积累份额，削弱积累这个最重要的社会进步职能。在这种情况下，由于货币收入的不可逆性，人们不可能用大砍基建投资同样的办法来解决消费膨胀问题。国家就不得不被迫赤字投资或放松银根、大量提供低息贴息贷款以刺激企业投资，以保证必不可少的积累比例和经济增长。从而使以消费为枢纽的总需求扩张演变为通货膨胀的恶性循环。

消费膨胀的出现及消费膨胀在推动总需求膨胀方面作用的加强，是经济改革过程中的一般趋势，但在我国的具体条件下，消费膨胀及其作用的加强又有提前到来的征兆。早在国民经济调整的第一个三年中，农民平均收入的年增长率高达 18.5%，城市职工平均工资的年增长率为 7.9%，三年中新增的国民收入只有 780 亿元，而城乡居民的新增收入超过 800 亿元。1984 年以来，消费失控日益严重，消费膨胀开始形成发端之势，极有可能危及城市改革的顺利展开。现在已经引起人们的普遍关注，但是对于其原因，则众说纷纭，许多人往往还是在表面现象和偶然失误上绕圈子。我们认为，如果说投资膨胀危险的势头未完全减退的主要原因是历史条件的客观制约下的搞活企业先于理顺参数，那么，消费膨胀的提前到来除了体制改革中总需求膨胀枢纽转换的一般规律支配外，则较多地与我们工作上的失误有关。在农村方面，首先提高农产品收购价的步子迈得太大，使得枢纽转换第一推动力过猛，接着对农村产业结构的调整缺乏足够的认识，没有及时跟上形势，当机立断刹住农产品超购加价的自动增长机制，使农村收入增长过快，吃掉了每年新增国民收入的大头。对城市来说，第一，与物价挂钩的工资补偿没有先行，客观上扩大了物价推动收入的压力。在物价水平徐徐上升时，收入有予以补偿的内在要求。如果我们及时确立工资补偿的内在尺度，以此统一对人民进行心悦诚服的工资补偿，那么，就能使物价推动收入的压力缩小。但是，我们没有这样做，而是在各种经济参数连锁扭曲的情况下，允许各单位自行其是，结果扩大了物价推动收入扩张的压力，奖金、实物的滥发者有恃无恐，领取者并不满足，上面不能理直气壮地控制，下面更是借题发挥、顶着不办，致使收入扩张愈演愈烈。第二，工资调改没有同效益挂钩，膨胀了示范效应的作用。工资调改直接意味着大规模调整人们之间的物质利益关系。但在我们的工资调改中，只在一些部门、单位恢复并扩大奖金作用，允许摘自费工改，而在另一些部门则未采取可行措施予以应有的考虑，这特别突出地表现在企业与事业两大部门之间，从而放大了示范效应的作用，在客观上助长了不少行政事业单位挖空心思利用手中权力搞钱，明目张胆地受贿，不择手段地向企业和农民摊派，甚至发展到党政军民学都来做买卖的极端程度。第三，在工资与奖金的关系上，我们几年来一直集中力量在奖金上而不是在工资上做文章。这种主次颠倒的做法，国家花了钱，没有收到应有的效果，相反，增加了预期的不确定性，促使企业和个人更注重短期行为。工资和奖金各自的功能进一步紊乱，势必造成奖金拉工资、工资推奖金的不良循环。最后，还需要特别指出的是，我们某些宣传和号召，鼓励了不适当的致富类型，刺激着不足取的消费早熟，这都有形无形地放大了示范效应，从而推动了消费膨胀的提前到来。

第四节　实现供需总量平衡的战略与对策选择

在双重体制下或在改革过程中，经济增长中的偏差所导致的总供给缺口，预算约束软化所造成的总需求膨胀，都不可能避免或根除，这就要求我们通过经济发展、宏观管理、结构调整、产业政策等战略与对策的选择，弥补体制上一时难以克服的缺陷，实现供需总量的基本平衡。

一　综合平衡与总量平衡

在经济改革过程中，为保证从旧模式到新体制的转变，如何推动经济有效益的稳定增长，抑制包括投资需求和消费需求在内的总需求膨胀，以实现供需总量的大体平衡，始终是经济改革成败的一个关键。

在经济改革即经济体制处于或快或慢变动时，从宏观上加强对经济活动的控制，比体制既定时，不论是传统体制还是目标体制中的宏观控制要困难和复杂得多。经济改革是有风险的，不会一帆风顺，甚至会出现反复或逆转，但半途改革的风险比全程改革的风险还要大。停留在半途的改革，由于直接行政控制的削弱和市场协调的不完善引起的矛盾，会使我们几乎每天都遇到走回头路还是把改革向前推进的困难选择。从根本上讲，改革前的弊病要靠改革加以消除，改革中的困难也只有靠继续改革来克服。但是，能否推进改革从而克服改革中的困难，又取决于我们是否能在体制改革过程中加强对经济运行的宏观控制，以便为推进改革创造良好的经济环境。这首先要求我们探索新条件下的国民经济平衡理论。

国民经济按照社会化大生产所要求的比例发展，必定要求供需总量平衡。这无论在传统体制下还是在体制模式的转换过程中都是如此，只是实现平衡的方式不同罢了。

宏观管理、宏观控制这些概念，虽然是这几年经济体制改革过程中应运而生的，但并不是我们过去没有这类问题，对称于这些问题，我们过去也不是没有相应的概念。宏观经济问题是指国民经济总体的、全局性的问题。宏观经济管理就是从总体上，全局上管理国民经济。就这个意义来说，相应于“宏观经济管理”，我们长期以来使用的是“国民经济计划管理”的概念，相应于宏观控制，我们长期使用的是“国民经济综合平衡”的概念。

传统的国民经济综合平衡包括社会总产品和国民收入生产和分配的综合平衡，财政、信贷、物资、外汇的综合平衡；其中众多的实物产品的综合平衡占据主要地位，实物产品的分配往往作为综合平衡工作的主要内容。在改革中，随着指令性的实物产品生产分配计划范围的缩小和市场机制作用范围的扩大，越来越需要强调价值总量及其构成的平衡，首先是社会总需求与总供给之间及其主要构成之间的平衡，社会经济活动价值总量的宏观控制成为国民经济综合平衡的主要内容。

由于在经济体制改革过程中，在市场平衡的范围内，货币已经成为经济运行的主要媒介，实物随着货币转，实物平衡是货币平衡的结果。这样看来，供求总量平衡在一定程度上包括了原来信贷平衡和物资平衡的基本内容，它和财政平衡、外汇（国际收支）平衡共同构成国民经济综合平衡的新内容。同时使财政平衡与供求总量平衡之间的关系发生了本质的变化。

1978年以前，企业的固定资产投资由财政拨款形成，企业的流动资产积累也有相当一部分是由财政拨款形成的。在这种情况下，国民经济的总需求膨胀总是由财政的投资膨胀引起的。虽然投资膨胀引起经济扩张，企业上交税利增加，财政收入也可以多一些，但这种增加总是小于相应的财政投资支出的增加。因此，财政收支的不平衡往往和总量失衡是同步的。

在经济体制模式转换过程中，经济流程已经发生了深刻的变化，财政收支在国民收入的来源与使用额中所占的比重明显下降。尤其是预算拨款投资的比重迅速下降，预算外和银行贷款投资的比重迅速上升。因而，不能再简单地说财政平衡是综合平衡的关键。财政收支平衡无疑是一个重要的问题，这不只是因为财政赤字涉及分配问题，而且是因为财政赤字的有无或者大小涉及社会总储蓄的大小并且影响到总供给与总需求的平衡状况。但是，财政赤字是否影响总量平衡不仅取决于财政赤字本身的大小，而且取决于它是否影响了信贷平衡，是否造成实际货币流通量超过必要货币量。总量平衡已成为实现综合平衡的决定性因素。

在传统体制下，实现总量平衡主要依赖于指令性计划以及相应的物资统配、统一计划价格等直接行政手段。在双重体制并存的条件下，总量平衡的内容所发生的变化要求平衡手段也发生相应的变化，要求通过调整经济参数等经济手段来控制计划外的供给与需求。计划平衡与参数平衡是双重体制下实现国民经济综合平衡的两种主要手段。

综合平衡与总量平衡的一般关系，奠定了在改革中实施宏观控制的理论基础，把它用之于改革的实践，还需要进一步探索实现总量平衡进而实现综合平衡的操作性理论。

在双重体制下，实现总量平衡，特别要求同时用好行政性手段和经济手段。

1. 强化在必要的范围内的行政控制。我国经济改革的方向是逐步减少行政手段，由直接控制为主转向间接控制为主，主要运用经济手段控制和调节经济的运行。但必要的行政手段始终是不可缺少的，特别是在新旧体制更替过程中还需要加强必要的、直接的行政手段，并利用间接的行政手段，以保证经济生活正常运转，使改革有秩序地进行。我们知道，即使在当今的资本主义经济中，一定的行政控制也是不可缺少的。在它们看来，大企业想要生存，必须依靠行政手段，中小企业运用行政手段也有好处，因此，国家就更有理由采用行政手段，特别是行政手段有时比财政货币手段更有效。对不发达国家来讲，组织经济活动更不能放松政府的行政干预。因为只有在具备许多卖方与买方，并有充分的信息流动的完全竞争的条件，才能获得高效率。但自由市场会出现垄断，因而并不总是竞争市场。如果政府让垄断者自行其是，那就会出现少生产、多提价、效率低的现象。而在不发达国家里，市场竞争的不完全程度比发达国家要严重得多，因此不发达国家政府完全有必要进行某种干预。在社会主义国家的经济改革中，需要采用行政控制的原因在于：（1）货币控制依赖高度发达的财政金融机构。如果银行很少，又缺乏完善的资本市场，那么，货币政策就没有支配力，预算控制的影响也极有限，因此必须借助行政控制。（2）市场力量控制主要依赖价格对供求的影响。如果供求对价格变化的反应过于缺乏弹性，那么，行政办法可以起到价格刺激所不能起的作用。（3）间接控制依赖于完全竞争的市场。如果在市场上竞争不充分甚至缺乏竞争，就必须采用行政控制。为了搞好行政控制，需要把计划控制与计划工作区别开来，前者是指直接的和间接的行政控制，后者是指对经济发展的可能性进行探索，为决策作准备，并协调社会各方面的利益。后一种意义的计划工作与市场协调是不矛盾的，它可以保证行政控制和市场协调的顺利实现。因此，经济改革起步后，计划工作不仅不能削弱，而且还应当加强。提高计划工作的水平，有助于提高宏观控制的效率、发挥计划协调与市场协调各自的及其结合的效应。同时，保持并加强必要的直接行政控制，不仅仍然能够给市场机制留下充分余地，而且可以弥补市场力量的不足和防止市场机制的消极后果。总之，在微观经济放活的同时，要有相应的宏观控制手段紧紧跟上。在原有体制的运行机制还不能完全废除的情况下，必须继续运用行政手段来维持经济活动的有秩序运行，尽力防止自发势力对经济活动过猛的冲击。这也就是说，在逐步建立竞争性的市场体系，学会用价格、税率、利率等经济参数来调节经济活动的同时，仍不能放弃必要的行政手段。可以说，这也是维持总量平衡的起码要求。

2. 提高经济参数的管理能力。许多关心我国体制改革的国外经济学家一致指出：中国经济改革与其他国家相比，一个最大的问题就是它的各级计划部门管理价格等经济参数的能力较低。① 这严重地阻碍了体制转轨的顺利进行。提高经济参数的管理能力，除了提高管理者的个人素质外，关键是要把握企业行为，完善经济参数本身。从几年来我国运用参数的情况看，这涉及三个相互关联的方面，一是要根治参数多目标造成的功能紊乱。比如，奖金本来是劳动报酬的一种形式，但用它来解决价格上涨引起的工资补偿或取代刺激人们长期行为、个体效应的标准工资，就很容易因为奖金参数的多目标而导致功能紊乱，从而不可控制。二是要经济参数提供必要的功能环境。价格参数抑制需求、增加供给都依赖有一个通畅的物资市场、资金市场和劳动力市场。局部搞活的商品市场给出的价格信号，如果不能引导生产要素合理流动，当然也就无法增加短缺商品供给。三是要加强调整参数措施本身的可操作性。取消奖金“封顶”，开征奖金税，这在方向上本来是对头的，但未根据多种多样的实际情况加强其可操作性，因而，它在控制滥发奖金方面未起应有的作用。这三方面的问题归结到一点，就是我们对各个经济实体特别是企业行为，缺乏准确的判断和把握，因而不能按照企业对参数信号可能有的反馈，进行事前调整信号。相反，只能等到有了实际的反馈，才调整信号。这种事后调整的老套往往使企业等经济主体对我们的行为方式有了合理预期，结果造成经济运行的紊乱。给改革增加了困难。这突出反映在 1984 年

① 见《世界经济导报》1985 年 2 月 4 日。

"四个基数"出的三个乱子上。银行要从"差额包干"改为"实存实贷"，为了争基数，各家银行竞相乱放贷款，造成信用急剧膨胀，风闻工资改革，企事业单位滥发奖金，扩大编制，突击提职称等。因此，要提高利用经济参数进行管理的能力，关键是要把握企业及其他经济活动主体的行为。

二　加强总供给的控制

总供给与总需求的平衡是一个相对量控制问题，因此，刺激总供给的增加和抑制总需求的膨胀应当同步进行，这样才能在高水准上快速地实现总量平衡。刺激总供给增加的措施往往会同时刺激总需求的膨胀，从而使经济过热；同样，抑制总需求膨胀的对策也会同时抑制总供给的增加，从而使经济萎缩。忽视甚至看不到这种联系，保持总量平衡的预期目的是难以实现的。

所以，控制总供给的目的是实现总供给的有效增长，在这里，最关键的问题是坚持经济发展模式的转换，处理好速度与效益、速度与结构、速度与物价之间的关系，建立科学的经济增长指标。

1. 要处理好速度与效益之间的关系。

经济发展模式转换的中心环节是从数量增长型发展模式转变为效益提高型发展模式，一切从提高经济效益出发来安排生产与建设。八年来，经济发展的实践表明：稳定的经济发展是速度与效益统一的依托，总供给的有效增长是速度与效益统一的结果。

在这几年的经济发展中，我们经常遇到的一个基本困难是，经济增长速度和效益经常发生矛盾和冲突，以至于经济效益成为与经济增长无关的经济变量，即不论经济增长速度高低快慢，经济效益始终难以提高，甚至下降，这种情况无论是在1981年和1986年经济冷却、速度下降时，还是在1985年经济过热、速度上升时，都没有实质的改善。我们遇到的事实往往是，当经济增长过速时，总需求大于总供给，市场压力不足，市场机制的横向约束疲软，投资前景看好。这时，企业不顾投资质量，盲目扩大生产能力，不计投入，追求数量和产值。结果，速度上去了，效益却没有提高，并集中反映在技术进步缓慢，产品质量相对甚至绝对下降，成本趋向上升。由此造成的后果是，需求并没有能有效地使总供给增长，从而使经济效益下降。当经济增长速度骤降时，使总需求萎缩的紧缩政策，同时可能在更大程度上抑制了供给总量的增长，从而使需求总量大于供给总量的缺口进一步扩大。这时，一方面生产能力闲置，产品积压加剧，库存增大，流动资金周转速度放慢；另一方面生产下降与工资膨胀并存，财政收入下降与财政刚性并存，工资生产率下降，成本上升，上缴利税减少。由此引起的是，有效总供给的下降快于总需求的下降，从而也出现了财政赤字、信贷规模扩大、经济效益下降的现象。由此看来，速度和效益以经济不稳定为依托势必处在高速低效、低速也低效的对立状态，有效的总供给得不到稳定的增长。因此，我们必须把速度与效益统一在经济稳定这个依托上，实现总供给的有效增长。

2. 处理好速度与结构之间的关系。

几年来，我们在发展模式转变中比较注意了结构调整，在农轻重和积累、消费等关系上取得了明显的效果，开始从包括物质生产和非物质生产的角度改造产业结构，大力发展第三产业，初步发挥了城市的功能。尤其突出的是，基本解决了城镇大量青年待业问题，农村剩余劳动力向非农产业转移的进展相当快，这一切为经济发展模式的转换提供了极为有利的条件。但是不能认为我国的经济结构已经合理，模式转变任务已经完成。这里不仅有一些超常规的暂时现象，有反复出现的问题，而且表现在深层结构的改造还面临着艰巨的任务。直接生产部门和基础设施以及第一、二、三次产业的结构还不很合理，技术结构、规模结构、区域结构、进出口结构等也没有摆脱传统的落后模式；收入水平的迅速提高，需求结构和消费结构的变化与生产结构之间出现断层，造成闲置与短缺、滞销积压与脱销不足同时发生。几年来结构调整的经验表明：经济发展一定要以结构进步为核心，否则难以实现总供给的有效增长。

高速度若离开结构调整和结构进步，就有可能激化国民经济的结构矛盾。在每一次经济过热时，能源和原材料的增长总是落后于加工工业的增长，普遍出现电力、交通运输和基本原材料供不应求。这时结构矛盾突出地表现在投入品的供给上。在每一次经济冷却时，都会出现加工工业部分生产能力闲置、部分产品积压；这时，结构矛盾突出地表现在产出品的供给上。因此，解决速度与结构的矛盾，要求处理好两层关系，一是保持国民经济各部门的协调发展，实现结构平衡，二是以加快技术进步和提高中长期投资质量为轴心，推动整个经济的结构进步。

长期以来，在结构平衡方面有一种短线平衡的主张，即根据短线产品的供给增长决定长线产品的供给增长。显然，这在一个封闭经济中，在静态上，不失为保证结构的良策。但是，随着对外开放度的提高和国际市场的扩大，强调根据国内的短线来决定总供给的增长反而不利于总供给的有效增长，从而人为降低了经济发展速度。结构调整尤其是在结构进步的条件下，实现结构平衡，要求在充分利用国际市场以弥补国内短线供给能力下，从而有效地发挥长线产业的作用。结构调整与结构进步始终是经济发展过程中的经常性任务，稳定经济发展速度是结构调整尤其是结构进步的必要条件，在经济发展中逐步调整经济结构和保持结构进步，又是实现总供给有效增长的基础。

为了在经济稳定发展的同时，实现结构平衡和结构进步，要注意进一步缓解国民经济的结构矛盾，并加速国民经济的结构转换。这里的关键，首先是要以加快技术进步和提高中长期投资质量为轴心，推动整个经济的结构进步，其次是要尽快制定出包括带头产业、优先发展产业、支柱产业、创汇产业等在内的完整有效的产业政策，并与进出口政策结合，规划出我国产业结构的基本格局和发展势态，加快整个国民经济结构的工业化、深加工化和服务化。再次是加强短线产业和基础结构的建设，并尽可能促使生活资料生产能力同新的、更高收入水平的消费结构相适应，把需求结构、消费结构同生产结构之间的断层弥补起来。

3. 处理好速度与物价之间的关系。

物价稳定是经济稳定的重要标志，也是社会安宁、政治稳定的经济条件。几年来，我国经济发展中物价水平上升较快，出现了通货膨胀的现象。1979—1985 年，全国零售物价总水平上升了 28.1%，平均年增长率超过 5%。持续的物价上涨成为改革与发展的重大困扰。人们比较清楚地认识到物价上涨对改革进程的干扰，比较模糊的是，通货膨胀同样不利于总供给的有效增长。因为，在各个经济主体已经具有强烈的利润动机之后，物价普遍上涨就难以发挥价格信号的导向作用，不可避免地出现短线长线产品同时增长，但长线产品增长更快的结构矛盾。

物价持续，大幅上涨的原因是多方面的。理顺价格结构，转换价格形成机制，会使潜在的通货膨胀转化为现实的通货膨胀。但经济增长过热或过冷也是导致物价上涨的重要原因。虽然在经济发展过程中，物价水平不可能处于绝对稳定的状态，但经济过热时，需求快于供给的增长，势必增大物价上升的压力；而经济萎缩时，供给下降快于需求下降，仍不能有效遏制物价上升的势头。

因此，实现速度与物价稳定的统一，也要求以稳定的经济增长为依托。长期稳定的经济增长是物价长期相对稳定的基本前提。第一，长期稳定的经济增长能够在总供给有效增长的同时，总需求也相对稳定，从而使市场物价平稳。第二，长期稳定的经济增长，有助于发挥市场价格导向的作用，在抑制长线产品盲目发展的同时，刺激短线产品的增长。第三，长期稳定的经济增长有利于稳定居民的消费结构和消费心理，稳定银行的居民储蓄，同时也能保证消费水平的稳定增长。

综上所述，控制总供给，实现总供给的有效增长，必须把速度与效益、速度与结构、速度与物价统一在经济的稳定增长这一最基本的依托上来。这也是控制总供给的出发点。

在经济体制模式的转换过程中，各经济主体的内外在约束机制尚未健全，为了保证经济的总供给有效增长，避免总供给的大起大落，宜用体现速度与效益统一的国民生产总值指标取代总产值指标对各经济主体的考核，以制止盲目追求和互相攀比增长速度的做法，切实地把注意力转移到提高经济效益方面来。总产值这个指标有很大的缺点，既不利于全面反映企业的经济效益，又不能反映工农业生产以外的各项事业的发展情况，而且容易掺有较大的“水分”。用它来考核各地区、各部门和企业的经济发展情况，容易形成一种翻番的精神压力，助长追求高指标和讲假话的浮夸风，乱“集资”、搞“摊派”的平调风，也不利于发展对于提高经济效益至关重要的基础设施建设和各种服务行业。因此，推广上海市的做法，把国民生产总值的增长情况作为主要的考核指标，是比较适当的。考虑到地方政府在经济增长中的作用，宜建立地方的自我抑制机制。赋予地方进行宏观调节和控制的责任，将地方特别是省级政府从经济过热增长的扩张器变为控制器。除了改变总产值考核指标外，还需要加速推进按税种划分收入的分级财政改革，使地方政府的收入与企业的行政隶属关系脱钩，同时加快省级人民银行的改革，使之真正成为地区金融调节中心，中央银行总行用金融手段控制各省人民银行，使之承担起区域宏观调控的任务。

三　加强总需求的控制

第一，在控制投资总量时要保护投资适度增长特别是企业和民间投资发展势头。

第二，要果断地把压力加在投资结构再和投资效果上。这就要求改革和强化中央银行的金融控制，把宏观经济控制的重点放在对信贷总量的把握上，以便为抑制投资规模提供控制基础。过度的现金投放是信用扩张的必然产物，因此，首先需要解决的是货币供应量的标尺问题。变换红灯信号是实行正确的金融调节的起点，即中央银行必须以货币供应量即 M_1 作为金融操作的目标值，否则，所谓金融手段的运用就失去了标尺。要使金融控制不成为片面紧缩，必须网开一面，加速有效的资金周转，对贷款余额实行指令性控制，对贷款总额（周转额）实行指导性管理。对投资规模的控制重点应放在在建总规模上。在保护投资势头方面，要扶持投资集资、入股活动的发展，加快地方金融信托组织的创建，以促进资金的横向流动，并考虑开办高利率的风险投资公司，贷款利差收入主要上缴国家财政，以满足某些特别旺盛的投资需求。除了进一步扩大差别利率的幅度和范围外，还需要适当提高固定资产投资特别是长期贷款的利率。对固定资产投资贷款、信托贷款、外汇等重要业务的权力分散，可考虑颁布定期许可证的办法，对银行本身进行择优。

第三，在消费的控制方面，应当从农村和城市同时入手。对放开农产品价格，促进农村产业结构的调整，既要坚定不移，又要富有伸缩性。农村产业结构调整没有跟上形势，以致超购加价的自动增长吃掉新增国民收入的大头，是我国消费膨胀提前到来的重要原因。坚定不移地放开农产品价格，打破统购统销，实行国家限量收购，就能推动农村产业结构的加速调整。同时，应当看到，农村是若干基本消费品的主要生产者和经济改革最强有力的支柱，而农村产业结构的调整会有困难，需要时间，因此要有必要的预防措施和财力后备，以在关键的时候对农村产业结构调整的摩擦进行调节。在城市方面，首先，不论是企业还是事业单位的工资，都必须先行考虑物价上涨因素的作用，以可靠的职工生活费用指数为依据，建立统一的工资补偿制度，把工资补偿从工资改革中区分出来，以遏制价格上涨推动消费膨胀的势头。其次，行政事业单位工资控制的关节点是建立工资增长机制。业已出台的行政类工资改革实行工资与职务、职称挂钩，只解决了事业类职工内部的工资关系，而年功序列工资增长幅度太小，不足以解决收入增长问题。由于行政类工资增长没有内在尺度，只宜采取“盯住”政策，以企业工资增长为基础。这在客观上就要求我们在工资改革中不能颠倒企业工资改革与事业工资改革的主从关系，否则会造成收入失控的交替轮番。最后，企业的工资控制始终是整个工资控制成败的关键。1984 年末工资奖金失控现象表明：在公有制的框架中，如果企业内部缺乏代表资金增值从而代表国家的力量，整个宏观控制缺乏微观基础，那么，仅从企业外部实行调控（无论是行政的还是经济的），都很难维持有效。一有适当气候，企业内在的扩张消费的冲动往往酿成全局性的扰乱。酝酿中的国营企业工资改革的挂钩方案在基本思路上存在较大缺陷。利改税后，在国家与企业的分配关系上国家得大头的难题已基本解决，为增强企业活力，当最迫切需要解决的是，税后利润在企业与个人之间的分配即企业能自我调节生产基金和工资收入基金的合理比例，既具有恰当旺盛的投资需求，又能保证个人收入随企业短期特别是长期发展而不断有所提高。如果企业倾向于将自留资金分光吃尽，国家就将被迫赤字或贷款投资，这样国家已经得到的大头也会落空。因此，企业工资改革的核心应是在企业内部建立积累和消费的平衡力量。

传统体制假定每个劳动者都是国家的主人，直接代表国家的利益，结果在实践中遭到挫折。现在必须更进一步：企业的职工不可能人人都是企业利益的代表，要求每个职工考虑企业的长远发展先于自身的物质利益，是不现实的。而企业领导人和主要管理人员，由于他们所处地位的制约，则较多地考虑企业的发展。因此，承认现阶段企业主要管理人员与职工地位和利益客观上的差异，在体制转轨中因势利导，有助于发挥企业领导人即所谓企业家集团的积极性和创造性，而这正是增强企业活力极为重要的方面。要使企业领导人和主要管理人员对企业的长期发展负责，真正成为国家的代表，关键在于把他们的经济利益独立出来。为此建议实行企业个人收入分配的双渠制，以取代工资总额与上缴利税挂钩。对企业领导人、主要管理人员与一般职工实行不同的考核标准和收入渠道，使两者在根本利益一致的基础上相互制约。多数东欧国家的经验表明：这种区分的效果是明显的。沿着收入双渠制这条思路建立新的工资刺激制度，既可以充分调动一般职工特别是企业领导人的积极性，促使微观效率的最大化，又可以实现宏观控制的微观化，大大提高转轨中的宏观平衡功能。在收入双渠制的作用下，企业税后留利用于消费的部分多了，投资就会减少，同时企业领导人的个人收入也会减少，这样企业全体扩张消费的愿望势必受到管理人员的有效控制；相反，税后留利用于投资从而企业领导人的个人收入多了，用于消费特别是大多数职工的收入就会减少，这样，企业领导人扩张投资及其个人收入的愿望就会遭到绝大多数职工的强烈反对。这两股力量相互制约、抗衡时，企业税后留利用于生产发展和个人消费的比例就能自动趋向合理和协调。

收入双渠制是用企业内部平衡来替代国家与千千万万个企业的

抗衡，因此具有较强的操作性。如可实行企业管理人员工资与再投资率挂钩分配的办法，也可实行企业工资总额与企业再投资率挂钩，而管理人员具有较高的挂钩弹性系数的办法，等等。只要沿着这条思路，办法可以比较和择优。

最后，需要特别强调的是，所有这些对策都不是治本而是治标的，如前所述，“经济过热”、“扩张冲动”、“投资饥饿”和“消费饥饿”，无一不和旧体制的“软预算约束”特别是财产关系上的软预算约束相联系，因此，根治这些疾病的根本出路还在于把改革健康地向前推进，以完善经济机制和提高预算约束的“硬度”，因而利于抑制“扩张冲动”和“投资饥饿”。而这些治标的对策正在于给这些彻底的改革提供早日出台和顺利推进的供需总量平衡的环境。

第十二章　经济体制改革与经济结构调整

为了使经济体制模式平稳地转轨，需要创造一个供需总量大体平衡的环境。而以需求结构为依托的供给结构的适时调整，以及对需求结构的有力导向，既是保证供需总量大体平衡的一个基本条件，也是推动发展模式和体制模式同时转换的一个关键环节。在经济改革起步时，先行调整严重扭曲的经济比例关系，才有可能平稳地启动经济改革。在经济改革过程中，始终把握经济结构变化的走势和动向，继续引导和促进经济结构的调整，以保证国民经济重大比例关系的基本合理，才可能顺利地推进经济改革并最终实现体制模式转轨的目标。在另一个方面，体制模式的过度集中则是经济结构失调和扭曲的一个关键。因此，经济结构的均衡，特别是最终优化，有赖于经济体制的改革。进一步说，当前我国的经济发展正在走出解决人民温饱问题的阶段，并开始进入新的经济增长阶段，或者说正处在经济结构快速变化的结构转换时期，经济结构的转换会赋予经济结构的调整以新的特点，从而将对体制模式的转换提出新的要求和挑战。同时，我国的经济体制改革已走进了双重体制并存的时期，这有助于经济结构调整的深化，但也可能诱发和加剧经济结构调整的困难。所有这些都要求我们在探讨了为经济改革创造适当的总量环境之后，进一步把握经济结构调整与经济体制改革的相互关系，以便为在实践中给经济改革创造结构环境提供理论依据。

第一节 传统结构与传统体制

我国的经济结构，或者更具体地说1979年时社会总产值结构调整的起点格局是什么？人们一般认为，从1949—1978年，我国建立了独立的工业体系，农业、交通运输业、国内外贸易有了较大的发展，技术结构有了显著改善，但是，轻工业、农业严重落后，重工业片面发展，积累率太高，基建战线过长，归结起来，是农轻重比例关系失调，特别是消费资料严重落后于生产资料。① 深刻地认识我国经济结构调整的起点格局是我们把握经济结构调整与经济体制改革相互关系的起码要求。经济结构是一个涉及面广、又具有不同层次的范畴，与此相适应，人们可以在多种结构中选择一种来研究经济结构与经济体制的关系，但社会总产值结构能最综合反映经济发展阶段特征，因此，我们就工农社会总产值结构为典型代表来研究经济结构与经济体制的关系。

一 我国经济结构与苏联东欧国家的同构性

我国从1949年开始社会主义建设，到1978年启动经济体制改革时，社会总产值由1949年的557亿元猛增到1978年的6846亿元，其中工农业总产值由466亿元提高到5634亿元。从经济增长的结构逻辑中就可以知道，我国的经济结构发生了重大的变化。

这种变化的特征可以从产出结构和投入结构两个方面来把握。

对经济结构特别是生产结构的刻画，不仅要用同一定的价格体系相联系的各种产品的产值总量在各个生产部门或行业中的产出结构（例如在MPS核算体系中用各个部门的产值在社会产品总值中的比重，在SNA核算体系中用各个部门的国民生产总值在国民生产总值中的比重）来表示生产结构，而且要用某种包括科学技术在各种生

① 《我国经济结构的现状和存在的主要问题》，见马洪主编的《中国经济结构问题研究》，人民出版社1981版，第1—6页。

产要素在各个生产部门或行业中的投入结构来表示生产结构，例如各国都用劳动力在工农业中的投入比例来表示工农业生产结构的。在另一个方面，当代经济学对经济结构的研究在经济结构与经济增长关系上取得的成就，使人们以至于只要知道一国经济增长的某种最简单的指标（例如人均国民收入），马上就能以粗线条的方式勾画出该国经济结构的轮廓。但即便如此，在经济结构和经济增长关系的研究中仍然不存在某种可以用来判断该国经济结构是否均衡更不用说是否优化的稍许精确一些的理论，因此，要弄清我国原有社会总产值结构的特征，需要借助于进一步的比较统计分析。

因此，当用世界各国以人均国民收入分组的经济结构为参照系，我国经济结构起点格局的主要特征是，产出结构在人均收入较低水平上，就从农业转移产出，但从农业转出的产出基本上只沿着工业化的轨道单轨推进，都没有沿着工业化和服务化的轨道双轨推进，因而比较早地实现了较高程度的工业化；在投入结构方面，一是比较早地实现了大规模的资金要素投入，二是劳动力要素投入则停留在低收入国家的农业化水平上。

用上述参照系测度我国经济结构给出的结构偏差是我国特有的还是社会主义各国共有的结构偏差？无疑，弄清这个问题有助于我们深刻地把握我国经济结构的起点格局。为此，我们以资本主义国家的经济结构为参照系来衡量苏联东欧国家的经济结构，以揭示苏东国家的结构偏差。

在这方面，苏联东欧国家经济结构具有的普遍特征是：（1）在人均收入较低水平时实现较高工业化，或者在人均收入水平相同时实现更高的工业化；（2）物质性劳务在国内生产总值中的比重较低。

由此可见，在以资本主义国家经济结构为参照系衡量苏东国家经济结构时给出的结构偏差，同在用世界各国以人均国民收入分组的经济结构衡量我国经济结构时给出的结构偏差具有惊人的相似之处。由于决定一国经济结构的非制度方面的因素（例如天赋资源条件及主要由经济发展水平决定的需求结构等等）在我国与在苏东国家差别颇大，所以，一个符合逻辑的初步判断是，我国同苏东国家的这种相似的结构偏差的根源，在很大程度上可以归结为我国和苏东国家在经济发展战略和经济制度方面的相同性。我们将这种关系限定为我国经济体制与经济结构偏差的第一个层次的相关性。

二　我国经济结构与苏联东欧国家的偏差性

进一步的问题在于，我国的经济结构偏差与苏东国家的经济结构偏差是否还有差异程度？如果有，这种“偏差的差异”的原因是我国与苏东国家经济发展水平的巨大差异呢？还是中国和苏东国家经济发展战略和经济体制上有进一步的差异？以苏东国家经济结构为参照系来衡量我国的经济结构。将我国的经济结构同人均国民生产总值或国民收入高于或远远高于我国的苏东国家经济结构相比，可以看出，在产出结构方面，我国的农业份额比苏东国家高约1—6倍，工业的份额比苏东国家低约0.05—0.55倍，物质性劳务比苏东国家低0.6—2倍，在投入结构方面，农业在劳动力要素投入总额中所占份额，我国远远高于70%，苏东国家的平均数低于20%，工业在劳动力要素投入总额中的份额，我国低于16%，苏东国家的平均数约45%，物质性劳务及金融、政府机构等的份额，我国是12%，苏东国家平均数约为37%①。

由此看来，在以苏东国家的经济结构为参照系时，可以得出以下结论：第一，不论是在产出结构方面还是在投入结构方面，我国工业所占份额与苏东国家的偏差最小，物质性劳务所占份额与苏东国家的偏差次之，农业所占份额的偏差最大；第二，我国产出结构较早走向工业化同劳动力投入结构的高农业化是并存的，而苏东国家产出结构的工业化与劳动力投入结构的工业化是同步的；第三，从农业转移出来的产出份额和劳动力投入份额，在我国基本上没有向劳务化方面发展，而苏东国家则在一定程度上实行了劳务化；第四，苏东国家在人

① 参见石川滋：《社会主义经济和中国的经验》，“1980年人均国民生产总值在中国是300美元，在苏东国家大约是3000—7000美元。”载《科技导报》1986年第2期。

均收入较低水平，而我国是在人均收入更低水平上实现较高程度的工业化。这样看来，我国结构偏差与苏东国家偏差之间的差异，在很大程度上可以归结为我国和苏东国家在经济体制方面的差异性。我们将这种关系既定为我国经济体制与结构偏差的第二个层次的相关性。

三　传统结构与投资动员能力

需要指出的是，在严格的意义上讲，在经济制度不同的框架中或在经济增长不同的水平上形成的经济结构特征，并没有赋予这些结构以任何规范化的内涵，更不足以说明这些结构本身是否均衡或优化，因此，不能轻率地把某种在不同经济制度或不同发展水平下形成的经济结构作为衡量另一种经济结构优劣的标准，更不能盲目地要求后一种经济结构以前一种经济结构为调整的参照系。但是，经济结构的国际比较有助于我们更为深刻地认识在经济增长水平相同的条件下我国经济结构与其他国家经济结构的偏差，从而揭示经济制度和经济体制在经济结构形成中的作用。

既然以经济发展与经济结构关系的国际经验来衡量我国传统的社会总产值结构时给出的主要是包括社会主义各国共有和中国特有这样两个层次结构矛盾的结论，那么就需要进一步从更为基本的方面来把握我国传统结构的特征。一般说来，一国生产结构均衡或优化的首要特征，是该国投入结构与资源结构，特别是产出结构与需求结构的一致。或者像人们已经指出的那样，一国的生产结构，归根到底是由社会需要和天赋资源两个方面的状况决定的。① 需要指出的是，大规模的对外贸易可以改变国内的资源结构对投入结构的制约，也可以改变国内的需求结构对产出结构的导向，但是一国对外贸易的结构和规模本身取决的就是国内的生产结构进而是国内的社会需求和天赋资源，因此，从投入结构与资源结构是否一致以及产出结构与需求结构是否一致来衡量经济结构有助于人们更为确切地把握我国传统结构的基本特征。

---

① 刘国光：《论经济改革与经济调整》，江苏人民出版社 1983 年版，第 224 页。

一个国家的生产结构在投入结构方面，往往首先是由该国可以使用的包括劳动力、自然资源、资本数量及科学技术在内的经济资源的数量和质量的结构决定的。一般说来，一国拥有某种丰富的矿藏等自然资源或劳动力资源，这种资源大都会对该国生产结构的主导部门的特征的形成产生重大的影响。当然，随着科学技术的发展和国际市场的扩大，资源的利用和代用也正以前所未有的步伐迅速迈进，从而一国生产结构受本国资源结构制约的情况会有所改变，最典型的是投入结构与资源结构相去甚远的日本经济。但是，迄今为止，一国自然资源结构在该国生产结构形成中的作用仍然是相当重要的。

由于我国资源结构的最基本事实是劳动力多且质量低，而资金和人均耕地少、其他自然资源的藏量虽丰富但其可开采度较低。这样一种低资金构成的资源结构，若不经某种强有力的制度因素推动，是根本不可能与高资金构成的投入结构从而高度工业化构成的产出相适应的。换句话说，通过制度的强制推动，可以使低资金构成的资源结构与高资金构成的投入结构形成某种非均衡配置，以使传统产出结构向现代化产出结构迅速转化。我国与苏东国家具有的经济结构同构性，正是由这种制度推动的资源结构和投入结构的非均衡配置所致。所谓制度推动就是通过高度集中的国民收入从而投资分配体制，使投资在国民收入中占有很大的份额并使投资的绝大部分份额密集在带动工业化发展的主导部门。从下表可以明显地看到社会主义国家投资倾斜的倾向。

表12.1表明，中国在第一个五年计划期间和苏联在第一和第二个五年计划期间，都有高于50%以上的固定资产投资份额密集在工业化领先的钢铁和机器制造部门，而美国除在战时的此种投资高于50%以外，其他年份均未超过35%，即使日本战后经济的奇迹也没有能在此种投资上和社会主义国家抗衡。最后，值得注意的是印度，作为一个和中国发展背景极相似的人口多而落后的大国经济，其这方面由制度动员投资的能力也远低于社会主义的中国。可见，传统的高度集中的计划经济模式的制度动员投资的能力，是现有任何制度也不

可比拟的。这正是造成我国经济结构与苏东国家有同构性一面的根源。

表 12.1　中、苏、日、美、印五国冶金和冶金加工业（包括机器制造）投资在整个固定资产投资中所占份额

国家	年份	比例
中国	(1953—1957)	56.7
苏联	(1928—1938)	52.6
	(1928—1940)	49.0
美国	(1909—1914)	33.8
	(1914—1919)	36.3
	(1940—1945)	58.5
	(1947)	34.8
日本	(1956)	32.8
印度	(1956)	47.9

资料来源：Chu - yuan cheng，CHINA'S ECONOMIC DEVELOPMENT：Growth and Structurat Change，Westviewpress，P430.

四　结构偏差 + 规模不经济 = 低下的发展效率

上表还表明，我国比苏联在同属第一个五年计划期间的这种投资份额高 4%。难道社会主义的高度集中的计划体制的不够发达，会有更大的制度动员力量吗？那么，中国与苏联相比的这种特有制度因素是什么？它又通过何种机制拉动了更加强烈的人均低收入水平下更高的工业化冲动？而这种冲动是否会导致在一定程度下合理的投入结构和资源结构的偏差转化为投入结构和资源结构的深刻矛盾，从而演化出更深层次的结构矛盾？

中国与苏联的经济体制的最明显差别，一方面是计划的范围在中国的比苏联的要小，另一方面是计划经济内部有五种差别：（1）苏联中央对企业和产品控制较严，而中国则存在中央与地方（还包括行业部门）对企业和产品的多级控制；（2）苏联中央计划强制保证供给、生产和分配计划的一致性，中国的供给、生产和分配计划则并不总是互相衔接的，有意的留有缺口使供给欠分配时常发生；（3）苏联由中央控制的产品只有单一价格，而中国同一产品往往有中央计划价和地方价，有些产品还包括市场议价；（4）鼓励政策在苏联与计划完成情况联系紧密，而在中国则联系松散；（5）在苏联，中央计划指标、供给分配和报酬一统确定，很难更改，在中国则在很大程度上是可以协商的。

在中国，中央政府和地方政府具有强有力的投资动员能力。几十年中国经济发展的实践证明，中央计划确定的发展目标总是通过地方计划的层层加码而恶性膨胀。这样，当中央计划已经是旨在通过投入结构与资源结构的偏差配置，而促使国民经济非均衡快速增长时，地方计划的层层加码，则在这种投入结构和资源结构的偏差配置上火上浇油，使国民经济的投入结构和资源结构的偏差配置演变为难以移转的深刻矛盾：一方面劳动力大量沉淀在农业，而另一方面短缺的资金则大量密集在难以创造连锁性就业需求的冶金和冶金制造业等工业部门，结果，工业化的进程始终没有推动人均收入的上升。

本来，投入结构与资源结构的一定程度的偏差配置，是发展中国家得以迅速推进工业化进程的一个有力手段。譬如日本，当其1956年人均GNP才115美元时，其投资占GNP的比重就高达32%，并且，如前表所述，其投资的近三分之一又投放在冶金制造业上。可以说，日本是在资金缺乏、自然矿产资源贫乏的资源结构格局下，追求了一种高积累重型工业化发展的投入结构。日本能通过这座投入结构和资源结构偏差配置的“吊桥”达到其经济起飞的目标，其原因一方面正如一些同志所阐述的那样，是由于日本使这种结构偏差同其全部经济流程保持了基本的协调，① 另一方面更重要的是由于其产业组织结构合理化所达到的极佳的规模经济。如果没有极佳的规模经济所引致的快速经济效益，日本经济也难于很快通过这些充满风险的结构

① 见《经济研究》1986年第7期。

偏差“吊桥”。事实证明，日本只花了近15年就迈过了这座吊桥。到1960年，日本人均GNP的年增率已达6.1%，从而使日本有可能迅速改变过去的结构偏差结局。

在我国发生的问题，恰恰是缺乏产业组织结构的合理化，规模经济极差。问题的关键在于，我国的地方计划有着惊人的自我封闭服务与发展的性质，而中央的资金分配又受到均衡地方势力的目标约束，结果，导致了毫无重点的在各个层次的区域里普遍工业化的进程。如果把我国分为沿海地区和内陆地区两大类，我们可以从以下两表看到我国区域投资偏差和产出份额不变相结合而反映出来的规模不经济现象。

以下两表，上表通过沿海地区几种主要产业实物产量大幅度递减的趋势，基本上可以反映出我国工业布局从沿海地区往内陆地区转移的趋势，实际上反映的是我国建国以来投资的平均分布格局。下表则通过同样年份沿海和内陆地区工业总产值比例的变化度极小的事实，明显地暴露出，由于落后的内陆地区的投资效率远远低于沿海地区投资效益，因而这种工业化地区平均发展格局并没有给工业总产值的地区分布带来较大的改观。当然，在一个发展中国家，先进地区生产力向落后地区转移是必经之路，但落后地区不必模仿先进地区产业结构特征，而应根据自己的资源结构特征确定其独特的投入结构，这样生产力的转移就完全可以避开规模不经济的代价。可是，我国的这种转移特征恰恰是将资金密集的重化工业大量投入落后的内陆地区，结果，资金的投入很难迅速发挥效益，当然也就无法使我国迅速通过投入结构和资源结构偏差配置的“吊桥”，并最终从这座风险极大的“吊桥”上滑入了基本战线过长且恶性循环的陷阱。所以，中国经济结构的矛盾，本质上还不在于投入结构与资源结构的偏差配置的问题，而在于这种偏差配置在地区分布上的不合理的问题，而这种偏差配置的地区分布缺陷归根结底是由地方细胞计划体制所造成的，或至少可以说这种地方细胞计划体制在追求“大而全”、“小而全”的自我完善中恶化了这种偏差配置的地区分布缺陷。

表 12.2　　沿海地区十个主要产业实物产量所占份额

	1952 年	1957 年	1965 年	1970 年
电 力	65.7	60.1	54.0	56.7
石 油	70.0	40.0	16.2	13.3
钢 铁	84.6	83.3	63.6	55.5
化 肥	100.0	87.5	48.9	50.0
水 泥	75.4	62.3	40.9	36.1
纸	50.0	44.4	40.0	38.9
工 具	90.0	—	—	79.6
棉 布	81.6	70.0	61.1	61.3

资料来源：《我国的国民经济建设和人民生活》，统计出版社 1958 年版；《伟大的十年》，统计出版社 1960 年版。1965 年和 1970 年则是根据其他国家统计局发布的统计资料匡算的。

表 12.3　　地区工业总产值分布

	沿 海 地 区			内陆地区
年份	北京、天津、上海	其他沿海地区	总 计	
1952	26.9	41.4	68.3	31.7
1957	25.2	31.2	64.4	35.6
1965	27.4	38.5	65.9	39.1
1970	28.1	37.6	65.7	34.3

资料来源：同上。

第二节　经济结构调整与经济体制改革

一　经济体制改革难于在不合理的经济结构基础上超前进行

经济体制改革的实践已经向人们表明，经济体制改革需要有一个相对宽松的经济环境，因此，从供给总量和需求总量两方面入手，调节和控制总量以便为经济改革创造宽松的总量环境，当然是十分重要的。但是，国民经济总量总是由经济活动中更为基本的经济部门总量构成甚至由其决定的，因此，在为经济改革创造的经济环境方面，看轻经济结构的调整，忽视为经济改革创造与总量环境密切相关甚至决定总量特征的结构环境，往往会把决策引向短期行为尽快恢复总量平衡的方向，而当短期扰动平息之后，国民经济的结构矛盾依然如故，一俟时机成熟，就可能再度爆发更为严重的总量冲突。所以，在为经济体制改革创造宽松的经济环境方面，应当在抓住总量控制的同时，始终不放松引导和推动经济结构的调整，并以此作为给体制改革创造经济环境的中心环节。

正如上节所指出的那样，不改革传统的经济体制，我国长期以来的农轻重结构断层就不能弥合，国民经济的投入结构与资源结构的矛盾、产出结构与需求结构的矛盾，也不能彻底缓解。这样为解开经济结构的两难困境，还得先解开结构调整与体制改革的两难困境。一般说来，经济体制改革在运行机制的转换方面，至少包括理顺以产品价格为中心的各种经济参数及改革以决策权和调节机制为核心的经济管理体制。

但是，在经济结构处于失衡的状态中，不论是理顺经济参数还是改革经济管理体制都难以平稳地起步；勉强起步，不仅不能取得预期的效果，相反还容易造成不好的经济和政治后果。因为，第一，理顺经济参数及利用经济参数调节经济运行，是经济体制改革的一项基本任务，但是，在传统的体制模式下，以价格为中心的各种经济参数，不仅没有反映供求，而且存在着严重的背离。在这种情况下，贸然调整经济参数特别是较大幅度地调整经济参数，会强制性地迫使生产结构急剧改组，从而很可能导致生产水平和经济效益在一定时期相对甚至绝对地下降。而且，与严重失衡的经济结构相啮合的经济参数，随着生产结构的骤然变动，也会产生新的一轮剧烈变动，从而加剧经济运行的混乱。

第二，扩大企业自主权，承认企业的相对独立性，使企业对自己的经营成果负有经济责任，是经济体制改革的基础。但是，在经济结构严重失衡的情况下，企业生产所需要的原材料、能源供应不足，或者供应的东西不符合要求，以致不能正常生产，有时甚至不得不停工停产，许多企业不能按时按量完成产销合同，这种由于企业外部经营条件不均等造成的不能完成生产计划、经济效益下降、减少盈利乃至发生亏损，其责任显然是不应当由企业来完全承担的；另一方面，在这种情况下，即使给了企业经营自主权，企业也无法实现它们，特别难以充分发挥它们的应有作用。

第三，减少行政的直接控制，扩大市场的间接控制，以建立和健全新的宏观经济管理系统，是经济体制改革的另一个重要内容，但是，在经济结构严重失衡的情况下，缩小指令性计划，特别是取消国家统购、派购和定量供应制度的改革，是难以起步的，因为一旦失去对严重失调的经济结构的行政性控制，经济运行的波动会冲破已完善了的间接控制，何况这时间接控制还几乎没有建立或者还根本未具备建立的条件，因此，在这种情况下，不可能取消统一分配和计划调拨制度，也不可能放松对相当多的消费品、生产资料的价格统一的计划控制。否则，很可能增加经济运行的紧张状况。

其实，经济改革意味着大规模地调整人们之间的利益关系，不论是调整经济参数，还是在改革经济管理体制时，都会引起国家、集体、个人之间的利益关系的变动。为了保证利益的这种变动顺利进行或至少不出现大的摩擦和冲突，往往需要增加个人、集体的收入，但在经济结构严重失调的情况下，积累率过高，投资规模特别是在建规模过大，财政经济绷得很紧，国家力量是难以承担各方面利益关系的调整的。由此可见，必须先把国民经济中严重失调的比例关系调整过来，为体制改革创造均衡的结构环境后，体制改革才能平稳地起步。

二 体制改革和结构调整的初始阶段

正因如此，1979 年初党中央提出“调整、改革、整顿、提高”的八字方针，并确定以调整为中心、辅之以改革的对策战略，从此我国的经济结构开始进入了一个与以往的变化轨迹不同的调整时期。在当时的情况下，所谓经济结构调整，从短期目标来看，就是要针对长期以来特别是十年动乱时期经济工作指导思想上的“左倾”及粉碎“四人帮”后头两年的冒进所造成的国民经济主要投入产出比例关系严重失调的情况，力促经济结构快速变化，以便为经济体制改革创造大体均衡的结构环境。

在农村，经济改革从率先调整农产品价格、推行联产承包经营责任制直到逐步取消统购统销促进产业结构调整，这三大步都有力地推动了结构进步。需要特别指出的是，早在1979年改革刚刚起步时就正式推出了三项对结构进步具有重要作用的改革思路：（1）允许农村生产更多样化；（2）给予农村中个体经济更大的发展灵活性；（3）强有力地全面发展乡镇企业。正因如此，在农村中，产出结构转向以人均收入为依托，平稳地从农业向非农业转出所占份额，从农业转出的份额也能沿着工业化和服务化双轨推进；在投入结构上，资金投入开始以劳动力不能替代资金为限。结果在农村，资源结构与投入结构，以及产出结构与需求结构取得了相对的一致，并有力地校正了传统体制对农村非农产业结构造成的结构扭曲。

在城市，从经济发展战略转换和城市经济环境改革两个方面入手，快速校正国民经济重要比例关系的严重失调。在经济发展战略方面，我们提出“轻工业六优先”方针，与此相适应采取的宏观经济政策是：（1）削减财政支出中的基建拨款，从1978年的40.7%下降到1980年的34.6%，增加了住房、教育和卫生的投资比例，并增加了农业、轻工业的投资和经常性支出的比例，同时，在物资、信贷和外汇的计划分配方面给农业和轻工业以优惠。这样，在基建投资总额中用于满足人民物质和文化生活需要的非生产性投资比重由1978年的20.9%上升到1979年的30.2%和1980年的35.7%，用于轻工业的投资比重由1979年的5.8%上升到1980年的10.8%；（2）在基本建设的调整方面，各地有关部门相继成立了清理在建项目领导小组，由于停建缓建缩小规模，在建大中型项目由1978年的1723个减少到1979年底的1187个和1980年的912个。计划内的大中型项目全部建成所需要的投资由1979年的1500亿元下降到1980年的1300亿元。在城市经济初步改革方面，既沿着经济运行机制改革和价格逐步理顺的方向推进，又朝着所有制结构调整和公有制内涵改革的方向发展，其中有重大意义的改革是：在国营企业方面，推出了以利润留成为核心并涉及在计划、物资、价格方面有某些自主经营决策权的改革。到1980年的试点企业数、产值、利润分别约占全国预算内工业企业数的16%、60%和70%。（3）发挥地方政府作用方面，实行了

"划分收支、分级包干"的财政体制改革，以明确中央和地方财政收支范围和职责。

所有这些措施和改革，加上农民收入提高后，扩大了国内市场容量，它对加工工业的发展起到刺激作用，与此同时，农业的稳定增长，为工业特别是轻工业的发展提供了较好的基础，使国民经济重大比例关系很快趋于理顺。与此同时，全国的经济形势迅速好转。一方面，由于联产承包责任制终结了农村的大锅饭，农产品收购价的提高及加价敞开收购，农业总产值在1978年增长9%的基础上，1979年又上升8.6%；在计划、物资、贷款等计划分配方面给予轻工业的优惠，及以利润留成为中心的初步改革给企业注入的利润动机，使轻工业总产值年增长率达到1979年的9.5%和1980年的18.4%。这样，工农业总产值中农轻重的比例就由1978年的25.6:31.8:42.6，调整为1980年的24.6:35.4:40.0。城乡居民收入的快速提高及城市中新增就业人口1000多万，大幅度刺激了消费需求，而农业和轻工业产量大大增加，加上进口粮食和消费品增加，使得人民的消费有较大的增加，社会消费品零售总额的年增长率1979年为16.7%，1980年为21.2%，积累和消费的比例由1978年的36.5:63.5调整到1980年的31.6:68.4。由此看来，我国的体制调整和结构变革似乎较为顺利地通过了上述序列的第一个阶段，随后到来的，必将是结构进一步校正和体制改革的黄金时代。

三　体制改革与结构再调整的阶段

但是，在另一方面，经济运行却孕育着一个爆发危机的危险，这些对策措施本身在力度上并不足以大体理顺以往在经济结构方面累积下来的严重扭曲，而且还在某些方面加大结构调整的困难，甚至诱发新的结构扭曲。首先，在农村方面，开始时通过提高农产品收购价来启动农村经济的发展是必要的，但在农业生产尚未根本好转时，一下子过大地提高农民收入则给经济运行造成极大的压力，"也许分两步走，对财政物价的影响要小一些”①。进一步看，在促进农业结构调整方面，并没有通过指令性的生产、收购计划这种集中的直接调节手段，而是采用统一调整价格这种集中的间接调节手段，使得结构变化更富有弹性。但是，大部分地区在全面推出农村经济改革方面犹豫不决，未及时地在力度上强化集中的间接调节手段对农业发展的刺激作用，从而放弃了利用改革进行调整的对策，使这些地区在遇到1980年的自然灾害时，农业生产发展速度下降，全国1980年的农业总产值仅增长了2.7%，而那些较早坚定地实行农村改革的地方，灾年照样增产。② 其次，在城市总需求的控制方面，受客观条件制约不得不迅速提供大量就业机会并较大幅度调整工资参数的情况下，投资需求的削减未能达到预期的程度，仅全部建成计划内的大中型项目所需要的投资，1979年高达1500亿元，1980年仍达1300亿元，特别是1980年停建缓建的大中型项目压缩的投资仅39亿元，而新上马的大中型项目计划投资需要160亿元。此外，据北京、上海等十二个省、市、自治区的统计，1980年施工的小型项目达2.7万个，比1979年增加24%。③ 这是因为过高估计了在建项目的代价，在削减预算内投资方面缩手缩脚，没有采用强有力的集中的直接调控手段，同时，更为重要的是，分配体制上的初步改革，使企业和地方的利益相对独立了出来，这样，他们一方面在自身利益的驱动下需要对削减其利益范围中的投资项目加以限制，从而弱化了集中的直接调控手段的有效性，另一方面，他们可以用自己的财力来补偿预算中少拨给的投资或新上项目，所有这些最直接的后果就是出现了相当大的预算赤字和银行增发货币，财政赤字1979年为170.6亿元，1980年为127.5亿元，流通中增发的货币，1979年92亿元，1980年79亿元。对商品特别是消费品的过多要求引起了物价上涨的强大压力。全国零售物价指数

① 邓小平：《目前的形势和任务》，《三中全会以来重要文献选编（上）》，人民出版社1982年版，第327页。

② 周曰礼：《家庭承包制探讨》，第73—74页。

③ 房维中：《中华人民共和国经济大事记》，中国社会科学出版社1984年版，第659页。

和职工生活费用总指数的年上涨率分别由1979年的2%和2%，猛增到1980年的6%和8%。最后，在经济结构调整方面，忽视运输业、商业的发展，使两者在社会总产值中的比重分别从1978年的3%和6.4%下降到1979年的2.7%、5.4%和1980年的2.7%、5.2%，即新中国成立以来的最低水平。同时，忽视原材料、能源的发展，使加工工业与原材料能源工业发展之间的矛盾加剧。

所有这些都表明，1979年后近两年的调整，缓解了国民经济重大比例关系的严重扭曲，经济出现多年来少见的大好形势，但在这背后却"潜伏着一个很大的危险，搞得不好，可能爆发经济危机"①，因此，不得不在1981年对国民经济进行进一步的调整。1981年经济结构的再调整给人们以深刻的启示：经济改革和经济调整的复杂性和困难性，不仅在于结构调整中存在的利益摩擦，而且在于结构调整本身需要并且也只能依靠很大范围内和相当大程度上的经济改革，由此形成结构调整中的利益摩擦和经济改革中的利益冲突相互交织，使经济运行很可能步入要么结构失衡，要么总量膨胀的两难选择，这就要求我们既积极调整结构，为体制改革创造均衡的结构环境，又慎重改革体制，为结构调整提供新的机制。由此看来，我国在从上述序列的第一个阶段向第二个阶段过渡的过程中，也即从体制调整和结构矛盾弱化向体制改革深化和结构转换深化转变的过程中，有着难以预料的难度。

从1981年开始的再调整，经过三年的时间，到1983年底，以农轻重比例及积累和消费比例为尺度，经济结构的失衡已有所缓解，农业从1980年不到4%的低增长转向1981年6.6%、1982年11.1%和1983年9.6%的强劲高增长轨道，轻工业沿承了结构调整头两年的高增长势头，1981—1983年的年平均增长率达到9.5%，同时，重工业的年增长率走出1980年踏步不前和1981年下降的局面，从1982年起急剧回升。之后又以不断加快的步伐增长，年平均增长率达到

① 赵紫阳：《关于调整国民经济的几个问题》，《三中全会以来重要文献选编（上）》，人民出版社1982年版，第608—609页。

11.2%，这使得农业和工业的产值比例，从1980年的30.8%:69.2%，变为1983年的33.9%:66.1%，轻重工业的产值比例，由1980年的47.2%:52.8%，变为1983年的48.5%:51.5%。在国民收入的分配方面，积累率在连续两年逐步下降的基础上，1981—1983年继续下降并保持了不高于30%的水平。

四　新条件下结构的特征与矛盾

1949—1978年三十年的历史无疑比从1979年到目前为止八九年的历史更能展现出经济结构与经济体制之间的稳定联系，但近八九年来的历史更能直接反映经济结构与经济体制之间的直接联系。经济改革起步后，我国社会总产值以前所未有的速度快步增长，与此相应，投入结构的一个惊人变化是农村非农业的发展，到1985年时，从业人员达到6416万人，增加3.44倍，成了整个社会生产、物质性劳务中劳动力投入的新主体。但产出结构并没有沿着结构进步的典型道路演化，农业的份额有所上升，工业份额有所下降，物质性服务份额很少变化。投入结构的变化无疑直接反映了经济改革推动了结构进步，产出结构的变化在现象上给出的并不是结构进步，但由于在以往的结构格局为起点时，结构进步的必要代价正是校正传统体制对结构进步的扭曲，因而这在本质上讲仍然是一种特殊的结构进步。

从1949年新中国成立以来直到1978年，不论是以世界各国轻重工业结构的演化为参照系，还是以按经济制度、经济发展水平或地区分布来划分的各种类型国家的轻重工业结构的演化为参照系，我国重工业占工业份额的演化都呈现出极不稳定的趋向，似乎是一条毫无规律可循的“噪音”曲线。这也许部分是因为在我国工业生产中，“不充足开工”或“超负荷开工”的伸缩性很大，因而原材料、能源等短期投入的波动对工业产出的影响较大；部分则是因为我国的经济体制具有很强的资源动员能力，但生产要素的长期投入重点频繁地在轻重工业之间进行摇摆，因而对轻重工业的产出影响较大。

现在，我们以重工业占工业份额首次高于轻工业份额为界，把我国前三十年工业轻重结构的演化分为两个时期，一是1949—1958年，重工业份额一直低于轻工业份额的时期，二是1958—1978年，重工业份额时而低于时而又高于轻工业份额的时期。

（一）1949—1958年工业演化特征

在我国重工业份额一直低于轻工业份额时，当以世界发展中国家轻重工业结构的演化趋向为参照系时，可以看出我国轻重工业结构具有与发展中国家相同的演化趋向，但具有不同的演化速度。我国1950年轻重工业占工业份额的格局与世界发展中国家1955年的平均情况大体相同，但在不到八年的时间内即到1958年，我国重工业占工业的份额就高于轻工业，而世界发展中国家则用了约二十年的时间即到1975年才实现轻工业占工业份额低于重工业的目标。在这个时期中，我国农轻重平均增长率之比是1∶2.6∶5.3，同时，轻工业份额从1949年的73.6%下降到1958年的46.5%，平均每年约下降3%。

和同样实行这种重工业超前发展的日本和苏联相比，我国一个最明显的特征是超前性更大。如果说日本是谨慎地慢慢通过那座“吊桥”，苏联是自信地走过那座“吊桥”，而我国却是兴冲冲地试图跑过那座“吊桥”。日本的谨慎反映在它的重工业化发展从一开始就机灵地盯着国际市场，早在1914—1935年，当日本人均收入和我国大体相同时，其工业品出口占国民生产总值的比重就高达9%，60年代以来，这一比重一直在10%以上，而其中重工业制成品所占比重1960年为39.7%，1981年为58.8%。日本的重工业超前发展仅在一个较短的时期（大约是1956—1960年）里主要依赖了国内的高积累低消费，而当重工业产品能在国际市场上获得实现后，重工业发展立即转化为给国内工业发展和消费提供资金。苏联的自信来源于它同东欧集团的互补。我们知道，东欧国家在煤、电、钢、重型机械等产品上极度依赖苏联，相反，苏联则在农、轻产品上依赖东欧各国。这样，苏联超前的重工业发展有一个外部经济环境获得补偿。而苏联与日本的差距，也许很大原因出自苏联军工投资份额太大。再看中国，面临的几乎是一个完全封闭的环境，不仅重工业本身的发展质量低下，而且，由于是强压了消费来支撑重工业发展。所以，重工业不得不自我实现，由此而带动的是更大规模的后序投资，当然，也意味着消费的长期压制。这样，重工业越是发展，它与轻工业和农业越是偏离，农轻重之间形成了一个日益加宽的结构断层。所以，问题不在于农轻重多大的比例才算合适，问题在于农轻重结构之间难于吻合的这种结构断层。

（二）1959—1978 年的工业演化特征

世界各国工业轻重结构的演化趋向，通常是沿着轻工业份额继续下降、重工业份额稳步上升的方向推进，只不过有的国家演化的速度较快，有的国家演化的速度较慢，而我国从 1958 年重工业份额首次高于轻工业起直到 1978 年经济体制改革起步前，我国的工业结构走上了一条相当特殊的演化道路。

第一，重工业发展以轻工业占工业份额的下降为代价，在 1949—1958 年我国轻工业份额一直低于重工业的阶段上，我们采取的以重工业快速超前增长为重点的经济发展模式，由于超越了国情特别是国力的支撑能力，因而不仅改变了我们当时的工业结构演化进度，而且更为重要的是，伴随着第一个五年计划的完成，我国传统的计划体制已经得到巩固，上节谈到的那种地方和部门分割的趋势逐步形成，追逐超大型、超重型的投资渴望几乎遍布从中央到地方的各级部门，这就势必影响甚至在一定程度上规定着我国从此之后的工业结构已很难沿着世界各国的一般道路向前演化，而只能走上了一条相当特殊的、不稳定的演化轨道。

第二，从 1958 年起到 1978 年，在重工业份额再次上升的年份里，重工业超前增长的势头放慢，撇开经济运行十分混乱的 1958—1960 年后，可以看出，农轻重的年均增长速度都有下降的趋向，但农业、轻工业比重工业的下降势头要和缓得多。这在一定程度上说明，传统的经济体制那种超前式重工业发展的动员能力在大跃进时期达到了极限，在此之后，虽然这一体制仍有一种强烈的内在冲动去追逐超前式重工业发展，但它的弹性空间已经被严酷的中国现实所限定了。传统的经济体制可以强制推行超前式工业化发展，但八亿农民最低层次的生活需要的满足，则会经常把这种工业化超前式发展拖住，从而使整个国民经济难于升格为现代经济结构。

第三，在轻重工业结构频繁地交替回升和下降的演化时期，从每次持续的时间来看，轻工业份额下降每次持续的平均年数是二年，最长的一次是四年，而轻工业份额回升的平均年数是一点六年，最长的一次是二年。这也许可以进一步表明：由于我们在轻工业份额首次低于重工业之前，采取的以重工业强劲的快速超前增长的经济发展模式，特别是1958—1960年重工业异常的高速超前增长，在之后整个国民经济支撑重工业份额继续快速扩大的方面留下了强烈的制约因素，因而使得我们的工业结构演化进程不得不经常地掉过头来发展轻工业，但由于传统的经济体制尚存，从而不足以使我们改变以往的经济发展观念，因而与上年相比轻工业的增长一旦有所好转（例如，1963年、1969年、1975年及1977年）或者趋向正常（例如1966年），当年立刻就转向快速发展重工业以提高重工业的份额。然而，只要重工业的年增长率太快，例如在60年代是超过20%及70年代是超过15%时，第二年（例如，1960—1961年、1964—1965年、1966—1967年）重工业的增长率就立即会比上一年减少约10%甚至更多，从而工业结构的演化又不得不再次转向轻工业的“回升”或发展，结果，我们发现，在发展的主导行业上畸轻畸重的现象，不过反映了我国轻、重结构难于啮合的深刻矛盾，所以，要想在轻多一点好还是重多一点好这种现象层次上做文章，注定永远无法找到我国合理结构的解。

第四，在我国轻工业份额首次低于重工业之后直到1978年，如果撇开经济运行不正常的1958—1960年外，那么我国轻工业份额已经历了从上升、下降，到再上升、再下降的五个周期。每个周期的时间最长为六年，最短为二年，平均为三点六年，周期的时间并没有明显缩短或延长的迹象。由此看来，当以重工业产值占工业份额首次超过轻工业份额为界时，我国工业轻重结构的演化可以分为两个时期；一个是1949—1958年轻工业份额一直低于重工业份额的时期，在这一时期种下了农轻重结构断层的恶果。另一是1958—1978年重工业份额时而低于时而又高于轻工业的份额时期。这事实上表现为国民经济在农轻重结构断层间无所适从地波动。在第一个时期，我国工业轻重结构的演化趋向看起来同世界发展中国家的基本一致，但由于我国工业轻重结构的演化速度大大快于世界发展中国家的演化速度，而我国相反则处于一个低收入的封闭经济系统，因此，当同样的轻重结构演化趋向的国家进入高速增长的循环时，我国则被逼入了一个农轻重结构断层难以弥合的死胡同。而传统的经济体制根本不能提供一种疏通机制去联通农轻重结构断层，非但如此，传统经济体制还成为了弥合农轻重结构断层的屏障。在第二个时期，我国当轻工业份额首次低于重工业份额后，工业轻重结构并没有沿着轻工业继续下降，或重工业稳定上升的轨道向前演化，而是走上了一条相当特殊的在轻重工业份额频繁交替地上升或下降的道路。而这种交替上升并不体现为罗斯托所描述的那种各个时期不同的主导经济部门交替拉动经济增长的阶段演进，这种交替上升是通过主导部门的发展以牺牲非主导部门为代价的形式出现的。问题的关键在于，如果农轻重间的结构断层一天不弥合，那么，国民经济中任何一个主导部门的发展就必然以其他部门发展为代价。由此可以得出的结论是：不提供体制推动的外部环境，在传统的经济体制下就结构调整结构，结构断层永远无法弥合。所以最初以一种新的体制强制拉动的重工业超前增长的停滞模式，如果走到了极端还没有达到发展目的，最终还必须以另一种更新的体制，才能把已成事实的扭曲了的经济结构重新校正过来。

（三）1979 年至今的工业演化

进一步说，在工业结构的演化及经济发展模式的关联方面，如上一节所述，从 1978 年经济体制改革起步直到 1984 年，是我国轻工业份额时而低于时而又高于重工业的时期的第二个阶段。与第一个阶段的各种特征相比，第一，轻重工业份额演化已经历了一次回升到下降的周期，从 1979 年轻工业份额回升起，到 1984 年，轻工业份额变化低于“中准线”的幅度为 2.8%，超过中准线的幅度最大的达到 5%，与上个阶段相比，或许表明，轻重工业结构的演化进程中的波动开始偏小；第二，在 1978—1984 年重工业份额回升的年份里，轻重工业增长速度的比例是 1∶1. 28，这个数字低于上一阶段的平均比例，农轻重增长速度的比例是 1∶0. 75∶0. 96，这个数字也大大低于上一阶段的平均比例，农业的增长速度大大加快。但在这个阶段内部，农轻重都沿袭了在此之前的加速增长势头，这个阶段，轻重工业结构的演化有可能走上以重工业速度超前增长为重点的经济发展模式。第三，在 1978—1984 年阶段，在轻工业份额回升的年份里，农业增长较快，轻工业则以比农业快一倍以上的速度增长，但重工业增长低于农业，只有轻工业增长幅度的 1/10。这似乎可以进一步说明，一方面，如果上一个阶段工业化的进程过快的话，那么，这个阶段工业化的进程又慢了一些，另一方面，与上一阶段重工业下降相比，这个阶段重工业的下降过快过猛，因而不能不在一定程度上造成工农业生产结构的新的深刻矛盾；第四，在这个阶段，轻工业份额回升的年数是三年，超过了前一个阶段中任何一次轻工业回升持续的时间，并第一次在轻工业连续两年高速增长的情况下，重工业的增长仍然是停滞不前甚至还下降，这表明我国的经济发展模式的确已有所转变；第五，在这个阶段，轻工业份额下降的持续时间已经三年，超过前一个阶段中轻工业下降时间的平均数，但还低于前一阶段中的最高数。然而，这次轻重工业份额演化的周期的时间与以往最长的一段周期持续的时间已相同。由此看来，在 1985—1986 年，工业结构演化有可能转入第七个周期。从经济的长波来看，由于第五个周期同最后一个周期轻工业占工业份额上升趋向及最后一个周期轻工业份额的绝对水平，与第一个周期同第二个周期轻工业份额的上升趋向及第二个周期轻工业份额的绝对水平大体相同，因而有理由推断，从 1985—1986 年开始的第七个周期轻工业占工业份额会下降。考虑到第二个周期开始直到第五个周期轻工业份额下降的速度和幅度，我们有理由作出如下预测，以从 1985—1986 年开始的第七个周期为起点，轻工业的份额会持续下降一段时间。但是，最后值得特别指出的是，各个周期轻重工业互为代价式的波浪式发展的浪峰日趋减缓，轻重工业的替代增长幅度已经限制在一个越来越窄的区域。如果这一趋势能继续下去，也即轻重工业替代性增减幅度不再扩大，那么，即使轻重工业的份额有一个相当大的差异，我们也可以作出这样的判断，即轻重工业的结构断层已逐步弥合，产业结构的合理的有机性也趋形成。

第三节　经济结构的进一步转换与经济体制改革

在整个社会经济发展中，如果没有一系列相关的经济结构变化，经济体制变革就没有多大的实际意义。其实，经济结构的转换历来是社会经济从传统向现代转变的关键环节，所以，推进经济结构的进一步转换是当今经济体制改革面临的最重要的现实问题之一。

一　经济结构进一步转换将遇到的问题

如果说，1984 年在我国以城市为重点的全面经济体制改革起步之时，经济生活爆发了经济总量膨胀，其原因之一在于我国经济生活中存在着严重的结构矛盾，那么，解决现存经济过程中的结构矛盾就成为我们进一步推进结构转换的起点。

然而，结构转换本身包含丰富的内容，一般来说，它包括产业结构、生产组织结构、技术结构以及进出口结构的转换，具体说来，又可以分为生产结构、积累结构、需求结构、贸易结构、要素使用结构等各方面的转换，因此，它涉及国民经济的各个领域，这一来也自然会遇到一系列新的矛盾和问题。所以说经济结构的进一步转换不仅以解决现存经济过程中的结构矛盾为起点，而且本身又要在产生和解决新的不同于其他国家的结构矛盾的过程中实现新的转换。

如前所述，一个国家的经济结构归根到底是由资源结构和需求结构决定的。但是，资源结构与需求结构也是由许多因素决定的，例如人口、地理、社会的进步、技术的变革、经济组织的改善、生产的发展，这一切本身就是结构因素，能从各方面决定资源总量和资源结构，决定需求总量及需求结构。此外，这些因素还能明显地影响并改变资源结构向投入结构转化及需求结构对产出结构导向的能力。正如世界经济结构演变史表明的那样，反映社会经济发展水平的人均国民生产总值或国民收入总量，与从资源结构到投入结构及从需求结构到产出结构从而与生产结构之间存在着规律性的联系：（1）在按人口平均的国民生产总值或国民收入的一定水平上，会有一个与之相适应的偏差不大的特定的生产结构；（2）在按人口平均的国民生产总值或国民收入的某个发展阶段上生产结构的变化，会明显地快于人均产值或国民收入其他发展阶段上的生产结构变化；（3）按人口平均的国民生产总值或国民收入的高增长率，要求并导致生产结构的高变换率。从这三个方面来比较我国结构转换与世界其他国家结构转换的异同，可以比较清楚地发现我国经济结构进一步转换将遇到的矛盾和问题。

从结构转换与经济发展水平的关系来看，世界其他许多国家一般是在人均国民收入达到300美元之后经济结构开始巨大变化的。我国现今经济水平恰恰处于这一阶段。所以，我国经济结构的进一步转换有了必要的前提。

经济发展到一定水平，必然要求有一个与之大体适应的生产结构，从而资源结构和投入结构、需求结构和产出结构都会发生相应的变化。大量的统计资料可以证明这一点。

根据对五十九个资本主义国家和地区发展的数据所作的统计表明，按人口平均国内生产总值从七十美元开始，当其翻一番左右，劳动力在农业中的投入份额约下降15%。从发达资本主义国家的情况来看，随着经济的发展，劳动力在农业中所占份额会急剧下降，从最初的50%—60%的水平下降到本世纪60年代的10%—20%左右的水平；劳动力在工业、运输业、建筑业中的份额则从开初的20%—40%的水平，上升到超过40%；劳动力在商业、服务业、金融业中的份额则显著上升，它吸收了从农业部门转移出来的大部分劳动力。因此可以说，随着经济的发展，劳动力结构的部门分布迅速变化，从“农业化”转向了“工业化”和“服务化”。① 随着劳动力结构部门分布的变化，人口因素本身，尤其是人口的自然增长率也在发生变化，并且波及到其他各种因素。还是以世界上其他国家的情况为例，

① 参见西蒙·库茨涅兹：《各国的经济增长》，商务印书馆1985年版，第210、331页。

虽然各国情况有所差剧，但显示出一种基本的态势：人口的自然增长率变化，从而直接引起劳动力资源总量的变化，这一来，劳动力资源在社会资源总量中的份额也随之发生变化；相反，经济发展和技术进步的加速使资本和技术总量扩张，从而，资本和技术资源在社会资源总量中所占的份额将上升，进而使自然资源总量在社会资源总量中所占的份额逐渐减少。这种资源结构的变化肯定会在相当大的程度上影响和左右现代经济增长的投入结构。这种结构态势的形成时期，一般是处于人均 300 美元国民收入以后的经济发展中。

与此同时，随着资源结构的变化，引起投入结构的变化，需求结构的变化也要求产出结构相应地发生变化，实际上，世界各国经济发展过程中，在人均收入达到 300 美元以后，经济中的需求结构与产出结构的关联十分清楚。根据对五十七个资本主义的发达和发展中国家和地区经济发展的数据所作的统计分析表明，这些国家在人均国内生产总值为 300—1000 美元时，当人均国内生产总值增长 20% 时，农业的反应弹性值①为 0.30，建筑业为 1.25，制造业为 1.46，也就是说，当经济增长或经济从较低向较高的人均收入转移时，农业的增长较慢从而在总产值中的份额显著下降，建筑业的增长较快从而在总产值中的份额较快地上升，制造业的增长最快从而在总产值中的份额显著上升。同样，随着经济增长从而收入水平及需求总量的扩大，人们对各种消费品需求的增长速度也不相等，从而消费需求及消费结构也随之发生不同程度的变化。

我国目前的经济发展水平，从人均国民收入来看，也正好在 300 美元左右，这说明我们的经济结构已经具备了进一步转换的条件。事实上，每一个中国人都已深深地感受到了国内经济结构的剧烈变化，并且在继续发生着变化。

问题也恰恰出在经济结构的变动与国民经济发展水平相适应的必然要求上。世界上其他许多国家是在人均国民收入达 300 美元后才开始转换经济结构的，而我国，在人均国民收入远远低于 300 美元时，

① 反应弹性值：与人均产值的百分比变动相联系的各个部门产值的百分比变动。

就提前进入了经济结构变化进程。目前面临的任务是进一步推进经济结构的转换。

问题的复杂性还在于我国社会经济具有自己特殊的社会、历史、文化传统，加上我国社会主义逾越了资本主义商品经济充分发展阶段，这一切又增加经济结构转换的难度。几千年中国封建社会各种社会关系的两个基本支点，一是以血缘关系为纽带的封建宗法关系，二是君臣之间的皇权依附关系。这两种关系的过度发育，在人们之间的经济往来中打下了人身依附的烙印，而且也使得社会化大生产所必需的各种条件，首先是产权的明确界定和个人利益独立化，难以在封建社会的母体中自发地孕育成熟，因此，尽管中国历史上不乏有规模可观的商品交换和社会分工，但却总是不能形成与商品经济从而与社会化大生产本身相联系的一系列行为规则和社会规范。封建社会经济关系和意识形态残余的影响，不仅使我国社会主义制度建立后面临双重任务，即一是要迅速实行工业化，二是要努力发展商品经济，建立现代化大生产所必需的一系列社会规范和行为规则。而且使我国长期经济体制发展过程中出现了生产力发展的巨大不平衡，还出现集中与条块分割并存，垄断与无规则竞争并存等一系列的奇怪现象。这些特殊情况都严重影响着我国经济结构，不仅促使我国前几年结构转换没有取得更快的进展，而且也将为我国经济结构的进一步转换设置重重障碍。因为现代大工业，特别是资金密集型工业的发展，不仅需要有高度发达的管理方法和手段，而且还特别需要有平等的竞争规则，和明确的产权和利益规则。而这一切规则在资本主义国家是经过了漫长的商品经济发展阶段才形成的。我国也必定要有一个长期的商品经济发展阶段，才能逐渐形成竞争、产权和利益的规则，但我们又必须在这些规则形成的同时，以比资本主义国家快得多的速度完成工业化和现代化的伟大任务。所以，我们的现代化战略选择既要充分考虑我国特殊国情，又要加速完成工业化、生产社会化和经济生活一体化的过程。这一切，同样是经济结构一步转换必须把握的基本问题。

二　选择正确的产业导向政策，推进经济结构的进一步转换

（一）推进经济结构的进一步转换所要解决的具体问题

既然我国的经济结构进一步转换面临着特殊的困难，那么，它的实现必将要解决一系列特殊的具体问题。

现在看来，我国在人均国内生产总值相当低的程度推行的资金相对密集化的工业化发展，首先面临着严重的需求二元化压力，即一方面必须满足人民基本生活需要，另一方面又必须勒紧“裤腰带”，追求工业化。所以，当我国发展前期注重后一需求满足时，就已经种下了后续期回过头来满足前一需求的恶果。而近来对外开放后，对电视机、电冰箱等高档消费品的追求又把人民生活需要那一块分化为二元格局，一方面落后山乡的农民还在为吃穿发愁，另一方面则有部分人进入了全套电气化的消费时代，从而又扩大了人民生活需求对资源结构和投入结构的压力。几年的改革，经济发展尤其是工业化过程并没有减速，相反，各种社会需求都在诱发企业生产新产品，促使创办新的企业。所以，目前的问题在于，在原先的重工业发展势头并没有减弱的情况下，经济体制改革在政策导向上又刺激了消费品工业的迅速发展，从而在产业结构的发展上形成了同时追求上述各个层次需求的格局。这种格局有着如下双重含义：其一，市场需求推动了主要属于消费品生产的乡镇企业和部分城市工业的迅猛发展，它不仅削弱了农业劳动力投入畸重的状况，同时也在一定程度上填补了过去几十年轻重工业间的结构断层。所以，这样的势态引导得好，有可能使我国经济结构过渡到较佳状况。其二，由于我国走了一条“渐进式”、“小配套”的改革道路，双重模式是最有代表性的特征，在这种情况下，多重价格的存在，地区发展的不平衡性，以及长期封建社会经济关系残余的影响，使我国市场环境的发育度较低，价格信号并不反映市场供需情况，特别是由于我国人民对市场的波动没有相应成熟的承受能力，消费上往往一哄而起、一哄而落，价格稍有波动，就穷于应付，或抢购一空，或措手不及，这又加重了价格信号的失真。多重价格的存在，人为地使某些产品价格失去供求关系的基础，国家垄断价格基

本上不能引导企业资金投向。这多重因素的共同作用，在一般情况下，当价格信号反映的往往不是需求的真实状况时，企业作出的反馈往往是过热增长，而后又是转产、停产，形成经济不正常的周期波动。这从全国乡镇企业年歇业率高达近20%中便可以看出这一点。而全国统一市场难于形成，地区间封锁之风盛行，由地区市场刺激的经济过热增长，不但没有减缓过去那种高投资的趋势，反而加速了这种趋势，其规模效益当然也不会很好。

所以，我国的经济结构的进一步转换必须综合解决下面一些具体问题：

第一，经济结构的优化与整个经济体制改革措施的同步配套问题。这里所说的结构本身的优化，困难之处在于，如何正确处理好不同层次需求的合理比例，和如何处理好劳动密集型产业和资金密集型产业的合理配置，以便在农村劳动力大量转移时，使投入结构与资源结构之间的矛盾相对缓和。这里所说的结构导向政策与体制改革措施配套的准则是指：（1）如何处理好拉开收入档次和保持适度的收入均衡的矛盾，以保证社会需求不出现过大的反差，从而防止奢侈性需求拉动与我国经济实力不相称的社会高消费渴望，和由此带来的扭曲了的资源投入格局。（2）当乡镇企业发展具有不可逆转的势头时，如何对乡镇企业进行合理的行业规划，树立合理的竞争规则，防止乡镇企业在技术水平低下的状况下过度竞争；如何适当处理乡镇企业的雇工经营问题，使乡镇企业家树立长期发展的信念；如何在城市工业间和农村工业间进行合理的分工与协作，进而加快城市工业体制改革步伐，使城市工业企业能与乡镇企业有一个大致相似的市场环境和市场行为等等。这实际上是发展与改革的关系问题。

第二，宏观控制与微观搞活的问题。长期以来，我国宏观与微观之间出现的行为冲突，原因就在于，宏观控制的依据不明确，企业的放活也没有统一的标准。现在制定下一步的结构导向政策，一定要为宏观经济的放与收提供依据，为企业的活与死提供判别标准，只有这样，才能避免落入“一放就乱、一乱就统、一统就死、一死就放”的老循环。

第三，全国经济与地方经济的问题。全国经济与地方经济的矛盾一直是我国经济发展，调整或改革的比较大的困扰。近几年来，随着经济体制改革的发展，全国经济与地方经济的关系又出现了新的情况。地方政府的权限扩大，利益相对增多，可这样一来，各地并没有按照比较优势实行地区经济的合理分工，相反地尽可能地求“全”，大量重复建设、重复生产，严重地影响了宏观总体效益的提高，制约着我国产业结构向合理化的方向发展。所以，结构的进一步转换必须较好地处理全国经济与地方经济的矛盾。

第四，计划与市场的问题。当前，我国正处于双重模式转轨时期，直接的指令性计划正在逐步削弱，市场也正逐步加强其作用。但事实也表明，计划与市场的关系还没有真正处理好，市场，特别是社会主义统一市场远没有形成。当然，鉴于我国特殊的社会历史条件，在相当长的一段时间内，计划的逐步转型和社会主义统一市场的逐步形成过程将是一个充满矛盾和不断解决矛盾的过程。我们的结构导向政策如果无视这个矛盾的解决，肯定不会取得预想的效果。

所以，我们的经济结构进一步转换，必定要形成发展与改革相互促进、宏观控制与微观搞活同时并存、计划与市场有机结合、全国经济与地方经济协调一致的新的结构格局。

（二）通过经济体制改革，形成有利于产业结构改组的经济机制

如前所述，我国正面临着剧烈的结构改组与变化，在这时，需要有一个明智的产业结构的导向政策，包括产业结构政策、产业组织政策、产业技术政策和进出口政策等等，以此协调财政、金融、外贸、外汇、技术等政策，运用一系列经济手段，调动有限的财力、物力、外汇以及人力资源，投入战略产业部门，实现产业结构、技术结构、出口结构的合理化。

在这里需要指出，正确的产业政策的实现，需要地方、部门以及企业能够灵敏地对产业政策作出响应与反馈，如果是漠然置之、麻木不仁，或者是“你敲你的锣，我打我的鼓”，往往是号召一通，见效不大，这就要求通过经济体制改革，形成有利于产业结构调整改组的内部机制。

我国传统体制中固定资产占用格局十分僵化。一个部门、一个企业占用的固定资产在其实物寿命内很难被转让，除了采用行政性的关停并转方式来进行强制性的调整之外，经济性的调整步伐往往只限于追加投资，资金存置不能流动。这种僵化格局，使得生产要素重组遇到难以克服的障碍，不仅对效率低的亏损企业仍旧要勉强维持不使倒闭，而且效率高的企业也只能以自身现有场地和设备为出发点追加投资。这种僵化的固定资产占用格局的弊病，一是阻滞了新兴产业的形成和发展，除非进行新的投资，很难在原有产业中通过资产存量调整发展起新兴产业，不利于产业结构和产品结构的调整。二是对企业的技术更新产生了极其不利的影响，如所周知，技术进步在某些重点行业和骨干企业应该特别快些，如果它们的过时设备能够转让给一般企业，便可以使技术装备得到合理的组合，但我国长期不允许企业自由转让尚能使用的设备，要么是提高折旧率缩短报废年限，要么是被迫沿用大批旧设备和旧技术，不利于产业技术的进步。三是不利于产业组织结构的合理化。我国在建设现代工业的初期，建设一些“小而全”、“大而全”的全能厂，是符合当时情况的，但随着工业的发展，本应不断改善生产要素的组合方式，提高专业化水平和规模经济水平。但由于资金存量不能调整，使生产要素重组遇到种种障碍，难以提高专业化和规模效益水平，反而形成了“小而全”、“大而全”不断被再生产出来的不良循环。

还需要指出的是，在一个年度或者一个时期，因投资决策失误造成产业结构不合理，是很难避免的。但如果这种失误和固定资产占用僵化相结合，则投资失误的累积性后果可能极其严重。过去我国固定资产存量有限，占用僵化的问题还不突出，如今固定资产已近万亿元，如何使之形成合理的组合，是提高宏观经济效益的重大问题。这也就是说，如果不是孤立地就产业政策谈产业政策、就投资结构谈投资结构，而是把它和经济体制改革结合起来思考，那就需要从改变固定资产占用僵化的制度中寻找出路。

正因为这样，在经济体制改革时要重视总量管理，要通过财政政策、货币政策和收入政策，调节由投资需求和消费需求组成的社会总需求，达到调节发展过程的目的；而与此同时，还要着眼于推动产业结构的调整，形成能够实现资产存量结构的不断再调整和重新组合的机制。这包括扩大企业投资自主权及实现投资决策分散化，使企业对固定资产拥有自主处置权及改固定资产无偿调拨为作价出售；并且通过发展资金市场及相互参股等途径，推动企业的分化、兼并、改组，以灵活的可变通的形式促进资产存量的调整，从而提高微观经济的自调节能力。只有形成了能够自我调节资产存量的机制，然后国家运用财政、金融、外贸、技术等政策引导产业结构调整，才能得到企业的响应和反馈，然后才能适应需求结构的急剧变化及技术结构的日新月异，改变供给结构的调整改组滞缓落后状况，通过结构调整释放出我国经济中拥有的巨大潜能。

第十三章　企业体制模式的转换

随着经济运行机制的转轨，国民经济的细胞——企业对宏观调节信号（包括价格信号和非价格信号）却不能及时作出正常反应，相反，企业不合理行为还有进一步扩张的趋势。改革实践历史地把进一步改革企业制度以重新构造微观经济基础的任务，提上了深化改革的议事日程。

第一节　独具特色的企业体制改革道路

一　体制模式转换与微观经济基础的重新构造

从传统体制向有计划的商品经济体制过渡，相应的运行机制也将从行政协调过渡到市场协调。为此，近几年我国改革了以指令性计划为核心的传统的运行机制，直接弱化了行政的直接控制，更多地把企业推向市场。《中共中央关于制定国民经济和社会发展第七个五年计划的建议》明确指出，要完成向有计划的商品经济过渡，一个重要方面就是要在完善市场体系的同时，宏观控制由直接控制为主转向间接控制为主。然而，运行机制的转换并没有使企业必然去适应市场，相反，企业行为日益不合理，企业不是去主动地适应市场，且是想尽办法钻双重体制的空子，或者在市场压力增大时，束手无策。

根本原因在于，在运行机制改革的同时，微观改革并没有相应地跟上。我国经济的微观基础——企业，完全是在传统体制下塑造的，内在地不具备商品生产者的属性，当然不能简单地组装进市场这部大机器中。何况，宏观经济运行与微观经济行为有着密切的联系，经济活动的总量及其变化终究是由个量及其变化组成的；宏观管理意图要通过微观的经济活动来实现。在我国要建立一个有效的宏观经济间接调控体系，不仅取决于宏观经济管理机制是否科学合理，政策措施是否恰当，而且也取决于微观经济单位能否对宏观间接控制措施作出及时和灵活的反应，以及宏观经济管理的必要前提是否具备并与之相适应。也就是说，一定经济体制的运行，是以相应的所有制关系，即相应的微观经济基础为前提的。我国社会主义经济改革在运行模式转换的同时，如果忽略了微观经济基础的重新构造，即使市场功能和调节模式设计得再巧妙，整个经济体系运转起来也必然会出故障，或者根本无法运行。这正是我国城市改革遇到困难的症结所在。

回顾我国经济改革的经验教训，我们可以看到，一定经济体制运行必然要有能与之相适应的微观经济基础，这是我国农村改革取得重大胜利的最主要经验。农村的联产承包责任制，以家庭代替了生产队为经营单位，在承包的过程中，不是简单地承包产量，而是通过对生产队内土地的远近、肥瘦等质量因素进行综合评估，确定某块土地的承包数量，并相应地延长土地承包期限，从而不仅极大地调动了广大农民的积极性，而且逐步使农民的行为趋于长期化、合理化。所以说，农村联产承包责任制的最成功的一点是，它以土地承包代替了公社条件下的评工记分，开始对公有制基础的变革，逐步完成对农村微观经济基础的再构造。

城市改革显然比农村复杂得多，困难得多。党的十二届三中全会的决定提出企业所有权与经营权适当分离的问题，但还没有找到实现这种分离的有效形式。城市经济与农村的区别在于，农村以土地为核心，城市的工业企业则更主要地取决于资产，资产收益是考察企业经营成绩的最重要指标。可借鉴的国际经验也表明，在现代商品经济中，资产收益办法是实现两权分离以后，既能保证所有者（或法律所有者）利益，又能给经营者（或经济所有者）以充分活动天地的普遍形式。因此，城市经济体制改革要依据城市改革的特殊规律，围绕资产这个核心，重新构造微观经济活动的细胞——企业。

二　我国企业改革的特殊道路

实践证明，离开了中国地广人多、经济文化相对落后、发展极不平衡，而且逾越了资本主义充分发展阶段，封建经济社会关系和意识形态残余还存在较大影响等基本国情，离开了实事求是的科学态度，任何主观的改革战略选择都不会达到预想的实效。几年前，我国经济理论界对体制模式转换的方式一开始就存在着不同的看法，有人主张“一揽子”方式，有人则倾向于“渐进”方式。实际上，八年的中国经济体制改革走的也是“渐进式”加“小配套”的道路，即整个改革的进程是渐进的、分阶段的，而每个阶段的改革则要在相互联系的方面配套进行。① 在运行机制转换方面走上了渐进式道路，采取了双轨制（或双重体制）的特殊形式。如本书前面已经论述的那样，双轨制发展到今天，虽然出现和导发了一些问题，但它的确是我国经济体制改革过程中创造的一种风险较小、兼容性很大的特殊转换形式。

企业改革同样走的是一条渐进式的发展道路。具有中国特色酌微观改革道路的基本原则正在日益明确化，可以分四个阶段加以分析：

第一阶段：1978 年底到 1980 年底。扩大企业自主权，实行利润留成制度。

扩大企业自主权的试点，1978 年最先开始于四川，到 1979 年 7 月，才扩展到全国。所谓扩大企业自主权，主要是指扩大企业招工、日常经营决策权和国家计划外产品销售的自主权，同时，实行利润留成制度，规定试点企业实行固定资金付费、流动资金全额信贷、保持折旧基金上交中央财政的水平，随生产的发展逐步提高折旧率。在这之前，我国的国营企业基本上没有自有资金，盈利全部上缴，开支全部向上要，国家统负盈亏，企业事实上是国家的附属物。所以，扩大企业自主权的试点企业，最大的变化要数利润留成制度。

最初实行的利润留成步子还是比较谨慎的。每个企业的利润留成比例根据上年的利润和留成资金之比来确定，也就是根据企业上一年

① 参见“对几年来经济建设与经济改革的反思”，载《经济研究》1987 年第 3 期。

度的奖金、集体福利基金、新产品试制基金和生产发展基金之和与该企业上一年的实际利润之比来确定。实行利润留成使企业的留利水平随着实现利润的增加而提高，从而刺激企业增加利润。

扩大企业自主权，实行利润留成的办法有效地调动了企业积极性，尤其是利润留成制度，从停留在试验阶段和在有限的利润留成阶段，迅速扩大到包括大型盈利企业在内的所有工业企业。1980 年初财政部公布了利润留成的详细规定。在 1980 年 6 月，实行利润留成企业的总数达 6600 个，这 6600 个企业的工业产值占全国预算内工业企业产值的 60%，利润的 70%。

由于没有建立保证企业将留利用于企业发展投资的内在机制，加上各地都选择一些经营状况较好的企业试点，随着试点面的扩大，企业留利量的增加，上缴国家的利润开始下降，财政一度紧张，企业投资增长大部分靠银行贷款来支撑，银行贷款的扩张直接导致了货币发行量剧增。这种状况使企业改革进入了第二阶段。

第二阶段：1981 年初到 1982 年底。盈亏包干责任制。

对于利润留成出现的问题的原因，当时占主导地位的观点认为主要由于规定利润留成比例削弱了国家计划控制权，国家的大头得不到保证，于是，从山东开始，试行企业盈亏包干责任制。即由上级部门和企业商议一个利润基数，超额部分实行分成，达不到基数由企业自己负亏。留成比例随超额的程度而提高，从 20%—100% 不等。盈亏包干责任制发展很快，到 1981 年 8 月份，已有 65% 的预算内国营企业实行了盈亏包干责任制或类似的利润分成制。到 1982 年初，实行包干的企业数量已增加到国家预算内企业总数的 80% 以上。盈亏包干中也有利润分成，但与第一阶段试行利润留成有很大区别，第一阶段试行利润留成时，留成比例完全按照上一年的实绩确定，而盈亏包干的利润基数，则是在上级主管部门和企业协商的基础上，按照他们估计的企业生产能力的情确定，试图确定一个企业最优的奋斗目标，超过这个指标便可获得更多的利润分成，以调动企业在困难条件下完成任务的积极性。实施中也卓有成效。

但盈亏包干责任制终因没有根本改变整个企业体制而沦为“只

负盈、不负亏”的制度。而且由于包干基数是由企业和它的主管部门协商议定的，因此，本来想增加中央计划应付不正常情况的能力，但结果事与愿违，却增加了企业讨价还价的力量，甚至那些仍然在实行利润留成制的企业都与此攀比，以条件发生了变化为理由，要求对他们实行优惠。

改革实践的发展，也丧现出这种盈亏包干责任制的局限性。据统计，在1981年，企业留利大幅度增长。1982年9月份，由于工业生产增长迅速，企业留利增加尤为显著，但是，由于包干利润基数是上一年根据较低利润协商确定的，因而未作调整。一方面，未完成包干指标的企业不对它们的亏损负责；另一方面，生产不断增长的企业留利迅速增加。从投资情况也可以看出，1982年地方投资占总投资的58%，1982年为63%，可见，财力下放的程度远远地超过历史最高水平。

此外，盈亏包干又过分地强化了经济中传统体制中的行政控制。从某种意义上说，确定企业的包干指标，不过是将在整个经济中分别下达利润指标的做法延伸至企业一级罢了。中央预算是根据事先计算好的利润总额编制的。利润总量指标通过行政系统分别下达，首先是确定省市、工业局要完成的指标，最后是企业。每一级都要为主管部门下达的指标和指标的完成负责。盈亏包干制以最高层一直延伸到最低层。这样一来，围绕利润进行的讨价还价代替了围绕计划指标的讨价还价，成为各工业行政管理机构的一种主要活动。

正是这些明显的问题，促使1982年底我国开始着手准备第三阶段的企业体制改革。

第三阶段：1982年中期到1984年5月。利改税。

利改税的目的，是用一系列直接向国家财政纳税的办法代替过去那种按企业隶属关系上缴利润的体制。这些税种包括：（1）周定资金和流动资金付费；（2）销售税（工商税）；（3）对经营条件不同（包括价格、地理位置、自然资源占用）的企业征收“调节税”。

利改税的办法在1979年就开始试行。到1982年中期，扩大到456家企业。利改税与其他各种利润留成制度的本质区别在于，它试图对企业在生产过程中实际使用的各种生产要素实行收费的办法，它可以相对地形成企业自组织功能，事先确定了企业可获得的税后净收入的比例。因此，如果各种税率和费率能设计在合理水平上，则可以大幅度减少围绕利润指标和留成比例的讨价还价。虽然我国制定的利改税方案还有许多不完善的地方，但利改税的方向与我国经济体制改革的方向是一致的。尤其是 1983 年的第二步利改税，宣布所有的企业都实行利改税，统一规定大中型企业上缴 55% 的所得税（年利润少于 20 万元的企业交累进所得税）。利润留成比例或盈亏包干基数根据税后收入重新核算，使大多数企业保持同样的留利水平。可见，1983 年的第二步利改税，虽然没有分清楚所得税和固定资产占用费，但在减少企业与上级讨价还价的余地方面起到极大的作用。

第四阶段：1984 年 5 月以后。企业扩权十条，横向联合，多种企业改革形式探索。

1984 年 5 月，国务院颁布了进一步在十个方面扩大国营企业自主权的决定，尔后，一方面提倡、鼓励企业的横向经济联合，搞企业群体和企业集团，另一方面允许各地探索包括租赁、股份制在内的多种企业改革形式。

从总体上讲，这些改革似乎都没有像以往改革那样具有实效，但进一步的分析表明，这些改革的真实意义在于为后来深化企业改革提供了理论和实践两方面的大量经验。其中包括企业扩权十条中的“增量改革”，横向联合对构造企业财产组织形式的启示，多种企业改革形式对两权分离的探索，等等。更为重要的是，这些改革告诉人们，企业改革的思路必须从放权让利转变到构造企业内部经营机制。社会主义各国的经济改革一般都是从扩大企业自主权开始的。但是，由于忽略了企业内部机制和自身行为的合理化，放权时就埋下了收权的种子，最终无法真正搞活企业。

从利润留成制、盈亏包干，到两步利改税，再到企业扩权十条、横向联合和多种企业改革形式探索，构成我国八年来经济改革的主旋律，它没有遵循苏联东欧国家“一揽子参数调整”的改革道路，而一开始就特别注重个别利益的独立化，用调动地方和企业积极性的办法来解决以往遗留下来的巨大困难，并形成了新的分权化与个别主体公开挂钩的利益格局，从而开始形成独具特色的改革道路。更富有意义的是，这条道路的发展，又内在地要求企业体制改革的深化，尤其是将企业体制改革与企业内部经济机制的改革同时并举。

三 深化企业改革的不同思路

所有权与经营权的分离是深化企业改革基本一致的出发点。然而，就企业体制改革或理论上所说的所有制改革的具体思路的确存在着分歧。一种思路认为应继续沿着利益刺激的方向推进，这也是东欧许多国家走过的道路，它把重点放在利益刺激和分配上，把注意力过多地集中到国家与企业的分配权利上。由于这条道路没有抓住财产关系这个基础，使利益的分配缺乏内在的经济准则和规范，于是国家与企业还是会落入放权—收权和政策—对策的循环往复中。东欧许多国家的经验表明，继续这样下去，经济改革必然会陷入旷日持久、进退两难的地步。

另一条思路则是沿着产权关系明确化和财产约束硬化的方向前进，这是发展商品经济的正确道路，因为产权的界定和独立是商品经济的一般基础，也是符合我国国情的。因为，在我国几千年的封建社会历史中，由于封建宗法关系和君臣依附关系，加上不尊重人权和法治，使商品经济以及生产社会化所必需的产权明确化和个别利益独立化等基本条件总是发育不起来，因此，虽然我国不乏颇具规模的区域或专业小商品市场，商业资本也曾形成一定的气候，但商品经济却总不能生成，更谈不上发育和发展。我国社会主义逾越了资本主义充分发展时期，发展商品经济和生产社会化是我们在社会主义初级阶段的重要任务，这就首先需要我们将产权关系明确界定和独立，从而为商品经济和生产社会化扫除障碍。离开了这一点，真正意义上的市场是无法形成的。

在讨论产权关系明确界定和独立时，又形成两种主张，主要分歧在于是否准确把握现代商品经济和生产社会化发展的大趋势。一部分人认为，现代社会中，所有者和经营者从来没有真正分离过，而且这种分离也未必对生产发展有利。由此出发，主张所有权和经营权合一，所有者和生产者合一。具体说来，发展私有制和集团所有制才是出路。目前看来，这种主张很难在实际经济中变为现实。另一部分人认为，现代商品经济的发展和生产力发展的趋势，要求所有权与经营权的相对分离，而且赋予了所有制更多的内容，使所有制问题不是一个点，而是一个系列，经营权问题是其中极为关键的一个环节。他们主张，企业改革应沿着生产者—经营者—企业法人所有权代表—资产终极或形式所有者普遍分离而又制约的方向发展，在分离的基础上循着产权联系建立起利益约束。①

企业体制改革循着这条道路发展，可以分为四个阶段分步推进：第一个阶段是集中解决经营权问题，这一阶段的主要任务是突破企业行政隶属体制，用合同关系代替上下级关系，用招标招聘等竞争性程序和奖罚、风险对称等方式界定经营者阶层的地位、利益和功能，造就社会主义企业家队伍，并用企业内部的工资分配和劳动组合制度的改革来调动职工的积极性和创造性。由于分解了企业内部的生产要素，界定了经营者在企业的中心位置，并使经营者的个人收入和财产与企业资产相联系，这一来，原来混沌的产权关系向明确化迈出了第一步。第二个阶段要解决产权独立化和多元化的问题。在这一阶段，为了避免“国有国营”或“国家控股”所必然产生的行政干预和决策中心一元化，政府资产管理部门不能直接从事资产经营，而将国有资产委托给若干个相互独立和竞争的资产经营公司或投资公司，这些资产公司是金融性的企业实体，是实际从事资产产权买卖的操作者即经纪人。同时，资产公司的所有权转移和企业横向投资的发展必将使资产股份化，形成产权多元化。第三个阶段是要解决企业法人所有权代表的问题，主要是确定产生法人所有权代表的程序化机制，使公有制企业最终脱离行政隶属关系。为了防止企业决策权的垄断，将由资产所有者、经营者和生产者三方共享决策权，共同行使法人所有权，通过三方的利益制衡来保证企业行为合理化。第四个阶段是调整企业

① 华生等：“历史性的转折与希望”，载《经济研究》1987 年第 3 期。

资产存量，发展长期资金市场，为资产转移提供必要的外部条件。

当然，这只是对各个阶段的相当抽象的划分，具体的企业改革形式，尚待在实践中创造和发展。

第二节　深化企业改革形式的比较

增强企业活力，从来都是我国经济体制改革的中心环节，改革八年以来，我国企业的活力的确有了一定增强，但还很不够，特别是全民所有制大中型企业还没有真正活起来，原因很多。赵紫阳同志在 1982 年 3 月 25 日第六届全国人民代表大会第五次会议上作的政府工作报告中对其主要原因作了分析，认为：一方面国家规定下放给企业的一系列自主权，在一些地方和部门被中间环节所截留，至今没有真正落实到企业；另一方面在对企业的扩权中，责、权、利没有很好的结合，为企业放开经营权和真正实行自负盈亏创造条件的问题未能很好解决。这就使企业行为往往不能主动适应国家宏观决策的要求，不能对市场变化及时作出合理反应，企业内部制度的改革和潜力的发挥也受到很大局限。为了进一步深化企业改革，除了已经规定下放给企业的权力必须坚决放给企业以外，要把改革的重点放到完善企业的经营机制上，根据所有权与经营权分开的原则，认真实行多种形式的承包经营责任制，使企业真正成为相对独立的，自主经营、自负盈亏的经济实体。要根据不同行业和不同企业的特点，灵活确定企业合理的经营方式。

一　多种形式并存的必要性

探讨和实现所有权与经营权分离的具体形式，必须从我国现阶段的基本经济关系实际出发，要适应我国现阶段生产社会化和商品化发展的要求。

我们处于社会主义初级阶段，生产力、生产关系和政治制度方面不仅没有达到马克思设想的那样水平，而且由于长期封建宗法关系和君臣依附关系残余的影响，加上三十年传统体制，使我国现阶段各种基本经济关系发生了许多扭曲，矫正这个扭曲是我国现阶段首先面临的问题，就这个意义上来说，我们的改革是东欧各社会主义国家都未曾遇到过的长期的和复杂的事业，它没有太多可参照的成功的经验，更没有规范的样板或模式。这决定了我们的改革将在不断摸索中前进。

改革我国传统体制所塑造的企业体制同样是前无古人后无来者的事业。这里要克服一种传统的观念，即把企业所有制形式，尤其是把企业财产归谁所有，简单地与企业体制混淆起来。实际上二者是有严格区别的。企业体制不仅包括严格界定企业财产的终极所有者地位界限，而且还包括生产者、经营者以及法人所有者等各方面的地位界定，包括企业内部经营机制的形成，决定企业资产归谁所有，它是和社会制度的性质联系在一起的。而企业制度却更主要的是要与生产社会化和经济生活一体化过程相适应，现代生产力、生产社会化呈现出大型化和小型化、集中化与分散化多种形式并存的局面，这种发展趋势必然形成各种类型的企业，这就自然要求有各种各样的企业制度并存，正是这各种各样的企业体制在实践中竞争发展，形成了经济生活一体化和发展商品经济、生产社会化所必需的一系列社会规范及行为规则。

如前所述，我国企业体制改革是在摸索中不断前进的。企业体制的改革，有许多不确定因素，特别是还必然遇到整个经营文化的转变这种特殊的困难，因此，不可避免地会在改革中出现这样或那样的问题。这一方面表明，我们目前实践的各种企业改革形式不可能是十全十美的，甚至有可能出现或导致比较大的问题；另一方面也表明，我们一定要坚定改革的信心，要在多种有这样或那样缺陷的企业体制改革形式的并存和发展中，去探索更完善的改革形式。当然，第一步还是必须坚持多种改革形式的并存。

八年来，我们在走有中国特色的改革道路的过程中，已经在不同范围内试行了承包制、租赁制、股份制、企业经营责任制和资产经营责任制等多种企业体制改革形式，并各自取得了比较好的成效，也暴露出一些问题，在深化企业改革的今天，需要我们对多种改革形式的利弊进行客观的分析和比较。

二 租赁制确有实效，但更适用于小企业

1984 年，赵紫阳同志在六届人大二次会议《政府工作报告》中指出："国营小型企业，可以实行集体承包或个体承包、租赁经营。"随后，从沈阳开始，全国许多城市都开始在一些当时比较困难的小型公有制企业试行了租赁经营。① 经过几年的发展，租赁不论从个别城市试行发展到许多城市在不同范围内试行，而且就试点企业规模来讲，由清一色的小企业发展到包括少数中型企业，而且经济效益也比较明显。以沈阳最早（1984 年）试行租赁经营的汽车公司的十五家企业来看，1985 年上半年，总产值比 1984 年同期增长 50% 以上；实现利润增长 276.3%，这个增长速度，在当时是其他企业所没有的，它比该公司非租赁经营企业同期增长速度（总产值增长 64%；实现利润增长 213.4%）高；比沈阳市三十家实行厂长负责制的企业增长速度（总产值增长 34%，实现利润增长 99.8%）也高得多；比沈阳市整个工业的平均增长速度（总产值增长 18.3%，实现利润增长 40.7%）高得更多。这说明，租赁经营在使企业提高经济效益方面有效地发挥了作用。

这种作用的显现，与租赁经营试验的办法与步骤是直接相关的。承租者（即厂长）是通过组织考核，公正调查，择优选定的，有的地方还用了招标的方式择定承租者；承租者同企业主管部门签订租赁经营合同书，合同书对承租者的权利和义务作出明确规定。一是规定租赁经营企业在租赁经营期内每年实现的基数利润，在完成基数利润后，不同企业按不同比例留归企业，而其余归承租者个人所有；如果完不成基数利润，所欠差额由承租者弥补。二是规定承租者的主要权力，在符合党和国家政策、法令的范围内，厂内机构设置、人员编制、干部任免、工资奖励、分配形式和经营管理，完全由承租者自行决定。上级主管部门主要是对租赁企业进行财经纪律和产品质量的监

---

① 参见赵希存主编：《租赁经营探索》，辽宁大学出版社 1987 年版。

督。三是规定承租者必须服从国家对企业的重大经营决策的决定，主要包括：(1) 租赁企业，必须坚持社会主义方向。(2) 租赁经营企业，必须模范地贯彻执行党和国家的政策、法令。(3) 租赁经营企业，必须保证主管部门总体规划的实施以及生产配套和技术改造项目的如期实现。(4) 租赁经营企业，必须保证职工的主人翁地位和合法权益。

尽管各地、各城市试行租赁经营各不相同，但上面一些规定还是基本一致的。正是这一些具体规定，使租赁企业的活力大大增强，同时也表现出租赁制对于改革企业体制的成功之处。

首先，它的确是使企业所有权与经营权分开的一个具体形式。试行租赁经营，使企业在服从国家对企业的重大经营决策和统一计划的前提下，在一定程度上拥有了企业具体的经营管理自主权，尤其在一些小企业，比较好地实现了两权分离。

其次，租赁制把权、利、承接者的个人利益独立出来，从而抓住了我国企业体制改革的一个根本方面。现代商品经济的发展、生产社会化的进程，其必要条件之一，就是要使个别利益独立化，租赁经营显然在这方面迈出了大胆而正确的一步。更可喜的是，租赁制在一些小企业中实行，社会动荡比较小，能平稳地使权、利、承接者的利益从工人和一般劳动者的利益中独立出来。

但是，从租赁制的实践发展，也可以看到租赁制本身内在具备的基本缺陷：

第一，租赁制适应面太窄，尤其是对大中型国营企业不适应。从各地试点的实践来看，它对小企业有一定的适用性且效果较好，但租赁制对大中企业不适用，因为个人承租大中企业能力不够，风险太大，承担不了一旦亏损的风险。

第二，租赁经营企业行为短期化的问题无法避免。由于承租者必然要考虑承租内利润指标的完成和超额完成，往往会过多地追求企业收入最大化，而对企业长期投入、企业长期发展考虑的可能性小，于是，试点企业普遍出现拼设备、“当年红”的现象。

第三，租赁企业的内部矛盾加大。由于承租指标无法科学化加上对经营者的利益刺激按照“交足国家集体的，留下就是自己的”原则，因而承租者个人收入不切实际地过高，与社会心理承受能力不相适应，于是造成工人和厂长的对立，并且经常出现按合同应该给厂长的利润不能兑现，太多了厂长也不一定敢拿。

第四，还有一个根本问题租赁制没有解决，这就是企业租赁经营期间，盈利以后承租者再投资的产权属于谁？若承认属于承租者，那么产权就会逐渐发生变化，若不承认则影响承租者再投资，影响企业长期发展的积极性。

这几个问题不解决，租赁制在解决我国大中型企业体制问题上将很难深入下去。

三 各种各样的承包责任制，具有极明显的过渡性

承包制和租赁制相比，不仅试点时间早，而且试点面也广得多，而且承包形式也比较复杂，形式特别多，举下列五种类型为例。①

（一）“双保一挂”（或“双包一挂”），比较典型的是北京市人民机器总厂、第一机床厂等八户大企业。“双保”是，一保上缴税利，完不成包干指标的要用自有资金补足。二是“七五”计划期间国家已批准的技术改造项目；“一挂”是指工资总额和实现税利挂钩。他们规定这种办法一定四年不变。企业仍按现行税法上缴税金，年终同市财政部门结算，以保证承包合同的兑现。

（二）上缴利润递增包干。即企业上缴产品税（或增值税）后，在核定上缴利润基数的基础上，逐年按规定的递增率向财政部门上缴利润。

（三）上缴利润基数（或纳税目标）包干，超收分成。即确定企业上缴利润基数，超收部分按规定实行比例分成或分档分成。有的是先由企业按现行办法纳税，年终同财政部门结算，超目标部分退给企业；也有的是直接留给企业。

（四）微利、亏损企业的利润包干或亏损包干。即根据不同企业

① 吕东：“承包经营是搞活大中型企业的有效途径”，载《红旗》1987 年第 9 期。

的情况，确定包干基础，有的超收（或减亏）全部留给企业，有的按规定的比例分成。

（五）行业投入产出包干。现在石油、煤炭、石化、冶金、有色金属、铁道、邮电和民航八个行业实行这种办法。行业内部的企业，有的实行承包。

从实践效果来看，承包制也有其明显的效果。它有利于国家把经营权下放给企业，强化对企业的约束；有利于投资主体的转换，企业成为投资主体；有利于保证国家财政收入的稳定增长。

此外，承包制的实践也表明，承包制对于调动企业的积极性，调动工人的劳动积极性都起到很大作用。有资料反映，实行承包经营以后，国家任务一头包死，企业就不能对上依赖了，只能眼睛向内，用落实和完成企业内部经济责任制来保证完成包干任务。现在企业潜力很大，承包经营有利于把职工的积极性调动起来，把企业的潜力挖出来，如北京重型电机厂按定额计算，一个月应完成5.9万工时，过去很难达到。1987年承包之后，一月份就达到了定额，二月份完成8.3万工时，三月份完成10万工时，大大超过了定额，原因就在于承包任务已层层落实到班组和个人，完成任务情况同经济利益挂钩。

但全面推开承包制，甚至把承包责任制看成我国企业体制改革的目标，而不看成是一种过渡形式，将会导致预料不到的后果，因为承包制本身有许多问题尚未解决。一是它的适应面更有限，亏损、微利的企业不愿包，市场行情不好的，市场调节部分较大的企业没有人愿意包，因而只适应于盈利高、市场行情看好的，特别是指令性计划比重较大的企业；二是给企业和全体职工让的利不论是与基数利润还是增长利润挂钩都偏大，因此大幅度推广不仅有一个财政难以承受的问题，而且会刺激消费的猛烈膨胀；三是在讨价还价战斗中，“会叫的”比“不会叫的”得到的利多，承担的责任小，因而它们从进入新企业体制的开端就处在上级给定的不公平地位；四是企业内部经营机制不会有根本性的转变；五是会使指令性计划和不均衡的结构难以改变，甚至加以固化，给后续体制改革和结构调整设置障碍。

四 股份制是我国企业体制改革的一种有希望的形式

有的同志认为，所有制改革是经济体制改革的关键，但所有制改革是指突破传统的全民所有制形式，把传统的公有制改变为新型的公有制。在城市中进行的所有制改革将以建立越来越多的股份企业、合作企业作为重点。按照他们的设想，实行股份制后，我国的所有制体系将发生根本性的变化，主要包括五个方面：（1）有不实行股份制的企业，指原有的银行、铁路、电话、邮电等大企业。（2）原有的修理业、服务业、饮食业，零售商业中的中小企业，可实行租赁或卖给集体。（3）原有的国营小工厂，逐步变为合作工厂。今后也不再建立国营小工厂。（4）原有的一般行业中的大型国营企业，根据情况逐步实行股份制，这些行业新建企业也要实行股份制。（5）原有的中外合资企业和新建的中外合资企业，一律是有限责任制的股份企业，按股权成立董事会。

这样一来，各地都相继开始了股份制试点，股票发行形式也各式各样，从我国目前试点情况来看，股份制有其独特的优点：首先，它为企业提供了新的资金筹措方式和新的融资渠道，为资金市场的形式和发育奠定了基础；其次，股份制形式硬化了产权约束，它从产权序列入手，促使企业改变行为；最后，它还在社会主义国家经济体制改革过程中的不同产权兼容方面迈出了极有希望的一步。但是，股份制要真正发挥作用，有赖于几个基本条件，即资金市场的相对发达，企业家集团的初步形成，以及财产转移成为事实上的可能。显然，目前我国实际上这些条件都还不具备。因此，推行股份制不可避免地会出现一系列问题，包括股票不带有风险，以及试点企业中经常出现的利用股票和保息分红来侵吞国有资产的存量和增量，逃避奖金税。现在看来，股份制试点可以进行，但大面积推广尚待创造条件。

五 资产经营责任制的含义

资产经营责任制是中国社会科学院经济研究所几位青年研究人员提出来的，它把集中解决经营权问题作为企业改革第一阶段的核

心。具体做法是:①

1. 以现有企业资产用招标投标的方式招聘企业领导人，由初步资格审查合格的投标者对企业资产的预期产出能力进行报价评估(报今后几年的预期实现利润，用贴现率和资金利润率倒算出资产价格)，由企业主管部门聘请专家组成考评委员会，按照投标的高低顺序答辩，择定中标人。

2. 中标者为当然的厂长(经理)，企业的法人代表。由主管部门与其签订任期经营责任合同书并经公证处公证，就中标者在任职期间资产、人员处理和生产方向变更的权限达成协定。中标应聘人有“组阁权”、机构撤并设置权、企业内部分配形式的选择权。同时应聘者及其组成的领导班子原则上应以一定的财产或货币作抵押，在任期内当年利润达到或超过原投标数有奖，反之受罚，严重时中止合同。

3. 任期结束后，由主管部门主持对企业资产再次招标选聘厂长(经理)，并根据这次中标的资产报价数衡量与上一任期报价数的差异。资产增值时，按预定的年工资的倍数对上一任期的经营者进行奖励；资产减值时，同比例扣罚他们的工资和抵押资产。同时还建立企业家经营档案，颁发企业家条例和等级证书，设立企业家特惠退休年金等。

除以上内容外，资产经营责任制还根据企业改革第二阶段的设想，对如何建立企业监事会、如何将企业资产评估折价等作了原则性的规定。

由于资产评估和再评估机制，使资产经营责任制在实践显示了不同其他形式的特殊功效。

首先，它创造了企业经营机制转轨的同一起跑线。

资产经营责任制的实践表明，企业资产的竞争性社会评估，可以将企业的外部环境的差别货币化为企业资产价格的高低，从而能使经营条件差别极大的企业自然地站在同一起跑线上。

① 何家成等：“资产经营责任制试点情况分析”，载《经济日报》1987年5月2日。

其次，初步形成了培育社会主义企业家队伍的内在机制。从试点企业情况可以看到，尽管有约50%的企业中标者还是企业原来的厂长，但资产经营责任制一开始就迫使他们改变了与国家争权利、争利益、推责任的传统行为，而普遍地提高了报价利润，并在经营管理方面更多地遵循市场法则。

最后，资产经营责任制有助于根治投资饥饿、抑制消费基金膨胀。

由于经营者的责、权、利的结合是通过资产评估、财产抵押、再评估等几个连续的环节实现的，这样就大大强化了对经营者行为的经济约束，有利于防止减税让利引起的消费基金膨胀。此外，试点企业中，其行为的最大变化是，投资饥饿得到了有效抑制，企业行为趋于长期化，不仅企业争贷款行为普遍缓解，而且经营者在投资决策上采取了慎重态度，在做出投资决策时，必须充分考虑投资项目的比较效益，使投资利润率不低于资产再评估时得到增殖的水平，从而在投入节约方面取得了实效。

当然，资产经营责任制的实践也表现出许多问题，这些问题有些是由于方案中某些方面的设计与实际不符造成的，有些是由于实际试点中执行偏差造成的，有些则是受到所有者、生产者和经营者各方面的阻碍引起的。具体说来，存在着资产评估缺乏社会评价标准困难很多、交易费用高、实施程序复杂等问题，还有的就是企业理事会名不符实、企业中工人的地位没有界定等等。

六　企业经营责任制的前景

企业经营责任制提出的较晚，目前已在六个城市的二十八家企业进行试点。在实践中，不少城市的确更愿意采纳企业经营责任制，因为它操作简单，也能收到实效，特别是有减税或让利作为起步的润滑剂，但更多的城市在最终敲定具体实施方案时往往必须安入一些能切实转变企业经营机制的内装置。目前的发展趋势是和承包制相结合，通过承包落实经营责任，因而其前景或是作为承包制的一种形式，或者是逐步向股份制转化。

第三节 企业改革：从多样化走向规范化

党的十一届三中全会以来，我们在不同范围内试行了各种企业改革形式，特别是近一两年来，企业体制改革的理论和实践都有了更可喜的进展，不仅没有削弱社会主义，而且极大地发展了有计划的商品经济，进一步巩固了公有制的基础。如上节分析，这些企业体制改革形式在显示其功效的同时，也暴露了其内在的缺陷，需要在试点实践中自我完善。因此，在今后深化企业改革过程中，既要坚持多种企业改革形式的并存，以适应错综复杂的企业类型，又要对企业改革形式作深入的、实事求是的比较、分析，对企业改革深化形式作出优化选择，从而减少风险和成本，扩大收益并加速企业改革的步伐。

一 走向规范化：竞争与择优

从目前经济体制改革实践形式来看，企业改革的规范化问题的确应该提上日程。首先，从国家对经济的宏观管理来看，需要有规范、统一的管理办法，而这种规范的、统一的管理办法又是以企业形式的某些规范、同一的特征为前提条件的；其次，现代商品经济的发展，同样需要企业有规范、稳定的经济行为，而企业要有稳定、规范的经济行为，企业体制方面必然要求是基本相同的。

问题的严重性在于，在多种企业体制改革形式并存的情况下，如果长期没有形成统一的规范，各种方案自行其是，自然发展，由于来自所有者方面的困扰、生产者方面的压力，加上各种方案在具体实施中的偏差，会使企业体制改革的方向偏离设计者的初衷，甚至会导致企业体制严重偏向落后的社会势力。联系目前正在试点的各种方案的实践，我们会发现下面几个方面的问题。

1. 来自所有者方面的困扰，使企业体制改革中所有者的权力与责任并不明确。

首先，由于企业改革面临多种形式的选择，而所有者或其代表

（企业主管部门）选择企业改革形式的权力和责任还是模糊的。突出表现为，在有些省市的改革试点中，允许企业原有的厂长和经理自行选择改革的形式。结果，一部分企业乐于选择承包制、租赁制、股份制，而对资产经营责任制表现出冷漠和观望的态度。从表面上看，其原因是由于约束较软、获利较大的改革形式最易受到企业的青睐。而更深刻的原因却在于，现存国有财产的代表没有承担起理应行使的选择权力，而且尚未承担起由于选择失误所带来的国有财产收益损失而必须承担的责任。因此，明确所有者或其代表对改革形式的选择权力和责任，已成为深化改革的内在要求；其次，作为国有财产代表的企业主管部门，在财政、税收、金融等综合部门的协助下，主持招标投标时，对摸底利润的测算往往偏低。这表明，招标单位作为国有资产的所有者代表，其实并没有对企业资产真正负责；第三，在签订中标合同时，出现了讨价还价的现象。一方面是主管部门与财政、税收、银行部门之间的讨价还价，总是希望为企业最终也是为自己多方开口子；另一方面是主管部门与企业之间的讨价还价。

2. 来自生产者的压力，尤其是工人在企业内的角色错位，直接削弱了经营者的约束强度，从而使各种企业改革方案的效果大打折扣。

在当前情况下，工人究竟应当是生产者还是既是生产者又是所有者，厂长、主管部门不清楚，工人自己也不清楚。工人身份混乱的方面还在于他们究竟应当在哪些领域是生产者，在哪些领域是所有者。因此，在企业的实际生产中，工人一般情况下处于完全被动的地位，民主参与管理只是形式，而职工在最关键的方面又处于强有力的地位，以至于形成势不可当和愈演愈烈的消费膨胀的压力。由此给有的经营者带来的问题是：经营者在普遍的方面可以不受职工的任何约束，可以压制民主，甚至出现肆意践踏职工基本权利的现象；但在关键的方面，即分配方面却沦为听之任之，毫无办法的地步。因此，对于现在的厂长，如果说在企业外部关系上需要一只眼睛盯着市场，另一只眼睛盯着国家主管部门的话，在企业内部关系问题上则只能是半个屁股坐着所有者一方，半个屁股坐在职工一方。经营者屈服于这个压力势必导致自身行为的扭曲，从而偏离经营者行为优化甚至改革的原则和方向。

3. 由于具体实施中，各地根据自己的理解，制定特殊的规章和条例，往往使许多试点方案不能达到预期效果，甚至适得其反。

据许多试点企业反映，有些地方开始企业体制改革试点，特别是在选择哪一种形式时，不少企业是由于某些非经济因素所致，比如，有的企业厂长与书记关系不好；有的由于主管部门与企业关系紧张；在改革试点中，也有的厂长或主管部门的领导抱有不正常的目的，因此，在制定具体方案时，总有些特殊的规定。这些特殊规定大多会削弱方案的效力。

这几方面的阻力，原因都可归结为由于企业改革方案缺乏统一的规则，或者是多重规则，所有者、生产者、经营者都可钻多重规则的空子。比如在实行招标投标过程中，考评委员会大多用综合评分法制定中标者的择定规则。从各地实际考评过程来看，投标的利润在整个评分中大多只占30%左右，投标者的资历、文化程度、年龄等占30%左右，投标者提出的经营考察占40%左右。择定中标人的这种货币指标和非货币因素并存的二元化规则，难以使投标者的报价行为和招标者选择经营者的行为规范化。投标者可能会因自己在非货币度量因素方面得分高而故意压低报价；同时，招标者也可能在选择经营者时不恰当地高估非货币因素，有意利用二元规则的空隙将最优秀而又与自己关系不密切的竞争者排除在外。

这说明，在深化企业改革过程中，既要允许多种改革形式并存，又特别需要强调各种改革形式相互竞争，通过竞争的筛选，然后才能择优选择比较规范的企业体制。所以我们今天面临的问题不再是“改比不改好”这样单纯的问题，因而，方案的筛选和择优也不应当建立在含混的竞争之上，而应当在关键的方面有通行的或统一的“比赛规则”，这里值得指出两个序列，一是各种方案对企业放权让利刺激应当均等，二是给企业的责任和义务约束应当均衡，这样我们才能跳出各种方案至今为止仍然是低水平重复的框框，并最终走上寻找“能干十分，不干九分”这样优化的企业改革方案的轨道。①

要想形成通行的或统一的“比赛规则”，使企业体制改革具备统一的社会规范和行为规则，必须把握好三个关键性的环节：(1) 用招标、招聘、答辩考评、民意测验等竞争性方式产生经营者及其集团，给人们以平等竞争的机会，形成正常的有上有下的干部制度。(2) 奖罚对称并注重体现企业长期发展的指标，经营者以其公民财产实际地承担企业的经营风险。(3) 围绕实行企业内部工资分配制度，在企业内全面实行竞争性的聘用制和岗位合同制，重新设置内部机构和进行劳动组合，以真正调动职工积极性，并防范经营者滥用权力。

二 企业体制改革深化的方向

有了统一的社会规范和行为规则，首先会基本消除上面所说的来自具体实施中的偏差，下面的任务就是要进一步解决来自所有者和来自生产者的问题。

1. *解决产权虚置与分割是深化企业改革的必然要求，这需要在公有制的框架内重新构造微观经济活动的细胞——企业。*

做到这一点所要调整和改变的绝不是公有制的性质，而仅仅是它的组织和实现形式。这里有解决所有者代表本身的行为优化问题，也有理顺所有者与经营者、生产者之间的经济关系问题。

现行体制与传统模式相比很少变化的正是所有权的模糊不清。今天，产权的虚置与分割仍然是经济体制的基本缺陷。通常所说的预算约束软化或“大锅饭”问题不过是这一缺陷的外部形式。

产权虚置的要害是，财产的所有权没有得到人格化的表现，或者说国有资产的利益与这些资产的所有者或其代表人利益之间不存在任何有规则的联系。当管理国有资产的政府官员不能从他本人利益的角度对国有资产高度负责时，国有资产的权益就无法得到保证。

进一步的问题是，即使行使所有者功能的政府官员有了一种与公

① 何家成等：“企业体制改革深化形式的比较与择优”，载《北京日报》1987年4日20日。

有财产相联系的经济责任和利益，由于国家在经济活动中同时兼具政权机构和所有者两种身份，相应地，政府官员也直接但却是混杂地行使政府管理者和所有者的功能，因此当人们没有找到恰当的方式将两种功能区分开来并通过相应的机构或部门来体现时，就会导致这两套功能系统的紊乱，而且往往是所有者的功能依附于行政规则并相应地被分解或分割在各个政府管理部门，从而破坏了它的完整性和约束力。

由此造成的问题甚至还不在于那些行使所有者功能的政府官员本身去伤害和侵犯所有者权利，更严重的是他们对经营者根本起不到真正的约束作用。当微观不合理行为已经在宏观上引起不稳定或严重的不良反应时，国家又不得不以高度集权的形式来堵塞漏洞，结果带来了传统体制下反复出现的那种低效率。国有制与高度集权本来或至少在理论逻辑上并无必然联系，但是在产权虚置与分割的情况下，人们只能在两种形式的低效率中进行选择：要么是乱，要么是死。传统体制的种种弊病和改革过程中出现的“放权—收权”的恶性循环，其主要原因就在于此。

产权虚置给经营者改革带来的困扰，一是增大各种改革形式的“交易费用”，并很难割断国有企业行政隶属关系和“大锅饭”的尾巴；二是相对弱化了对经营者的约束。

另外，国有资产所有权还混杂在国家政府管理职能之中，并且分散在主管部门、银行、财税甚至包括党的各级机构之中，这种高度混杂和分割也进一步导致了“人人所有，人人不负责”的产权虚置问题。可见，解决所有者层次的问题，唯一可行的办法将是成立国有资产管理局和相应的资产经营公司，一方面把资产所有权从与国家政府管理职能之中分离出来，并把分散在各个机构中的所有权职能整合起来，另一方面，把国有资产管理局和资产经营公司的利益同企业资产增殖与否挂起钩来，增强对资产管理和经营部门的利益约束，从而解决产权虚置问题。

2. 只有界定生产者在企业中的地位，才能完成我国社会主义公有制企业体制的改革。

前面说过，生产者角色错位，是当前制约经营者行为优化的主要因素之一。因此，不界定生产者在我国公有制企业中的地位，当然也谈不上完成我国公有制企业体制的改革，而生产者即企业职工在公有制企业中的身份和角色定位，是当前在国有制企业改革中实行所有权和经营权分离中经常被忽略的问题。由于处理所有者和经营者的关系过大地吸引了人们的注意力，因此人们往往自觉或不自觉地把生产者看成是一个与两权分离毫无关系或关系不大的方面，以致出现一系列不切实际和偏离国情的理论，这些理论本身多多少少反映了生产者在公有制企业中地位的不确定状态。

已有的国内外实践经验表明，公有制企业中工人身份的界定，即明确工人地位有两条道路：一条是沿着单纯用劳动力市场来确定工人身份的方向推进，另一条是用劳动力市场和内部所有制结合这样一种互相配合的双轨推进来确定工人身份。

前者由于无视公有制企业的性质，难以作为未来的目标，同时忽视我国现阶段劳动力市场的发育程度，因而前者或者是远水解不了近渴，或者是由于急于推进而造成普遍失业，使社会政治产生巨大的震荡。因此，这条路很难成为现实的选择。今天我们在理论上和实践上已经不再是要不要建立劳动力市场这样简单的问题，而是劳动力市场是否能使公有制企业工人行为合理，特别是把握工人行为与劳动力市场的关联，把握劳动力市场应当有什么样的结构，以使工人行为趋向优化。另一方面，公有制企业工人作为企业生产资料的外部所有者，还有待于政治、经济全面改革的深化和社会的发展来实现。当前可以奏效的是，工人也是企业生产资料的内部所有者，在企业明确国有资产那一块后，通过有偿转让，让工人拥有本企业的产权。实践证明，部分的个人所有和部分的国家所有能切实使内外所有权结合起来，从而真正实现公有制企业职工的行为合理化，从而优化经营者行为。

作为一场深刻的社会经济变革，企业体制改革在根本上来讲必然涉及社会基本经济主体（所有者、经营者、生产者）的利益关系和行为规则的再调整，同时也受到从微观到宏观，从经济、政治到社会文化等各方面因素的影响和制约。

从迄今为止的企业改革理论和经验来看，公有制企业搞活的核心问题在于，建立起所有者、经营者、生产者各司其职又相互制约的新型关系，因此，经营权能否真正独立，所有者是否能真正代表资产的利益，生产者是否具有正常的行为，归结起来，能否真正建立起企业内部积累和消费的动态平衡，即企业税后利润的优化分配，是衡量公有制企业重新构造最后完成的基本尺度。在这个意义上讲我国的企业体制改革到目前为止还仅仅处在开始阶段，还需要走很长一段才能完成微观基础的重新构造。但是，只要我们沿着既定的目标，按照两权分离的路子，从所有者、经营者、生产者三个方面入手，那么，企业必将能够成为社会主义有计划商品经济新体制的坚实微观基础。

第十四章　经济体制改革过程中经济运行机制的转换

第一节　经济运行由行政协调向市场协调转换的条件

一　经济运行机制的转换在于从行政协调过渡到市场协调

在传统经济体制中，经济运行是从上而下用指令性计划的方法，运用行政手段来组织的。那时候，国家不仅在总体上和全局上对国民经济进行计划管理，而且把基层企业的产供销、人财物等具体的生产经营活动都管了起来。国家不只是确定国民经济中各项有关经济运行的总量，而且直接控制和管理微观经济的活动。企业生产所需的原材料由谁供给？价格几何？企业生产什么，生产多少，生产出的产品销向何方？收入如何分配？诸如此类，都统统纳入计划，统一调拨，统收统支，这样管的结果，使企业成了行政机关的附属物，成了拨拨动动的算盘珠。而在一切由上级的指令性计划来组织的经济运行中，企业的经营、个人的活动，都很难发挥主动性与积极性，效率低，效益差，是无法避免的。

对待传统经济体制中的经济运行机制，有两种不同的改革思路。一种思路是坚持没有市场机制的指令性计划体制，只是按照大计划、小自由的要求，进行某些修补性的改良，包括在计划指标体系、计划方法以及计划组织等方面的改良。由于这种改革从总体来说并未引入市场机制，或者说只要有集市贸易式的市场作为补充便已经足够，因而从经济运行机制来说不会发生大的变化，不存在运行机制转换及转换过程中的种种问题。另一种思路则是逐步从行政协调过渡到计划指导下的市场协调，形成一个“市场导向企业，计划指导市场”的经济运行机制。这样的经济运行机制可以使收入与市场效益挂钩，可以推动同行企业之间的竞争，可以通过价格变动来衔接生产者和消费者，衔接供给和需求，从而推动效率的提高。循着后一种思路来进行改革，就会有经济运行机制转换的问题，并且需要有一个过程，以逐步实现这一转换。

我国的经济体制改革把有计划的商品经济作为改革的目标模式，因而，以市场协调为主的后一种思路，将是经济运行机制发展的主线。在商品经济的运行过程中，利益独立的商品生产者要求生产上的自主决策和消费上的自由选择，而只有市场协调能够保证商品生产者的自主权力；也只有在市场协调下，商品生产者能够对生产和消费决策上的错误负责，心甘情愿接受市场的惩罚。但是，要利用市场机制进行市场协调，并且使这种市场协调置于国家的计划指导之下，并不是容易的事情，它需要创造相应的条件，其中最主要的是三项，一是提高市场的发育程度，二是理顺经济参数特别是价格参数，三是提高企业对市场信息作出反应的灵敏度。具备了这三项条件，才能真正实现经济运行机制的转换。

二　提高市场的发育程度才能利用市场

我国原来的经济运行，是靠纵向的金字塔式的行政隶属系统的层层指令来贯彻的，它不需要市场，所以原来的市场发育程度很差。那时候，不仅只有商品市场，没有资金、劳力等生产要素市场，而且商品市场也是不完整的，生产资料并不进入市场，只有消费资料才通过市场流通。即使是进入市场的消费资料，也由于统购统销、统购包销等经营方式，由于凭证凭票的供应方式，使得仅有这点市场关系遭到扭曲。多年来人们并不重视通过市场来组织经济运行，而是通过主管部、主管局、专业公司、专业分公司再到企业的条条方式，或者是通过中央、省（自治区、直辖市）、地区（省辖市）、县（地区辖市）再到企业的块块方式，通过上级对下级的行政命令，通过指令性计划体系来组织经济的运行。

正因为这样，一旦弱化行政的直接控制，转向利用市场机制，便会遇到市场发育程度不高所带来的种种矛盾，出现某种混乱现象。所以，提高市场发育程度是实现经济运行机制转化的重要条件。这几年来，我国改革了以指令性计划为核心的传统的经济运行机制，指令性计划指标只有原来的五分之一，除了极少数的消费品因为有国家价格补贴而保留凭证凭票供应之外，绝大部分消费品都在市场上任凭消费者自由选购，通过价格协调供需，逐步完善了消费品市场；我国在1978年时统配的生产资料有256种，到1986年只留下20种，使大部分生产资料进入了市场。再进一步说，仅仅有商品市场，利用市场机制协调供求的能力是有限的，因为生产要素若不能随之而流动，资源配置不能重新调整，供给不能相应增减，那么这种市场机制便只能通过价格波动影响需求而不能影响供给，便与利用市场机制的最基本的目标相背离。这样就要求资金、劳动力、科技等也进入市场，有计划地利用市场机制来进行调节，使社会资源即社会生产要素的分配，能够适应社会需求的变化。而由于在传统经济体制中不存在资金、劳力、土地、科技等市场，提高市场发育程度在这些方面所要做的事情是很多的。

提高市场发育程度会遇到种种阻力。在竞争不充分的市场条件下，在交通和信息不发达的情况下，要想使企业独立地进行以市场为目标的、自由的生产，还需要一段摸索的时间。这时候，如果需求总是超过供给，会挫伤人们开放市场的勇气，或者以防止混乱为借口阻挡开放。但更主要的是利益的矛盾：能够从行政性的控制中获得利益的人是不欢迎市场的，拥有走后门的特权、拥有进出口贸易许可配额的特权的人不会盼望开放市场，条条块块的特殊利益往往造成市场的分割封锁，从而阻碍统一市场的形成。所以，关键是要冲破阻力，在发展横向经济联系的过程中逐步提高市场发育程度，利用市场机制。

三　理顺经济参数是经济运行机制转换的必要条件

我国在进行经济体制改革的时候，面临着的是僵化的经济杠杆。本来经济杠杆是利用商品货币关系中趋利避害的本性，通过企业自调整自组织的功能，达到预期的调节要求。然而在传统体制中，经济权力按行政层次集中在各级行政机关，由上而下布置各项指令性计划指标，财政按此拨款，物资按此调拨，劳动力按此调配。作为基层经济单位的企业除了按计划组织生产之外，并没有什么经济权力。企业赚了钱全部上缴国家，赔了钱由国家给予弥补，发展生产要用钱，不论是基本建设投资还是技术改造措施和流动资金，都得层层上报审批核拨。经济单位盈利多寡和本身生产发展及职工物质利益没有联系，吃"大锅饭"、捧"铁饭碗"，既无动力，也无压力。在这种情况下，谈不上企业的自调整自组织，各种经济杠杆难以发挥作用，逐渐趋于僵化。

由此可见，经济杠杆是和商品经济运行及趋利避害的调节机制相联系的。当把计划作为"万能调节者"而不需要企业的自调整时，当按照产品分配原则组织经济运行而不需要利用市场调节机制时，是不需要经济杠杆的。这正像人们直接搬动重物时，不再需要利用杠杆是一样的道理。所以在传统体制中尽管存在着价格、成本、利润、工资、信贷、利息、财政、税收等经济杠杆，但这些经济杠杆多年不加调整变动，僵化锈蚀，徒存杠杆的外壳，丝毫起不到杠杆的作用，由此造成了经济参数的扭曲。

经济参数的扭曲，最突出的是价格扭曲。我国在新中国成立以后，很快就制止了旧中国延续十二年之久的恶性通货膨胀，实现了通货物价的稳定，但过于强调保持物价稳定，却形成各类商品价格长期冻结，凝固僵化。其实，各类商品生产技术的进步不会一样，有的商品生产的劳动生产率提高快，有的商品生产的劳动生产率提高慢，各类商品的价值量变化不一，加上各类商品的供求变化不一，从各类商品的相对价格来说是应当经常进行调整的。保持物价基本稳定本来是指保持价格总水平的稳定，指保持币值的稳定。过去把稳定物价的方针理解为所有商品价格都不能动，是把两种不同性质的价格混淆了。但也正因为这样，在传统体制下调整价格非常困难。前些年火柴厂普遍亏损，而要把一盒火柴的售价从二分调到三分，却颇费踌躇，尽管已经造成了火柴脱销，也宁肯拖着。类此种种，往往造成许多商品有行无市，商品从市场上消失，而价格却仍维持不动。

对于这种现象，匈牙利经济学家科尔内把它称作“价格稳定性陷阱”。他说，由于人们都反对价格上升，即使是结构性的价格有升有降的调整也很难进行，人们对降价得到好处视为理所应当，而对于因提价而受的损失则怨声载道，因而形成了要求各类商品价格凝固不动的强大压力。他还说，当政府通过减税和补贴办法保持了价格稳定，就会当作重大成就来宣传，愈是宣传就使人们愈加要求价格凝固不动，而比价也愈加不合理。科尔内说，一旦陷入“价格稳定性陷阱”，政府往往处于进退两难的境地。一方面比价极不合理要求对价格体系进行改革，要求消除价格倒挂现象；另一方面，大规模的价格变动又可能引起强烈的反响，很难下此决心。常常是价格体系很不合理需要调整，刚刚调了一些便因遭到群众的反对而停步，但不合理的价格不能长期不动，停了些时候又得着手改革，以致一再出现动动冻冻、冻冻动动的现象。

几乎所有社会主义国家在进行经济体制改革时，都遇到了价格体系很不合理的矛盾，并且都把改革价格体系作为经济体制改革的重要方面，这在我国也并不例外。这是因为原先价格高低及价格是否合理对国营企业没有利害关系，价格体系不合理也能够凑合过去，这就能长期冻结物价，而物价便总是朝着不合理的方向发展。从我国来说，价格体系不合理主要表现在以下几个方面：一是部分原材料、燃料、矿产品价格偏低，部分加工工业产品价格偏高，各部门利润水平高低悬殊，价格信号的引导与经济发展的要求相背离；二是质量差价没有拉开，优质品的价格不高，劣质品的价格不低，价格对于改进技术、提高质量起不到刺激和推动作用；三是交通运价、邮电等公用事业收费标准过低，特别是房租过低，不利于公用事业的再生产；四是农产品购销价格倒挂，价格补贴逐年增加，国家财政负担沉重。这样就使得价格这个重要的经济参数遭到扭曲，当赋予企业以相对独立的商品生产者的责任与地位，要利用市场机制来调节经济运行时，遇到的严重障碍之一便是价格参数的扭曲。

与此同时，其他的经济参数如税率、汇率、利率等也都是扭曲的，这在传统体制下按行政协调方式组织经济运行时是无所谓的。但一旦市场机制发挥作用，扭曲的经济参数便会逆价值规律作用的方向而调节，本来要鼓励发展的，因无利可图而发展不起来，本来要限制发展的，却因为利益优厚而盲目发展。因而实现经济运行机制的转换，需要有一个理顺经济参数以消除逆调节的阶段。

第二节　经济运行机制转换过程中的双重经济参数

一　理顺经济参数面临着打乱原来的收入分配格局的阻力

经济体制改革将使得经济运行主要依靠市场机制来调节，为此需要理顺经济参数，免得因扭曲的经济参数造成逆方向的调节，免得越调节越乱套。但是从旧的经济参数变为新的经济参数，会打乱原来的收入分配格局，引起利益关系的改组，有可能在收入再分配和经济运行方面带来一系列复杂问题。

以价格变动为例，价格升降虽然不会增加或者减少国民财富，却关系着交换双方的经济利益。任何价格变动，都会引起中央、地方、部门、企业、农民、职工之间经济利益的重新分配，它会使一些人或一方得到经济上的好处，同时，会使另一些人和另一方蒙受经济上的损失。正因为这样，价格的合理调整往往会受到利益关系的牵制，很难打破已经形成的收入再分配格局。目前农产品、矿产品价格很低，既不反映价值，也不反映供求，这是我国价格体制不合理的主要表现，也是不少社会主义国家的共有现象。本来要求在有限的耕地上不断增加农业生产，不得不投入更多的种子、化肥、药械，农产品生产成本逐年上升；矿产品由于矿井延伸，开采条件变化，井下劳动力更新后二线人员增多等，成本也不断上升。这样，农、矿产品的价格上升是很难避免的，但是在实践中提价往往会遇到各种阻力，因为农、矿产品价格是基础价格，使得人们对调整农、矿产品价格有顾虑，怕提高农、矿产品价格会引起连锁反应，导致价格总水平上升；再是农产品和煤炭等是人民生活必需品，往往是有意识地控制和维持低价，以便维持低工资的现状；再是维持一定的工农业产品价格剪刀差，是国家从农民方面取得建设资金的一项重要来源，调整提高农产品价格要受到国家财力可能的限制。再如房租、市内交通费等收费标准过低，靠补贴维持，没有自我改造与自我发展能力，但低工资的现实却限制了价格合理调整的可能性。另一方面，有些加工工业品价格偏高，但这是国家财政积累的主要来源，降价会影响财政收入，也很难下此决心。所以，价格这个经济参数不合理的问题早已清楚，改革的方向也已明确，所难者是这种既不反映价值又不反映供求的价格经济参数，是过去基于收入再分配的要求，在实践中逐渐形成的，在改革价格可能打乱原来的收入再分配格局时，如何作出合适的处理，成了颇费踌躇的事情。

应该指出，经济运行机制的变化和经济参数的变化，总是会引起经济利益关系的改组。社会主义国家在经济体制改革过程中是如此，资本主义国家在从战时统制经济的配给制转向市场经济时也是如此。因此，如何处理经济利益关系改组时可能发生的矛盾，避免经济生活的震荡，各个国家采取过的很不相同的做法，很值得借鉴和探讨。

二 双重经济参数是双重经济运行机制的反映

按照东欧的经济改革家的设想，从行政协调的经济运行机制转换到市场协调的经济运行机制，需要事先有一个理顺经济参数的阶段。在这个阶段，先按照经过详细测算的平均资金利润率，或者资金利润、工资利润各半的双渠利润率，来调整各类商品的价格；与此同时，相应地调整各类商品的税率，调整企业的财政上缴任务。经过这一系列的参数调整，使得生产的产品不同以及生产条件不同的企业都能得到大体相近的利润。这样理顺经济参数是在传统经济体制中进行的，由于“大锅饭”还没有打破，因理顺经济参数而引起的利润在生产经营各个环节的转移变动，牵扯不是很大，因而可以设想使价格、税收、财政以至于利率、汇率等经济参数配套联动，形成一个理想的模拟市场环境。这时候，再使企业的利益和利润挂钩，再开展市场竞争并加强市场的透明度，再过渡到由市场供求调节的自由价格。经过这样一个过程，便可以和谐而平稳地转入市场协调的经济运行机制。

但是从东欧各国的实践来看，这种和谐而平稳地转换的设想是过于理想化的，因而是很难做到的。在我国，则因为改革是从调整利益关系起步，最早的改革是实行财政“分灶吃饭”，改变了中央与地方的财政分配关系，实行企业奖励基金制度，进而实行企业利润留成制度，改变了国家与企业的财政分配关系，这样，以后再进行价格、税收、利率、汇率等经济参数的调整，便会影响到中央与地方、国家与企业的利益关系的变化。我国理顺价格也不是先从理顺生产资料价格开始，而是选在当时矛盾最为突出的工农产品价格剪刀差方面，调整提高农产品收购价格，调整了国家与农民的利益分配关系，并且因统购基数及统销基数的高低影响到了地区间的经济利益；随后，我国又陆续放开了粮、棉、油以外的农产品价格，放开了工业消费品价格，调整了某些工业生产资料的价格。我国的价格体系改革不是像东欧经济改革家所设想的那样系统地通盘调整，而是对于那些扭曲得特别厉害的某些不合理价格作某种程度的缓解。因而我国的价格改革虽然经历了若干个战役，仍然是计划固定价格、指导性价格、市场价格三者并存的格局，还不可能全部放开过渡到有控制的市场价格。

这样，我国在经济体制模式转换过程中，出现了行政协调的经济运行机制和市场协调的经济运行机制并存的局面。这不仅表现为继续实行指令性计划和统一调拨分配的那部分重要生产资料的产供销仍旧按行政协调的机制在运行，而那些实行了指导性计划的消费品的产供销则已经转为按市场协调的机制在运行。对于这种双重经济运行机制和双重经济参数的客观必然性，人们是比较易于理解的。但是对于同一种产品为什么要有两种价格，如粮食为什么在统购价格之外还要有超购加价和议购价格，在统销价格之外还要有议销价格；或者说在改为实行合同订购以后不仅有合同订购价格，还有超合同交售的议购价格？对于同一个企业为什么要有两种价格，如钢厂在计划任务之内的钢材按统一调拨价供应而超计划的自销钢材为什么可以按市场价格销售？对于此类双轨机制，人们便有不同的看法和议论，有很多不得不如此做的原因。其中一个重要原因是没有在利益的边界还很模糊的时候去理顺经济参数，而等到权利、利益的边界已经界定以后再去理顺经济参数，便不能不受制于各方面的利益刚性，习惯的思路是过去已经形成的作为基数的那块的分配格局不去打乱，只改变增量那块的分配格局。但是真正要使经济活动按照双重规则来运行是不可能的，从利益关系的角度看双重经济参数或者是变相的课税或者是变相的补贴，但对于经济活动的影响却又远远超过了变相课税或补贴，成了我国经济运行机制转换中的特殊性问题，其经验教训需要认真加以总结。

三 双重价格参数是双重经济体制的集中表现

在我国新、旧两种体制同时并存的双重体制中，人们议论最多的是双重价格体制。因为双重价格体制是双重经济体制的集中表现，它是和双重计划体制、双重物资分配体制、双重投资分配体制等紧密联系的。基于双重价格体制，形成了双重价格参数，同一企业里同一种产品计划内的，按计划调拨价格供应，低来低去，计划外的则由供需双方协议定价销售，高来高去。这使得经济活动有了不同的运行渠道和运行规则。

人们对双重价格参数有极其分歧的评价，从它的积极方面来说，好处是：（1）减轻了调整价格的阻力。计划分配的部分实行计划价格，维持原来的收入分配格局；维持目前尚不可能完全取消的指令性计划体系，计划外则通过市场机制形成新的价格，这种新的价格以其灵活性松动了计划价格不易调整的僵死性，弥补和反映了利用价值规律的要求。它使价格得到部分调整，减轻了调整价格的阻力，并且使价格调整与逐步缩小指令性计划的步伐相适应，这是在冲击和突破僵死的指令性计划方面迈出了关键一步。（2）减轻了调价承受能力的限制。计划外的议价是经过购销双方协议的，如果购买者不能消化吸收就不会去购买，因而不会遇到调价承受能力的限制，由此可以锻炼企业自主经营的积极性，使企业工作人员逐渐熟悉市场运行规律。（3）在扭曲的价格尚未得到根本改变情况下，调动了企业增加生产增加短线产品供给的积极性，这是衔接生产和需求的客观要求，有利于对原来很严重的资源配置不合理、供求不平衡、利益不协调的状况进行部分的调整。过去在实行指令性计划和计划价格时，由于价格过于扭曲，曾普遍存在地区间和企业间的以物易物的协作，由于以物易物这种自然经济办法和现代化大生产是矛盾的，以价格机制代替以物易物是经济发展的进步表现，也是逐步理顺价格不可缺少的必要过程。正由于以上这些原因，双重价格在我国经济体制模式转换过程中起到了别的方式不能替代的特殊重要作用。

双重体制和双重经济参数，是在价格等经济参数不能作一次性的大变动，逐步理顺价格，实现模式转换的重大步骤，但是双重计划、双重物资流通以及双重价格导致了生产者和经营者的双重行为，引起了种种摩擦，表现在：（1）苦乐不均。按计划内平价和计划外高价出售商品的分配比例，并无科学的划分依据。只能采取基数法，因基数高低不同而造成了苦乐不均。在农产品收购价方面表现为原来产量高的老粮棉产区征购基数高，超额交售潜力小，得到的加价奖励远不如征购基数低的地方。在工业生产资料方面表现为原来经营管理好的企业计划基数高，在计划外按高价销售的数量少，有的得到的好处反而不如原来经营管理基数低的企业。并由此导致了企业对计划内和计划外生产的不同态度与双重行为。（2）价格猛涨。某些生产资料的计划价格原来是扭曲的过低的，对于计划外自由购销的那部分产品允许价格浮动，本意就是允许其价格可以有所上升，所以实行双重价格时议价上涨是很自然的事情。但由于投资规模过大，从计划分配方面得不到满足的巨大购买力涌向为数有限的生产资料市场，引起了某几种生产资料如钢材、木材等价格的猛烈上涨，则是不正常的。目前人们对双重价格的种种批评责难主要由此引起，但问题的根子是在投资膨胀而不在双重价格。（3）冲击计划。由于计划内外产品价格差距过大，不少企业把计划内产品流向计划外，合同兑现率下降，冲击计划的实现。但应看到两种价格差异过大和炒卖炒买、哄抬计划外产品价格，仍是和短缺相联系的。煤炭供应渐趋缓和，哄抬价格现象自然消失；而建筑钢材一直紧缺，套购哄抬便禁而不止，正说明问题不在于有两种价格，而在于短缺加剧了两种价格的矛盾。（4）刺激了盲目生产和盲目重复建设。没有基数的生产单位的产品可以全部按高价出售，在农业方面表现为原来基数低的油菜子、烟叶等的生产一度盲目扩大，破坏了农业生产的合理布局，以后调低价格才有所缓和。在工业方面表现为生产资料高价使得无基数的乡镇工业盲目发展小煤窑、小高炉、小水泥等生产，有时便造成了有限资源的不合理利用。(5) 由于存在着双重价格，往往出现生产同一种产品的企业，因为原材料购进价格差异而成本悬殊，有的企业消耗虽大但却因原材料是平价供应而成本低，有的企业消耗虽小但却因原材料是议价供应而成本高；有的企业按议价销售比重大而盈利多，有的企业按议价销售比重小而盈利小。有的轧钢厂生产的镀锡薄板，正品按计划价售出每吨一千多元，废品可以自行处理每吨售价二千多元，出了废品企业反而可以多得利益。当实行经济体制改革，企业自主经营自负盈亏时，这种双重价格不能鼓励企业从改善经营，提高效益来增加收入，而是使企业把注意力放在原材料争取按平价购入，成品争取按高价卖出上，以致无法正常评价经济效益，财务关系也因此而十分混乱。经济体制改革的目标是利用市场机制合理分配资源以提高经济效益，然而在双重价格下往往会出现背道而驰的情形。

四 双重经济参数在别的方面的表现

我国经济体制模式转换过程中的双重经济体制和双重经济参数，不仅表现在价格方面，也表现在其他许多方面。由于原来的僵化的经济参数转向松动要有一个渐进的过程，而利益的刚性又往往障碍这种松动，以至于自觉或不自觉地把利用双重经济参数作为出路。当人们议论双重价格参数的弊端而认为新旧两种体制不能并存时，却往往会在别的方面出些新的点子，而由此又往往会形成新的双重经济参数，正说明采行不采行双重体制并不由人们的主观意志为转移。

我国在1980年前的外汇汇率，不论是前期汇率凝固不动，还是后期随着西方普遍的通货贬值而调低汇率，基本上都着眼于反映人民币币值的稳定，但这样，汇率越来越和国际国内市场及物价水平的实际状况脱节，和进出口贸易的实际状况脱节，这在垄断经营、统负盈亏的传统的外贸体制下还能维持，当外贸体制由独家经营改为各地区各部门多家经营，要各自核算盈亏，便显得不相适应，需要调整提高汇率，以奖出限进，发展进出口贸易。于是在1981年对贸易外汇实行1美元换2.8元人民币的内部结算价，非贸易外汇仍维持原来的1美元换1.46元人民币的汇率，形成了双重汇率。双重汇率有它的好处，然而也在利用外资、增加侨汇、发展旅游等吸收非贸易外汇方面制造障碍，也遭到国际上的误解和非难，于是又不得不逐步调整公开汇率，挂高外汇牌价，于1984年底使公开汇价与贸易外汇内部结算价合一。但外汇牌价的单一并不等于在汇率方面实现了单一经济参数，撇开炒买炒卖的外汇黑市不谈，在外汇市场上买卖的调剂外汇，仍是外汇供给的补充来源，由此形成了平价外汇和议价外汇两种不同的汇率，仍具有双重经济参数的性质，而且这种双重经济参数看来还要维持一个时期。

利率本来是调节资金存储与借贷的重要经济杠杆。利息率的高低既由平均的利润率所调节，也受资金的供求关系的调节。利率本来应当随着经济发展和资金供需变化而进行调整。然而我国在相当长时间里利率固定不动，进行过的几次利率调整，则并不是因为经济运行和调节有此需要，而是认为利息的性质属于剥削收入，调整利率的出发点是减轻剥削。1959年把居民的活期存款利率从月息2.4‰降为1.8‰，定期存款利率从月息4.2‰—6.6‰降为2.4‰—5.4‰，1972年再度把定期存款利率降为月息2.7‰。在工商贷款方面，1971年把利率从原来的月息6‰降为4.2‰，农业贷款利率也从原来的4‰—6‰降为1.8‰—3.6‰，有的城市还举办过无息存款，所以那时候并没有把利率当作经济杠杆来运用。在经济体制模式转换过程中，也要求把僵化的利率杠杆搞活。但利率搞活也有一个渐进的适应的过程。目前比较突出的是，在多种经济成分发展过程中，集体经济、个体经济以及联合经营的经济对于资金融通的需要尤为迫切，由此推动了行业内的以及民间的资金借贷融通的发展，利率是按照资金供需在市场上形成的，从而也形成了国家统一规定利率和市场利率并存的双重经济参数。

税收本来是配合价格调节收入进而调节经济活动的杠杆，在我国建国初期，在利用、限制、改造私营工商业方面，在组织国家财政收入方面，税收都曾起到过重要作用。然而当1956年完成了对私营工商业改造以后，却把利用税收杠杆的问题忽略了，1958年和1972年进行的两次税收制度改革，都是采取在保持原税负基础上简化税制的做法。这也就是说时隔二十多年对各类产品的税负没有作什么变动，只是把原来实行的多种税多次征从多方面进行调节的税收杠杆，改为单一税种只对产品流转课税。在经济体制改革过程中，一方面实行了多种税多次征的复税制，重视发挥税收的调节作用；另一方面实行利改税，通过税法把国家和企业的分配关系稳定下来，奖励先进、鞭策落后。然而在产品税的征收上，对于后进企业往往给予种种优惠照顾，使得税收成了软税收；产品税的税率是按照产品的计划调拨价格及其盈利状况，按照中等偏下的水平设计的，对于按计划外价格销售不适应。特别是由于价格还不能大动，提出要在税率设计时缓解价格不合理的矛盾，通过对低利、微利产品减税让税，对于价高利大产品调高税率，起到了调节生产者利润的作用，但税率却由此而改得很不合理，对于税率高低很难提出什么政策依据。而且这样做对于需求仍起不到什么调节作用，一旦价格放开，价格升降受到需求调节以后，则很快会和调整后的产品税税率不相适应。更为突出的是对国营企业征收的调节税，国营企业因生产条件与经营状况的差异，利润有高有低本来是正常的事情，经济体制改革也本来是要使企业的利益和经济效益挂钩来调动企业和企业职工的积极性，但调节税却用一户一个税率的做法把拉开的差距重新拉平了，对盈利水平高的先进企业课税重压力大，对盈利水平低的后进企业不课税压力小，使得税收这个经济参数具有了双重性或者多重性。

双重经济参数还表现在职工收入方面，国营企业职工收入差别不完全表现在工资奖金多寡方面，而且突出地表现在集体福利、职工宿舍等非经济机制方面。由于还没有形成真正的竞争，不存在优胜劣汰，往往是经营成果好的可以给职工以鼓励，经营成果差的也可以给职工以鼓励，不控制工资标准很难制止相互攀比形成的职工收入膨胀，而控制工资标准又往往助长平均主义，排斥市场机制，反过来又不利于在价格形成等方面利用市场机制。

总之，我国经济体制模式转换的过程是一个充满着矛盾与纷扰的过程，双重体制造成了双重运行规则和双重经济参数，使得每一个经济单位都产生了一只眼睛盯住上级而另一只眼睛盯住市场的双重行为。一方面开始有了优胜劣汰的竞争，另一方面讨价还价的行政性协调又往往使竞争者处于不相称的位置上，以软约束削减了竞争的冲击力。而且，计划内的扭曲的低价，会伴之以计划外的扭曲的高价，使双重经济参数造成了双重的扭曲，并且由此造成了经济行为的扭曲。

正因为这样，人们开始采取一些变通措施来减轻双重经济参数所造成的摩擦。石家庄市对一些重要生产资料实行统一价格的办法就是一例。该市从1985年开始对钢材和木材不分计划内和计划外一律实行市场价格，用户直接到市场购买。按计划指标供应给各单位的钢材和木材，因市场价超出国家牌价而多付的钱，由物资部门返还给各单位。这种办法扩大了生产企业择优选购原材料的自主权，减少了物资流通的中间环节，改变了层层设库的情况，节约了费用开支，有利于物资企业由行政管理型向经营服务型转化，特别有利于减少拉关系、走后门、转手倒卖等现象。当然，实行这种办法时还必须解决差价及时返还、不多占用资金等问题①；而且，这种办法只是在流通领域内试图解决同一市场上的一物多价问题，并没有从根本上解决生产资料的指令性计划供应的问题。不过，它在缓解双重体制的摩擦方面无疑具有积极的作用，不失为一项重要的试验。

第三节　双重经济参数条件下的宏观调控

第一，“双渠调控、互相渗透”，是经济体制模式转换过程中的计划与市场有机结合的有效方式。我国在经济体制模式转换过程中之

① 参见李开信：“关于发展生产资料市场的探讨”，载《人民日报》1986年6月23日。

所以会出现双重经济运行机制和双重经济参数，是因为原来的那种基本上排斥市场机制和市场调节作用的传统体制是行不通了，然而现实状况又不可能一步就过渡到宏观间接控制下的市场调节体制，那样会造成经济活动的盲目性和不确定性，有可能造成财力物力人力的巨大浪费。要求在体制模式转换过程中避免和减少损失，以较小的代价取得较大的成效，因而在经济体制模式转换过程中形成了“双渠调控、互相渗透”的计划与市场相结合的宏观调控。

所谓“双渠调控”，是指国家在一部分经济活动中以计划调节为主，同时注重价值规律，引进市场机制；在另一部分经济活动中以市场调节为主，同时接受国家计划调控。因而从调节方式来说存在着计划调节为主和市场调节为主两个领域，存在着“板块”，但又不是彼此分割、彼此对立的“板块”关系，而是互相渗透的结合关系。

进行“双渠调控”，首先要抓好以计划调节这个作为主体的部分，主要是组织好总量平衡和长期资源配置。只要国家的宏观调控能够使总量保持平衡，市场调节一般不会出大的问题。因而，国家既要通过财政政策和信贷政策，调节社会总需求；又要对那些极度稀缺而且影响国民经济全局的产品的生产和销售，实施必要的控制，以调节社会总供给，从而使社会总需求和社会总供给大体适应。国家组织长期资源配置在于使国民经济的基本结构合理化，把市场纳入国家所规定的发展轨道；掌握的重点是抓好基础设施、基础工业、高技术工业及先导产业的建设；掌握的手段除了安排好国家重点建设投资之外，对于计划基本建设投资的决策也应当进行必要的行政干预，以保持由此形成的资源配置格局符合国家所要求的战略发展方向。为了保证国家重点建设，与此有关的重要产品的生产和销售仍由国家计划管理，价格仍由国家控制。

除此以外，属于个量平衡以及短期资源配置的经济活动，都以市场调节为主。实践证明，企业大量的日常生产经营活动，技术改造乃至小规模的基本建设，企业之间以及企业与居民间复杂多变的商品交换活动，都可以交给市场去调节。因为这些活动在国家计划当中不可能确切地了解和反映，只能放给市场和企业自己去调节，从而使生产更好地适应需求。在这时候，政府制定正确的产业政策，确定政府扶植的战略产业的发展目标，将成为具体体现计划与市场有机结合的指示器。在“双渠调控”体系下，不断提高操作的艺术，将把双重经济参数的消极作用减少到最小限度，把双重经济参数的积极作用利用到最大限度，从而化阻力为助力，提高全社会的经济效益。

还需要指出的是，“双渠调控”体系中计划调节和市场调节范围的划分，并不是凝固不变的。因而直接控制手段的逐步减少和间接控制手段的逐步增加应该彼此衔接，即在微观经济活动放活的同时，要有相应的宏观间接控制手段紧紧跟上。国家对企业的直接控制的削弱并不意味着使经济活动走向自由放任的轨道，让“看不见的手”来支配，我们必须改变那种要么就用行政办法来管死，要么就放任自流而不加管理的思想和习惯，并且要努力学会运用价格、利率、税率、工资等经济参数来进行间接控制这种难度更大的管理办法。直接控制手段减少的程度不取决于对这种手段的主观好恶，而取决于间接控制手段的取代能力，或者说，直接控制手段的减少，要以相应的间接控制手段的形成作为前提。今后在设计改革的每一个重大步骤时都宜于谨慎从事，学会驾驭其交替过程，避免因交替脱节而引起的波动。

第二，两种运行机制并存时要相对分割，以能减少双重运行规则中产生的矛盾和摩擦。早在60年代初的困难时期，我国就对消费品供应实行过双重体制，对十八类主要消费品实行定量配给，保持低价，同时又出售高价糖果、糕点和饭菜。但由于两种体制是相对分割的，就能使投机行为尽可能减少。当然我们现在面临的问题同那时有很大不同，但就相对分割这一点来说对今天也不是没有意义的。企业按照指令性计划和低价生产和销售产品，国家要尽可能地供应相应的低价物资，坚持“低进低出”和“高来高去”的原则，防止计划内物资流向计划外。应该通过法律手段来保证指令性计划范围内供货合同的履行，对那些不履行供货合同的企业应给予经济上的制裁。我国国民经济和社会发展第七个五年计划（1986—1990）明确规定：“加强国家直接掌握的生产资料资源的管理。对不按国家分配调拨计划接受订货，或不按国家订货合同交货的，要追究责任，并停止企业的产品自销权。”① 采取这种措施是要使企业在缺乏平等竞争的环境中求得相对平等的竞争环境。有的同志对这种相对分割措施的可行性提出了质疑，因为计划内物资流向计划外和倒手转卖是不可避免的。诚然，要对两种体制实行绝对分割是不可能的，但实行相对分割的措施，在原有体制的运行机制还不能完全被取代的情况下，继续运用行政指令来维持原有运行机制的有效性和严肃性，是可以做也是必须做的。②

根据上述两点（两种控制方式交替中的彼此衔接和两种体制的相对分割），我们可以用简化的形式设计出以下五个图形。其中，圆圈表示中央控制或管理机构，方块表示企业，实线表示直接行政控制方式，虚线表示间接参数控制方式，作为企业的方块之分为两半，表示双重体制下企业行为的双重化。为了集中分析国家与企业的关系，图形中把企业之间的关系加以省略。

在这五个图形中，第 1 图表示传统体制下的直接行政控制；第 5 图表示目标体制下的间接参数控制；第 3 图表示双重体制下的混合控制；第 4 图表示双重体制出现后放弃了必要的行政控制或间接控制的客观条件尚不成熟时企图过多地运用间接控制手段而造成的宏观失控，不妨称之为向前的控制偏离；第 2 图表示双重体制出现后仍然采取了过多的直接行政控制手段，不妨称之为向后的控制偏离。当然第 2 和第 4 图中的线条都是过分简化的，只能表示一种偏离的趋势或倾向。这样，第 4 图在一定程度上反映了 1984 年第四季度所发生的宏观失控的倾向；第 2 图则在一定程度上反映了 1985 年所采取的紧缩措施强化直接行政控制的倾向。这两种偏离倾向都是我们在学会如何运用双重体制来实现改革目标中所付出的代价。第 3 图的控制状态是在“乱（双重体制所固有的紊乱）中求治”的情况下较好的状态。当然，图形是静态的，而改革的过程是动态的；因此，必须从动态的

① 见《人民日报》1986 年 4 月 15 日。

② 英国牛津大学的经济学家林至人先生早在 1984 年就指出了这一点。见《经济学动态》1984 年第 12 期。

角度来把握双重运行机制下的混合控制及其交替过程。

国家与企业关系简单示意图

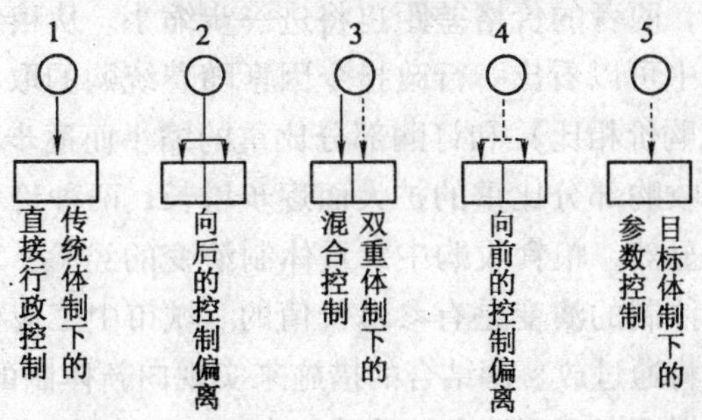

第三，积极创造条件促进新旧体制的交替消长。从直接控制体制向间接控制体制的过渡，是通过新旧体制的此长彼消来实现的，具体地说，是通过逐步缩小生产和流通中指令性计划部分产品的比重、扩大计划外部分产品的比重（即所谓“放”）以及逐步调高计划价格从而缩小计划内价格和计划外价格的差距（即所谓“调”）这两个互相联系的过程来实现的。这种放、调结合的措施在农产品收购特别是粮食收购中已经取得了某些成功的经验。下面我们拟通过图形把1980年以来粮食收购中双重体制的演变情况做一分析。四个图形的横轴表示粮食收购量，纵轴表示价格水平。为了集中分析调、放两个因素的影响，我们假定历年粮食收购量和用于收购粮食的货币投放量（即供给和需求）均不变，横轴下面的数字是以1984年的近似收购量（单位为百万吨）为基础推算的（实际情况的变化当然要比图形所显示的一般趋势复杂）。从1980年到1984年（如第Ⅰ图所示），粮食收购分三个部分，即统购、超购（加价50%）和市场议价收购。到1985年（如第Ⅱ图所示），取消了统购，把统购部分和超购部分合并为订购。订购价格是按原统购价占三成、原超购价占七成计算的。这一年，市场议价收购部分的比重没有变化，然而，同统购价与市场议价的差距相比，新的订购价和市场议价的差距是缩小了。到1986年（如第Ⅲ图所示），订购部分的价格未变，但比重缩小，相应地市场议价收购部分的比重扩大，如不考虑其他因素，显然市场议价也应有所下降，从而订购价

和市场议价的差距也应有所缩小。预计1987年（如第Ⅳ图所示）订购部分的比重将进一步缩小，市场议价收购的部分将进一步扩大，如不考虑其他因素，两者的价格差距也将进一步缩小。从粮食收购双重体制的上述演变中可以看出：行政指令因素随着统购的取消、订购价格的提高（同统购价相比）和订购部分比重的缩小而逐步缩小；市场因素则随着议价收购部分比重的扩大而逐步增长；两种价格的落差则呈缩小的趋势。显然，粮食收购中双重体制演变的经验，对城市经济体制改革中双重体制的演变是有参考价值的。城市中工业生产资料的生产和流通也必将通过放、调结合的措施来实现向新体制的过渡。当然，这个进程的快慢要考虑到社会的承受能力。

双重体制的矛盾和摩擦的程度取决于两种价格的差距，两种价格的落差越大，摩擦也就越严重。而两种价格的差距又同供求失衡的程度有关，需求超过供给的程度越大，两种价格的差距也就越大。因此，要减轻双重体制的摩擦，还必须从宏观上减轻供求失衡的程度入手。根据城市经济体制改革全面展开以来的经验，最主要的是要防止和克服需求膨胀，包括投资膨胀和消费膨胀。当然，总供给略大于总需求那样一种有限的买方市场并不是短时间内就可以形成的，但我们无疑应该通过控制需求、增加供给朝着这一方向前进。看来，新旧体制的此长彼消过程，两种体制摩擦的减轻过程，也就是有限的买方市场逐步形成的过程。

1980年以来粮食收购中双重体制演变情况示意图

Ⅰ 1980—1984年：统购 40；超购（加价）40；市场议价收购 45
Ⅱ 1985年：订购 80；市场议价收购 45
Ⅲ 1986年：订购 60；市场议价收购 65
Ⅳ 1987年：订购 50；市场议价收购 75

第四节　理顺经济关系，从双重经济参数转入一重经济参数

一　新旧两种体制的胶着状态不能长期存在

对于传统体制来说，双重体制是一大进步，新的经济运行规则和新的经济参数毕竟在矛盾和纷扰中诞生了。但双重体制不可能拖得太久，不宜于长期并存。经济运行的双重原则，既不能发挥计划经济的长处，又在利用市场机制时缺乏优胜劣汰的真正竞争力，相反促使有些单位钻双重运行原则并存的空子，助长不正之风，形成“上有政策、下有对策”，政策难以落实。因而双重体制的消极因素不及时解决，新体制带来的积极作用便会受到制约甚至消失。特别是在消除某些消极作用时不得不借助于旧的体制和旧的控制手段，又会出现管得过多，不利搞活的状况。这说明，两种运行原则并存以及进退消长中的胶着状态是不得已的，这个过程要尽量缩短。

对待双重体制不能够用旧的办法来解决，不能够退回到集权型的指令性计划、统一的物资分配和计划调拨价格的老路上去。因为这些本来是改革的对象，只是因为不能一下子全部改掉才采取双重体制的过渡办法。而且从实际出发考察，想退也退不回去。当计划价格很不合理，成为扭曲的经济参数，阻碍了企业间的正常经济协作和正常的经济运行时，企业会自己寻找出路。过去严肃物价纪律和制止生产资料乱涨价，往往导致以物易物这种自然经济做法的盛行，或者是靠财政补贴维持扭曲的低价，导致票证买卖和商品走后门盛行，正证明了这一点。因此，对待新旧两种体制胶着状态的矛盾，只能通过继起的改革，通过逐步理顺经济关系进入以新体制为主的阶段，从而使双重经济参数转入一重经济参数，才能得到解决。

二　理顺经济参数的关键在于市场

怎样才能把扭曲的经济参数理顺，是社会主义国家经济体制改革中的关键性问题，同时也是老大难问题。有的国家经济体制改革起步

已有多年，各种经济参数仍是理而不顺，这是很值得思考的。从经济学家们的设想看，起初是把重点放在理顺价格参数方面，许多国家经常把按照平均资金利润率来改组价格体系作为改革的重大措施，并曾为此配备电子计算设备和计算人员，进行了大量的计算，有的国家还不止一次按照这种计算出来的理论价格改组价格体系，这样价格是合理了一些，但并未收到预期的效果。由于按平均资金利润率计算出来的价格是一种无倾向价格，因而也无从发挥价格的引导和调节机能。后来又有一些国家把重点放在税收和价格的配合方面，在放开价格即真正实行竞争性的灵活的价格制度以后，同时又广泛地进行税收调节，然而税收的过度调节又往往与企业的平等竞争发生矛盾。从具体的每一项税收调节措施的出台看，都有其道理、有着作用，然而过一段时候从总体上一看，税制却很不合理。从外国的和我国自己的经验看，尽管通常情况下经济参数的扭曲是明摆着的，可以通过由上而下的办法调整经济参数，在拥有现代化设备条件下还可以把调整的经济参数计算得头头是道。但是，人为的理顺经济参数，或者是理而未顺，或者是今天理顺明天又不顺了。形成“剪不断，理还乱”，以至于经济运行总不是那么顺畅。

所以，怎样在经济体制模式转换过程中理顺经济参数，实现从双重经济参数向一重经济参数的过渡，是迄今尚未解决好的课题。通过历史的经验教训的反复比较研究，我们认为关键在于有步骤地扩大市场的开放度和提高市场的发育度。不论是商品的价格，以及利率作为资金的价格，工资作为劳动力的价格，汇率作为外汇的价格，都不可能人为地加以规定，人为规定的经济参数终究不可能合理；即使在某一时点是合理的，过些时仍会不那么合理。因而，要把扭曲的经济参数理顺是不能够离开市场的。只有把统一分配的旧规矩逐步改为市场竞争的新章法，逐步扩大市场的开放度；而且扩大商品货币关系的范围，使原来不进入市场的生产要素也进入市场，提高市场的发育度，这样，在发达的市场条件下，才能改变经济参数的扭曲状况，适应经济发展的需要。

三　理顺经济参数要同步配套

前几年进行的价格、工资、奖金、税收、信贷等项改革，都属于单项改革，孤立看都是必要的。但是在改革中由于过分注重其本身的调节功能，忽视相互间的衔接配套，形成各自进行单向调节而影响整体的调节功能的发挥，从总体看难以形成有效的“合力运动”。有时还相互抵消，比如采取了种种打破“大锅饭”的调节措施以鼓励先进鞭策后进，然而课征调节税又把企业先进落后的差异拉平了；拨款改贷款的目的是树立投资责任制，而税前还贷的制度又抵消了拨改贷的作用。所以我国从传统体制走向新体制是以“渐进”方式实现模式转换，但是“渐进”不宜各行其是，而要在改革的总体规划驾驭之下，走“渐进式”加“小配套”的道路，即整个改革进程是渐进的、分阶段的，而两个阶段的改革则要在相互联系的方面配套进行。在双重经济参数转向一重经济参数的过程中，改革的配套更加显得重要。

配套改革包括多重层次与多方面的内容，我国要从传统体制的以行政手段进行调节转向新体制的以经济手段为主与法律手段、行政手段相结合进行调节，就不仅要改进经济手段的运用，还要把经济立法放在重要位置上，使经济活动有法律约束，使市场竞争有规矩可循。所以经济立法要配套跟上。

至于从经济手段来讲，为了保持调节方向的一致，在理顺经济参数时一定要使各种经济参数相互衔接。这也就是说不仅要理顺价格参数，还要相应地调整税率、利率、汇率、工资等，使之与变动后的价格相适应。理顺价格有两种方法，一种是放开，一种是调价。价格管理放开以后，双重价格的矛盾自然消除了。那时候市场上很可能仍有着高低不等的价格，但由于买者和卖者都有选择的自由，价格差异在性质上不属于双重价格。而且能够用低价购入的人绝不会用高价购入，能够用高价售出的人也绝不会按低价把自己的商品出售，这在竞争的条件下将使同一种商品的价格趋于同一。在价格放开之初，某些暂时紧缺的商品价格可能会上升，随着供给的增加才能使价格回落。

因而那些需求过大，供应紧张的产品，还只能采取逐步扩大市场调节部分、逐步缩小计划分配数量的做法，对于那些增加供给需要大量投资和较长建设时间的产品则不宜采取放开的办法，仍旧需要保持计划分配和计划固定价格，对于这些产品只能采取调价的办法。即对长期偏低的燃料、原材料的计划价格，作较大幅度的提高，以校正严重扭曲的价格信号，使计划价格能够较正确地反映成本和供求的变动，反映资源稀缺状况和国家经济技术政策的要求。当前双重价格存在的矛盾主要是两种价格差异过大，因为计划内扭曲的低价往往会带来计划外扭曲的高价，如果把过低的计划固定价格适当调高，会起到一定的限制消费、鼓励替代的作用，可以减少浪费增加供给，在一定程度上缓和供求矛盾。采取调的办法可能仍旧需要以计划外价格作为补充，但是两种价格差距缩小，矛盾也就小了。

价格的放开总是和国家对企业的产供销等日常经营活动不再干预相联系的，总是意味着企业自主权的扩大，意味着市场机制作用范围的扩大。配套改革也就是要改掉那些对市场机制横加的束缚和限制。各种经济参数是相互影响的，配套理顺就是要彼此协调，避免相互削减以致不能起到应起的作用。在通常情况下，只要真正放开，那些和市场相联系的经济参数如利率、汇率等，将会通过市场机制而和价格参数的变动相适应。而另外一些经济参数如税收、工资等，则需要有意识地进行调整。煤炭和某些原材料从双重价格转向一重价格，将使原来属于计划调拨部分的价格提高，有些加工工业部门消化吸收有困难，可以适当调减加工产品的产品税或增值税税率，使这些加工工业产品的价格保持稳定，以削减调价引起的连锁反应。当前价格不合理的一个重要方面是某些基础产品价格过低，理顺价格有可能引起价格总水平上升，因而需要工资作相应的变动，使工资增长相当于或者高于物价上升幅度，以保证职工实际生活水平不下降。

四　经济体制改革离不开经济运行机制的转换，绕不开理顺经济参数

在进行经济体制改革的初期，曾经有一部分同志把改革只理解为

经济运行机制的改革，认为缺乏市场机制是原有经济体制的根本缺陷所在，改革就是把市场机制引入到社会主义经济中来，这种认识对于原来的排斥市场机制的传统理论来说，是很大的进步。但是，起初还只是把市场机制看作是外在于社会主义计划经济的，即在认识上和具体做法上都是把计划不参与调节的那一块领域划给市场去调节，使计划与市场形成板块式的结合，而这也正是形成双重经济参数的客观条件。如前所述，双重经济参数存在着种种摩擦与矛盾，说明计划与市场板块结合的运行机制并不能够使经济管理得到根本的改善。从改革的长远目标来说，计划调节和市场调节应当是水乳交融地有机地结合在一起，否则，社会主义经济还不是真正的商品经济，而只是一部分商品经济和一部分自然产品经济的板块结合。这也就是说市场机制要成为内在于社会主义计划经济中的调节机制，才能说是真正实现了有计划的商品经济的经济运行。

经济运行机制转换的一个重要前提条件，是要深化企业改革，使企业真正成为相对独立的商品生产者，能够自主经营，自负盈亏，参与市场竞争。然后企业才会对市场变化有灵敏的反应，经济运行机制才能真正转换过来。但实现这种转换的又一前提条件是价格、税率、利率、汇率等经济参数能够合理地能够反映价值规律的要求，这时候才能起到顺调节的作用，如果价格、税率、利率、汇率等是扭曲的，则会形成“逆调节”，本来应当刺激增产的反而遭到限制，本来应当限制发展的反而得到刺激，长线压不短，短线拉不长，利用市场机制调节将会得到与预期相反的结果，不利于资源的合理流动和资源配置的优化，以致未蒙其利反受其害。因而，企业机制改革和经济运行机制改革成了互为条件互为因果的连环套，互相照顾时两者可以相互促进，互不关照则有可能相互掣肘。

理顺经济参数特别是理顺价格的牵涉面广，难度大。因而，当转向市场机制出现原材料和燃料价格上升时，可能有一些企业消化不了，发生亏损乃至倒闭；在经济机制转变过程中，加工企业对于原材料和燃料价格的上升将想方设法转嫁到产成品上，引起工业消费品价格上升，使得职工实际生活水平下降；当价格上升引起企业生产周转困难和影响职工群众生活水平时，往往要对亏损企业给予减税免税照顾或者给予财政补贴，要对职工给以价格补贴或者增加货币工资，从而增加国家的财政负担甚至引起财政困难。面对着这许多现实的困难，有的同志认为经济体制改革的失败是由于价格改革的不成功所致，而经济体制改革的成功则又常常不归功于价格改革，因而主张绕开理顺经济参数、绕开价格改革。

但是价格改革这一关是绕不过去的。自从 30 年代奥斯加 · 兰格提出“价格试错法”这一“兰格模式”以来，凡讨论社会主义国家经济体制改革的，都把价格改革作为经济体制改革的重要一环。这是因为，设想价格形成机制和原先一样，经济运行机制和原先一样，而企图通过其他途径使生产适合市场需求，企图在价格扭曲的状况下开展优胜劣汰的竞争，这是不现实的。理顺价格等一系列经济参数然后才能使市场机制正常地发挥作用，这是经济体制改革一定要通过的一个关隘。价格、税收等经济参数的变动固然会引起经济利益的变动，有可能引起种种新的矛盾，变革中要冒一定的风险，但也要看到风险的有限性。如果理顺经济参数可以推动企业改善经营提高经济效益，把馅饼做大，那么在利益关系变动中企业的消化能力、群众的承受能力、国家财政的负担能力都会增强，风险也就不足为惧了。

市场机制是在市场中各个经济活动主体的交互行动下发挥作用的，要使市场真正起到调节各种资源即不仅调节商品而且调节资金、劳动力等生产要素的配置并促进技术进步和资源节约的作用，要求国营企业能够自负盈亏而不是吃“大锅饭”时那样对市场变化反应迟钝麻木，还要求国营能够自主经营而不是事事请示，捆住了竞争的手脚。因此，深化企业改革与运行机制改革是互相促进推动、不能偏废的。经济体制改革绕不开理顺经济参数，同时也绕不开企业经营机制的变革转换。只有使企业真正实现自主经营、自负盈亏，对自己的经营活动作出独立决策，才能够积极参与市场竞争，对于市场的变化作出相应的反应，接受市场的调节和鞭策。也只有在这时候，由各种经济杠杆的变动所形成的经济参数，才能够通过对市场中各个经济主体的经济利益以及它们之间经济利益关系的调节，而在经济运行过程中发挥其调节作用。

第五节　经济运行机制转换中的市场体系形成

我们所要建立的有计划的商品经济，特别需要形成一个完整的、发育程度较高的市场体系。市场是连接宏观控制和微观搞活的枢纽。近年来的经济改革进一步表明，正像离开市场体系，宏观控制难以发挥作用一样，缺乏市场体系，微观也难以真正搞活。因此，实现经济运行机制的转换，有赖于市场体系的形成。

一　决定市场体系形成的三大因素

在所有的计划经济体制中，市场都可以存在，而且确实存在，但这些市场只是作为指令性计划的一种补充，在计划机关不愿或不能调节的部分产品的交易中存在。只有在一切或大多数产品或生产要素都通过市场来买卖和交换时，才可以说存在着市场体系。完整的市场体系至少包含两重内容：

第一，各类市场的对称完整。社会再生产过程将市场分成两个层次，一是商品市场，一是生产要素市场。商品市场又可深分成消费品市场、中间产品市场和基础产品市场。生产要素市场则是资金、劳动力、土地、技术以及信息等生产要素的商品化交换关系的集合。市场体系的完整性是指各类市场之间质和量上的对称。各种商品市场之间的内在联系比较明了，需要强调的是商品市场与生产要素市场之间同样存在着不可分割的内在联系。主要表现在：商品市场的均衡运转依赖于生产要素市场的均衡供给，商品市场的经济效益依赖于生产要素市场对资源的有效分配。同时，商品市场的变化通过价格、利润等价值信号影响生产要素市场的价值信号系统，调节生产要素市场的供给与需求。商品市场和生产要素市场的扩张与紧缩同时受国民经济总量状态的制约，随着各种经济总量的变化，各自作出结构性的反应。例如，当货币供应量超过国民经济的需要时，商品市场的物价总水平就会上升，生产要素市场中的利率、工资也会要求相应上涨。商品价格与生产要素价格互相影响，生产要素价格的变动直接影响到商品价格的成本，同时商品价格的变动，也会影响到生产要素价格，物价与工资的关系即是明显的一例。

第二，市场的区域统一。对于一个发展中国家，特别是市场规模较大的国家来说，自然与历史的因素会造成明显的区域经济。区域经济效益不可忽视，区域市场不可避免。区域市场之间的横向贯通成为市场体系形成的重要内容。区域的商品市场和生产要素市场构成区域的市场体系。使区域经济优化的关键是区域之间的合理分工和要素的合理流动，建立区域市场之间的各种流通渠道，扫除区域市场之间的自然、经济和政治色彩的封锁，并使其具备充分容纳商品和要素流量的能力，才能把各个区域市场有机地组合在一起，形成统一的市场体系。

我国原来的市场体系是不完整的、区域分割的、发育度不高的市场。这可以从经济体制模式、经济发展水准以及经济结构格局这三个决定市场体系的因素来加以考察。

第一，经济体制模式。在相同的经济发展水平下，不同的经济体制对市场体系的形成具有不同的作用。在传统经济体制模式中，行政协调占主导地位，政企不分，企业没有相对独立的经济利益，不能成为相对独立的商品生产者。企业之间的联系仅仅表现为生产过程的投入产出关系，虽然这种关系有时也采用商品货币的形式，但企业不能自愿交换。指令性生产计划，物资调配制度和固定价格使企业丧失了自主交换的权力。企业之间也缺乏内在的竞争。

在传统体制下也存在不完整的单个市场。在个人消费品领域，时紧时松的定量供应制度，使居民与企业之间存在着程度不同的市场关系。在生产领域，集体和合作性经济组织在完成国家的指令性计划后有权自供自销时，在计划体制的一边，生长出一些自发不定的市场。指定性计划对市场存在着一种内在的排斥力。

社会主义的商品经济模式对经济运行机制提出完全不同的要求，尊重消费者主权是商品经济最基本的特点。完整和统一的市场体系是商品经济的协调机制。企业之间、产业之间、地区之间的关联都要建立在市场的基础之上。生产要素交换关系的商品化也是商品经济的本质要求。没有完整统一的市场体系，商品生产者和经营者的利益就无法得到保证。因此，在我国这样一个传统经济体制曾长期占统治地位的国家建立市场体系，就必须进行经济体制的根本变革。

经济体制改革的作用在于把传统体制中已经存在着的密不可分的投入产出关系商品货币化，造就商品交换的主体。农村的联产承包责任制，再造了农村商品市场的微观基础，商品市场蓬勃发展；农村劳动力开始大量向非农产业转移，长短雇工的发展也演绎出劳动力市场的雏形。在国有银行体制没有实质性改革的前提下，民间金融的发展牵动农村信用社，初步形成了计划外的资金市场。城市经济体制改革以扩大企业自主权为起点，推动城市市场萌芽、发育。

第二，经济发展水准。经济发展水准是制约市场发育程度的不可忽视的因素。市场体系作为发达商品经济的特征，不可能产生于封闭的自然经济。市场范围的扩大首先取决于交换关系的发展。交换关系的发展又是建立在投入产出关系的基础之上。专业化分工与协作是社会生产力发展的结果。市场的扩张是累积性的，最初很小，当农村还沉睡在自给自足的自然经济中时，市场的范围是很窄的，以后随着工业的发展和运输通信的增进而发展，规模经济要求直接改变市场结构，对市场体系的成长尤其是生产要素市场的发育具有特别重要的意义。资金市场、技术市场和信息市场都是建立在大工业基础之上的。对外贸易的发展使国际市场成为市场体系不可缺少的一部分，城市化和城乡经济一体使城乡市场之间的联系成为市场体系的组成部分。需要特别指出的是，工业化在绝大数发展中国家并未成为沟通二元经济的桥梁，这严重地阻碍了市场体系的发育和发展。这是因为，在发展中国家，流通经济落后是市场体系形成的重要障碍。市场体系的发展必然要经过一个商业、金融业及其他第三产业高速发展的时期。政府的经济发展战略也会对市场体系的形成产生影响。对于发展中国家来说，即使摒开体制因素，仍然面临着市场体系自身发育不全的状态。

第三，经济结构格局。经济结构相对平衡是市场体系完整统一和顺畅运行的必要前提。一些研究报告表明，中国作为一个低收入国家，存在着与众不同的生产与需求结构。由于生产格局和需求格局共同决定市场格局，因此经济结构从两个方面影响市场体系的形成。一是流通组织与工农业等物质生产部门之间的比例，影响到市场体系能否纵向和谐。我国流通部门产值在总产值中所占的比例（17%）比典型低收入的市场经济国家（35%）小得多。主要表现在商业、银行信用和各种为工业企业和个人提供的服务所占比例很小。这种经济结构的偏差虽然起因于传统经济体制，但当经济体制向商品经济模式转换时，经济结构却不能马上随之变化，经济结构偏差会成为直接影响市场体系完整统一的障碍。二是地区经济结构偏差阻碍统一市场体系的形成。由于我国把大批的工业企业修建在深山老林和市场环境极差的省份，经济效益极差，很难走向市场。这些企业由于布局不合理而难以有竞争能力，很难避免封锁区域市场的行为。这又使得结构调整成了促进市场体系形成的重要措施，不容忽视了。

二　双重经济体制与市场体系形成

新旧双重经济体制并存是我国经济体制改革走上渐进式道路的必然结果。双重经济体制下的市场体系形成有着其特殊的规律。作为决定市场体系形成的最重要的制度因素，双重经济体制使建立完整统一的市场体系成为一个相当长的过程。旧体制阻碍市场体系的发展，使市场体系具有非理性和不均衡发展的特征，而双重体制下各种摩擦和冲突又推动市场体系的进一步发展。

经过几年来的改革，指令性计划与市场的对比关系已发生深刻的变化。在农业生产与交换中，指令性计划只剩下合同订购那一块。在城市经济中，从表面上看工业品生产的指令性计划已经缩小到几十种产品，但实际计划度由于各级地方政府加码仍然很高。指令性计划和市场调节形成板块双轨型的结构。指令性计划和市场机制在不同的产品范围和不同的企业发挥协调作用，指令性计划和市场机制同时调节一种产品或同一企业的生产与交换。计划与市场的板块双轨结构是双重经济体制并存的具体形式。

双重经济体制并存显然会增加市场体系形成过程中的摩擦。这种摩擦是多层次的。在宏观上表现为国家计划平衡和市场平衡之间的矛盾。市场通过价格水平的波动达到平衡，计划通过调整实物达到平衡。市场的缺口只有靠价格上升来弥补，而计划缺口则要用高价从市场上购买来弥补。这就造成统配物资从计划内被高价吸往市场，又从市场被高价买回生产企业的循环现象。尽管这样的循环不发生在同一个企业，但在经济总量的循环中形成一股逆流。这种逆流对社会总供给与总需求的平衡带来不利的因素。突出表现在合同兑现率下降，计划缺口所造成的投资增加，成为投资膨胀的源泉。在微观上，计划与市场在生产同一种产品的企业中的不均匀分布，造成企业之间不平等的竞争环境。计划价与市场的差距愈大，愈是不平等。其次，双轨制深入到企业内部，使企业的行为发生变化。企业千方百计压低计划指标而增加自产自销的部分，同时又尽量要求增加平价物资供给。这是形成计划缺口的企业因素。双重体制最明显的弊病是造成流通领域的摩擦，短缺物资转卖倒手、层层加码，人为地抬高了市场价格，迫使市场均衡付出更高的成本。

双重体制对市场形成的阻碍作用比较明显，加速模式转换的呼声日渐增多，但人们往往对双轨制稳定经济、促进市场形成的作用估计不足。双轨制不仅可以使长期就范于计划体制下的生产者、经营者、消费者逐渐适应市场，从而减轻改革过程中的行为混乱和心理震荡，而且可以弥补市场体系发展不均衡的缺陷。这几年城市蔬菜、肉类等副食品购销体制和价格体制改革的经验显示，以双轨制作为过渡，虽然有一定程度的摩擦，但可以在此阶段有意识地发展市场运行所必要的各种条件，包括组织形式、经营方式和运输业等；既可以通过放开，利用市场，加速旧组织形式的解体，又可以促使新的市场组织形态在较稳定的经济环境下生长。

三　市场体系形成中的非均衡特征

由于经济体制改革在不同部门、产业和地区的进展程度不同，各个领域发展水平参差不齐和经济结构偏差度高低不等，市场体系形成往往呈非均衡状态。从表面上看，我国现有的市场体系极不健全，基本上还停留在单一的商品市场阶段，货币资金市场、技术信息市场残缺，劳动就业市场还处在萌芽状态。商品市场本身也不完善，一部分消费资料和相当比重的生产资料尚未纳入市场，但我们对现行市场体系的分析不能停留在表象，而要深入研究其内部结构。

市场体系发育过程中的不均衡状态主要表现在以下几个方面：

1. 商品市场体系内部发展不均衡。即使在传统体制下，商品市场中的个人消费品市场就始终部分地存在。改革从农村开始，改变了农产品计划生产和统购统销的一统天下；各种工业消费品价格陆续放开和松动，加快了消费品市场的形成。生产资料中的加工产品由于出现了持续的买方市场，实行了浮动价格，趋于开放和统一的市场。与此对照的是原材料、能源等基础工业品市场的形成远远慢于消费品和中间产品市场的形成。价格双轨制虽然对基础产品市场的形成有一定的推动作用，但真正进入市场的基础产品却不多。消费品价格放开后，即使是滞销的品种的价格也是升多降少。这就进一步加速资源向加工产业集中，结果，原材料、能源等基础产品的短缺会进一步加剧。原材料进口的压力也会增加。当市场体系不均衡、不大量进口原材料经济将发生萎缩时，就会迫不得已把大批外汇用在购买原材料，而不是进口我国更为需要的先进技术和设备。

处于双轨制的企业，投入品是双重价格，产出品也是双重价格。投入品的输入和产出品的输出都是通过指令性计划和市场两条渠道完成的。但当投入品市场很小，产出品市场较宽阔时，产出品价格若上涨，企业就会产生增产动机，从而改变对投入品的需求，但却不能有效地拉动生产资料的供给。加工产业在市场功能的推动下，可以在相当短的周期内扩大生产，而原材料、能源等基础产品由于生产周期长，市场容量小，无法调动社会闲置资源迅速增加供给。在过分狭小的市场上，有竞争能力的大企业不能进入，结果企业规模结构恶化。商品市场内部的不均衡使加工产业的发展速度始终快于基础工业。尽管近两年来基础产品始终是国家投资的重点，但发展速度还是慢于加工产业。

2. 产品市场和要素市场发展不均衡。在商品经济发展的历史上，商品市场的发展快于要素市场的发展并不反常。这种商品经济自然发展过程中的正常次序并不会导致两种市场之间的尖锐冲突，但出现内在的不协调。问题在于，在经济模式转换中，改革措施出台的前后次序的时间差距过大，则可能造成市场体系形成上的巨大差异。我们在商品市场上进行了一系列卓有成效的改革，但主要生产要素市场上的改革却踯躅不前。尽管民间资金市场在国有银行的夹缝中顽强生长，但却无法也无力逆转资金要素主要依靠行政协调的局面。劳动力市场除了在劳动就业制度上稍有进展外，工资决定机制基本未变。

当然，资金市场和资金流动不能等同，在现有银行体制下，资金市场很小，资金流动量并不小，只是资金流动的经济效益很差，一方面表现为这些资金并不保证是流向国民经济最需要的部门，领导批条子的机制相当强烈。资金不是根据利率与产品利润率的指向流动，就会在一定程度上损害宏观经济效益。另一方面，银行呆账、坏账增多，贷款不能收回的现象非常严重，损害了国家和银行的自身利益。

商品市场与要素市场不对称对市场体系运行的影响主要表现在：（1）延长了商品市场上需求拉动供给的时间。有些短线耐用消费品如自行车一直需求量很大，但上海自行车三厂要扩大生产却受到资金、工地和工人编制的限制，供给增加的速度远远落后于需求的增长。利用与杂牌自行车厂联合来扩张生产，由于是整车合作，实质上只是换换商标，结果影响了名牌自行车的质量和名誉。（2）“一刀切”的贷款规则不利商品市场的结构性调整。1984 年末，信贷膨胀，1985 年开始强有力的紧缩，由于采取的是行政手段，贷款无选择，结果长短线产品“一刀切”，普遍出现流动资金短缺，使经济增长速度受到不利的影响。如果有个资金市场，资金短缺即可通过贷款利率上升而得到缓和，又不至于生产利润率较高的短线产品的企业出现资金短缺的现象。（3）不能充分利用闲置的社会资金。1985 年企业存款和居民储蓄存款上升很快，这表明在资金短缺的同时，闲置资金也不少。企业之间，企业与居民之间直接的横向融资正是在这种条件下迅速发展起来。（4）要素价格与商品价格的变动脱节。一方面价格总水平的运动不受资金价格运动的影响，利息率抑制价格总水平波动的功能不大，国民经济失去内在的稳定器；另一方面物价和工资不挂钩，生产萎缩时工资水平不降。（5）在土地市场几乎不存在的情况下，土地的无偿使用和基本不流动，以及土地使用权转让时费用畸高畸低，既不利于土地资源的有效利用，又加剧了商品市场竞争的不平等。

3. 在经济发展不均衡的基础上，区域之间改革进程的不均衡更加剧了区域市场的倾斜。沿海地区的市场发育远快于内地，商品市场的对外开放导致东部市场向西部推进，资金和劳动力的流动速度大大加快。民间资金市场已成为资金市场体系中的组成部分；过剩的劳动力，以建筑、劳务、服务等形式向中部和西部地区转移。河南等地办的生产资料市场，短线高价物资本地企业根本买不起，大多被广东等沿海省份的企业买走，他们被迫只好限制买主的范围，只准本地企业销售。市场发展程度不同所带来的市场倾斜有可能导致地方政府封锁区域市场的行为。落后地区为了保护本地区工农业的发展和地区政治社会安宁，不得不在不同程度上采取地区保护政策，统一市场的形成受到阻碍。

四 培育市场，创造条件，向新的经济运行机制过渡

进行经济体制改革就是要改变传统的经济运行机制，为市场机制的充分发挥作用创造条件。整个的改革过程，也就是利用双轨制布新汰旧的过程，也就是培育和形成市场体系的过程。市场协调是商品经济运行机制的基本特征，完整统一的市场体系是实现市场协调的基础条件。市场体系作为商品交换关系的有机组合是商品经济发展的必然结果，它的形成同时也是经济关系的商品货币化过程。没有完整统一的市场体系，市场协调的功能就难以发挥，商品经济就难以正常运转。事情很明显，当市场的发育程度还不高，市场竞争还只是潜在的动力时，组织经济活动固然需要利用市场机制，但是在竞争不充分的扭曲条件下还不能不进行必要的行政干预。这正说明培育市场和形成市场体系，乃是转换经济运行机制的一个关键。

可以设想，经过了一段利用双轨制的过渡状态，等到市场发育起来，形成健全的市场体系；等到企业提高了对竞争的承受力，能够真

正做到自主经营、自负盈亏，在市场导向下进行经营活动，在竞争中优胜劣汰。那时候，经济运行机制也就过渡到了宏观间接控制下的市场调节，“国家调节市场，市场导向企业”，将成为那时候经济运行机制的最简要的描述与概括。

实行宏观间接控制下的市场调节，将把计划与市场的有机结合推进到一个新的阶梯。在那时候，计划还要起必要的作用，以避免市场的盲目性与不足之处，但是行政协调将不再像现在那样无所不在，国家还要和现在一样通过财政政策、货币政策等经济手段，以及法律手段，对宏观总量和结构的平衡进行调控；而国家通过经济参数对市场进行的调控则将比现在更加有力和有效，因为那时候经济参数不再是扭曲的，因而能够有效地利用市场机制和竞争机制，克服僵化与麻木，大大提高资源配置效率和经济效益，大大增强企业的活力。也只有在那时候，才能说整个社会经济活动将实现计划与市场的有机结合。计划调节和市场调节作为按比例分配社会劳动的两种不同的调节方式，将有机地渗透和凝聚在一起，对经济活动进行卓有成效的调节。

第十五章　社会政治体制改革是经济体制改革的重要保证

我国社会主义现代化建设的总体布局是：以经济建设为中心，坚定不移地进行经济体制改革，坚定不移地进行政治体制改革，坚定不移地加强精神文明建设，并且使这几方面互相配合，互相促进①。经济体制改革是政治体制改革的基础；政治体制改革是经济体制改革的重要保证。本章不是全面阐述社会政治体制改革，而是从经济改革的角度探讨相关的若干问题。

第一节　政治体制改革的性质和任务

一　政治体制模式的多样性和历史性

研究经济体制改革时，我们破除了把基本经济制度同经济体制模式混为一谈的传统偏见，明确了这两个经济范畴之间既有联系又有区别，从而为选择符合本国国情的经济体制模式提供了理论上的根据。同样，探讨政治体制改革，也应当把国家的基本政治制度和政治体制模式区分开来。所谓基本政治制度，就是我们通常所说的国体，它指社会各阶级、阶层及其政党在国家政治生活中的互相关系及地位，政权的性质。政治体制则是基本政治制度的实现形式，它是由执政党和政府根据基本政治制度的性质制定的政治、法律、行政、军事制度的总和。基本政治制度决定政治体制，政治体制体现基本政治制度的要

① 见《中共中央十二届六中全会决议》。

求。在当今世界上，基本政治制度性质相同的国家，在政治体制方面都存在着若干重大的差别。例如，同是工人阶级领导的以工农联盟为基础的社会主义制度，中国实行共产党和其他民主党派长期共存的体制，有的社会主义国家只存在单一的工人阶级政党。

在理论上明确地把政治体制和基本政治制度区别开来，具有重大的理论意义和实践意义。首先，既然政治体制是执政党根据基本政治制度的要求所制定的各种政治、法律制度总和构成的，因此，在社会主义制度发展的长期过程中，执政党就应当自觉地不断地改革政治体制中不完善的部分，使社会主义政治制度的优越性得以充分发挥。其次，既然政治体制是否完善是以能否正确地体现社会主义政治制度的本质和优越性为根据，那么，这就决定了政治体制改革的任务和方向是以坚持社会主义制度为前提，绝不能“全盘西化”或因袭封建传统。

同社会主义经济体制模式一样，社会主义政治体制模式也是多种多样的。普遍适用的、一成不变的政治体制从来没有过。列宁早就明确地指出：“一切民族都将走到社会主义。这是不可避免的，但是一切民族的走法却不完全一样，在民主的这种或那种形式上，在无产阶级专政的这种或那种类型上，在社会生活各方面的社会主义改造的速度上，每个民族都会有自己的特点。”① “从资本主义过渡到共产主义，当然不能不产生非常丰富和繁杂的政治形式。”② 所谓政治体制模式就是政治组织的形式、结构、职能、运行机制及其规则的一般的抽象的理论概括。由于社会主义各国政治制度受借以建立的经济、政治、文化、历史条件的制约，社会主义政治体制模式不是单一的，而会因国因地因时制宜，呈现多样化的特点；不会凝固不变，而会随内外条件的变化，不断地发生局部或整体的变革。

因此，社会主义政治体制一旦建立就要经历一个逐步完善的过程。尽善尽美的、一劳永逸的政治体制模式在社会主义实践中是不存

① 《列宁全集》第23卷，第64—65页。
② 《列宁选集》第3卷，第200页。

在的。对于政治体制的弊端应当区别两种情况：一种是政治体制的模式从总体上说是适应社会主义基本制度的，只是个别环节、个别方面不完善。在这种情况下，改革就具有局部的改良的性质，无需改换政治体制的模式；另种是政治体制的模式从总体上说不适应社会主义基本制度的要求。在这种情况下，仅仅局部的改良不足以完善政治体制，必须根本转换政治体制的模式，才能消除社会政治体制中的种种弊端。这种改革涉及社会各阶级、阶层、集团之间的利益关系，涉及政治组织结构、职能、运行机制及其规则的全面调整，因此，改革在深度和广度上都超出了改良的范围。正因为如此，改革更具有艰巨性、复杂性。

二　政治体制改革是社会主义制度的自我完善

政治体制改革是继我国人民民主专政的政治制度建立之后，又一次深刻的革命。邓小平同志指出：必须对现行体制进行有计划、有步骤而又坚决彻底的改革，这是一场革命。

首先，适应经济体制改革的要求，进行政治体制的改革，这是社会主义制度的自我完善、自我变革。

坚持人民民主专政制度是政治体制改革的前提。改革绝不意味着放弃人民民主专政的政治制度，走西方议会制的道路。1949 年我国民主革命的胜利，建立了以中国共产党为领导，以工农联盟为基础的人民民主专政的社会主义政治制度。它对社会主义公有制的建立和发展，对国家的统一和人民的团结，起了重要的作用。建国以来的实践表明，我国的基本政治制度，同旧中国的官僚买办封建专制制度和西方资产阶级专政的政治制度相比，具有无可比拟的优越性。改革政治体制正是以充分发挥社会主义政治制度的优越性，促进生产力的发展为目的的。

社会主义政治体制改革不是社会主义政治制度的自我扬弃，更不是一个阶级推翻另个阶级的政治大革命，而是自上而下地有领导有秩序地逐步展开。我国在生产资料私有制的社会主义改造基本完成之后，阶级状况发生了根本变化，资产阶级和其他剥削阶级已经被消灭，大规模的急风暴雨式的阶级斗争已经过去，虽然剥削阶级的残余分子还存在，在劳动人民内部还存在着不同的阶级和阶层，但是由对抗阶级的根本利益冲突引起的政治革命已经没有发生的客观经济基础。50 年代后期以来，曾经周期地发动过名目繁多的政治运动，直至长达十年的动乱。伴随着这些政治运动而来的，总要实行若干涉及政治体制方面的所谓革命措施。这些在所谓“无产阶级专政下继续革命理论”指导下发动的政治运动，是以虚构的两个阶级、两条道路的斗争为背景，以广大干部和群众为对象，而不是以管理体制的改革为目标。结果，不但没能完善和巩固社会主义制度，相反地，强化了政治体制某些环节上的非社会主义因素，甚至使我国政治体制一度偏离了科学社会主义轨道。应当强调指出，原有政治体制中的某些重大弊端恰恰是政治动乱得以发动、波及全国的主要条件。我们现在进行政治体制改革，正是为了从体制上根除这些灾难重演。

政治体制改革是社会主义制度的自我完善，并非意味着改革可以自发地实现。自我完善表明这场变革是在党的正确领导下，在马克思主义的科学指导下，以改革政治和法律体制及运行机制为对象，以完善和巩固社会主义制度为目的。自我完善不等于自发完善。全面改革旧体制，从一种不适应社会主义现代化建设和社会主义商品经济发展需要的旧体制转换到具有高度民主、法制完备、富有效率、充满活力的社会主义政治体制模式，涉及社会生活的各个方面，牵动着亿万人民的切身利益。随着改革的深入，各阶级、阶层和社会集团在社会生活中的地位、权力和利益必然发生变化。从这个意义上说，改革是人们之间关系和权益的调整。特别要强调的是，旧的政治体制运行了几十年，培植了一股习惯势力和传统。因此，改革不可能不遇到种种矛盾和摩擦，不可能没有阻力，改革的进程不可能一帆风顺，甚至不能避免或大或小的风险。

其次，政治体制改革是社会主义政治体制模式的转换，不是在旧的政治体制模式框架内对权力结构和组织结构的局部调整。

建国以来，为了消除政治体制中的弊端，完善政治体制，我们曾经采取了两方面的对策，一是从组织方面实行精简机构、下放权力，加强各级党委的领导；二是在政治思想领域发动各种政治运动。精简下放和整顿思想作风是必要的，也取得了一定的效果。但这些改革措施所取得的成效却不能持久和巩固，往往运动来了一阵风，运动后依然如故。回顾过去三十多年不难发现，在我国社会生活中存在着两个相关的不良循环：一是经济上时而跃进、时而调整的经济周期；一是社会政治生活时而宽松和缓、时而紧张激烈的政治周期。在经济调整或困难时期，人际关系往往比较协调缓和；经济形势一旦好转，社会政治生活往往转向动荡不安，人际关系趋向紧张。造成这种情况的原因之一，就是以往的改革措施在指导思想上存在着"左"的错误，而且即使正确的改革步骤也未能触动政治体制的模式，相反都是以不超出原有体制的框架、以完善原有体制为前提的。这是我们进行政治体制改革应当吸取的一个重要教训。

为了根除原有政治体制中的弊端，政治改革应当立足于政治体制模式的转换，即从战争年代沿袭下来的适应急风暴雨式阶级斗争和恢复国民经济需要的政治体制，转变为适应社会主义商品经济和社会主义现代化建设要求的政治体制，兴利除弊，建设有中国特色的社会主义民主政治。改革的长远目标，是建立高度民主、法制完备、富有效率、充满活力的社会主义政治体制。改革的近期目标，是建立有利于提高效率、增强活力和调动各方面积极性的领导体制。具体地说，就是要改革党的领导制度，划清党组织和国家政权的职能，理顺党组织与人民代表大会、政府、司法机关、群众团体、企事业单位和其他各种社会组织之间的关系，做到各司其职，并且逐步走向制度化；就是要进一步下放权力，划清中央和地方、政府同企业事业单位的职责；改革政府工作机构，转变政府职能；改革人事干部制度；建立协商对话制度；完善社会主义民主政治；加强法制建设。

第二节 社会政治体制改革是经济体制改革深入发展的紧迫要求

一 指令性计划经济体制模式和我国的社会政治体制

我国旧的经济体制是带有自然经济特色的、排斥商品关系的、集权的计划经济模式，即所谓自然“产品经济”模式。人们在分析这种经济体制形成的条件时，往往偏重于从传统发展战略和理论上的失误寻找原因，忽略了它同政治体制模式之间的内在联系。我国政治体制模式对传统的经济体制模式的形成及其特点，有着决定性的作用。

首先，国有化是社会主义经济主体部分产生的必由之路。归全民所有的那部分资产是工人阶级夺取政权之后，由这个政权实行剥夺剥削者而建立起来的。这时，国家便成为全民的当然代表，行使对公有财产的所有权和支配权。

其次，国有经济建立之后，必须依靠国家政权，借助国家政权的超经济力量，来确立自己在国民经济中的领导地位和优势，并取得进一步发展。

再次，国家对经济的管理集四种职能于一身：作为全民生产资料所有者的代表，行使所有者的职权；作为宏观经济的管理者，行使调节和控制的职能；作为社会生活的组织者，履行为企业和劳动者提供社会服务的义务；作为企业生产和经营的决策者，取代企业管理者直接组织企业的产供销。

最后，国有化企业实行国家各级政府直接经营的形式，即国有国营。企业并不拥有现代企业的特征和职能，它们按照行政等级隶属于相应的政府，由政府直接管理企业的人财物、产供销。经济运行完全按行政系统，靠行政机制。

可见，政治体制对经济体制模式的形成、结构和运行起着决定性的作用。

但是，这种行政型的经济体制一旦形成又反过来进一步强化政治体制。

首先，企业对各级政府的隶属关系和依附关系进一步加深。在传统经济体制下，每个企业都有一个主管政府部门充当“婆婆”。“婆婆”当企业的家，管企业的人、财、物和产、供、销。这种“婆媳”关系一旦确定，便形成了“婆婆”和“媳妇”之间的依赖性。稳定和强化这种互相依存关系，对双方来说都是不可缺少的。企业如果没有“婆婆”在财政上的支持，便不能开“大锅饭”；没有“婆婆”

调拨物资和统购包销产品，企业的生产和经营便难以为继。没有“媳妇”在经济上对“婆婆”的依赖性，“婆婆”便失去了存在的理由。双方共同的利益成为国家对微观经济活动进行直接干预的客观基础。强烈地要求而不是摆脱“婆婆”的干预，成为企业维护自身利益的需要。这种倾向在当前双重模式并存时期表现得尤为突出。许多企业下放后都苦于没有“婆婆”，步履艰难，要求“改嫁”；一些主管部门撤销之后，又纷纷改头换面挂起了名目繁多的“公司”招牌，收回已经下放给企业的种种权力。旧的经济体制和政治体制互相交织在一起，使得以“简政放权”为内容的政治体制改革遇到了障碍。

其次，经济体制和政治体制的运行机制融为一体。在传统体制下，经济运行是靠行政系统、行政层次、行政命令和其他行政手段，经济机制屈从于行政机制。经济机制自身固有的调节功能完全被窒息。由于企业按规模大小和在国民经济中地位的差别，划分为省市级、地厅级、县级等不同级别，企业及其领导人的行政级别高低决定物质待遇的差别。行政级别愈高，物质上和经济上的待遇愈优厚。行政等级制往往驱使企业不惜以牺牲经济效益为代价，增加职工编制，扩大基建规模，增加产值和产量。同时，企业领导人直接由上级政府主管部门任命。领导人的升迁决定于上级政府的评价。凡是认真执行上级指示，完成和超额完成上级下达的指令性计划的，就能得到提升，即使产品不为市场所需，也不会影响企业领导人的地位。此外，由于统配和包销制度，企业同市场的联系被同政府主管部门的联系所取代，市场机制便无从对资源配置发挥调节作用，生产要素完全按政府指令在各部门、各地区、各企业间进行配置。

可见，传统的经济体制和政治体制在实际运行中紧密地交织、结合在一起，互相渗透，互相制约，互相作用。因此，经济体制改革与政治体制改革应当同步进行，经济改革的成功以政治改革配套为条件，政治改革应适应经济改革的需要，二者构成全面社会改革的基本组成部分。

二　改革社会政治体制是实现社会主义现代化建设的需要

我国社会主义社会政治体制建立后，在一段时期内对我国国民经济的迅速恢复和发展，曾经起过重大作用。建国之初，由于国民党反动政府腐败和长期战争的破坏，国民经济已陷入崩溃的境地；朝鲜战争爆发后我国面临着帝国主义发动侵华战争的威胁，美国等对我实行封锁、禁运。在这种严峻的形势下，我们不得不实行政治上和经济上高度集权的体制，依靠政权的力量，利用政治上的优势，运用行政手段，把有限的资源动员和集中起来，迅速恢复国民经济，并进而争取在较短的时间里建立起独立的完整的工业体系。事实证明，这种体制在当时是有成效的。我们用三年时间恢复了国民经济，随后开始了大规模的有计划的经济建设，在“一五”时期奠定了工业化的初步基础。

但是，即使在这个时期，这种体制的弊端已开始暴露，并引起了党的关注。毛泽东同志在当时发表的《论十大关系》中，对体制上的弊端已经察觉，并提出应当按照“统筹兼顾”的原则处理中央、地方、企业之间的关系以及国家、集体、个人之间的关系。然而，后来由于领导工作指导思想上“左”的错误，“改革”被引上了歧路，旧体制反而进一步强化。如果说在党的十一届三中全会前，传统的经济体制已经不适应社会主义现代化建设的需要，那么，原有的社会政治体制对现代化建设的干扰、阻碍作用就更为明显。

——政治体制的职能和任务，长期实行“以阶级斗争为纲”，没有转到为社会主义现代化建设服务的轨道上。我国生产资料私有制的社会主义改造基本完成后，剥削阶级已经被消灭，阶级关系和阶级斗争形势发生了根本变化，社会主义现代化建设成为各项工作的中心。作为上层建筑的政治体制本应适应形势的变化，把为现代化建设服务作为自己的主要任务和基本职能，但却仍然坚持“以阶级斗争为纲”，并进一步发展到在政治、思想、文化、教育、科技等战线实行所谓“无产阶级对资产阶级的全面专政”，企图通过发动以两个阶级、两条道路斗争为内容的政治运动，来推动经济建设。结果，阶级阵线被打乱，现代化建设的基本力量被视为“全面专政”的对象，正常的经济秩序被搅乱，社会生产力一再遭到严重破坏。

——政治体制中权力过分集中，缺乏必要的制衡机制，使领导人在经济工作指导思想上“左”的错误决策畅通无阻，长期得不到纠正。1956年的“反‘反冒进’”，“批小脚女人”；1958年的“三面红旗”以及“以钢为纲”、“以粮为纲”；60年代大三线建设实行“三、散、山”方针；十年动乱中批“法权”，“割尾巴”等等，经济发展不能遵循自身规律，屈从于长官意志和政治偏好，致使指导工作上“左”的错误愈演愈烈，几度把国民经济推上崩溃的边缘。

——衡量资源配置优劣的标准，不是用经济效益，而是用所谓政治，不要讲求利润，以较少的投入取得较多的产出，而是要算所谓政治账。结果，三十年来，虽然我们现代化建设的成就同旧中国比，是举世瞩目的，但是同社会主义制度所提供的可能和投入的资源相比，无论宏观经济效益和微观经济效益都十分低下。

——由于对社会主义商品货币关系实行限制、排斥、歧视甚至取缔的政策，交换和流通被行政部门的配给制所取代，生产与需求的联系被分割，市场机制的功能被窒息，结果，导致调节人们之间经济关系的基本原则——等量劳动相交换和等价交换的原则遭到破坏，生产要素不能按照需求流动，资产、产品和劳务的评估失去了客观标准，消费需求不能得到合理满足，劳动者的自主地位和权力不能充分实现。因此，社会主义生产关系由于这种体制上的弊端而遭到扭曲。

——全国统一市场被实际存在的众多的部门所有制和地区所有制所分割。由于经济运行按行政系统、行政层次和行政区域组织，各部门、各地区、各企业各自为政，互相割据，互相封锁，阻碍了产品和生产要素的横向流动，刺激了“大而全”、“小而全”的自给自足经济体系的发展，造成了不必要的重复生产、重复建设、重复布点，浪费了有限的资源，成为投资饥饿和全面短缺的重要原因。例如，我国机械工业行业，分民用和军工两大独立系统，在中央分为十几个部委，下属省市、地、县、区以及公社、生产队六个层次。解放后兴建的汽车制造业，据1980年统计，年产量为14万辆，居世界第22位，但全国汽车厂竟多达130家，居世界之首。

——经济组织行政化、衙门化，官工、官商、官农作风盛行。各种经济组织，特别是工、商、交、银等企业的经营活动并不以资金的增殖为目的，也不以满足消费需求为宗旨更不必承担任何经营风险，因而经营作风官僚化几乎成了国营企业的不治之症。

——管理部门机构臃肿，人浮于事，不仅使非生产性的巨额开支成为国家财政的沉重负担，加剧了市场的压力，而且由于权、责、利互相脱节，引起轻率决策，瞎指挥，互相扯皮，互相推诿，公文旅行，甚至以权谋私。

——对外政策上的闭关锁国，障碍了我国同发达国家发展广泛的经济和技术交往，使我们不能引进外国资金、先进的科学技术和设备，加剧了我国同发达国家在经济和主要科技领域的差距，延缓了我国现代化建设的进程。

以上分析表明，我国社会政治体制存在着不利于社会主义现代化事业发展的一面，存在着不利于加速发达的社会化的商品经济发展的一面。因此，在改革经济体制的同时，必须改革社会政治体制。恩格斯早就指出："国家权力对于经济发展的反作用可能有三种：它可以沿着同一方向起作用，在这种情况下就会发展得比较快；它可以沿着相反方向起作用，在这种情况下它现在在每个大民族中经过一定的时期就都要遭到崩溃；或者是它可以阻碍经济发展沿着某些方向走，而推动它沿着另一种方向走，这第三种情况归根到底还是归结为前两种情况中的一种。但是很明显，在第二种和第三种情况下，政治权力能给经济发展造成巨大的损害，并能引起大量的人力和物力的浪费。"①

第三节　社会政治体制改革是实现经济体制目标模式的重要前提

一　经济体制转换时期新的经济运行机制与原有政治体制的矛盾

党的十一届三中全会后，我国进入了全面改革的时期。八年来我们在着重进行经济改革的同时，对政治体制也进行了局部的调整和改善。农村推行家庭承包责任制是这场变革的起点。随着家庭承包经营

① 《马克思恩格斯选集》第4卷，第483页。

责任制取代"三级所有，队为基础"的人民公社所有制，取消了政社合一的旧政治体制，普遍恢复了乡政府建制。农村政治体制的这一重大变革，对巩固和发展农村经济改革的成果起了重要的作用。城市经济体制全面改革起步后，我们也适时地推出了若干政治改革的措施。例如，为了消除政企不分、以党代企的弊端，实行了厂长负责制；为了克服轻法治重人治的弊端，发挥经济立法的调节功能，正在逐步建立和健全经济法规。

八年改革的实践表明，经济改革的深化和发展迫切要求相应地进行社会政治体制的改革；社会政治体制的改革是经济体制发展的必然趋势，又是巩固和深化经济体制改革成果的必要前提。

当前，我国经济体制改革已经发展到一个新的阶段，正处在一个关键时刻。以城市经济改革为重点的全面经济体制改革已经展开，社会政治体制改革已经提到了议事日程。

经济体制改革是社会主义生产关系在社会主义制度范围内的重大变革。它必然或迟或早地引起社会政治体制的变革。与社会主义经济性质和经济体制模式相悖的政治体制，是不可能长期存在下去的。问题只在于是自觉地改革，还是被动地改革；是早改，还是晚改；是小改小革，还是全面系统地改。停滞或倒退是绝对没有出路的。马克思说过：随着经济基础的变更，全部庞大的上层建筑也或慢或快地发生变革。这一原理不仅适用于社会形态的变革，也适用于各个社会形态自身发展完善的过程；不仅适用于从资本主义到社会主义的革命转变过程，也适用于社会主义制度自我完善和发展的过程。

全面经济改革的发展和深化所形成的经济基础同社会政治体制的矛盾，是经济模式转换时期的主要矛盾之一。它决定着经济体制改革的前途。经济改革客观上存在着三种前景：新经济体制最终取代旧体制；对原有体制修修补补；中断改革，维持旧体制。社会主义各国60年代改革的实践表明，要争取第一种前途，避免后两种前途，在很大程度上决定于社会政治体制能否相应地进行改革。经济体制改革的阻力主要来自原有的规章制度和旧的社会政治体制形成的既得利益者以及习惯势力。经济改革从某种意义上说是社会各阶层、各个社会集团之间权力和利益的再分配。从单一的利益结构转变为多元的、各方兼顾的利益结构，因此人们对经济改革的价值观、心理反应和行为的差别和矛盾就难以避免。正确地处理经济体制改革和社会政治体制改革的关系，对改革的前途至关重要。

——地区和部门的行政管理体制阻碍了全国统一市场的形成。近几年，适应社会主义商品经济发展的要求，为了加速全国统一市场的形成，促进生产要素和产品在各地区、各部门、各行业间的流动，从而实现要素之间的优化组合，通过交换实现比较效益，我们实施了广泛发展横向经济联合和联系的改革步骤。但是，地区封锁、部门割据给发展横向经济关系设置了重重障碍。据报载，近几年，山西与河北开展经济协作，山西的煤炭大量进入河北市场，河北的粮、菜、油料源源进晋。但是，1986 年 7 月中旬以来，山西省煤炭运销总公司阳泉分公司等单位在晋冀边界的娘子关、阳关等要道设卡，对外运煤炭价格低于山西规定的保护价的收取差价款，并对运煤车辆收服务费。河北省对此不满，要求对方拆除关卡，几经磋商，均未达成协议。于是，石家庄市、地针锋相对，8 月底在路口设卡，限制农副产品流入山西，严禁山西载重十吨的运煤车入境，造成石太公路一片萧条，双方利益均受损害。① 此类事件在其他地区屡有发生。辽宁省锦西市有座“石化大院”，驻着“三厂一院”：锦西炼油厂，锦西化工总厂，锦西化工机械厂，锦西化工研究院。三厂一院属于同一行业，本应通过直接的横向联合发挥各自的优势，提高经济效益。但由于隶属关系不同，各自为政。例如，机械厂需用氧气，化工总厂需用氮气，两家都用制氧机对空气进行氮氧分离。但机械厂在制取氧气后，却把剩余氮气排空，化工总厂制取氮气时，又放掉氧气。三厂一院各自苦心经营自己的小天地，而上级主管部门又互不通气，各批各的项目，各有各的投资渠道，各有一套考核指标。②

——政企职责不分，以政代企的政府体制严重地限制了企业的活

① 《人民日报》1986 年 9 月 22 日。
② 《人民日报》1986 年 10 月 23 日。

力，使简政放权的步骤难以推行。据报载，原机械工业部管理120多个行业、5万多种产品。1985年6月起，该部将全部直属企业下放给地方管理。但由于没有相应地转变各级政府职能，由于资金、物资分配的渠道仍维持原来的系统，下放后的企业依然离不开“娘家”。1986年头八个月，机械部竟接待了来自全国几万个企业近十八万人次的办事人员，他们多半是来找资金、原料、能源、运输。机械部的机构和人员难以精简。①

——管理机构臃肿，权责分家，轻率决策，争权夺利，互相扯皮，互相推诿，使改革措施难以取得经济效益。据报载，湖南省大庸市为适应张家界开放的需要，1983年向上级打报告要求改造和扩建食品厂。1984年5月经国家经委、财政部批准，列入1985年全国新改造企业的重点项目。正当该厂改建工程进入施工高潮时，省计委、省经委、省食品协会、省工商银行等来考察，在未经认真研究和履行申报手续的情况下，决定该厂易地改造，投资由原计划的140万增到250万。原工程被迫停工。厂方拿着省食品协会的文件去省工商银行申请贷款。银行以事先未通气为理由拒贷。找商业厅解决，商业厅又推给食品协会。三年来，从工程的申报到完成一系列的批复，厂、局向上写的报告、协议、合同书49个，有关部门下达的文件34个，盖公章173个。厂方派出104人次在省、州交涉，支出差旅费15000多元。截止到1986年9月，工程还有100多万元资金没着落，工程处于停顿状态。②

——“铁交椅”的干部制度严重阻碍了各种经济责任制的推行，给官僚主义、瞎指挥、以权谋私提供了可乘之隙。据报载，重庆红岩村附近天然气管道破裂起火两个月不灭，白白糟蹋了价值58万元的天然气，重庆天然气公司的领导人麻木不仁，置若罔闻。③ 淮海水泥厂是“六五”国家重点建设项目。1978年6月筹建，计划1984年底

① 《人民日报》1986年9月17日。

② 《人民日报》1986年9月6日。

③ 《人民日报》1986年10月24日。

投产，年产硅酸盐水泥100万吨，计划投资2.5亿元，后追加到3.41亿元。由于领导不负责任，管理混乱，经费一增再增，投产期一拖再拖，设备严重损坏，试生产中责任事故不断，给国家造成巨大的经济损失。例如，价值70多万元的电铲车扔在山上无人管，车间主任找副厂长，这位副厂长说："我只管下指令，不是给你跑腿的。"该厂三次试产点火中，发生大小事故30多起，仅第一次试产点火失败就造成损失380多万元。① 对犯严重错误的干部，现行的干部制度有条不成文的"法规"，即易地当官。山东枣庄市有个叫刘学成的干部，"文革"造反起家，1971年当上了市委委员，1973年因奸污妇女等被撤职。1976年又因受贿被撤销党内外一切职务。尽管他在当地声名狼藉，不久却又委任他任区水泥厂党支书。1984年初又因贪污受贿受党内严重警告处分，但两个月后被提升为区建材公司党总支书记。这个人靠四面八方关系网的保护成了官运亨通的不倒翁。②

——愚昧、保守的传统观念同改革和发展的矛盾。蔑视知识分子，轻视知识，甚至歧视打击知识分子和企业家，屡有发生。山西省曲沃县机电厂原是个久治不愈的"病"厂。1980年穷到只有三元存款压账。有位企业家主持工作后，全力推行管理体制的改革，当年扭亏为盈，接着又推出获轻工部"优质产品奖"的名牌产品"汾水牌"液化石油气钢瓶。但他屡遭诬陷打击，最后竟被免职。③ 上海工业用水技术中心有位事业心很强的女工程师，先后在国内外学术刊物上发表过30多篇文章，她的科研成果曾获奖。但由于给领导违背科学的做法提了点意见，竟遭到嘲弄、围攻，被罚去看门，被诬为疯子，险些被逼走上绝路。④ 在农村，愚昧和落后的意识更为严重。河北省黑龙港地区，1983年秋，正值棉花除虫的紧要季节，科技人员把从国外进口的高效低毒农药发放到农民手里，但有些农民背着科技人员把农药倒掉，埋进土里。推广地膜覆盖新技术，谁家都不敢带头，一亩

---

① 《人民日报》1986年9月13日。

② 《人民日报》1986年12月4日。

③ 《人民日报》1986年12月8日。

④ 《人民日报》1986年9月28日。

棉花产量不到 20 斤。① 近几年农村商品经济的发展，遇到了保守、安于现状、怕冒风险等传统观念的障碍。河北省深县，广开致富门路，约有 70% 的农户成为人均收入 350—1000 元的“小富”者。县委发了七百份民情调查表，其中有一栏“你今后三年有何打算?”竟有 70% 的农户回答：没什么打算或干脆不写。② 上海市上千家工厂拥有计算机，但由于旧的领导作风、经营作风、经营思想作祟，竟有 80% 的计算机成为高价摆设。③

当前，我国正处在新旧体制并存、交替时期，旧体制正在逐步向新体制转换。原有的政治体制在许多方面已经成为顺利实现这一转换的障碍。因此，逐步改革社会政治体制势在必行。

二　社会政治体制改革应当同社会主义商品经济性质相适应

社会政治体制改革必须以社会主义经济是建立在公有制基础上的有计划的商品经济为立足点，以促进社会主义商品经济的发展和以社会主义现代化建设为目的。发展社会主义商品经济的过程，应该是建设社会主义民主政治的过程。

社会政治体制作为上层建筑，必须适应经济基础的性质，必须顺应社会生产力发展的客观趋势。与经济性质和经济发展方向相悖的社会政治体制，必然成为生产力发展的障碍，最终必然在经济的压力下被迫改弦更张。在社会政治体制和经济基础的关系上，长期以来流行着片面的观念，即一方面片面强调它的阶级性和政治职能，忽视了在社会主义制度下它的全民性和对社会生产力发展的直接作用，另方面又把社会主义商品关系看成异己物，排斥在社会主义经济基础之外。在这种观念的影响下，从 50 年代到 70 年代中期，我国社会主义商品经济总是处于被限制、排斥，直至被专政的困境，社会主义经济基础的巩固和发展遇到了重重障碍。

---

① 《人民日报》1986 年 8 月 12 日。
② 《人民日报》1986 年 10 月 12 日。
③ 《人民日报》1986 年 8 月 23 日。

社会主义经济是有计划的商品经济。实践中的社会主义不是也根本不可能是商品货币消亡的实物经济或者排斥商品货币关系的自然经济。更何况我国社会主义脱胎于半封建半殖民地社会，解放前商品经济极不发达，自给自足半自给自足经济在广大农村和边远地区居统治地位。这是我国的基本国情。这种状况决定了我国社会主义制度的建立和发展，必然要经历从自给自足半自给自足经济向社会化发达的商品经济转化的过程；决定了社会主义生产关系必然要发生全面商品化、货币化的趋势。这是社会化生产力本性所决定的客观规律性。作为社会主义上层建筑的社会政治体制，顺应生产力发展的客观趋势，为社会主义商品经济的发展和繁荣开辟道路，是责无旁贷的。

社会政治体制适应社会主义经济的商品性，有利于促进生产力的发展，加速四个现代化事业的实现。在社会主义制度下，商品关系在深度和广度上的发展，既是社会化生产力发展的必然结果，又是促进生产力发展的强大杠杆。因为只有按照“自愿互利、等价交换”的原则来处理社会主义制度中人们之间的利益关系，才能统筹兼顾，才能充分调动社会各阶级、各阶层建设社会主义的积极性；因为只有按照等价交换和等量劳动相交换的原则来调节人们之间的关系，才能建立起社会主义性质的平等互利的互助合作关系；因为只有通过社会主义商品经济的全面发展，才能实现经济民主，进而实现政治生活的民主化，根除以权谋私、官僚主义；因为只有大力发展社会主义商品经济，才能根除千百年来根深蒂固的传统观念，如因循守旧，宗法观念，“不患寡而患不均”，鄙视商业，闭关自守，夜郎自大等，使人们摆脱这些传统偏见的束缚，焕发出发愤图强，努力进取的精神；因为只有适应社会主义商品经济发展的需要来改革社会政治体制，才能建立起高效、廉洁、精干的政府体制和政治体制。总之，要不要适应社会主义商品经济性质来改革社会政治体制，这不是由人们的主观愿望决定的。人们不能自由选择生产力，因而不能自由选择生产和交换方式，从而也就不能自由选择社会政治体制模式。

曾经广泛流行过一种说法：“防止商品交换原则侵入政治生活！”这种貌似革命的观念具有很大的迷惑性。首先，商品交换原则“侵人”政治生活是不可避免的，也是无法抗拒的。既然社会主义经济是建立在公有制基础上的有计划的商品经济，既然商品性是社会主义生产关系固有的属性，既然等价交换原则是统筹兼顾国家、集体、个人诸方面利益的唯一准则，那么，作为上层建筑的社会主义政治就必须适应这个经济基础的性质和要求，为社会主义商品经济服务，维护和促进社会主义商品关系的发展。难道我们的政策和法律不应当发挥调节商品生产者和经营者之间关系的功能，不应当充当宏观经济调控的杠杆，不应当维护生产者的合法权益吗？其次，社会主义等价交换原则“侵入”社会主义政治生活，意味着必须在政治上充分发扬社会主义民主，反对封建特权和等级制，必须在文化观念上倡导和激励积极上进，鞭策落后，反对因循守旧、不求进取。舍此，只能导致社会生活中人际关系的扭曲。必须指出，“防止侵入”的主张导源于把商品经济等同于资本主义的“左”的偏见。等价交换原则是一切商品经济共有的一般属性，它在具体的商品经济中的作用各具特点，体现不同性质的商品关系。社会主义商品经济高于并优越于资本主义商品经济，因而建立在社会主义商品经济基础之上的社会主义民主、平等、自由，无疑地要高于、优越于资本主义民主、平等、自由。给社会主义商品交换原则设置路障，形形色色的封建主义和小农经济思想便会乘隙而入。我们要防止的不是调节社会主义经济中人际关系唯一准则的等价交换原则，而是要荡涤腐朽的封建主义和资本主义思想对政治生活的侵袭，要防止商品交换原则对党的机体的侵蚀。

还有人把适应发展社会主义商品经济的要求更新观念文化同精神文明的建设对立起来，认为发展商品经济，物质文明上去了，精神文明却会下来。把发展商品经济视为精神文明建设的异己物，这种观念本身就是必须更新的传统偏见。社会主义商品经济的发展，对社会主义精神文明建设的促进作用是十分明显的。首先，社会主义商品经济和价值规律是加速劳动生产率提高和生产力发展的强大杠杆。舍此，精神文明建设所必备的物质条件便无从谈起。其次，社会主义商品关系在广度和深度上的发展，把亿万人民卷进了市场的旋流，猛烈地冲击着根深蒂固的小生产观念和封建意识，激励着人们的劳动热情和开拓进取精神，培养了市场观念、效益观念、竞争观念、平等观念和民主意识，从而实现传统文化和观念的更新。再其次，全方位开放，一方面有利于吸收外国和外地先进的科学、技术、文化，同时也有利于增进我国人民对人类精神文明的贡献。可见，社会主义精神文明建设的物质条件，精神文明的内容，实现的途径等等，都离不开社会主义商品经济的发展。改革开放对精神文明建设的促进作用是主要的，这是不应低估和否定的。

社会主义商品经济是否是不正之风的风源呢？回答这个问题首先应当把下面两个经济范畴区别开来，即社会主义性质的商品经济和社会主义社会的商品经济。社会主义社会是多种经济成分、多种经济形式并存的经济形态。在社会主义市场上活动的，除了占主导地位的公有化商品经济之外，还有私人企业、个体经济。从再生产的原理来看，社会主义资金的循环和周转只能是社会主义生产关系的再生产，不可能从中分泌和滋生出与之相对立的剥削关系与不法分子。但是，由于存在着各种差价，由于经济生活中还存在公有经济难以顾及的缝隙，因此不法分子便可利用这些条件从事非法活动。要根除不正之风，除了加强法制建设之外，最根本的出路就是大力发展社会主义商品经济。社会主义商品经济愈发达，社会主义经济成分在生产和流通中的主导地位就愈巩固，反之，不法分子活动的地盘就愈小；对不正之风斗争愈有力，社会主义商品经济愈能健康发展。

三　健全和完善经济法制建设是实现新经济体制正常运转的法律保证

经济法制是由经济法规、经济立法和经济司法构成的经济法律体系。它是国家领导和管理国民经济的重要杠杆，是社会主义政治体制的重要组成部分。健全和完善经济法制建设，做到有法可依，有法必依，执法必严，违法必究，这是顺利实现经济体制模式转换的必不可少的法律前提，也是新体制有效运行的法律保证。

长期以来，在传统体制下，盛行人治，以人代法，以言立法，以言代法，经济法制被置于可有可无的位置。建国后到 1979 年前，国家颁布的法规有 1700 多件，其中大约半数以上属于经济方面的法规。50 年代初，为了加速国民经济的恢复，完成土改，实现私有制的社会主义改造，国家曾制定和颁布了一系列有关土地、房产、就业、粮食、棉布、合同、信贷、市场等方面的法规。这些经济法规的实施对社会主义经济的产生和壮大，对国民经济的迅速恢复和发展，起了重大的作用。但是，1958 年开始的“大跃进”破坏了经济法制建设，开创了以人治代法治、以言代法的先例，结果打乱了社会经济秩序，破坏了经济稳定持续发展所必需的社会条件，把国民经济推入崩溃的困境。鉴于这个沉痛的教训，60 年代初我们加强了经济法制建设，制定了《人民公社六十条》、《工业七十条》、《科学规划十四条》、《手工业三十五条》、《财政六条》等一系列较为完备的经济法规，仅用了三年时间便迅速恢复了国民经济。但是，紧接着“四清”运动又爆发了“十年动乱”，这些经济法规都被当作“修正主义”、“复辟资本主义”扔进了垃圾堆，甚至连组织现代大生产所必需的规章也被当作“管、卡、压”而废弃。结果，国无国法，厂无厂规，“最高指示”代替了一切，经济生活陷入混乱状态。至于在日常经济工作中，以言代法、官大于法，靠画圈圈和批条子来上项目，拨资金，调物资，冲击生产和供销计划，更是俯拾皆是。长期实践证明，经济建设必须废止人治言治，实行法治。列宁指出：“如果不愿陷入空想主义，那就不能认为，在推翻资本主义之后，人们立即就能学会不需要任何法权规范而为社会劳动，况且资本主义的废除不能立即为这种变更创造经济前提。”①

还有一种重政策、路线，轻法制的偏见，把经济法规看成可有可无；认为有了路线就有了一切。这种观念是片面的。法规不能取代路线和政策，同样，路线和政策也不能代替法制。路线和政策是立法的依据，法规则体现路线和政策的要求；路线和政策通过法规来贯彻，法规是实现路线和政策最有效的形式。法规同政策相比，具有稳定性、强制性、规范性的特点。因而经济法规在调节人们经济行为中的

① 《列宁选集》第 3 卷，第 252 页。

作用是政策所不可取代的。在经济生活中出现“上有政策，下有对策”的情况，正是由于法制不健全，让某些人和单位钻了空子。

经济法规是调节人们在社会生产、交换、分配、消费过程中互相关系的法律规范。它具有不同于其他法规的特点和作用。

首先，经济法规同其他法规一样，它必须体现统治阶级的意志，因而具有阶级性；但是它又具有其他法律规范所没有的特殊属性，即体现社会生产特别是社会化商品经济运行的普遍的共同的要求。恩格斯指出：“把每天重复着的生产、分配和交换产品的行为用一个共同规则概括起来，设法使个人服从生产和交换的一般条件。这个规则首先表现为习惯，后来便成了法律。”① 随着商品经济的发达，到了近代，经济法便从其他法规中分离开来，形成独立的法律系统，用来调节人们之间以及人与自然之间的关系。经济法的职能决定了制定和实施经济法必须正确地反映客观经济规律的要求，自觉地按经济规律的要求办事。经济法是“生产和交换的一般条件”，没有经济法治，任何社会生产都难以维持，任何正常的经济秩序便无法建立，经济生活会陷入混乱和无政府状态。

其次，经济法规是实现党对经济工作领导的基本形式。坚持党对各项经济工作的马克思主义领导，这一点是不能动摇的。但是党对经济工作的领导并不是要求党组织和党的各级领导人直接干预日常经济事务。党政职责不分，以党代政，以党代企，是传统体制固有的弊端。这不仅不适应社会化生产所要求的有效的集中统一的行政指挥，而且也严重地削弱了党的领导。在取得执政党的地位之后，在工作重点转向现代化建设的条件下，党对经济工作的领导主要应通过政策和法律以及广大党员的模范带头作用来实现，党组织的任务在于保证和监督政策法律的实施。建立和健全经济法制，把党的路线和方针上升为国家的意志，通过立法程序，变成人人都必须遵守的行为法律规范，这不仅不会削弱党的领导，相反正是加强了党对经济工作的领导。

① 《马克思恩格斯选集》第2卷，第538—539页。

再其次，经济法规是完整的统一的法律体系，它是由涉及生产、交换、分配、消费各个领域，调节各部门、各行业、各地区、各企业及个人在经济交往中互相关系的各种法规组成的系统。这些法规互相制约、互相补充、互相联系。每种具体法规既有各自的独立性、又对其他法规具有互补性。例如，国家制定计划法，以保证计划制定和实施的科学性、严肃性，同时又制定企业法，从法律上保障企业充分行使作为相对独立的商品生产者和经营者应有的权益；国家制定工资法，保证贯彻按劳分配，少劳少得，多劳多得，不劳动者不得食，同时又颁布个人所得税法，以防止劳动者之间收入过分悬殊。各种经济杠杆的调节功能都必须通过各种经济法规才能充分发挥。建立和健全完整的经济法规，就可以使我国的经济生活管而不死、活而不乱，充分发挥社会主义经济的生机和活力。

最后，经济法规是维护社会主义公共财产，打击各种破坏社会主义经济的犯罪活动的强有力的工具。

党的十一届三中全会以来，经济法制建设已经大大加强，但现在尚未形成体系，有些法规还不完善；广大干部和群众中法制观念还很淡薄，有法不依、有章不循的现象还相当普遍。因此，今后我们在加快法制建设的同时，还应加强对经济法规的宣传和教育。

四　分解政府经济职能是完善国家对宏观经济管理的根本出路

我国政府承担着经济管理的职能，政府履行这一职能，对社会主义经济的建立和发展，对国民经济现代化事业的实现，是不可少的。但是，我国政府的经济管理体制，存在着诸如国家统得过多、管得过死，党政不分，政企不分，机构臃肿，职责不清，官僚主义等弊端。为了消除这些弊端，多年来我们总是企图从简政放权中寻找出路。然而，每次精简机构和人员、下放权力，不仅不能取得预期的效果，相反导致宏观经济失控，于是又重新收回下放的权力。这样，一统就死，一放就乱，一乱就收……似乎成了我们无法摆脱的规律。

产生“统—死—放—乱—收”的不良循环的原因何在呢？主要是由于无论统或放都没有突破原有体制的框架，都是在不根本改革原有体制的前提下采取的局部改良措施。这些措施并没有触及政府包揽的经济职能。

在传统体制下，政府的所谓经济职能实际上包括四个方面：一是政府作为社会生活的组织者，它承担发展公用事业，进行基础设施建设，发展公共福利事业的任务；二是政府作为国有财产的所有者，直接管理国有资产，收取利税，进行投资；三是政府充当公有化企业的经营者，直接管理企业的产供销和人财物；四是政府作为宏观经济的调节者，通过行政组织和行政手段调节经济运行。政府集四种职能于一身。

这种“四合一”体制在社会主义建设初期，对完成“剥夺剥夺者”的任务和恢复国民经济，曾经起过积极作用。但是随着工作重点转向现代化建设，它的弊端便逐步暴露出来了。

——政府机构臃肿，层次过多，互相扯皮，官僚主义，不务正业。由于政府喧宾夺主，取代企业充当企业日常生产和经营的管理者，直接组织企业的供产销，不得不建立庞大的组织机构去处理本应属于企业职权范围的业务，事事请示，层层审批，公文旅行，文山会海，争权夺利，官僚主义等，几乎成了不治之症。

——企业行为难以合理化。在“四合一”的体制下，经济发展和企业兴衰受政府领导人的意志所左右。他们的政治偏好往往使他们的行为短期化；加上权力过分集中，又缺乏必要的制衡机制，领导工作中的主观随意性和瞎指挥无法根除；企业处于与市场和消费者隔离的状态，企业领导人的升迁和企业行政等级的升降，取决于完成上级政府指令的情况，使企业领导人两眼盯着上级，围着上级转。

——政府不务正业。在政企合一的体制下，政府的主要职能是直接组织企业的供产销，但这并不是政府职权范围的事。各级政府作为公共生活的组织者，其主要任务应当是抓公用事业的建设，进行基础设施的配套建设，发展公共福利事业，为企业生产和经营以及居民生活创造良好的社会环境。但是长期以来我国城乡公用事业和基础设施极端落后。政企合一，以政代企是造成这种情况的主要原因。

——政府职能机构不能独立发挥作用，调节机构的作用被窒息。

在政经合一的体制下，不仅像计划、财政、税务、物价等职能部门不能独立地行使自己的职权，发挥宏观经济的调控功能，而且各专业银行都从属于政府，不能实行企业化经营，因而无法通过信贷业务来调节工商企业的行为。

——侵犯劳动者集体经济的所有权。政企合一的体制并不仅仅局限于国营经济范围。私有制的社会主义改造基本完成后，经过“大跃进”，我国城乡实际上变成了“一个半”国营经济，即城市集体经济普遍升级，变成各级政府直接经营的名为大集体实为国营的企业，农村实行政社合一即半全民。政企合一，政社合一，意味着国家用强力直接干预集体经济，但国家并非是集体经济的所有者，国家对集体经济的亏损也不承担任何经济上和法律上的责任，因此这无异于“一平二调”，实际上是对劳动者集体所有权的侵犯。恩格斯早就告诫我们，不允许用强力干预农民的财产。

可见，按照新经济体制目标模式，分解政府的经济职能，势在必行。为此，应当还权给企业，应当加强和健全职能部门，让他们独立地行使自己的职权；应当让专业银行实行企业化经营，中央银行摆脱对财政的依附地位；应当大力发展第三产业，使企业从“大而全”、“小而全”状态中解放出来，把社会福利事业交还给各级政府；应当建立和加强决策咨询、监督、审计、信息部门。

五 造就一支宏大的社会主义企业家队伍

适应经济体制改革的需要，培育和建立一支人数众多的稳定的企业家阶层，是干部人事制度改革的一项重要任务。

商品经济在历史发展的长河中经历了从非社会化商品经济到社会化商品经济的变革。生产和交换方式的这个变革是由机器大工业取代手工劳动引起的。它导致了商品货币关系的发展在广度和深度上都达到了前所未有的规模。社会化商品经济的主要标志是：一是社会再生产过程诸方面和国民经济各行业、各部门相互关系的全面市场化、货币化；二是生产诸要素和产品在循环和周转过程的各阶段上的职能独立化、专业化；三是经营管理科学化、专门化、职业化，在工业、商业、金融业、农业、交通运输业、邮电业、服务业等各业中形成了一个以经营管理为职业的企业家阶层。

企业家不同于资产所有者，他们一般不是自己负责经营的企业的资产所有者，但是他们的经营管理活动体现了资产的增殖职能，因此可以说，企业家不是资产的人格化，而是资产机能的人格化；企业家又不同于直接生产者和经营者，他们从事生产经营的组织、协调、调节，充当生产经营的组织者、领导者和开拓者，因此他们的劳动是生产性劳动，他们的职业是社会所需要的。企业家是社会化生产力的体现者之一。

企业家阶层是社会化商品经济发展的产物，又是社会化商品经济发展的必要条件。没有一支能够驾驭社会主义商品经济的宏大的企业家队伍，就难以发挥商品经济对现代化建设的促进作用，社会主义商品经济的优越性也就难以充分显示出来。

社会主义企业实行管理自治、经营自主、盈亏自负，企业管理者不仅拥有维持资金简单再生产的决策权，而且拥有资金扩大再生产的自主权，这就要求企业管理者具有高瞻远瞩、深谋远虑、多谋善断的经营战略家的品格和智慧。

社会主义企业生产和经营的技术装备现代化、管理手段和方法现代化，要求管理者能掌握现代科学、技术和经营管理知识，具有驾驭现代科学技术的组织家才能，善于把科技成果从可能生产力转化为现实生产力。

社会主义企业行为牵动着亿万人民、国家、职工和企业自身诸方面的利益。作为企业行为的决策者和行使者，企业的管理者应当能纵览全局，统筹兼顾诸方面的关系，具有善于协调各方、调动诸方面积极性的指挥家的本领，使各种生产要素达到最优组合，实现各种经济技术指标全面优化。

社会主义市场是各行各业企业活动的中心舞台。在这里不允许垄断和特权，它只承认等量劳动相交换的原则，它奉行的是优胜劣汰的规则。面对着激烈竞争、充满风险的市场，企业的经营管理者应当具有不断进取、勤于开拓、勇于献身的革新家的胆识，使企业在竞争中立于不败之地。

可见，社会主义商品经济要求企业管理者不是官员，而应当是现代化社会化生产力组织者的企业家。这支队伍人数少了不行，应当是遍及各个行业、人数众多的特殊阶层。

造就一支宏大的企业家队伍，需要有科学、文化、教育事业的发展。应当把培养企业家列入教育事业的日程。但是，市场才是培养企业家的伟大的实践学校。只有全面改革体制，大批实业家才能脱颖而出。在旧体制下，生产和经营单位并不具有现代企业的本质特征，同样，它们的领导人也不具有企业家的素质和职能。首先是地位身份不同。旧体制下的工厂和商店是政府机构的附属物，厂长和经理直接依附于政府机构，并且他们同政府机关干部一样定为相应的行政等级，享有相应的级别待遇；企业家则摆脱了对政府的依附，任何人在市场上都处于平等地位，享有平等权利。二是职能和作用不同。旧体制下的厂长和经理，面对上级政府主管部门，他们的任务就是执行上级下达的指令性计划任务；企业家则拥有生产和经营的自主权，面对市场，按照市场需求组织产供销，自负亏损，承担经营风险。三是行为不同。旧体制下的厂长和经理，他们的行为特征是，一切围着上级主管部门的意旨转，以取悦于上级，求得升官。企业家的行为受制于有计划的市场机制的驱动，以企业在市场中的地位和份额最大化为宗旨。四是价值观念不同。旧体制下的厂长和经理难以摆脱传统文化形成的传统偏见的束缚，如重义轻利，重本轻末（商），不患寡而患不均等。企业家既继承了传统文化中的积极成分，保持了我国民族的优良传统，如艰苦创业，诚实经营，同时又在市场环境中形成了新的价值观念，如盈利观念，竞争观念。可见，旧体制及其运行机制不能培育大批企业家成长，相反地诱导企业管理人员步入所谓的“仕途”。只有全面改革旧体制，建立和完善市场体系，发挥市场机制的调节机能，同时改革人事干部制度，培植同社会主义商品经济相适应的文化价值观念，根据各行各业的不同特点和人才成长的不同规律，制定不同于党政干部的人才管理的标准、方法和制度，引入竞争机制这样才能涌现出新一代的各种专家，也才能逐步形成一支宏大的企业家队伍。

附录　中国经济体制模式演变的回顾

第一节　建国初期经济体制模式的形成

1949 年中华人民共和国成立后，党和政府就着手于对旧中国半封建、半殖民地的经济制度进行根本性的改造和变革，为创建新的经济体制准备条件。经过三年恢复和第一个五年计划，到 1957 年，新的社会主义经济体制初步形成了。

一　经济体制形成的步骤

新的经济体制，是在有步骤地实现从新民主主义到社会主义的转化中形成的。大体上分三步走：

首先，没收官僚资本，完成土地改革，统一财政经济。没收官僚资本，使国家掌握经济命脉，确立了全民所有制的国营经济的领导地位。完成土地改革，变地主所有制为农民所有制，恢复和发展了农业生产。统一财政经济，包括控制主要商品，加强市场、物价和金融的管理，以及进一步统一财政收支、统一物资调度、统一货币发行，到 1952 年，实现了财经状况的根本好转。这为形成新的经济体制，开展有计划的经济建设，创造了前提。

其次，基本完成对农业、手工业和资本主义工商业的社会主义改造。三大改造在 1956 年基本完成，确立了社会主义公有制占绝对优势的生产资料所有制结构。这是整个社会主义经济体制的基础。

最后，进行有计划的经济建设，建立集中统一的经济体制。1953 年开始实施第一个五年计划，对重点建设实行统一管理。后来，对粮食实行计划收购和计划供应，对工业、物资、交通运输等部门的国营企业和部分公私合营企业主要实行直接计划和实物调拨，并对财政、信贷和劳动工资等也实行统收统支、统存统放和统分统配。于是，形成了以计划体制为中心的、集中统一的经济体制。

对于这种体制，属于什么模式？有过不同看法。国内外不少人士曾经认为这是“苏联模式”，即传统的计划经济模式。诚然，苏联模式对我国有很大影响；但是，把两者等同起来，是不够确切的。即使在“一五”时期，也没有完全照抄苏联的做法。例如，在建立公有制绝对优势的同时，允许多种经济成分并存；在主要实行直接计划的同时，还实行部分的间接计划；在实行行政管理为主的同时，尤其在农业、商业等领域，注意了适当运用价格等市场机制。这都不同于当时的苏联，而有自己的特色。正如《中共中央关于经济体制改革的决定》中所说：“建国初期的第一个五年计划期间，我国面临着实现全国财政统一、对资本主义工商业进行社会主义改造和开展有计划的大规模经济建设的繁重任务，逐步建立起全国集中统一的经济体制。那个时候，在许多方面还没有统得很死，而且在社会主义改造的方法和步骤上坚持了从中国实际出发，有很大的创造。”

二 经济体制的历史渊源

为什么会形成这样的经济体制，主要有四个方面的历史渊源：

1. 苏联模式的仿效。这是由于我们缺乏管理社会主义经济的经验，在很多方面向第一个社会主义国家苏联学习。当时认为，社会主义只有一种经济体制，别无其他模式；实行国家工业化只有一个样子，别无其他道路。应当看到，在苏联的经验中，例如重视国民经济的综合平衡，强调计划的科学性和严肃性，坚持重点建设的统一管理和基本建设按程序办事等，在当时确有可取之处。但是，对它搞单一的公有制，国家的权力过大而地方尤其企业的权力过小，主要采用行政手段而忽视价值规律、限制商品生产等弊端，不加区别地带进我们的经济体制，后果是严重的。

2. 供给制的因素。这是由于我国革命经过长期的武装斗争，在革命根据地，经济落后，财政困难，斗争艰苦，不得不长期实行战时共产主义的供给制——一种直接供给只能保证最低生活需要的平均主义分配制度，这对争取战争胜利起到过重要作用。建国后，财政经济仍有一定困难，陈旧的供给制，作为一种习惯势力，不同程度、不同形式地被沿袭下来。例如统收统支、实报实销和平均分配、略有差别以及党政企职责不分等，都含有供给制的因素。所谓捧“铁饭碗”、吃“大锅饭”，无非是供给制的形象化描述。

3. 自然经济的影响。由于我国原来的商品经济不发达，自给、半自给的自然经济根深蒂固，很多自然经济的影响还保留在人们的思想上。建国以后，人们仍旧受到这种思想的束缚，表现为条块分割、自成体系，追求“小而全”、“大而全”，以及因循保守、闭关（对内）锁国（对外），并且缺乏时间、价值和效率、效益观念，甚至讳言盈利、害怕竞争，把商品经济与资本主义画等号。这不仅在农村、基层和边远地区比较普遍，而且在城市、上层同样有踪迹可寻，以致在经济体制建设中不重视经济手段的作用，或者使经济手段不能充分发挥其作用。

4. 对私改造的政策。由于当时对私改造要求过急，对小工业、小商业、手工业合并过多，形式过于单一；在贯彻执行“利用、限制、改造”的政策时，往往重限制、轻利用。有的政策，例如统购统销等，在当时是必要的。但在情况发生变化后，未能及时作适当调整，一直保留在以后的经济体制里，有的起着消极作用，限制了商品经济的发展。

基于四个方面的历史渊源而形成的经济体制，概括地叫做集中统一的经济体制。这种体制基本上属于传统的集中计划经济模式，但同时带有明显的供给制因素，也可以叫做带有供给制因素的集中计划经济模式。上述四个渊源，共同特点是限制甚至反对商品经济的发展，忽视甚至否定价值规律的作用。有人认为，在领导层，自上而下的是供给制因素，在下面，更广泛的是自然经济的影响。

对这种体制，也有人认为，处于指导地位的是产品经济的思想影响，应当叫做产品经济的计划经济模式。的确，马克思、恩格斯曾经预言社会主义革命将在经济发达的国家取得胜利，可以实行直接的社会占有和社会生产、社会分配，不再存在商品货币关系，也就是后来斯大林提出的要尽快地把商品交换过渡到产品交换。但是，产品经济主要是在物质资源极大丰富的前提下才能出现的范畴，现在中国、苏联等国家都还没有达到这一步，毫无产品经济的社会基础。在现实生活里，有人以产品经济的概念来否定商品经济，或在经济体制的设计上陷入对产品经济的人为模拟，表现为“越大越公越好”和几个“统”，而其历史渊源，主要还是与商品经济对立的自然经济的思想影响。这就是孙冶方所说“像原始共产主义社会一样的实物经济，即没有抽象劳动、价值、价格和货币等概念的自然经济”，不过理论上挂着“产品经济”的招牌。所以，我们抓住自然经济的影响，更能表明这种经济体制的历史背景和现实依据。

三　对传统经济体制的基本评价

在当时情况下，形成这种经济体制，有它的必然性；实行这种体制，也有它一定的积极作用。任何经济体制模式的选择，都与经济发展战略的选择密切相关，前者必须服从后者的需要，成为实现后者的工具。苏联模式的形成，决定于苏联当时的发展战略。苏联当时发展战略的抉择，首先是处于资本主义的包围之中，需要在国家实力和国防上赶超列国，高速度地优先发展重工业；因此，其经济体制也必须决策权高度集中，便于用行政办法来分配资源，以保证实现战略任务。我国在建国初期，同样面临着帝国主义的封锁和战争威胁，当时的发展战略也选择了优先发展重工业，争取尽快地建立独立完整的工业体系和国民经济体系。适合这个需要，我们也选择了集中统一的经济体制。实践证明，这种体制，在经济水平较低、经济结构较简单、经济发展采取粗放的外延方式，并以增强国家实力和解决人民温饱为有限目标的情况下，如果经济决策较正确，有它适应于社会生产力发展的积极作用。通过这种体制，我们实现了财经状况的根本好转，完成了社会主义改造；集中人物财力于国家需要发展的重点部门，奠定了工业化的初步基础；保证了物价稳定，就业扩大，人民生活有所改善。“一五”时期被称为我国经济建设史上的第一个春天，反映了发展战略和经济体制的相辅相成。

但是，即使在当时，这种发展战略和经济体制也都存在缺点，并随着社会主义改造的完成和社会主义建设的进展而逐步暴露出来。党的八大前后，中央领导人就开始察觉。毛泽东同志在《论十大关系》的报告中，指出发展战略有“片面地注重工业，忽视农业和轻工业”等问题的同时，也指出经济体制的一些问题。他说：“我们不能像苏联那样，把什么都集中到中央，把地方卡得死死的，一点机动权也没有”；“不能只顾一头，必须兼顾国家、集体和个人三个方面”；“不给工厂一点权力，一点机动的余地，一点利益，恐怕不妥”；“各个生产单位都要有一个与统一性相联系的独立性，才会发展得更加活跃”。刘少奇同志在八大所作的报告中说：“应当保证企业在国家的统一领导和统一计划下，在计划管理、财务管理、干部管理、职工调配、福利设施等方面，有适当的自治权利”；“只有上级国家机关的强有力的领导同企业本身的积极性互相结合，才能把我们的事业迅速地推向前进”。周恩来同志在八大就改进经济体制问题作了专门讲话，对划分中央和地方的管理职权提出了七条原则。1956 年提出“反冒进”，不仅调整增长速度和农轻重比例，也探索体制的改革。后来，在扩大的八届三中全会上，基本上通过了陈云同志主持起草的关于改进工业管理体制、商业管理体制和财政管理体制的三个规定（草案），其中对商品购销、市场管理和价格政策都有灵活的办法。这些意见和措施，归纳起来有两条：一是在国家统一领导下，适当扩大地方和企业权限；二是在坚持计划经济的同时，注意发挥市场调节的作用。无疑，这两条是正确的。但是，随着反右运动的扩大化，批评了“反冒进”，继续强调增长速度，使某些改革未能得到贯彻。必须看到，当时有过的一些改革设想之所以未能取得应有成果，除了政治形势外，还是由于在认识上有局限，没有从经济体制模式的比较来洞悉其弊端，也不可能与“左”的指导思想真正划清界限。

回顾“一五”时期形成的经济体制，要有一分为二的评价，肯定其优点，正视其缺点。

这种经济体制的优点，除了吸收苏联模式中的可取之处外，主要来自按照我国实际情况所作出的创造，例如，允许多种经济成分并存，把一些公私合营经济和个体经济作为公有制的补充，发展农民家庭副业和集市贸易；实行部分的间接计划，计划形式较灵活，有的类似于指导性计划或政策性计划；注意运用价值规律，对某些生产和流通，从价格、税收和供销关系上给以调节。

这种经济体制的缺点，主要是集中过多、统得过死，具体表现在：(1) 生产资料所有制的社会主义改造，要求过急，形式渐趋单一化；(2) 政企职责不分，政府的权力过大，企业的权力过小；(3) 直接计划的范围过大，统配物资的品种不断增加；(4) 过分强调"条条"的垂直管理，割断了地区间及不同部门、企业之间的横向联系；(5) 财力的分配，中央的比例偏高，地方尤其企业的留利和超收分成比例过低；(6) 对市场机制的作用，还是利用得少、限制得多，不利于发展商品经济；(7) 用工形式也单一化，职工工资除统一规定调整外，没有机动余地；(8) 消费品的定额配给逐步扩大，消费者的选择权越来越小。这些缺点，正是带有供给制因素的集中计划经济模式的基本特征。后来提出的改革方案，着重于调整条块关系，没有跳出老框框，没有解决给企业以自主权这个要害问题，不可能调动企业和群众的积极性，把经济搞活。对这种模式，称之为"僵化模式"，并未言过其分。

不看到当时体制中的某些优点和创造，就不可能对经济恢复和"一五"时期所取得的成果给以恰当的解释。不看到这种模式的根本缺点，就不可能进行有效的改革；甚至还会认为，要改革就大体上保持"一五"的做法，自觉或不自觉地走回头路。

第二节 1958—1976年间的演变

我国的经济体制，在初步形成后，并不是固定不变的。它随着经济形势的发展，相应地不断演变。这种演变不具有改革的性质。作为一种模式，从50年代末到70年代中叶，至少有二十年左右，并没有

本质上的转换，把它称作演变更为适宜。这些演变，可以分为三个阶段：①

一　“大跃进”时期（1958—1960年）的体制演变

这段时期，“左”的思想占了上风，经济决策出现了一系列的重大错误。服从于实现“大跃进”的目标，经济体制也有很多突然的变化。

1. 在所有制上，急于追求“一大二公”，搞“升级”、“过渡”，企图尽快实现单一的全民所有制的国有经济和国家经营。农村掀起人民公社化的运动，把小社并成大社，基本上取消自留地，实行政社合一。城市改造“残存的私有制”，基本上取消个体经济和个体经营，限制集体经济和集体经营，有的转为或并入国营企业，并使经营方式、购销形式和分配办法归于一律。这都脱离当时的生产力发展水平，导致了“共产风”、“浮夸风”和瞎指挥。

2. 在中央和地方的关系上，不加分析地下放管理权，实际上是“大撒手”。针对过去权力过于集中的问题，下放管理权有必要，但当时不加分析，一放就过了头。除中央各部所属企业包括铁路、交通、航空、电网，绝大多数下放给省、市甚至县、社，主要是：下放计划管理权，让地方能自成体系；下放基本建设项目审批权，让地方无限地扩大投资规模；下放财权和税收权，使财税收支失去控制；下放劳动管理权，使大量农村劳动力流入城市；下放商业、银行等管理权，造成市场和金融的混乱。

3. 在国家和企业的关系上，扩大企业权限也是必要的；但在整个经济混乱的情况下，这无助于增强企业活力。当时规定减少指令性指标，实行全额利润分成制度，企业有权调整机构和配置人员，自行处理固定资产。由于缺乏正确的指导，层层压高指标，使企业失去正常管理，经济效益大大下降。

---

① 参见《当代中国的经济体制改革》，中国社会科学出版社1984年版，第1编第2、3、4章。

4. 在分配制度上，无论农村或城市，都搞“一平二调”，使平均主义进一步发展，极大地挫伤了农民、职工的积极性，在表面上轰轰烈烈的掩盖下，劳动生产率不断下降。

对于“大跃进”的错误，党中央和毛泽东同志逐步发现后，曾经在多次会议上讨论纠正，提出了一些正确的理论和方针、政策。当时，肯定了社会主义阶段还存在商品生产和商品交换，价值规律仍起作用；批判了企图过早地取消集体所有制与混淆集体所有制和全民所有制界限的看法和做法；批评了企图“跑步进入共产主义”与混淆社会主义和共产主义界限的空想；认识到“大跃进”的主要教训是没有安排好国民经济的比例关系和综合平衡；等等。于是，决定采取若干措施，例如：调整人民公社内部的所有制结构，制止社员之间的平调并承认小私有，调整城镇手工业的所有制结构和经营规模，上收一部分企业和调整地方的经济管理权，强调建立各种责任制，以整顿和加强企业管理。这些措施收到了一定的成效，但没有根本扭转“左”的倾向。在庐山会议后，开展“反右倾”斗争，又恢复和发展了“左”的错误，使国民经济遭到损失，人民生活受到影响。

“大跃进”时期的体制“改革”，虽然在某些方面有合理因素，而总的说来，是一次不成功的尝试，有不少盲目性。它告诉我们，经济体制的演变是在一定的发展战略的思想指导下进行的，战略思想如有失误，体制改革就会走上岔道；要时刻注视经济形势，察觉问题，也要从体制上找原因，并采取相应的对策；体制改革一定要遵照客观经济规律，不能仅凭主观愿望，要有秩序地开展，不能一哄而起，搞群众运动；在改革中，既要改变权力过于集中的弊端，又不能“大撒手”，造成无政府的混乱状态。

二 第一次经济调整时期（1961—1965年）的体制演变

针对“大跃进”造成的国民经济严重困难，中央决定实行“调整、巩固、充实、提高”的方针。八字方针的中心是调整。这个方针，到1962年召开“七千人大会”，得到了全面贯彻。贯彻这个方针，在缩小投资规模、放慢发展速度、恢复工农业生产并制止通货膨胀、保证人民最低生活的同时，在经济体制上也有相应的对策。

1. 调整农村的生产关系，改变农村的管理体制和管理制度。为了从根本上克服“共产风”，使集体所有制的规模、形式适应农业生产力的发展水平，必须从人民公社的“一大二公”大步“倒退”。当时决定改变其基本核算单位，实行“三级所有，队为基础”，大体上回到高级农业生产合作社的程度，但仍保留公社、大队两级，公社仍是政社合一。按照《农村人民公社工作条例（草案）》（即“六十条”），在经营管理方式上，可以划分固定或临时的作业小组，实行季节或常年的小段包工，并建立到组或到人的生产责任制。同时，要求废止供给制，按照社员劳动的质量和数量付给报酬，实行定额计分或评工记分等办法，力求体现按劳分配。此外，还恢复了自留地、家庭副业和集市贸易。这使农业生产得到了迅速恢复和一定发展。

2. 加强中央的集中统一，搞好综合平衡。为了克服无政府主义和分散主义，经济管理上强调集中统一。具体措施有：加强计划的集中统一管理，增加计划的种类和指标，这些计划多数带有指令性，要求遵照执行；加强对基本建设的管理，从投资总额到建设项目实行严格的分级审批；加强对商品、物资的管理，中央管理的商品零售额约占社会商品零售总额的70%左右，中央管理的主要生产资料的品种也增加，不少实行直接分配；加强财政、信贷的管理；国家预算从中央到地方一本账，并调低企业利润留成比例；上收一批认为下放不当的企业，除铁路、交通等外，有重工业厂矿，还有部分轻工企业。集中统一的程度，不少方面超过了建国初期。

3. 开始注意运用经济杠杆的调节作用。为了纠正否定价值规律的错误，注意了运用经济杠杆来调节经济运行。主要是调整价格，适当提高粮、棉、油、猪的收购价格，敞开供应高价的食品和部分工业品，以促进生产恢复，缓和供求矛盾，回笼货币和紧缩银根。同时，还调整税收，降低农民负担，发放农业贷款，扶助农业生产。

4. 制定各种管理条例，加强经济监督。为了制止几年中造成各经济领域的混乱现象，除了农业的“六十条”外，还先后制定了工业的“七十条”、商业的“四十条”、手工业的“三十五条”和高等教育的“六十条”、科学研究的“四十条”以及计划、财政等各项工作条例。这些条例，明确各方面经济工作的基本方针和具体政策，规定了有关企业的任务、职责和相互关系、经营方式等，对于加强管理、指导运行摸到了一些规律，发挥了一定作用。

在调整过程中，还对体制改革进行了若干探索，例如：(1) 试办托拉斯，用经济组织管理经济，在工业、交通部门，按照专业化协作的原则，办了一些全国性的、地区性的和地方性的公司。(2) 改革企业管理体制，按照工业的“七十条”，要求国家对企业实行“五定”，企业对国家实行“五保”，并建立党委领导下的厂长负责制，等等。(3) 改进物资管理，要求对生产资料参照商业部门的做法，合理安排流转环节，按照经济区设供应网点。(4) 试行两种劳动制度和两种教育制度，即固定工与合同工、临时工、亦工亦农并存，全日制学校与半工半读、半农半读并存。(5) 适当扩大地方管理权限，在继续加强集中统一的前提下，逐步把一些该由地方管理的事情下放给地方管理，包括计划留有机动和提高财政预备费的比例、给予调剂物资分配的权限等。调整时期的体制演变，针对以调整为主的任务，强调集中统一，取得了很大成绩，克服了困难，经济很快恢复，效益逐步提高，出现了以前少有的好形势。其中某些措施，无论是收效明显或未得贯彻，对后来的改革都值得借鉴。但是，总的看来，仍未离开原来的模式。有些要害问题，例如扩大企业自主权、运用经济杠杆和调整城乡的所有制结构等，进展不多，未有任何大的突破。其中如对农村出现“包产到户”的轻易否定和坚持生产资料的统一调拨，反映了一些传统观念的牢固性。因而这是在不触动旧模式原则下的内部调整或局部调整，并在某些方面使这种模式进一步定型化。

三　十年动乱时期（1966—1976年）的体制演变

“文化大革命”把政治搞乱了，把经济也搞乱了，原来的一套经济理论和经济体制都受到严重的冲击。这当然很难说是什么有意识的体制改革。但是，这时期的体制演变是否一片混乱，理不出任何头绪呢？倒也不是。尽管这种演变缺乏一套系统的理论作为指导，不少做法也朝令夕改、各行其是，然而混乱中仍有一个基本趋向，就是在极“左”思潮的支配下，通过所谓革命大批判，否定一切，把任何东西都作为修正主义或资本主义来批。基本上正确的东西被批歪了，本来错误的东西被批得更加荒谬。无论人们认识与否，经济体制沿着“左”的轨道越滑越远。

1. 对所有制问题，进一步大搞“升级”、“过渡”。在农村，对调整时期恢复不久的自留地、家庭副业和集市贸易等，作为“资本主义尾巴”，一割再割；不少地方把生产队核算改为大队核算，有的还把大队核算改为公社核算；供销合作社也改为全民所有制的国营商业。在城市，对仅留的少量个体经济和个体经营，作为“刮单干风”，缩小到不能再小的地步；不少地方把独立核算的小集体工商企业上升为统一核算的大集体，把大集体又上升为全民所有制的国营企业和地方国营企业。

2. 对计划和市场问题，既反对合理的宏观控制，又反对运用价值规律。不止一次批判“指标挂帅”，有两年甚至没有编制年度计划；还批判“条条专政”，削弱以致取消中央各部门的专业管理。对商品经济和价值规律的有关范畴，通过批判“利润挂帅”等，完全予以否定；还批判“只算经济账、不算政治账”等，根本否定经济核算和经营管理。在“突出政治”、“政治挂帅”的口号下，始终不重视经济手段和经济办法。

3. 对企业管理问题，否定一切必要的规章制度。那些重建不久、并未巩固的各项规章制度，一律被说成是修正主义的“管、卡、压”，甚至公然鼓吹要“建立没有规章制度的工厂”、“停产闹革命”，或者“踢开党委闹革命”，或者把厂长负责制斥为“摆脱党委的领导”，从而基本上取消了正常的生产秩序和管理制度。前面提到的工业“七十条”和后来草拟的工业“二十条”，曾经作为“资本主义复辟的黑纲领”，遭到粗暴的践踏。

4. 对物质利益和劳动报酬问题，更是颠倒黑白，搞到是非莫辨。在此期间，否定物质利益原则，否定企业和个人有自己的物质利益。在劳动报酬上，把按劳分配原则歪曲为“资产阶级法权”，在农村搞

“大寨评分”即“大概评分”，在企业取消计件工资和鼓励制度，并且长期不长工资，公开主张供给制，赞成吃“大锅饭”，使平均主义合法化。

这期间，在很大干扰下，对经济体制也做过若干变动，例如：实行权力下放，使地方拥有相当大的财权、物权、投资权，以便建立自己的“工业体系”；配合此一对策，实行财政收支、物资分配和基本建设投资的“大包干”，计划管理以块块为主；还简化税收、信贷和劳动工资制度，扩大全国的统一价格，等等。这些措施，决策时较粗糙，贯彻中较简单，有的考虑不周，或者是权力下放过多，或者是削弱经济杠杆的作用，大多没有收到预期效果。在 1971—1973 年和 1975 年，周恩来、邓小平同志先后主持工作，曾经试图整顿国民经济，并对经济体制进行改革，由于种种原因，也没有得到成功。总之，十年动乱中的体制变动是在极不正常的状态中进行的，不仅没有克服过去存在的弊端，有的发展得更严重了。

四　演变归宿：僵化模式的定型

对前后二十年经济体制的演变，经济学界的评价不尽一致。过去有人认为，经济建设成就大，基本上应予肯定。后来多数人认为，没有形成切合我国实际的社会主义经济体制，基本上应予否定。有人认为，先后的演变，属于不同模式：建国初期是多种经济成分并存的商品经济模式，后来是高度集中的计划经济模式，最后是以行政办法为主的统制经济模式。还有人认为，无论是从所有制结构或经济运行机制看，二十年来出现过不同模式，例如：多种所有制模式和单一公有制模式，中央集权制模式和地方分权制模式，高度集中的计划经济模式和含有市场机制的计划经济模式，等等。我们认为，虽然先后有演变、有反复、有曲折，但从全过程看，没有离开一种基本的模式即前面所说的带有供给制因素的集中计划经济模式。这种模式，在开始形成后，二十年来的演变，都在既定框架内，未有本质的突破。如果一定要说有不同的话，则是在“左”的思想指导下，尤其是经过“文化大革命”，其基本特征表现得更加明显了。

1. 在生产资料的所有制结构上，以最后实现统一的、唯一的全民所有制国营经济为目标，排斥多种经济形式和经营方式，鼓吹“越大越公越好”。通过合并、升级和“穷过渡”，集体经济不断削弱，个体经济日益式微，所有制的结构和形式越来越单一化了。

2. 在经济活动的决策权上，高度集中在国家手里，虽然几经下放和上收，但都是在中央和地方、条条和块块之间进行调整，从来没有改变企业无权的状况。政府机构的行政管理日益增强，经济运行中的行政动员因素增多，个人和家庭的职业和消费选择权也受一定限制。

3. 在经济活动的调节上，基本上是自上而下的指令性计划安排，属于单一的计划调节体系，也就是采取行政手段为主，产品统一调拨的范围扩大。其间，虽然有时注意了运用经济杠杆，但是范围有限，尤其是价格被扭曲，使市场机制不能充分发挥调节作用。

4. 在经济利益关系上，长期是片面强调国家的统一利益，忽视或无视企业和个人的差别利益，造成企业吃国家的“大锅饭”，职工吃企业的“大锅饭”，分配上的平均主义越来越严重。

5. 在经济组织关系上，长期是政社、政企职责不分，企业只是行政机关的附属物。在条块关系上，也是相互分割，属于封闭型，既没有形成跨部门的行业组织，又没有形成以城市为中心的经济区。企业之间关系松散，组织程度很低。

这种经济体制模式，与传统的计划经济模式相对照，在权力集中于国家一级、主要靠指令性计划调节、市场机制的作用很少等方面，大体上是一致的；但是，在决策的集中化程度、经济关系的实物化范围和分配的平均化倾向上，有过之而无不及。这些，也就是这种体制的主要弊端，缺乏生机和活力，既不能调动企业和群众的积极性，也不能实行有效的宏观控制，取得较好的经济效益。这种经济体制，正像《中共中央关于经济体制改革的决定》中所指出，是一种“束缚生产发展的”、“僵化”的经济体制。对于这种体制要全面改革！

第三节　十一届三中全会后的初步改革

粉碎“四人帮”后，针对经济生活中存在的严重问题，在体制上作了一些调整，主要是加强集中统一，上收财权、物权，纠正无政府状态，恢复计件工资和企业基金制度等，争取调动职工和企业的积极性。在此期间，经济理论上开始拨乱反正，本着实践是检验真理唯一标准的原则，大家指出了原有经济体制的不少弊端及其改革的必要性，提出了一些具体建议。

经济体制的改革，以1978年12月召开党的十一届三中全会为新起点。全会是一次历史性的伟大转折，清算了长期以来“左”的错误，把党和国家的工作重点转向现代化建设。全会指出：实现四个现代化，要求大幅度地提高生产力，也就必然要求多方面地改变同生产力发展不适应的生产关系和上层建筑，改变一切不适应的管理方式、活动方式和思想方式，因而是一场广泛、深刻的革命。在全会公报中，还指出原有体制的严重缺点如权力过于集中和党政企不分等，并指出改革的方向，如有领导地下放权限，精简各级经济行政机构，坚决实行按经济规律办事，重视价值规律的作用，实行分级分工分人负责等。1979年4月召开党中央的工作会议，确定“调整、改革、整顿、提高”的新八字方针，把改革放在重要位置上，要求“积极而又稳妥地改革工业管理和经济管理的体制，充分发挥中央、地方、企业和职工的积极性”。

1979年以来的改革，大致可分两个阶段：一是到1984年9月召开党的十二届三中全会止；一是这次全会作出《中共中央关于经济体制改革的决定》以后。前一阶段的特点是在服从、配合国民经济调整的前提下进行初步改革，带有试验性和探索性；后一阶段的特点是逐步转向全面的、系统的改革，先是新旧两种体制并存，最后要进一步实现目标模式。

前一阶段的初步改革，大致可分为两个方面：一个方面是农村，由点到面，逐步展开；另一方面是城市，先搞试点，待摸到经验后，再向面上推广。

一 从农村揭开改革新页

改革，首先在农村突破，取得了巨大成就。我国的农业生产，在土地改革后和合作化初期，恢复和发展很快。后来受到“左”的干扰，长期处于徘徊状态。1976—1977 年按人口平均的粮食产量只相当于 1956—1957 年的水平，全国约有一亿农民还未解决起码的温饱问题。其原因，除了某些政策不妥外，主要是人民公社化后，基层的行政机构和经济组织合在一起，实行集体经营、集中劳动、按劳动日记工分并据以统一分配，实际上是“大呼隆”干活、“大锅饭”分配，极大地挫伤了广大农民的生产积极性，束缚了农业生产力的发展。早在十一届三中全会前，安徽、四川两省作了改革试验，安徽创造了以包干到户、包产到户为主要形式的联产承包责任制；四川“放宽政策”、“休养生息”，扩大了自留地面积，支持农民采取包产到组的形式经营土地，都促进了农业增产。这种责任制，在坚持土地集体所有制的前提下，以户为主要经营单位，符合于我国当前的农业生产力水平和农业生产的特点；把农民的收益分配直接地与劳动成果联系起来，体现了多劳多得的分配原则，也有利于合理使用劳动力和生产资料；保留了必要的集体经营项目，例如机耕、排灌、植保等，发挥了合作经济的优越性。因此，推广到各地，深受农民欢迎。尤其是包干到户即“大包干”，“缴足国家的，留够集体的，剩下都是自己的”，简明易行，不胫而走。短短两三年，全国已有 90% 以上的生产队实行了“双包”。在此基础上，又推行到种植业以外的林、牧、渔、副各业，促进了山林、草原、水面、海涂的开发和利用。同时，分工协作，人尽其才，推行专业承包，使部分行业从农业中分离出来，出现了以经营养殖、造林、运输、编织等为主和为农业产前、产中、产后服务的农机、育种、加工等的各种专业户、重点户。进而按照自愿互利原则，一些农户又组织了新的劳动协作和经济联合体。有的农民还集资办手工业、工业和商业、服务业。影响所及，国营农场也有一部分实行责任制，办家庭小农场和小工厂。加上这几年国家大幅度地提高农副产品收购价格，在计划管理和作物布局上尊重生产队的经营自主权，实行政社分开和恢复乡村建制，连同建国以来大搞农田水利基本建设和发展农机、化肥、农药等生产资料的物质条件，终于实现了农业持续的、全面的增产。1979—1984 年，农业总产值平均每年递增近 9%，其中种植业达 6.6%，这都是古今中外少见的。我国农业，正在由单一经营向综合经营转化，由自给、半自给经济向商品经济转化，由传统技术向近代、现代技术转化。农村的“引爆”，不仅从农产品的供给和农村购买力的需求两方面成为整个国民经济增长的主要动因，而且造成“农村包围城市”的形势，有力地推动着城市改革。

二　城市改革的试验和探索

改革，逐步转向以城市为重点，在国民经济的各个领域先后进行了许多试验和探索，采取了一些重大措施，获得了显著成效和重要经验。农村改革了，城市怎么办，这是压力；农村改革了，城市有借鉴，这是动力。但是，城市又不同于农村，要比农村复杂得多。农村改革有它的局部性，城市改革则涉及整体，相互牵扯。因此，虽然农村改革给城市以不少启迪，例如要把主攻方向放在调动生产组织和劳动者的积极性，具体办法靠尊重群众的首创精神等，但是绝不能照搬农村的一套，而需另觅途径。城市改革大致分为三个阶段：先是经过酝酿，进行试点；接着，择其成熟的，逐步推广；最后，由点到面，横向展开。几年来，先后选择了一批不同类型的工商企业和不同性质的大中小城市，开展不同方案的试点，不断总结，摸着石头，一步一步过河，把改革遍及到生产、流通、分配和积累、消费等各个领域和各个环节。几年来的进展，主要在：

1. 发展多种经济形式和多种经营方式。近几年，城镇恢复、发展了一批集体所有制的工业、建筑业、运输业、零售商业、饮食业和修理业等企业，也适当发展了个体工商业。从 1978 年到 1983 年底，城镇集体所有制企业的职工人数由 2048 万人增加到 2744 万人，增长 34%；个体劳动者由 15 万人增加到 231 万人，增长 14.4 倍。1984

年，集体所有制工业总产值增长21.9%，快于全民所有制工业总产值增长11%的速度，中外合营、合资等企业的工业总产值增长达56.8%。这都补充了全民所有制经济的不足，对繁荣经济、活跃市场、扩大就业、方便群众起了积极作用。同时，在经营方式上，把所有权和经营权初步区别开来，对小型企业试行职工集体或个人承包经营或租赁经营等办法，对有些小型国营企业试按集体企业的办法进行管理。这有利于调动企业和职工的积极性，不仅使某些经营不善的企业得以扭亏增盈，并且改进了生产和经营，促进了生产，改善了流通和服务。

2. 扩大企业的经营自主权。从1978年10月四川省宁江机床厂等六个企业进行扩权试点开始，到1980年底，全国试点的全民所有制工业企业已占预算内企业总数的16%和产值的60%左右、利润的70%左右。到1982年底，推行经济责任制的全民所有制工业企业占80%，商业企业占35%。从1983年初起，推行“利改税”的第一步，把国家与企业的关系在财务分配上从上缴大部分利润改为按章缴纳所得税和调节税，税后利润留给企业，用于发展生产和改善职工生活福利。这既保证了国家得大头，又开始打破了企业的吃“大锅饭”，使企业在产供销、人财物等方面拥有一定的自主权。1984年5月，国务院专门作出《暂行规定》，从十个方面扩大企业自主权。同时，在企业内部推行小配套的改革，有的实行厂长（经理）负责制，逐步明确企业的责权利，唤醒其内在活力，并承受一定的压力，有利于从单纯的生产型向生产经营型转化。

3. 进行企业的改组和联合。在城市范围内，主要是围绕优质、名牌产品组织“一条龙”，组织同工艺的协作中心，实现生产服务的社会化。在部门和地区之间，围绕资源的综合利用和零部件的协作，组织了专业公司或综合公司。还有工商、工农、农工商和工技之间各种形式的经济联合体。其中有松散的、有紧密的，有地区性的、也有全国性的，据不完全统计，至少已有几千个之多。虽然，这些组织的性质不尽一样，有的存在这样那样的问题，但是，按照专业化协作的原则组织起来，有利于提高经济效益，有可能形成一种新的生产力，比“大而全”、“小而全”是一大进步。

4. 发挥城市组织经济的作用。为了取得城市改革的经验，从1981年起，先后在沙市、常州和重庆、上海等城市进行经济体制综合改革的试点，后已扩大达58个市。这些试点，一方面是把各部门、各行业的改革进行配套，另一方面更在于打破条块分割，组成不同范围的经济区，发挥中心城市的多功能作用。例如，上海经济区本来只包括邻近江苏、浙江的部分城市和地区，后来扩大到四省一市，通过综合规划，合理组织经济活动，使其优势得以发挥。城市经济又是多层次的，在省以下推广辽宁省市管县的经验，不少省在县以下推行镇管乡的体制，有利于条块结合和城乡结合。同时，陆续把中央各部和省管的企业下放给所在城市或附近城市管，密切它们的横向联系。省市之间、军民之间的经济技术协作，这几年也有进展。

5. 改革流通体制，搞活商品流通。经济的发展和工农业体制的初步改革，要求商品流通体制有相应的改革。1983年后，改革流通体制也逐步展开，主要是把过去国营商业独家经营、按行政区层层设批发站的封闭式体制改为多渠道、少环节的开放式体制。将过去由商业、物资部门统购包销和计划调拨，分别改为统购统销、计划调拨、计划收购、订购选购、企业自销和经销、代销、联销等多种形式。在农村，缩小了统购派购的品种，恢复了供销社的合作经济性质。对生产资料，则减少了计划调拨的品种，允许有一部分作为商品进入流通领域。重庆市建立工业品和农副产品贸易中心，“货不分南北，人不分公私”，打破地区分割，其经验很快得到推广。同时，还增辟农贸市场，增设商业网点，允许农民进城办第三产业，允许个体户从事远途运输，目的都在于搞活市场，促进货畅其流。

6. 注意运用经济杠杆来调节经济。首先在价格上，开始打破过去长期冻结以致与价值、与供求关系越来越脱节的状况，先后进行了几次调整，其中如同时调高棉布价格和降低化纤品价格，基本上是成功的；并且两次放开了500多种工业小商品价格，试行了部分工业品的浮动价格，也收到一定成效。在实行“利改税”时，开征了一些新税种，调整了一些税率。银行信贷的管理也有改革，把部分基建投资由财政拨款改为银行贷款，把企业流动资金改为由银行统一管理，并多次提高利率，实行了差别利率和浮动利率。

7. 开始触动计划体制的改革。计划体制是整个经济体制的重要环节，涉及对宏观经济的控制，改革的难度很大。这几年，一度提出“计划经济为主、市场调节为辅”，初步打破了指令性计划一统天下的局面，明确实行指令性计划、指导性计划和市场调节三种形式，并且要与运用价值规律和经济杠杆结合起来。有关部门缩小了指令性计划的指标，研究实行指导性计划的具体办法。同时，明确转向以中长期计划为主，编制了“六五”、“七五”计划，改变了二十多年来没有正式编过五年计划的不正常状态。

8. 其他方面的一些探索。财政体制，由统收统支改为“分灶吃饭”，对各省、市、自治区分别实行比例分成、定额上缴和定额补贴等不同办法。基本建设体制，有的地方试行建筑工程招标投标的包干责任制，见效显著，得到推广。劳动体制，有的允许定向流动，有的实行招聘制，并扩大了合同工的范围。工资体制，试行了奖金不保底、不封顶和征收超额累进税的办法。外贸体制几经演变，在坚持统一对外的前提下，设法调动地方和企业的积极性，并试行代理制和工贸结合、技贸结合。此外，在深圳等经济特区，为了适应对外开放的需要，在体制改革上先行一步，探索经验，有的已在沿海开放城市和内地推广。

综观这几年的改革，其自觉性、广泛性和深刻性超过以往的历次改革，成效也是卓著的，不少方面突破了长期束缚人们头脑的传统观念和束缚人们手脚的习惯做法。这是在十一届三中全会解放思想、实事求是的思想路线和对内搞活经济、对外实行开放的正确方针指导下取得的。这不仅为今后进一步的全面改革开辟了道路，积累了经验，锻炼了干部和群众，并且促进了现实经济的发展。“六五”计划的提前和超额完成，人民生活的明显改善，经济体制的初步改革都起了积极作用。全国人民拥护改革。外国朋友也赞扬改革，有的并认为其中某些经验对其他社会主义国家和发展中国家都值得参考。我们应当充分认识改革的意义，肯定改革的成效，进一步鼓舞斗志，坚定信念。

但是也要看到，改革是一场巨大的系统工程。这几年的改革，在调整中进行，毕竟是局部的，带有探索性。农村改革有待巩固和完善，以城市为重点的整个改革才开了一个头。无论是如何处理国家和企业的关系，增强企业尤其是大中型企业的活力；如何处理中央和地方、条条和块块的关系，打破条块分割和城乡分割；如何处理计划和市场的关系，运用价值规律和经济杠杆；或者如何处理宏观控制和微观调节的关系，做到活而不乱、管而不死，已有经验还很不够。1984年第四季度出现的经济增长“过热”和几个“失控”，绝非偶然，不仅有战略指导上的问题，还有经济体制上的问题。既有旧体制的弊端问题，又有改革中的不配套、不同步问题。在经济理论上，还有不够清楚的地方，有时出现过摇摆；在实际工作上，还没有一个总体规划，有些改革相互抵触。这都说明，坚持继续改革仍是一项十分艰巨的长期的任务。

第四节　十二届三中全会以来的新进展

1984年10月20日，党的十二届三中全会通过了《中共中央关于经济体制改革的决定》，标志着经济体制改革进入了一个新阶段。《决定》的划阶段意义，主要是：

1. 以比较系统的科学理论来指导改革。改革要有一定的理论指导，尤其是需要认识社会主义经济的本质特征，并据以选择恰当的体制模式。长期以来“左”的影响，表现为对马克思主义作了教条式的理解，妨碍着人们做到这一点。突出的在于把社会主义的计划经济与商品经济对立起来，把与商品经济相联系的价值规律、市场机制和利润、竞争等经济范畴都视为社会主义的异己物。即使在前几年，认识也未取得一致，还有戒律，还有禁区，一度甚至只承认商品生产和商品交换而否认商品经济，使理论陷于混乱，改革出现反复。《决定》以巨大的理论勇气，明确肯定：社会主义经济是公有制基础上的有计划的商品经济。这就从根本上校正了方向，使改革的一系列原则得到相应的肯定，例如：企业是相对独立的商品生产者和经营者，要自觉运用价值规律，允许竞争，让一部分地区和个人先富起来，等等。统一和提高认识，也是动员人们同心同德去实行改革的重要条件。

2. 有了一个由局部、单项改革转向系统、配套改革的目标。改革要有一个目标，即使不能很快择定，也要逐步明确，大体上有个方向，不能改到哪算哪，这必然会走弯路。前几年，处于探索阶段，不可能有一个目标模式。但仅是进行局部的、单项的改革，不会取得综合效果。《决定》在理论上有了突破后，就使转向系统、配套的改革得以起步。在《决定》中，指出改革的根本目标是建立充满生机和活力的社会主义经济体制，改革的主要标准是能否有利于发展社会生产力，改革的中心环节是增强企业的活力，改革计划体制要自觉运用价值规律，还要充分重视经济杠杆的作用，认真贯彻按劳分配原则，进一步扩大对外的和国内的经济技术交流，在实行政企职责分开的前提下正确发挥政府机构管理经济的职能，等等。虽然还不能认为《决定》已经全部解决了改革的整套模式问题，但是，目标已经明确，轮廓已经清楚，可以逐步地走向系统配套的改革了。

3. 按照既定目标，加强党的领导，保证改革有步骤地顺利进行。从农村到城市，从局部试点到全面推开，改革的新阶段将不同于过去，难度既大，风险也多，其中有不小敏感性强的环节如工资、价格等。改革与对外开放、与起用一代新人，成为当前和今后一个相当时期的中心任务。越是初战，越要谨慎从事，务求必胜。《决定》强调了加强党的领导，也指出了要实事求是、创造性执行，看准一条改一条，看不准的先试点，不企图毕其功于一役。从《决定》可以看到，工资和价格、企业体制、计划体制三者，当前是束缚经济发展的绳子，突破以后，都会把经济搞活，使经济建设开创新局面。三者也成为改革的重点，必须集中力量，求得突破，以推动整个体制改革。

以十二届三中全会通过《决定》为界，到“六五”计划结束的1985年，改革取得了新进展。

1. 农村进一步完善责任制，逐步取消统购派购，发展商品生产，调整产业结构。农业增产以后，先后出现过“卖难”、“买难”以及粮食、棉花和其他农副产品的“低水平过剩”。其原因，除了流通过程中的基础设施不足影响顺畅流通外，主要在农村的流通体制上仍旧保持非商品化的统购派购制。1985 年的农村改革，在进一步巩固和完善联产承包责任制的基础上，着重于改革流通体制，逐步取消统购派购，对主要农产品实行计划内的合同订购和计划外的放开价格、放开经营，以促进商品生产的发展和产业结构的调整。现在，以商品生产和经营为主的 430 万个各类专业户和近 50 万个新的经济联合体，显示了农村商品经济发展的新趋势。这一年来，自然灾害重于过去，粮棉生产仍保持较高水平，畜牧业、水产品有较快发展，加工业、小采矿、小水电和其他农村工业、运输业、建筑业以及商业、服务业发展更快。农村经济的发展，沿海开放地区正在由“农工贸”（种什么、加工什么、卖什么）转向“贸工农”（国内外市场需要什么、加工什么、种什么）的路子。农村中还有一部分地区存在困难，政策放得更宽一些，连同国家给以支持，情况也在开始好转。

2. 对国营企业，实行第二步“利改税”，努力搞活企业尤其是大中型企业。近几年，小企业搞活已开始见效，利润动机和效益观念增强，对市场的应变能力和竞争能力也有了提高。于是，搞活大中企业愈感急迫。这除了其他措施如减少指令性计划外，实行第二步的“利改税”是一个重要对策。大家认为，第一步“利改税”保留的调节税，一个行业甚至一个企业一种税率，虽有保证财政收入的作用，但是也造成“鞭打快牛”，不利于搞活企业；建立某些专业公司和综合公司，尤其是全国性的大公司，未实现企业化，把应当放给企业的权力截留在中间层，同样不利于搞活企业。这些，连同层层滥行摊派，成为搞活大中型企业的三大障碍，有待于抓紧改革。同时，在企业本身，有的划小核算单位，有的加强内部责任制，并进行企业改革的“小配套”，包括财务和人事等体制的改革，都促进了挖掘潜力，增强活力。1985 年 9 月，国务院批准国家经委、国家体改委《关于增强大中型国营工业企业活力若干问题的暂行规定》，进一步赋予权力，发挥企业自身的优势和内在潜力，并改善其外部条件。目前，全国已经开始出现一批搞得较好的大中型企业，有的显示了具有自我改造和自我发展的能力，不再是领导部门拨一拨才动一动的算盘珠。

3. 工资改革迈出一步。工资改革和价格改革是1985年经济体制改革的两大任务。国家机关和事业单位的工资改革已经出台，新的工资制度采取结构工资即分解工资的形式，以职务工资为主，加上基本工资和工龄工资，有的还有奖励工资或浮动工资，在保证干部和职工基本生活的前提下，与本人承担的职务、责任和劳绩联系起来，开始体现了按劳分配的原则。实施以后，总的反映较好，人们感到有奔头。但是，并未解决长期以来在工资问题上积累的很多问题。在此同时，酝酿着企业的工资改革，方向是逐步把职工和经营者的工资、奖金与所在企业的经营效益高低、本人贡献大小挂起钩来，使工资增长与生产发展、劳动生产率提高保持必要比例，也有利于合理控制消费基金。此外，还一再强调要制止滥发奖金，那不是工资改革而是对工资改革的冲击和破坏。

4. 价格改革也迈出了一步。《决定》明确，价格改革是整个经济体制改革成败的关键。但是，由于价格长期不动，积重难返，不是一下子能够解决的。1985年的价格改革，考虑到当前国家的财政负担能力、企业消化能力和群众承受能力，采取放调结合、小步前进的方针，有升有降，力求物价总水平的基本稳定。所谓"放"，就是在农产品中，除粮、棉外，其他逐步放开；工业品有的相类似，对生产资料中计划调拨外的部分，也逐步放开。所谓"调"，就是对计划定价的消费晶和生产资料，适当拉开质量、季节、地区等差价，以利流通和增产；并适当提高铁路短途运价，以调整运输结构。实行这些方针，总的情况也是较好的，例如蔬菜、水果、水产品、畜产品的价格放开后，促进流通，刺激生产。但是，有的地方价格上涨较多，引起群众不满；或者重新给以补贴，增加了财政支出。同时，还注意了物价管理，坚决制止任意涨价、变相涨价、就地倒卖等非法行为，防止损害人民利益。

5. 着手改革计划体制，探索加强宏观控制的途径。《决定》对计划体制的改革，比过去有进展。有关部门拟订了《关于改进计划体制的若干暂行规定》，缩小指令性计划，扩大指导性计划和市场调节，本着统一性和灵活性相结合的原则，争取逐步做到大的方面管住、管好，小的方面放开、放活。从1984年第四季度以来，出现了基本建设投资规模过大、消费基金增长过快和财政支大于收、信贷放大于存、外贸进大于出的情况，形成几个“失控”。有人认为，这是由于微观放活了、宏观控制不住的结果。更多的人认为，这是由于处在新旧模式交替过程中，吃“大锅饭”的影响还未消除，新的机制还不完善，容易发生需求膨胀和宏观失控的现象。为此，大家探索了加强宏观控制的途径。在各项改革尚未全面进行以前，当前对策主要是同时运用行政和经济办法，一面严格控制固定资产投资规模，特别是控制预算外投资，一面严格控制消费基金的盲目增长，严禁在财务上乱开口子、乱提工资、乱发奖金和实物；同时，加强财政、信贷的管理，一面压缩行政费开支和集团购买力，一面控制信贷总规模和现金投放。经过一番努力，形势有所好转。通过实践，大家进一步认识到，我国经济发展中一再出现需求膨胀，表现为“投资饥饿症”，与资金供应的吃“大锅饭”是分不开的。在这个问题突出地暴露出来时，采取若干紧急措施，能够予以制止，但只是治标，不是治本。根本的办法在于全面改革体制，不是单纯依靠行政办法，更要运用各种经济杠杆，提高地区、企业的自组织、自调控能力。在这方面，从理论到实践，都有待突破和创新。

6. 城市综合改革的步子加快，经验增多。这一年是改革由单项进入综合的第一年，《决定》明确了大的部署，而具体贯彻，很多落实在各个试点城市。这些城市改革的决心大、步子稳，千方百计，创造了不少新经验。不少城市精简机构，下放权限，为搞活企业提供外部条件；同时，强调企业眼睛向内，加速内部改革，以提高企业素质和经济效益。作为商品市场的2000多个贸易中心，为发展社会主义商品经济积累了经验。有的城市逐步开放了生产要素的市场。除生产资料市场外，还有资金、劳务、科技、信息和房地产等市场，促使生产要素的横向流动和优化组合，发展了生产。城市政府开始改变主要依靠行政办法直接指挥、干预企业活动的习惯，把自己的职能逐步转向制订规划、政策，搞好组织、协调和各项服务以及进行检查、监督上。有的先后成立了行业性组织，逐步发挥其作用。

7. 对外开放与经济特区、开放城市的改革相互推动。体制改革与对外开放是相互推动的：对外开放需要改革体制，改革体制促进对外开放。这两年，在建立四个经济特区后，又进一步开放十四个沿海港口城市和海南岛以及三个三角地带。这些地区和城市，为了适应对外开放的新形势，在体制改革上先行一步，作了大胆探索。例如深圳经济特区，由于引进外资，建立一批外资企业，在调节上更加地依靠市场机制，感到与原有体制格格不入，先后在放开价格、利用信贷、企业自主，人事管理、施工承包等方面摸出一些新路子，有的已推广到内地。广州、天津、上海等城市由于对外经济关系日益频繁，在利用外资、引进技术、扩大外贸、管理外汇和发展旅游等方面也创造了不少经验。

8. 科技体制和教育体制的改革。随着经济的发展和经济体制改革的进展，科学技术体制和教育体制的改革也显得重要。1985 年 3 月和 5 月，中央分别讨论和作出了《中共中央关于科学技术体制改革的决定》和《中共中央关于教育体制改革的决定》，与十二届三中全会作出的《中共中央关于经济体制改革的决定》鼎足而立。科技体制的改革，着重解决科技与生产脱节的问题，除了改革研究机构的拨款制度、实行经费的分类管理外，主要是适应社会主义经济是有计划的商品经济的特征，开拓技术市场，促进技术成果的商品化，疏通技术成果流向生产的渠道，积极发展技术成果转让、技术承包、技术咨询、技术服务等多种形式的技术贸易活动，使技术迅速转化为生产力。教育体制的改革，根本目的是提高民族素质，既要发展基础教育，有步骤地实行九年制义务教育，又要调整中等教育结构，改革高等学校的招生计划和毕业生分配制度，扩大高等学校的办学自主权。这两项决定的逐步实施，将对我国经济社会的发展起着越来越大的积极影响。

对这些改革，广大群众是能够接受的。有关部门做过一次调查，发现有 78% 的青年人表示愿意承担改革风险，发展商品经济。

第五节 “七五”期间的设想和展望

1985年9月，召开党的代表会议，提出了关于第七个五年计划的建议。1986年3月，召开第六届全国人民代表大会第四次会议，通过了“七五”计划。“七五”计划明确把改革放在首位，使改革和建设相互适应、相互促进地向前发展，争取在今后五年或者更长一些的时间内，基本上奠定有中国特色的、充满生机和活力的社会主义经济体制的基础。“七五”期间是我国经济体制进一步由旧模式向新模式转换的关键时期。

一 “七五”期间的改革设想

“七五”计划在回顾“六五”计划执行情况时，指出“六五”期间取得重大成就，根本原因是实行了具有深远历史意义的三大战略转变，除了在经济和社会发展战略上的转变和在对外经济关系上的转变外，另一转变就是“在经济体制上，从管得过多、统得过死的僵化体制，开始转向适应在公有制基础上有计划发展商品经济要求的、充满生机和活力的新体制”。经过“六五”计划的实践，特别是党中央作出《关于经济体制改革的决定》后，建立有中国特色的社会主义经济体制的轮廓越来越明晰了，路子越来越清楚了。

“七五”期间的经济体制改革，主要内容有三方面：

1. 进一步增强企业特别是全民所有制大中型企业的活力，使它们真正成为相对独立的经济实体，成为自主经营、自负盈亏的社会主义商品生产者和经营者。

2. 进一步发展社会主义的商品市场，逐步完善市场体系，包括不断扩大消费品市场和生产资料市场，有步骤地开拓和建立资金市场、技术市场和促进劳动力的合理流动，而其关键在于进一步改革价格体系和价格管理体制。

3. 国家对企业的管理逐步由以直接控制为主转向以间接控制为主，建立新的社会主义宏观经济管理制度，控制和调节经济的运行。

这三方面的改革，简单地说，归纳为三句话；企业有活力，市场成体系，宏观控制好。第一项改革，目的是使企业拥有必要的自主权，并正确地加以运用；第二项改革，目的是使企业活力的发挥能有一个既有动力又有压力的良好的外部经济环境；第三项改革，目的是促使企业的微观经济活动能够更好地符合宏观经济发展的要求。这三项改革互相联系，必须配套进行，相辅相成。有人把三者之间关系描述为：国家调节市场，市场引导企业。这就是有计划的商品经济体制。搞好这些改革，逐步形成一整套把计划与市场、微观搞活与宏观管理、集中与分散有机地、恰当地结合起来的机制，就能够更好地做到国家、集体、个人三者利益的统一，做到经济发展速度、比例和效益的统一，进一步促进社会生产力的蓬勃发展。它的意义不仅在于当前，更重要的是对于90年代的经济振兴和繁荣，对于本世纪末宏伟目标的全面实现，以至对于下个世纪五十年在经济上、技术上接近和赶上世界发达国家的水平都具有决定性的作用和影响。

这个改革任务是艰巨复杂的，不能不受到经济、社会条件和干部条件的制约。“七五”期间，只能大体形成新的经济体制的框架，使经济的运行走上新体制的轨道。但是，只要做到了这点，可以认为，从过渡模式转向目标模式也就有希望、有把握了。

二　1986年的“巩固、消化、充实、改善”

1986年是“七五”计划的第一年。这一年的改革，采取“八字”方针，即“巩固、消化、充实、改善”。这是因为，1985年在价格和工资上的改革，迈出的步子不小，需要巩固其成果，并解决出现的一些问题。同时，也为下一步的改革进行各项准备，包括理论准备和方案准备。

1986年的农村改革，着重围绕已经进行的取消农产品统派购制度，加强后续工作，主要是完善粮食的合同订购。农村改革必须保持粮食产量的持续稳定增长。1985年粮食减产，原因很多，其中之一是农民种粮的积极性有所下降。针对这个问题，年初召开农村工作会议，决定采取若干措施，主要是：减少合同订购数量，并因地制宜地进行调减，以扩大市场销售部分，增加农民收入；对签订售粮合同的农民供应一定数量的平价化肥，并给予优先贷款；稳定农业生产资料的销售价格，对有困难的小化肥厂减免税收；经济发达地区在农业内部实行“以工补农”办法，把乡镇工业的部分利润用于支持农业、支持粮食生产；从乡镇企业所得税和工商税的增长部分中拿出一部分，连同乡镇企业征收的奖金税，归乡财政掌握，都用于支持农业；调整粮食调拨价格，实行粮食调入大包干，等等。这些措施不尽是体制改革，但又都与价格改革、财税改革、流通体制改革有关，结合科学种田、增加投入和稳定面积等，对保证粮食稳产和回升将起积极作用。1986 年夏粮就比上年有所增产。

1986 年的城市改革，一个令人瞩目的措施是推动横向经济联合。3 月，国务院召开会议，发布了《关于进一步推动横向经济联合若干问题的规定》。这几年，地区、部门之间开始打破封锁，在生产、流通、科技领域，多层次、多形式的横向经济联系有了很大发展；在扩大企业自主权的基础上，企业之间出现了不同内容、不同形式的横向经济联合。《规定》肯定这是我国经济生活中的新事物，是发展社会主义商品经济的客观要求，是社会化大生产的必然趋势，是对条块分割、地区封锁的有力冲击，是经济体制改革的重要内容，并对加快整个改革有深远意义，于是在政策上作出一系列的具体规定。一年来的实践看到的横向经济联合的新趋势是：一批大企业集团陆续涌现，有利于工业管理体制的改革；股份制经济萌生，对所有制结构的改革作了有益的探索；加快科研与生产联合的步伐，推动技术成果向生产力的转化；区域间、城市间的经济技术协作发展很快，促进了企业间的联合；城乡联合有了新的发展，推动了城乡经济一体化的进程。虽然由于条块的行政干预还较严重，现行的计划、财税等体制束缚着企业跨地区、跨部门联合的手脚，联合企业内部的利益关系不够协调，联合所需的外部条件尤其是生产要素市场尚未形成，都对横向经济联合有不同影响。但是，它已显示出强大的生命力，必将克服一切困难，继续向深度和广度发展。

这一年，城市体制综合改革的试点逐步扩大和深入，很多方面作出了新的探索，取得了新的进展。在增强企业活力和解决企业经营机制上，规定和开始推行厂长（经理）负责制，并发挥党组织的保证、监督作用，发挥职工代表大会的作用；同时推行多种形式的经营责任制，全国有六万多个国营商店实行租赁制，一批城市的中小型企业和个别大型企业也实行或试行租赁制、承包制、厂长任期目标制和资产经营责任制等，有的还试行不同形式的股份制；许多地方取消了行政性公司，把中层公司截留的权力交还给企业。在完善市场体系和健全市场机制上，各地先后开辟、建立了一批生产资料、资金、技术和劳务市场；特别是开放金融市场进展较快，不少地方改革金融体制，开展了商业信用、票据承兑、同业拆借和贴现业务以及试办外汇调剂市场；同时，进一步放开了小商品价格，正式开放了燃料、金属品等重要物资的计划外价格，努力稳定蔬菜和副食品价格；并开征了少数新税和修订了某些税、费的征收办法。此外，劳动制度的改革迈出重要一步，公布和实施了《国营企业实行劳动合同制暂行规定》等四个文件，有的地方出现了劳动力交流场所，试行了企业退休费统筹办法；企业工资制度的改革仍在继续试点，包括工厂试行工资总额包干或与经济效益、产品销售量挂钩浮动等办法，交通运输企业试行吨公里工资含量包干以及建筑业试行百元产值工资含量包干等。另如人大常委会通过《企业破产法（试行）》，国务院颁布鼓励外商投资的规定等都起了积极影响。

这一年，有关改革理论的探讨十分活跃。联系到总结改革八年来的经验，很多实际工作部门、社会科学研究单位和经济学者作了“反思”，提出了不少新颖的观点和有益的建议。有人把1986年说成是经济体制改革的“小年”，那是不符合实际情况的。

三　1987年经济体制改革的任务

1987年3月末4月初，第六届全国人民代表大会召开第五次会议，赵紫阳总理在《政府工作报告》中，对深入改革经济体制的任务，提出了以下六条，其主要精神是：

1. 深化企业改革，建立和健全责权利相结合的企业经营机制。一般来说，小型企业可以推行承包、租赁责任制，大中型企业可以根据不同情况，实行多种形式的承包经营责任制。目的都是为了积极探索企业所有权与经营权分开的多种有效形式。与此配合，要加快企业内部领导体制的改革，普遍推行和完善厂长负责制，并有利于培养和造就一大批社会主义企业家。

2. 继续发展各种横向经济联合，鼓励建立企业群体和企业集团。要研究、拟定更为具体的政策和办法，注意处理好四个问题：坚持自愿互利的原则，防止搞成变相的行政性公司或单纯的行政管理机构；在同一行业可以形成若干竞争性企业集团，不能搞成独家经营的垄断局面；各级综合部门和主管部门要大力支持企业发展联合，排除种种干扰以保证其健康发展；重视吸收科研单位参加，促进与生产紧密结合，加强企业的技术开发能力。

3. 深入进行金融体制改革，进一步管好用活各种社会资金。重点是进一步强化和改进中央银行的宏观控制职能，有条件地实行省以下金融机构的企业化，改革银行利率体系，改善企业流动资金管理办法，搞活外汇资金，有领导、有步骤地发展以大中城市为依托的资金融通市场，发挥其筹集调剂资金、引导资金流向和提高资金使用效益的作用。

4. 进一步扩大生产资料市场，为增强企业活力创造良好环境。在有条件的地方，可以有步骤地推广石家庄等地的经验，对计划内外都实行“同一销价、差价返还、逐步放开、扩大市场”的办法，以利于扩大企业择优选购的自主权，减少社会物资库存，有效防止倒买倒卖现象，更好地促进生产资料市场的形成。

5. 改革企业劳动工资制度，逐步理顺企业分配关系。进一步认真贯彻落实关于改革劳动制度的各项规定，全民所有制单位新招用工人都面向全社会并全部实行劳动合同制，积极建立职工待业保险制度。在分配关系上，今后国家只规定企业工资、奖金增长的限额、幅度或同效益挂钩的定额和比例，企业可以分别采取计时加奖励、计件工资、浮动工资、单位产品工资含量等不同形式。

6. 改进固定资产投资管理办法，进一步提高投资效益。进一步推广和完善各种形式的投资包干责任制。适当放宽项目审批权限，简化审批手续，并使部门、地方和企业相应承担投资决策的责任和风险。

对1987年的改革，也有人归纳为：一个中心，即搞活企业；两个市场，即金融市场和生产资料市场；三个继续，即继续发展横向经济联合并继续改革劳动工资制度和固定资产管理办法；以及几个探索，包括探索计划体制、财政税收体制、商业外贸体制和住宅商品化等。与经济体制改革相配合，政治体制改革也列入了议事日程，其基本原则将在党的第十三次全国代表大会上作为讨论的重点。如果说，八年来的改革已经取得了巨大成就，那么，未来的改革将进一步深入，并对实现国民经济的长期稳定发展和逐步走向社会主义现代化的宏伟目标发挥越来越有力的推动和保证作用！

中国文库·哲学社会科学类

（已出图书）

【第一辑】

马克思主义哲学纲要　韩树英主编 …………………… 人民出版社
中国哲学史新编　冯友兰著 ………………………… 人民出版社
中国哲学史大纲(卷上)　胡　适著 ………………… 东方出版社
科学与哲学　张东荪著 ……………………………… 商务印书馆
知识论　金岳霖著 …………………………………… 商务印书馆
法相唯识学　太　虚著 ……………………………… 商务印书馆
大众哲学　艾思奇著 ………………………………… 人民出版社
中国伦理学史　蔡元培著 …………………………… 商务印书馆
中国近三百年学术史　梁启超著 …………………… 东方出版社
西方美学史　朱光潜著 ………………………… 人民文学出版社
通货新论　马寅初著 ………………………………… 商务印书馆
资本主义的起源　厉以宁著 ………………………… 商务印书馆
改革：我们正在过大关　吴敬琏著 … 生活·读书·新知三联书店
发展的道理　樊　纲著 ……………… 生活·读书·新知三联书店
价值体系的历史选择　李从军著 …………………… 人民出版社
汉语史稿　王　力著 …………………………………… 中华书局
音韵丛稿　何九盈著 ………………………………… 商务印书馆
中国修辞学史　周振甫著 …………………………… 商务印书馆
中国翻译简史(五四以前部分)　马祖毅著 … 中国对外翻译出版公司

【第二辑】

马克思主义哲学史(修订本)　黄楠森等主编 …………… 北京出版社
文化与人生　贺　麟著 ……………………………… 商务印书馆
东西文化及其哲学　梁漱溟著 ……………………… 商务印书馆
中国哲学史方法论发凡　张岱年著 …………………… 中华书局
两汉经学今古文平议　钱　穆著 …………………… 商务印书馆
汉代学术史略　顾颉刚著 …………………………… 东方出版社

形式逻辑　金岳霖主编 …………………………… 人民出版社
论逻辑经验主义　洪　谦著 …………………………… 商务印书馆
德国古典美学　蒋孔阳著 …………………………… 商务印书馆
美学概论　王朝闻主编 …………………………… 人民出版社
中国佛教哲学要义　方立天著 ……………… 中国人民大学出版社
基督教哲学 1500 年　赵敦华著 …………………………… 人民出版社
海德格尔哲学概论　陈嘉映著 ……… 生活·读书·新知三联书店
现象学及其效应——胡塞尔与当代德国哲学
倪梁康著 ………………………… 生活·读书·新知三联书店
中国学术思想史随笔　曹聚仁著 …… 生活·读书·新知三联书店
财政学与中国财政——理论与现实　马寅初著 ………… 商务印书馆
江村经济——中国农民的生活　费孝通著 ………… 商务印书馆
中国官僚政治研究　王亚南著 ……………… 中国社会科学出版社
中国资本主义发展史　许涤新　吴承明主编 ………… 人民出版社
用辩证的眼光看市场经济　董辅礽著…… 生活·读书·新知三联书店
微观经济学纵横谈　梁小民著 ……… 生活·读书·新知三联书店
刑法学原理　高铭暄等主编 ……………… 中国人民大学出版社
物权法研究　王利明著 ……………… 中国人民大学出版社
汉语语法史　王　力著 …………………………… 商务印书馆
语法修辞讲话　吕叔湘　朱德熙著 …………… 辽宁教育出版社
汉语现象论丛　启　功著 …………………………… 中华书局
外国教育史(修订本)　王天一等编著 ………… 北京师范大学出版社
启功讲学录　启　功著 ……………… 北京师范大学出版社
英语史　李赋宁著 …………………………… 商务印书馆
当代翻译理论　刘宓庆著 ………… 中国对外翻译出版公司

【第三辑】

毛泽东的五篇哲学著作　毛泽东著 ………………… 人民出版社
胡适选集　胡　适著 ………………………… 吉林人民出版社
论　道　金岳霖著 ……………………… 中国人民大学出版社
中国政治史　周谷城著 …………………………… 中华书局
中国近百年政治史(1840～1926)　李剑农著 …… 复旦大学出版社
中国文化史　柳诒徵著 ………………………… 东方出版中心

生育制度　　费孝通著 ……………………………………… 商务印书馆
中国文化与中国的兵　　雷海宗著 ……………………… 商务印书馆
中国法律与中国社会　　瞿同祖著 …………………………… 中华书局
20世纪西方哲学东渐史　　汤一介主编 ………… 首都师范大学出版社
老庄新论　　陈鼓应著 ……………………………………… 商务印书馆
通俗哲学　　韩树英主编 …………………………… 中国青年出版社
晚清政治思想史论　　王尔敏著 ………………… 广西师范大学出版社
中国传统政治哲学　　周桂钿主编 ………………… 河北人民出版社
哲学通论　　孙正聿著 …………………………………… 复旦大学出版社
简帛古书与学术源流　　李　零著 …… 生活·读书·新知三联书店
中国反贪史　　王春瑜主编 ………………………… 四川人民出版社
中国现代化历程　　虞和平主编 …………………… 江苏人民出版社
竞争法论　　徐士英著 ……………………………… 世界图书出版公司
金　翼　　林耀华著 …………………… 生活·读书·新知三联书店
马氏文通　　马建忠著 ……………………………………… 商务印书馆
乾嘉学派研究　　陈祖武　朱彤窗著 ……………… 河北人民出版社
科学翻译学　　黄忠廉　李亚舒著 ………… 中国对外翻译出版公司
禅宗思想渊源　　吴言生著 …………………………………… 中华书局
丝绸之路宗教研究　　李进新著 …………………… 新疆人民出版社